【传世经典 文白对照】

资治通鉴

十八

后晋纪 后汉纪 后周纪

〔宋〕司马光　　编撰

沈志华　张宏儒　主编

中华书局

目录

卷第二百八十　后晋纪一

丙申(936)—年

高祖圣文章武明德孝皇帝上之上

天福元年(丙申,936)

1　春,正月,吴徐知诰始建大元帅府,以幕职分判吏、户、礼、兵、刑、工部及盐铁。

2　丁未,唐主立子重美为雍王。

3　癸丑,唐主以千春节置酒,晋国长公主上寿毕,辞归晋阳。帝醉,曰:"何不且留,遽归,欲与石郎反邪!"石敬瑭闻之,益惧。

4　三月丙午,以翰林学士、礼部侍郎马胤孙为中书侍郎、同平章事。胤孙性谨懦,中书事多凝滞,又罕接宾客,时人目为"三不开",谓口、印、门也。

5　石敬瑭尽收其货之在洛阳及诸道者归晋阳,托言以助军费,人皆知其有异志。唐主夜与近臣从容语曰:"石郎于朕至亲,无可疑者;但流言不释,万一失欢,何以解之?"皆不对。

端明殿学士、给事中李崧退谓同僚吕琦曰:"吾辈受恩深厚,岂得自同众人,一概观望邪!计将安出?"琦曰:"河东若有异谋,必结契丹为援。契丹母以赞华在中国,屡求和亲,但求蓟刺等未获,故和未成耳。今诚归蓟刺等与之和,岁以礼币约直十馀万缗遗之,彼必驩然承命。如此,则河东虽欲陆梁,无能为矣。"崧曰:"此吾志也。然钱谷皆出三司,宜更与张相谋之。"

高祖圣文章武明德孝皇帝上之上

后晋高祖天福元年(丙申,公元936年)

1 春季,正月,吴国徐知诰开始建造大元帅府,用他的幕僚分别执掌吏、户、礼、兵、刑、工各部及盐铁监司。

2 丁未(十七日),后唐末帝李从珂册立他的儿子李重美为雍王。

3 癸丑(二十三日),后唐末帝以自己的生日为千春节,置酒设宴,晋国长公主上寿祝贺完毕,告辞回晋阳。当时末帝已经喝醉,说道:"为什么不多留些时候,忙着赶回去想帮助石郎造反哪!"石敬瑭听说后,更加害怕。

4 三月丙午(十七日),任用翰林学士、礼部侍郎马胤孙为中书侍郎、同平章事。马胤孙性格谨慎懦弱,中书省办事往往凝滞不能畅达,又很少接待宾客,时人说他们是口、印、门"三不开"。

5 石敬瑭把他在洛阳及诸道的财货全部收拢送回到晋阳,托词说是帮助军费,人们都知道他是心怀异志。唐主在夜间同近臣从容平淡地说:"石郎是我的至亲,没有什么可猜疑的;但是流言总是不断,万一和他失掉和好,怎么办为好?"众臣都不回答。

端明殿学士、给事中李崧退下来对同僚吕琦说:"我们这些人受恩深厚,怎能把自己等同于众人,一概观望呢!现在能想些什么办法呢?"吕琦说:"河东那里如果有其他打算,必然要勾结契丹作援助。契丹太后因为他的长子李赞华降归中国,屡次要求和亲,但是,他们要求释放蓟剌回去没有获得结果,所以和议未能成功。现在,如果真能把蓟剌等放归与他们议和,每年把大约值十多万缗的礼物、钱财送给他们,他们必定会欢欣地答应。如果做到这样,那么河东虽然想蠢动,也无能为力了。"李崧说:"你说的与我的想法一样。然而钱、粮都要从三司度支,需要进一步同张丞相商量。"

遂告张延朗,延朗曰:"如学士计,不惟可以制河东,亦省边费之什九,计无便于此者。若主上听从,但责办于老夫,请于库财之外捃拾以供之。"他夕,二人密言于帝,帝大喜,称其忠,二人私草《遗契丹书》以俟命。

久之,帝以其谋告枢密直学士薛文遇,文遇对曰:"以天子之尊,屈身奉夷狄,不亦辱乎! 又,虏若循故事求尚公主,何以拒之?"因诵戎昱《昭君诗》曰:"安危托妇人。"帝意遂变。一日,急召崧、琦至后楼,盛怒,责之曰:"卿辈皆知古今,欲佐人主致太平,今乃为谋如是! 朕一女尚乳臭,卿欲弃之沙漠邪? 且欲以养士之财输之虏庭,其意安在?"二人惧,汗流浃背,曰:"臣等志在竭愚以报国,非为虏计也,愿陛下察之。"拜谢无数,帝诟责不已。吕琦气竭,拜少止,帝曰:"吕琦强项,肯视朕为人主邪!"琦曰:"臣等为谋不臧,愿陛下治其罪,多拜何为!"帝怒稍解,止其拜,各赐卮酒罢之,自是群臣不敢复言和亲之策。丁巳,以琦为御史中丞,盖疏之也。

6 吴徐知诰以其子副都统景通为太尉、副元帅,都统判官宋齐丘、行军司马徐玠为元帅府左右司马。

7 闽主昶改元通文,立贤妃李氏为皇后,尊皇太后曰太皇太后。

8 静江节度使、同平章事马希杲有善政,监军裴仁煦谮之于楚王希范,言其收众心,希范疑之。夏,四月,汉将孙德威侵蒙、桂二州,希范命其弟武安节度副使希广权知军府事,自将步骑五千如桂州。希杲惧,其母华夫人逆希范于全义岭,谢曰:"希杲为治无状,致寇戎入境,烦殿下亲涉险阻,

便把事情告诉了张延朗,张延朗说:"按学士的策划,不但可以制约河东,也可以节省戍边费用十分之九,计谋没有比这更好的了。如果主上听从了这个意见,只要责成老夫去办理就行了,可以在国家财库之外去搜集,以供其用。"又一个晚间,两人秘密地把这个办法陈述给末帝,末帝大喜,称道两人的忠心,两人私下草拟《遗契丹书》来等待命令。

  过了些时候,末帝把他们的谋略告诉了枢密直学士薛文遇,薛文遇回答说:"以天子的尊崇,屈身来事奉夷狄野人,不是太耻辱了吗!再者,如果那胡虏按照过去的做法来谋求迎娶公主去和亲,用什么来拒绝他?"接着就诵读唐人戎昱的《昭君诗》说:"安危托妇人。"末帝的思想便改变了。一天,紧急召来李崧和吕琦到后楼,很恼火,责备他们说:"你们这些人都是懂得历史的,是想要辅佐人主获得天下太平的,怎么现在竟然出了这么个主意!朕有一个女儿还没有脱离乳臭,你们是要想把她抛弃到大沙漠当中去吗?而且,要把国家育养贤士的财力输送到胡虏那里去,是什么居心?"李崧和吕琦很惶恐,汗流浃背,说道:"臣等的本意是要竭尽愚拙的想法用以报效国家,不是在替胡虏作打算,希望陛下明察。"两人无数次叩拜求恕,末帝指责不停。吕琦气力不继,叩拜稍有停顿,末帝说:"吕琦倔犟,你还肯把朕看做人主吗!"吕琦说:"我们谋事不善,愿请陛下治罪,多拜有什么用!"末帝的恼怒稍有缓解,制止他们的叩拜,每人赐给一杯酒,让他们出宫了,从此群臣不敢再提和亲的建议。丁巳(二十八日),任用吕琦为御史中丞,以表示疏远他。

  6 吴国徐知诰任用他的儿子副都统徐景通为太尉、副元帅,都统判官宋齐丘、行军司马徐玠为元帅府左、右司马。

  7 闽国主王昶把年号改为通文,册立贤妃李氏为皇后,尊上皇太后称为太皇太后。

  8 静江节度使、同平章事马希杲有好的政声,监军裴仁煦向楚王马希范诽谤他,说他收买人心,马希范对他产生怀疑。夏季,四月,南汉将领孙德威侵犯蒙州和桂州,马希范命令他的弟弟武安节度副使马希广暂时主持军府事,自己带领步兵、骑兵五千人赴桂州。马希杲害怕,他的母亲华夫人到全义岭远迎马希范,谢罪说:"希杲治理政事不得法,招致敌兵入境,烦劳殿下亲自跋涉阻险之地,

皆妾之罪也。愿削封邑，洒扫掖庭，以赎希杲罪。"希范曰：
"吾久不见希杲，闻其治行尤异，故来省之，无他也。"汉兵自
蒙州引去，徙希杲知朗州。

9　高从诲遣使奉笺于徐知诰，劝即帝位。

10　初，石敬瑭欲尝唐主之意，累表自陈羸疾，乞解兵
柄，移他镇。帝与执政议从其请，移镇郓州。房暠、李崧、吕
琦等皆力谏，以为不可，帝犹豫久之。

五月庚寅夜，李崧请急在外，薛文遇独直，帝与之议河东
事，文遇曰："谚有之：'当道筑室，三年不成。'兹事断自圣志。
群臣各为身谋，安肯尽言！以臣观之，河东移亦反，不移亦
反，在旦暮耳，不若先事图之。"先是，术者言国家今年应得贤
佐，出奇谋，定天下，帝意文遇当之，闻其言，大喜，曰："卿言
殊豁吾意，成败吾决行之。"即为除目，付学士院使草制。辛
卯，以敬瑭为天平节度使，以马军都指挥使、河阳节度使宋审
虔为河东节度使。制出，两班闻呼敬瑭名，相顾失色。

甲午，以建雄节度使张敬达为西北蕃汉马步都部署，趣
敬瑭之郓州。敬达疑惧，谋于将佐曰："吾之再来河东也，主上
面许终身不除代；今忽有是命，得非如今年千春节与公主所言
乎？我不兴乱，朝廷发之，安能束手死于道路乎！今且发表称
疾以观其意，若其宽我，我当事之；若加兵于我，我则改图耳。"
幕僚段希尧极言拒之，敬瑭以其朴直，不责也。节度判官华阴
赵莹劝敬瑭赴郓州。观察判官平遥薛融曰："融书生，不习军
旅。"都押牙刘知远曰："明公久将兵，得士卒心；今据形胜之地，

都是我的罪过。我们愿意削去封邑,去当洒扫庭院的人,用来赎偿希杲的罪过。"马希范说:"我很久没有见到希杲,听说他治理成绩优异,所以来看看,没有别的意思。"南汉兵从蒙州退走,便把马希杲调迁到朗州。

9 荆南高从诲遣派使者送信给徐知诰,劝他即皇帝之位。

10 过去,石敬瑭想试探后唐朝廷的意图,多次上表陈诉身体羸弱,请求解除他的兵权,调迁到别的镇所。末帝与执政大臣商议后答应了他的请求,把他移镇郓州。房暠、李崧、吕琦等人都极力劝谏,认为不能这样做,末帝犹豫了很长时间。

五月庚寅(初二)夜间,李崧因有急事请假在外,薛文遇独自当值夜班,末帝同他议论河东的事情,薛文遇说:"俗谚说:'当道筑室,三年不成。'这种事情只能由主上的意志进行决断。群臣各为自身利害作打算,怎么肯什么话都说!以臣看来,河东的事,移镇也反,不移也要反,只是时间早晚而已,不如走在前头,先把他解决了。"以前,卜巫术士说国家今年应该得到贤人辅佐,提出奇谋,安定天下,末帝以为这个人当由薛文遇来应验,听到他的话,大为高兴,说道:"爱卿的话,很使我心意豁然开朗,不论成功还是失败,我决心施行。"立即命薛文遇写出封授官职的拟议,交付学士院草拟任命制书。辛卯(初二),任命石敬瑭为天平节度使,任用马军都指挥使、河阳节度使宋审虔为河东节度使。制令一出,文武两班听到石敬瑭的名字,相顾失色。

甲午(初六),任用建雄节度使张敬达为西北蕃汉马步都部署,催促石敬瑭速赴郓州。石敬瑭很是疑惧,便和他的将佐计议说:"我第二次来河东时,主上曾当面答应我不再派别人来替换我;现在又忽然有了这样的命令,莫不是像今年过千春节的时候,主上同公主所讲的那样吗?我如果不造反,朝廷要先发制人,怎么能束手被擒,死于道路之间呢!今天我要上表说有病,来观察朝廷对我的意向,如果他对我宽容,我就臣事他;如果他对我用兵,那我就要另作打算了。"幕僚段希尧极力反对,石敬瑭因为他为人直率,并不责怪他。节度判官华阴人赵莹劝石敬瑭去郓州赴任。观察判官平遥人薛融说:"我是个书生,不懂得遣兵作战的事。"都押牙刘知远说:"明公您长期统率兵将,很能受到士兵的拥护;现在正占据着有利的地势,

士马精强，若称兵传檄，帝业可成，奈何以一纸制书自投虎口乎！"掌书记洛阳桑维翰曰："主上初即位，明公入朝，主上岂不知蛟龙不可纵之深渊邪？然卒以河东复授公，此乃天意假公以利器。明宗遗爱在人，主上以庶孽代之，群情不附。公明宗之爱婿，今主上以反逆见待，此非首谢可免，但力为自全之计。契丹素与明宗约为兄弟，今部落近在云、应，公诚能推心屈节事之，万一有急，朝呼夕至，何患无成！"敬瑭意遂决。

先是，朝廷疑敬瑭，以羽林将军宝鼎杨彦询为北京副留守，敬瑭将举事，亦以情告之。彦询曰："不知河东兵粮几何，能敌朝廷乎？"左右请杀彦询，敬瑭曰："惟副使一人我自保之，汝辈勿言也。"

戊戌，昭义节度使皇甫立奏敬瑭反。敬瑭表："帝养子，不应承祀，请传位许王。"帝手裂其表抵地，以诏答之曰："卿于鄂王固非疏远，卫州之事，天下皆知。许王之言，何人肯信！"壬寅，制削夺敬瑭官爵。乙巳，以张敬达兼太原四面排陈使，河阳节度使张彦琪为马步军都指挥使，以安国节度使安审琦为马军都指挥使，以保义节度使相里金为步军都指挥使，以右监门上将军武廷翰为壕寨使。丙午，以张敬达为太原四面兵马都部署，以义武节度使杨光远为副部署。丁未，又以张敬达知太原行府事，以前彰武节度使高行周为太原四面招抚、排陈等使。光远既行，定州军乱，牙将千乘方太讨平之。

将士和马步军队都很精锐强悍,如果起兵,传书宣示各道,可以完成统一国家的帝王大业,怎么能只为一道朝廷制令便自投虎口呢!"掌书记洛阳人桑维翰说:"主上当初即位的时候,明公您入京朝贺,主上岂能不懂得蛟龙不可纵之归渊的道理?然而到底还是把河东交给您,这正是天意要借一把快刀给您。先帝明宗的遗爱留给了后人,主上却用旁支的庶子取代大位,群情是不依附于他的。您是明宗的爱婿,可是现在主上却把您当作叛逆看待,这就不是仅仅靠表示低头服从所能取得宽免,只能努力为保全自己想办法了。契丹向来同明宗协约做兄弟之邦,现在,他们的部落近在云州、应州,您如果真能推心置腹地曲意讨好他们,万一有了急变之事,早上叫他晚上就能来到,还担心什么事不能办成!"石敬瑭于是便下了造反的决心。

过去,朝廷猜疑石敬瑭,任用羽林将军宝鼎人杨彦询为北京太原的副留守,石敬瑭将要起兵造反,也把情况告诉了他。杨彦询说:"不知河东现在有多少兵士和粮秣,能够敌得过朝廷吗?"石敬瑭左右的人请求杀了杨彦询,石敬瑭说:"只有副使一个人,我亲自保证他没有事,你们大家就不必再说了。"

戊戌(初十),昭义节度使皇甫立奏报石敬瑭叛乱。石敬瑭上表称:"皇帝是养子,不应该继位,请把皇位传给许王李从益。"末帝把石敬瑭的表章撕碎扔在地上,用诏书回答他说:"你同鄂王李从厚本来并不疏远,卫州的事情,天下人都知道。许王的话,谁肯听他!"壬寅(十四日),末帝下制令,削夺了石敬瑭的官爵。乙巳(十七日),任用张敬达兼太原四面排阵使,河阳节度使张彦琪为马步军都指挥使,任用安国节度使安审琦为马军都指挥使,任用保义节度使相里金为步军都指挥使,任用右监门上将军武廷翰为壕寨使。丙午(十八日),任命张敬达为太原四面兵马都部署,任命义武节度使杨光远为副部署。丁未(十九日),又任命张敬达主持太原行府事,任命前彰武节度使高行周为太原四面招抚、排阵等使。杨光远离任后,定州军作乱,牙将千乘人方太讨伐平定了叛乱。

张敬达将兵三万营于晋安乡，戊申，敬达奏西北先锋马军都指挥使安审信叛奔晋阳。审信，金全之弟子也，敬瑭与之有旧。先是，雄义都指挥使马邑安元信将所部六百馀人戍代州，代州刺史张朗善遇之。元信密说朗曰："吾观石令公长者，举事必成。公何不潜遣人通意，可以自全。"朗不从，由是互相猜忌。元信谋杀朗，不克，帅其众奔审信，审信遂帅麾下数百骑与元信掠百井奔晋阳。敬瑭谓元信曰："汝见何利害，舍强而归弱？"对曰："元信非知星识气，顾以人事决之耳。夫帝王所以御天下，莫重于信。今主上失大信于令公，亲而贵者且不自保，况疏贱乎！其亡可翘足而待，何强之有！"敬瑭悦，委以军事。振武西北巡检使安重荣戍代北，帅步骑五百奔晋阳。重荣，朔州人也。以宋审虔为宁国节度使、充侍卫马军都指挥使。

11　天雄节度使刘延皓恃后族之势，骄纵，夺人财产，减将士给赐，宴饮无度。捧圣都虞候张令昭因众心怨怒，谋以魏博应河东，癸丑未明，帅众攻牙城，克之。延皓脱身走，乱兵大掠。令昭奏："延皓失于抚御，以致军乱。臣以抚安士卒，权领军府，乞赐旌节！"延皓至洛阳，唐主怒，命远贬，皇后为之请，六月庚申，止削延皓官爵，归私第。

12　辛酉，吴太保、同平章事徐景迁以疾罢，以其弟景遂代为门下侍郎、参政事。

13　癸亥，唐主以张令昭为右千牛卫将军、权知天雄军府事。令昭以调发未集，且受新命。寻有诏徙齐州防御使，令昭托以士卒所留，实俟河东之成败。唐主遣使谕之，令昭

张敬达统兵三万在晋安乡安营扎寨,戊申(二十日),张敬达奏报西北先锋马军都指挥使安审信叛奔晋阳。安审信是安金全的侄子,与石敬瑭旧有往来。过去,雄义都指挥使马邑人安元信带领所部六百多人戍守代州,代州刺史张朗待他很好。安元信暗中劝说张朗说:"我看石令公是个长者,他举兵造反,必能成功。您何不暗地派人去表达心意,可以保全自己。"张朗不听,从此两人互相猜忌。安元信企图杀了张朗,没有成功,便带领自己的部属兵众投奔安审信,安审信便率领他指挥下的几百骑兵与安元信会合,抢掠百井后,投奔晋阳。石敬瑭对安元信说:"你看出什么利害,竟然舍强而归弱?"回答说:"我并不会观星识气,只是用人事的判断来做决定而已。谈起帝王之所以能够临御天下,没有比信誉更重要的了。现在,主上对令公您失去大信,至亲而且尊贵的人尚且不能自保,何况疏远而卑微的人哪!他的灭亡可以跷着脚等待,他算什么强啊!"石敬瑭高兴,让他掌管军事。振武西北巡检使安重荣戍守代北,也率领步兵和骑兵五百人投奔晋阳。安重荣是朔州人。朝廷任命宋审虔为宁国节度使、充当侍卫马军都指挥使。

11 天雄节度使刘延皓依恃皇后家族的势力,很骄纵,侵占别人的财产,扣减将士的赏赐,宴会饮酒没有节制。捧圣都虞候张令昭因为众心怨恨,企图用魏博军民来响应河东造反,癸丑(二十五日)天未亮,率领兵众攻打主将所居的牙城,攻了下来。刘延皓脱身逃去,乱兵大肆抢掠。张令昭上奏:"刘延皓抚给驾驭不当,以致军人作乱。臣为了要抚恤安慰士兵,暂时领管军府,请求朝廷赐给旌节!"刘延皓逃回洛阳,末帝发怒,下令把他贬到远方,皇后为他说情,六月庚申(初三),只是削去刘延皓的官爵,让他回自己的宅第。

12 辛酉(初四),吴国太保、同平章事徐景迁因为患病罢官,任用他的弟弟徐景遂代替他做门下侍郎、参政事。

13 癸亥(初六),后唐末帝任用张令昭为右千牛卫将军,暂时主持天雄军府事。张令昭因为调发人马没有会集,暂且接受新的任命。不久,又有诏书令他调任齐州防御使,张令昭托词说被士兵所留滞,实际上是等待观察河东起兵之成败。后唐末帝遣使者告谕他,张令昭

杀使者。甲戌,以宣武节度使兼中书令范延光为天雄四面行营招讨使、知魏博行府事,以张敬达充太原四面招讨使,以杨光远为副使。丙子,以西京留守李周为天雄军四面行营副招讨使。

14　石敬瑭之子右卫上将军重殷、皇城副使重裔闻敬瑭举兵,匿于民间井中。弟沂州都指挥使敬德杀其妻女而逃,寻捕得,死狱中。从弟彰圣都指挥使敬威自杀。秋,七月戊子,获重殷、重裔,诛之,并族所匿之家。

15　庚寅,楚王希范自桂州北还。

16　云州步军指挥使桑迁奏应州节度使尹晖逐云州节度使沙彦珣,收其兵应河东。丁酉,彦珣表迁谋叛应河东,引兵围子城。彦珣犯围走出西山,据雷公口,明日,收兵入城击乱兵,迁败走,军城复安。是日,尹晖执迁送洛阳,斩之。

17　丁未,范延光拔魏州,斩张令昭。诏悉诛其党七指挥。

18　张敬达发怀州彰圣军戍虎北口,其指挥使张万迪将五百骑奔河东,丙辰,诏尽诛其家。

19　石敬瑭遣间使求救于契丹,令桑维翰草表称臣于契丹主,且请以父礼事之,约事捷之日,割卢龙一道及雁门关以北诸州与之。刘知远谏曰:“称臣可矣,以父事之太过。厚以金帛赂之,自足致其兵,不必许以土田,恐异日大为中国之患,悔之无及。”敬瑭不从。表至契丹,契丹主大喜,白其母曰:“儿比梦石郎遣使来,今果然,此天意也。”乃为复书,许俟仲秋倾国赴援。

把使者杀了。甲戌(十七日),任命宣武节度使兼中书令范延光为天雄四面行营招讨使、主持魏博行府事,任命张敬达充当太原四面招讨使,任用杨光远为副使。丙子(十九日),任命西京留守李周为天雄军四面行营副招讨使。

14 石敬瑭的儿子右卫上将军石重殷、皇城副使石重裔听说石敬瑭起兵造反,躲藏在民间市井中。石敬瑭的弟弟沂州都指挥使石敬德杀了自己的妻子、女儿而后逃走,不久,被捕获,死于狱中。叔伯弟弟彰圣都指挥使石敬威自杀。秋季,七月戊子(初二),抓获了石重殷和石重裔,诛杀了他们,并把藏匿他们的人家全族杀害。

15 庚寅(初四),楚王马希范从桂州北还。

16 云州步军指挥使桑迁上奏:应州节度使尹晖驱逐云州节度使沙彦珣,并且接收了他的兵马,响应河东造反。丁酉(十一日),沙彦珣上表奏称桑迁谋反响应河东,并且率领兵马包围了主城旁的子城。沙彦珣突破包围走出西山,占据雷公口,第二天,收集兵士入城袭击乱兵,桑迁败走,军城恢复安定。这一天,尹晖抓住桑迁把他押送洛阳,朝廷把他斩了。

17 丁未(二十一日),范延光攻取了魏州,斩杀了张令昭。朝廷下诏把他的党羽七个指挥都诛除了。

18 张敬达发动怀州彰圣军戍守在虎北口,该军指挥使张万迪带领五百骑投奔河东,丙辰(三十日),朝廷下诏把他的家属全部诛杀。

19 石敬瑭派使者从僻路求救于契丹,让桑维翰草写表章向契丹主称臣,并且请求用对待父亲的礼节来侍奉他,约定事情成功之日,划割卢龙一道及雁门关以北诸州给契丹。刘知远劝谏他说:"称臣就可以了,用父亲的礼节对待他就太过分了。用丰厚的金银财宝贿赂他,自然足以促使他发兵,不必许诺割给他土田,恐怕那样以后要成中国的大患,后悔就来不及了。"石敬瑭不听。表章送到契丹,契丹国主耶律德光非常高兴,告诉他的母亲述律太后说:"孩儿最近梦见石郎派遣使者来,现在果然来了,这真是天意啊。"便向石敬瑭写了回信,答应等到仲秋时节,发动全国人马来支援他。

20　八月己未,以范延光为天雄节度使,李周为宣武节度使、同平章事。

21　癸亥,应州言契丹三千骑攻城。

22　张敬达筑长围以攻晋阳。石敬瑭以刘知远为马步都指挥使,安重荣、张万迪降兵皆隶焉。知远用法无私,抚之如一,由是人无贰心。敬瑭亲乘城,坐卧矢石下,知远曰:"观敬达辈高垒深堑,欲为持久之计,无他奇策,不足虑也。愿明公四出间使,经略外事。守城至易,知远独能办之。"敬瑭执知远手,抚其背而赏之。

23　戊寅,以成德节度使董温琪为东北面副招讨使,以佐卢龙节度使赵德钧。

24　唐主使端明殿学士吕琦至河东行营犒军,杨光远谓琦曰:"愿附奏陛下,幸宽宵旰。贼若无援,旦夕当平;若引契丹,当纵之令入,可一战破也。"帝甚悦。帝闻契丹许石敬瑭以仲秋赴援,屡督张敬达急攻晋阳,不能下。每有营构,多值风雨,长围复为水潦所坏,竟不能合。晋阳城中日窘,粮储浸乏。

25　九月,契丹主将五万骑,号三十万,自扬武谷而南,旌旗不绝五十馀里。代州刺史张朗、忻州刺史丁审琦婴城自守,虏骑过城下,亦不诱胁。审琦,洺州人也。

辛丑,契丹主至晋阳,陈于汾北之虎北口。先遣人谓敬瑭曰:"吾欲今日即破贼可乎?"敬瑭遣人驰告曰:"南军甚厚,不可轻,请俟明日议战未晚也。"使者未至,契丹已与唐骑将高行周、符彦卿合战,敬瑭乃遣刘知远出兵助之。张敬达、杨光远、安审琦以步兵陈于城西北山下,契丹遣轻骑三千,

20 八月己未(初三),任用范延光为天雄节度使,李周为宣武节度使、同平章事。

21 癸亥(初七),应州奏报:契丹三千骑兵进攻州城。

22 张敬达设置了很长的包围工事来攻打晋阳。石敬瑭任用刘知远为马步都指挥使,把安重荣、张万迪的降兵都隶属于他。刘知远依法办事,没有私弊,对军民抚恤一视同仁,因此人都没有二心。石敬瑭亲自登城视察部属兵卒,坐卧在敌人的矢石投射之下,刘知远说:"察看张敬达这些人筑设高垒深沟,想作持久打算,他们没有其他好的办法,是不足为虑的。请您向各方派出快速联系的使者,准备好对外事务。守城的事很容易,我知远一个人就能独力办到。"石敬瑭拉着刘知远的手,抚拍他的肩背而称赞他。

23 戊寅(二十二日),后唐朝廷任用成德节度使董温琪为东北面副招讨使,用来帮助卢龙节度使赵德钧。

24 后唐主派出端明殿学士吕琦到河东行营犒劳军队,杨光远对吕琦说:"请您附带奏告陛下,请主上稍微减少昼夜操劳。贼兵如果没有援兵,用不了多少天就可以平定;如果他勾结契丹来犯,自当放他进来,一次战斗就能把他打败。"末帝闻奏很是高兴。末帝听说契丹答应石敬瑭在仲秋时节发兵来支援他,几次督促张敬达紧急攻打晋阳,但不能攻下。每当有所营建构筑工事,往往遇到风雨天气,很长的包围工事又被水浸所破坏,竟然接合不拢。晋阳城中日益窘迫,粮食储备渐渐缺乏。

25 九月,契丹主耶律德光统领五万骑兵,号称三十万,从代州扬武谷向南进发,旌旗连绵不断达五十多里。代州刺史张朗、忻州刺史丁审琦绕城自守,敌人骑兵经过城下时,也不诱降挟胁他。丁审琦是洺州人。

辛丑(十五日),契丹主到达晋阳,把兵马布列在汾北的虎北口。先派人对石敬瑭说:"我打算今天攻打贼兵,行不行?"石敬瑭派人驰奔告诉他们说:"南军力量很雄厚,不可以轻视,请等到明天议论好如何开战也不晚。"使者还未到达契丹军营,契丹兵已经同后唐骑将高行周、符彦卿打了起来,石敬瑭便派刘知远出兵帮助他们。张敬达、杨光远、安审琦用步兵列阵在城西北山下,契丹派轻骑兵三千人,

不被甲,直犯其陈。唐兵见其羸,争逐之,至汾曲,契丹涉水而去。唐兵循岸而进,契丹伏兵自东北起,冲唐兵断而为二,步兵在北者多为契丹所杀,骑兵在南者引归晋安寨。契丹纵兵乘之,唐兵大败,步兵死者近万人,骑兵独全。敬达等收馀众保晋安,契丹亦引兵归虎北口。敬瑭得唐降兵千馀人,刘知远劝敬瑭尽杀之。

是夕,敬瑭出北门,见契丹主。契丹主执敬瑭手,恨相见之晚。敬瑭问曰:"皇帝远来,士马疲倦,遽与唐战而大胜,何也?"契丹主曰:"始吾自北来,谓唐必断雁门诸路,伏兵险要,则吾不可得进矣。使人侦视,皆无之,吾是以长驱深入,知大事必济也。兵既相接,我气方锐,彼气方沮,若不乘此急击之,旷日持久,则胜负未可知矣。此吾所以亟战而胜,不可以劳逸常理论也。"敬瑭甚叹伏。

壬寅,敬瑭引兵会契丹围晋安寨,置营于晋安之南,长百馀里,厚五十里,多设铃索吠犬,人跬步不能过。敬达等士卒犹五万人,马万匹,四顾无所之。甲辰,敬达遣使告败于唐,自是声问不复通。唐主大惧,遣彰圣都指挥使符彦饶将洛阳步骑兵屯河阳,诏天雄节度使兼中书令范延光将魏州兵二万由青山趣榆次,卢龙节度使、东北面招讨使兼中书令北平王赵德钧将幽州兵出契丹军后,耀州防御使潘环纠合西路戍兵,由晋、绛两乳岭出慈、隰,共救晋安寨。契丹主移帐于柳林,游骑过石会关,不见唐兵。

不披铠甲,直奔唐兵阵列。唐兵看到契丹兵单薄,争相驱赶,到了汾水之曲,契丹兵涉水而去。唐兵沿着河岸向北进取,契丹伏兵从东北涌起,冲击唐兵,把唐兵截为两段,在北面的步兵大多被契丹所杀,在南面的骑兵引退回到晋安营寨。契丹放开兵马乘乱攻击,唐兵大败,步兵死亡近万人,骑兵却保全了。张敬达等收集馀众退保晋安,契丹也率领其兵返回虎北口。石敬瑭俘获后唐降兵一千多人,刘知远劝石敬瑭把他们都杀了。

　　这天晚上,石敬瑭出北门,会见契丹主。契丹主握住石敬瑭的手,只恨相见晚了。石敬瑭问说:"皇帝远道而来,兵马疲倦,急切同唐兵作战而取得大胜,这是什么原因?"契丹主说:"开始我从北面过来,以为唐兵必然要切断雁门的各条道路,埋伏兵众在险要之地,那样我就不能顺利前进了。我使人侦察,发现断路和伏险都没有,这样,我才得以长驱深入,知道大事必然成功了。兵马相接以后,我方气势正锐盛,彼方气势正沮丧,如果不乘此时急速攻击他,旷日持久,那谁胜谁负就不可预料了。这就是我之所以速战而胜的道理,不能用谁劳谁逸的通常的道理来衡量了。"石敬瑭很是叹服。

　　壬寅(十六日),石敬瑭率领兵马会合契丹兵马包围了晋安寨,在晋安的南面设置营地,长一百多里,宽五十里,密布带铃索的吠犬,人们连半步也不能过去。此时张敬达等的士兵尚有五万人,马有万匹,四面张顾,不知往哪里去好。甲辰(十八日),张敬达派出使者向后唐朝廷报告打了败仗,此后便没有再通音讯了。唐主极为恐惧,派遣彰圣都指挥使符彦饶统领洛阳步兵、骑兵屯扎在河阳,末帝下诏命令天雄节度使兼中书令范延光统领魏州兵两万从邢州青山奔赴榆次,卢龙节度使、东北面招讨使兼中书令北平王赵德钧统领幽州兵从契丹军阵之后出击,耀州防御使潘环纠合西路戍守的兵士从晋州、绛州间的两乳岭出兵向慈州、隰州共同营救晋安寨。契丹主把军帐移到柳林,流动的骑兵过了石会关,还没有遇到唐兵。

丁未,唐主下诏亲征。雍王重美曰:"陛下目疾未平,未可远涉风沙,臣虽童稚,愿代陛下北行。"帝意本不欲行,闻之,颇悦。张延朗、刘延皓及宣徽南院使刘延朗皆劝帝行,帝不得已,戊申,发洛阳,谓卢文纪曰:"朕雅闻卿有相业,故排众议首用卿,今祸难如此,卿嘉谋皆安在乎?"文纪但拜谢,不能对。己酉,遣刘延朗监侍卫步军都指挥使符彦饶军赴潞州,为大军后援。诸军自凤翔推戴以来,骄悍不为用,彦饶恐其为乱,不敢束之以法。

帝至河阳,心惮北行,召宰相、枢密使议进取方略,卢文纪希帝旨,言"国家根本,太半在河南。胡兵倏来忽往,不能久留;晋安大寨甚固,况已发三道兵救之。河阳天下津要,车驾宜留此镇抚南北,且遣近臣往督战,苟不能解围,进亦未晚"。张延朗欲因事令赵延寿得解枢务,因曰:"文纪言是也。"帝访于馀人,无敢异言者。泽州刺史刘遂凝,鄩之子也,潜自通于石敬瑭,表称车驾不可逾太行。帝议近臣可使北行者,张延朗与翰林学士须昌和凝等皆曰:"赵延寿父德钧以卢龙兵来赴难,宜遣延寿会之。"庚戌,遣枢密使、忠武节度使、随驾诸军都部署、兼侍中赵延寿将兵二万如潞州。辛亥,帝如怀州。以右神武统军康思立为北面行营马军都指挥使,帅扈从骑兵赴团柏谷。思立,晋阳胡人也。

帝以晋安为忧,问策于群臣,吏部侍郎永清龙敏请立李赞华为契丹主,令天雄、卢龙两镇分兵送之,自幽州趣西楼,朝廷露檄言之,契丹主必有内顾之忧,然后选募军中精锐以击之,此亦解围之一策也。帝深以为然,而执政恐其无成,议竟不决。

丁未(二十一日),后唐主下诏书,宣布亲征。雍王李重美说:"陛下眼疾还没有好,不能远路跋涉到风沙之地,为臣虽然尚在童稚之年,愿意代替陛下向北方征讨。"末帝的意念本来就不想北行,听了这些话,很觉高兴。但是张延朗、刘延皓和宣徽南院使刘延朗却劝末帝亲征,末帝不得已,戊申(二十二日),从洛阳出发,对卢文纪说:"朕向来听说你有宰相才干,所以排除众议首先任用你,现在遭到如此祸难,你的好谋略是什么呢?"卢文纪只是拜谢对自己的称许,但拿不出对策。己酉(二十三日),遣派刘延朗监督侍卫步军都指挥使符彦饶的部队开赴潞州,为前线晋安寨的大军去做后援。诸路军队自从凤翔推戴李从珂以来,日益骄悍不听指挥,符彦饶害怕他们作乱,不敢用法纪来约束他们。

末帝到了河阳,心里害怕北行,召集宰相、枢密使讨论进取的方略,卢文纪迎合末帝的意旨,说:"国家的根本,大半在黄河之南。契丹胡兵忽来忽走,不能久留;晋安的大寨非常坚固,况且已经派出范延光、赵德钧、潘环三起兵马去救援。河阳是天下的津渡要路,主上的车驾应该留在这里镇守,安抚南方和北方,可以暂且遣派近臣前去督战,如果不能解围,再向前进发也不晚。"张延朗想借个因由来使赵延寿解除枢要机务,便说:"文纪的意见是对的。"末帝询访其馀的人,没有人敢讲别的意见。泽州刺史刘遂凝,是刘鄩的儿子,暗中和石敬瑭有来往,上表言称车驾不可越过太行山。于是,末帝便同他们商议近臣中可以派去北边的人,张延朗与翰林学士须昌人和凝等都说:"赵延寿的父亲赵德钧带着卢龙兵马来勤王赴难,应该派赵延寿去与他会合。"庚戌(二十四日),派遣枢密使、忠武节度使、随驾诸军都部署、兼侍中赵延寿统兵两万人开赴潞州。辛亥(二十五日),末帝去怀州。任命右神武统军康思立为北面行营马军都指挥使,率领扈从骑兵开赴团柏谷。康思立是晋阳的胡人。

末帝忧虑晋安的军事形势,向群臣询问对策,吏部侍郎永清人龙敏建议立李赞华为契丹国主,命令天雄、卢龙两镇分兵送他归国,从幽州趋向西楼,朝廷发布檄文讲出这件事情,契丹主必有内顾不安的忧虑,然后选拔募集军中的精锐之兵去攻击他,这也是解围的一种办法。末帝认为这个意见很对,而执政诸人担心不能成功,议论之中竟然做不出决定。

帝忧沮形于神色,但日夕酣饮悲歌。群臣或劝其北行,则曰:"卿勿言,石郎使我心胆堕地!"

26 冬,十月壬戌,诏大括天下将吏及民间马,又发民为兵,每七户出征夫一人,自备铠仗,谓之"义军",期以十一月俱集,命陈州刺史郎万金教以战陈,用张延朗之谋也。凡得马二千馀匹,征夫五千人,实无益于用,而民间大扰。

27 初,赵德钧阴蓄异志,欲因乱取中原,自请救晋安寨。唐主命自飞狐蹑契丹后,钞其部落,德钧请将银鞍契丹直三千骑,由土门路西入,帝许之。赵州刺史、北面行营都指挥使刘在明先将兵戍易州,德钧过易州,命在明以其众自随。在明,幽州人也。德钧至镇州,以董温琪领招讨副使,邀与偕行,又表称兵少,须合泽潞兵,乃自吴儿谷趣潞州,癸酉,至乱柳。时范延光受诏将部兵二万屯辽州,德钧又请与魏博军合。延光知德钧合诸军,志趣难测,表称魏博兵已入贼境,无容南行数百里与德钧合,乃止。

28 汉主以宗正卿兼工部侍郎刘濬为中书侍郎、同平章事。濬,崇望之子也。

29 十一月,以赵德钧为诸道行营都统,依前东北面行营招讨使。以赵延寿为河东道南面行营招讨使,以翰林学士张砺为判官。庚寅,以范延光为河东道东南面行营招讨使,以宣武节度使、同平章事李周副之。辛卯,以刘延朗为河东道南面行营招讨副使。赵延寿遇赵德钧于西汤,悉以兵属德钧。唐主遣吕琦赐德钧敕告,且犒军。德钧志在并范延光军,逗留不进,诏书屡趣之,德钧乃引兵北屯团柏谷口。

末帝的忧愁沮丧表现在神色之上,从早到晚只是酣饮悲歌。群臣有人劝他北行赴阵,便说:"你不要谈这个了,石郎已经使我的心胆掉落地上了!"

26　冬季,十月壬戌(初七),下诏普遍搜集天下将吏以及民间的马匹,又发动百姓当兵,每七户出一个征夫,自己准备铠甲兵器,称作"义军",定期在十一月全部集中,命令陈州刺史郎万金教给他们战阵的知识和技能,这是采用张延朗的谋划。结果只得到马两千多匹,征夫五千人,实在没有多大用处,但民间却因此受到很大骚扰。

27　起初,赵德钧暗中怀有异志,想要乘着动乱夺取中原,自己请求去救援晋安寨。末帝命他从飞狐道出代州,绕到契丹之后,抄袭其部落,赵德钧请求派他在幽州用契丹降卒培训的银鞍契丹直三千骑兵,从土门路向西进军,末帝准许了他。赵州刺史、北面行营都指挥使刘在明原来领兵戍守在易州,赵德钧军过易州,命令刘在明带着自己的兵众跟随他行进。刘在明是幽州人。赵德钧到了镇州,任用董温琪为招讨副使,也邀他一起行动,又上表朝廷说自己兵少,须同泽路的兵力会合,便从吴儿谷向潞州进发,癸酉(十八日),到达乱柳。当时范延光领受诏命统领所属兵士两万人屯驻于辽州,赵德钧又请求与魏博军会合。范延光知道赵德钧合拢诸军,意图难于测料,便上表朝廷声称魏博兵已经入了贼境,不能再向南行军数百里与赵德钧会合,便停止下来。

28　南汉主任用宗正卿兼工部侍郎刘濬为中书侍郎、同平章事。刘濬是刘崇望的儿子。

29　十一月,后唐朝廷任命赵德钧为诸道行营都统,依旧任东北面行营招讨使。任用赵延寿为河东道南面行营招讨使,任用翰林学士张砺为判官。庚寅(初五),任用范延光为河东道东南面行营招讨使,任用宣武节度使、同平章事李周做他的副使。辛卯(初六),任用刘延朗为河东道南面行营招讨副使。赵延寿在西汤遇到赵德钧,把所统兵马全部归属于赵德钧。末帝派吕琦赐给赵德钧敕告,并且犒赏了军队。赵德钧的意图是要兼并范延光的军队,逗留不肯前进,朝廷屡次下达诏书催促他,赵德钧便引领部队向北屯扎在团柏谷口。

30　癸巳，吴主诏齐王知诰置百官，以金陵府为西都。

31　前坊州刺史刘景岩，延州人也，多财而喜侠，交结豪杰，家有丁夫兵仗，人服其强，势倾州县。彰武节度使杨汉章无政，失夷、夏心，会括马及义军，汉章帅步骑数千人将赴军期，阅之于野。景岩潜使人挠之曰：“契丹强盛，汝曹有去无归。”众惧，杀汉章，奉景岩为留后。唐主不获已，丁酉，以景岩为彰武留后。

32　契丹主谓石敬瑭曰：“吾三千里赴难，必有成功。观汝器貌识量，真中原之主也。吾欲立汝为天子。”敬瑭辞让者数四，将吏复劝进，乃许之。契丹主作册书，命敬瑭为大晋皇帝，自解衣冠授之，筑坛于柳林，是日，即皇帝位。割幽、蓟、瀛、莫、涿、檀、顺、新、妫、儒、武、云、应、寰、朔、蔚十六州以与契丹，仍许岁输帛三十万匹。己亥，制改长兴七年为天福元年，大赦；敕命法制，皆遵明宗之旧。以节度判官赵莹为翰林学士承旨、户部侍郎、知河东军府事，掌书记桑维翰为翰林学士、礼部侍郎、权知枢密使事，观察判官薛融为侍御史知杂事，节度推官白水窦贞固为翰林学士，军城都巡检使刘知远为侍卫马军都指挥使，客将景延广为步军都指挥使。延广，陕州人也。立晋国长公主为皇后。

契丹主虽军柳林，其辎重老弱皆在虎北口，每日暝辄结束，以备仓猝遁逃，而赵德钧欲倚契丹取中国，至团柏逾月，按兵不战，去晋安才百里，声问不能相通。德钧累表为延寿求成德节度使，曰：“臣今远征，幽州势孤，欲使延寿在镇州，左右便于应接。”唐主曰：“延寿方击贼，何暇往镇州！俟贼平，当如所请。”德钧求之不已，唐主怒曰：“赵氏父子坚欲得镇州，何意也？苟能却胡寇，虽欲代吾位，吾亦甘心，若玩寇邀君，但恐犬兔俱毙耳。”德钧闻之，不悦。

30 癸巳(初八),吴主杨溥下诏,使齐王徐知诰设置百官,以金陵府为西都。

31 前坊州刺史刘景岩是延州人,家财富有而且喜爱侠义,交结豪杰,家里设置丁夫兵仗,人们都慑服他的势力强大,整个州县无人能比。彰武节度使杨汉章治理无当,丧失夷、夏人心,正赶上搜集马匹和义军,杨汉章率领步兵、骑兵数千人即将按期开赴军阵,正在野外进行检阅。刘景岩暗中使人阻挠破坏此事说:"契丹强盛,你们这些人有去无回。"兵众害怕,杀了杨汉章,拥护刘景岩为留后。末帝不得已,丁酉(十二日),任命刘景岩为彰武留后。

32 契丹主对石敬瑭说:"我从三千里以外来帮助你解决危难,必然会成功。观察你的器宇容貌和见识气量,真的是个中原的国主啊。我想扶立你做天子。"石敬瑭推辞逊让了好几次,将吏又反复劝他进大位,于是便答应了。契丹主制作册封的文书,命令石敬瑭为大晋皇帝,自己解下衣服冠冕亲授给他,在柳林搭筑坛台,就在这一天,即了皇帝之位。并割让了幽、蓟、瀛、莫、涿、檀、顺、新、妫、儒、武、云、应、寰、朔、蔚十六个州给予契丹,仍然答应每年运输帛三十万匹给他们。己亥(十四日),后晋高祖皇帝石敬瑭下制令,更改长兴七年为天福元年,实行大赦;敕命各种法制都遵守明宗时的旧规。任用节度判官赵莹为翰林学士承旨、户部侍郎、知河东军府事,掌书记桑维翰为翰林学士、礼部侍郎、权知枢密使事,观察判官薛融为侍御史知杂事,节度推官白水人窦贞固为翰林学士,军城都巡检使刘知远为侍卫马军都指挥使,客将景延广为步军都指挥使。景延广是陕州人。立晋国长公主为皇后。

契丹主虽然把军队屯扎在柳林,他们的辎重和老弱士兵都在虎北口,每当太阳西落便结扎停当,以使仓促之间逃遁,而赵德钧想要倚赖契丹夺取中国,到达团柏一个多月,按兵不动,距离晋安才百里,但消息不能相通。赵德钧屡次上表为他的儿子赵延寿请求委任为成德节度使,他说:"臣现在远征在外,幽州形势孤弱,想要让延寿戍守在镇州,向左向右都便于接应。"后唐末帝说:"延寿正在与贼兵争斗,哪有空暇去往镇州! 等待贼兵平定后,可以按所请求的办理。"赵德钧没完没了地请求,后唐主发怒说:"赵氏父子坚持要得到镇州,是什么意思? 如果能够打退胡寇,即使要取代我的位置,我也甘心愿意,若是玩弄寇兵以胁求君主,只怕要落得犬兔都毙命了。"赵德钧听说,很不高兴。

闰月,赵延寿献契丹主所赐诏及甲马弓剑,诈云德钧遣使致书于契丹主,为唐结好,说令引兵归国。其实别为密书,厚以金帛赂契丹主,云:"若立己为帝,请即以见兵南平洛阳,与契丹为兄弟之国;仍许石氏常镇河东。"契丹主自以深入敌境,晋安未下,德钧兵尚强,范延光在其东,又恐山北诸州邀其归路,欲许德钧之请。

帝闻之,大惧,亟使桑维翰见契丹主,说之曰:"大国举义兵以救孤危,一战而唐兵瓦解,退守一栅,食尽力穷。赵北平父子不忠不信,畏大国之强,且素蓄异志,按兵观变,非以死徇国之人,何足可畏,而信其诞妄之辞,贪豪末之利,弃垂成之功乎!且使晋得天下,将竭中国之财以奉大国,岂此小利之比乎!"契丹主曰:"尔见捕鼠者乎,不备之,犹或啮伤其手,况大敌乎!"对曰:"今大国已扼其喉,安能啮人乎!"契丹主曰:"吾非有渝前约也,但兵家权谋不得不尔。"对曰:"皇帝以信义救人之急,四海之人俱属耳目,奈何二三其命,使大义不终!臣窃为皇帝不取也。"跪于帐前,自旦至暮,涕泣争之。契丹主乃从之,指帐前石谓德钧使者曰:"我已许石郎,此石烂,可改矣。"

33　龙敏谓前郑州防御使李懿曰:"君,国之近亲,今社稷之危,翘足可待,君独无忧乎?"懿为言赵德钧必能破敌之状。敏曰:"我燕人也,知德钧之为人,怯而无谋,但于守城差长耳。况今内蓄奸谋,岂可恃乎!仆有狂策,但恐朝廷不肯为耳。今从驾兵尚万馀人,马近五千匹,若选精骑一千,使仆与郎万金将之,自介休山路,夜冒虏骑入晋安寨,但使其半得入,

闰十一月,赵延寿奉献出契丹主所赐的诏书以及铠甲、马匹、弓矢、刀剑,诈称赵德钧遣派的使者致信给契丹主,为后唐求结和好,劝说契丹让他们引兵归国。其实又另具秘密书信,用丰厚的金宝财帛贿赂契丹主,并说:"如果立自己为中国皇帝,请求就用现有兵马向南平定洛阳,与契丹约为兄弟之国;仍然允许石敬瑭常镇河东。"契丹主自以为深入敌境,晋安没有攻下,赵德钧兵力尚强,范延光在他的东面,又怕太行山以北诸州遮断他的归路,想要答应赵德钧的请求。

　　后晋帝听说,很是害怕,赶紧派桑维翰去见契丹主耶律德光,劝他说:"您大国发动义兵来救援孤危,一次战斗就使唐兵瓦解,退守到一栅之后,食粮用尽,力量穷竭。赵德钧父子不忠于唐,不信于契丹,只是畏惧大国之强盛,而且素怀异志,按兵不动,以窥测变化,并非以死殉国的人,有什么可怕的,您怎么能因而相信他的妄诞之词,贪取毫末小利,丢弃将要完成的功业呢! 而且如果让晋国得了天下,将要竭尽中国之财以奉献给大国,哪里是这些小利可比的!"契丹主说:"你看见捕鼠的人吗,不防备它,还可能咬伤了手,何况是大敌啊!"回答说:"现在大国已经卡住它的喉咙,岂能再咬人啊!"契丹主说:"我不是要改变以前的约定,只是用兵的权谋不能不这样。"回答说:"皇帝用信义救人的急难,四海人的耳目都注意到了这件事,怎么能忽而这样、忽而那样,以致使得大义不能贯彻始终! 臣私下认为皇帝不能这样做啊。"于是,跪在帐前,从早到晚,哭泣流涕地争辩不止。契丹主便依从了他,指着帐前的石头对赵德钧的使者说:"我已经许诺了石郎,除非这块石头烂了,才能改变。"

　　33　龙敏对前郑州防御使李懿说:"您是国主的近亲,现在社稷如此危难,跬足之间就可以灭亡,您难道唯独没有忧虑吗?"李懿为他分析赵德钧必能打败敌军的形势。龙敏说:"我是燕地人,知道赵德钧的为人,他胆小而又无谋略,只是对于守城稍有长处而已。何况他现在内蓄奸谋,这样的人怎么能依恃呢! 在下有个冒昧的计策,只怕朝廷不肯那样干。现在随从圣驾的兵尚有万余人,马近五千匹,如果选出精锐骑兵一千人,让我和郎万金指挥他们,从介休山路出发,趁着夜间冲破贼阵而进入晋安寨,只要能有一半人进去,

则事济矣。张敬达等陷于重围,不知朝廷声问,若知大军近在团柏,虽有铁障可冲陷,况虏骑乎!"懿以白唐主,唐主曰:"龙敏之志极壮,用之晚矣。"

34　丹州义军作乱,逐刺史康承询,承询奔鄜州。

35　晋安寨被围数月,高行周、符彦卿数引骑兵出战,众寡不敌,皆无功,刍粮俱竭,削柿淘粪以饲马,马相啖,尾鬣皆秃,死则将士分食之,援兵竟不至。张敬达性刚,时谓之"张生铁",杨光远、安审琦劝敬达降于契丹,敬达曰:"吾受明宗及今上厚恩,为元帅而败军,其罪已大,况降敌乎!今援兵旦暮至,且当俟之。必若力尽势穷,则诸军斩我首,携之出降,自求多福,未为晚也。"光远目审琦欲杀敬达,审琦未忍。高行周知光远欲图敬达,常引壮骑尾而卫之,敬达不知其故,谓人曰:"行周每踵余后,何意也?"行周乃不敢随之。诸将每旦集于招讨使营,甲子,高行周、符彦卿未至,光远乘其无备,斩敬达首,帅诸将上表降于契丹。契丹主素闻诸将名,皆慰劳,赐以裘帽,因戏之曰:"汝辈亦大恶汉,不用盐酪啖战马万匹!"光远等大惭。契丹主嘉张敬达之忠,命收葬而祭之,谓其下及晋诸将曰:"汝曹为人臣,当效敬达也。"时晋安寨马犹近五千,铠仗五万,契丹悉取以归其国,悉以唐之将卒授帝,语之曰:"勉事而主。"马军都指挥使康思立愤惋而死。

帝以晋安已降,遣使谕诸州,代州刺史张朗斩其使;吕琦奉唐主诏劳北军,至忻州,遇晋使,亦斩之,谓刺史丁审琦曰:"虏过城下而不顾,其心可见,还日必无全理,不若早帅兵民自五台奔镇州。"将行,审琦悔之,闭牙城不从。州兵欲攻之,琦曰:

事情就好办了。张敬达等现在陷于重围之中，不知道朝廷的信息，如果他们知道大军近在团柏，那就即使有铁的屏障也可以冲破，何况虏骑的阵列啊！"李懿把这个意见报告了后唐主，后唐主说："龙敏的志向极为壮烈，现在用这个办法可惜晚了。"

34 丹州的义军作乱，驱逐了刺史康承询，康承询投奔鄜州。

35 晋安寨被围了几个月，高行周、符彦卿多次率领骑兵出战，由于寡不敌众，都不能成功，粮食和草料都用完了，只好削木屑淘粪便来喂马，马互相啖咬，尾巴和颈鬃都秃了，死了就由将士分而食之，援兵竟还不来。张敬达性情刚强，当时人叫他"张生铁"，杨光远、安审琦劝说张敬达向契丹投降，张敬达说："我受明宗和当今皇上的厚恩，当了元帅而打败仗，罪过已经很大，何况向敌人投降呢！现在援兵早晚是要到来，暂且等待吧。如果一旦力尽势穷，那就请诸军斩了我的头，拿着去投降，以求保全自己而获多福，那时也还不晚。"杨光远向安审琦使眼色要杀掉张敬达，安审琦不忍下手。高行周晓得杨光远要暗算张敬达，常常带领精壮骑兵尾随张敬达来护卫他，张敬达不知其中缘故，对别人说："行周常常跟在我的脚后，是什么用意？"高行周才不敢再尾随他。诸将每天早晨会集在招讨使的营房中，甲子（初九），高行周、符彦卿尚未到达，杨光远乘着张敬达没有防备，斩了他的头，率领诸将上表向契丹投降。契丹主耶律德光平素就听说诸将的名声，都加以慰劳，赐给皮帽，因而开玩笑说："你们各位是非常可恨的恶汉，用不着我准备加盐的乳酪来喂你们上万匹的战马了！"杨光远等大为羞惭。契丹主嘉许张敬达的忠义，命令收尸安葬，并进行祭奠，对他的下属及晋国诸将说："你们做人臣的，应该仿效张敬达啊。"当时晋安寨尚有马近五千匹，铠甲兵杖五万，契丹全部取走送归本国，而把后唐的将卒全部交给后晋帝石敬瑭，并对大家说："勉力效忠你们的主上。"马军都指挥使康思立愤恨怅伤而死。

后晋高祖石敬瑭因为晋安已经投降，派使者谕告诸州，代州刺史张朗杀了来使；吕琦奉后唐主的诏书慰劳雁门关以北诸军，到了忻州，遇到晋国使者，也把使者杀了，吕琦对忻州刺史丁审琦说："胡虏经过城下时都不回头看，他们的心迹可以看清，还朝之日必定不能保全自己，不如早日率领军民从五台奔赴镇州。"将要出发，丁审琦又后悔了，关闭牙城不跟吕琦走。州兵要攻打他，吕琦说：

"家国如此，何为复相屠灭！"乃帅州兵趣镇州，审琦遂降契丹。

36　契丹主谓帝曰："桑维翰尽忠于汝，宜以为相。"丙寅，以赵莹为门下侍郎，桑维翰为中书侍郎，并同平章事；维翰仍权知枢密院事。以杨光远为侍卫马步军都指挥使，以刘知远为保义节度使、侍卫马步军都虞候。

37　帝与契丹主将引兵而南，欲留一子守河东，咨于契丹主，契丹主令帝尽出诸子，自择之。帝兄子重贵，父敬儒早卒，帝养以为子，貌类帝而短小，契丹主指之曰："此大目者可也。"乃以重贵为北京留守、太原尹、河东节度使。契丹以其将高谟翰为前锋，与降卒偕进。丁卯，至团柏，与唐兵战，赵德钧、赵延寿先遁，符彦饶、张彦琦、刘延朗、刘在明继之，士卒大溃，相腾践死者万计。

己巳，延朗、在明至怀州，唐主始知帝即位、杨光远降。众议以"天雄军府尚完，契丹必惮山东，未敢南下，车驾宜幸魏州"。唐主以李崧素与范延光善，召崧谋之。薛文遇不知而继至，唐主怒，变色，崧蹑文遇足，文遇乃去。唐主曰："我见此物肉颤，适几欲抽佩刀刺之。"崧曰："文遇小人，浅谋误国，刺之益丑。"崧因劝唐主南还，唐主从之。

洛阳闻北军败，众心大震，居人四出，逃窜山谷。门者请禁之，河南尹雍王重美曰："国家多难，未能为百姓主，又禁其求生，徒增恶名耳；不若听其自便，事宁自还。"乃出令任从所适，众心差安。

"国与家到了这种地步,为什么还要相互残杀!"于是率领兵将奔向镇州,丁审琦便向契丹投降了。

36 契丹主对后晋高祖石敬瑭说:"桑维翰对你很尽忠心,应该让他做宰相。"丙寅(十一日),高祖任命赵莹为门下侍郎,桑维翰为中书侍郎,两人都同平章事;桑维翰仍然暂时主持枢密使的事务。任命杨光远为侍卫马步军都指挥使,任命刘知远为保义节度使、侍卫马步军都虞候。

37 后晋帝与契丹主将要领兵向南进军,想留下他的一个儿子戍守河东,征求契丹主的意见,契丹主让后晋帝把他的儿子都叫出来,由他自己选择。后晋帝哥哥的儿子石重贵,其父石敬儒早亡,后晋帝养育他做自己的儿子,相貌与后晋帝相像而身材短小,契丹主指着他说:"这个大眼睛的可以。"因而任用石重贵为北京留守、太原尹、河东节度使。契丹用他的将领高谟翰做前锋,同降兵一起相偕而进。丁卯(十二日),到达团柏,与唐兵交战,赵德钧、赵延寿先逃跑,符彦饶、张彦琦、刘延朗、刘在明也跟着逃跑,士兵大乱溃逃,相互践踏而死的有一万多人。

己巳(十四日),刘延朗、刘在明到了怀州,后唐末帝才知道石敬瑭已即帝位,杨光远已经投降。众人议论认为:"天雄军府还完好,契丹必然惧怕山东,不敢南下,皇帝应当到魏州去巡幸。"后唐主李从珂认为李崧素来与天雄节度使范延光相友善,便召唤李崧来谋议。薛文遇不知道也跟着进来,后唐主发怒,变了脸色,李崧用脚踩薛文遇的脚,薛文遇才退去。后唐主说:"我看见这东西肉就发颤,刚才几乎要拔佩刀刺他。"李崧说:"薛文遇是个小人,出的主意浅薄误国,刺了他更显得丑恶。"李崧因而劝后唐主南还,后唐主听从了他的意见。

洛阳听说北方军事大败的消息,民众心里大受震动,居住城中的百姓四面出走,逃窜到山谷。把守城门的军士禁止百姓出走,河南尹雍王李重美说:"国家多难,不能当好百姓的主管,又禁止他们去求生,只能增加恶名;不如听其自便,事情安定了自然会归还。"于是下令任凭他们随便出走,民心稍见安宁。

壬申，唐主还至河阳，命诸将分守南、北城。张延朗请幸滑州，庶与魏博声势相接，唐主不能决。

赵德钧、赵延寿南奔潞州，唐败兵稍稍从之，其将时赛帅卢龙轻骑东还渔阳。帝先遣昭义节度使高行周还具食，至城下，见德钧父子在城上，行周曰："仆与大王乡曲，敢不忠告！城中无斗粟可守，不若速迎车驾。"甲戌，帝与契丹主至潞州，德钧父子迎谒于高河，契丹主慰谕之，父子拜帝于马首，进曰："别后安否？"帝不顾，亦不与之言。契丹主问德钧曰："汝在幽州所置银鞍契丹直何在？"德钧指示之，契丹主命尽杀之于西郊，凡三千人。遂琐德钧、延寿，送归其国。

德钧见述律太后，悉以所赍宝货并籍其田宅献之，太后问曰："汝近者何为往太原？"德钧曰："奉唐主之命。"太后指天曰："汝从吾儿求为天子，何妄语邪！"又自指其心曰："此不可欺也。"又曰："吾儿将行，吾戒之云：赵大王若引兵北向渝关，亟须引归，太原不可救也。汝欲为天子，何不先击退吾儿，徐图亦未晚。汝为人臣，既负其主，不能击敌，又欲乘乱邀利，所为如此，何面目复求生乎？"德钧俯首不能对。又问："器玩在此，田宅何在？"德钧曰："在幽州。"太后曰："幽州今属谁？"曰："属太后。"太后曰："然则又何献焉？"德钧益惭。自是郁郁不多食，逾年而卒。张砺与延寿俱入契丹，契丹主复以为翰林学士。

帝将发上党，契丹主举酒属帝曰："余远来徇义，今大事已成，我若南向，河南之人必大惊骇，汝宜自引汉兵南下，人必不甚

壬申（十七日），后唐主李从珂回到河阳，命令诸将分守南、北城。张延朗请求后唐主再去滑州，以便同魏博声势相接，后唐主没能做出决定。

赵德钧、赵延寿向南逃奔到潞州，后唐败兵有一些人跟着他们，其将领时赛率领卢龙的轻骑兵向东回到渔阳。后晋帝先派遣昭义节度使高行周回到潞州准备粮秣，到达城下，见赵德钧父子在城上，高行周说：“我和您是同乡，怎能不向您进言忠告！城中没有一斗粟米可守，不如赶快迎接晋帝车驾。”甲戌（十九日），后晋帝与契丹主到达潞州，赵德钧父子在高河迎接并谒见，契丹主好言安慰他们，赵氏父子在马前拜见后晋帝，又走近后晋帝身边说：“分别以后安好吗？”后晋帝不看他们，也不同他们交谈。契丹主向赵德钧说：“你在幽州所设置的银鞍契丹兵现在哪里？”赵德钧指给他看，契丹主下令在西郊把这些人都杀了，共有三千人。然后，便拘拿了赵德钧、赵延寿，押送到契丹国。

赵德钧谒见契丹主的母亲述律太后，把所有带来的宝货及没收得来的田宅都献出来作贡物，太后问道：“你最近为什么到太原去？”赵德钧说：“是奉唐主之命。”太后指着天说道：“你向我儿请求扶你当天子，为什么说瞎话！”又指指自己的心说：“这里是不能欺骗的。”又说：“我儿将要出行的时候，我告诫他说：赵大王如果率领兵马向渝关北进时，就赶紧带领部众回来，太原不必去救他。你想当天子，为什么不先把我儿击退，再慢慢谋取也不晚。你作为人臣，既辜负自己的君主，不能攻击敌人，又想乘着危乱之时谋求自己的利益，你干出这样的事，还有什么面目来求生存呢？”赵德钧低着头不能回答。太后又问他：“你所献的器皿玩好在这里，但你所献的田宅在哪里？”赵德钧说：“在幽州。”太后说：“幽州现在是属于谁的？”回答说：“属于太后。”太后说：“那你还献什么啊？”赵德钧更加羞惭。从此郁郁吃不下东西，一年之后便死了。张砺随着赵延寿一起进入契丹，契丹主仍然让他做翰林学士。

后晋帝将要进军上党，契丹主举着酒杯对他说：“我远道而来履行协约，现在大事已经完成，我如果再向南进军，黄河以南的人必然要引起大的惊骇，你应该自己率领汉兵南下，人心定不会太

惧。我令太相温将五千骑卫送汝至河梁,欲与之渡河者多少随意。余且留此,俟汝音闻,有急则下山救汝;若洛阳既定,吾即北返矣。"与帝执手相泣,久之不能别,解白貂裘以衣帝,赠良马二十匹,战马千二百匹,曰:"世世子孙勿相忘。"又曰:"刘知远、赵莹、桑维翰皆创业功臣,无大故,勿弃也。"

初,张敬达既出师,唐主遣左金吾大将军历山高汉筠守晋州。敬达死,建雄节度副使田承肇帅众攻汉筠于府署,汉筠开门延承肇入,从容谓曰:"仆与公俱受朝寄,何相迫如此?"承肇曰:"欲奉公为节度使。"汉筠曰:"仆老矣,义不为乱首,死生惟公所处。"承肇目左右欲杀之,军士投刃于地曰:"高金吾累朝宿德,奈何害之!"承肇乃谢曰:"与公戏耳。"听汉筠归洛阳。帝遇诸涂,曰:"朕忧卿为乱兵所伤,今见卿甚喜。"

38　符彦饶、张彦琪至河阳,密言于唐主曰:"今胡兵大下,河水复浅,人心已离,此不可守。"己丑,唐主命河阳节度使苌从简与赵州刺史刘在明守河阳南城,遂断浮梁,归洛阳。遣宦者秦继旻、皇城使李彦绅杀昭信节度使李赞华于其第。

39　己卯,帝至河阳,苌从简迎降,舟楫已具。彰圣军执刘在明以降,帝释之,使复其所。

40　唐主命马军都指挥使宋审虔、步军都指挥使符彦饶、河阳节度使张彦琪、宣徽南院使刘延朗将千馀骑至白马阪行战地,有五十馀骑奔于北军。诸将谓审虔曰:"何地不可战,谁肯立于此?"乃还。庚辰,唐主又与四将议复向河阳,而将校皆已飞状迎帝。帝虑唐主西奔,遣契丹千骑扼渑池。

恐惧。我命令太相温带领五千骑兵保卫护送你到河梁,你想要多少人随你渡河由你决定。我暂时留在这里,等你的消息,有紧急情况,我便下山去援救你;如果你能把洛阳安定下来,我就返回北面去。"于是与后晋帝执手相泣,久久不能作别,脱下自己的白貂裘赠给后晋帝,又赠送了好马二十匹,战马一千二百匹,说道:"世世代代子孙不要相忘。"又说:"刘知远、赵莹、桑维翰都是创业的功臣,没有大的过失,不要丢弃他们。"

起初,张敬达率师出征以后,后唐主李从珂派左金吾大将军历山人高汉筠戍守晋州。张敬达死了以后,建雄节度副使田承肇率领部众在府署攻击高汉筠,高汉筠打开府署大门延请田承肇进入,很从容地对田承肇说:"我和您都是受朝廷的委任,为何如此相迫?"田承肇说:"要拥戴您做节度使。"高汉筠说:"我老了,道义上不允许我当作乱的头头,或死或生都听任您的处置了。"田承肇目示左右要杀他,军士们把武器投掷在地说:"高金吾是几朝有德望的人,为什么要害他!"田承肇这才向他谢罪说:"和您开玩笑而已。"听由高汉筠归还洛阳。后晋帝在路途中遇上了他,说道:"朕担忧您为乱兵所伤,现在见到您,我很高兴。"

38 符彦饶、张彦琪到达河阳,秘密地向唐主讲言说:"现在胡兵大举南下,黄河的水又逢浅季,人心已经离散,此地不能固守。"己丑(二十二日),后唐主命令河阳节度使苌从简与赵州刺史刘在明戍守河阳南城,便把渡河浮桥断毁,回到洛阳。派遣宦官秦继旻、皇城使李彦绅在李赞华的府第杀了昭信节度使李赞华。

39 己卯(二十四日),后晋帝到达河阳,苌从简迎接投降,渡河舟楫已经准备好了。彰圣军拘执了主官刘在明,也来投降,后晋帝把他释放了,让他复职返回镇所。

40 后唐主命令马军都指挥使宋审虔、步军都指挥使符彦饶、河阳节度使张彦琪、宣徽南院使刘延朗带领千馀骑兵到达白马阪准备进行战斗的地方,有五十多骑兵投奔到北方的后晋军队。诸将对宋审虔说:"哪个地方不能战斗,谁还肯停留在这里?"便带兵回来了。庚辰(二十五日),后唐主又同宋、符、张、刘四将商讨再向河阳进攻,而此时将校都已经驰送降书给晋帝了。后晋帝担心后唐主向西逃奔,派遣契丹一千骑兵扼阻在渑池。

辛巳,唐主与曹太后、刘皇后,雍王重美及宋审虔等携传国宝登玄武楼自焚。皇后积薪欲烧宫室,重美谏曰:"新天子至,必不露居,他日重劳民力。死而遗怨,将安用之!"乃止。王淑妃谓太后曰:"事急矣,宜且避匿,以俟姑夫。"太后曰:"吾子孙妇女一朝至此,何忍独生!妹自勉之。"淑妃乃与许王从益匿于毬场,获免。

是日晚,帝入洛阳,止于旧第。唐兵皆解甲待罪,帝慰而释之。帝命刘知远部署京城,知远分汉军使还营,馆契丹于天宫寺,城中肃然,无敢犯令。士民避乱窜匿者,数日皆还复业。

初,帝在河东,为唐朝所忌,中书侍郎、同平章事、判三司张延朗不欲河东多蓄积,凡财赋应留使之外尽收取之,帝以是恨之。壬午,百官入见,独收延朗付御史台,馀皆谢恩。

甲申,车驾入宫,大赦:"应中外官吏一切不问,惟贼臣张延朗、刘延皓、刘延朗奸邪贪猥,罪难容贷;中书侍郎、平章事马胤孙、枢密使房暠、宣徽使李专美、河中节度使韩昭胤等,虽居重位,不务诡随,并释罪除名;中外臣僚先归顺者,委中书门下别加任使。"刘延皓匿于龙门,数日,自经死。刘延朗将奔南山,捕得,杀之。斩张延朗,既而选三司使,难其人,帝甚悔之。

闽人闻唐主之亡,叹曰:"潞王之罪,天下未之闻也,将如吾君何!"

41 十二月乙酉朔,帝如河阳,钱太相温及契丹兵归国。

辛巳(二十六日),后唐主李从珂与曹太后、刘皇后、雍王李重美及宋审虔等携带着传国宝玺登上玄武楼自焚。刘皇后积聚薪柴想把宫室也烧了,李重美劝谏说:"新天子来了,必定不能露天居住,以后修建宫室还要劳费民力。我们死了,还要给民众遗留怨恨,能有什么好处!"于是,便停止了焚烧宫室。王淑妃对曹太后说:"事情已经危急了,应该暂且躲藏一下,等候姑夫来了再说。"曹太后说:"我的儿子、孙子、媳妇、女儿一旦到了如此地步,我怎么忍心独自生存!妹妹你自己勉力而为吧。"王淑妃便同许王李从益藏匿在毬场,终免于一死。

这天晚上,后晋帝石敬瑭进入洛阳,住在自己的旧府第。后唐的兵都解脱铠甲等待问罪,后晋帝安慰大家,并加以释放。后晋帝命令刘知远部署京城的治安,刘知远分派汉军让他们回到自己的营地,把契丹兵安置在天宫寺,城中秩序非常平静,没有人敢违背命令。士民避乱逃窜躲藏的人,没有几天都回来恢复了旧业。

过去,后晋帝在河东时,受到后唐朝廷的猜忌,中书侍郎、同平章事、判三司张延朗不愿让河东有更多的积蓄,于是把除了应该留供地方使用的财物以外,全部收取上缴,晋帝因此怨恨他。壬午(二十七日),百官入宫朝见,唯独把张延朗扣押交付御史台究办,其余的都谢恩免究。

甲申(二十九日),后晋帝车驾入宫,实行大赦,宣告:"应中外官吏一切不问,只有贼臣张延朗、刘延皓、刘延朗属于奸邪贪猥,其罪行难于容忍宽贷;中书侍郎、平章事马胤孙、枢密使房暠、宣徽使李专美、河中节度使韩昭胤等,虽然居于重要职位,不追求诡诈逢迎,一并解脱他们的罪行,予以除名;内外臣僚中先归顺的,委令中书、门下省另行加以任用。"刘延皓藏匿在龙门,几天后,自己上吊死了。刘延朗将要逃奔南山,捉住了他,并把他杀死。把张延朗斩首,接着选拔三司使,难以选出合适人选,后晋帝很是后悔。

闽国人听到后唐主的灭亡消息后,叹息着说:"潞王的罪行,我们没有听说过,他比起我们的国君又能怎么样呢!"

41 十二月乙酉朔(初一),后晋帝来到河阳,设宴给太相温和契丹兵饯行,送他们回国。

42　追废唐主为庶人。

43　丁亥,以冯道兼门下侍郎、同平章事。

44　曹州刺史郑阮贪暴,指挥使石重立因乱杀之,族其家。

45　辛卯,以唐中书侍郎姚顗为刑部尚书。

46　初,朔方节度使张希崇为政有威信,民夷爱之,兴屯田以省漕运。在镇五年,求内徙,唐潞王以为静难节度使。帝与契丹修好,恐其复取灵武,癸巳,复以希崇为朔方节度使。

47　初,成德节度使董温琪贪暴,积货巨万,以牙内都虞候平山秘琼为腹心。温琪与赵德钧俱没于契丹,琼尽杀温琪家人,瘗于一坎,而取其货,自称留后,表称军乱。

48　同州小校门铎杀节度使杨汉宾,焚掠州城。

49　诏赠李赞华燕王,遣使送其丧归国。

50　张朗将其众入朝。

51　庚子,以唐中书侍郎卢文纪为吏部尚书。以皇城使晋阳周瓌为大将军、充三司使。瓌辞曰:“臣自知才不称职,宁以避事见弃,犹胜冒宠获辜。”帝许之。

52　帝闻平卢节度使房知温卒,遣天平节度使王建立将兵巡抚青州。

53　改兴唐府曰广晋府。

54　安远节度使卢文进闻帝为契丹所立,自以本契丹叛将,辛丑,弃镇奔吴。所过镇戍,召其主将,告之故,皆拜辞而退。

42 追废后唐主李从珂为平民百姓。

43 丁亥(初三),任用冯道兼任门下侍郎、同平章事。

44 曹州刺史郑阮贪婪暴虐,指挥使石重立乘着变乱,把他杀了,并族灭了他的家属。

45 辛卯(初七),任用后唐中书侍郎姚顗为刑部尚书。

46 以前,朔方节度使张希崇治理政务有威信,民众喜欢爱戴他,他兴办屯田就地取粮,从而省减了漕运。在镇所五年,要求往内地调迁,后唐潞王李从珂任用为静难节度使。后晋帝与契丹修好,担心契丹再次攻取灵武,癸巳(初九),仍然任用张希崇为朔方节度使。

47 当初,成德节度使董温琪贪婪暴虐,积蓄的财货竟达数万,他把牙内都虞候平山人秘琼当作心腹。董温琪与赵德钧一起死于契丹,秘琼把董温琪的家属都杀了,埋葬在一个坟坑里,而把他的家财都夺取了,自称留后,上表称言军队动乱。

48 同州的小校门铎杀了节度使杨汉宾,焚烧并掠抢了州城。

49 后晋帝下诏封赠李赞华为燕王,派使者护送他的丧葬回契丹。

50 代州刺史张朗带领他的兵众入京朝见后晋帝。

51 庚子(十六日),后晋帝任用后唐中书侍郎卢文纪为吏部尚书。任用皇城使晋阳人周瓌为大将军、充任三司使。周瓌辞谢说:"臣自知才干不能称职,宁可因为躲避事责而被陛下见弃,也还是比冒恃陛下的宠爱而获罪要好。"后晋帝准许了他。

52 后晋帝听说平卢节度使房知温去世,遣派天平节度使王建立领兵巡抚青州。

53 更改兴唐府叫广晋府。

54 安远节度使卢文进听说后晋帝是由契丹扶立的,自己本是契丹的叛将,辛丑(十七日),放弃了镇所投奔吴国。所过镇戍之地,召唤其主将,告诉他们缘故,都拜辞而退。

55　徐知诰以镇南节度使、太尉兼中书令李德诚、德胜节度使兼中书令周本位望隆重,欲使之帅众推戴,本曰:"我受先王大恩,自徐温父子用事,恨不能救杨氏之危,又使我为此,可乎!"其子弘祚强之,不得已与德诚帅诸将诣江都表吴主,陈知诰功德,请行册命;又诣金陵劝进。宋齐丘谓德诚之子建勋曰:"尊公,太祖元勋,今日扫地矣。"于是吴宫多妖,吴主曰:"吴祚其终乎!"左右曰:"此乃天意,非人事也。"

56　高丽王建用兵击破新罗、百济,于是东夷诸国皆附之,有二京,六府,九节度,百二十郡。

55　吴国的徐知诰因为镇南节度使、太尉兼中书令李德诚、德胜节度使兼中书令周本的地位高声望大，想让他们率领众将吏推戴自己当皇帝，周本说："我受先王大恩，自从徐温父子擅权用事，恨自己不能挽救杨氏的危难，现在又让我干这种事，可以吗！"他的儿子周弘祚强迫他干，不得已与李德诚率领诸将到江都上表吴主杨溥，陈述徐知诰的功德，请吴主施行册命；又到金陵向徐知诰劝进。宋齐丘对李德诚的儿子李建勋说："令尊是太祖的元勋，今天名声扫地了。"这个时候，吴宫发生许多妖异的事情，吴主说："吴国的福祥大概将要完了！"左右的人说："这是天意，不是人事所能改变的啊。"

56　高丽王王建发兵击破新罗、百济，从此东夷诸国都归附于他，拥有两京、六府、九节度、一百二十郡。

卷第二百八十一　后晋纪二

起丁酉(937)尽戊戌(938)凡二年

高祖圣文章武明德孝皇帝上之下
天福二年(丁酉,937)

1　春,正月乙卯,日有食之。

2　诏以前北面招收指挥使安重荣为成德节度使,以秘琼为齐州防御使。遣引进使王景崇谕琼以利害。重荣与契丹将赵思温偕如镇州,琼不敢拒命。丙辰,重荣奏已视事。景崇,邢州人也。

3　契丹以幽州为南京。

4　李崧、吕琦逃匿于伊阙民间。帝以始镇河东,崧有力焉,德之;亦不责琦。乙丑,以琦为秘书监;丙寅,以崧为兵部侍郎、判户部。

5　初,天雄节度使兼中书令范延光微时,有术士张生语之云:"必为将相。"延光既贵,信重之。延光尝梦蛇自脐入腹,以问张生,张生曰:"蛇者龙也,帝王之兆。"延光由是有非望之志。唐潞王素与延光善,及赵德钧败,延光自辽州引兵还魏州,虽奉表请降,内不自安,以书潜结秘琼,欲与之为乱。琼受其书不报,延光恨之。琼将之齐,过魏境,延光欲灭口,且利其货,遣兵邀之于夏津,杀之。丁卯,延光奏称夏津捕盗兵误杀琼,帝不问。

高祖圣文章武明德孝皇帝上之下

后晋高祖天福二年(丁酉,公元937年)

1　春季,正月乙卯(初二),出现日食。

2　后晋高祖石敬瑭下诏,任用前北面招收指挥使安重荣为成德节度使,任用秘琼为齐州防御使。派遣引进使王景崇去给秘琼讲明利害。安重荣与契丹将领赵思温相偕来到镇州,秘琼不敢拒绝接受命令。丙辰(初三),安重荣上奏称已经视事。王景崇是邢州人。

3　契丹把幽州作为南京。

4　李崧、吕琦逃匿在伊阙民间。后晋帝认为开始镇守河东时,李崧推举有功,心里感激他;也不责备吕琦。乙丑(十二日),任用吕琦为秘书监;丙寅(十三日),任用李崧为兵部侍郎、判理户部。

5　从前,天雄节度使兼中书令范延光微贱时,有个术士张生对他说:"您将来必定做将相。"范延光贵显以后,很信任器重他。范延光曾经梦见蛇从肚脐钻入腹中,便用这件事询问张生,张生说:"蛇就是龙,是当帝王的兆头。"范延光从此有了非分之想。后唐潞王李从珂素来与范延光友善,等到赵德钧败亡后,范延光从辽州领兵返归魏州,虽然他向晋帝上表请降,内心很不自安,他写信暗中勾结秘琼,想同他一起作乱。秘琼接信后不作回答,范延光很怨恨他。秘琼将要去齐州就任,经过魏州境内,范延光想灭口,并且贪爱他的财货,便派兵在夏津阻挡他,把他杀了。丁卯(十四日),范延光奏称夏津捕捉强盗,士兵误杀秘琼,后晋高祖不作追究。

6　戊寅，以李崧为中书侍郎、同平章事，充枢密使，桑维翰兼枢密使。时晋新得天下，藩镇多未服从；或虽服从，反仄不安。兵火之馀，府库殚竭，民间困穷，而契丹征求无厌。维翰劝帝推诚弃怨以抚藩镇，卑辞厚礼以奉契丹，训卒缮兵以修武备，务农桑以实仓廪，通商贾以丰货财。数年之间，中国稍安。

7　吴太子琏纳齐王知诰女为妃。

知诰始建太庙、社稷，改金陵为江宁府，牙城曰宫城，厅堂曰殿；以左右司马宋齐丘、徐玠为左右丞相，马步判官周宗、内枢判官黟人周廷玉为内枢使。自馀百官皆如吴朝之制。置骑兵八军，步兵九军。

8　二月，吴主以卢文进为宣武节度使，兼侍中。

9　戊子，吴主使宜阳王璪如西都，册命齐王；王受册，赦境内。册王妃曰王后。

10　吴越王元瓘之弟顺化节度使、同平章事元珦获罪于元瓘，废为庶人。

11　契丹主自上党过云州，大同节度使沙彦珣出迎，契丹主留之，不使还镇。节度判官吴峦在城中，谓其众曰："吾属礼义之俗，安可臣于夷狄乎！"众推峦领州事，闭城不受契丹之命，契丹攻之，不克。应州马军都指挥使金城郭崇威亦耻臣契丹，挺身南归。

契丹主过新州，命威塞节度使翟璋敛犒军钱十万缗。初，契丹主阿保机强盛，室韦、奚、霫皆役属焉。奚王去诸苦契丹贪虐，帅其众西徙妫州，依刘仁恭父子，号西奚。去诸卒，

6 戊寅(二十五日),任用李崧为中书侍郎、同平章事,充枢密使,任用桑维翰兼枢密使。当时,后晋新得天下,藩镇大多还没有服从;或者虽然服从,但是还反复不安定。战争焚掠之馀,官家府库中的金帛财物已经支用净尽,民间生活困难贫穷,而契丹又征调索求没完没了。桑维翰劝说晋帝要诚心诚意、放弃前怨来安抚各地藩镇;用谦卑的言词和丰厚的献礼,来结好于契丹;加强训练、整饬军伍,来完善武备力量;勤务农桑生产,来充实仓储;通畅商贾贸易,来交流丰富财货。这样经过治理整顿过了几年之后,中原的社会、经济,稍见安定。

7 吴国太子杨琏娶了齐王徐知诰的女儿做妃子。

徐知诰开始在他的驻地修建太庙、社稷祭坛,更改金陵为江宁府,主帅所居的牙城称作宫城,府中的厅堂称为殿;委任左、右司马宋齐丘和徐玠为左、右丞相,马步判官周宗、内枢判官黟县人周廷玉为内枢使。自此以下的百官,都和吴国的制度一样。置建骑兵八个军,步兵九个军。

8 二月,吴主杨溥任用卢文进为宣武节度使,兼任侍中。

9 戊子(初五),吴主让宜阳王杨璪去西都金陵,册命齐王;齐王徐知诰接受册命,在辖境以内实行大赦。册立王妃称作王后。

10 吴越王钱元瓘的弟弟顺化节度使、同平章事钱元珦被钱元瓘施加罪名,废职为庶民。

11 契丹主耶律德光从上党北上经过云州时,大同节度使沙彦珣出城迎接,契丹主把他留下,不让他回镇所。节度判官吴峦在城中,对他的下属将士说:“我们属于有礼义之俗的国家,怎么可以做夷狄的臣民啊!”众人推举吴峦领导全州的事务,关上城门不接受契丹的命令,契丹兵攻城,攻不下来。应州马军都指挥使金城人郭崇威也耻于向契丹称臣,挺身南归。

契丹主经过新州,命令威塞节度使翟璋收集犒劳军队的钱十万缗。以前,契丹主耶律德光的父亲契丹太祖耶律阿保机强盛,室韦、奚、霫都成为他的属地而为其役使。奚王去诸苦于契丹的贪求和虐待,带领他的属众向西迁徙到妫州,依附于刘仁恭父子,号称西奚。去诸死后,

子扫剌立。唐庄宗灭刘守光,赐扫剌姓李名绍威。绍威娶契丹逐不鲁之姊。逐不鲁获罪于契丹,奔绍威,绍威纳之。契丹怒,攻之,不克。绍威卒,子拽剌立。及契丹主德光自上党北还,拽剌迎降,时逐不鲁亦卒,契丹主曰:"汝诚无罪,扫剌、逐不鲁负我。"皆命发其骨,砲而飏之。诸奚畏契丹之虐,多逃叛。契丹主劳翟璋曰:"当为汝除代,令汝南归。"已亥,璋表乞征诣阙。既而契丹遣璋将兵讨叛奚、攻云州,有功,留不遣璋,璋郁郁而卒。

张砺自契丹逃归,为追骑所获,契丹主责之曰:"何故舍我去?"对曰:"臣华人,饮食衣服皆不与此同,生不如死,愿早就戮。"契丹主顾通事高彦英曰:"吾常戒汝善遇此人,何故使之失所而亡去? 若失之,安可复得邪!"笞彦英而谢砺。砺事契丹主甚忠直,遇事辄言,无所隐避,契丹主甚重之。

12 初,吴越王镠少子元璙数有军功,镠赐之兵仗。及吴越王元瓘立,元璙为土客马步军都指挥使兼中书令,恃恩骄横,增置兵仗至数千,国人多附之。元瓘忌之,使人讽元璙请输兵仗,出判温州,元璙不从。铜官庙吏告元璙遣亲信祷神,求主吴越江山;又为蜡丸从水窦出入,与兄元珣谋议。三月戊午,元瓘遣使者召元璙宴宫中,既至,左右称元璙有刃坠于怀袖,即格杀之,并杀元珣。元瓘欲按诸将吏与元珣、元璙交通者,其子仁俊谏曰:"昔光武克王郎,曹公破袁绍,皆焚其书疏以安反侧,今宜效之。"元瓘从之。

他的儿子扫剌继立。后唐庄宗讨灭刘守光时，赐给扫剌姓李，名绍威。李绍威娶了契丹逐不鲁的姐姐。逐不鲁得罪了契丹，投奔李绍威，李绍威接纳了他。契丹发怒，攻打他，没有攻下来。李绍威死后，儿子拽剌继立。等到契丹主耶律德光从上党北归时，拽剌迎接并投降于他，当时逐不鲁也已死了，契丹主耶律德光说："你实在是没有罪过的，扫剌、逐不鲁有负于我们契丹。"便令人把二人的尸骨挖掘出来，磨碎后加以散扬。各处奚人畏惧契丹的暴虐，很多都叛离而逃走了。契丹主慰劳翟璋说："我一定找人替代你的职务，让你回到南朝。"己亥(十六日)，翟璋上表后晋朝廷，请求召他回朝在阙门诣见。没有多久，契丹派遣翟璋领兵去讨伐叛变的奚人，进攻云州，有功劳，便把他留下，不让他回去，最后翟璋郁郁而死。

翰林学士张砺从契丹逃归南方，被追赶的契丹骑兵抓获，契丹主责备他说："你为什么离我而去？"张砺回答说："我是中国人，饮食、衣服都同此地不一样，活着还不如死了，我愿意您早日把我杀了。"契丹主回头对翻译高彦英说："我常常告诫你要优厚地对待这个人，你为什么让他流离失所而逃走？如果失去他，怎能再得到这样的人！"便笞打高彦英而向张砺道歉。张砺事奉契丹主很是忠心和直率，遇到问题往往进言，没有什么隐藏和躲避的，契丹主耶律德光很器重他。

12　以前，吴越王钱镠的小儿子钱元镠，多次建立军功，钱镠赐给他护从用的兵仗。等到吴越王钱元瓘继立后，钱元镠被任命为土客马步军都指挥使兼中书令，他依恃恩宠而骄傲蛮横，增设兵仗达数千人，国中的人常常依附逢迎他。钱元瓘猜忌他，让人去劝钱元镠自己请求捐献兵仗，出朝去判理温州，钱元镠不干。铜官庙的司管官员告发钱元镠派亲信去向神祈祷，求神让他做吴越江山的君主；又告发他制作蜡丸从水洞流进流出，与他哥哥钱元珦密谋策划。三月戊午(初五)，钱元瓘派使者召唤钱元镠到宫中赴宴，到达之后，宫中左右的人声称钱元镠身上有刀坠挂在怀袖里边，就把他捉拿杀了，同时杀了钱元珦。钱元瓘还要查究将吏中与钱元珦、钱元镠有交往沟通的人，他的儿子钱仁俊劝谏他说："昔日东汉光武帝打破王莽，三国时曹操破了袁绍，都把他们的往来书信烧了，用以安抚想要反叛和倾覆的人，现在，我们也应该效法他们。"钱元瓘听从了这个意见。

13　或得唐潞王膂及髀骨献之，庚申，诏以王礼葬于徽陵南。

14　帝遣使诣蜀告即位，且叙姻好。蜀主复书，用敌国礼。

15　范延光聚卒缮兵，悉召巡内刺史集魏州，将作乱。会帝谋徙都大梁，桑维翰曰："大梁北控燕、赵，南通江、淮，水陆都会，资用富饶。今延光反形已露，大梁距魏不过十驿，彼若有变，大军寻至，所谓疾雷不及掩耳也。"丙寅，下诏，托以洛阳漕运有阙，东巡汴州。

16　吴徐知诰立子景通为王太子，固辞不受。追尊考忠武王温曰太祖武王，妣明德太妃李氏曰王太后。壬申，更名诰。

17　庚辰，帝发洛阳，留前朔方节度使张从宾为东都巡检使。

18　汉主以疾愈，大赦。

19　交州将皎公羡杀安南节度使杨廷艺而代之。

20　夏，四月丙戌，帝至汴州；丁亥，大赦。

21　吴越王元瓘复建国，如同光故事。丙申，赦境内，立其子弘傅为世子。以曹仲达、沈崧、皮光业为丞相，镇海节度判官林鼎掌教令。

22　丁酉，加宣武节度使杨光远兼侍中。

23　闽主作紫微宫，饰以水晶，土木之盛倍于宝皇宫。又遣使散诣诸州，伺人隐慝。

13　有人得到后唐潞王李从珂自焚后的脊骨和髋骨,拿来进献,庚申(初七),后晋帝下诏,用王礼葬于徽陵之南。

14　后晋帝遣派使者到蜀国去通告自己即位的事,并且叙述姻亲之好。蜀后主孟昶用对待平等国家的礼节回了信。

15　范延光聚集兵马、治理军务,把他管辖下的刺史全部召集到魏州,将要作乱造反。正当此时,后晋帝打算迁都到大梁,桑维翰说:"大梁北控燕、赵,南通江、淮,水陆两路都通,物资和财用都很富饶。但是,现在范延光的谋反迹象已经显露出来,大梁距离魏州不过十个驿站那么远,他那边如果发生变故,大军很快就可过来,这就是所说的'迅雷不及掩耳'啊。"丙寅(十三日),下诏,托言洛阳漕运不足,东巡汴州。

16　吴国齐王徐知诰册立他的儿子徐景通为太子,徐景通坚决辞谢不接受。徐知诰又追尊他的父亲忠武王徐温为太祖武王,他的母亲明德太妃李氏为王太后。壬申(十九日),更改自己的名字为诰。

17　庚辰(二十七日),后晋帝从洛阳出发东巡,留下前朔方节度使张从宾为东都巡检使。

18　南汉主刘龑因为生病痊愈,实行大赦。

19　交州将领皎公羡杀了安南节度使杨廷艺并取而代之。

20　夏季,四月丙戌(初四),后晋帝到达汴州;丁亥(初五),实行大赦。

21　吴越王钱元瓘恢复建国,如同后唐庄宗同光时期一样。丙申(十四日),在辖境以内实行大赦,册立他的儿子钱弘僔为世子。任用曹仲达、沈崧、皮光业为丞相,镇海节度判官林鼎掌管教令。

22　丁酉(十五日),后晋朝廷加封宣武节度使杨光远兼任侍中。

23　闽主王昶修建紫微宫,用水晶做装饰,土木工程的盛大,加倍于宝皇宫。又派出使者分散到所辖各州,暗中侦查人们所隐匿的事情。

24　五月,吴徐诰用宋齐丘策,欲结契丹以取中国,遣使以美女、珍玩泛海修好,契丹主亦遣使报之。

25　丙辰,敕权署汴州牙城曰大宁宫。

26　壬申,进范延光爵临清郡王,以安其意。

27　追尊四代考妣为帝后。己卯,诏太社所藏唐室罪人首听亲旧收葬。初,武卫上将军娄继英尝事梁均王,为内诸司使,至是,请其首而葬之。

28　六月,吴诸道副都统徐景迁卒。

29　范延光素以军府之政委元随左都押牙孙锐,锐恃恩专横,符奏有不如意者,对延光手裂之。会延光病经旬,锐密召澶州刺史冯晖,与之合谋逼延光反;延光亦思张生之言,遂从之。

甲午,六宅使张言奉使魏州还,言延光反状;义成节度使符彦饶奏延光遣兵渡河,焚草市。诏侍卫马军都指挥使、昭信节度使白奉进将千五百骑屯白马津以备之。奉进,云州人也。丁酉,以东都巡检使张从宾为魏府西南面都部署。戊戌,遣侍卫都军使杨光远将步骑一万屯滑州。己亥,遣护圣都指挥使杜重威将兵屯卫州。重威,朔州人也,尚帝妹乐平长公主。范延光以冯晖为都部署,孙锐为兵马都监,将步骑二万循河西抵黎阳口。辛丑,杨光远奏引兵逾胡梁渡。

30　以翰林学士、礼部侍郎和凝为端明殿学士。凝署其门,不通宾客。前耀州团练推官襄邑张谊致书于凝,以为:“切近之职为天子耳目,宜知四方利病,奈何拒绝宾客!虽安身为便,如负国何!”凝奇之,荐于桑维翰,未几,除左拾遗。

24　五月,吴国齐王徐诰听从宋齐丘的计谋,想要勾结契丹来取得对中原的统治,遣派使者把美女、珍玩宝货从海上送去以修好,契丹主耶律德光也遣派使者回报他。

25　丙辰(初五),后晋帝下敕令:暂时把汴州的牙城署名为大宁宫。

26　壬申(二十一日),后晋朝廷晋爵范延光为临清郡王,用来安抚他的野心。

27　后晋帝石敬瑭追尊四代父母为皇帝和皇后。己卯(二十八日),下诏,命太庙所藏唐室罪人的首级听由其亲属故旧加以收葬。当初,武卫上将军娄继英曾经臣事后梁均王朱友珪,任内诸司使,到这时,请求收殓均王的首级以便埋葬。

28　六月,吴国诸道副都统徐景迁去世。

29　范延光向来把军府的政事委任给元随左都押牙孙锐办理,孙锐依恃恩宠而独断专横,符文奏章有不如意的当着范延光的面便把它撕碎了。正赶上范延光患病已十多天,孙锐暗中召唤澶州刺史冯晖,同他合谋逼迫范延光造反;范延光也思念术士张生的话,便依从了他们。

甲午(十三日),六宅使张言奉晋帝之命出使魏州回朝,奏言范延光造反的情况;义成节度使符彦饶奏报范延光派兵渡过黄河,焚烧了以草屋为居的乡里市场。下诏命令侍卫马军都指挥使、昭信节度使白奉进率领一千五百骑兵屯驻白马津,用来加强防备。白奉进是云州人。丁酉(十六日),任命东都巡检使张从宾为魏府西南面都部署。戊戌(十七日),遣派侍卫都军使杨光远统领步兵、骑兵一万人屯驻滑州。己亥(十八日),遣派护圣都指挥使杜重威统兵屯驻卫州。杜重威是朔州人,娶的妻子是晋帝的妹妹乐平长公主。范延光任用冯晖为都部署,孙锐为兵马都监,统领步兵、骑兵两万人,沿着黄河西岸到达黎阳口。辛丑(二十日),杨光远奏报率兵过了胡梁渡。

30　任用翰林学士、礼部侍郎和凝为端明殿学士。和凝在他家的大门上贴出通告,不迎接宾客。前耀州团练推官襄邑人张谊给和凝写信,认为:"切近朝廷的职位是天子的耳目,应该知道四方的利和弊,怎么能拒绝宾客!虽然对自己不受干扰是方便了,但亏负了国家的付托可怎么好!"和凝很惊奇,把他推荐给桑维翰,没多久,被任用为左拾遗。

谊上言："北狄有援立之功,宜外敦信好,内谨边备,不可自逸,以启戎心。"帝深然之。

31　契丹攻云州,半岁不能下。吴峦遣使间道奉表求救,帝为之致书契丹主请之,契丹主乃命翟璋解围去。帝召峦归,以为武宁节度副使。

32　丁未,以侍卫使杨光远为魏府四面都部署,张从宾为副部署兼诸军都虞候,昭义节度使高行周将本军屯相州,为魏府西面都部署。

军士郭威旧隶刘知远,当从杨光远北征,白知远乞留。人问其故,威曰:"杨公有奸诈之才,无英雄之气,得我何用?能用我者其刘公乎!"

33　诏张从宾发河南兵数千人击范延光。延光使人诱从宾,从宾遂与之同反,杀皇子河阳节度使重信,使上将军张继祚知河阳留后。继祚,全义之子也。从宾又引兵入洛阳,杀皇子权东都留守重义,以东都副留守、都巡检使张延播知河南府事,从军。取内库钱帛以赏部兵,留守判官李遇不与,兵众杀之。从宾引兵扼汜水关,将逼汴州。诏奉国都指挥使侯益帅禁兵五千会杜重威讨张从宾;又诏宣徽使刘处让自黎阳分兵讨之。时羽檄纵横,从官在大梁者无不恟惧,独桑维翰从容指画军事,神色自若,接对宾客,不改常度,众心差安。

34　方士言于闽主,云有白龙夜见螺峰,闽主作白龙寺。时百役繁兴,用度不足,闽主谓吏部侍郎、判三司候官蔡守蒙曰:"闻有司除官皆受赂,有诸?"对曰:"浮议无足信也。"闽主曰:"朕知之久矣,今以委卿,择贤而授,不肖及冒冒者勿拒,

张谊上书说:"北狄契丹有援助立朝的功劳,应该表面上与他敦信修好,内部要认真加强边境上的戒备,不能自己放松警惕,因而开启他的兴兵侵犯之心。"后晋帝感到讲得很正确。

31 契丹进攻云州,半年也攻不下来。守将吴峦派人从便道紧急奉表朝廷求救,后晋帝为他给契丹主写信提出请求,契丹主便下令翟璋解围而去。后晋帝把吴峦召唤回来,任用他为武宁节度副使。

32 丁未(二十六日),任命侍卫使杨光远为魏府四面都部署,张从宾为副部署兼诸军都虞候,昭义节度使高行周统领本军屯驻相州,为魏府西面都部署。

军士郭威原来隶属于刘知远,应当随从杨光远北征,他向刘知远说明要求留下。人们问他为什么,郭威说:"杨公有奸诈之才,无英雄之气,得到我有什么用处?能用我的大概就是刘公啊!"

33 后晋帝下诏,命令张从宾派数千河南兵出击范延光。范延光让人去诱劝张从宾,张从宾便同范延光一起造反,杀了任河阳节度使的皇子石重信,让上将军张继祚主持河阳留后的事务。张继祚是张全义的儿子。张从宾又率领兵马进入洛阳,杀了暂时代理东都留守的皇子石重义,任用东都副留守、都巡检使张延播主持河南府事务,跟随军队行动。又调取内库的钱帛用来犒赏部兵,留守判官李遘不给,兵众把他杀了。张从宾带兵扼守汜水关,将要逼近汴州。后晋帝下诏,奉国都指挥使侯益率领五千禁兵会合杜重威去征讨张从宾;又诏宣徽使刘处让从黎阳分兵讨伐他。当时,军书往来纷繁,随从晋王在大梁的官员没有不烦扰惊恐的,只有桑维翰从容指挥军事,神色自若,接待应对宾客不改正常规范,众人见了心里略觉平静。

34 有方士对闽主王昶言称,有条白龙夜间出现在螺峰,闽主便兴建了白龙寺。当时,各种劳役接连不断,资金用度很不充足,闽主对吏部侍郎、判三司候官人蔡守蒙说:"听说官署委任官员都接受贿赂,有这样的事吗?"回答说:"流言蜚语不足为信。"闽主说:"朕知道此事已经很久了,现在把授官任职的事情,委托给你办理,要选择授给贤能的人,有不称职和假冒顶替的人也不要拒绝,

第令纳赂，籍而献之。”守蒙素廉，以为不可，闽主怒，守蒙惧而从之。自是除官但以货多少为差。闽主又以空名堂牒使医工陈究卖官于外，专务聚敛，无有盈厌。又诏民有隐年者杖背，隐口者死，逃亡者族。果菜鸡豚，皆重征之。

35　秋，七月，张从宾攻汜水，杀巡检使宋廷浩。帝戎服，严轻骑，将奔晋阳以避之。桑维翰叩头苦谏曰：“贼锋虽盛，势不能久，请少待之，不可轻动。”帝乃止。

36　范延光遣使以蜡丸招诱失职者，右武卫上将军娄继英、右卫大将军尹晖在大梁，温韬之子延濬、延沼、延衮居许州，皆应之。延光令延濬兄弟取许州，聚徒已及千人。继英、晖事泄，皆出走。壬子，敕以延光奸谋，诬污忠良，自今获延光谍人，赏获者，杀谍人，禁蜡书，勿以闻。晖将奔吴，为人所杀。继英奔许州，依温氏。忠武节度使苌从简盛为之备，延濬等不得发，欲杀继英以自明，延沼止之，遂同奔张从宾。继英知其谋，劝从宾执三温，皆斩之。

37　白奉进在滑州，军士有夜掠者，捕之，获五人，其三隶奉进，其二隶符彦饶，奉进皆斩之，彦饶以其不先白己，甚怒。明日，奉进从数骑诣彦饶谢，彦饶曰：“军中各有部分，奈何取滑州军士并斩之，殊无客主之义乎！”奉进曰：“军士犯法，何有彼我！仆已引咎谢公，而公怒不解，岂非欲与延光同反邪！”拂衣而起，彦饶不留，帐下甲士大噪，擒奉进，杀之。从骑走出，大呼于外，诸军争擐甲操兵，喧噪不可禁止。

只是让他们纳贿,立籍造册而加以举荐。"蔡守蒙素称廉洁,认为不能这样办,闽主发怒,蔡守蒙害怕,便依从了。从此任用官员就凭纳钱多少来分差等。闽主又让医工陈究用空白不填名姓的委任牒文在外朝卖官,专门从事搜刮民财,没有满足,贪得无厌。又下诏民间如有隐瞒年龄者用刑杖笞背,隐瞒人口者处死,逃亡者诛杀全家。果、菜、鸡、猪,都征收重税。

35 秋季,七月,张从宾攻打汜水,杀了巡检使宋廷浩。后晋帝穿着军装,整备轻骑,准备奔向晋阳避躲。桑维翰叩头苦苦谏阻说:"贼兵的锋芒虽然强盛,其势不能持久,请稍等待一下,不可轻率动移。"后晋帝这才停止未动。

36 范延光派遣使者用蜡丸秘信招诱失职的人,右武卫上将军娄继英、右卫大将军尹晖在大梁,温韬的儿子温延濬、温延沼、温延衮居留在许州,都响应范延光而造反。范延光命令温延濬兄弟夺取许州,聚集徒众已达千人。娄继英、尹晖因为事情泄露,都逃走了。壬子(初二),晋帝下敕书,认为范延光施用奸谋,诬陷玷污忠良,从今以后,抓获范延光的间谍,奖赏抓获的人,杀死间谍,焚烧蜡书,不必上报。尹晖将要投奔吴国,被人所杀。娄继英投奔许州,依附了温氏兄弟。忠武节度使苌从简设重兵防备他们,温延濬等不敢发作,想杀了娄继英以表白自己,温延沼阻止了他,便一同投奔了张从宾。娄继英知道了他们的阴谋,劝张从宾捉获温家三兄弟,都把他们杀了。

37 白奉进在滑州,有军士在夜间进行抢掠的,便捕捉他们,抓获了五个人,其中三个是白奉进的下属,两个是符彦饶的下属,白奉进把他们都杀了,符彦饶因为他没有先告诉自己,非常恼怒。第二天,白奉进带着几个随从骑兵来拜见符彦饶表示道歉,符彦饶说:"军中各有分属,为什么抓了滑州的军士一起杀了,连一点主人和客人的名分都不顾了!"白奉进说:"军士犯了法,怎能分你和我!我已经承担责任来向您道歉,而您还是发怒不止,这岂不成了想与范延光共同造反吗!"一甩袖子起身要走,符彦饶不挽留,帐下甲兵大为喧闹,捉住白奉进,把他杀了。白奉进的随从骑兵走出营帐,在外边大声呼喊,各方军队争着穿铠甲、手执武器,吵嚷之声不能禁止。

奉国左厢都指挥使马万惶惑不知所为,帅步兵欲从乱,遇右厢都指挥使卢顺密帅部兵出营,厉声谓万曰:"符公擅杀白公,必与魏城通谋。此去行宫才二百里,吾辈及军士家属皆在大梁,奈何不思报国,乃欲助乱,自求族灭乎!今日当共擒符公,送天子,立大功。军士从命者赏,违命者诛,勿复疑也!"万所部兵尚有呼跃者,顺密杀数人,众莫敢动。万不得已从之,与奉国都虞候方太等共攻牙城,执彦饶,令太部送大梁。甲寅,敕斩彦饶于班荆馆,其兄弟皆不问。

杨光远自白皋引兵趣滑州,士卒闻滑州乱,欲推光远为主。光远曰:"天子岂汝辈贩弄之物!晋阳之降出于穷迫,今若改图,真反贼也。"其下乃不敢言。时魏、孟、滑三镇继叛,人情大震,帝问计于刘知远,对曰:"帝者之兴,自有天命。陛下昔在晋阳,粮不支五日,俄成大业。今天下已定,内有劲兵,北结强虏,鼠辈何能为乎!愿陛下抚将相以恩,臣请戢士卒以威,恩威兼著,京邑自安,本根深固,则枝叶不伤矣。"知远乃严设科禁,宿卫诸军无敢犯者。有军士盗纸钱一襆,主者擒之,左右请释之,知远曰:"吾诛其情,不计其直。"竟杀之。由是众皆畏服。

乙卯,以杨光远为魏府行营都招讨使、兼知行府事,以昭义节度使高行周为河南尹、东京留守,以杜重威为昭义节度使、充侍卫马军都指挥使,以侯益为河阳节度使。帝以滑州奏事皆马万为首,擢万为义成节度使。丙辰,以卢顺密为果州团练使,方太为赵州刺史。既而知皆顺密之功也,更以顺密为昭义留后。

奉国左厢都指挥使马万一时惶惑不知怎么办,率领步兵想跟着暴乱,正好遇上右厢都指挥使卢顺密率领本部人马出营,厉声对马万说:"符公擅自杀了白公,必定与魏城通谋。这里离天子行宫才两百里,我们这些人和军士的家属都在大梁,为什么不思报效国家,反而要帮助乱兵,难道是要自取族灭全家吗!现在,我们应当共同捉拿符公,送交天子,立大功。军士服从命令的奖赏,违背命令的诛杀,不要再有什么疑虑!"马万所部士兵还有呼喊跳跃的,卢顺密杀了几人,众人就不敢乱动了。马万不得已跟从着他,与奉国都虞候方太等共同攻打牙城,抓住符彦饶,命令方太的部兵送往大梁。甲寅(初四),后晋帝敕令在班荆馆斩杀了符彦饶,对于他的兄弟们都没有究问。

　　杨光远从白皋领兵向滑州进军,士卒听说滑州动乱,想推举杨光远为君主。杨光远说:"天子岂是你们这等人所玩弄的物体!当年我在晋阳的投降是出于穷迫无奈,现在如果改变图谋,那就真是反贼了。"他的部下才不敢再说。当时,魏、孟、滑三镇相继叛变,人情大为震动,后晋帝向刘知远询问怎么办,刘知远回答说:"帝王的兴起,自有天命。陛下当年在晋阳,粮食不足支持五天,转眼成就了大业。现在,天下已经平定,内有强盛的兵力,向北团结强大的胡虏,这些反叛的鼠辈能够干出什么来呢!愿陛下用恩德来安抚将相,我替您用威信整顿士卒,恩威兼施,京都自然会安定,树干和树根深固了,那么枝条和叶就不会受伤了。"刘知远便严格建立科罚禁犯的条令,宿卫京城的诸军没有敢违犯的。有个军士偷盗纸钱一幞,被其主人抓获,左右的人请求放了他,刘知远说:"我是按事情的情况来诛杀他的,不计较它的多少。"居然把他杀了。从此众军士都畏服。

　　乙卯(初五),任命杨光远为魏府行营都招讨使、兼理行府事务,任用昭义节度使高行周为河南尹、东京留守,任用杜重威为昭义节度使、充当侍卫马军都指挥使,任用侯益为河阳节度使。后晋帝因为滑州奏事都以马万为首,便提升马万为义成节度使。丙辰(初六),任用卢顺密为果州团练使,方太为赵州刺史。不久得知平定滑州都是卢顺密的功绩,便改任卢顺密为昭义留后。

冯晖、孙锐引兵至六明镇，光远引之渡河，半渡而击之，晖、锐众大败，多溺死，斩首三千级，晖、锐走还魏。

杜重威、侯益引兵至汜水，遇张从宾众万馀人，与战，俘斩殆尽，遂克汜水。从宾走，乘马渡河，溺死。获其党张延播、继祚、娄继英，送大梁，斩之，灭其族。史馆修撰李涛上言，张全义有再造洛邑之功，乞免其族，乃止诛继祚妻子。涛，回之族曾孙也。

38　诏东都留守司百官悉赴行在。

39　杨光远奏知博州张晖举城降。

40　安州威和指挥使王晖闻范延光作乱，杀安远节度使周瓌，自领军府，欲俟延光胜则附之，败则渡江奔吴。帝遣右领军上将军李金全将千骑如安州巡检，许赦王晖为唐州刺史。

41　范延光知事不济，归罪于孙锐而族之，遣使奉表待罪。戊寅，杨光远以闻，帝不许。

42　吴同平章事王令谋如金陵劝徐诰受禅，诰让不受。

43　山南东道节度使安从进恐王晖奔吴，遣行军司马张胐将兵会复州兵于要路邀之。晖大掠安州，将奔吴，部将胡进杀之。八月癸巳，以状闻。李金全至安州，将士之预于乱者数百人，金全说谕，悉遣诣阙，既而闻指挥使武彦和等数十人挟贿甚多，伏兵于野，执而斩之。彦和且死，呼曰："王晖首恶，天子犹赦之；我辈胁从，何罪乎！"帝虽知金全之情，掩而不问。

冯晖、孙锐带领兵马到了六明镇，杨光远引诱他们渡河，渡了一半就袭击他们，冯晖、孙锐的兵众大败，很多人淹死水中，有三千人被斩杀，冯晖和孙锐逃回到魏州。

杜重威、侯益领兵到达氾水，遇到张从宾的兵众一万多人，同他们交战，几乎全部俘获斩尽，便攻克了氾水。张从宾逃走，乘马渡河，结果被淹死了。俘获他的党羽张延播、张继祚、娄继英，押送到大梁，把他们杀了，诛灭了他的家族。史馆修撰李涛上书奏言，张继祚的父亲张全义有再造洛阳的功劳，请求赦免他的族人，便只诛杀了张继祚的妻子。李涛是李回的族曾孙。

38 后晋帝下诏：东都留守司的百官全部迁赴行在。

39 杨光远奏报，主管博州事务的张晖带领全城投降。

40 安州威和指挥使王晖听说范延光作乱，杀了安远节度使周瓌，自己统领军府，打算等待范延光胜利就依附他，如果他败了就渡过长江投奔吴国。后晋帝派遣右领军上将军李金全带领一千骑兵到安州去巡视检查，答应赦免王晖的罪，并任用他为唐州刺史。

41 范延光知道造反的事不能成功了，便归罪于孙锐，把他的全家人杀了，派出使者到后晋朝廷上表等待治罪。戊寅（二十八日），杨光远报告了朝廷，后晋帝不准许。

42 吴国同平章事王令谋到金陵劝徐诰接受吴主的禅让，继位当皇帝，徐诰辞让不接受。

43 山南东道节度使安从进担心王晖投奔吴国，派行军司马张朏领兵会合复州兵在冲要路上阻挡他。王晖在安州大肆抢掠后将要投奔吴国，部将胡进杀了他。八月癸巳（十三日），把情况报告了朝廷。李金全到达安州，将士中有几百人参与动乱，李金全谕告他们，都让他们到京城去阙门诣见等待发落，接着，听说指挥使武彦和等数十人挟带行贿的财物很多，便在野外埋伏士兵把他们捉住杀了。武彦和临死前高声喊着说："王晖是首恶，天子还把他赦免了；我们这些人都是胁从的，有什么罪！"后晋高祖虽然知道李金全的情况，却把事情掩盖起来不加追究。

44　吴历阳公濛知吴将亡,甲子,杀守卫军使王宏。宏子勒兵攻濛,濛射杀之。以德胜节度使周本吴之勋旧,引二骑诣庐州,欲依之。本闻濛至,将见之,其子弘祚固谏,本怒曰:"我家郎君来,何为不使我见!"弘祚合扉不听本出,使人执濛于外,送江都。徐诰遣使称诏杀濛于采石,追废为悖逆庶人,绝属籍。侍卫军使郭悰杀濛妻子于和州,诰归罪于悰,贬池州。

45　乙巳,赦张从宾、符彦饶、王晖之党,未伏诛者皆不问。

梁、唐以来,士民奉使及俘掠在契丹者,悉遣使赎还其家。

46　吴司徒、门下侍郎、同平章事、内枢使、忠武节度使王令谋老病无齿,或劝之致仕,令谋曰:"齐王大事未毕,吾何敢自安!"疾亟,力劝徐诰受禅。是月,吴主下诏,禅位于齐。李德诚复诣金陵帅百官劝进,宋齐丘不署表。九月癸丑,令谋卒。

47　甲寅,以李金全为安远节度使。

48　娄继英未及葬梁均王而诛死,诏梁故臣右卫上将军安崇阮与王故妃郭氏葬之。

49　丙寅,吴主命江夏王璘奉玺绶于齐。冬,十月甲申,齐王诰即皇帝位于金陵,大赦,改元昇元,国号唐。追尊太祖武王曰武皇帝。乙酉,遣右丞相玠奉册诣吴主,称受禅老臣诰谨拜稽首上皇帝尊号曰高尚思玄弘古让皇,宫室、乘舆、服御皆如故,宗庙、正朔、徽章、服色悉从吴制。丁亥,立徐知证为江王,徐知谔为饶王。以吴太子琏领平卢节度使、兼中书令,封弘农公。

44 吴国历阳公杨濛知道吴国快要败亡了,甲午(十四日),杀了守卫他的军使王宏。王宏的儿子带领兵卒攻击杨濛,杨濛射杀了他。因为德胜节度使周本是吴国有功勋的旧臣,便带领两个骑兵来到庐州,想依托于他。周本听说杨濛来了,将要会见他,他的儿子周弘祚坚决劝阻,周本发怒说:"我家的少主来了,为什么不让我见他!"周弘祚关上门不让周本出去,并让人在外边把杨濛抓起来,送往江都。徐诰派使者称吴主下诏,在采石杀了杨濛,并把他追废为"悖逆庶人",灭绝了杨氏属籍。侍卫军使郭悰在和州把杨濛的妻子儿女杀了,徐诰归罪于郭悰,把他贬移到池州。

45 乙巳(二十五日),后晋帝赦免了张从宾、符彦饶、王晖的党羽,没有伏诛的都不再问罪。

后梁、后唐以来,士民中因为奉派出使或被俘掠而落在契丹的,全部派人把他们赎回,并把他们送回家中。

46 吴国司徒、门下侍郎、同平章事、内枢使、忠武节度使王令谋年老有病,连牙齿都没有了,有人劝他辞官退休,王令谋说:"齐王的大事还没完成,我怎么敢自图安逸!"病得快死了,还极力劝说徐诰接受吴主让位。就在这个月里,吴主杨溥下诏书,把帝位禅让给齐王徐诰。李德诚再次进诣金陵,率领百官劝进,宋齐丘不在劝进表上署名。九月癸丑(初四),王令谋去世。

47 甲寅(初五),后晋朝廷任用李金全为安远节度使。

48 娄继英没有来得及安葬后梁钧王朱友珪就被杀死,后晋帝下诏后梁旧臣右卫上将军安崇阮与均王旧妃郭氏把他安葬了。

49 丙寅(十七日),吴主杨溥命江夏王杨璘奉献皇帝的国玺和绶带给齐王。冬季,十月甲申(初五),齐王徐诰在金陵即皇帝位,实行大赦,改年号为昇元,国号唐。追尊他的父亲太祖武王徐温为武皇帝。乙酉(初六),派遣右丞相徐玠奉送上尊号的册文去进诣吴主杨溥,称言受禅老臣诰谨拜稽首上皇帝尊号为高尚思玄弘古让皇,宫室、乘舆、服御都照旧,宗庙、正朔、徽章、服色都仍按吴国制度。丁亥(初八),册立徐知证为江王,徐知谔为饶王。任用吴太子杨琏领职平卢节度使、兼中书令,封为弘农公。

唐主宴群臣于天泉阁,李德诚曰:"陛下应天顺人,惟宋齐丘不乐。"因出齐丘止德诚劝进书,唐主执书不视,曰:"子嵩三十年旧交,必不相负。"齐丘顿首谢。

己丑,唐主表让皇改东都宫殿名,皆取于仙经。让皇常服羽衣,习辟谷术。辛卯,吴宗室建安王珙等十二人皆降爵为公,而加官增邑。丙申,以吴同平章事张延翰及门下侍郎张居咏、中书侍郎李建勋并同平章事。让皇以唐主上表,致书辞之,唐主表谢而不改。

丁酉,加宋齐丘大司徒。齐丘虽为左丞相,不预政事,心怏怏,闻制词云"布衣之交",抗声曰:"臣为布衣时,陛下为刺史;今日为天子,可以不用老臣矣。"还家请罪,唐主手诏谢之,亦不改命。久之,齐丘不知所出,乃更上书请迁让皇于他州,及斥远吴太子琏,绝其婚,唐主不从。

乙巳,立王后宋氏为皇后。戊申,以诸道都统、判元帅府事景通为诸道副元帅、判六军诸卫事、太尉、尚书令、吴王。

50　闽主命其弟威武节度使继恭上表告嗣位于晋,且请置邸于都下。

51　十一月乙卯,唐吴王景通更名璟。
唐主赐杨琏妃号永兴公主;妃闻人呼公主则流涕而辞。

戊午,唐主立其子景遂为吉王,景达为寿阳公;以景遂为侍中、东都留守、江都尹,帅留司百官赴东都。

52　戊辰,诏加吴越王元瓘天下兵马副元帅,进封吴越国王。

南唐国主徐诰在天泉阁宴请群臣，李德诚奏称："陛下应天顺人，只有宋齐丘不愉快。"因而把宋齐丘阻止李德诚劝进的信拿出来作为证明，南唐主拿着这封信不看，并说："子嵩是我三十年的老朋友，必定不会负我。"宋齐丘顿首拜谢。

己丑(初十)，南唐主上表让皇，请求更改东都江都的宫殿名称，都是从神仙经书中取名的。让皇经常穿着道士羽衣，习练辟谷修仙的法术。辛卯(十二日)，吴国宗室建安王杨珙等十二人都降爵为公，但加授了官职并增了食邑，以示安慰。丙申(十七日)，南唐主任用吴国前同平章事张延翰及门下侍郎张居咏、中书侍郎李建勋都任同平章事。让皇因为南唐主仍用上表的形式，写信表示不能接受，南唐主上表致谢，但仍不改变。

丁酉(十八日)，加授宋齐丘为大司徒。宋齐丘虽然任左丞相，但不能参与政事，心里怨怒，听说南唐主所作词中称是"布衣之交"，便抗辩说："我当老百姓的时候，陛下是刺史；现在当了天子，可以不用老臣了。"回家请求治罪，南唐主亲笔写诏书向他致歉，但也不再改变授官命令。时间长了，宋齐丘不知怎么办为好，便上书建议把让皇行移到其他州府，并疏远吴太子杨琏，断绝与他的婚姻，南唐主没有听从他的意见。

乙巳(二十六日)，南唐册立王后宋氏为皇后。戊申(二十九日)，任命诸道都统、判元帅府事徐景通为诸道副元帅、判六军诸卫事、太尉、尚书令、吴王。

50　闽主王昶命令他的弟弟威武节度使王继恭向后晋朝廷上表报告他继承了闽国的君位，并且请求在闽国都建置府邸。

51　十一月乙卯(初六)，南唐吴王徐景通改名为璟。

南唐主赐予杨琏的妃子号为永兴公主，这位妃子听到别人称呼她为公主便流着眼泪推辞。

戊午(初九)，南唐主立他的儿子徐景遂为吉王，徐景达为寿阳公；任命徐景遂为侍中、东都留守、江都尹，率领留司百官到东都去。

52　戊辰(十九日)，后晋朝廷下诏，加任吴越王钱元瓘为天下兵马副元帅，晋封为吴越国王。

53　安远节度使李金全以亲吏胡汉筠为中门使，军府事一以委之。汉筠贪猾残忍，聚敛无厌。帝闻之，以廉吏贾仁沼代之，且召汉筠，欲授以他职，庶保全功臣。汉筠大惧，始劝金全以异谋。乙亥，金全表汉筠病，未任行。金全故人庞令图屡谏曰："仁沼忠义之士，以代汉筠，所益多矣。"汉筠夜遣壮士逾垣灭令图之族，又毒仁沼，舌烂而卒。汉筠与推官张纬相结，以谄惑金全，金全爱之弥笃。

十二月戊申，蜀大赦，改明年元曰明德。

54　诏加马希范江南诸道都统，制置武平、静江等军事。

55　是岁，契丹改元会同，国号大辽，公卿庶官皆仿中国，参用中国人，以赵延寿为枢密使，寻兼政事令。

三年(戊戌,938)

1　春，正月己酉，日有食之。

2　唐德胜节度使兼中书令西平恭烈王周本以不能存吴，愧恨而卒。

3　丙寅，唐以侍中吉王景遂参判尚书都省。

4　蜀主以武信节度使、同平章事张业为左仆射兼中书侍郎、同平章事、枢密使，武泰节度使王处回兼武信节度使、同平章事。

5　二月庚辰，左散骑常侍张允上《驳赦论》，以为："帝王遇天灾多肆赦，谓之修德。借有二人坐狱遇赦，则曲者幸免，直者衔冤，冤气升闻，乃所以致灾，非所以弭灾也。"诏褒之。帝乐闻谠言，诏百官各上封事，命吏部尚书梁文矩等十人置详定院以考之，无取者留中，可者行之。数月，应诏者无十人，乙未，复降御札趣之。

53　安远节度使李金全任用亲信属吏胡汉筠为中门使,军府的事务全部委任他办理。胡汉筠贪猾残忍,搜刮贪求无厌。后晋帝听说后,便任用清廉官吏贾仁沼代替了他,并且召回胡汉筠,准备授给他其他官职,以求保全功臣。胡汉筠很害怕,开始劝李金全作叛离的打算。乙亥(二十八日),李金全上表说胡汉筠病了,没能受诏成行。李金全的老朋友庞令图多次劝谏他说:"贾仁沼是忠义之士,用他来代替胡汉筠,会增加很多好处。"胡汉筠夜里派强壮之人跳墙把庞令图的族人都杀了,又去对贾仁沼用毒,贾仁沼舌头烂掉而死。胡汉筠与推官张玮相勾结,共同谄媚惑乱李金全,李金全宠爱他更加深厚了。

十二月戊申(二十九日),蜀国实行大赦,改明年年号为明德。

54　后晋帝下诏加马希范为南路诸道都统,制置武平、静江等军府的事务。

55　这一年,契丹改年号为会同,国号大辽。公卿庶官的设置都仿效中国,并且多选用中国人,任用赵延寿为枢密使,不久,又兼任政事令。

后晋高祖天福三年(戊戌,公元938年)

1　春季,正月己酉(初二),出现日食。

2　南唐德胜节度使兼中书令西平恭烈王周本因为不能保存吴国,愧恨而死。

3　丙寅(十九日),南唐任用侍中吉王徐景迁参判尚书都省。

4　蜀主孟昶任用武信节度使、同平章事张业为左仆射兼中书侍郎、同平章事、枢密使,武泰节度使王处回兼任武信节度使、同平章事。

5　二月庚辰(初三),后晋朝廷左散骑常侍张允上书《驳赦论》,他认为:"帝王遇到频繁的天灾便应实行大赦,称作修德。假设有两个人正在坐牢,遇上行赦,那就会出现不老实的人也能侥幸获免,而老实人却要含冤,冤气升闻于天,因此所以招致天灾,而不是要消除天灾呵。"后晋帝下诏褒奖他。晋帝乐于听取善言,下诏百官各上封书言事,命吏部尚书梁文矩等十人设置评定院来加以考核,无可取的留在中枢,有可取的就施行。几个月以后,应诏的不足十人,乙未(十八日),再一次颁下御札催促这件事。

6　三月丁丑，敕禁民作铜器。初，唐世天下铸钱有三十六冶，丧乱以来，皆废绝，钱日益耗，民多销钱为铜器，故禁之。

7　中书舍人李详上疏，以为："十年以来，赦令屡降，诸道职掌皆许推恩，而藩方荐论动逾数百，乃至藏典、书吏、优伶、奴仆，初命则至银青阶，被服皆紫袍象笏，名器僭滥，贵贱不分。请自今诸道主兵将校之外，节度州听奏朱记大将以上十人，他州止听奏都押牙、都虞候、孔目官，自馀但委本道量迁职名而已。"从之。

8　夏，四月甲申，唐宋齐丘自陈丞相不应不豫政事，唐主答以省署未备。

9　吴让皇固辞旧宫，屡请徙居；李德诚等亦亟以为言。五月戊午，唐主改润州牙城为丹杨宫，以李建勋为迎奉让皇使。

10　杨光远自恃拥重兵，颇干预朝政，屡有抗奏，帝常屈意从之。庚申，以其子承祚为左威卫将军，尚帝女长安公主，次子承信亦拜美官，宠冠当时。

11　壬戌，唐主以左宣威副统军王舆为镇海留后，客省使公孙圭为监军使，亲吏马思让为丹杨宫使，徙让皇居丹杨宫。

宋齐丘复自陈为左右所间，唐主大怒；齐丘归第，白衣待罪。或曰："齐丘旧臣，不宜以小过弃之。"唐主曰："齐丘有才，不识大体。"乃命吴王璟持手诏召之。

六月壬午，或献毒酒于唐主，唐主曰："犯吾法者自有常刑，安用此为！"群臣争请改府寺州县名有吴及阳者，留守判官杨嗣请更姓羊，徐玠曰："陛下自应天顺人，事非逆取，而谄邪之人专事改更，咸非急务，不可从也。"唐主然之。

6 三月丁丑(三十日),敕令禁止民间制作铜器。过去,后唐时期天下有三十六个冶铜所铸钱,丧乱以来,都已废绝了,而钱日益耗费,民众往往销毁钱来制作铜器,所以禁止民间制作铜器。

7 中书舍人李详上疏,他认为:"十年以来,多次颁布敕令,对于诸道职掌都允许推广恩惠,而各地藩镇的荐举动辄超过几百人,乃至管理帑藏的典吏、书吏、优伶、奴仆这些人,开始任命就要授以银印青绶的职阶,穿的都是紫袍象笏,以致名号和器物假冒滥用,贵贱不能分辨。请求自今以后,除诸道主管军务的将校之外,节度州允许奏报不给铜印的木印朱记大将以上十个人,其他州只允许奏报都押牙、都虞候、孔目官,其馀的人员只是委托本道酌量调迁而已。"后晋帝听从了这个意见。

8 夏季,四月甲申(初七)南唐宋齐丘自己陈说丞相不应当不参与政事,南唐主答复说省署还没有准备好。

9 吴国让皇坚决辞让,不住在旧宫,多次请求迁徙别处居住;李德诚等极力主张这样办。五月戊午(十二日),南唐主把润州牙城改名为丹杨宫,任用李建勋为迎奉让皇使。

10 杨光远自恃拥有重兵,很是干预朝中政事,常常提出抗命的奏事,后晋帝常屈意听从他。庚申(十四日),任命他的儿子杨承祚为左威卫将军,娶后晋帝女儿长安公主为妻,次子杨承信也拜受美好官职,恩宠为当时之冠。

11 壬戌(十六日),南唐主任用左宣威副统军王舆为镇海留后,客省使公孙圭为监军使,亲近官吏马思让为丹杨宫使,把让皇迁徙到丹杨宫。

宋齐丘再次陈说自己被左右所间隔架空,南唐主大怒;宋齐丘回到自己府第,穿起白衣等待治罪。有人说:"宋齐丘是旧臣,不应因为小过失而把他抛弃。"南唐主说:"宋齐丘有才干,但是不识大体。"便让吴王徐璟拿着亲笔诏书召唤他。

六月壬午(初七),有人献毒酒方给南唐主,南唐主说:"违犯我法律的自有正常刑罚,要这个干什么!"群臣争着请求更改府寺州县的名称中有"吴"和"阳"字的,留守判官杨嗣请求改姓羊,徐玠说:"陛下自然是应天顺人的,事情不是有意抗逆的,而谄邪之人专门抓住这些事更改讨好,这都不是当务之急,不要听从他们。"南唐主认为很对。

12　河南留守高行周奏修洛阳宫。丙戌,左谏议大夫薛融谏曰:"今宫室虽经焚毁,犹侈于帝尧之茅茨;所费虽寡,犹多于汉文之露台。况魏城未下,公私困窘,诚非陛下修宫馆之日;俟海内平宁,营之未晚。"上纳其言,仍赐诏褒之。

13　己丑,金部郎中张铸奏:"窃见乡村浮户,非不勤稼穑,非不乐安居,但以种木未盈十年,垦田未及三顷,似成生业,已为县司收供徭役,责之重赋,威以严刑,故不免捐功舍业,更思他适。乞自今民垦田及五顷以上,三年外乃听县司徭役。"从之。

14　秋,七月,中书奏:"朝代虽殊,条制无异。请委官取明宗及清泰时敕,详定可久行者编次之。"己酉,诏左谏议大夫薛融等详定。

15　辛酉,敕作受命宝,以"受天明命,惟德允昌"为文。

16　帝上尊号于契丹主及太后,戊寅,以冯道为太后册礼使,左仆射刘煦为契丹主册礼使,备卤簿、仪仗、车辂,诣契丹行礼,契丹主大悦。帝事契丹甚谨,奉表称臣,谓契丹主为"父皇帝";每契丹使至,帝于别殿拜受诏敕。岁输金帛三十万之外,吉凶庆吊,岁时赠遗,玩好珍异,相继于道。乃至应天太后、元帅太子、伟王、南、北二王、韩延徽、赵延寿等诸大臣皆有赂。小不如意,辄来责让,帝常卑辞谢之。晋使者至契丹,契丹骄倨,多不逊语。使者还,以闻,朝野咸以为耻,而帝事之曾无倦意,以是终帝之世与契丹无隙。然所输金帛不过数县租赋,往往托以民困,不能满数。其后契丹主屡止帝上表称臣,但令为书称"儿皇帝",如家人礼。

12 河南留守高行周奏请修缮洛阳宫。丙戌(十一日),左谏议大夫薛融进谏说:"现在的宫室虽然遭受焚烧毁坏,还是比帝尧的茅草宫殿奢侈得多;所修费用再少,也要多于汉文帝的露台。何况魏城尚未攻下来,公家、民众都处于困窘之中,真不是陛下修建宫馆的时候;等待海内平靖安定之日,再经营这些也不为晚。"后晋帝采纳了他的意见,仍然赐予褒奖的诏书。

13 己丑(十四日),金部郎中张铸奏言:"我看到乡村中没有空籍的浮户,并非不愿勤劳耕种庄稼,并非不愿乐业安居,只是因为他们种树还不到十年,垦田也不足三顷,将要成为生计之业时,就已被县里司管部门收起,要求供应徭役,要求交纳重赋,用严酷的刑罚震慑他们,因此,不免丢了劳绩,舍弃生业,另谋出路。请求允许从今以后,民众垦田到五顷以上的,三年以后才听由县司徭役。"后晋帝听从了这个意见。

14 秋季,七月,中书奏言:"朝代虽然不同,条规制度没有变样。请朝廷委命专门官员选择明宗及清泰时期的敕令,详细审定可以长久施行的条规加以编排。"己酉(初四),诏命左谏议大夫薛融等详加审定。

15 辛酉(十六日),晋帝敕令制作受命的宝玺,其文字用"受天明命,惟德允昌"。

16 后晋帝给契丹国主耶律德光及述律太后上尊号,戊寅(初四),任命冯道为太后册礼使,左仆射刘昫为契丹主册礼使,配备着卤簿、仪仗、车辂,送到契丹行礼,契丹主极为高兴。后晋帝石敬瑭对待契丹很恭谨,上表称臣,叫契丹主为"父皇帝";每当契丹的使者来到,后晋帝在别殿拜接契丹的诏书和敕令。每年除了要输送金帛三十万之外,各种吉凶庆吊、季节馈赠、玩好珍异,运送的车马接连于道路。而且对于述律太后、元帅太子、伟王、南王、北王、韩延徽、赵延寿等诸大臣都有馈赠。他们小有不如意的,便来责备、索取,后晋帝往往用谦卑的语言道歉、谢罪。晋朝的使者到了契丹,契丹很是骄横倨慢,语多不逊。使者回朝,向后晋帝报告,朝廷内外都以为羞耻,而后晋帝卑恭对待契丹,从来没有怠慢过,因此,整个后晋帝在位的时期,同契丹没有发生过嫌隙。然而所输送的金帛,不过是几个县的田租赋税,往往托词说民间困乏,不能满额送到。后来,契丹主多次制止后晋帝上表称臣,只叫他写信时自称"儿皇帝",像家人之间行礼一样。

初，契丹既得幽州，命曰南京，以唐降将赵思温为留守。思温子延照在晋，帝以为祁州刺史。思温密令延照言虏情终变，请以幽州内附，帝不许。

17　契丹遣使诣唐，宋齐丘劝唐主厚赂之，俟至淮北，潜遣人杀之，欲以间晋。

18　壬午，杨光远奏前澶州刺史冯晖自广晋城中出战，因来降，言范延光食尽穷困。己丑，以晖为义成节度使。

杨光远攻广晋，岁馀不下，帝以师老民疲，遣内职朱宪入城谕范延光，许移大藩，曰："若降而杀汝，白日在上，吾无以享国。"延光谓节度副使李式曰："主上重信，云不死则不死矣。"乃撤守备，然犹迁延未决。宣徽南院使刘处让复入谕之，延光意乃决。九月乙巳朔，杨光远送延光二子守图、守英诣大梁。己酉，延光遣牙将奉表待罪。壬子，诏书至广晋，延光帅其众素服于牙门，使者宣诏释之。朱宪，汴州人也。

19　契丹遣使如洛阳，取赵延寿妻唐燕国长公主以归。

20　壬戌，唐太府卿赵可封请唐主复姓李，立唐宗庙。

21　庚午，杨光远表乞入朝。命刘处让权知天雄军府事。己巳，制以范延光为天平节度使，仍赐铁券，应广晋城中将吏军民今日以前罪皆释不问；其张从宾、符彦饶馀党及自官军逃叛入城者，亦释之。延光腹心将佐李式、孙汉威、薛霸皆除防御、团练使、刺史，牙兵皆升为侍卫亲军。

当初,契丹取得幽州以后,命名为南京,任用后唐降将赵思温为留守。赵思温的儿子赵延照在后晋朝,后晋帝任用他为祁州刺史。赵思温暗中让他的儿子赵延照上言后晋帝说契丹的情况终必要变更,请求把幽州内附于后晋,后晋帝不答应。

17 契丹派使者到南唐,宋齐丘劝南唐主徐诰给他丰厚的贿赠,待到他回途行至淮河以北时,暗中派人杀了他,打算以此来离间契丹同后晋的关系。

18 壬午(初八),杨光远奏报:前澶州刺史冯晖从广晋城中出战,乘机来投降,言说反将范延光在城中粮食用尽,情况穷困。己丑(十五日),后晋朝廷任用冯晖为义成节度使。

杨光远攻打广晋,一年多攻不下来,后晋帝因为师兴过久,百姓困疲,便派在内廷供职的宦者朱宪进入广晋城告谕范延光,答应调他镇守大的藩镇,并说:"如果在你投降后杀你,白日在上,我不能享有国家。"范延光对节度副使李式说:"主上是个看重信用的人,说不杀就一定不会杀的。"便撤下城中守备,然而还犹豫不决。宣徽南院使刘处让再次进城告谕他,范延光才决意投降。九月乙巳朔(初一),杨光远把范延光的两个儿子范守图、范守英送往大梁。己酉(初五),范延光遣派牙将奉表朝廷等待治罪。壬子(初八),后晋帝诏书来到广晋,范延光率领他的属众在牙门素服迎接,使者宣读诏书将他释放。朱宪是汴州人。

19 契丹派使者到洛阳,接赵延寿的妻子后唐明宗的女儿燕国长公主北归。

20 壬戌(十八日),南唐太府卿赵可封请求南唐主徐诰恢复姓李,建立唐室宗庙。

21 庚午(二十六日),杨光远上表请求入朝。命刘处让暂时主持天雄军府事。己巳(二十五日),后晋帝下令任用范延光为天平节度使,仍然赐给他铁券,答应广晋城中将吏军民在今日以前的罪行都释除不再究问;那些属于张从宾、符彦饶的馀党以及从官军中逃叛入城的人,也都释放了。范延光的腹心将佐李式、孙汉威、薛霸都任用为防御、团练使、刺史,牙兵都升为侍卫亲军。

初,河阳行军司马李彦珣,邢州人也,父母在乡里,未尝供馈。后与张从宾同反,从宾败,奔广晋,范延光以为步军都监,使登城拒守。杨光远访获其母,置城下以招之,彦珣引弓射杀其母。延光既降,帝以彦珣为坊州刺史。近臣言彦珣杀母,杀母恶逆不可赦,帝曰:"赦令已行,不可改也。"乃遣之官。

　　臣光曰:治国家者固不可无信。然彦珣之恶,三灵所不容,晋高祖赦其叛君之愆,治其杀母之罪,何损于信哉!

22　辛未,以杨光远为天雄节度使。

23　冬,十月戊寅,契丹遣使奉宝册,加帝尊号曰英武明义皇帝。

24　帝以大梁舟车所会,便于漕运,丙辰,建东京于汴州,复以汴州为开封府,以东都为西京,以西都为晋昌军节度。

25　帝遣兵部尚书王权使契丹谢尊号,权自以累世将相,耻之,谓人曰:"吾老矣,安能向穹庐屈膝!"乃辞以老疾。帝怒,戊子,权坐停官。

26　初,郭崇韬既死,宰相罕有兼枢密使者。帝即位,桑维翰、李崧兼之,宣徽使刘处让及宦官皆不悦。杨光远围广晋,处让数以军事衔命往来,光远奏请多逾分,帝常依违,维翰独以法裁折之。光远对处让有不平语,处让曰:"是皆执政之意。"光远由是怨执政。范延光降,光远密表论执政过失。帝知其故而不得已,加维翰兵部尚书,崧工部尚书,皆罢其枢密使,以处让为枢密使。

27　太常奏:"今建东京,而宗庙、社稷皆在西京,请迁置大梁。"敕旨:"且仍旧。"

以前，河阳行军司马李彦珣是邢州人，父母住在乡下，没有受过供养。后来，李彦珣与张从宾一同反叛，张从宾失败，投奔广晋，范延光任用他为步军都监，让他登城拒守。杨光远查访抓获他的母亲，置放在城下来招降李彦珣，李彦珣用弓箭把他的母亲射杀了。范延光投降后，后晋帝任用李彦珣为坊州刺史。后晋帝近臣言说李彦珣杀母的恶逆不可赦，后晋帝说："赦令已经施行，不能再改了。"便仍让他去赴任。

臣司马光说：治理国家的人固然不可以不讲求信用。然而李彦珣的罪恶，天地人三灵之所不容，如果晋高祖赦了他背叛君主的过错，惩罚他杀母的罪行，有什么损害信用的呢！

22 辛未(二十七日)，任用杨光远为天雄节度使。

23 冬季，十月戊寅(初五)，契丹派遣使者奉献宝册，加尊后晋帝为英武明义皇帝。

24 后晋帝认为大梁是船车所汇聚的地方，便于水路运输，丙辰，在汴州建立东京，又把汴州立为开封府，把东都洛阳立为西京，把西都长安归为晋昌军节度。

25 后晋帝派遣兵部尚书王权出使契丹表示对上尊号的谢意，王权认为自己累世任中国朝廷的将相，因此感到羞耻，对人说："我已经老了，怎能向穹庐去下跪！"便说年老有病，推辞不去。后晋帝发怒，戊子(十五日)，王权坐罪被停官。

26 以前，郭崇韬死后，宰相很少有兼任枢密使的。后晋帝即位，桑维翰、李崧兼任了，宣徽使刘处让和宦官都不高兴。杨光远围攻广晋的时候，刘处让几次以军事身份带着后晋帝命令往来传达，杨光远奏请事情往往超越本分，后晋帝常常不作可否，唯独桑维翰按法规加以裁定和批驳。杨光远为此对刘处让表示过不满，刘处让说："这些都是执政者的意思。"杨光远因此怨恨执政者。范延光投降以后，杨光远秘密上表论说执政者的过失。后晋帝知道事情发生的原因但又无法解决，便加官桑维翰为兵部尚书，李崧为工部尚书，把二人的枢密使都罢免了，任命刘处让为枢密使。

27 太常寺奏道："现在已建东京，而宗庙、社稷的祭祀都在西京，请求把它们迁到大梁。"后晋帝下敕旨："暂且照旧不动。"

28 戊戌，大赦。

29 杨廷艺故将吴权自爱州举兵攻皎公羡于交州，羡遣使以赂求救于汉，汉主欲乘其乱而取之，以其子万王弘操为静海节度使，徙封交王，将兵救公羡，汉主自将屯于海门，为之声援。汉主问策于崇文使萧益，益曰："今霖雨积旬，海道险远，吴权杰黠，未可轻也。大军当持重，多用乡导，然后可进。"不听。命弘操帅战舰自白藤江趣交州。权已杀公羡，据交州，引兵逆战，先于海口多植大杙，锐其首，冒之以铁，遣轻舟乘潮挑战而伪遁，须臾潮落，汉舰皆碍铁杙不得返，汉兵大败，士卒覆溺者太半。弘操死，汉主恸哭，收馀众而还。先是，著作佐郎侯融劝汉主弭兵息民，至是以兵不振，追咎融，剖棺暴其尸。益，仿之孙也。

30 楚顺贤夫人彭氏卒。彭夫人貌陋而治家有法，楚王希范惮之。既卒，希范始纵声色，为长夜之饮，内外无别。有商人妻美，希范杀其夫而夺之，妻誓不辱，自经死。

31 河决郓州。

32 十一月，范延光自郓州入朝。

33 丙午，以闽主昶为闽国王，以左散骑常侍卢损为册礼使，赐昶赭袍。戊申，以威武节度使王继恭为临海郡王。闽主闻之，遣进奏官林恩白执政，以既袭帝号，辞册命及使者。闽谏议大夫黄讽以闽主淫暴，与妻子辞诀入谏，闽主欲杖之，讽曰："臣若迷国不忠，死亦无怨；直谏被杖，臣不受也。"闽主怒，黜为民。

28　戊戌(二十五日)，实行大赦。

29　杨廷艺的旧将吴权从爱州起兵攻打在交州的皎公羡，皎公羡派使者用贿赂求救于南汉，南汉主刘䶮想乘其乱而夺取交州，任用他的儿子万王刘弘操为静海节度使，并徙封为交王，统兵去救皎公羡，南汉主自己统兵屯驻海门，作为他的声援。南汉主向崇文使萧益询问计策，萧益说："现在淋雨已经十多天，海道又险远，吴权为人凶猛而狡黠，不可轻视。我们的大军应当行动持重，多用向导，然后才可行进。"南汉主不听他的意见。命令刘弘操率领战舰从白藤江向交州进军。当时吴权已经杀了皎公羡，占据了交州，率领兵众来迎战，先在海口栽植很多大木橛，把橛头削尖了，用铁包裹，派出轻便的船乘着涨潮来挑战，接着便伪装作逃遁，不长时间潮水回落，南汉的舰船都被铁橛阻挡住，不能返航，南汉兵大败，士兵有一多半被覆舟淹死。刘弘操战死，南汉主痛哭，收集馀众而还。以前，著作佐郎侯融曾经劝告南汉主息兵养民，到这时把兵力不振归罪于侯融，把他的棺材挖出来，加以暴尸。萧益是唐懿宗时宰相萧仿的孙子。

30　楚国顺贤夫人彭氏去世。彭夫人相貌长得并不好看，但是治家很得法，楚王马希范畏惧她。她死了以后，马希范开始纵情声色，做通宵的欢宴娱乐，不分内外。有个商人的妻子长得美丽，马希范杀了她的丈夫而要占有她，商人妻发誓不受玷辱，自己上吊死了。

31　黄河在郓州决口。

32　十一月，范延光从郓州来入京朝拜。

33　丙午(初三)，后晋朝廷册命闽主王昶为闽国王，委命左散骑常侍卢损为册礼使，赐予王昶天子服用的褚袍。戊申(初五)，任命威武节度使王继恭为临海郡王。闽主听说后，遣派进奏官林恩告诉执政者，因为闽主已经承袭了闽国帝号，辞却晋廷的册命和使者。闽国谏议大夫黄讽认为闽主荒淫暴虐，他便和妻子诀别而后入朝进谏，闽主要用廷杖责处他，黄讽说："我若是迷乱国家而不忠，即使死了也没有怨恨；若是因为直言进谏而被杖罚，我不能接受。"闽主发怒，将他罢黜为民。

34　帝患天雄节度使杨光远跋扈难制,桑维翰请分天雄之众,加光远太尉、西京留守兼河阳节度使。光远由是怨望,密以赂自诉于契丹,养部曲千馀人,常蓄异志。

辛亥,建邺都于广晋府;置彰德军于相州,以澶、卫隶之;置永清军于贝州,以博、冀隶之。澶州旧治顿丘,帝虑契丹为后世之患,遣前淄州刺史汲人刘继勋徙澶州跨德胜津,并顿丘徙焉。以河南尹高行周为广晋尹、邺都留守,贝州防御使王廷胤为彰德节度使,右神武统军王周为永清节度使。廷胤,处存之孙;周,邺都人也。

35　范延光屡请致仕,甲寅,诏以太子太师致仕,居于大梁,每预宴会,与群臣无异。

延光之反也,相州刺史掖人王景拒境不从,戊午,以景为耀州团练使。

36　癸亥,敕听公私自铸铜钱,无得杂以铅铁,每十钱重一两,以“天福元宝”为文,仍令盐铁颁下模范。惟禁私作铜器。

37　立左金吾卫上将军重贵为郑王,充开封尹。

38　癸亥,敕先许公私铸钱,虑铜难得,听轻重从便,但勿令缺漏。

39　辛丑,吴让皇卒。唐主废朝二十七日,追谥曰睿皇帝。是岁,唐主徙吴王璟为齐王。

40　凤翔节度使李从曮,厚文士而薄武人,爱农民而严士卒,由是将士怨之。会发兵戍西边,既出郊,作乱,突门入城,剽掠于市。从曮发帐下兵击之,乱兵败,东走,欲自诉于朝廷,至华州,镇国节度使张彦泽邀击,尽诛之。

34　后晋帝顾虑天雄节度使杨光远跋扈难以制服，桑维翰请求分散天雄军的兵力，给杨光远加官为太尉、西京留守兼河阳节度使。杨光远从此产生了怨恨心理，暗中贿赂契丹并向契丹进行自我表白，他蓄养私人所有的部曲一千多人，心里常怀叛离的想法。

　　辛亥（初八），后晋朝廷在广晋府恢复建立邺都；在相州设置彰德军，把澶州、卫州划属于它；在贝州设置永清军，把博州、冀州划属于它。澶州的州治过去设在黄河北岸的顿丘，后晋帝顾虑契丹以后为患于中原，派前淄州刺史汲州人刘继勋把澶州迁移到黄河南岸的德胜津，连同顿丘一起迁移。任命河南尹高行周为广晋尹、邺都留守，贝州防御使王廷胤为彰德节度使，右神武统军王周为永清节度使。王廷胤是王处存的孙子，王周是邺都人。

35　范延光几次请求告老辞官，甲寅（十一日），后晋帝下诏同意他以太子太师退休，范延光退休后居住在东京大梁，每逢参加宴会，与群臣没有不同。

　　范延光造反的时候，相州刺史掖州人王景在边境抗拒不跟随他，戊午（十五日），任用王景为耀州团练使。

36　癸亥（二十日），后晋帝下敕令：听由公私自铸铜钱，但不得掺杂进铅和铁，每十钱重一两，用"天福元宝"作文字，仍然由盐铁使司颁行钱模作规范。唯独禁止私自制作铜器。

37　后晋立左金吾卫上将军石重贵为郑王，充任开封尹。

38　癸亥（二十日），后晋帝敕令先行准许公私铸造钱币，又考虑铜料难以得到，便听任轻重可以从便，只要不使钱币有缺损和破洞就行。

39　辛丑（二十八日），吴国让皇杨溥去世。南唐主停止上朝二十七日，追谥其为睿皇帝。这一年，南唐主徙封吴王徐璟为齐王。

40　凤翔节度使李从曮，对文士厚重而对武人轻薄，对农民爱惜而对士兵严厉，因此，将士怨恨他。恰逢发兵戍守西部边界，刚开出郊外，便发生动乱，士兵冲破门卫入城，在市街上大肆劫掠。李从曮发动帐下兵众攻击他们，乱兵失败，向东遁走，想到东京去向后晋朝廷申诉，到达华州时，镇国节度使张彦泽进行阻击，把他们都杀了。

卷第二百八十二　后晋纪三

起己亥(939)尽辛丑(941)凡三年

高祖圣文章武明德孝皇帝中

天福四年(己亥,939)

1　春,正月辛亥,以澶州防御使太原张从恩为枢密副使。

2　朔方节度使张希崇卒,羌胡寇钞,无复畏惮。甲寅,以义成节度使冯晖为朔方节度使。党项酋长拓跋彦超最为强大,晖至,彦超入贺,晖厚遇之,因为于城中治第,丰其服玩,留之不遣,封内遂安。

3　唐群臣江王知证等累表请唐主复姓李,立唐宗庙,乙丑,唐主许之。群臣又请上尊号,唐主曰:"尊号虚美,且非古。"遂不受。其后子孙皆踵其法,不受尊号,又不以外戚辅政,宦者不得预事,皆他国所不及也。

二月乙亥,改太祖庙号曰义祖。己卯,唐主为李氏考妣发哀,与皇后斩衰居庐,如初丧礼,朝夕临凡五十四日。江王知证、饶王知谔请亦服斩衰,不许。李建勋之妻广德长公主假衰绖入哭尽礼,如父母之丧。

辛巳,诏国事委齐王璟详决,惟军旅以闻。庚寅,唐主更名昪。

高祖圣文章武明德孝皇帝中

后晋高祖天福四年(己亥,公元939年)

1　春季,正月辛亥(初九),任用澶州防御使太原人张从恩为枢密副使。

2　朔方节度使张希崇去世,北方的羌胡入侵和抢掠,无所忌惮。甲寅(十二日),任用义成节度使冯晖为朔方节度使。党项族的酋长拓跋彦超最为强大,冯晖到镇以后,拓跋彦超来镇祝贺,冯晖待他很是厚重,在城中替他准备宅第,置放了很多华服珍玩,留下他不让回去,这样,辖境之内才安宁下来。

3　南唐群臣江王徐知证等几次上表请求南唐王徐知诰恢复姓李,建立唐室宗庙,乙丑(二十三日),南唐主准许了。群臣又请求上帝王尊号,南唐主说:"尊号是一种虚美,并且不是古制。"便没有接受。此后,子孙都依照这种做法,不受尊号,又不用外戚辅理政事,宦官不准干预国事,这都是其他国家所做不到的。

二月乙亥(初三),更改南唐太祖徐温的庙号称为义祖。己卯(初七),南唐主为李氏先考先妣举行哀悼,同皇后一起披麻戴孝,值守于祭堂,像初丧之礼一样,朝夕拜祭达五十四天。徐温的亲子江王徐知证、饶王徐知谔请求也披麻戴孝,南唐主不准许。李建勋之妻广德长公主假借丧服到祭堂哀哭尽礼,如同父母之丧一样。

辛巳(初九),南唐主下诏书,国事委授齐王李璟具体决处,只有军事问题要上报南唐主知道。庚寅(十八日),南唐主更名为李昇。

诏百官议二祚合享礼。辛卯，宋齐丘等议以义祖居七室之东。唐主命居高祖于西室，太宗次之，义祖又次之，皆为不祧之主。群臣言："义祖诸侯，不宜与高祖、太宗同享，请于太庙正殿后别建庙祀之。"帝曰："吾自幼托身义祖，向非义祖有功于吴，朕安能启此中兴之业？"群臣乃不敢言。

唐主欲祖吴王恪，或曰："恪诛死，不若祖郑王元懿。"唐主命有司考二王苗裔，以吴王孙祎有功，祎子岘为宰相，遂祖吴王，云自岘五世至父荣。其名率皆有司所撰。唐主又以历十九帝、三百年，疑十世太少。有司曰："三十年为世，陛下生于文德，已五十年矣。"遂从之。

4　卢损至福州，闽主称疾不见，命弟继恭主之。遣其礼部员外郎郑元弼奉继恭表随损入贡。闽主不礼于损，有士人林省邹私谓损曰："吾主不事其君，不爱其亲，不恤其民，不敬其神，不睦其邻，不礼其宾，其能久乎！余将僧服而北逃，会相见于上国耳。"

5　三月庚戌，唐主追尊吴王恪为定宗孝静皇帝，自曾祖以下皆追尊庙号及谥。

6　己未，诏归德节度使刘知远、忠武节度使杜重威并加同平章事。知远自以有佐命功，重威起于外戚，无大功，耻与之同制，制下数日，杜门四表辞不受。帝怒，谓赵莹曰："重威朕之妹夫，知远虽有功，何得坚拒制命！可落军权，令归私第。"莹拜请曰："陛下昔在晋阳，兵不过五千，为唐兵十馀万所攻，

南唐主下诏,令百官讨论把徐、李二姓的先人合起来同受祭享的礼制。辛卯(十九日),宋齐丘等建议把义祖徐温的灵位放在第七室的东侧。南唐主命令把唐高祖李渊的灵位放在西室,唐太宗李世民居其次,义祖徐温再次,都作为肇始之主。群臣说:"义祖是诸侯,不适于与高祖、太宗同样祭享,建议在太庙正殿之后另行建庙祭祀他。"南唐主说:"我从小托身给义祖,如果不是过去义祖有大功于吴国,朕怎能开创今天的中兴之大业?"群臣便不敢再说什么。

南唐主想要把自己世系的始祖定为唐太宗的儿子吴王李恪,有人说:"李恪是被唐高宗诛杀的,不如以郑王李元懿为始祖。"南唐主便命省司考核二王的后裔,因为吴王的孙子李祎在历史上有戍守边疆之功,李祎的儿子李岘又当过宰相,于是以吴王为祖,说是从李岘之后,经过五世而至于南唐主之父李荣。他们的名字,大体都是有司所杜撰。南唐主又觉得自唐初至今,已然经历十九个皇帝,长达三百年,觉得自己的世系才经过十世太少。有司奏称:"三十年为一世,陛下出生在唐僖宗文德年间,已经五十年了。"于是,便依从了他们。

4 卢损作为后晋朝廷的册礼使到达福州,闽主王昶称说有病,不予接见,命他的弟弟王继恭主持招待晋使。派遣他的礼部员外郎郑元弼带着王继恭的表章跟随卢损入朝进贡。闽主对卢损不礼貌,有个士人林省邹私下对卢损说:"我的国主不事奉其君,不爱护其亲,不体恤其民,不崇敬其神,不敦睦其邻,不礼遇其宾,这样的人,他能够持久吗!我将要穿着僧服而向北逃走,以后会同您在中原相见吧。"

5 三月庚戌(初八),南唐主李昪追尊吴王李恪为定宗孝静皇帝,从他的曾祖到下三代都追尊庙号和谥称。

6 己未(十七日),后晋帝下诏命归德节度使刘知远、忠武节度使杜重威一起加官同平章事。刘知远自以为有辅佐创业的功劳,而杜重威是以外戚起家,没有大功,把与他同时受制令加官视为羞耻,制令下达好几天,闭门不出,四次上表推辞不接受。后晋帝发怒,对赵莹说:"杜重威是朕的妹夫,刘知远虽然有功,怎么能坚决拒受制命!可以把他的军权削除,让他回家。"赵莹下拜请求说:"陛下当初在晋阳,兵众不超过五千,被唐兵十多万人所进攻,

危于朝露,非知远心如铁石,岂能成大业!奈何以小过弃之!窃恐此语外闻,非所以彰人君之大度也。"帝意乃解,命端明殿学士和凝诣知远第谕旨,知远惶恐,起受命。

7　灵州戍将王彦忠据怀远城叛,上遣供奉官齐延祚往招谕之;彦忠降,延祚杀之。上怒曰:"朕践阼以来,未尝失信于人,彦忠已输仗出迎,延祚何得擅杀之!"除延祚名,重杖配流。议者犹以为延祚不应免死。

8　辛酉,册回鹘可汗仁美为奉化可汗。

9　夏,四月,唐江王徐知证等请亦姓李,不许。

10　辛巳,唐主祀南郊;癸未,大赦。

11　梁太祖以来,军国大政,天子多与崇政、枢密使议,宰相受成命,行制敕,讲典故,治文事而已。帝惩唐明宗之世安重诲专横,故即位之初,但命桑维翰兼枢密使。及刘处让为枢密使,奏对多不称旨,会处让遭母丧,甲申,废枢密院,以印付中书,院事皆委宰相分判。以副使张从恩为宣徽使,直学士、仓部郎中司徒诩、工部郎中颜衎并罢守本官。然勋臣近习不知大体,习于故事,每欲复之。

12　帝以唐之大臣除名在两京者皆贫悴,复以李专美为赞善大夫,丙戌,以韩昭胤为兵部尚书,马胤孙为太子宾客,房暠为右骁卫大将军,并致仕。

危险得像早晨的露水一样,太阳一出来就要化为乌有,当时若不是刘知远心如铁石似的坚定,怎能成今日的大业!为什么竟因小的过失而丢弃他!我担心这个话如果传出去,是不能够表现作为人君的宏大度量啊!"后晋帝的心情才纾解了,命端明殿学士和凝去到刘知远的府第传谕皇帝的意旨,刘知远感到惶恐,敬起接受制令。

　　7　灵州戍将王彦忠据怀远城叛变,后晋帝派供奉官齐延祚去诏谕他投降;王彦忠投降了,齐延祚却把他杀了。后晋帝发怒,说道:"朕登基以来,不曾失信于人,王彦忠已经打着旌旗仪仗出迎投降,齐延祚怎么能擅自把他杀了!"便罢了齐延祚的官,重杖责打之后流放发配到远地。议论的人还觉得对齐延祚不应当免除他的死刑。

　　8　辛酉(十九日),后晋朝廷册立回鹘可汗仁美为奉化可汗。

　　9　夏季,四月,南唐江王徐知证等也请求改姓为李,南唐主李昪没有答应。

　　10　辛巳(初十),南唐主祭祀南郊;癸未(十二日),实行大赦。

　　11　自从后梁太祖朱温以来,军国大政,天子往往同崇政使、枢密使议定,宰相不过是接受成命,颁行制敕,讲求典故,治理文事而已。后晋帝石敬瑭借鉴后唐明宗时期安重诲专横的教训,因此,即位之初,只任用桑维翰兼枢密使。等到由刘处让任枢密使时,奏言对事往往不能称意,没有多久,正好遇上刘处让的母亲去世而守丧,甲申(十三日),废除枢密院,把署印交给中书省,枢密院的事务都委交宰相分别判处。任用枢密副使张从恩为宣徽使,直学士、仓部郎中司徒诩,工部郎中颜衎一起罢守本官。然而勋旧大臣和后晋帝身边的近侍不明白皇帝的深远用意,习惯于老的做法,常常想恢复老办法。

　　12　后晋帝因为后唐的大臣罢除官职后仍在东、西两京的都比较清贫困迫,便重新任用李专美为赞善大夫,丙戌(十五日),任命韩昭胤为兵部尚书,马胤孙为太子宾客,房暠为右骁卫大将军,一同以此终官退休。

13 闽主忌其叔父前建州刺史延武、户部尚书延望才名,巫者林兴与延武有怨,托鬼神语云:"延武、延望将为变。"闽主不复诘,使兴帅壮士就第杀之,并其五子。

闽主用陈守元言,作三清殿于禁中,以黄金数千斤铸宝皇大帝、天尊、老君像,昼夜作乐,焚香祷祀,求神丹。政无大小,皆林兴传宝皇命决之。

14 戊申,加楚王希范天策上将军,赐印,听开府置官属。

15 辛亥,唐徙吉王景遂为寿王,立寿阳公景达为宣城王。

16 乙卯,唐镇海节度使兼中书令梁怀王徐知谔卒。

17 唐人迁让皇之族于泰州,号永宁宫,防卫甚严。康化节度使兼中书令杨琪称疾,罢归永宁宫。乙丑,以平卢节度使兼中书令杨琏为康化节度使。琏固辞,请终丧,从之。

18 唐主将立齐王璟为太子,固辞;乃以为诸道兵马大元帅、判六军诸卫、守太尉、录尚书事、升扬二州牧。

19 闽判六军诸卫建王继严得士心,闽主忌之,六月,罢其兵柄,更名继裕;以弟继镕判六军,去诸卫字。

林兴诈觉,流泉州。望气者言宫中有灾,乙未,闽主徙居长春宫。

20 秋,七月庚子朔,日有食之。

21 成德节度使安重荣出于行伍,性粗率,恃勇骄暴,每谓人曰:"今世天子,兵强马壮则为之耳。"府廨有幡竿高数十尺,尝挟弓矢谓左右曰:"我能中竿上龙者,必有天命。"一发中之,以是益自负。

13 闽主王昶忌妒其叔父前建州刺史王延武、户部尚书王延望的才干和名声,卜亚人林兴与王延武有怨隙,借托鬼神的话,说:"王延武、王延望将要叛变。"闽主没有再查核,就让林兴率领强壮兵卒在他们的府第中把他们杀死,连同他们的五个儿子也一齐杀了。

闽主采用陈守元的建议,在宫中建造三清殿,用黄金几千斤铸造宝皇大帝、天尊、老君像,昼夜作乐,焚香祷告,寻求神丹。政事不论大小,都由林兴传达宝皇的神命来决定。

14 戊申(初七),后晋朝廷加封楚王马希范为天策上将军,赐予官印,听由他开府设置官属。

15 辛亥(初十),南唐调徙吉王李景遂为寿王,册立寿阳公李景达为宣城王。

16 乙卯(十四日),南唐镇海节度使兼中书令梁怀王徐知谔去世。

17 南唐人把吴国让皇杨溥的族人迁移到泰州,号永宁宫,防卫很严密。康化节度使兼中书令杨珙称说有病,罢官回到永宁宫。乙丑(二十四日),任用平卢节度使兼中书令杨琏为康化节度使。杨琏坚决推辞,请求守完让皇的丧事,南唐主答应了他。

18 南唐主将要立齐王李璟为太子,李璟坚决辞让;便把他任用为诸道兵马大元帅、判六军诸卫、守太尉、录尚书事、升扬二州牧。

19 闽国的判六军诸卫建王王继严能得将士之心,闽主王昶嫉妒他,六月,罢免了他的兵权,把他的名字改为继裕;任用闽主的弟弟王继镕为判六军,删去诸卫二字。

林兴的欺诈被发觉,流放到泉州。望气的人说宫中要发生灾祸,乙未(二十五日),闽主迁居到长春宫。

20 秋季,七月庚子朔(初一),出现日食。

21 成德节度使安重荣出身于行伍,性情粗率,倚仗自己勇武而骄傲暴躁,常常对人们说:"现在的天子,兵强马壮就可以当。"他的衙门里有一个幡竿有几十尺高,他曾经挟着弓对左右的人说:"我如果能射中竿上龙首,必有当人君的天命。"一发而射中,由此就更加自负。

帝之遣重荣代秘琼也，戒之曰："琼不受代，当别除汝一镇，勿以力取，恐为患滋深。"重荣由是以帝为怯，谓人曰："秘琼匹夫耳，天子尚畏之，况我以将相之重，士马之众乎！"每所奏请多逾分，为执政所可否，意愤愤不快，乃聚亡命，市战马，有飞扬之志。帝知之，义武节度使皇甫遇与重荣姻家，甲辰，徙遇为昭义节度使。

22　乙巳，闽北宫火，焚宫殿殆尽。

23　戊申，薛融等上所定编敕，行之。

24　丙辰，敕："先令天下公私铸钱，今私钱多用铅锡，小弱缺薄，宜皆禁之，专令官司自铸。"

25　西京留守杨光远疏中书侍郎、同平章事桑维翰迁除不公及营邸肆于两都，与民争利。帝不得已，闰月壬申，出维翰为彰德节度使兼侍中。

26　初，义武节度使王处直子威，避王都之难，亡在契丹，至是，义武缺帅，契丹主遣使来言："请使威袭父土地，如我朝之法。"帝辞以"中国之法必自刺史、团练、防御序迁乃至节度使，请遣威至此，渐加进用"。契丹主怒，复遣使来言曰："尔自节度使为天子，亦有阶级邪！"帝恐其滋蔓不已，厚赂契丹，且请以处直兄孙彰德节度使廷胤为义武节度使以厌其意。契丹怒稍解。

27　初，闽惠宗以太祖元从为拱宸、控鹤都，及康宗立，更募壮士二千为腹心，号宸卫都，禄赐皆厚于二都；或言二都怨望，将作乱，闽主欲分隶漳、泉二州，二都益怒。闽主好为长夜之饮，

后晋帝当初派安重荣去代替秘琼时,告诫他说:"如果秘琼不接受你去代职,将要为你另委一镇做节度使,不要用武力去夺取,怕以后为患越来越深。"安重荣因此以为后晋帝怯懦,对别人说:"秘琼是个匹夫小人,天子尚且怕他,何况对我这样有将相的重要地位,有众多兵马的人啊!"往往有所奏请就超越本分,被执政者或可或否,心里愤愤不愉快,便聚合亡命之徒,购买战马,有自求飞扬的意图。后晋帝知道这种情况,义武节度使皇甫遇与安重荣是姻亲,甲辰(初五),把皇甫遇调迁为昭义节度使来隔离他们。

22 乙巳(初六),闽国北宫失火,把宫殿几乎焚烧干净。

23 戊申(初九),后晋薛融等上奏所定的编敕,加以施行。

24 丙辰(十七日),后晋帝敕令:"以前令天下公私铸钱,现在私铸钱多用铅锡,而且小弱缺薄,应该都加以禁止,专门由主管官司自行铸造。"

25 西京留守杨光远上疏奏称:中书侍郎、同平章事桑维翰对官吏调任不公,以及任意在两都营造府邸店肆,与民争利。后晋帝不得已,闰七月壬申(初三),把桑维翰外调为彰德节度使,兼任侍中。

26 以前,义武节度使王处直的儿子王威,为了躲避王都叛乱的灾难,逃亡在契丹,到此时,义武军因为皇甫遇调迁而缺少主帅,契丹主耶律德光派使者来说:"请求让王威承袭他父亲的土地,如同我朝的法律规定。"后晋帝推辞,认为:"中国之法,必须从刺史、团练使、防御使依照顺序迁升,才能到节度使,请把王威派到这里来,逐渐加以进用。"契丹主发怒,再次派使者来说道:"你自己从节度使升到天子,也是按阶梯上去的吗!"后晋帝怕这样下去事情会越扯越远,便厚重地贿赂契丹,并且请求用王处直哥哥的孙子彰德节度使王廷胤为义武节度使以满足他们的愿望,契丹的怒气稍有缓解。

27 过去,闽惠宗王璘把太祖王审知原来的侍从立为拱宸、控鹤二都,等到康宗王昶即位后,又募集壮士二千作为腹心,号称宸卫都,俸禄和赏赐都厚于两都;有人传言,两都不满意,将要作乱,闽主想把二者分列隶属于漳、泉二州,两都更加愤怒。闽主喜欢作长夜的欢宴,

强群臣酒,醉则令左右伺其过失;从弟继隆醉失礼,斩之。屡以猜怒诛宗室,叔父左仆射、同平章事延义阳为狂愚以避祸,闽主赐以道士服,置武夷山中;寻复召还,幽于私第。

闽主数侮拱宸、控鹤军使永泰朱文进、光山连重遇,二人怨之。会北宫火,求贼不获。闽主命重遇将内外营兵扫除馀烬,日役万人,士卒甚苦之。又疑重遇知纵火之谋,欲诛之,内学士陈郯私告重遇。辛巳夜,重遇入直,帅二都兵焚长春宫以攻闽主,使人迎延义于瓦砾中,呼万岁;复召外营兵共攻闽主;独宸卫都拒战,闽主乃与李后如宸卫都。比明,乱兵焚宸卫都,宸卫都战败,馀众千馀人奉闽主及李后出北关,至梧桐岭,众稍逃散。延义使兄子前汀州刺史继业将兵追之,及于村舍。闽主素善射,引弓杀数人。俄而追兵云集,闽主知不免,投弓谓继业曰:“卿臣节安在!”继业曰:“君无君德,臣安有臣节! 新君,叔父也,旧君,昆弟也,孰亲孰疏?”闽主不复言。继业与之俱还,至陀庄,饮以酒,醉而缢之,并李后及诸子、王继恭皆死。宸卫馀众奔吴越。

延义自称威武节度使、闽国王,更名曦,改元永隆,赦系囚,颁赉中外。以宸卫弑闽主赴于邻国,谥闽主曰圣神英睿文明广武应道大弘孝皇帝,庙号康宗。遣商人间道奉表称藩于晋;然其在国,置百官皆如天子之制。以太子太傅致仕李真为司空兼中书侍郎、同平章事。

连重遇之攻康宗也,陈守元在宫中,易服将逃,兵人杀之。重遇执蔡守蒙,数以卖官之罪而斩之。闽王曦既立,遣使诛林兴于泉州。

强制群臣喝酒,喝醉了便让左右之人伺机找他的过失;闽主的堂弟王继隆醉后失礼,把他斩了。这样,由于多次猜疑、发怒而诛杀宗室,闽主的叔父左仆射、同平章事王延羲表面上装作狂呆以用来躲避祸端,闽主赐给他道士服装,把他放置在武夷山中;不久,又把他召回来,幽禁在他自己的私第。

闽主几次轻侮拱宸、控鹤军使永泰人朱文进、光山人连重遇,二人很怨恨。没过多久,北宫失火,查究放火贼人但没有寻获。闽主命令连重遇带领内外营兵扫除馀烬,每天役使上万人,士兵很劳苦。又怀疑连重遇知道纵火的阴谋,想要把他杀了,内廷学士陈郯私下告诉了连重遇。辛巳(十二日)夜,连重遇进宫值勤,率领两都之兵焚烧了长春宫,袭击闽主,派人从瓦砾中把王延羲迎接出来,对着他呼喊万岁;又召集外营的两都兵众共同攻击闽主;只有宸卫都的兵士抗拒进行战斗,闽主便和皇后李春燕避往宸卫都。待到天亮,乱兵把宸卫都焚烧了,宸卫都被打败,剩下的千馀人保护着闽主和李后出了北关,到达梧桐岭,剩下的人又有逃散的。王延羲让他哥哥的儿子前汀州刺史王继业带兵追赶他们,一直追到村舍。闽主平素擅长射术,拉起弓射杀几个人。不多时,追兵云集,闽主自知不能逃脱,便丢下弓箭对王继业说:"你的臣节到哪里去了!"王继业说:"君既然没有君德,臣还有什么臣节!新君,是我的叔父,旧君,是我的兄弟,分得清谁亲谁远吗?"闽主不再说话。王继业同他一起回来,到达陀庄,让他喝酒,醉后把他勒死了,连同李后及几个儿子、王继恭都杀死了。宸卫都的馀众投奔吴越。

王延羲自称威武节度使、闽国王,改名王曦,改年号为永隆,赦放系押的囚犯,对朝廷内外进行赐赏。宣称宸卫军杀了闽主投赴邻国,谥号闽主为圣神英睿文明广武应道大弘孝皇帝,庙号康宗。派商人从小道去上表,向后晋朝廷称藩;然而在他的国内,设置百官都如同天子的制度。任用已经以太子太傅名义退休的李真为司空兼中书侍郎、同平章事。

连重遇攻击康宗时,陈守元正在宫中,换了衣服将要逃跑,兵士把他杀了。连重遇抓住了蔡守蒙,数责他的卖官之罪,把他杀了。闽王王曦即位以后,派使者到泉州去把林兴也杀了。

28 河决薄州。

29 八月辛丑,以冯道守司徒兼侍中。壬寅,诏中书知印止委上相,由是事无巨细,悉委于道。帝尝访以军谋,对曰:"征伐大事,在圣心独断。臣书生,惟知谨守历代成规而已。"帝以为然。道尝称疾求退,帝使郑王重贵诣第省之,曰:"来日不出,朕当亲往。"道乃出视事。当时宠遇,群臣无与为比。

30 己酉,以吴越王元瓘为天下兵马元帅。

31 黔南巡内溪州刺史彭士愁引奖、锦州蛮万馀人寇辰、澧州,焚掠镇戍,遣使乞师于蜀。蜀主以道远,不许。九月辛未,楚王希范命左静江指挥使刘勍、决胜指挥使廖匡齐帅衡山兵五千讨之。

32 癸未,以唐许王从益为郇国公,奉唐祀。从益尚幼,李后养从益于宫中,奉王淑妃如事母。

33 冬,十月庚戌,闽康宗所遣使者郑元弼至大梁。康宗遗执政书曰:"闽国一从兴运,久历年华,见北辰之帝座频移,致东海之风帆多阻。"又求用敌国礼致书往来。帝怒其不逊,壬子,诏却其贡物及福、建诸州纲运,并令元弼及进奏官林恩部送速归。兵部员外郎李知损上言:"王昶僭慢,宜执留使者,籍没其货。"乃下元弼、恩狱。

28　黄河在薄州决口。

29　八月辛丑(初三),后晋朝廷任用冯道守职司徒兼侍中。壬寅(初四),后晋帝下诏中书的理事知印只委予上相,从此事无巨细,都委交给冯道办理。后晋帝曾经就用兵的谋略征询冯道的意见,冯道回答说:"征伐是国家的大事,取决于圣上意志的独断。我是个书生,只知道谨守历代的成规而已。"后晋帝以为他说得对。冯道曾经称病要求退职,后晋帝让郑王石重贵到冯道的府第探视他,并说:"来日还不出来,朕就要亲自去请他。"冯道这才出来视事。当时的宠遇,群臣没有能同他相比的。

30　己酉(十一日),后晋朝廷任吴越王钱元瓘为天下兵马元帅。

31　黔南节度使巡属之内的溪州刺史彭士愁率领奖州、锦州蛮族一万馀人袭扰辰州、澧州,焚掠镇戍之所,派使者到蜀国请求出兵支援。后蜀主孟昶因为道路太远,没有答应。九月辛未(初三),楚王马希范命令左静江指挥使刘勍、决胜指挥使廖匡齐率领衡山兵五千去讨伐。

32　癸未(十五日),后晋朝廷封后唐许王李从益为郇国公,奉行后唐的祭祀。由于李从益还年幼,后晋帝的李皇后是后唐明宗曹皇后的女儿,便把许王留养在宫中,又对明宗次妃王淑妃侍奉如同母亲。

33　冬季,十月庚戌(十三日),闽国康宗王昶所派遣的使者郑元弼到达晋朝东京大梁。康宗给执政者的信说:"闽国自从兴运以来,一直持续贡职至今,年华久历,现在,北辰的帝座频繁变换,以致东海的风帆常常受阻。"又要求用对等国家的礼节致书往来。后晋帝恼怒他的态度不够谦逊,壬子(十五日),下诏退还其贡物以及福州、建州等地的成批纲运的物资,并命令郑元弼及闽国驻后晋朝廷的进奏官林恩部送他们即速回去。兵部员外郎李知损上奏说:"王昶僭越傲慢,应该拘留他的使者,登记没收他的货物。"后晋帝便把郑元弼、林恩投进监狱里。

34 吴越恭穆夫人马氏卒。夫人,雄武节度使绰之女也。初,武肃王镠禁中外畜声伎,文穆王元瓘年三十馀无子,夫人为之请于镠,镠喜曰:"吾家祭祀,汝实主之。"乃听元瓘纳妾。鹿氏,生弘傅、弘倧;许氏,生弘佐;吴氏,生弘俶;众妾生弘偡、弘億、弘偓、弘仰、弘信;夫人抚视慈爱如一。常置银鹿于帐前,坐诸儿于上而弄之。

35 十一月戊子,契丹遣其臣遥折来使,遂如吴越。

36 楚王希范始开天策府,置护军中尉、领军司马等官,以诸弟及将校为之。又以幕僚拓跋恒、李弘皋、廖匡图、徐仲雅等十八人为学士。

刘勍等进攻溪州,彭士愁兵败,弃州走保山寨。石崖四绝,勍为梯栈上围之。廖匡齐战死,楚王希范遣吊其母,其母不哭,谓使者曰:"廖氏三百口受王温饱之赐,举族效死,未足以报,况一子乎!愿王无以为念。"王以其母为贤,厚恤其家。

37 十二月丙戌,禁刓造佛寺。

38 闽王作新宫,徙居之。

39 是岁,汉门下侍郎、同平章事赵光裔言于汉主曰:"自马后崩,未尝通使于楚,亲邻旧好,不可忘也。"因荐谏议大夫李纾可以将命,汉主从之;楚亦遣使报聘。光裔相汉二十馀年,府库充实,边境无虞。及卒,汉主复以其子翰林学士承旨、尚书左丞损为门下侍郎、同平章事。

五年(庚子,940)

1 春,正月,帝引见闽使郑元弼等。元弼曰:"王昶蛮夷之君,不知礼义,陛下得其善言不足喜,恶言不足怒。臣将命无状,愿伏铁锧以赎昶罪。"帝怜之,辛未,诏释元弼等。

34 吴越王钱元瓘的恭穆夫人马氏去世。夫人是雄武节度使马绰的女儿。以前,武肃王钱镠禁止内外蓄养歌舞女伎,文穆王钱元瓘年过三十还没有儿子,马夫人为此向钱镠请求允许钱元瓘纳妾,钱镠高兴地说:"我家的祭礼香火,实际上是由你做主的。"于是,便听由钱元瓘纳妾。鹿氏,生下钱弘傅、弘偬;许氏,生弘佐;吴氏,生弘俶;众妾还生下弘堪、弘億、弘偓、弘仰、弘信;马夫人对他们抚养看待,慈爱如一。常常置放银鹿在自己的帐前,让诸儿坐在上面,逗弄他们嬉戏。

35 十一月戊子(二十一日),契丹派大臣遥折出使晋廷,之后又到了吴越。

36 楚王马希范始开天策府,设置护军中尉、领军司马等官,任用其诸弟及将校充任。又任用幕僚拓跋恒、李弘皋、廖匡图、徐仲雅等十八人为学士。

刘勍等进攻溪州,彭士愁的兵打了败仗,放弃了州城,退保在山寨。石崖四面绝壁,刘勍造梯栈登上去包围了他们。廖匡齐战死,楚王马希范派人吊问他的母亲,他母亲不哭,对使者说:"廖氏全家三百口,受楚王给予温饱的恩惠,全族效死于国家,不足以报答,何况一个儿子啊!请大王不要把此事记在心上。"楚王认为廖匡齐的母亲很贤惠,丰厚地抚恤其家。

37 十二月丙戌,后晋朝廷禁止创建佛寺。

38 闽王王曦建造新宫,徙居进去。

39 这一年,南汉门下侍郎、同平章事赵光裔对南汉主刘龑说:"自从马皇后去世后,没有再通使于楚,亲邻旧好是不可忘记的。"因而举荐谏议大夫李纾可以领命出使楚国,南汉主听从他的意见办了;楚国也派遣使者来答谢聘问。赵光裔在南汉当宰相二十多年,府库充实,边境没有忧患。赵光裔死后,南汉主又任用他的儿子翰林学士承旨、尚书左丞赵损为门下侍郎、同平章事。

后晋高祖天福五年(庚子,公元 940 年)

1 春季,正月,后晋帝接见闽国来使郑元弼等。郑元弼说:"王昶是蛮夷的君主,不懂得礼仪,陛下听到他的善言不足为喜,恶言不足为怒。我受他的差遣,办事不得体,愿意接受斧斩腰斩之刑以赎王昶的罪过。"后晋帝可怜他,辛未(初五),下诏释放了郑元弼等人。

2　楚刘勍等因大风,以火箭焚彭士愁寨而攻之,士愁帅麾下逃入奖、锦深山,乙未,遣其子师暠帅诸酉长纳溪、锦、奖三州印,请降于楚。

3　二月庚戌,北都留守、同平章事安彦威入朝,上曰:"吾所重者信与义。昔契丹以义救我,我今以信报之;闻其征求不已,公能屈节奉之,深称朕意。"对曰:"陛下以苍生之故,犹卑辞厚币以事之,臣何屈节之有!"上悦。

4　刘勍引兵还长沙。楚王希范徙溪州于便地,表彭士愁为溪州刺史,以刘勍为锦州刺史,自是群蛮服于楚。希范自谓伏波之后,以铜五千斤铸柱,高丈二尺,入地六尺,铭誓状于上,立之溪州。

5　唐康化节度使兼中书令杨琏谒平陵还,一夕,大醉,卒于舟中,追封谥曰弘农靖王。

6　闽王曦既立,骄淫苛虐,猜忌宗族,多寻旧怨。其弟建州刺史延政数以书谏之,曦怒,复书骂之;遣亲吏业翘监建州军,教练使杜汉崇监南镇军,二人争捃延政阴事告于曦,由是兄弟积相猜恨。一日,翘与延政议事不叶,翘诃之曰:"公反邪!"延政怒,欲斩翘;翘奔南镇,延政发兵就攻之,败其戍兵。翘、汉崇奔福州,西鄙戍兵皆溃。

二月,曦遣统军使潘师逵、吴行真将兵四万击延政。师逵军于建州城西,行真军于城南,皆阻水置营,焚城外庐舍。延政求救于吴越,壬戌,吴越王元瓘遣宁国节度使、同平章事仰仁诠、内都监使薛万忠将兵四万救之。丞相林鼎谏,不听。三月戊辰,师逵分兵三千,遣都军使蔡弘裔将之出战,延政遣其将林汉彻等败之于茶山,斩首千馀级。

2 楚国刘勍等借着大风,用火箭焚烧彭士愁的山寨,发起进攻,彭士愁率领他的部下逃入奖州、锦州的深山,乙未(二十九日),派他的儿子彭师暠率领诸酋长献纳溪、奖、锦三州的印信,请求向楚国投降。

3 二月庚戌(十四日),北都太原留守、同平章事安彦威入京朝见,后晋帝说:"我所重视的是信与义。从前契丹出于道义救援过我,我现在用信守协约来报答他;听说他们不断地征索求取,您能委曲自己的节操来事奉他,是很能称合朕的意图的。"安彦威回答说:"陛下为了苍生百姓尚且卑词厚币来对待他,臣有什么屈节可说!"后晋帝很高兴。

4 刘勍领兵回师长沙。楚王马希范把溪州的治所迁移到离楚境近,便于控制的地方,表奏彭士愁为溪州刺史,任用刘勍为锦州刺史;从此群蛮归服于楚国。马希范自称汉代伏波将军马援的后人,便用铜五千斤铸立一个铜柱,高一丈二尺,埋入地下六尺,铭刻当时的誓词在柱上,把它立在溪州。

5 南唐康化节度使兼中书令杨琏进谒埋葬其父吴让皇杨溥的平陵归来,一个晚上,饮酒大醉,死在船中,南唐主追封他,谥号为弘农靖王。

6 闽主王曦即位以后,骄奢淫逸,酷苛暴虐,猜忌宗族,常常寻找旧怨加以报复。他的弟弟建州刺史王延政多次上书劝谏他,王曦发怒,复书责骂王延政;派遣亲信官吏业翘监察建州军,教练使杜汉崇监察福州与建州之间的南镇军,这两个人争着搜集王延政的阴私之事向王曦报告,因此兄弟二人长期相互猜忌怨恨。有一天,业翘与王延政议论事情意见不合,业翘呵斥王延政说:"你要造反啊!"王延政发怒,要杀业翘;业翘奔向南镇,王延政发兵到南镇攻击他,打败了南镇的守兵。业翘、杜汉崇奔向福州,西郊边境的守兵都溃散了。

二月,王曦派遣统军使潘师逵、吴行真统兵四万攻打王延政。潘师逵屯军在建州城西,吴行真屯军在建州城南,都隔着水设置营地,焚烧了城外的房舍。王延政求救于吴越,壬戌(二十六日),吴越王钱元瓘派宁国节度使、同平章事仰仁诠、内都监使薛万忠统兵四万去救援他。闽国丞相林鼎谏阻王曦,不听。三月戊辰(初二),潘师逵分兵三千,派都军使蔡弘裔领着他们出战,王延政派其将林汉彻等在茶山把他们打败,斩首一千余级。

7 安彦威、王建立皆请致仕,不许。辛未,以归德节度使、侍卫马步都指挥使、同平章事刘知远为邺都留守,徙彦威为归德节度使,加兼侍中。癸酉,徙建立为昭义节度使,进爵韩王;以建立辽州人,割辽、沁二州隶昭义。徙建雄节度使李德珫为北都留守。

8 山南东道节度使、同平章事安从进恃其险固,阴蓄异谋,擅邀取湖南贡物,招纳亡命,增广甲卒。元随都押牙王令谦、押牙潘知麟谏,皆杀之。及王建立徙潞州,帝使问之曰:"朕虚青州以待卿,卿有意则降制。"从进对曰:"若移青州置汉南,臣即赴镇。"帝不之责。

9 丁丑,王延政募敢死士千馀人,夜涉水,潜入潘师逵垒,因风纵火,城上鼓噪以应之,战棹都头建安陈海杀师逵,其众皆溃。戊寅,引兵欲攻吴行真寨,建人未涉水,行真及将士弃营走,死者万人。延政乘胜取永平、顺昌二城。自是建州之兵始盛。

10 夏,四月,蜀太保兼门下侍郎、同平章事赵季良请与门下侍郎、同平章事毋昭裔、中书侍郎、同平章事张业分判三司,癸卯,蜀主命季良判户部,昭裔判盐铁,业判度支。

11 庚戌,以前横海节度使马全节为安远节度使。

12 甲子,吴越孝献世子弘僔卒。

13 吴越仰仁诠等兵至建州,王延政以福州兵已败去,奉牛酒犒之,请班师。仁诠等不从,营于城之西北。延政惧,复遣使乞师于闽王。闽王以泉州刺史王继业为行营都统,将兵二万救之;

7　安彦威、王建立都向后晋帝请求退休,后晋帝不准许。辛未(初五),任用归德节度使、侍卫马步都指挥使、同平章事刘知远为邺都留守,调迁安彦威为归德节度使,加官兼任侍中。癸酉(初七),调迁王建立为昭义节度使,进爵为韩王;因为王建立是辽州人,割划辽、沁二州隶属于昭义军。调迁建雄节度使李德珫为北都留守。

8　山南东道节度使、同平章事安从进依恃他所镇守襄阳之地的险要和牢固,暗蓄叛离的心计,擅自截取楚国从湘南送往后晋朝廷的进贡物品,招纳亡命之徒,增加扩充兵众。从开始就跟随他的都押牙王令谦、押牙潘知麟劝阻他,都被他杀了。及至王建立受任昭义节度使迁镇潞州,后晋帝使人问他说:"朕把镇戍青州的平卢节度使虚位等待着你,你如果有意去,我就降旨委任你。"安从进回答说:"如果把青州移置在汉水以南,我就去镇所赴任。"后晋帝也不责怪他。

9　丁丑(十一日),闽国建州刺史王延政募集了一千多敢于冒死的士卒,乘着夜间涉水,潜伏进入潘师逵的营垒,顺风纵火,城上擂鼓呐喊来响应他们,战棹都头建安人陈诲杀了潘师逵,他的兵众都溃散了。戊寅(十二日),王延政率领兵卒要进攻吴行真的营寨,还没等到建州兵涉水过来,吴行真和将士就弃营逃走,死亡达万人。王延政乘胜攻取了永平、顺昌二城。从此以后,建州的兵卒开始强盛起来。

10　夏季,四月,蜀国太保兼门下侍郎、同平章事赵季良奏请,与门下侍郎、同平章事毋昭裔、中书侍郎、同平章事张业分判二司,癸卯(初八),蜀主孟昶使赵季良主管户部,毋昭裔主管盐铁,张业主管度支。

11　庚戌(十五日),后晋朝廷任用前横海节度使马全节为安远节度使。

12　甲子(二十九日),吴越国孝献世子钱弘僔去世。

13　吴越国仰仁诠等率援军到达建州,王延政因为闽国福州兵已经败走,取出酒肉犒劳他们,请他们班师回吴越。仰仁诠等不依从,在建州城的西北扎营。王延政害怕,又遣使者向闽王请求发兵救援。闽王王曦任命泉州刺史王继业为行营都统,率兵两万来救援;

且移书责吴越,遣轻兵绝吴越粮道。会久雨,吴越食尽,五月,延政遣兵出击,大破之,俘斩以万计。癸未,仁诠等夜遁。

14 胡汉筠既违诏命不诣阙,又闻贾仁沼二子欲诉诸朝;及除马全节镇安州代李金全,汉筠绐金全曰:"进奏吏遣人倍道来言,朝廷俟公受代,即按贾仁沼死状,以为必有异图。"金全大惧。汉筠因说金全拒命,自归于唐,金全从之。

丙戌,帝闻金全叛,命马全节以汴、洛、汝、郑、单、宋、陈、蔡、曹、濮、申、唐之兵讨之,以保大节度使安审晖为之副。审晖,审琦之兄也。

李金全遣推官张纬奉表请降于唐,唐主遣鄂州屯营使李承裕、段处恭将兵三千逆之。

15 唐主遣客省使尚全恭如闽,和闽王曦及王延政。六月,延政遣牙将及女奴持誓书及香炉至福州,与曦盟于宣陵。然兄弟相猜恨犹如故。

16 癸卯,唐李承裕等至安州。是夕,李金全将麾下数百人诣唐军,妓妾资财皆为承裕所夺,承裕入据安州。甲辰,马全节自应山进军大化镇,与承裕战于城南,大破之。承裕掠安州南走,全节入安州。丙午,安审晖追败唐兵于黄花谷,段处恭战死。丁未,审晖又败唐兵于云梦泽中,虏承裕及其众。唐将张建崇据云梦桥拒战,审晖乃还。马全节斩承裕及其众千五百人于城下,送监军杜光业等五百七人于大梁。上曰:"此曹何罪!"皆赐马及器服而归之。

并且行文责备吴越,派遣轻兵断绝吴越的运粮道路。此时正好遇上长时间下雨,吴越兵粮食用尽,五月,王延政派兵出击,大破吴越之兵,俘虏斩杀上万人。癸未(十八日),仰仁诠等乘夜间逃走。

14　胡汉筠既已依仗李金全的庇护违背晋帝诏命不肯诣阙觐见,又听说被他所杀害的朝廷使官贾仁沼的两个儿子要向朝廷告发;及至后晋朝廷任命马全节为安远节度使取代李金全镇戍安州时,胡汉筠便欺骗李金全说:"派驻朝廷的进奏吏派人加倍赶路来说,朝廷等您接受替代命令,就要查究贾仁沼是怎么死的,认为您必然有叛变的图谋。"李金全大为恐惧。胡汉筠便进而劝说李金全拒绝接受代命,自行归顺于南唐,李金全听从了他的意见。

丙戌(二十一日),后晋帝闻知李金全叛变,命令马全节统率汴、洛、汝、郑、单、宋、陈、蔡、曹、濮、申、唐诸州的兵马征讨他,任用保大节度使安审晖做他的副帅。安审晖是安审琦的哥哥。

李金全遣派推官张纬带着表章向南唐请求归降,南唐主李昪遣鄂州屯营使李承裕、段处恭领兵三千迎他。

15　南唐主派客省使尚全恭赴闽国,与闽王王曦及王延政议和。六月,王延政派遣牙将及女奴带着誓书及香炉到福州,与王曦定盟于闽太祖王审知的宣陵。但是,兄弟之间相互猜疑忌恨依然如故。

16　癸卯(初九),南唐李承裕等到达安州。这天晚上,李金全带领他指挥下的兵卒几百人进见南唐军,妓妾资财都被李承裕的人所夺取,李承裕进占安州。甲辰(初十),马全节从应山进军到大化镇,与李承裕在城南交战,把他打得大败。李承裕抢掠安州后向南败走,马全节进入安州。丙午(十二日),安审晖追赶南唐兵,在黄花谷又把他们打败,段处恭战死。丁未(十三日),安审晖又在云梦泽中把南唐兵打败,俘虏了李承裕及他的兵众。南唐将领张建崇占据云梦桥抵抗,安审晖便带兵归还。马全节在安州城下斩杀了李承裕及他的兵众一千五百人,俘送监军杜光业等五百零七人到大梁。后晋帝说:"这些人有什么罪!"便都赐给马匹和器物服装,把他们送回南唐。

初，卢文进之奔吴也，唐主命祖全恩将兵逆之，戒无入安州城，陈于城外，俟文进出，殿之以归，无得剽掠。及李承裕逆李金全，戒之如全恩；承裕贪剽掠，与晋兵战而败，失亡四千人。唐主怅恨累日，自以戒敕之不熟也。杜光业等至唐，唐主以其违命而败，不受，复送于淮北，遗帝书曰："边校贪功，乘便据垒。"又曰："军法朝章，彼此不可。"帝复遣之归，使者将自桐墟济淮，唐主遣战舰拒之，乃还。帝悉授唐诸将官，以其士卒为显义都，命旧将刘康领之。

臣光曰：违命者将也，士卒从将之令者也，又何罪乎！受而戮其将以谢敌，吊士卒而抚之，斯可矣，何必弃民以资敌国乎！

17　唐主使宦者祭庐山，还，劳之曰："卿此行甚精洁。"宦者曰："臣自奉诏，蔬食至今。"唐主曰："卿某处市鱼为羹，某日市肉为菹，何为蔬食？"宦者惭服。仓吏岁终献羡馀万馀石，唐主曰："出纳有数，苟非掊民刻军，安得羡馀邪！"

18　秋，七月，闽主曦城福州西郭以备建人。又度民为僧，民避重赋多为僧，凡度万一千人。

19　乙丑，帝赐郑元弼等帛，遣归。

20　李金全之叛也，安州马步副都指挥使桑千、威和指挥使王万金、成彦温不从而死，马步都指挥使庞守荣诮其愚，以徇金全之意。己巳，诏赠贾仁沼及桑千等官，遣使诛守荣于安州。李金全至金陵，唐主待之甚薄。

过去,卢文进投奔吴国的时候,南唐主命祖全恩统兵迎击,告诫祖全恩不要进入安州城,列阵在城外,等待卢文进出来,尾随他回来,不许劫掠。等到李承裕迎接李金全时,告诫他也像告诫祖全恩一样;而李承裕却贪图劫掠,与晋兵交战而被打败,逃跑死亡的有四千人。南唐主惋惜悔恨好多天,自己认为对告诫敕令之类的事情不熟练,把握不住。杜光业等被遣送回来到达南唐,南唐主因为他们是违背命令才失败的,不接纳,又把他们送回淮河以北,并且给后晋帝写信说:"边境将校贪图功利,乘着方便占据堡垒。"又说:"不论是律以军法,或是衡之朝章,彼此都不可容忍。"后晋帝再次把他们遣送回去,使者要从宿州的桐墟渡过淮河南返,南唐主派战船阻拒他们,只好又北还。后晋帝便把南唐诸将都授以官职,把他们的士兵组织为显义都,命随兵起于晋阳的旧将刘康率领他们。

臣司马光说:违背诏命的是将领,士兵是听从将领之令的,又有什么罪呢!接纳遣返而杀其将领用来回报敌国,同情士兵而安抚他们,这就可以了,何必要抛弃自己的子民去帮助敌国啊!

17 南唐主李昪让宦官去祭祀庐山,宦官回来,南唐主慰劳他说:"你这次出行很是廉洁。"宦官说:"我从奉诏命出去,一直吃素到现在。"南唐主说:"你在某处曾买鱼作羹,某日曾买肉切大块烹食,怎么叫吃素?"宦官感到惭愧而且承认了这些事。管仓库的官吏岁终呈献盈余的赋税租米一万馀石,南唐主说:"支出和收入都有数额,如果不是聚敛百姓克扣军粮,哪里来的盈馀呀!"

18 秋季,七月,闽主王曦在福州西门修建城郭用来防备建州之人。又让百姓离家当和尚,百姓为了逃避沉重的赋税,很多人出家为僧,共有一万一千多人当了和尚。

19 乙丑(初二),后晋帝赐给闽国使臣郑元弼等丝帛,把他们送回闽国。

20 李金全叛晋的时候,安州马步副都指挥使桑千、咸和指挥使王万金、咸彦温不追随他而死,马步都指挥使庞守荣讥诮他们愚蠢,以迎合李金全的意图。己巳(初六),后晋帝下诏,赠予贾仁沼及桑千等人以官位,派使者到安州诛杀了庞守荣。李金全到了金陵,南唐主待他很冷淡。

21　丁巳,唐主立齐王璟为太子,兼大元帅,录尚书事。

22　太子太师致仕范延光请归河阳私第,帝许之。延光重载而行。西京留守杨光远兼领河阳,利其货,且虑为子孙之患,奏:"延光叛臣,不家汴、洛而就外藩,恐其逃逸入敌国,宜早除之!"帝不许。光远请敕延光居西京,从之。光远使其子承贵以甲士围其第,逼令自杀。延光曰:"天子在上,赐我铁券,许以不死,尔父子何得如此?"己未,承贵以白刃驱延光上马,至浮梁,挤于河。光远奏云自赴水死,帝知其故,惮光远之强,不敢诘。为延光辍朝,赠太师。

23　唐齐王璟固辞太子;九月乙丑,唐主许之,诏中外致笺如太子礼。

24　丁卯,以翰林学士承旨、户部侍郎和凝为中书侍郎、同平章事。

25　己巳,邺都留守刘知远入朝。

26　辛未,李崧奏:"诸州仓粮,于计帐之外所馀颇多。"上曰:"法外税民,罪同枉法。仓吏特贷其死,各痛惩之。"

27　翰林学士李澣,轻薄,多酒失,上恶之,丙子,罢翰林学士,并其职于中书舍人。澣,涛之弟也。

28　杨光远入朝,帝欲徙之他镇,谓光远曰:"围魏之役,卿左右皆有功,尚未之赏,今当各除一州以荣之。"因以其将校数人为刺史。甲申,徙光远为平卢节度使,进爵东平王。

21 丁巳,南唐主册立齐王李璟为太子,兼大元帅,录尚书事。

22 后晋以太子太师退休的范延光请求回到在河阳的私人宅第,后晋帝准许了他。范延光载运了很丰厚的财物出发。西京洛阳留守杨光远兼领河阳军镇,贪图范延光的财货,并且顾虑他以后会成为杨氏子孙的祸患,便上奏说:"范延光是叛臣,不把家放在汴梁和洛阳而放归外属,恐怕他要逃跑到敌国去,应该早日把他除掉!"后晋帝不准许。杨光远又请求敕令范延光留居西京洛阳,后晋帝同意了。杨光远让他的儿子杨承贵带领披甲士兵包围了范延光的宅第,逼令他自杀。范延光说:"天子在上,赐给我铁券,答应我不死,你们父子怎能这样?"八月己未(二十六日),杨承贵拿着刀逼迫范延光上马,行经浮桥时,把他挤落在黄河里。杨光远上奏说范延光自己投水而死,后晋帝知道原因,但是惧怕杨光远的强悍,不敢究问。后晋帝因为范延光之死而停止上朝,追赠他为太师。

23 南唐齐王李璟坚决辞让被封为太子;九月乙丑(初三),南唐主允许了他,下诏朝廷内外向他致书按太子礼施行。

24 丁卯(初五),后晋朝廷任用翰林学士承旨、户部侍郎和凝为中书侍郎、同平章事。

25 己巳(初七),邺都留守刘知远入朝。

26 辛未(初九),李崧奏言:"诸州的仓粮,在计账以外所盈馀的相当多。"后晋帝说:"法定之外向民众征税,罪过可同枉法一样。仓库官吏只能免其一死,但都要严惩他们。"

27 翰林学士李澣,为人轻薄,常常因酒误事,后晋帝厌恶他,丙子(十四日),罢去翰林学士的官职,把它的职掌并归中书舍人。李澣是李涛的弟弟。

28 河阳节度使杨光远入朝,后晋帝想把他调徙到别的军镇,对杨光远说:"围攻魏州之役,你的左右都立了功,还没有封赏他们,现在应当各授官一州来荣显他们。"便把他的将校几个人用为刺史。甲申(二十二日),调迁杨光远为平卢节度使,晋爵为东平王。

29　冬，十月丁酉，加吴越王元瓘天下兵马都元帅、尚书令。

30　壬寅，唐大赦，诏中外奏章无得言"睿"、"圣"，犯者以不敬论。

术士孙智永以四星聚斗，分野有灾，劝唐主巡东都，乙巳，唐主命齐王璟监国。光政副使、太仆少卿陈觉以私憾奏泰州刺史褚仁规贪残；丙午，罢仁规为扈驾都部署，觉始用事。庚戌，唐主发金陵；甲寅，至江都。

31　闽王曦因商人奉表自理；十一月甲申，以曦为威武节度使，兼中书令，封闽国王。

32　唐主欲遂居江都，以水冻，漕运不给，乃还；十二月丙申，至金陵。

33　唐右仆射兼门下侍郎、同平章事张延翰卒。

34　是岁，汉门下侍郎、同平章事赵损卒；以宁远节度使南昌王定保为中书侍郎、同平章事，不逾年亦卒。

35　初，帝割雁门之北以赂契丹，由是吐谷浑皆属契丹，苦其贪虐，思归中国；成德节度使安重荣复诱之，于是吐谷浑帅部落千馀帐自五台来奔。契丹大怒，遣使让帝以招纳叛人。

六年(辛丑,941)

1　春，正月丙寅，帝遣供奉官张澄将兵二千索吐谷浑在并、镇、忻、代四州山谷者，逐之使还故土。

2　王延政城建州，周二十里，请于闽王曦，欲以建州为威武军，自为节度使。曦以威武军福州也，乃以建州为镇安军，以延政为节度使，封富沙王。延政改镇安曰镇武而称之。

29 冬季，十月丁酉（初五），加封吴越王钱元瓘为天下兵马都元帅、尚书令。

30 壬寅（初十），南唐实行大赦，诏令中外奏章不得用"睿"、"圣"字样，违犯者按不敬论。

术士孙智永因为四个星聚于斗宿，分野有灾，劝说南唐主李昪巡视东都，乙巳（十三日），南唐主命齐王李璟监国。光政副使、太仆少卿陈觉由于私人憾怨奏言泰州刺史褚仁规贪婪残虐；丙午（十四日），罢免褚仁规做扈驾都部署，陈觉开始当权。庚戌（十八日），南唐主从西都金陵出发；甲寅（二十二日），到达东都江都。

31 闽主王曦乘商人入京之机，带着表章向后晋朝廷为自己申说未尝称帝；十一月甲申（二十三日），后晋帝任命王曦为威武节度使，兼中书令，封闽国王。

32 南唐主打算在江都居留下来，因为水冻冰，漕运供应不上，只得西归；十二月丙申（初五），到达金陵。

33 南唐右仆射兼门下侍郎、同平章事张延翰去世。

34 这一年，南汉门下侍郎、同平章事赵损去世；任用宁远节度使南昌人王定保为中书侍郎、同平章事，不到一年也去世了。

35 过去，后晋高祖割划雁门关以北来贿赂契丹，从此吐谷浑之地都归属于契丹，苦于契丹人贪求和暴虐，想归附中原；成德节度使安重荣又引诱它，于是吐谷浑率领部落一千餘帐从五台来投奔。契丹大怒，派使者责备后晋高祖是招纳叛变的人。

后晋高祖天福六年（辛丑，公元941年）

1 春季，正月丙寅（初六），后晋帝派供奉官张澄领兵两千搜索吐谷浑在并、镇、忻、代四州山谷之中的人，驱逐他们使之还归故土。

2 王延政在建州修筑城池，周围二十里，请求闽王王曦在建州设置威武军，他自己做节度使。王曦因为福州称威武军，便以建州为镇安军，任命王延政为节度使，封为富沙王。王延政把镇安改称为镇武以为军镇之名。

3 二月壬辰,作浮梁于德胜口。

4 彰义节度使张彦泽欲杀其子,掌书记张式素为彦泽所厚,谏止之。彦泽怒,射之;左右素恶式,从而谮之。式惧,谢病去,彦泽遣兵追之。式至邠州,静难节度使李周以闻,帝以彦泽故,流式商州。彦泽遣行军司马郑元昭诣阙求之,且曰:"彦泽不得张式,恐致不测。"帝不得已,与之。癸未,式至泾州,彦泽命决口、剖心,断其四支。

5 凉州军乱,留后李文谦闭门自焚死。

6 蜀自建国以来,节度使多领禁兵,或以他职留成都,委僚佐知留务,专事聚敛,政事不治,民无所诉。蜀主知其弊,丙辰,加卫圣马步都指挥使、武德节度使兼中书令赵廷隐、枢密使、武信节度使、同平章事王处回、捧圣控鹤都指挥使、保宁节度使、同平章事张公铎检校官,并罢其节度使。三月甲戌,以翰林学士承旨李昊知武宁军,散骑常侍刘英图知保宁军,谏议大夫崔銮知武信军,给事中谢从志知武泰军,将作监张赞知宁江军。

7 夏,四月,闽王曦以其子亚澄同平章事、判六军诸卫。曦疑其弟汀州刺史延喜与延政通谋,遣将军许仁钦以兵三千如汀州,执延喜以归。

8 唐主以陈觉及万年常梦锡为宣徽副使。

9 辛巳,北京留守李德珫遣牙校以吐谷浑酋长白承福入朝。

10 唐主遣通事舍人欧阳遇求假道以通契丹,帝不许。

11 自黄巢犯长安以来,天下血战数十年,然后诸国各有分土,兵革稍息。及唐主即位,江、淮比年丰稔,兵食有馀,群臣争言"陛下中兴,今北方多难,宜出兵恢复旧疆"。唐主曰:"吾少长军旅,见兵之为民害深矣,不忍复言。

3　二月壬辰(初二),后晋朝廷在黄河德胜口建造一座浮桥。

4　彰义节度使张彦泽要杀他的儿子,掌书记张式一向为张彦泽所亲厚,劝阻他。张彦泽发怒,用箭射他;左右之人素来厌恶张式,乘机讲张式的坏话。张式害怕,借口有病辞谢而去,张彦泽派兵追赶他。张式到了邠州,静难节度使李周向后晋朝廷作了报告,后晋帝因为顾及张彦泽,把张式流放到商州。张彦泽派行军司马郑元昭进诣朝廷讨要他,并且说:"张彦泽如得不到张式,恐怕要引起不测的事情。"后晋帝不得已,给了他。癸巳(初三),张式到达泾州,张彦泽命令把他决口、剖心、剁断四肢。

5　凉州军叛乱,留后李文谦闭门自焚而死。

6　蜀自从建国以来,节度使大多兼领禁兵,或者用别的职务留在成都,委派僚佐管理军府的事务,这些人专门从事聚敛财物,政事治理不善,民众也无处申诉。蜀主孟昶知道了这些弊病,丙辰(二十四日),加封卫圣马步都指挥使、武德节度使兼中书令赵廷隐,枢密使、武信节度使、同平章事王处回,捧圣控鹤都指挥使、保宁节度使、同平章事张公铎为检校官,把他们的节度使都罢免了。三月甲戌(十四日),任用翰林学士承旨李昊主持武宁军,散骑常侍刘英图主持保宁军,谏议大夫崔銮主持武信军,给事中谢从志主持武泰军,将作监张赞主持宁江军。

7　夏季,四月,闽王王曦任用他的儿子王亚澄为同平章事,判六军诸卫。王曦怀疑他的弟弟汀州刺史王延喜与王延政勾结通谋,派遣将军许仁钦带兵三千到汀州,抓住王延喜把他带回来。

8　南唐主任用陈觉和万年人常梦锡为宣徽副使。

9　辛巳,北京太原留守李德珫派牙校率领吐谷浑酋长白承福入京朝见后晋帝。

10　南唐主派通事舍人欧阳遇请求从晋国辖境借道以通往契丹,后晋帝不准许。

11　自从黄巢进犯长安以来,天下血战几十年,然后诸国各有分土,兴兵作战的事情稍见停息。等到南唐主李昪即位,长江、淮河一带连年丰收,军粮有了富馀,群臣争着上言:"陛下中兴,现在北方多难,应该出兵北讨,恢复盛唐旧的疆域。"南唐主说:"我从年少时就生活在军旅之中,看到用兵对于民众的害处是很深的,不忍再提战争。

使彼民安,则吾民亦安矣,又何求焉!"汉主遣使如唐,谋共取楚,分其地,唐主不许。

12　山南东道节度使安从进谋反,遣使奉表诣蜀,请出师金、商以为声援;丁亥,使者至成都。蜀主与群臣谋之,皆曰:"金、商险远,少出师则不足制敌,多则漕輓不继。"蜀主乃辞之。又求援于荆南,高从诲遗从进书,谕以祸福;从进怒,反诬奏从诲。荆南行军司马王保义劝从诲具奏其状,且请发兵助朝廷讨之,从诲从之。

13　成德节度使安重荣耻臣契丹,见契丹使者,必箕踞慢骂,使过其境,或潜遣人杀之;契丹以让帝,帝为之逊谢。六月戊午,重荣执契丹使拽剌,遣骑掠幽州南境,军于博野,上表称:"吐谷浑、两突厥、浑、契芯、沙陀各帅部众归附;党项等亦遣使纳契丹告身职牒,言为虏所陵暴,又言自二月以来,令各具精甲壮马,将以上秋南寇,恐天命不佑,与之俱灭,愿自备十万众,与晋共击契丹。又朔州节度副使赵崇已逐契丹节度使刘山,求归命朝廷。臣相继以闻。陛下屡敕臣承奉契丹,勿自起衅端;其如天道人心,难以违拒,机不可失,时不再来。诸节度使没于虏庭者,皆延颈企踵以待王师,良可哀闵。愿早决计。"表数千言,大抵斥帝父事契丹,竭中国以媚无厌之虏。又以此意为书遗朝贵及移藩镇,云已勒兵,必与契丹决战。帝以重荣方握强兵,不能制,甚患之。

让他的百姓安宁，那么我的百姓也安宁了，又有什么要索求的呢！"南汉主刘龑派使者来到南唐，谋求共同夺取楚国，分占他的疆土，南唐主不答应。

12 山南东道节度使安从进准备造反，派使者带着表章到蜀国，请求出兵攻打金州、商州作为声援；丁亥，使者到达成都。蜀主孟昶与群臣谋划，都说："金州、商州险阻遥远，出兵少了不足以制服敌人，多了水陆运输粮秣跟不上。"蜀主便推辞了这件事。安从进又向荆南求援，荆南的高从诲给安从进写信，晓以祸福；安从进发怒，反而向后晋朝廷诬奏高从诲。荆南行军司马王保义劝高从诲把实际情况向朝廷奏报，并且请求发兵帮助朝廷去讨伐他，高从诲采纳了王保义的建议。

13 成德节度使安重荣耻于向契丹称臣，会见契丹使者时，必然伸开两腿箕踞漫骂，使者经过他的辖境，有时暗中派人把使者杀了；契丹以此责备后晋帝，后晋帝常替他道歉谢过。六月戊午(二十九日)，安重荣拘执契丹使者拽剌，派出骑兵掠抢幽州的南境，把军队屯扎在博野，上表称说："吐谷浑、两突厥、浑、契苾、沙陀各自率领部众来归附；党项等也派使者缴出契丹委任职务的符牒，诉说被契丹所欺凌虐待，又说自从二月以来，契丹命令他们各自准备精兵壮马，将要在入秋时向南寇掠，他们害怕老天爷不保佑，与契丹一道灭亡，愿意自己准备十万人马，与晋国共同攻击契丹。又有朔州节度副使赵崇已经驱逐了契丹任命的节度使刘山，请求归顺朝廷。我已经把这些情况相继报告朝廷。陛下多次命令我仰承恭奉契丹，不要自己去挑起衅端；可是现在天道人心，难以违抗，机不可失，时不再来。诸节度使被执陷在胡虏境内的都伸长脖子、提起脚跟在等待着王师北伐，实在值得同情哀怜。愿朝廷早作决计。"表章共有几千言，大体都是斥责后晋帝把契丹当作父亲来侍奉，竭尽中国所有以谄媚贪得无厌的胡虏。安重荣又用这种意思写信送给朝中贵官，并且传送给各藩镇，说已经调动兵将，决心同契丹决战。后晋帝由于安重荣正掌握着强大兵力，不能辖制他，极为忧虑。

时邺都留守、侍卫马步都指挥使刘知远在大梁；泰宁节度使桑维翰知重荣已蓄奸谋，又虑朝廷重违其意，密上疏曰：“陛下免于晋阳之难而有天下，皆契丹之功也，不可负之。今重荣恃勇轻敌，吐浑假手报仇，皆非国家之利，不可听也。臣窃观契丹数年以来，士马精强，吞噬四邻，战必胜，攻必取，割中国之土地，收中国之器械；其君智勇过人，其臣上下辑睦，牛羊蕃息，国无天灾，此未可与为敌也。且中国新败，士气凋沮，以当契丹乘胜之威，其势相去甚远。又，和亲既绝，则当发兵守塞，兵少则不足以待寇，兵多则馈运无以继之。我出则彼归，我归则彼至，臣恐禁卫之士疲于奔命，镇、定之地无复遗民。今天下粗安，疮痍未复，府库虚竭，蒸民困弊，静而守之，犹惧不济，其可妄动乎！契丹与国家恩义非轻，信誓甚著，彼无间隙而自启衅端，就使克之，后患愈重；万一不克，大事去矣。议者以岁输缯帛谓之耗蠹，有所卑逊谓之屈辱。殊不知兵连而不休，祸结而不解，财力将匮，耗蠹孰甚焉！用兵则武吏功臣过求姑息，边藩远郡得以骄矜，下陵上替，屈辱孰大焉！臣愿陛下训农习战，养兵息民，俟国无内忧，民有馀力，然后观衅而动，则动必有成矣。又，邺都富盛，国家藩屏，今主帅赴阙，军府无人，臣窃思慢藏诲盗之言，勇夫重闭之义，乞陛下略加巡幸，以杜奸谋。”帝谓使者曰：“朕比日以来，烦懑不决，今见卿奏，如醉醒矣，卿勿以为忧。”

当时,邺都留守、侍卫马步都指挥使刘知远在大梁;泰宁节度使桑维翰知道安重荣已经心怀奸谋,又怕朝廷难违其意,秘密上疏说:"陛下免除了晋阳之难而领有天下,都是契丹的功绩啊,不可亏负他。现在,安重荣依恃勇悍,轻视敌人,吐谷浑想借我们的手来报仇,都不是对国家有利的事,不能听从他们。我观察契丹数年以来,士马精强,吞并四邻,战必胜,攻必取,割据中原的土地,收缴中原的器械;他的君主智勇过人,他的臣僚上下和睦,牛羊繁殖育养茂盛,国家没有天灾,这样的民族是不可以把他视为敌人的。而且,中原刚刚败给他们,士气低落沮丧,用这样的军队去抵挡契丹乘胜的盛焰,这种形势,相差太远。再者,和亲的关系即已断绝,就应当发兵戍守边塞,但是,兵少了是不足以应付敌寇的,兵多了又使得后勤运输接济不上。我军出战,他就退走,我军回守,他又出来骚扰,我担心禁卫的士兵疲于奔命,镇州、定州之地不能再有遗留的民众。现在,天下刚刚稍有安定,国家的创伤没有恢复,府库空虚穷竭,百姓困苦凋敝,平静地来守护还怕不能济事,怎么可以再妄作举动呢!契丹与我们国家恩义不浅,彼此对信守誓约都很重视,他没有差错而我们自取衅端,即使战胜他,后患也会更加麻烦;万一不能战胜他,大事就完了。人们议论认为每年运送缯帛给他们叫作耗蠹,有所卑恭谦逊叫作屈辱。殊不知如果兵战连绵而不罢休,灾祸纠结而不解除,财力将要匮乏,与耗蠹相比哪个更厉害呢!用兵就会使得武将功臣过分要求姑息迁就他们,边藩远郡因此得以骄傲矜伐,下颓上废,不思振作,屈辱哪个更大呢!我希望陛下训劝农耕,习练军战,养备兵众,与民休息,等到国家没有内忧,民众有了馀力,然后看形势而动,才能动必有成。再者,邺都丰富繁盛,是国家的屏障,现在它的主帅赴阙朝见,军府无人主事,我想到《易经》说的不谨守所藏,要招引盗贼的话,《左传》上所讲勇敢的人重视守护的道理,请求陛下略作巡视检查,以杜绝奸谋。"后晋帝对来使说:"朕这几天心里烦扰,不能决定怎么办,今天见到你们节帅的奏章,就像酒醉醒来,告诉你们节帅不要忧虑。"

14 闽王曦闻王延政以书招泉州刺史王继业,召继业还,赐死于郊外,杀其子于泉州。初,继业为汀州刺史,司徒兼门下侍郎、同平章事杨沂丰为士曹参军,与之亲善;或告沂丰与继业同谋,沂丰方侍宴,即收下狱,明日斩之,夷其族。沂丰,涉之从弟也,时年八十馀,国人哀之。自是宗族勋旧相继被诛,人不自保,谏议大夫黄峻昇槒诣朝堂极谏,曦曰:"老物狂发矣!"贬章州司户。

曦淫侈无度,资用不给,谋于国计使南安陈匡范,匡范请日进万金;曦悦,加匡范礼部侍郎,匡范增算商贾数倍。曦宴群臣,举酒属匡范曰:"明珠美玉,求之可得;如匡范人中之宝,不可得也。"未几,商贾之算不能足日进,贷诸省务钱以足之,恐事觉,忧悸而卒,曦祭赠甚厚。诸省务以匡范贷帖闻,曦大怒,斫棺,断其尸弃水中,以连江人黄绍颇代为国计使。绍颇请"令欲仕者,自非荫补,皆听输钱即授之,以资望高下及州县户口多寡定其直,自百缗至千缗"。从之。

15 唐主自以专权取吴,尤忌宰相权重,以右仆射兼中书侍郎、同平章事李建勋执政岁久,欲罢之。会建勋上疏言事,意其留中,既而唐主下有司施行。建勋自知事挟爱憎,密取所奏改之;秋,七月戊辰,罢建勋归私第。

16 帝忧安重荣跋扈,己巳,以刘知远为北京留守、河东节度使,复以辽、沁隶河东;以北京留守李德珫为邺都留守。

14　闽主王曦听说王延政写信招泉州刺史王继业,便把王继业召回福州,赐死于郊外,又在泉州把他的儿子杀了。以前,王继业做汀州刺史,闽国司徒兼门下侍郎、同平章事杨沂丰当时是士曹参军,与他相亲善;此时,有人告称杨沂丰与王继业同谋,杨沂丰正在陪侍闽主的宴会,立即被抓起来下狱,第二天便杀了,还夷灭了他的家族。杨沂丰是杨涉的堂弟,当时已经八十多岁,闽国的民众很为他悲哀。从此宗族勋旧相继被诛杀,人人不能自保,谏议大夫黄峻抬着棺材到朝堂极力进谏,王曦说:"老东西狂病发作了!"把他贬官为章州司户。

王曦淫侈无度,资财用度接不上,于是就同国计使南安人陈匡范商讨办法,陈匡范建议他每天收进万金;王曦高兴,加封陈匡范为礼部侍郎,陈匡范向商贾收费时增算数倍。王曦宴会群臣时,举酒对陈匡范说:"明珠美玉,求之可以得到;像陈匡范这样的人是人中之宝,不可得啊。"没多久,商贾的增收之数不能凑足日进之额,就借用各部门的经费来补足,又怕被发觉,陈匡范忧惧而死,王曦对他祭典赠赐很丰厚。各部门把陈匡范借用各部门经费的文书上奏朝廷,王曦大怒,劈了他的棺材,斩断他的尸体抛掷到水中,另行任用连江人黄绍颇代做国计使。黄绍颇建议:"命令那些要做官的人,只要不是因功绩荫庇补官的,都听由输送金钱授任他,从百缗直到千缗,用资望高下及州县户口多少来定价格。"王曦听从了这个办法。

15　南唐主李昪以为自己是由于专权夺取了吴国皇位,尤其忌怕宰相权重,因为右仆射兼中书侍郎,同平章事李建勋执政的时间太长了,想要罢免他。正好李建勋上疏言事,他原想奏疏会留在宫中,不久南唐主却颁下诏令到有司施行。李建勋知道里面掺挟着自己的爱憎,暗中取出所奏偷改了;秋季,七月戊辰(初十),罢免了李建勋的官职,让他退归私第。

16　后晋帝忧虑安重荣跋扈,己巳(十一日),任命刘知远为北京留守、河东节度使,仍然把辽州、沁州隶属于河东;把北京留守李德珫调任为邺都留守。

知远微时，为晋阳李氏赘婿，尝牧马，犯僧田，僧执而笞之。知远至晋阳，首召其僧，命之坐，慰谕赠遗，众心大悦。

17　吴越府署火，宫室府库几尽。吴越王元瓘惊惧，发狂疾，唐人争劝唐主乘弊取之，唐主曰："奈何利人之灾！"遣使唁之，且赒其乏。

18　闽主曦自称大闽皇，领威武节度使，与王延政治兵相攻，互有胜负，福、建之间，暴骨如莽。镇武节度判官晋江潘承祐屡请息兵修好，延政不从。闽主使者至，延政大陈甲卒以示之，对使者语甚悖慢。承祐长跪切谏，延政怒，顾左右曰："判官之肉可食乎！"承祐不顾，声色愈厉。闽主曦恶泉州刺史王继严得众心，罢归，鸩杀之。

19　八月戊子朔，以开封尹郑王重贵为东京留守。

20　冯道、李崧屡荐天平节度使兼侍卫亲军马步副都指挥使、同平章事杜重威之能，以为都指挥使，充随驾御营使，代刘知远，知远由是恨二相。重威所至黩货，民多逃亡，尝出过市，谓左右曰："人言我驱尽百姓，何市人之多也！"

21　壬辰，帝发大梁；己亥，至邺都；壬寅，大赦。帝以诏谕安重荣曰："尔身为大臣，家有老母，忿不思难，弃君与亲。吾因契丹得天下，尔因吾致富贵，吾不敢忘德，尔乃忘之，何邪？今吾以天下臣之，尔欲以一镇抗之，不亦难乎！宜审思之，无取后悔！"重荣得诏愈骄，闻山南东道节度使安从进有异志，阴遣使与之通谋。

刘知远卑微时,是晋阳李姓人家的招赘女婿,曾经放牧马匹,侵犯了僧人的田地,僧人把他抓住打了板子。刘知远到了晋阳,首先把那个僧人找来,让他坐下,安慰他,并赠送东西给他,众人心里大为高兴。

17　吴越王的府署着火,宫室府库几乎烧光。吴越王钱元瓘惊惧,得了狂疾,南唐人争着劝说南唐主乘其弊患而攻取吴越,南唐主说:"怎么能从人家的灾难中取利!"便遣派使者去慰问,并且赈济其匮乏。

18　闽主王曦自称大闽皇,领威武节度使,与王延政训练兵众互相攻伐,各有胜负,福州和建州之间,暴露的骨骸如同草莽一样繁多。镇武节度判官晋江人潘承祐屡次请求他们息兵修好,王延政不听。闽主的使者到来,王延政大列甲兵以显示兵力,对使者语言极其逆悖轻慢。潘承祐长跪恳切劝谏,王延政发怒,对他的左右说:"判官的肉可以吃吗!"潘承裕不顾一切,声色更加严厉。闽主王曦厌恶泉州刺史王继严得众心,把他罢免回家,用毒酒鸩杀了他。

19　八月戊子朔(初一),后晋朝廷任用开封尹郑王石重贵为东京留守。

20　冯道、李崧屡次推荐天平节度使兼侍卫亲军马步副都指挥使、同平章事杜重威能干,把他任用为都指挥使,充当随驾御营使,代替刘知远,刘知远因此怀恨两个宰相。杜重威所到之处搜刮财货,民众多有逃亡,他曾经经过市街,对左右的人说:"人们说我把老百姓都驱赶光了,为什么市场上还有这么多的人呢!"

21　壬辰(初五),后晋帝从大梁出发;己亥(十二日),到达邺都;壬寅(十五日),实行大赦。后晋帝用诏书谕示安重荣说:"你身为大臣,家中还有老母,愤怒中不想到困难,抛弃君主与至亲。我因契丹而得天下,你因我而得到富贵,我不敢忘人家的恩德,你却忘了,这是为什么? 现在,我用天下臣属契丹,你想用一镇之地来抗衡它,不也太难了吗! 你应该审慎地思考,不要招来后悔啊!"安重荣得到这个诏书更加骄傲,听到山南东道节度使安从进有叛乱之心,暗中派使者与他通信谋划。

22 吴越文穆王元瓘寝疾,察内都监章德安忠厚,能断大事,欲属以后事,语之曰:"弘佐尚少,当择宗人长者立之。"德安曰:"弘佐虽少,群下伏其英敏,愿王勿以为念!"王曰:"汝善辅之,吾无忧矣。"德安,处州人也。辛亥,元瓘卒。

初,内牙指挥使戴恽,为元瓘所亲任,悉以军事委之。元瓘养子弘侑乳母,恽妻之亲也,或告恽谋立弘侑。德安秘不发丧,与诸将谋,伏甲士于幕下。壬子,恽入府,执而杀之,废弘侑为庶人,复姓孙,幽之明州。是日,将吏以元瓘遗命,承制以镇海、镇东副大使弘佐为节度使,时年十四。九月庚申,弘佐即王位,命丞相曹仲达摄政。军中言赐与不均,举仗不受,诸将不能制,仲达亲谕之,皆释仗而拜。

弘佐温恭,好书,礼士,躬勤政务,发擿奸伏,人不能欺。民有献嘉禾者,弘佐问仓吏:"今蓄积几何?"对曰:"十年。"王曰:"然则军食足矣,可以宽吾民。"乃命复其境内税三年。

23 辛酉,滑州言河决。

24 帝以安重荣杀契丹使者,恐其犯塞,乙亥,遣安国节度使杨彦询使于契丹。彦询至其帐,契丹主责以使者死状,彦询曰:"譬如人家有恶子,父母所不能制,将如之何?"契丹主怒乃解。

25 闽主曦以其子琅邪王亚澄为威武节度使、兼中书令,改号长乐王。

26 刘知远遣亲将郭威以诏指说吐谷浑酋长白承福,令去安重荣归朝廷,许以节钺。威还,谓知远曰:"虏惟利是嗜,

22　吴越文穆王钱元瓘病重起不了身,他发现内都监章德安为人忠厚,能够决断大事,便想把身后的事情托付给他,对他说:"弘佐年纪还小,应当选择宗室中的年长者立之为主。"章德安说:"弘佐虽然年轻,但是众臣佩服他的英明敏捷,请您不要为这个忧虑!"吴越王说:"你能好好辅助他,我就没有忧虑了。"章德安是处州人。辛亥(二十四日),钱元瓘去世。

以前,内牙指挥使戴恽是钱元瓘所亲信依靠的,把军事全部委托给他。钱元瓘养子弘侑的乳母,是戴恽妻子的亲戚,有人告发戴恽蓄谋拥立钱弘侑。章德安便封锁了钱元瓘去世的消息,不发表讣告,并同诸将密谋,在幕后埋伏带甲士兵。壬子(二十五日),戴恽进入王府,把他抓住杀了,废钱弘侑为平民,恢复姓孙,幽禁在明州。这一天,将吏根据钱元瓘的遗命,奉承朝廷制命任用镇海、镇东副大使钱弘佐为节度使,当时他十四岁。九月庚申(初三),钱弘佐即王位,任命丞相曹仲达摄掌政务。军队里声言赐予不均衡,举擎仪仗不接受所赐,诸将不能制止,曹仲达亲自去告谕大家,便都放下仪仗拜受。

钱弘佐温和谦恭,好读书,能礼士,亲自勤理政务,发现别指隐伏不当之事,人们不能欺骗他。庶民中有人奉献嘉禾,钱弘佐问司掌仓库的官吏:"现在粮食蓄积有多少?"回答说:"能用十年。"钱弘佐说:"那么军粮是够了,可以对我的民众宽松一些。"便命令免除境内税三年不纳。

23　辛酉(初四),滑州上报黄河决口。

24　后晋帝因为安重荣杀了契丹使者,怕他们前来侵犯边塞,乙亥(二十日),派遣安国节度使杨彦询出使契丹。杨彦询到了契丹的营帐,契丹主责问使者被杀的情况,杨彦询说:"比如有人家里有恶子,父母管不住他,那将怎么办?"契丹主的怒气才消解了。

25　闽主王曦任用他的儿子琅邪王王亚澄为威武节度使、兼中书令,改封号为长乐王。

26　刘知远派遣他的亲近将领郭威,根据朝廷诏命去劝说吐谷浑酋长白承福,让他脱离安重荣归附后晋朝廷,答应让他当节度使。郭威回来,对刘知远说:"胡虏只喜欢对自己有好处的事,

安铁胡止以袍袴赂之;今欲其来,莫若重赂乃可致耳。"知远从之,且使谓承福曰:"朝廷已割尔曹隶契丹,尔曹当自安部落。今乃南来助安重荣为逆,重荣已为天下所弃,朝夕败亡,尔曹宜早从化,勿俟临之以兵,南北无归,悔无及矣。"承福惧,冬,十月,帅其众归于知远。知远处之太原东山及岚、石之间,表承福领大同节度使,收其精骑以隶麾下。

始,安重荣移檄诸道,云与吐谷浑、达靼、契苾同起兵,既而承福降知远,达靼、契苾亦莫之赴,重荣势大沮。

27 闽主曦即皇帝位;王延政自称兵马元帅。闽同平章事李敏卒。

28 帝之发大梁也,和凝请曰:"车驾已行,安从进若反,何以备之?"帝曰:"卿意如何?"凝请密留空名宣敕十数通,付留守郑王,闻变则书诸将名,遣击之,帝从之。

十一月,从进举兵攻邓州,唐州刺史武延翰以闻。郑王遣宣徽南院使张从恩、武德使焦继勋、护圣都指挥使郭金海、作坊使陈思让将大梁兵就申州刺史李建崇兵于叶县以讨之。金海,本突厥;思让,幽州人也。丁丑,以西京留守高行周为南面军前都部署,前同州节度使宋彦筠副之,张从恩监焉;又以郭金海为先锋使,陈思让监焉。彦筠,滑州人也。

庚辰,以邺都留守李德珫权东京留守,召郑王重贵如邺都。

安从进攻邓州,威胜节度使安审晖据牙城拒之,从进不能克而退。癸未,从进至花山,遇张从恩兵,不意其至之速,合战,大败,从恩获其子牙内都指挥使弘义,从进以数十骑奔还襄州,婴城自守。

安重荣只是用袍袴之类贿赂他;现在,我们要把他拉过来,不如用重赂,才能让他过来。"刘知远听了他的建议,并且让使者去告诉白承福说:"朝廷已经把你们割划隶属于契丹,你们就应该安分治理自己的部落。现在竟然南来帮助安重荣当叛逆,安重荣已经被天下所唾弃,早晚之间就要败亡,你们要早日顺从归化,不要等到用兵力加临于你们,弄得南、北都无所适从,那时后悔就来不及了。"白承福害怕,冬季,十月,率领他的兵众依附刘知远。刘知远把他们安置在太原东山与岚州、石州之间,上表请任白承福领受大同节度使,收揽他的精锐骑兵隶属在自己的指挥之下。

开始,安重荣行文给诸道,说与吐谷浑、达靼、契苾共同起兵,不久,白承福向刘知远投降,达靼、契苾也不去参加起兵,安重荣的势力大为减弱。

27 闽主王曦即皇帝位;王延政自称兵马元帅。闽国同平章事李敏去世。

28 后晋帝从大梁出发东巡时,和凝请示说:"陛下车驾已经出行,安从进如果在此时造反,怎么防备他?"后晋帝说:"你们意见怎么样?"和凝请求秘密留下空着名字的宣旨和敕令十多份,交付给留守东京的郑王石重贵,听到变故便写上诸将之名,派他们去攻打安从进,后晋帝依从了他。

十一月,安从进发兵攻打邓州,唐州刺史武延翰向朝廷报告。郑王石重贵派宣徽南院使张从恩、武德使焦继勋、护圣都指挥使郭金海、作坊使陈思让统领大梁兵到叶县与申州刺史李建崇的兵会合去征讨他。郭金海本是突厥人,陈思让是幽州人。丁丑(二十一日),任命西京留守高行周为南面军前都部署,前同州节度使宋彦筠为他的副手,张从恩为监军;又任命郭金海为先锋使,陈思让为他的监军。宋彦筠是滑州人。

庚辰(二十四日),任用邺都留守李德珫暂时署理东京留守,召唤郑王石重贵到邺都。

安从进攻打邓州,威胜节度使安审晖占据牙城抗拒他,安从进不能攻克而退兵。癸未(二十七日),安从进到达花山,遇上张从恩的兵,没想到他来得这样快,交战,大败,张从恩俘获了安从进的儿子牙内都指挥使安弘义,安从进带着几十名骑兵奔回襄州,自己环城固守。

29 唐主性节俭,常蹑蒲履,盥颒用铁盆,暑则寝于青葛帷,左右使令惟老丑宫人,服饰粗略。死国事者皆给禄三年。分遣使者按行民田,以肥瘠定其税,民间称其平允。自是江、淮调兵兴役及他赋敛,皆以税钱为率,至今用之。唐主勤于听政,以夜继昼,还自江都,不复宴乐。颇伤躁急,内侍王绍颜上书,以为“今春以来,群臣获罪者众,中外疑惧”。唐主手诏释其所以然,令绍颜告谕中外。

30 十二月丙戌朔,徙郑王重贵为齐王,充邺都留守;以李德珫为东都留守。

31 丁亥,以高行周知襄州行府事。诏荆南、湖南共讨襄州。高从诲遣都指挥使李端将水军数千至南津,楚王希范遣天策都军使张少敌将战舰百五十艘入汉江助行周,仍各运粮以馈之。少敌,佶之子也。

32 安重荣闻安从进举兵反,谋遂决,大集境内饥民,众至数万,南向邺都,声言入朝。初,重荣与深州人赵彦之俱为散指挥使,相得欢甚。重荣镇成德,彦之自关西归之,重荣待遇甚厚,使彦之招募党众,然心实忌之,及举兵,止用为排陈使,彦之恨之。

帝闻重荣反,壬辰,遣护圣等马步三十九指挥击之。以天平节度使杜重威为招讨使,安国节度使马全节副之,前永清节度使王清为马步都虞候。

33 安从进遣其弟从贵将兵逆均州刺史蔡行遇,焦继勋邀击,败之,获从贵,断其足而归之。

29 南唐主李昇性格节俭,常常脚穿用蒲草编织的鞋子,洗手洗脸用铁盆,暑天便睡在用青葛做的帷帐里,左右使用的只是又老又丑的宫人,服饰粗糙简单。为国家而死亡的人,都给俸禄三年。分派使者按察民田,根据田地肥沃贫瘠核定租税,民间称道公平合理。从此,江、淮地带的调兵、兴办劳役以及其他赋捐收入,都按税金作比率征收,直到现在仍采用这个办法。南唐主勤于听政,夜以继日,从江都巡视回来之后,不再举行宴会作乐。事情处理有些过于急躁,内侍王绍颜上书,认为"今春以来,群臣获罪的相当多,内外疑虑恐惧"。南唐主亲下手诏,解释为什么会这样,让王绍颜宣示中外。

30 十二月丙戌朔(初一),后晋朝廷调徙郑王石重贵为齐王,充邺都留守;任用李德珫为东都留守。

31 丁亥(初二),任用高行周主持襄州行府事。后晋帝下诏,命荆南、湖南共同讨伐据守襄州的安从进。荆南高从诲遣派都指挥使李端统领水军数千至南津,楚王马希范遣派天策都军使张少敌统领战船一百五十艘进入汉江帮助高行周,仍然从各处漕运粮食以保证给养。张少敌是张佶的儿子。

32 安重荣听说安从进兴兵反晋,便也决定谋反,大举收集境内饥民,人众达到数万,南向邺都,声称要入朝。起初,安重荣与深州人赵彦之都是散指挥使,相处很融洽。安重荣镇成德时,赵彦之从关西来依附他,安重荣待他很厚重,让赵彦之招募党众,然而内心实际上是猜忌他,等到举兵造反时,只是任用他充当排阵使,所以,赵彦之怀恨于他。

后晋帝听说安重荣反叛,壬辰(初七),遣派护圣等马步三十九指挥迎击他。任用天平节度使杜重威为招讨使,安国节度使马全节为副招讨使,前永清节度使王清为马步都虞候。

33 安从进派他的弟弟安从贵领兵迎接均州刺史蔡行遇的援兵,焦继勋堵击他,把他打败,俘获了安从贵,斩断他的脚而后把他送回去。

34　戊戌,杜重威与安重荣遇于宗城西南,重荣为偃月陈,官军再击之,不动;重威惧,欲退。指挥使宛丘王重胤曰:"兵家忌退。镇之精兵尽在中军,请公分锐士击其左右翼,重胤为公以契丹直冲其中军,彼必狼狈。"重威从之。镇人陈稍却,赵彦之卷旗策马来降。彦之以银饰铠胄及鞍勒,官军杀而分之。重荣闻彦之叛,大惧,退匿于辎重中。官军从而乘之,镇人大溃,斩首万五千级。重荣收馀众,走保宗城,官军进攻,夜分,拔之。重荣以十馀骑走还镇州,婴城自守。会天寒,镇人战及冻死者二万馀人。

契丹闻重荣反,乃听杨彦询还。

庚子,冀州刺史张建武等取赵州。

35　汉主寝疾,有胡僧谓汉主名龑不利;汉主自造"龑"字名之,义取"飞龙在天",读若俨。

36　庚戌,制以钱弘佐为镇海、镇东军节度使兼中书令、吴越国王。

34　戊戌(十三日),杜重威与安重荣相遇在宗城西南,安重荣排偃月阵,官军一再进击,攻不动;杜重威害怕,想退兵。指挥使宛丘人王重胤说:"用兵的人禁忌退兵。安重荣镇州的精锐都在中军,请您分用精锐之士进击他的左右两翼,重胤为您用契丹兵直冲其中军,他必然狼狈不堪。"杜重威依从他。镇州兵的阵列稍有退却,赵彦之卷旗打马来投降。赵彦之是用银子装饰铠甲及鞍勒的,官军把他杀了,分抢了他的东西。安重荣听说赵彦之叛变,大为恐惧,退兵藏在辎重队伍之中。官军追随其后而乘机进攻他,镇州兵大溃,斩首一万五千级。安重荣收集馀众,退保宗城,官军进攻,天快黑的时候攻了下来。安重荣带着十多个骑兵逃回镇州,围绕城池自守。正好遇上天寒,有两万多镇州人战死和冻死。

契丹听说安重荣造反,便听由杨彦询还归后晋。

庚子(十五日),冀州刺史张建武等攻取了赵州。

35　南汉主病重不起,有个胡僧说南汉主名龚不吉利;南汉主自己造了一个"龑"字作名字,取"飞龙在天"之义,读音若"俨"。

36　庚戌(二十五日),后晋朝廷下制令,任用钱弘佐为镇海、镇东军节度使兼中书令、吴越国王。

卷第二百八十三　后晋纪四

起壬寅(942)尽甲辰(944)正月凡二年有奇

高祖圣文章武明德孝皇帝下

天福七年(壬寅,942)

1　春,正月丁巳,镇州牙将自西郭水碾门导官军入城,杀守陴民二万人,执安重荣,斩之。杜重威杀导者,自以为功。庚申,重荣首至邺都,帝命漆之,函送契丹。

2　癸亥,改镇州为恒州,成德军为顺国军。

3　丙寅,以门下侍郎、同平章事赵莹为侍中,以杜重威为顺国节度使兼侍中。

安重荣私财及恒州府库,重威尽有之,帝知而不问。又表卫尉少卿范阳王瑜为副使,瑜为之重敛于民,恒人不胜其苦。

4　张式父铎诣阙讼冤。壬午,以河阳节度使王周为彰义节度使,代张彦泽。

5　闽主曦立皇后李氏,同平章事真之女也,嗜酒刚愎,曦宠而惮之。

6　彰武节度使丁审琪,养部曲千人,纵之为暴于境内。军校贺行政与诸胡相结为乱,攻延州,帝遣曹州防御使何重建将兵救之,同、鄜援兵继至,乃得免。二月癸巳,以重建为彰武留后,召审琪归朝。重建,云、朔间胡人也。

高祖圣文章武明德孝皇帝下
后晋高祖天福七年(壬寅,公元 942 年)

1　春季,正月丁巳(初二),镇州牙将从西郭水碾门引导官军入城,杀了守城民众两万人,抓住了安重荣,杀了他。杜重威杀了引导入城的人,把入城据为自己的功绩。庚申(初五),安重荣的首级送到邺都,后晋帝命令涂了漆防腐,装入匣中送往契丹。

2　癸亥(初八),后晋朝廷更改镇州为恒州,改成德军为顺国军。

3　丙寅(十一日),任用门下侍郎、同平章事赵莹为侍中,任用杜重威为顺国节度使兼侍中。

安重荣的私财及恒州府库的资财,杜重威全部占有了,后晋帝知道而不过问。又上表举荐卫尉少卿范阳人王瑜为节度副使,王瑜替杜重威重重地搜刮百姓,恒州人不堪其苦。

4　张式的父亲张铎到朝门诉冤,告发张彦泽杀害张式的惨状。壬午(二十七日),任用河阳节度使王周为彰义节度使,替代了张彦泽。

5　闽主王曦立李氏为皇后,李后是同平章事李真的女儿,她嗜好喝酒,并且刚愎自用,王曦既宠爱她,又惧怕她。

6　彰武节度使丁审琪,豢养私属部曲千人,放纵他们在辖境内滥施暴行。军中小校贺行政与众胡人相勾结作乱,攻打延州,后晋帝遣派曹州防御使何重建领兵去救援延州,同州、鄜州的援兵也相继来到,延州才免除了厄难。二月癸巳(初九),朝廷任命何重建为彰武留后,召唤丁审琪还朝。何重建是云州和朔州之间的胡人。

7 唐左丞相宋齐丘固求豫政事,唐主听入中书;又求领尚书省,乃罢侍中寿王景遂判尚书省,更领中书、门下省,以齐丘知尚书省事;其三省事并取齐王璟参决。齐丘视事数月,亲吏夏昌图盗官钱三千缗,齐丘判贷其死。唐主大怒,斩昌图。齐丘称疾,请罢省事,从之。

8 泾州奏遣押牙陈延晖持敕书诣凉州,州中将吏请延晖为节度使。

9 三月,闽主曦立长乐王亚澄为闽王。

10 张彦泽在泾州,擅发兵击诸胡,兵皆败没,调民马千馀匹以补之。还至陕,获亡将杨洪,乘醉断其手足而斩之。王周奏彦泽在镇贪残不法二十六条,民散亡者五千馀户。彦泽既至,帝以其有军功,又与杨光远连姻,释不问。

夏,四月己未,右谏议大夫郑受益上言:"杨洪所以被屠,由陛下去岁送张式与彦泽,使之逞志,致彦泽敢肆凶残,无所忌惮。见闻之人无不切齿,而陛下曾不动心,一无诘让;淑慝莫辨,赏罚无章。中外皆言陛下受彦泽所献马百匹,听其如是,臣窃为陛下惜此恶名,乞正彦泽罪法以湔洗圣德。"疏奏,留中。受益,从谠之兄子也。

庚申,刑部郎中李涛等伏阁极论彦泽之罪,语甚切至。辛酉,敕:"张彦泽削一阶,降爵一级。张式父及子弟皆拜官。泾州民复业者,减其徭赋。"癸亥,李涛复与两省及御史台官伏阁,奏彦泽罚太轻,请论如法。帝召涛面谕之。涛端笏前迫殿陛,声色俱厉。帝怒,连叱之,涛不退。帝曰:"朕已许彦泽不死。"

7 南唐左丞相宋齐丘坚决要求参与政事的署理,唐主李昪听任他进入中书省;宋齐丘又要求领管尚书省,唐主便罢免了侍中寿王李景遂的判理尚书省职务,改为领管中书、门下省,任用宋齐丘主持尚书省事务;这三个省的事务都要取得齐王李璟的参与决策。宋齐丘视事几个月后,自己的亲信官吏夏昌图盗取官钱三千缗,宋齐丘判处他可以免死。南唐主李昪大怒,斩了夏昌图。宋齐丘便称说自己有病,请求罢免尚书省的事务,南唐主答应了他的请求。

8 泾州奏报:朝廷遣派押牙陈延晖带着后晋帝敕书到凉州去,州中将吏请求任用陈延晖为凉州节度使。

9 三月,闽主王曦立长乐王王亚澄为闽王。

10 张彦泽在泾州镇所时,擅自发兵袭击西北诸胡,兵众都打败失散了,又调集民间马千馀匹来补充。回军到陕州后,抓获了逃走的将领杨洪,在酒醉中令人砍断他的手足,并把他杀了。王周代任彰义节度使以后,奏陈张彦泽在镇时贪暴残忍不法之事二十六条,民众失散逃亡的有五千多户。张彦泽还朝,后晋帝因为他有军功,又同杨光远连了姻亲,便没有究问。

夏季,四月己未(初六),右谏议大夫郑受益上书奏言:"杨洪之所以被屠戮,是由于陛下去年送交张式给张彦泽,使他得志逞凶,以致张彦泽敢于任意施行凶虐残暴,没有任何忌惮。看见或者听说他的暴行之人,没有不切齿愤慨的,而陛下却一点也不动心,不做任何查究和责备;端正与阴邪不能分辨,奖励与惩罚没有章法。内外之人都说陛下接受张彦泽所献的马一百匹,才听任他这样做,我很替陛下惋惜承受这种恶劣的名声,请求陛下明正张彦泽的罪名依法惩办,用以洗刷天子的圣德。"奏书上报以后,被扣押在朝廷之内。郑受益是郑从谠哥哥的儿子。

庚申(初七),刑部郎中李涛等匍匐在阁门之下极力论说张彦泽的罪行,语言十分恳切透彻。辛酉(初八),后晋帝敕令:"削去张彦泽官秩一等,降低封爵一级。张式的父亲和他的子弟都拜受官职。泾州民众复营旧业的,减少他们的徭役、税赋。"癸亥(初十),李涛又与中书、门下两省及御史台的官员伏阁上言,奏称对张彦泽的罪过惩罚太轻,请求依法论处。后晋帝召唤李涛入殿当面向他谕释。李涛双手捧着朝笏迫近殿阶,声色俱厉。后晋帝发怒,连声呵叱他,李涛也不退让。后晋帝说:"朕已经答应过张彦泽有罪可以免死。"

涛曰:"陛下许彦泽不死,不可负;不知范延光铁券安在!"帝拂衣起,入禁中。丙寅,以彦泽为左龙武大将军。

11　汉高祖寝疾,以其子秦王弘度、晋王弘熙皆骄恣,少子越王弘昌孝谨有智识,与右仆射兼西御院使王翮谋出弘度镇邕州,弘熙镇容州,而立弘昌。制命将行,会崇文使萧益入问疾,以其事访之。益曰:"立嫡以长,违之必乱。"乃止。

丁丑,高祖殂。

高祖为人辩察,多权数,好自矜大,常谓中国天子为"洛州刺史"。岭南珍异所聚,每穷奢极丽,宫殿悉以金玉珠翠为饰。用刑惨酷,有灌鼻、割舌、支解、剕剔、炮炙、烹蒸之法;或聚毒蛇水中,以罪人投之,谓之水狱。同平章事杨洞潜谏,不听,末年尤猜忌,以士人多为子孙计,故专任宦官,由是其国中宦者大盛。

秦王弘度即皇帝位,更名玢;以弘熙辅政,改元光天;尊母赵昭仪曰皇太妃。

12　契丹以晋招纳吐谷浑,遣使来让。帝忧悒不知为计,五月己亥,始有疾。

13　乙巳,尊太妃刘氏为皇太后。太后,帝之庶母也。

14　唐丞相、太保宋齐丘既罢尚书省,不复朝谒。唐主遣寿王景遂劳问,许镇洪州,始入朝。

唐主与之宴,酒酣,齐丘曰:"陛下中兴,臣之力也,奈何忘之!"唐主怒曰:"公以游客干朕,今为三公,亦足矣。乃与人言朕乌喙如句践,难与共安乐,有之乎?"齐丘曰:"臣实有此言。

李涛说:"陛下答应过张彦泽可以不死,固然不能不算数,不知当年赐给范延光的铁券现在哪里!"后晋帝不高兴地拂衣而起,回到宫内,没有理他。丙寅(十三日),任命张彦泽为左龙武大将军。

11　南汉高祖刘龑患病不起,因为他的儿子秦王刘弘度、晋王刘弘熙都骄横任性,少子越王刘弘昌孝顺谨慎,有智慧见识,与右仆射兼西御院使王翱谋划派出刘弘度镇戍邕州,刘弘熙镇戍容州,而立刘弘昌为太子。制命将要下达施行,正好遇上崇文使萧益进宫问候疾病,便向他咨询这件事。萧益说:"立太子应该是长子,违背了这一条必然要导致混乱。"于是便停止下来。

丁丑(二十四日),南汉高祖刘龑去世。

南汉高祖为人能分辨是非,有心计多权术,喜欢自我夸耀,曾经讥讽中原朝廷的天子是"洛州刺史"。岭南地区是珍宝异物所聚集之处,他往往极尽奢侈华丽的追求,宫殿全部用黄金、美玉、珍珠、翡翠作装饰。使用的刑罚惨烈严酷,有灌鼻、割舌、肢解、剐剔、炮炙、烹蒸等办法;或者把毒蛇聚养在水中,把犯了罪的人投进去,称为"水狱"。同平章事杨洞潜劝阻他,高祖不听,到了末年他更加猜忌,以为士人往往替子孙着想,所以专任宦官,因此南汉国中宦官大为兴盛。

秦王刘弘度即南汉皇帝位,更名刘玢;任用刘弘熙辅政,改年号为光天;尊奉其母赵昭仪为皇太妃。

12　契丹因为晋朝招纳吐谷浑,遣派使者来责问。后晋帝石敬瑭忧郁不知怎么办为好,五月己亥(十六日),开始生病。

13　乙巳(二十二日),后晋帝专奉太妃刘氏为皇太后。太后是后晋帝父亲的妾,也就是后晋帝的生母。

14　南唐丞相、太保宋齐丘被罢免尚书省的官职以后,就不再上朝谒见。南唐主李昪派寿王李景遂去慰劳问候他,答应他去镇戍洪州,这才开始入朝。

南唐主李昪与宋齐丘宴会,酒喝得正痛快时,宋齐丘说:"陛下完成中兴大业,是我的力量啊,为什么把我忘了!"南唐主发怒说:"阁下以游说谋士的身份作朕的客人,现在位至三公,也可以满足了。可是你却跟人家说朕长的是鸟嘴像战国时的越王句践一样,难于同朕共享安乐,有这样的话吗?"宋齐丘说:"臣确实说过这个话。

臣为游客时,陛下乃偏裨耳。今日杀臣可矣。"明日,唐主手诏谢之曰:"朕之褊性,子嵩平昔所知。少相亲,老相怨,可乎!"

丙午,以齐丘为镇南节度使。

15　帝寝疾,一旦,冯道独对。帝命幼子重睿出拜之,又令宦者抱重睿置道怀中,其意盖欲道辅立之。

六月乙丑,帝殂。

道与天平节度使、侍卫马步都虞候景延广议,以国家多难,宜立长君,乃奉广晋尹齐王重贵为嗣。是日,齐王即皇帝位。延广以为己功,始用事,禁都下人无得偶语。

初,高祖疾亟,有旨召河东节度使刘知远入辅政,齐王寝之,知远由是怨齐王。

16　丁卯,尊皇太后曰太皇太后,皇后曰皇太后。

17　闽富沙王延政围汀州,闽主曦发漳、泉兵五千救之。又遣其将林守亮入尤溪,大明宫使黄敬忠屯尤口,欲乘虚袭建州;国计使黄绍颇将步卒八千为二军声援。

18　秋,七月壬辰,太皇太后刘氏殂。

19　闽富沙王延政攻汀州,四十二战,不克而归。其将包洪实、陈望,将水军以御福州之师;丁酉,遇于尤口。黄敬忠将战,占者言时刻未利,按兵不动;洪实等引兵登岸,水陆夹攻之,杀敬忠,俘斩二千级,林守亮、黄绍颇皆遁归。

20　庚子,大赦。

21　癸卯,加景延广同平章事,兼侍卫马步都指挥使。

臣当游说之客的时候,陛下不过是个偏将副官而已。今天陛下可以把臣杀了。"第二天,南唐主下手诏向他道歉说:"朕的性情褊颇,子嵩你素来是知道的。我们从小相亲相爱,老来却相互埋怨,这样好吗?"

丙午(二十三日),南唐任命宋齐丘为镇南节度使。

15　后晋帝患病不起,一天早上,招来冯道独自对话。后晋帝叫幼子石重睿出来拜见冯道,又命令宦官抱着石重睿放到冯道怀中,意思是要冯道辅立他为幼主。

六月乙丑(十三日),后晋帝石敬瑭去世。

冯道与天平节度使、侍卫马步都虞候景延广谋议,认为国家正处在困难多的时刻,应该立长子为嗣君,便拥立广晋尹齐王石重贵为继承人。这一天,齐王即皇帝位。景延广以为这是自己的功劳,开始弄权用事,禁止国都中的人相聚议论是非。

起初,后晋高祖石敬瑭病重时,有旨召唤河东节度使刘知远入朝辅政,齐王石重贵把令旨压下不发,刘知远从此与齐王结下怨恨。

16　丁卯(十五日),后晋出帝石重贵尊皇太后刘氏为太皇太后,皇后李氏为皇太后。

17　闽国富沙王王延政围攻汀州,闽主王曦调发漳州、泉州兵五千人去救援。又遣派他的将领林守亮进入尤溪,派大明宫使黄敬忠屯驻尤口,准备乘着对方空虚时袭击建州;国计使黄绍颇领步兵八千人做林、黄二军的声援。

18　秋季,七月壬辰(初十),后晋太皇太后刘氏去世。

19　闽国富沙王王延政攻打汀州,经过四十二次战斗,攻不下来就回去了。他的属将包洪实、陈望带领水军抵御福州的军队;丁酉(十五日),双方军队在尤口相遇。尤口守将黄敬忠将要出战,占卜的人说时刻未到出战不利,便按兵不动;包洪实等引兵登岸,水陆两军夹攻他,杀了黄敬忠,俘虏和斩杀了两千人,林守亮和黄绍颇都逃了回去。

20　庚子(十八日),后晋朝廷实行大赦。

21　癸卯(二十一日),加封景延广为同平章事,兼侍卫马步都指挥使。

22 勋旧皆欲复置枢密使,冯道等三奏,请以枢密旧职让之;帝不许。

23 有神降于博罗县民家,与人言而不见其形,闾阎人往占吉凶,多验,县吏张遇贤事之甚谨。时循州盗贼群起,莫相统一,贼帅共祷于神,神大言曰:"张遇贤当为汝主。"于是共奉遇贤,称中天八国王,改元永乐,置百官,攻掠海隅。遇贤年少,无他方略,诸将但告进退而已。

汉主以越王弘昌为都统,循王弘杲为副以讨之,战于钱帛馆。汉兵不利,二王皆为贼所围;指挥使陈道庠等力战救之,得免。东方州县多为遇贤所陷。道庠,端州人也。

24 高行周围襄州逾年,不下。城中食尽,奉国军都虞候曲周王清言于行周曰:"贼城已危,我师已老,民力已困,不早迫之,尚何俟乎!"与奉国都指挥使元城刘词帅众先登。八月,拔之。安从进举族自焚。

25 甲子,以赵莹为中书令。

26 闽主曦遣使以手诏及金器九百、钱万缗、将吏敕告六百四十通,求和于富沙王延政,延政不受。

丙寅,闽主曦宴群臣于九龙殿。从子继柔不能饮,强之。继柔私减其酒,曦怒,并客将斩之。

27 闽人铸"永隆通宝"大铁钱,一当铅钱百。

28 汉葬天皇大帝于康陵,庙号高祖。

29 唐主自为吴相,兴利除害,变更旧法甚多。及即位,命法官及尚书删定为《昇元条》三十卷。庚寅,行之。

22 后晋朝廷的功勋旧臣都要求恢复设置枢密使,冯道等人三次上奏,请求把已经并归中书省的枢密旧职让回去,出帝石重贵没有答应他们的请求。

23 有个神降临在博罗县民家中,和人说话而看不见他的形貌,邻里间的人去找他占卜吉凶事情,往往应验,县吏张遇贤对待他极为恭谨。当时,岭南循州一带盗贼群起,相互间不能统一,乱贼的首领共同向神祷告,那个神大声说:"张遇贤应当做你们的君主。"于是,众贼共同拥戴张遇贤,称为中天八国王,改年号为永乐,设置百官,攻取掠抢海边沿岸一带。张遇贤年纪尚轻,没有什么方略,所属诸将只是向他报告出去、回来而已。

南汉国主刘玢任命越王刘弘昌为都统,循王刘弘杲为副都统去讨伐张遇贤,在钱帛馆交战。南汉兵作战失利,二王都被贼兵所围困;指挥使陈道庠等力战去解救他们,才得免死。南汉境内靠东边的州县多被张遇贤所攻陷。陈道庠是端州人。

24 高行周围攻襄州一年多,没能攻下。城中的粮食都吃用完了,奉国军都虞候曲周人王清向高行周进言说:"贼城已经危窘,我们的兵众已经疲惫,民力已经困乏,不早点逼迫他,还等待什么呢!"便与奉国都指挥使元城人刘词率领兵众带头登城。八月,攻破城池。安从进全族自焚。

25 甲子(十三日),后晋朝廷任用赵莹为中书令。

26 闽主王曦派使者用手诏及金器九百、钱万缗、将吏敕告六百四十通,向富沙王王延政求和,王延政不接受。

丙寅(十五日),闽主王曦在九龙殿大宴群臣。他的侄子王继柔不能饮酒,强迫他喝。王继柔暗中把酒减少,王曦发怒,连同客将一起杀了。

27 闽国铸"永隆通宝"大铁钱,一枚当铅钱百枚。

28 南汉在康陵安葬天皇大帝刘䶮,庙号高祖。

29 南唐主李昪自从当吴国宰相以来,兴利除害,把旧的法规变更了很多。及至他自己即位当皇帝,命令执法官及尚书省删定为《昇元条》三十卷。庚寅,颁布施行。

30　闽主曦以同平章事候官余廷英为泉州刺史。廷英贪秽,掠人女子,诈称受诏采择以备后宫。事觉,曦遣御史按之。廷英惧,诣福州自归,曦诘责,将以属吏。廷英退,献买宴钱万缗。曦悦,明日召见,谓曰:"宴已买矣,皇后贡物安在?"廷英复献钱于李后,乃遣归泉州。自是诸州皆别贡皇后物。未几,复召廷英为相。

31　冬,十月丙子,张遇贤陷循州,杀汉刺史刘传。

32　楚王希范作天策府,极栋宇之盛。户牖栏槛皆饰以金玉,涂壁用丹砂数十万斤;地衣,春夏用角簟,秋冬用木绵。与子弟僚属游宴其间。

33　十一月庚寅,葬圣文章武明德孝皇帝于显陵,庙号高祖。

34　先是河南、北诸州官自卖海盐,岁收缗钱十七万;又散蚕盐敛民钱。言事者称民坐私贩盐抵罪者众,不若听自贩,而岁以官所卖钱直敛于民,谓之食盐钱,高祖从之。俄而盐价顿贱,每斤至十钱。

至是,三司使董遇欲增求羡利,而难于骤变前法,乃重征盐商,过者七钱,留卖者十钱。由是盐商殆绝,而官复自卖。其食盐钱,至今敛之如故。

35　闽盐铁使、右仆射李仁遇,敏之子,闽主曦之甥也,年少,美姿容,得幸于曦。十二月,以仁遇为左仆射兼中书侍郎,翰林学士、吏部侍郎李光准为中书侍郎兼户部尚书,并同平章事。

30 闽主王曦任用同平章事候官人余廷英为泉州刺史。余廷英贪赃污浊,掠夺别人家的妇女,欺骗说是受了朝廷的诏命选取来供给皇家后宫使用的。事情被察觉后,王曦派管监察的御史去查究。余廷英害怕,到福州来自首,王曦责问他,将要交有关部门惩办。余廷英退出来后,贡献买宴钱万缗。王曦高兴,第二天就召见他,对他说:"宴已经买了,献给皇后的贡物在哪里啊?"余廷英又献钱给李皇后,便仍把他派回泉州了。从此各州都另备贡礼送给皇后。没过多久,又召命余廷英任为宰相。

31 冬季,十月丙子(二十六日),张遇贤攻陷循州,杀了南汉的刺史刘传。

32 楚王马希范建造天策府,殿宇的修建极为考究华丽。门窗栏槛都用金玉作装饰,涂刷墙壁用的朱红色的砂粉就用了几十万斤;铺盖地面的地衣,春天和夏天用竹篾编织的席子,秋天和冬天用木棉纺织的布匹。与他的子弟及僚属游乐饮宴在其间。

33 十一月庚寅(初十),后晋朝廷在显陵安葬圣父章武明德孝皇帝石敬瑭,庙号为高祖。

34 过去,黄河南、北诸州官府私自贩卖海盐,每年可以收入钱十七万缗;又散派需折钱偿还官府的蚕盐来搜刮民众的钱财。奏事的人上言说民众因卖私盐而犯法抵罪的人很多,不如听任他们自行贩卖,而把每年官府所卖的钱数直接用赋税形式向民间征收,叫作"食盐钱";晋高祖听从了这个意见。转眼之间盐价立即下降,每斤只卖十个钱。

到这时,三司使董遇想要增加超额的税赋,又难于突然改变以前的法度,便加重向盐商征税,经过这里的每斤收七钱,留在这里售卖的每斤收十钱。因此盐商私贩的便几乎没有了,而官府又恢复了自己的贩卖。但是敛收"食盐钱",却至今照征如故。

35 闽国盐铁使、右仆射李仁遇是李敏的儿子,也是闽主王曦的外甥,年纪轻,容貌长得美好,受到王曦的宠幸。十二月,任用李仁遇为左仆射兼中书侍郎,另任用翰林学士、吏部侍郎李光准为中书侍郎兼户部尚书,二人都委授同平章事。

曦荒淫无度,尝夜宴,光准醉忤旨,命执送都市斩之,吏不敢杀,系狱中。明日,视朝,召复其位。是夕,又宴,收翰林学士周维岳下狱。吏拂榻待之,曰:“相公昨夜宿此,尚书勿忧。”醒而释之。他日,又宴,侍臣皆以醉去,独维岳在。曦曰:“维岳身甚小,何饮酒之多?”左右或曰:“酒有别肠,不必长大。”曦欣然,命摔维岳下殿,欲剖视其酒肠。或曰:“杀维岳,无人侍陛下剧饮者。”乃舍之。

36　帝之初即位也,大臣议奉表称臣告哀于契丹,景延广请致书称孙而不称臣。李崧曰:“屈身以为社稷,何耻之有! 陛下如此,他日必躬擐甲胄,与契丹战,于时悔无益矣。”延广固争,冯道依违其间。帝卒从延广议。契丹大怒,遣使来责让,且言:“何得不先承禀,遽即帝位?”延广复以不逊语答之。

契丹卢龙节度使赵延寿欲代晋帝中国,屡说契丹击晋,契丹主颇然之。

齐王上
天福八年(癸卯,943)
1　春,正月癸卯,蜀主以宣徽使兼宫苑使田敬全领永平节度使。敬全,宦者也,引前蜀王承休为比而命之,国人非之。

2　帝闻契丹将入寇,二月己未,发邺都;乙丑,至东京。然犹与契丹问遗相往来,无虚月。

闽主王曦荒淫无度,曾在举行夜宴时,因为李光准醉酒违背了闽主意旨,便命人把他绑起来送到市街上问斩,下边的官吏不敢杀他,拘留在牢狱里。第二天,闽主上朝视事,又召来恢复他的职位。这天晚间,又举行宴会,把翰林学士周维岳又拘系下狱。下边的属吏扫干净了床接待他,并说:"昨天宰相爷也住在这里,尚书大人您不必忧虑。"闽主酒醒以后,果然也把他释放了。过了些日子,又举行宴会,陪侍的大臣都因醉酒散去,只有周维岳还在。闽主王曦说:"周维岳身材矮小,为什么他能喝那么多的酒?"左右的人有的说:"能喝酒的人,另有盛酒的肠子,不必非长得高大不可。"王曦听了很高兴,便命人把他揪拿下殿,想要把他剖腹看他的酒肠。有人又说:"杀了周维岳,可就没有人能陪伴陛下放开量痛快饮酒了。"便又释放了他。

36 后晋出帝石重贵初即位时,朝中大臣商讨要向契丹奉表称臣报告先帝死亡之哀,景延广主张写封信不上表,并且称孙不称臣。李崧奏道:"屈身事胡是为了江山社稷,有什么可耻的!陛下这样做,他日必然落个亲身披甲带胄去同契丹打仗,那时再后悔可就没有用处了。"景延广坚持自己的意见力争,冯道在其间含含糊糊不明确表态,出帝最终听从了景延广的意见。契丹接信后大怒,派使者来质问责备,并且说:"为什么不先来禀告,自己便骤然即位称帝?"景延广又用不尊敬的话语回答他。

契丹委任的卢龙节度使赵延寿想要代替晋主做中国的皇帝,多次劝说契丹进攻晋国,契丹主耶律德光认为他讲得很对。

齐王上
后晋齐王(出帝)天福八年(癸卯,公元943年)

1 春季,正月癸卯(二十四日),后蜀主孟昶任用宣徽使兼宫苑使田敬全领受永平节度使。田敬全是个宦官,援引前蜀主王衍任用宦官王承休率领秦州的例子比照着任命他,蜀国的人非难这种做法。

2 后晋出帝听说契丹将要来入侵,二月己未(十一日),从邺都出发;乙丑(十七日),到达东京大梁。但是,还同契丹互相遣派使者往来通问,没有一个月间断过。

3　唐宣城王景达,刚毅开爽,烈祖爱之,屡欲以为嗣。宋齐丘亟称其才,唐主以齐王璟年长而止。璟以是怨齐丘。

唐主幼子景逿,母种氏有宠,齐王璟母宋皇后稀得进见。唐主如璟宫,遇璟亲调乐器,大怒,诮让者数日。种氏乘间言,景逿虽幼而慧,可以为嗣。唐主怒曰:"子有过,父训之,常事也。国家大计,女子何得预知!"即命嫁之。

唐主尝梦吞灵丹,旦而方士史守冲献丹方,以为神而饵之,浸成躁急。左右谏,不听。尝以药赐李建勋,建勋曰:"臣饵之数日,已觉躁热,况多饵乎!"唐主曰:"朕服之久矣。"群臣奏事,往往暴怒;然或有正色论辩中理者,亦敛容慰谢而从之。

唐主问道士王栖霞:"何道可致太平?"对曰:"王者治心治身,乃治家国。今陛下尚未能去饥嗔、饱喜,何论太平!"宋后自帘中称叹,以为至言。凡唐主所赐予,栖霞皆不受。栖霞常为人奏章,唐主欲为之筑坛。辞曰:"国用方乏,何暇及此!俟焚章不化,乃当奏请耳。"

驾部郎中冯延己,为齐王元帅府掌书记,性倾巧,与宋齐丘及宣徽副使陈觉相结。同府在己上者,延己稍以计逐之。延己尝戏谓中书侍郎孙晟曰:"公有何能,为中书郎?"晟曰:"晟,山东鄙儒,文章不如公,谈谐不如公,谄诈不如公。然主上使公与齐王游处,盖欲以仁义辅导之也,岂但为声色狗马之友邪!晟诚无能,公之能,适足为国家之祸耳。"延己,歙州人也。

3　南唐宣城王李景达，为人刚毅开朗，烈祖李昪很喜爱他，几次想让他继承皇位。宋齐丘极力称赞他的才干，唐主李昪因为齐王李璟年纪居长而没有实行。李璟因此怨恨宋齐丘。

南唐主的小儿子李景遏的母亲种氏受到南唐主的宠爱，而齐王李璟的母亲宋皇后很少有机会能得到觐见。南唐主到李璟的宫中，碰上李璟在那里亲自调弄乐器，大为恼怒，责备了他好几天。种氏便借此机会进言，说李景遏虽然年幼，但很聪明，可以继承皇位。南唐主发怒说："儿子有过失，父亲教训他，这是正常的事情。国家的大谋略，女人怎么能参与过问！"就下令把种氏嫁出去了。

南唐主曾经梦见自己吃了灵丹，天亮后方士史守冲献上丹方，南唐主以为应了神验而按丹方吃起来，慢慢地便形成了急躁的毛病。左右的人劝阻他，他都不听。南唐主曾经把药赐给李建勋，李建勋奏称："我吃了几天，已经觉得身上燥热，何况经常吃它！"南唐主说："朕已经服药很长时间了。"群臣奏告事情，往往遇上南唐主大发脾气；但是，有时遇上严正论说事情而且有道理的，也庄重地表示感谢而听从他。

南唐主询问道士王栖霞："什么道可以保证获得天下太平？"王道士回答说："为帝王的要治心治身，才能治好国家。现在陛下还没有能够消除'饿了嗔怪，饱了高兴'的性情，哪里谈得上天下太平！"宋皇后在帘后称叹他的话，以为是至理名言。凡是南唐主所赐予的东西，王栖霞都不接受。王栖霞常常替别人向上天陈述奏章，南唐主要为他建造祝天的祭坛。王栖霞推辞说："国家的度用正处在紧缺之时，哪有时间办这个事！待等焚烧的奏章不化，不能上闻于天的时候，我会奏请陛下建造的。"

驾部郎中冯延己，为齐王元帅府掌书记，为人性格乖巧投机，与宋齐丘及宣徽副使陈觉相互勾结。同时在齐王府任职而名位在自己之上的，冯延己便小施计谋把他排挤出去。冯延己曾经对中书侍郎孙晟加以戏弄地说："您有什么本事，当了中书郎？"孙晟说："我孙晟不过是山东的一个鄙陋的儒生，做文章比不上您，谈吐诙谐比不上您，谄媚狡诈比不上您。但是，主上让您同齐王一起行动和居处，是想请您用仁义的言行去辅导他，怎么能只是成为声色狗马的朋友啊！我孙晟确实没有什么本事，然而您的本事，恰好是给国家造成灾祸而已啊。"冯延己是歙州人。

又有魏岑者,亦在齐王府。给事中常梦锡屡言陈觉、冯延己、魏岑皆佞邪小人,不宜侍东宫;司门郎中判大理寺萧俨表称陈觉奸回乱政。唐主颇感悟,未及去。

会疽发背,秘不令人知,密令医治之,听政如故。庚午,疾亟,太医吴廷裕遣亲信召齐王璟入侍疾。唐主谓璟曰:"吾饵金石,始欲益寿,乃更伤生,汝宜戒之!"是夕,殂。秘不发丧,下制:"以齐王监国,大赦。"

孙晟恐冯延己等用事,欲称遗诏令太后临朝称制。翰林学士李贻业曰:"先帝尝云:'妇人预政,乱之本也',安肯自为厉阶!此必近习奸人之诈也。且嗣君春秋已长,明德著闻,公何得遽为亡国之言!若果宣行,吾必对百官毁之。"晟惧而止。贻业,蔚之从曾孙也。

丙子,始宣遗制。烈祖末年下急,近臣多罹谴罚。陈觉称疾,累月不入,及宣遗诏,乃出。萧俨劾奏:"觉端居私室,以俟升遐,请按其罪。"齐王不许。

自烈祖相吴,禁压良为贱,令买奴婢者通官作券。冯延己及弟礼部员外郎延鲁,俱在元帅府,草遗诏听民卖男女,意欲自买姬妾。萧俨驳曰:"此必延己等所为,非大行之命也。昔延鲁为东都判官,已有此请,先帝访臣,臣对曰:'陛下昔为吴相,民有鬻男女者,为出府金,赎而归之,故远近归心。今即位而反之,使贫人之子为富人厮役,可乎?'先帝以为然,将治延鲁罪。臣以为延鲁愚,无足责。先帝斜封延鲁章,抹三笔,

又有一个名叫魏岑的人，也在齐王府中。给事中常梦锡几次上言，说陈觉、冯延己、魏岑都是佞邪的小人，不应该让他们在东宫事奉太子；司门郎中判大理寺管理司法的萧俨上表指称陈觉奸邪乱政。南唐主很有些感受和觉察，但没有来得及去掉他们。

不久，南唐主背上长了痈疽，把消息封锁起来不让人知道，秘密地让医士来治疗，他上朝听取政事仍和原来一样。庚午（二十二日），病情严重恶化，太医吴廷裕派亲信之人去把齐王李璟召入宫中侍奉疾病。南唐主李昪对李璟说："我服用金石丹药，本来是想延年益寿，哪知反而更加伤害生命，你可要警惕戒备这件事！"这天夜里，便死去了。把丧事隐秘不宣布，下达制令："任用齐王监国，实行大赦。"

孙晟怕冯延己等人把持朝政，想宣告遵照先帝遗诏，命令太后临朝代行天子之事。翰林学士李贻业说："先帝曾经说过'妇人干预政事，是致乱的根源'，怎么肯自己开创恶端！这必然是亲近中的奸人搞的欺诈行为。而且继嗣之君年事已长成，明德的声望很昭著，您为什么突然讲这种亡国的说法！如果真的这样宣布施行，我一定要向百官揭露抵制这个做法。"孙晟害怕而没有这样做。李贻业是唐僖宗时宰相李蔚的曾侄孙。

丙子（二十八日），才宣布遗制。南唐烈祖李昪末年脾气急躁，近身的大臣往往遭到谴责和惩罚。陈觉称说有病，整月整月地不入朝门，及至宣告遗诏，才出来。萧俨弹劾他奏称："陈觉端坐在私人的居室，来等待先帝升仙，请朝廷按律治他的罪。"齐王李璟不准。

自从南唐烈祖李昪在吴国当宰相，便禁止压迫良民作奴婢，命令买奴婢的人要通过官府立字为据。冯延己和他的弟弟礼部员外郎冯延鲁都在元帅府供职，起草烈祖遗诏，听由民间卖儿女，他们想要自己买入姬妾。萧俨驳斥说："这事必然是冯延己等人干的，不是先帝大行之前的命令。以前，冯延鲁任东都留守判官时，已经有过这样的请求，当时先帝询问过我，我回答说：'陛下从前做吴国的宰相，民间有卖儿女的，您为了他们拿出府库中的金钱，把人赎出来，归还给他们的父母，因此远近都敬仰而归心于您。现在您即位当皇帝而实行相反的办法，让穷人的子女去为富人做役使，这样合适吗？'先帝以为我说得对，将要治冯延鲁的罪。当时我以为冯延鲁愚蠢，不足以责备他。先帝便把冯延鲁的奏章斜封了，抹了三笔，

持入宫。请求诸宫中，必尚在。"齐王命取先帝时留中章奏千馀道，皆斜封一抹，果得延鲁疏。然以遗诏已行，竟不之改。

4　闽富沙王延政称帝于建州，国号大殷，大赦，改元天德。以将乐县为镛州，延平镇为镡州。立皇后张氏。以节度判官潘承祐为吏部尚书，节度巡官建阳杨思恭为兵部尚书。未几，以承祐同平章事，思恭迁仆射，录军国事。

延政服赭袍视事，然牙参及接邻国使者，犹如藩镇礼。

殷国小民贫，军旅不息。杨思恭以善聚敛得幸，增田亩山泽之税，至于鱼盐蔬果，无不倍征，国人谓之"杨剥皮"。

5　三月己卯朔，以中书令赵莹为晋昌节度使兼中书令；以晋昌节度使兼侍中桑维翰为侍中。

6　唐元宗即位，大赦，改元保大。秘书郎韩熙载请俟逾年改元，不从。尊皇后曰皇太后，立妃锺氏为皇后。

唐主未听政，冯延己屡入白事，一日至数四。唐主曰："书记有常职，何为如是其烦也！"

唐主为人谦谨，初即位，不名大臣，数延公卿论政体，李建勋谓人曰："主上宽仁大度，优于先帝；但性习未定，苟旁无正人，但恐不能守先帝之业耳。"

唐主以镇南节度使宋齐丘为太保兼中书令，奉化节度使周宗为侍中。唐主以齐丘、宗先朝勋旧，故顺人望召为相，政事皆自决之。

徙寿王景遂为燕王，宣城王景达为鄂王。

初，唐主为齐王，知政事，每有过失，常梦锡常直言规正；始虽忿悐，终以谅直多之。及即位，许以为翰林学士，齐丘之党疾之，坐封驳制书，贬池州判官。池州多迁客，节度使上蔡王彦俦，防制过甚，几不聊生，惟事梦锡如在朝廷。

拿进宫去。请您让人到诸宫中去寻求,必然还在。"齐王让人取出先帝时留在宫中的章奏千馀道,都是斜封后一抹的,果然找到冯延鲁的上疏。然而,由于烈祖的遗诏已经施行,也就没有再做改变。

4　闽国富沙王王延政在建州称帝,国号大殷,实行大赦,改年号为天德。把将乐县改作镛州,延平镇改作镡州。把其妻张氏立为皇后。任用节度判官潘承祐为吏部尚书,节度巡官建阳人杨思恭为兵部尚书。没有多久,把潘承祐任为同平章事,杨思恭调任仆射,掌握军国之事。

王延政穿着帝王用的赭袍视事,但牙将参拜以及接见邻国的使者,还是实行藩镇的礼制。

殷国国小民贫,军事活动不停息。杨思恭由于善于聚敛民财而获得宠幸,增收田亩山泽的税赋,乃至于鱼盐蔬果,没有不加倍征收的,闽国人称他为"杨剥皮"。

5　三月己卯朔(初一),后晋朝廷任用中书令赵莹为晋昌节度使兼中书令;任用晋昌节度使兼侍中桑维翰为侍中。

6　南唐元宗李璟即位,实行大赦,改年号为保大。秘书郎韩熙载请求等过了年后再改元,没有依从。尊崇皇后为皇太后,册立王妃钟氏为皇后。

南唐国主李璟尚未听政视事,冯延已已经屡次入朝陈述政事,一天来几次。国主说:"书记有正常的职守,为什么这样烦琐啊!"

南唐国主为人谦虚谨慎,初即位,不呼唤大臣的名字,几次邀请公卿议论政治措施,李建勋对人说:"主上宽仁大度,比先帝为好;但是性格和习惯尚未定型,如果没有正派人辅佐,只怕不能守住先帝创立的基业。"

南唐国主任用镇南节度使宋齐丘为太保兼中书令,奉化节度使周宗为侍中。国主因为宋齐丘、周宗是先朝的功勋旧臣,所以顺从人望召他们为宰相,但政事都由自己做决定。

调徙寿王李景遂为燕王,宣城王李景达为鄂王。

从前,南唐国主为齐王,掌管政事,每当有过失时,常梦锡常常率直上言来规劝更正他;开始虽然厌烦,最后总是原谅他直言而称赞他。及至即位称帝,答应让他做翰林学士,宋齐丘的党羽忌恨他,加给他封驳皇帝制书的罪名,贬降为池州判官。池州这个地方在南唐辖境中有较多贬迁的官员,节度使上蔡人王彦俦防备控制他们很严厉,几乎不能维持生活,唯独对待常梦锡仍如他在朝廷时一样。

宋齐丘待陈觉素厚，唐主亦以觉为有才，遂委任之。冯延己、延鲁、魏岑，虽齐邸旧僚，皆依附觉，与休宁查文徽更相汲引，侵蠹政事，唐人谓觉等为"五鬼"。延鲁自礼部员外郎迁中书舍人、勤政殿学士，江州观察使杜昌业闻之，叹曰："国家所以驱驾群臣，在官爵而已。若一言称旨，遽跻通显，后有立功者，何以赏之！"未几，唐主以岑及文徽皆为枢密副使。岑既得志，会觉遭母丧，岑即暴扬觉过恶，摈斥之。

7　唐置定远军于濠州。

8　汉殇帝骄奢，不亲政事。高祖在殡，作乐酣饮；夜与倡妇微行，倮男女而观之。左右忤意辄死，无敢谏者；惟越王弘昌及内常侍番禺吴怀恩屡谏，不听。常猜忌诸弟，每宴集，令宦者守门，群臣、宗室，皆露索，然后入。

晋王弘熙欲图之，乃盛饰声伎，娱悦其意，以成其恶。汉主好手搏，弘熙令指挥使陈道庠引力士刘思潮、谭令禋、林少强、林少良、何昌廷等五人习手搏于晋府，汉主闻而悦之。丙戌，与诸王宴于长春宫，观手搏，至夕罢宴，汉主大醉。弘熙使道庠、思潮等掀汉主，因拉杀之，尽杀其左右。

明旦，百官诸王莫敢入宫，越王弘昌帅诸弟临于寝殿，迎弘熙即皇帝位，更名晟，改元应乾。以弘昌为太尉兼中书令、诸道兵马都元帅，知政事；循王弘杲为副元帅，参预政事。陈道庠及刘思潮等皆受赏赐甚厚。

宋齐丘对待陈觉素来厚重,南唐国主也认为陈觉是有本事的人,便委以重任。冯延己、冯延鲁、魏岑三个人虽然是齐王府的旧僚属,也都依附于陈觉,他们与休宁人查文徽互相勾结援引,把持败坏政事,南唐人把陈觉等人称作"五鬼"。冯延鲁从礼部员外郎升迁为中书舍人、勤政殿学士,江州观察使杜昌业听说了,感叹地说:"国家用来驱使驾驭群臣,就在于掌握官爵的任免。如果有一句话说中了主上的心意,便骤然把他提拔到通达显要的地位,那么以后再有立功于国家的人,拿什么来赏授他呢!"没过几天,南唐国主把魏岑和查文徽都提拔为枢密副使。魏岑得志以后,不久遇到陈觉遭逢母亲的丧事归家守孝,魏岑就揭露宣扬陈觉的过失和恶行,把他排斥掉。

7　南唐在濠州设置定远军。

8　南汉殇帝刘玢骄横奢侈,不喜欢过问政事。南汉高祖刘龑还在丧殡之中,他就大作声乐酣饮;夜间同娼女鬼混,让男人和女子脱光衣服而加以观赏取乐。左右的人有不合心意的往往弄死,没有人敢作劝谏;只有他的兄弟越王刘弘昌和内常侍番禺人吴怀恩多次进谏,不被采纳。经常猜忌他的几个弟弟,每次邀集人参加宴会,就命宦官把守大门,群臣和宗室都要脱衣搜查,然后才能进门。

晋王刘弘熙想要谋取他,便盛装打扮声妓,博取他的高兴,促使他更加作恶。南汉主刘玢喜爱空手搏斗,刘弘熙便命指挥使陈道庠引领力壮的武士刘思潮、谭令禋、林少强、林少良、何昌廷等五个人在晋王府中习练格斗,南汉主听说后很高兴。丙戌(初八),同诸王在长春宫宴饮,观赏格斗,直到夜晚才停止酒宴,南汉主大醉。刘弘熙命陈道庠、刘思潮等人拖拽南汉主,把他拉杀了,并把他的左右随从也都杀了。

第二天早上,百官诸王不敢进入宫廷,越王刘弘昌带领诸弟来到南汉高祖刘龑的寝殿,迎接刘弘熙即皇帝位,改名为刘晟,把年号改为应乾。任命刘弘昌为太尉兼中书令、诸道兵马都元帅,主持政事;循王刘弘杲为副元帅,参与政事。陈道庠及刘思潮等都受到很丰厚的赏赐。

9　闽主曦纳金吾使尚保殷之女,立为贤妃。妃有殊色,曦嬖之;醉中,妃所欲杀则杀之,所欲宥则宥之。

10　夏,四月戊申朔,日有食之。

11　唐以中书侍郎、同平章事李建勋为昭武节度使,镇抚州。

12　殷将陈望等攻闽福州,入其西郛,既而败归。

13　五月,殷吏部尚书、同平章事潘承祐上书陈十事,大指言:"兄弟相攻,逆伤天理,一也。赋敛烦重,力役无节,二也。发民为兵,羁旅愁怨,三也。杨思恭夺民衣食,使归怨于上,群臣莫敢言,四也。疆土狭隘,多置州县,增吏困民,五也。除道裹粮,将攻临汀,曾不忧金陵、钱塘乘虚相袭,六也。括高赀户,财多者补官,逋负者被刑,七也。延平诸津,征果菜鱼米,获利至微,敛怨甚大,八也。与唐、吴越为邻,即位以来,未尝通使,九也。宫室台榭,崇饰无度,十也。"殷王延政大怒,削承祐官爵,勒归私第。

14　汉中宗既立,国中议论讻讻。循王弘杲请斩刘思潮等以谢中外,汉主不从。思潮等闻之,谮弘杲谋反,汉主令思潮等伺之。弘杲方宴客,思潮与谭令禋帅卫兵突入,斩弘杲。于是汉主谋尽诛诸弟,以越王弘昌贤而得众,尤忌之。雄武节度使齐王弘弼,自以居大镇,惧祸,求入朝,许之。

15　初,闽主曦侍康宗宴,会新罗献宝剑,康宗举以示同平章事王倓曰:"此何所施?"倓对曰:"斩为臣不忠者。"时曦已蓄异志,凛然变色。至是宴群臣,复有献剑者,曦命发倓冢,斩其尸。

9　闽主王曦纳娶金吾使尚保殷之女,立为贤妃。尚妃长得特别美貌,王曦很宠幸她;王曦喝醉酒的时候,尚妃把想要杀的人就杀了,想要宽宥的人就放了。

10　夏季,四月戊申朔(初一),出现日食。

11　南唐任用中书侍郎、同平章事李建勋为昭武节度使,镇守抚州。

12　殷国王延政的将领陈望等进攻闽国的福州,进入其西郭,接着又打败仗而归去。

13　五月,殷国的吏部尚书、同平章事潘承祐上书陈奏十件事,大体上说:"兄弟之间互相攻战,违逆伤残天理,这是一。赋税征敛过于繁重,调用劳役没有节制,这是二。征集百姓服兵役,大家羁留在征途愁怨不尽,这是三。杨思恭掠夺民众衣食,让民众把怨恨归聚于主上,群臣不敢揭发指责,这是四。疆土狭隘,却过多设置州县,增添官吏,困扰百姓,这是五。修治道路,载运粮食,将要攻打汀州,却不考虑金陵的南唐、钱塘的吴越要乘着国家戍守虚乏来袭击,这是六。搜求有钱的人,输财多的补授官职,逃欠征赋的判受刑罚,这是七。延平一带的几条河道,征收果、菜、鱼、米等税,获得的利益很少,而招来怨恨却很大,这是八。同南唐、吴越相邻,建国称帝以来,没有通派使者,这是九。宫室台榭,崇建华饰,没有节制,这是十。"殷主王延政大怒,削去了潘承祐的官爵,勒令他还归私第。

14　南汉中宗刘晟自立以后,国内议论泛滥。循王刘弘杲请求杀刘思潮等人来向中外表白,汉主不依从。刘思潮等听说后,诬诉刘弘杲谋反,南汉主刘晟令刘思潮等暗中侦察他。一天,刘弘杲正在宴客,刘思潮与谭令禋带领卫兵突击而入,杀了刘弘杲。于是南汉主刘晟谋划把几个弟弟都杀了,因为越王刘弘昌贤能而得人心,于是更加忌恨他。雄武节度使齐王刘弘弼自以为居处大镇,怕加祸,请求入归朝廷,南汉主准许了他。

15　过去,闽主王曦侍奉康宗王昶宴会,遇上新罗国进献宝剑,康宗举起剑问同平章事王倓说:"这个可以干什么用?"王倓回答说:"可以斩杀当臣子而不忠于主上的人。"当时王曦已经怀有叛心,吓得连脸色都变了。到了王曦篡位以后,宴请群臣的时候,又有进献宝剑的,王曦便命人发掘王倓的坟墓,用剑斩断了他的尸首。

校书郎陈光逸谓其友曰:"主上失德,亡无日矣,吾欲死谏。"其友止之,不从,上书谏曦大恶五十事。曦怒,命卫士鞭之数百,不死;以绳系其颈,悬诸庭树,久之乃绝。

16 秋,七月己丑,诏以年饥,国用不足,分遣使者六十馀人于诸道括民谷。

17 吴越王弘佐初立,上统军使阚璠强戾,排斥异己,弘佐不能制;内牙上都监使章德安数与之争,右都监使李文庆不附于璠,乙巳,贬德安于处州,文庆于睦州。璠与右统军使胡进思益专横。璠,明州人;文庆,睦州人;进思,湖州人也。

18 唐主缘烈祖意,以天雄节度使兼中书令、金陵尹燕王景遂为诸道兵马元帅,徙封齐王,居东宫;天平节度使、守侍中、东都留守鄂王景达为副元帅,徙封燕王;宣告中外,约以传位。立长子弘冀为南昌王。景遂、景达固辞,不许。景遂自誓必不敢为嗣,更其字曰退身。

19 汉指挥使万景忻败张遇贤于循州。遇贤告于神,神曰:"取虔州,则大事可成。"遇贤帅众逾岭,趣虔州。唐百胜节度使贾匡浩不为备,遇贤众十馀万攻陷诸县,再败州兵,城门昼闭。遇贤作宫室营署于白云洞,遣将四出剽掠。匡浩,公铎之子也。

20 八月乙卯,唐主立弟景逿为保宁王。宋太后怨种夫人,屡欲害景逿,唐主力保全之。

21 夏州牙内指挥使拓跋崇斌谋作乱,绥州刺史李彝敏将助之,事觉;辛未,彝敏弃州,与其弟彝俊等五人奔延州。

22 九月,尊帝母秦国夫人安氏为皇太妃。妃,代北人也。帝事太后、太妃甚谨,待诸弟亦友爱。

校书郎陈光逸对他的朋友说:"主上没有道德,没有多久就会灭亡,我打算冒死进谏。"他的朋友阻止他,不听,陈光逸上书谏说王曦大恶五十条。王曦发怒,命令卫士鞭打他几百下,没有死;使用绳子绑住他的脖子,悬挂在庭院的树上,很长时间才断了气。

16 秋季,七月己丑(十三日),后晋出帝下诏,由于年岁饥荒,国家财用不足,分路派遣六十多位使者,到诸道去搜求民间谷物。

17 吴越王钱弘佐刚刚继立,上统军使阚璠逞强霸道,排斥异己,钱弘佐辖制不了他;内牙上都监使章德安多次同他争执,右都监使李文庆也不依附于阚璠,乙巳(二十七日),把章德安贬官到处州,李文庆贬到睦州。阚璠与右统军使胡进思更加专横。阚璠是明州人,李文庆是睦州人,胡进思是湖州人。

18 南唐主李璟遵循烈祖李昇的意旨,任用天雄节度使兼中书令、金陵尹燕王李景遂为诸道兵马元帅,徙封为齐王,居住在东宫;任用天平节度使、守侍中、东都留守鄂王李景达为副元帅,徙封燕王;宣告中外,约定传位给他们。册立长子李弘冀为南昌王。李景遂、李景达坚决辞让,没有答应。李景遂自己发誓,一定不敢做嗣王,把自己的字改为退身。

19 南汉指挥使万景忻在循州把张遇贤打败。张遇贤向神祷告,神说:"攻取虔州,大事就会成功。"张遇贤便带领兵众跨越南岭,北向虔州。南唐百胜节度使贾匡浩不作防备,张遇贤的兵众十多万人攻陷所到诸县,又打败州属守兵,于是虔州守兵不得不把城门在白天也关闭起来。张遇贤在白云洞建造起宫室营署,派将领兵四出抢掠。贾匡浩是唐昭宗时贾公铎的儿子。

20 八月乙卯(初九),南唐主李璟立他的幼弟李景逷为保宁王。南唐主的母亲宋太后不满意李景逷的生母种夫人得宠,多次要害李景逷,南唐主极力把他保全下来。

21 夏州牙内指挥使拓跋崇斌企图造反,绥州刺史李彝敏准备帮助他,事情被后晋朝廷发觉;辛未(二十五日),李彝敏放弃了绥州,与他的弟弟李彝俊等五人逃奔延州。

22 九月,后晋出帝石重贵尊他的生母秦国夫人安氏为皇太妃。安太妃是代北人。出帝侍奉太后、太妃很恭谨,对待几个弟弟也友爱。

23 初,河阳牙将乔荣从赵延寿入契丹,契丹以为回图使,往来贩易于晋,置邸大梁。及契丹与晋有隙,景延广说帝囚荣于狱,悉取邸中之货。凡契丹之人贩易在晋境者,皆杀之,夺其货。大臣皆言契丹有大功,不可负。戊子,释荣,慰赐而归之。

荣辞延广,延广大言曰:"归语而主,先帝为北朝所立,故称臣奉表。今上乃中国所立,所以降志于北朝者,正以不敢忘先帝盟约故耳。为邻称孙,足矣,无称臣之理。北朝皇帝勿信赵延寿诳诱,轻侮中国。中国士马,尔所目睹。翁怒则来战,孙有十万横磨剑,足以相待。他日为孙所败,取笑天下,毋悔也!"荣自以亡失货财,恐归获罪,且欲为异时据验,乃曰:"公所言颇多,惧有遗忘,愿记之纸墨。"延广命吏书其语以授之,荣具以白契丹主。契丹主大怒,入寇之志始决。晋使如契丹,皆縶之幽州,不得见。

桑维翰屡请逊辞以谢契丹,每为延广所沮。帝以延广有定策功,故宠冠群臣;又总宿卫兵,故大臣莫能与之争。河东节度使刘知远,知延广必致寇,而畏其方用事,不敢言,但益募兵,奏置兴捷、武节等十馀军以备契丹。

24 甲午,定难节度使李彝殷奏李彝敏作乱之状,诏执彝敏送夏州,斩之。

25 冬,十月戊申,立吴国夫人冯氏为皇后。

23　过去,河阳牙将乔荣,跟随赵延寿投归契丹,契丹任命他为回图使,在契丹和后晋之间往来贩卖贸易,在后晋京都大梁设置了官邸。待到契丹同晋国有了嫌隙时,景延广说服出帝把乔荣囚拘在牢狱里,把他府邸中的财宝都夺取过来。凡是契丹的人在晋国境内贩卖贸易者,都杀了,夺取其财货。后晋的大臣都上言说契丹有过大功,不能辜负。戊子(十三日),释放了乔荣,慰问并赏赐他,让他归返契丹。

乔荣向景延广告辞,景延广说大话:"回去告诉你的主子,先帝高祖是北朝所扶立,所以向你们称臣上表章。现在的皇帝乃是中国自己所立,之所以还向北朝降低身份,正是因为不敢忘记先帝同北朝做过盟约的缘故。作为邻邦自称为孙,已经足够了,没有再向北朝称臣的道理。北朝的皇帝不要听信赵延寿的诱骗,轻慢欺侮中国。中国的兵将马队,是你亲眼看到的。祖翁如果发怒来侵犯,孙儿有十万横磨凌厉的剑,足以用来相待。以后如果被孙儿打败,被天下人取笑,可不要后悔呀!"乔荣自己认为丢掉了货物和钱财,怕回去获罪,并且想替今后取得证据,就说:"您说的内容太多,我怕遗忘了说不全,希望把您讲的话用纸墨记录下来。"景延广便让属吏记下他的话交给乔荣,乔荣就拿着证据把情况都告诉了契丹主。契丹主耶律德光大怒,向中原发动进攻的心志便决定下来。晋国使者来到契丹,都被执系在幽州,不能见到契丹主。

桑维翰屡次请求用谦逊的语言向契丹道歉,往往被景延广所阻拦。出帝因为景延广有扶立他继位的功绩,所以恩宠比群臣都高;又总管宫廷宿卫将士,因此朝中大臣不敢同他争论。河东节度使刘知远,知道景延广必然要招来契丹的入侵,但是怕景延广正在当权用事,不敢上言,只是更加募集兵丁,奏请设置兴捷、武节等十多个军镇,用以防备契丹。

24　甲午(十九日),后晋定难节度使李彝殷奏报绥州刺史李彝敏作乱的情况,出帝下诏,拘执李彝敏押送夏州,把他杀了。

25　冬季,十月戊申(初三),后晋出帝册立吴国夫人冯氏为皇后。

初,高祖爱少弟重胤,养以为子;及留守邺都,娶副留守安喜冯濛女为其妇。重胤早卒,冯夫人寡居,有美色,帝见而悦之;高祖崩,梓宫在殡,帝遂纳之。群臣皆贺,帝谓冯道等曰:"皇太后之命,与卿等不任大庆。"群臣出,帝与夫人酬饮,过梓宫前,醱而告曰:"皇太后之命,与先帝不任大庆。"左右失笑,帝亦自笑,顾谓左右曰:"我今日作新婚,何如?"夫人与左右皆大笑。太后虽恚,而无如之何。

既正位中宫,颇预政事。后兄玉,时为礼部郎中、盐铁判官,帝骤擢用至端明殿学士、户部侍郎,与议政事。

26　汉主命韶王弘雅致仕。

27　唐主遣洪州营屯都虞候严恩将兵讨张遇贤,以通事舍人金陵边镐为监军。镐用虔州人白昌裕为谋主,击张遇贤,屡破之。遇贤祷于神,神不复言,其徒大惧。昌裕劝镐伐木开道,出其营后袭之,遇贤弃众奔别将李台。台知神无验,执遇贤以降,斩于金陵市。

28　十一月丁亥,汉主祀南郊,大赦,改元乾和。

29　戊子,吴越王弘佐纳妃仰氏,仁诠之女也。

30　初,高祖以马三百借平卢节度使杨光远,景延广以诏命取之。光远怒曰:"是疑我也。"密召其子单州刺史承祚,戊戌,承祚称母病,夜,开门奔青州。庚子,以左飞龙使金城何超权知单州。遣内班赐光远玉带、御马,以安其意。

从前,后晋高祖石敬瑭喜爱他的小弟弟石重胤,把他当作儿子来养育;后来石敬瑭留守邺都时,聘娶副留守安喜人冯濛的女儿给石重胤做媳妇。石重胤早死,冯夫人寡居,长得美,当时齐王石重贵看到他的婶母喜欢上了;后晋高祖去世,棺材还未殡葬,石重贵便把其婶母娶了过来。群臣都来祝贺,出帝石重贵对冯道等人说:"遵皇太后之命,同众卿不举办大庆。"群臣退出,出帝与冯夫人酣饮为乐,经过高祖灵柩之前,用酒酹地而祷告说:"皇太后之命,同先帝不搞大庆。"左右之人不觉失笑,出帝自己也发笑,对左右的人说:"我今天当了新女婿,怎么样?"冯夫人和左右都大笑。皇太后虽然恼恨,也没有办法。

冯夫人正位中宫之后,经常干预朝政。她的哥哥冯玉,当时任礼部郎中、盐铁判官,出帝骤然把他提拔为端明殿学士、户部侍郎,同他议论政事。

26 南汉主刘晟命令韶王刘弘雅退休。

27 南唐主李璟派遣洪州营屯都虞候严恩领兵讨伐张遇贤,任用通事舍人金陵人边镐为监军。边镐用虔州人白昌裕为主持谋划的人,出击张遇贤,多次打败他。张遇贤向神祷告,神不再讲话,他的徒众大为恐惧。白昌裕劝边镐砍伐树木开辟出道路,从他们的营寨后面来袭击他们,张遇贤舍弃了他的徒众奔向别将李台。李台知道求神没有应验,便擒拿张遇贤来投降,在金陵市街上把他斩杀。

28 十一月丁亥(十三日),南汉主刘晟在南郊祭祀,实行大赦,改年号为乾和。

29 戊子(十四日),吴越王钱弘佐纳妃仰氏,是仰仁诠的女儿。

30 过去,后晋高祖石敬瑭把三百匹马借给平卢节度使杨光远,景延广用出帝诏命向他索取。杨光远发怒说:"这是怀疑我啊!"暗中召唤他的儿子单州刺史杨承祚,戊戌(二十四日),杨承祚声称母亲有病,夜间,打开城门奔向青州。庚子(二十六日),后晋朝廷任用左飞龙使金城人何超暂时主持单州事务。派遣内班使者去赏赐给杨光远玉带、御马,用来安抚他的心。

壬寅,遣侍卫步军都指挥使郭谨将兵戍郓州。

31　唐葬光文肃武孝高皇帝于永陵,庙号烈祖。

32　十二月乙巳朔,遣左领军卫将军蔡行遇将兵戍郓州。杨光远遣骑兵入淄州,劫刺史翟进宗归于青州。甲寅,徙杨承祚为登州刺史以从其便。

光远益骄,密告契丹,以晋主负德违盟,境内大饥,公私困竭,乘此际攻之,一举可取。赵延寿亦劝之。契丹主乃集山后及卢龙兵合五万人,使延寿将之,委延寿经略中国,曰:"若得之,当立汝为帝。"又常指延寿谓晋人曰:"此汝主也。"延寿信之,由是为契丹尽力,画取中国之策。

朝廷颇闻其谋,丙辰,遣使城南乐及德清军,征近道兵以备之。

33　唐侍中周宗年老,恭谨自守,中书令宋齐丘广树朋党,百计倾之。宗泣诉于唐主,唐主由是薄齐丘。

既而陈觉被疏,乃出齐丘为镇海节度使。齐丘忿怼,表乞归九华旧隐,唐主知其诈,一表,即从之,赐书曰:"明日之行,昔时相许。朕实知公,故不夺公志。"仍赐号九华先生,封青阳公,食一县租税。

齐丘乃治大第于青阳,服御将吏,皆如王公,而愤邑尤甚。

34　宁州酋长莫彦殊以所部温那等十八州附于楚;其州无官府,惟立牌于冈阜,略以恩威羁縻而已。

35　是岁,春夏旱,秋冬水,蝗大起,东自海壖,西距陇坻,南逾江、淮,北抵幽蓟,原野、山谷、城郭、庐舍皆满,竹木叶俱尽。

壬寅(二十八日),派遣侍卫步军都指挥使郭谨领兵镇守郓州。

31　南唐在永陵安葬光文肃武孝高皇帝李昪,庙号烈祖。

32　十二月乙巳朔(初一),后晋派遣左领军卫将军蔡行遇领兵镇戍郓州。杨光远派遣骑兵进入淄州,劫持了刺史翟进宗还归青州。甲寅(初十),朝廷调徙杨承祚为登州刺史,用来顺应他行事方便。

杨光远更加骄纵,暗中报告契丹,说晋主辜负恩德违背盟约,境内饥荒严重,公家和民间困乏劳竭,乘这个时候攻打,一举可以夺取晋室天下。投降契丹的赵延寿也劝说契丹南征。契丹主耶律德光便聚集山后和卢龙的兵众共合五万人,让赵延寿统领他们,并委任赵延寿经略中原,说:"如果能夺得中原,定当立你当皇帝。"又常常指着赵延寿对晋国的人说:"这就是你们的皇帝。"赵延寿相信这个,因此替契丹尽力,谋划夺取中原的办法。

后晋朝廷知道这种谋划,丙辰(十二日),派遣使者在南乐筑城及设置德清军,征调附近各道的兵力以防备契丹。

33　南唐侍中周宗年老,恭谨自守,中书令宋齐丘广泛地树立自己的朋党,千方百计排挤他。周宗涕泣地诉陈于南唐主,南唐主因此轻慢宋齐丘。

不久,陈觉被疏远,便把宋齐丘派出去当镇海节度使。宋齐丘很怨愤,上表要求回归九华山旧时隐居处,南唐主知道他的欺诈,只上一表,便批准他,并赐给他诏书说:"明天的行程,是从前应许的。朕确实了解先生,因此不违背先生的志趣。"仍然赐给他封号九华先生,封为青阳公,享受一县的租税。

宋齐丘便营建一处大的府第在青阳,穿的用的,以及武将文吏,都和王公一样,但是,忧郁更加厉害了。

34　宁州酋长莫彦殊把他所属的温那等十八州归附于楚国;那些州没有官府,只是立碑牌在山冈或土堆之上,稍微施行些恩惠或威严,加以笼统牵制而已。

35　这一年,春、夏季干旱,秋季、冬季大水泛滥,蝗灾大起,东边从海堰开始,西边到达陇山,南边跨过长江、淮河,北边至于幽州、蓟州,原野、山谷、城郭、庐舍都飞满了蝗虫,竹叶、树叶都被吃光了。

重以官括民谷,使者督责严急,至封碓硙,不留其食,有坐匿谷抵死者。县令往往以督趣不办,纳印自劾去。民馁死者数十万口,流亡不可胜数。于是留守、节度使下至将军,各献马、金帛、刍粟以助国。

朝廷以恒、定饥甚,独不括民谷。顺国节度使杜威奏称军食不足,请如诸州例,许之。威用判官王绪谋,检索殆尽,得百万斛。威止奏三十万斛,馀皆入其家;又令判官李沼称贷于民,复满百万斛,来春粜之,得缗钱二百万,阖境苦之。定州吏欲援例为奏,义武节度使马全节不许,曰:"吾为观察使,职在养民,岂忍效彼所为乎!"

36 楚地多产金银,茶利尤厚,由是财货丰殖。而楚王希范,奢欲无厌,喜自夸大。为长枪大槊,饰之以金,可执而不可用。募富民年少肥泽者八千人,为银枪都。宫室、园囿,服用之物,务穷侈靡。作九龙殿,刻沈香为八龙,饰以金宝,长十馀丈,抱柱相向;希范居其中,自为一龙,其幞头脚长丈馀,以象龙角。

用度不足,重为赋敛。每遣使者行田,专以增顷亩为功,民不胜租赋而逃。王曰:"但令田在,何忧无谷!"命营田使邓懿文籍逃田,募民耕艺出租。民舍故从新,仅能自存,自西徂东,各失其业。又听人入财拜官,以财多少为官高卑之差。富商大贾,布在列位。外官还者,必责贡献。民有罪,则富者输财,强者为兵,惟贫弱受刑。又置函,使人投匿名书相告讦,至有灭族者。

再加上官府搜刮民间谷物,使差督催责罚严苛而且紧急,以至封闭碓臼碾磨,不留口粮,有因为隐匿粮谷而犯罪抵命的。县令往往由于督催不上来,归还印信自我弹劾弃官逸去。民众饥饿而死的达数十万口,流亡逃荒的不可胜计。因此留守、节度使以下到将军,各自捐献马匹、金帛、粟草,用来帮助国家。

后晋朝廷因为恒州、定州饥馑严重,特许不搜刮民间谷物。顺国节度使杜威奏称军粮不足,请求像各州一样搜求,朝廷准许。杜威用判官王绪的谋略,检查索求几乎净尽,获得一百万斛。杜威只奏报三十万斛,其馀都收进他的家里;又命令判官李沼以向民间借贷的名义,又搜取百万斛,来春出售,得钱两百万缗,全境受其苦害。定州的官吏也想引援杜威在恒州的先例上奏,义武节度使马全节不准许,说:“我做观察使,职责在于养民,怎忍心学他那种做法啊!”

36 楚地多产金银,茶叶的利润尤其厚重,因此财赋货物的收入丰富。然而楚王马希范,奢侈的贪欲无尽无休,喜欢自己夸大。制作长枪大槊,用黄金作装饰,可以执举而不可用。募集长得丰满润泽的有钱人家的子弟八千多人,设为银枪都。宫室、园囿、服用的东西,必求奢侈靡费到极点。建造九龙殿,用沉香木雕刻为八条龙,用金宝作饰物,长十多丈,绕柱相向;马希范坐在其中,自己作为一条龙,他戴的幞头,巾带一丈多长,用来象征龙角。

用度不足,便加重赋敛。常常派遣使差查计田亩,专以增加顷亩来记功,民众负担不起租赋而逃走。楚王却说:“只要田地在,何愁没有粮食吃!”命令营田使邓懿文查核逃税的田亩,募集民众耕种出租。民众舍弃旧田而去租种新地,只够维持自己生存,从西到东,各自把营生之业丢失了。又听任庶人捐钱拜官,按输钱多少作为买官高低的等级。富商大贾,安排在有品阶的行列。在朝外做官又还朝为官的,必会要求他向朝廷作贡献。老百姓犯法,便让有钱的捐财,强壮的当兵,只有贫穷薄弱的受刑罚。又设立信箱,让人投入匿名信相互告发,以致有人因而族灭全家的。

是岁,用孔目官周陟议,令常税之外,大县贡米二千斛,中千斛,小七百斛;无米者输布帛。天策学士拓跋恒上书曰:"殿下长深宫之中,藉已成之业,身不知稼穑之劳,耳不闻鼓鼙之音,驰骋遨游,雕墙玉食。府库尽矣,而浮费益甚;百姓困矣,而厚敛不息。今淮南为仇雠之国,番禺怀吞噬之志,荆渚日图窥伺,溪洞待我姑息。谚曰:'足寒伤心,民怨伤国。'愿罢输米之令,诛周陟以谢郡县,去不急之务,减兴作之役,无令一旦祸败,为四方所笑。"王大怒。他日,恒请见,辞以昼寝。恒谓客将区弘练曰:"王逞欲而愎谏,吾见其千口飘零无日矣。"王益怒,遂终身不复见之。

37　闽主曦嫁其女,取班簿阅视之,朝士有不贺者十二人,皆杖之于朝堂。以御史中丞刘赞不举劾,亦将杖之,赞义不受辱,欲自杀。谏议大夫郑元弼谏曰:"古者刑不上大夫。中丞仪刑百僚,岂宜加之棰楚!"曦正色曰:"卿欲效魏徵邪?"元弼曰:"臣以陛下为唐太宗,故敢效魏徵。"曦怒稍解,乃释赞,赞竟以忧卒。

开运元年(甲辰,944)

1　春,正月乙亥,边藩驰告:"契丹前锋将赵延寿、赵延照将兵五万入寇,逼贝州。"延照,思温之子也。

先是朝廷以贝州水陆要冲,多聚刍粟,为大军数年之储,以备契丹。军校邵珂,性凶悖,永清节度使王令温黜之。珂怨望,密遣人亡入契丹,言"贝州粟多而兵弱,易取也"。会令温入朝,执政以前复州防御使吴峦权知州事,峦至,推诚抚士。

这一年,采用孔目官周陟的建议,下令在正常租税之外,大县贡纳米两千斛,中县一千斛,小县七百斛;没有米的输纳布帛。天策学士拓跋恒上书说:"殿下生长在深宫之中,继承已经完成的家业,身体没有经历过种庄稼的辛劳,两耳没有听到过战争鼙鼓的声音,骑着马驰骋遨游,住的是雕梁画栋,吃的是山珍海味。国家财政艰难,府库里空虚了,反而浪费越来越严重;人民生计困穷,老百姓过不了日子,却还不断加重赋敛。现在地处淮南的唐朝是敌对之国,南方占据番禺的南汉怀着吞并之心,近邻荆渚天天在窥伺我们,远地溪洞诸族期待我们的接济。俗话说'足寒伤心,民怨伤国'。希望能够停止输纳米谷的命令,杀了周陟来向州县谢罪,去掉不急的事务,减少兴建的劳役,免得一旦招致祸败,被四方所耻笑。"楚王大怒。过几天,拓跋恒请求谒见,楚王以白天睡觉推辞不见。拓跋恒对客将区弘练说:"大王随心所欲而拒绝进谏,我等着看他一家千口飘零要不了多久了。"楚王更加发怒,从此终身不再见他。

37　闽主王曦出嫁他的女儿,索取记载将吏朝见的名册来察看,朝士有十二人没有来朝贺,都在朝堂施行廷杖。因为御史中丞刘赞没有揭发弹劾这种人,也将要杖责他,刘赞义愤不甘受辱,准备自杀。谏议大夫郑元弼劝谏说:"古时候刑不上大夫。中丞是掌握百官刑罚制度的人,怎能对他打板子!"王曦严厉地说:"你想效仿魏徵吗?"郑元弼说:"我把陛下当作唐太宗,所以才敢效仿魏徵。"王曦怒气稍微缓解,才把刘赞释放了,结果刘赞竟然因此忧虑而死。

后晋齐王(出帝)开运元年(甲辰,公元944年)

1　春季,正月乙亥(初二),边防的藩镇向后晋朝廷派飞骑驰告:"契丹前锋将赵延寿、赵延照统领兵众五万人来侵犯,逼近贝州。"赵延照是赵思温的儿子。

起先,后晋朝廷因为贝州是水陆要冲,便大量聚集粮草,是大举进军时的数年储存,用以防备契丹。军校邵珂,性格凶狠不讲理,永清节度使王令温贬黜了他。邵珂怨恨,暗中派人跑到契丹,说:"贝州粮食多而兵力弱,容易攻取。"不久,王令温入朝,执政者任用前复州防御使吴峦暂时主持州务,吴峦到达贝州,推诚对待将士。

会契丹入寇,峦书生,无爪牙,珂自请,愿效死,峦使将兵守南门,峦自守东门。契丹主自攻贝州,峦悉力拒之,烧其攻具殆尽。己卯,契丹复攻城,珂引契丹自南门入,峦赴井死。契丹遂陷贝州,所杀且万人。

庚辰,以归德节度使高行周为北面行营都部署,以河阳节度使符彦卿为马军左厢排陈使,以右神武统军皇甫遇为马军右厢排陈使,以陕府节度使王周为步军左厢排陈使,以左羽林将军潘环为步军右厢排陈使。

2 太原奏契丹入雁门关。恒、邢、沧皆奏契丹入寇。

3 成德节度使杜威遣幕僚曹光裔诣杨光远,为陈祸福,光远遣光裔入奏,称:"承祚逃归,母疾故尔。既蒙恩宥,阖族荷恩。"朝廷信其言,遣使与光裔复往慰谕之。

4 唐以侍中周宗为镇南节度使,左仆射兼门下侍郎、同平章事张居詠为镇海节度使。

5 唐主决欲传位于齐、燕二王。翰林学士冯延己等因之欲隔绝中外以擅权。辛巳,敕:"齐王景遂参决庶政,百官惟枢密副使魏岑、查文徽得白事,馀非召对不得见。"国人大骇。给事中萧俨上疏极论,不报。侍卫都虞候贾崇叩阁求见,曰:"臣事先帝三十年,观其延接疏远,孜孜不怠,下情犹有不通者。陛下新即位,所任者何人,而顿与群臣谢绝?臣老矣,不复得奉颜色。"因涕泗呜咽。唐主感悟,遽收前敕。

接着就赶上契丹兴兵侵犯，吴峦是个书生，没有爪牙，邵珂自己提出请求，愿意以死效力，吴峦让他领兵把守南门，自己把守东门。契丹主亲自攻打贝州，吴峦用全力抗拒他，把他的攻城器具几乎都烧光了。己卯（初六），契丹又来攻城，邵珂引领契丹兵从南门进来，吴峦投井而死。契丹便把贝州城攻取下来，所杀害的晋国军民几近万人。

庚辰（初七），后晋朝廷任用归德节度使高行周为北面行营都部署，河阳节度使符彦卿为马军左厢排阵使，右神武统军皇甫遇为马军右厢排阵使，陕府节度使王周为步军左厢排阵使，左羽林将军潘环为步军右厢排阵使。

2　太原报奏契丹进入雁门关。恒州、邢州、沧州都报奏契丹来侵犯。

3　成德节度使杜威派其幕僚曹光裔去见杨光远，向他陈述依违朝廷的祸福，杨光远派曹光裔向后晋朝廷入奏，说："杨承祚逃归青州，是因为母亲有病。既然承蒙朝廷施恩原谅，合家都感谢朝廷的恩惠。"后晋朝廷相信了他的话，派遣使者同曹光裔一道再次去安抚告谕他。

4　南唐任用侍中周宗为镇南节度使，左仆射兼门下侍郎、同平章事张居咏为镇海节度使。

5　南唐主李璟决定传位给他的弟弟齐、燕二王。翰林学士冯延己等因此想隔绝朝廷内外来把持权柄。辛巳（初八），南唐主下敕令："齐王李景遂参与决定庶政，百官中只有枢密副使魏岑、查文徽可以向天子陈奏事情，其馀的人除非召对，不得觐见。"国中人士大为惊骇。给事中萧俨上疏极力争论，奏疏被压下不予上报。侍卫都虞候贾崇叩首阁门请求接见，说："为臣事奉先帝三十年，看到先帝接见疏远之人，辛勤专志不敢懈怠，下边的情状还有不能上达的。陛下新即位，所依靠的是什么样的人，便马上同群臣隔绝？为臣老了，不能再亲身得见陛下的面容。"因而泪流满面，呜咽不已。南唐主感悟，急忙收回先前下的敕令。

唐主于宫中作高楼,召侍臣观之,众皆叹美。萧俨曰:
"恨楼下无井。"唐主问其故。对曰:"以此不及景阳楼耳。"唐
主怒,贬于舒州,观察使孙晟遣兵防之,俨曰:"俨以谏诤得
罪,非有他志。昔顾命之际,君几危社稷,其罪顾不重于俨
乎?今日反见防邪!"晟惭惧,遽罢之。

6　帝遣使持书遗契丹,契丹已屯邺都,不得通而返。

壬午,以侍卫马步都指挥使景延广为御营使,前静难节
度使李周为东京留守。是日,高行周以前军先发。时用兵方
略号令皆出延广,宰相以下皆无所预。延广乘势使气,陵侮
诸将,虽天子亦不能制。

乙酉,帝发东京。丁亥,滑州奏契丹至黎阳。戊子,帝至
澶州。

契丹主屯元城,赵延寿屯南乐;以延寿为魏博节度使,封
魏王。

契丹寇太原,刘知远与白承福合兵二万击之。甲午,以
知远为幽州道行营招讨使,杜威为副使,马全节为都虞候。
丙申,遣右武卫上将军张彦泽等将兵拒契丹于黎阳。

7　戊戌,蜀主复以将相遥领节度使。

8　帝复遣译者孟守忠致书于契丹,求修旧好。契丹主
复书曰:"已成之势,不可改也。"

辛丑,太原奏破契丹伟王于秀容,斩首三千级。契丹自
鸦鸣谷遁去。

9　殷铸"天德通宝"大铁钱,一当百。

10　唐主遣使遗闽主曦及殷主延政书,责以兄弟寻戈。
曦复书,引周公诛管、蔡,唐太宗诛建成、元吉为比。延政复
书,斥唐主夺杨氏国。唐主怒,遂与殷绝。

南唐主在宫中建造高楼,召集侍臣观看,众人都叹赏赞美。萧俨说:"只恨楼下没有修个井。"南唐主问他为什么。回答说:"因为这个不如陈后主的景阳楼而已。"南唐主发怒,把他贬官到舒州,观察使孙晟派兵防备他,萧俨说:"我是因为直言进谏而得罪,不是有异志。从前在顾命的时候,您老兄几乎把社稷引向危亡,那种罪过难道不比我萧俨更重吗?今天你反而来防备我呀!"孙晟惭愧惶恐,立即解除防备。

6 后晋出帝遣派使臣带着书信送给契丹,契丹已经屯驻邺都,不得通过而返回。

壬午(初九),任命侍卫马步都指挥使景延广为御营使,前静难节度使李周为东京留守。这一天,高行周率领前军首先出发。当时用兵的方略和号令都出自景延广,从宰相以下,都不能参与。景延广借着权势任性使气,凌侮诸将,即使是天子也不能制止他。

乙酉(十二日),出帝从东京出发。丁亥(十四日),滑州奏报契丹兵到达黎阳。戊子(十五日),后晋帝到达澶州。

契丹主耶律德光屯驻元城,赵延寿屯驻南乐;契丹任命赵延寿为魏博节度使,封爵魏王。

契丹侵犯太原,刘知远与白承福联合两万士兵迎击。甲午(二十一日),后晋朝廷任命刘知远为幽州道行营招讨使,杜威为副招讨使,马全节为都虞候。丙申(二十三日),派遣右武卫上将军张彦泽等统兵在黎阳抗拒契丹。

7 戊戌(二十五日),蜀主孟昶恢复用将相遥领节度使。

8 出帝再次遣派翻译孟守忠给契丹送信,要求恢复旧好。契丹主复信说:"已经形成的局势,不能改变了。"

辛丑(二十八日),太原奏报:在忻州秀容打败了契丹,斩了敌人首级三千。契丹兵从鸦鸣谷逃遁。

9 殷国铸造"天德通宝"大铁钱,以一当百。

10 南唐主李璟派使者送书信给闽主王曦和殷主王延政,责备他们不该兄弟之间兴动干戈。王曦复信,引用周公诛除管叔、蔡叔和唐太宗诛除建成、元吉作比喻。王延政复信,斥责南唐主篡夺杨氏天下。南唐主发怒,便与殷国绝了交。

11　天平节度副使、知郓州颜衍遣观察判官窦仪奏："博州刺史周儒以城降契丹，又与杨光远通使往还，引契丹自马家口济河，擒左武卫将军蔡行遇。"仪谓景延广曰："虏若济河与光远合，则河南危矣。"延广然之。仪，蓟州人也。

11　天平节度副使、知郓州事颜衎派遣观察判官窦仪上奏后晋朝廷："博州刺史周儒拿城池向契丹投降,又同杨光远通使往来,引导契丹兵从马家口渡过黄河,擒去左武卫将军蔡行遇。"窦仪对景延广说:"北虏如果渡过黄河与杨光远联合,黄河以南就危险了。"景延广认为他说得对。窦仪是蓟州人。

卷第二百八十四　后晋纪五

起甲辰(944)二月尽乙巳(945)七月凡一年有奇

齐王中

开运元年(甲辰,944)

1　二月甲辰朔,命前保义节度使石赟守麻家口,前威胜节度使何重建守杨刘镇,护圣都指挥使白再荣守马家口,西京留守安彦威守河阳。未几,周儒引契丹将麻荅自马家口济河,营于东岸,攻郓州北津以应杨光远。麻荅,契丹主之从弟也。

乙巳,遣侍卫马军都指挥使、义成节度使李守贞、神武统军皇甫遇、陈州防御使梁汉璋、怀州刺史薛怀让将兵万人,缘河水陆俱进。守贞,河阳;汉璋,应州;怀让,太原人也。

丙午,契丹围高行周、符彦卿及先锋指挥使石公霸于戚城。先是景延广令诸将分地而守,无得相救。行周等告急,延广徐白帝,帝自将救之。契丹解去,三将泣诉救兵之缓,几不免。

戊申,李守贞等至马家口。契丹遣步卒万人筑垒,散骑兵于其外,馀兵数万屯河西,船数千艘渡兵,未已,晋兵薄之,契丹骑兵退走,晋兵进攻其垒,拔之。契丹大败,乘马赴河溺死者数千人,俘斩亦数千人。河西之兵恸哭而去,由是不敢复东。

2　辛亥,定难节度使李彝殷奏将兵四万自麟州济河,侵契丹之境。壬子,以彝殷为契丹西南面招讨使。

齐王中
后晋齐王(出帝)开运元年(甲辰,公元944年)

1 二月甲辰朔(初一),后晋朝廷命前保义节度使石赟把守麻家口,前威胜节度使何重建把守杨刘镇,护圣指挥使白再荣把守马家口,西京留守安彦威把守河阳。不久,周儒引领契丹将军麻荅从马家口渡过黄河,在东岸扎营,攻打郓州北津以接应杨光远。麻荅是契丹主耶律德光的堂弟。

乙巳(初二),后晋派遣侍卫马军都指挥使、义成节度使李守贞、神武统军皇甫遇、陈州防御使梁汉璋、怀州刺史薛怀让统兵万人,沿着黄河水陆并进。李守贞是汉阳人,梁汉璋是应州人,薛怀让是太原人。

丙午(初三),契丹兵在戚城包围了高行周、符彦卿及先锋指挥使石公霸。起先,景延广命令诸将分地而守,不许相互救援。此时,高行周等告急,景延广延缓报告后晋出帝,后晋出帝自己带兵去救援。契丹兵围解除退去,三将涕泣地诉说救兵来得太慢,几乎不能免于一死。

戊申(初五),李守贞等到达马家口。契丹遣派一万步兵修筑堡垒,在其外散布骑兵戍守,其馀兵众数万人屯驻在河西,有船数千艘运渡兵卒。没有多久,晋兵迫近他们,契丹的骑兵退走,晋兵进攻其堡垒,攻下了它们。契丹兵大败,骑马过河的人被淹死几千人,被俘、被杀的也有几千人。黄河西边的兵痛哭着退走,从此不敢再向东来。

2 辛亥(初八),定难节度使李彝殷奏报:统兵四万从麟州渡过黄河,侵入契丹之境。壬子(初九),任命李彝殷为契丹西南面招讨使。

初，契丹主得贝州、博州，皆抚慰其人，或拜官赐服章。及败于戚城及马家口，忿恚，所得民，皆杀之，得军士，燔炙之。由是晋人愤怒，戮力争奋。

杨光远将青州兵欲西会契丹；戊午，诏石赟分兵屯郓州以备之。

诏刘知远将部兵自土门出恒州击契丹，又诏会杜威、马全节于邢州。知远引兵屯乐平不进。

3　帝居丧期年，即于宫中奏细声女乐。及出师，常令左右奏三弦琵琶，和以羌笛，击鼓歌舞，曰："此非乐也。"庚申，百官表请听乐，诏不许。

4　壬戌，杨光远围棣州，刺史李琼出兵击败之，光远烧营走还青州。癸亥，以前威胜节度使何重建为东面马步都部署，将兵屯郓州。

5　阶、成义军指挥使王君怀帅所部千馀人叛降蜀，请为向道以取阶、成。甲子，蜀人攻阶州。

6　契丹伪弃元城去，伏精骑于古顿丘城，以俟晋军与恒、定之兵合而击之。邺都留守张从恩屡奏虏已遁去，大军欲进追之，会霖雨而止。契丹设伏旬日，人马饥疲，赵延寿曰："晋军悉在河上，畏我锋锐，必不敢前；不如即其城下，四合攻之，夺其浮梁，则天下定矣。"契丹主从之，三月癸酉朔，自将兵十馀万陈于澶州城北，东西横掩城之两隅，登城望之，不见其际。高行周前军在戚城之南，与契丹战，自午至晡，互有胜负。契丹主以精兵当中军而来，帝亦出陈以待之。契丹主望见晋军之盛，谓左右曰："杨光远言晋兵半已馁死，今何其多也！"以精骑左右略陈，晋军不动，万弩齐发，飞矢蔽地。契丹稍却；又攻晋陈之东偏，不克。苦战至暮，两军死者不可胜数。昏后，契丹引去，营于三十里之外。

过去,契丹主取得贝州、博州,都对这个地方的人加以抚慰,或者拜授官职、赐给有纹彩的官服。等到在戚城及马家口打了败仗,以后他就恼恨了,把所掳得的民众都杀了,俘获的军士都烧死。因此引起晋国人的愤怒,团结合力,奋起斗争。

杨光远带领青州兵,想向西与契丹兵会合;戊午(十五日),后晋出帝下诏,命令石赟分出兵马驻扎在郓州,来防备他。

出帝诏命刘知远带领本部兵马从土门出恒州,进击契丹,又诏命他在邢州与杜威、马全节会合。刘知远引兵驻扎在乐平不再前进。

3 后晋出帝居丧将近一年,就在宫中演奏细声女乐。等到出师北讨时,常常让左右之人奏三弦、琵琶,和以羌笛,击鼓唱歌舞蹈,并说:"这不是作乐啊。"庚申(十七日),百官上表请求听乐,下诏不许。

4 壬戌(十九日),杨光远围困棣州,刺史李琼出兵把他打败,杨光远烧了营寨退回青州。癸亥(二十日),后晋朝廷任命前威胜节度使何重建为东面马步都部署,统兵屯驻郓州。

5 阶州、成州义军指挥使王君怀率领所部千馀人叛晋降蜀,请求当向导去攻取阶、成二州。甲子(二十一日),蜀人攻打阶州。

6 契丹假装舍弃了元城退去,把精锐骑兵埋伏在古顿丘城,以等待晋军与恒州、定州之兵会合之时再迎击它。邺都留守张从恩几次奏报北虏已经遁走,大军打算进击追逐它,后来由于遇上下雨而停止。契丹设置埋伏十多天,人马饥饿疲乏,赵延寿说:"晋军都在河上,惧怕我们的精锐,必定不敢向前;不如就地攻下其城,四面合兵攻打,夺取黄河上的浮桥,那么天下就平定了。"契丹主听从了他的话,三月癸酉朔(初一),亲自领兵十多万在澶州城的北面排开阵势,东面和西面横向包围城的两角,登城观望,看不见边际。高行周的前锋部队在戚城之南,与契丹兵交战,从晌午到日落,互有胜负。契丹主耶律德光指挥精兵向着中军进击而来,晋帝石重贵也率兵出来摆开阵势等待他过来。契丹主望见晋军的盛况,对左右说:"杨光远说晋兵之半数已经饿死,现在为什么还有这么多!"使用精锐骑兵从左方和右方攻打,晋军丝毫不动,万弩齐发,飞矢落下遍地都是。契丹兵稍向后退;又向晋军的东翼进攻,也攻不下来。苦战到晚上,两军死亡的不可胜数。天黑以后,契丹引兵后退,在三十里之外扎营。

乙亥，契丹主帐中小校窃其马亡来，云契丹已传木书，收军北去。景延广疑其诈，闭壁不敢追。

7　汉主命中书令、都元帅越王弘昌谒烈宗陵于海曲，至昌华宫，使盗杀之。

8　契丹主自澶州北分为两军，一出沧、德，一出深、冀而归。所过焚掠，方广千里，民物殆尽。留赵延照为贝州留后。麻荅陷德州，擒刺史尹居璠。

9　闽拱宸都指挥使朱文进，阁门使连重遇，既弑康宗，常惧国人之讨，相与结婚以自固。闽主曦果于诛杀，尝游西园，因醉杀控鹤指挥使魏从朗。从朗，朱、连之党也。又尝酒酣诵白居易诗云："惟有人心相对间，咫尺之情不能料"，因举酒属二人。二人起，流涕再拜，曰："臣子事君父，安有他志！"曦不应，二人大惧。

李后妒尚贤妃之宠，欲弑曦而立其子亚澄，使人告二人曰："主上殊不平于二公，奈何？"

会后父李真有疾，乙酉，曦如真第问疾。文进、重遇使拱宸马步使钱达弑曦于马上，召百官集朝堂，告之曰："太祖昭武皇帝，光启闽国，今子孙淫虐，荒坠厥绪。天厌王氏，宜更择有德者立之。"众莫敢言。重遇乃推文进升殿，被衮冕，帅群臣北面再拜称臣。文进自称闽主，悉收王氏宗族延喜以下少长五十馀人，皆杀之。葬闽主曦，谥曰睿文广武明圣元德隆道大孝皇帝，庙号景宗。以重遇总六军。礼部尚书、判三司郑元弼抗辞不屈，黜归田里，将奔建州，文进杀之。文进下令，出宫人，罢营造，以反曦之政。

乙亥(初三),契丹主帐中的小校盗其马逃来晋军,说契丹已经传递木书信契,收军北去。景延广怀疑有诈,关闭军垒不敢追击。

7 南汉主刘晟命中书令、都元帅越王刘弘昌到海曲进谒烈宗刘隐的陵墓,到了昌华宫后,指使盗贼把他杀了。

8 契丹主从澶州向北兵分两路,一支出沧州、德州,一支出深州、冀州而归去。所过的地方,大事焚烧抢掠,方圆面积有一千里,民间财物几乎被抢光了。留下赵延照为贝州留后。麻荅攻陷德州,捉住刺史尹居璠。

9 闽国拱宸都指挥使朱文进、阁门使连重遇,杀了康宗王昶以后,常常害怕国人声讨他们,便互相结为婚姻,用来巩固自己的势力。闽主王曦对诛杀很随便,他曾经游览西园,因为醉酒杀了控鹤指挥使魏从朗。魏从朗是朱文进、连重遇的党羽。又曾经在酒兴正浓时吟诵白居易的诗道"惟有人心相对间,咫尺之情不能料",边诵边举酒对着朱、连二人。二人起立,流涕再拜,说:"臣子事奉君父,哪能有二心!"王曦没有什么反应,二人大为惶恐。

李后妒忌尚贤妃受到闽主王曦的宠爱,想要谋杀王曦而立她的儿子王亚澄为帝,派人告诉二人说:"主上对待你们二位很不放心,怎么办?"

不久,李后的父亲李真生病,乙酉(十三日),王曦到李真的府第问候疾病。朱文进、连重遇指使拱宸马步使钱达在马上把王曦杀了,召集百官到朝堂,向大家宣告说:"太祖昭武皇帝光辉地开创闽国,现在子孙淫乱暴虐,使他的遗绪荒废坠落。上天厌弃王氏,应该另外选择有德的人拥立他为皇帝。"众人不敢讲话。连重遇便把朱文进推拥上殿升座,穿上帝王的衣服冠冕,率领群臣向北面再拜称臣。朱文进自称闽主,把王氏宗族从王曦的弟弟王延喜以下少长五十多人,全部收拘,都杀了。埋葬了闽主王曦,谥为睿文广武明圣元德隆道大孝皇帝,庙号景宗。任用连重遇总领六军。礼部尚书、判三司郑元弼言词抗驳不屈服,罢黜他回归田里,在他将要投奔建州时,朱文进把他杀了。朱文进下令,遣出宫人,停止营建,以此改变王曦的政策。

殷主延政遣统军使吴成义将兵讨文进,不克。

文进加枢密使鲍思润同平章事,以羽林统军使黄绍颇为泉州刺史,左军使程文纬为漳州刺史。汀州刺史同安许文稹,举郡降之。

10　丁亥,诏太原、恒、安兵各还本镇。

11　辛卯,马全节攻契丹泰州,拔之。

12　敕天下籍乡兵,每七户共出兵械资一卒。

13　秦州兵救阶州,出黄阶岭,败蜀兵于西平。

14　汉以户部侍郎陈偓同平章事。

15　夏,四月丁未,缘河巡检使梁进以乡社兵复取德州。己酉,命归德节度使高行周、保义节度使王周留镇澶州。庚戌,帝发澶州;甲寅,至大梁。

侍卫马步都指挥使、天平节度使、同平章事景延广,既为上下所恶,帝亦惮其不逊难制;桑维翰引其不救戚城之罪,辛酉,加延广兼侍中,出为西京留守。以归德节度使兼侍中高行周为侍卫马步都指挥使。延广郁郁不得志,见契丹强盛,始忧国破身危,遂日夜纵酒。

朝廷因契丹入寇,国用愈竭,复遣使者三十六人分道括率民财,各封剑以授之。使者多从吏卒,携锁械、刀杖入民家,小大惊惧,求死无地。州县吏复因缘为奸。

河南府出缗钱二十万,景延广率三十七万。留守判官卢亿言于延广曰:"公位兼将相,富贵极矣。今国家不幸,府库空竭,不得已取于民,公何忍复因而求利,为子孙之累乎!"延广惭而止。

殷主王延政遣派统军使吴成义领兵征讨朱文进,未能取胜。

朱文进加封枢密使鲍思润同平章事,任用羽林统军使黄绍颇为泉州刺史,左军使程文纬为漳州刺史。汀州刺史同安人许文稹,献出守郡向朱文进投降。

10 丁亥(十五日),后晋出帝下诏,命令太原、恒州、安州兵各还本镇。

11 辛卯(十九日),马全节攻打契丹的泰州,攻取下来。

12 后晋出帝敕令天下按籍征召乡兵,每七户人家共同出供给一个兵卒的兵械钱。

13 秦州兵救援阶州,出黄阶岭,在西平打败了蜀兵。

14 南汉任用户部侍郎陈偓同平章事。

15 夏季,四月丁未(初五),缘河巡检使梁进用乡社兵收复了德州。己酉(初七),后晋朝廷命归德节度使高行周、保义节度使王周留镇澶州。庚戌(初八),出帝从澶州出发回师;甲寅(十二日),到达大梁。

侍卫马步都指挥使、天平节度使、同平章事景延广,既被将相和军民上下所厌恶,出帝也怕他不驯服,难于控制;桑维翰又提出他不救援戚城之罪,辛酉(十九日),给景延广加官兼任侍中,出朝任西京留守。任用归德节度使兼侍中高行周为侍卫马步都指挥使。景延广郁郁不得志,看到契丹强盛,开始忧虑国家要破败,自身也危亡,便昼夜放纵饮酒。

后晋朝廷由于契丹入侵,国家财用更加困竭,便又遣派使者三十六人分到各道搜刮民间财物,每个使者各封赐给尚方宝剑,授以斩杀之权。这些使者经常带着吏卒随从,拿着锁链刑械、刀杖进入民众家里,小孩大人都很惊怕,想要求死都无路可走。那些州和县的官吏又借此机会为非作歹。

河南府应出缗钱二十万,景延广增加到三十七万。留守判官卢亿向景延广进言说:"您高位兼居将相,富贵达到极点了。现在国家不幸,府库空乏竭尽,不得已索取于百姓,您怎么忍心再借机贪求私利,给子孙增加罪累啊!"景延广惭愧而停止增赋。

先是，诏以杨光远叛，命兖州修守备。泰宁节度使安审信，以治楼堞为名，率民财以实私藏。大理卿张仁愿为括率使，至兖州，赋缗钱十万。值审信不在，拘其守藏吏，指取钱一囷，已满其数。

16　戊寅，命侍卫马步军都虞候、泰宁节度使李守贞将步骑二万讨杨光远于青州；又遣神武统军洛阳潘环及张彦泽等将兵屯澶州，以备契丹。

契丹遣兵救青州，齐州防御使堂阳薛可言邀击，败之。

17　丙戌，诏诸州所籍乡兵，号武定军，凡得七万馀人。时兵荒之馀，复有此扰，民不聊生。

18　丁亥，邺都留守张从恩上言："赵延照虽据贝州，麾下兵皆久客思归，宜速进军攻之。"诏以从恩为贝州行营都部署，督诸将击之。辛卯，从恩奏赵延照纵火大掠，弃城而遁，屯于瀛、莫，阻水自固。

19　朱文进遣使如唐，唐主囚其使，将伐之，会天暑、疾疫而止。

20　六月辛酉，官军拔淄州，斩其刺史刘翰。

21　太尉、侍中冯道虽为首相，依违两可，无所操决。或谓帝曰："冯道，承平之良相；今艰难之际，譬如使禅僧飞鹰耳。"癸卯，以道为匡国节度使，兼侍中。

22　乙巳，汉主幽齐王弘弼于私第。

23　或谓帝曰："陛下欲御北狄，安天下，非桑维翰不可。"丙午，复置枢密院，以维翰为中书令兼枢密使，事无大小，悉以委之。数月之间，朝廷差治。

以前,后晋朝廷因为杨光远背叛,下诏命令兖州修筑守备设施。泰宁节度使安审信用建造城防楼堞的名义,搜括民间财物来充实自己的库藏。后晋朝廷大理寺卿张仁愿受派为括率使,来到兖州,收取缗钱十万。正适安审信不在,拘捕了他的守藏吏,指令取一个囷库的钱,便满足了所需之数。

16 戊寅(初七),后晋朝廷命侍卫马步军都虞候和泰宁节度使李守贞统领步骑两万人讨伐青州的杨光远;又遣派神武统军洛阳人潘环及张彦泽等统兵屯驻澶州,来防备契丹。

契丹派兵救援青州,后晋齐州防御使堂阳人薛可言迎击,打败了他们。

17 丙戌(十五日),后晋朝廷诏令诸州所按户籍征调的乡兵,号称武定军,共得七万多人。当时正值兵荒之馀,再有这样的困扰,致使民不聊生。

18 丁亥(十六日),邺都留守张从恩上奏后晋朝廷:“赵延照虽然占据贝州,他指挥下的契丹兵卒都是久客在外思归,应该迅速进军攻打它。”诏令任用张从恩为贝州行营都部署,督率诸将进击。辛卯(二十日),张从恩奏报赵延照放火大肆抢掠,弃城而逃,屯扎在瀛州、莫州,依水设阻,巩固自己的阵地。

19 闽国朱文进遣派使者到南唐,南唐主李璟把使者囚禁起来,将要征伐闽国,正好遇到天气暑热、疫病流行才停止。

20 六月辛酉(二十一日),后晋官军攻克淄州,斩杀杨光远的刺史刘翰。

21 后晋太尉、侍中冯道虽当宰相,但办事模棱两可,什么事都不拿主意。有人对出帝说:“冯道是和平时期的好宰相;现在是艰难之际,比如让参禅僧人去飞鹰搏兔,非其所擅。”癸卯(初三),任用冯道出朝为匡国节度使,仍兼侍中。

22 乙巳(初五),南汉主刘晟在他的私宅里幽禁齐王刘弘弼。

23 有人对后晋出帝说:“陛下想要抵御北狄,安治天下,非用桑维翰不可。”丙午(初六),恢复设置枢密院,任命桑维翰为中书令兼枢密使,事情不论大小,都委托给他。几个月之间,朝廷的事稍见治绩。

24 滑州河决,浸汴、曹、单、濮、郓五州之境,环梁山合于汶。诏大发数道丁夫塞之。既塞,帝欲刻碑纪其事。中书舍人杨照俭谏曰:"陛下刻石纪功,不若降哀痛之诏;染翰颂美,不若颁罪己之文。"帝善其言而止。

25 初,高祖割北边之地以赂契丹,由是府州刺史折从远亦北属。契丹欲尽徙河西之民以实辽东,州人大恐,从远因保险拒之。及帝与契丹绝,遣使谕从远使攻契丹。从远引兵深入,拔十馀寨。戊午,以从远为府州团练使。从远,云州人也。

26 甲子,复置翰林学士。戊辰,以右散骑常侍李慎仪为兵部侍郎、翰林学士承旨,都官郎中刘温叟、金部郎中、知制诰武强徐台符、礼部郎中李瀚、主客员外郎宗城范质,皆为学士。温叟,岳之子也。

27 秋,七月辛未朔,大赦,改元。

28 己丑,以太子太傅刘昫为司空兼门下侍郎、同平章事。

29 八月辛丑朔,以河东节度使刘知远为北面行营都统,顺国节度使杜威为都招讨使,督十三节度以备契丹。

桑维翰两秉朝政,出杨光远、景延广于外,至是一制指挥,节度使十五人无敢违者,时人服其胆略。

朔方节度使冯晖上章自陈未老可用,而制书见遗。维翰诏禁直学士使为答诏曰:"非制书忽忘,实以朔方重地,非卿无以弹压。比欲移卿内地,受代亦须奇才。"晖得诏,甚喜。

时军国多事,百司及使者咨请辐凑,维翰随事裁决,初若不经思虑,人疑其疏略;退而熟议之,亦终不能易也。然为相颇任爱憎,一饭之恩、睚眦之怨必报,人以此少之。

24 黄河在滑州决口,淹浸了汴、曹、单、濮、郓五州的地区,环绕梁山合流入汶水。后晋朝廷诏命大规模发动几个道的民夫去堵塞。堵塞完成之后,晋帝要刻碑记载此事。中书令舍人杨昭俭进谏说:"陛下刻石记功,不如降下哀痛的诏书;点染翰章歌颂美德,不如颁发责备自己的文告。"晋帝认为他的话说得好而停止。

25 从前,后晋高祖石敬瑭割让北边的地盘来贿赂契丹,于是府州刺史折从远也随郡北属。契丹想把黄河以西的民众全部迁移去充实辽东,府州民众大为惊恐,折从远据险抗拒。等到出帝与契丹绝交,派使者谕告折从远让他攻打契丹。折从远率领兵马深入北境,拔除契丹十多个营塞。戊午(十八日),任用折从远为府州团练使。折从远是云州人。

26 甲子(二十四日),恢复设置翰林学士。戊辰(二十九日),任用右散骑常侍李慎仪为兵部侍郎、翰林学士承旨,都官郎中刘温叟、金部郎中、知制诰武强人徐台符、礼部郎中李澣、主客员外郎宗城人范质,都任用为学士。刘温叟是唐明宗时刘岳的儿子。

27 秋季,七月辛未朔(初一),实行大赦,改年号为开运。

28 己丑(十九日),后晋朝廷任命太子太傅刘昫为司空兼门下侍郎、同平章事。

29 八月辛丑朔(初一),任用河东节度使刘知远为北面行营都统,顺国节度使杜威为都招讨使,督导十三个节度使来防备契丹。

桑维翰两次执掌朝政,调出杨光远、景延广到外藩,到这时统一指挥权,节度使十五人没有敢违抗者,当时人叹服他的胆略。

朔方节度使冯晖上奏章陈说自己没有老,还可留用,而晋帝下制令时没有提到他。桑维翰用诏旨让入值禁宫的学士拟写答诏说:"不是制令忽略忘记,实在因为朔方是重要之地,不是你没有别人能够弹压得住。近来考虑把你移调内地,代替你的人也需要奇才。"冯晖得到诏书,极为高兴。

当时,军务、国事很繁重,百官及各地使者来请示、报告的人车水马龙,接连不断,桑维翰随事裁决,起初好像是没有经过思虑,人们怀疑他有所粗疏忽略;但退下来后仔细斟酌,最终不能更改他的决定。然而他当宰相时全以自己的爱憎,一饭之恩、瞪眼之怨,必定报答或报复,人们因此对他有非议。

契丹之入寇也,帝再命刘知远会兵山东,皆后期不至。帝疑之,谓所亲曰:"太原殊不助朕,必有异图。果有分,何不速为之!"至是虽为都统,而实无临制之权,密谋大计,皆不得预。知远亦自知见疏,但慎事自守而已。郭威见知远有忧色,谓知远曰:"河东山川险固,风俗尚武,土多战马,静则勤稼穑,动则习军旅,此霸王之资也,何忧乎!"

30 朱文进自称威武留后,权知闽国事,遣使奉表称藩于晋。癸丑,以文进为威武节度使,知闽国事。

31 癸亥,置镇宁军于澶州,以濮州隶焉。

32 初,吴濠州刺史刘金卒,子仁规代之;仁规卒,子崇俊代之。唐烈祖置定远军于濠州,以崇俊为节度使。会清淮节度使姚景卒,崇俊厚赂权要,求兼领寿州。唐主阳为不知其意,徙崇俊为清淮节度使,以楚州刺史刘彦贞为濠州观察使,驰往代之,崇俊悔之。彦贞,信之子也。

33 九月庚午朔,日有食之。
34 丙子,契丹寇遂城、乐寿,深州刺史康彦进击却之。

35 冬,十月丙午,汉主毒杀镇王弘泽于邕州。

36 殷主延政遣其将陈敬佺以兵三千屯尤溪及古田,卢进以兵二千屯长溪。

泉州散员指挥使桃林留从效谓同列王忠顺、董思安、张汉思曰:"朱文进屠灭王氏,遣腹心分据诸州。吾属世受王氏恩,而交臂事贼,一旦富沙王克福州,吾属死有馀愧!"众以为然。十一月,从效等各引军中所善壮士,夜饮于从效之家,

契丹入侵的时候,出帝再次命令刘知远会师到太行山以东,都过期了还没有到。出帝怀疑他,对亲近的人说:"太原很不听朕的话,必然有反叛的图谋。如果有当天子的福分,为什么不早点干!"到此时虽然任用他为诸军都统,实际上没有施行指挥的权力,密谋军国大事,都不让他参加。刘知远也自知被出帝疏远,只是谨慎处事自我守护而已。郭威看到刘知远有忧虑之色,对他说:"河东地方山川险要坚固,风俗崇尚勇武,此地多产战马,安静的时候勤于农业生产,动乱的时候勇于练习军事,这是成就霸业和王道的依凭,有什么可忧虑的。"

30 朱文进自称威武留后,暂时主持闽国事务,派使者呈奉表章向后晋朝廷称藩。癸丑(十三日),后晋朝廷任用朱文进为威武节度使,主持闽国事务。

31 癸亥(二十三日),后晋在澶州设置镇宁军,把濮州隶属其下。

32 当初,吴国濠州刺史刘金死后,他的儿子刘仁规代替了他;刘仁规死后,其子刘崇俊代替了他。南唐时烈祖李昇在濠州设置定远军,任用刘崇俊为节度使。不久,正遇上清淮节度使姚景死亡,刘崇俊用重礼厚赂朝中权要,要求兼领寿州。南唐主假装不明白他的意思,把刘崇俊调迁为清淮节度使,另任楚州刺史刘彦贞为濠州观察使,赶奔濠州代替了他,刘崇俊很后悔。刘彦贞是吴国刘信的儿子。

33 九月庚午朔(初一),发生日食。

34 丙子(初七),契丹入侵遂城、乐寿,深州刺史康彦进击退了他们。

35 冬季,十月丙午(初七),南汉主刘晟在邕州把镇王刘弘泽毒死。

36 殷国国主王延政遣派其将陈敬佺领兵三千屯驻在尤溪及古田,卢进领兵两千屯驻在长溪。

泉州散员指挥使桃林人留从效对同列为官的王忠顺、董思安、张汉思说:"朱文进屠灭了王氏家族,派遣他的心腹之人分别占据各州。我们这些人世代蒙受王氏的恩惠,却拱手服从奸贼,一旦富沙王攻下福州,我们死有馀愧啊!"众人认为他说得对。十一月,留从效等各自率领军中所要好的壮士,夜晚在留从效家中饮酒,

从效绐之曰:"富沙王已平福州,密旨令吾属讨黄绍颇。吾观诸君状貌,皆非久处贫贱者。从吾言,富贵可图;不然,祸且至矣。"众皆踊跃,操白梃,逾垣而入,执绍颇,斩之。从效持州印诣王继勋第,请主军府。从效自称平贼统军使,函绍颇首,遣副兵马使临淮陈洪进赍诣建州。

洪进至尤溪,福州戍兵数千遮道。洪进绐之曰:"义师已诛朱福州,吾倍道逆嗣君于建州,尔辈尚守此何为乎?"以绍颇首示之,众遂溃,大将数人从洪进诣建州。延政以继勋为侍中、泉州刺史,从效、忠顺、思安、洪进皆为都指挥使。漳州将程谟闻之,立杀刺史程文纬,立王继成权州事。继勋、继成,皆延政之从子也,朱文进之灭王氏,二人以疏远获全。

汀州刺史许文稹奉表请降于殷。

37　十二月癸丑,加朱文进同平章事,封闽国王。

38　李守贞围青州经时,城中食尽,饿死者太半。契丹援兵不至,杨光远遥稽首于契丹曰:"皇帝,皇帝,误光远矣!"其子承勋、承祚、承信劝光远降,冀全其族。光远不许,曰:"吾昔在代北,尝以纸钱祭天池而沈,人皆言当为天子,姑待之。"丁巳,承勋斩劝光远反者节度判官丘涛等,送其首于守贞,纵火大噪,劫其父出居私第,上表待罪,开城纳官军。

39　朱文进闻黄绍颇死,大惧,以重赏募兵二万,遣统军使林守谅、内客省使李廷锷将之攻泉州,钲鼓相闻五百里。殷主延政遣大将军杜进将兵二万救泉州,留从效开门与福州兵战,大破之,斩守谅,执廷锷。延政遣统军使吴成义帅战舰千艘攻福州,朱文进遣子弟为质于吴越以求救。

留从效骗诱他们说:"富沙王已经平定福州,有密旨让我们讨拿黄绍颇。我看诸位的相貌,都不是久居贫贱之人。听我的话,富贵可以谋求;不然的话,大祸就要临头了。"众人都积极响应,拿起棍棒,跳墙而入,捉住黄绍颇,把他杀了。留从效拿着泉州的印信到王继勋的府第去见他,请他出来主持军府的事务。留从效自称是平贼统军使,用匣子装了黄绍颇的首级,派遣副兵马使临淮人陈洪进捧着送到建州王延政那里。

　　陈洪进到达尤溪,福州方面的戍兵数千人挡住道路。陈洪进骗他们说:"起义的部队已经诛杀福州的朱文进,我正加倍赶路到建州去迎接君王继承人,你们还戍守在这里干什么呢?"并把黄绍颇的首级给他们看,这些兵众便逃散了,有几员大将跟随陈洪进到了建州。王延政任用王继勋为侍中、泉州刺史,留从效、王忠顺、董思安、陈洪进都任为都指挥使。漳州将官程谟听说这件事后,也杀了刺史程文纬,扶立王继成暂理州府事务。王继勋、王继成都是王延政的本家侄儿,朱文进族灭王氏家族的时候,这两个人由于关系疏远而得以保全。

　　汀州刺史许文稹上表章请求降顺于殷国。

　　37　十二月癸丑(十五日),后晋朝廷任命朱文进为同平章事、封为闽国王。

　　38　李守贞围攻青州已经很长时间,城中食粮用尽,饿死的人有一大半。契丹的援兵不来,杨光远向遥远的契丹方向叩拜说:"皇帝啊皇帝,把我杨光远耽误了!"他的儿子杨承勋、杨承祚、杨承信劝杨光远投降,以求能够保全家族。杨光远不答应,说:"从前我在代北的时候,曾经用纸钱祭祀天池,纸钱下沉了,人们都说我应当为天子,姑且等待一下。"丁巳(十八日),杨承勋杀了劝杨光远造反的节度判官丘涛等人,把他们的头送到李守贞处,放火大声喧闹,劫持他父亲住到私人宅第,向后晋朝廷上表等待治罪,开城接进官军。

　　39　朱文进听说黄绍颇死了,大为恐惧,用重赏招募兵卒两万人,遣派统军使林守谅、内客省使李廷锷统领他们进攻泉州,锣鼓之声相闻达五百里。殷主王延政派大将军杜进领兵两万救援泉州,留从效打开城门与福州兵交战,把对方打得大败,斩了林守谅,捉住李廷锷。王延政派统军使吴成义率领战船千艘攻打福州,朱文进遣派子弟到吴越做人质,向吴越求救。

初，唐翰林待诏臧循，与枢密副使查文徽同乡里，循常为贾人，习福建山川，为文徽画取建州之策。文徽表请用兵击王延政，国人多以为不可。唐主以文徽为江西安抚使，循行境上，觇其可否；文徽至信州，奏言攻之必克。唐主以洪州营屯都虞候边镐为行营招讨诸军都虞候，将兵从文徽伐殷。文徽自建阳进屯盖竹，闻漳、泉、汀三州皆降于殷，殷将张汉卿自镛州将兵八千将至，文徽惧，退保建阳。臧循屯邵武，邵武民导殷兵袭破循军，执循送建州斩之。

40　朝廷以杨光远罪大，而诸子归命，难于显诛，命李守贞以便宜从事。闰月癸酉，守贞入青州，遣人拉杀光远于别第，以病死闻。丙戌，起复杨承勋，除汝州防御使。

41　殷吴成义闻有唐兵，诈使人告福州吏民曰："唐助我讨贼臣，大兵今至矣。"福人益惧。乙未，朱文进遣同平章事李光准等奉国宝于殷。

丁酉，福州南廊承旨林仁翰谓其徒曰："吾曹世事王氏，今受制贼臣，富沙王至，何面见之！"帅其徒三十人被甲趣连重遇第，重遇方严兵自卫，三十人者望之，稍稍遁去。仁翰执槊直前刺重遇，杀之，斩其首以示众曰："富沙王且至，汝辈族矣！今重遇已死，何不亟取文进以赎罪！"众踊跃从之，遂斩文进，迎吴成义入城，函二首送建州。

42　契丹复大举入寇，卢龙节度使赵延寿引兵先进。契丹前锋至邢州，顺国节度使杜威遣使间道告急。帝欲自将拒之，会有疾，命天平节度使张从恩、邺都留守马全节、护国节度使安审琦会诸道兵屯邢州，武宁节度使赵在礼屯邺都。

从前,南唐翰林待诏臧循,与枢密副使查文徽是同乡,臧循常作商贩,熟悉福建的山水情况,替查文徽谋划攻取建州的办法。查文徽上表南唐主请求用兵攻打王延政,而南唐国中之人大多数认为不可。南唐主李璟任命查文徽为江西安抚使,循行所辖境上,来察看是否可行;查文徽到达信州,上奏称攻击它必定能够取得胜利。南唐主便任命洪州营屯都虞候边镐为行营招讨诸军都虞候,领兵随着查文徽讨伐殷国。查文徽从建阳进屯盖竹,听说漳州、泉州、汀州都降顺于殷,殷将张汉卿从镛州领兵八千将要来到,查文徽害怕,退保建阳。臧循屯驻邵武,邵武的百姓引导殷兵袭破臧循的军队,抓获了臧循,送到建州后就把他杀了。

40 后晋朝廷由于杨光远罪大,而他的几个儿子却归服朝廷,难于进行过分的诛杀,便命令李守贞斟酌处理。闰十二月癸酉(初五),李守贞进入青州,派人把杨光远从他的别宅拉拽出来杀了,上报说是病死了。丙戌(十八日),恢复起用杨承勋,授官为汝州防御使。

41 殷国吴成义听说南唐兵来了,派人告诉福州的吏民,诈称:"唐兵帮助我们讨伐贼臣,大兵现在到了。"福州人更加恐惧,乙未(二十七日),朱文进派同平章事李光准等护送国宝给殷国。

丁酉(二十九日),福州南廊承旨林仁翰对他的徒众说:"我们世世代代事奉王氏,现在受到贼臣的辖制,富沙王来了,有什么脸面见他!"于是率领他的徒众三十人披上铠甲奔向连重遇的府第,连重遇正用兵卒严密地保卫自己,这三十个人看到如此情状,稍微后退遁走。林仁翰手执长槊直奔向前刺连重遇,把他杀了,砍下他的头来示众说:"富沙王将要来到,你们这些人要全家族灭了!现在连重遇已死,为什么还不赶快去攻取朱文进来为自己赎罪!"众人踊跃地跟着他,然后杀了朱文进,迎接吴成义进城,用匣装了朱、连二人的首级送往建州。

42 契丹再次大举入侵,卢龙节度使赵延寿引领兵马在前面先行进发。契丹前锋到达邢州,后晋顺国节度使杜威派人从近道向朝廷告急。晋帝准备亲自统兵进行抗拒,但恰好遇上生病,便命令天平节度使张从恩、邺都留守马全节、护国节度使安审琦会合诸道兵马屯驻邢州,武宁节度使赵在礼屯驻邺都。

契丹主以大兵继至，建牙于元氏。朝廷惮契丹之盛，诏从恩等引兵稍却，于是诸军恟惧，无复部伍，委弃器甲，所过焚掠，比至相州，不复能整。

二年(乙巳,945)

1　春，正月，诏赵在礼还屯澶州，马全节还邺都；又遣右神武统军张彦泽屯黎阳，西京留守景延广自滑州引兵守胡梁渡。庚子，张从恩奏契丹逼邢州，诏滑州、邺都复进军拒之。义成节度使皇甫遇将兵趣邢州。契丹寇邢、洺、磁三州，杀掠殆尽，入邺都境。

壬子，张从恩、马全节、安审琦悉以行营兵数万，陈于相州安阳水之南。皇甫遇与濮州刺史慕容彦超将数千骑前觇契丹，至邺县，将渡漳水，遇契丹数万，遇等且战且却；至榆林店，契丹大至，二将谋曰：“吾属今走，死无遗矣！”乃止，布陈，自午至未，力战百馀合，相杀伤甚众。遇马毙，因步战；其仆杜知敏以所乘马授之，遇乘马复战。久之，稍解；顾知敏已为契丹所擒，遇曰：“知敏义士，不可弃也。”与彦超跃马入契丹陈，取知敏而还。俄而契丹继出新兵来战，二将曰：“吾属势不可走，以死报国耳。”

日且暮，安阳诸将怪觇兵不还，安审琦曰：“皇甫太师寂无音问，必为虏所困。”语未卒，有一骑白遇等为虏数万所围；审琦即引骑兵出，将救之，张从恩曰：“此言未足信。必若虏众猥至，尽吾军，恐未足以当之，公往何益！”审琦曰：“成败，天也，万一不济，当共受之。借使虏不南来，坐失皇甫太师，吾属何颜以见天子！”遂逾水而进。契丹望见尘起，即解去。

契丹主耶律德光率领大兵接着来到,在元氏建造牙城。后晋朝廷惧怕契丹兵力强盛,下诏令张从恩等稍作退却,因此诸军恐惧,不能形成部伍,丢弃兵器铠甲,所过地方都焚烧抢掠,等退到相州时,已无法再作整顿。

后晋齐王(出帝)开运二年(乙巳,公元 945 年)

1　春季,正月,诏令赵在礼回师驻扎在澶州,马全节还师邺都;又遣派右神武统军张彦泽屯驻黎阳,西京留守景延广从滑州引兵把守胡梁渡。庚子(初三),张从恩奏报契丹逼近邢州,出帝下诏,命滑州、邺都再次进军抗拒。义成节度使皇甫遇领兵赴邢州。契丹侵犯了邢、洺、磁三州,几乎把那里抢光杀尽,然后进入邺都境内。

壬子(十五日),张从恩、马全节、安审琦将全部行营兵数万列阵在相州安阳水之南。皇甫遇与濮州刺史慕容彦超率领数千骑兵往前方窥测契丹情况,到了邺县,将要渡过漳水,遇上数万契丹兵,皇甫遇等边战边退;到了榆林店后,契丹大队人马来到,皇甫遇与慕容彦超二将谋议说:"我们现在退走,将会死尽无遗了!"便停止退却,布设军阵,从午时到未时,力战百馀回合,相互杀伤很多人。皇甫遇的马战死,便舍马进行步战;他的仆人杜知敏把自己骑的马给了他,皇甫遇乘上马再次进行战斗。很长时间之后,危困稍见缓解;寻找杜知敏,已经被契丹擒去,皇甫遇说:"杜知敏是个义士,不能丢弃他。"便与慕容彦超跃马杀入契丹军阵,夺取了杜知敏才回来。不一会儿,契丹又派出新兵来战,二位将领说:"我们这些人已经不能退走,只能以死报国了。"

太阳将要落山,拒守在安阳的诸将奇怪前去探测的兵马不见回来,安审琦说:"皇甫太师一点消息也听不到,必定是被北虏所围困。"话还未说完,有一人骑马来报,说皇甫遇等人被北兵数万人包围;安审琦立即引领骑兵出来,将要去救援,张从恩说:"此话未必可信。假如虏兵真的蜂拥而至,即使把我军全部派出,恐怕也不足以迎战,您去了能有什么用!"安审琦说:"成功或者失败,是天意,万一不济事,理当共同承受其后果。假如胡虏不继续向南来侵犯,而把皇甫太师白白丢失了,我们这些人有何面目去见天子!"于是渡过安阳水而向北进军。契丹兵看到烟尘扬起,便马上解围而逃跑。

遇等乃得还,与诸将俱归相州,军中皆服二将之勇。彦超本吐谷浑也,与刘知远同母。

契丹亦引军退,其众自相惊曰:"晋军悉至矣!"时契丹主在邯郸,闻之,即时北遁,不再宿,至鼓城。

是夕,张从恩等议曰:"契丹倾国而来,吾兵不多,城中粮不支一旬,万一奸人往告吾虚实,虏悉众围我,死无日矣。不若引军就黎阳仓,南倚大河以拒之,可以万全。"议未决,从恩引兵先发,诸军继之;扰乱失亡,复如发邢州之时。

从恩留步兵五百守安阳桥,夜四鼓,知相州事符彦伦谓将佐曰:"此夕纷纭,人无固志,五百弊卒,安能守桥!"即召入,乘城为备。至曙,望之,契丹数万骑已陈于安阳水北,彦伦命城上扬旌鼓噪约束,契丹不测。日加辰,赵延寿与契丹惕隐帅众逾水,环相州而南,诏右神武统军张彦泽将兵趣相州。延寿等至汤阴,闻之,甲寅,引还;马全节等拥大军在黎阳,不敢追。延寿悉陈甲骑于相州城下,若将攻城状,符彦伦曰:"此虏将走耳。"出甲卒五百,陈于城北以待之。契丹果引去。

以天平节度使张从恩权东京留守。
庚申,振武节度使折从远击契丹,围胜州,遂攻朔州。

帝疾小愈,河北相继告急。帝曰:"此非安寝之时!"乃部分诸将为行计。
2 更命武定军曰天威军。
3 北面副招讨使马全节等奏:"据降者言,虏众不多,宜乘其散归种落,大举径袭幽州。"帝以为然,征兵诸道。壬戌,下诏亲征;乙丑,帝发大梁。

皇甫遇等才得以回来，与诸将一起返归相州，军中都叹服皇甫遇与慕容彦超二将的勇烈。慕容彦超本是吐谷浑人，与刘知远是同一民族。

契丹也引兵退归，其兵众自相惊恐地说："晋军全部过来了！"当时契丹主正在邯郸，听说后，立即向北遁走，不敢过夜，一直到了鼓城。

当晚，张从恩等议论说："契丹如果把全国人马都调发出来，我们的兵不多，城中粮食不足十天之用，万一奸人到契丹那里去报告我军的虚实，虏兵全部调发来包围我们，没多久我们就会死去。不如引兵去就食黎阳仓，南面依靠大河来抗拒他，方可以得到万全。"议论未决，张从恩带着兵先出发，诸军跟随着也出发；一路上扰乱丢失不断，又乱得像从邢州出发时那样。

张从恩留下步兵五百人守护安阳桥，夜间四更时，主持相州事务的符彦伦对将佐说："今晚乱哄哄，人们没有坚强的意志，五百个疲惫兵卒，怎能守住桥梁！"便把人招进城来，依靠城池做防备。到天亮，一看，契丹数万骑兵已经列阵在安阳水之北，符彦伦命令城上扬动旌旗鼓噪，兵卒都遵守号令，契丹不能测知城中实情。到了辰时，赵延寿与契丹惕隐率领兵众渡水，环绕相州而向南前进，后晋朝廷诏令右神武统军张彦泽率兵趋赴相州。赵延寿等到达汤阴后，得到消息，甲寅（十七日）又引退；马全节等拥有大军在黎阳，不敢追赶。赵延寿把武装着的骑兵全部列阵于相州城下，好像要攻城的样子，符彦伦说："这是胡虏将要退走而已。"派出五百全副武装的士卒，列阵在城北用以等待他们。契丹兵果然退走。

后晋任命天平节度使张从恩暂为东京留守。

庚申（二十三日），振武节度使折从远进击契丹，包围胜州，接着攻打朔州。

出帝的病情稍见好转，河北相继告急。出帝说："现在不是安睡之时！"便部署分派诸将为出征作准备。

2　更改"武定军"名为"天威军"。

3　北面副招讨使马全节等奏报："据投降的人讲，虏众不多，应该乘着他散归部落的时机，大举发兵直袭幽州。"出帝以为对，便向诸道征兵。壬戌（二十五日），下诏亲征；乙丑（二十八日），出帝从大梁出发。

4　闽之故臣共迎殷主延政，请归福州，改国号曰闽。延政以方有唐兵，未暇徙都，以从子门下侍郎、同平章事继昌都督南都内外诸军事，镇福州；以飞捷指挥使黄仁讽为镇遏使，将兵卫之。

林仁翰至福州，闽主赏之甚薄；仁翰未尝自言其功。

发南都侍卫及两军甲士万五千人，诣建州以拒唐。

5　二月壬辰朔，帝至滑州，命安审琦屯邺都。甲戌，帝发滑州；乙亥，至澶州。己卯，马全节等诸军以次北上。刘知远闻之曰："中国疲弊，自守恐不足；乃横挑强胡，胜之犹有后患，况不胜乎！"

契丹自恒州还，以羸兵驱牛羊过祁州城下，刺史下邳沈斌出兵击之；契丹以精骑夺其城门，州兵不得还。赵延寿知城中无馀兵，引契丹急攻之；斌在城上，延寿语之曰："沈使君，吾之故人。'择祸莫若轻'，何不早降！"斌曰："侍中父子失计陷身虏庭，忍帅犬羊以残父母之邦；不自愧耻，更有骄色，何哉！沈斌弓折矢尽，宁为国家死耳，终不效公所为！"明日，城陷，斌自杀。

6　丙戌，诏北面行营都招讨使杜威以本道兵会马全节等进军。

7　端明殿学士、户部侍郎冯玉，宣徽北院使、权侍卫马步都虞候太原李彦韬，皆挟恩用事，恶中书令桑维翰，数毁之。帝欲罢维翰政事，李崧、刘昫固谏而止。维翰知之，请以玉为枢密副使，玉殊不平。丙申，中旨以玉为户部尚书、枢密使，以分维翰之权。

4　闽国的旧臣一起迎接殷主王延政,请他回福州,改国号为闽。王延政因为南唐兵正在犯境,顾不上迁都,任用他的侄子门下侍郎、同平章事王继昌都督南都内外诸军事,坐镇福州;任用飞捷指挥使黄仁讽为镇遏使,统兵去防卫。

林仁翰来到福州,闽主王延政对他的赏赐很微薄;林仁翰也没有自己夸耀自己的功劳。

调发南都侍卫及两军甲士一万五千人到达建州,用来抗拒南唐兵。

5　二月壬辰朔(初一),后晋出帝北征来到滑州,命令安审琦屯驻邺都。甲戌(初七),出帝从滑州出发;乙亥(初八),到达澶州。己卯(十二日),马全节等诸军按次序北上。刘知远听说以后说:"中国疲乏困弊,保全自己还怕来不及;怎么能再去胡乱地挑动强盛的北胡,即使打胜了也免不了后患,况且不能取胜啊!"

契丹人从恒州还军,用弱兵驱赶着牛羊经过祁州城下,刺史下邳人沈斌出兵攻击他;契丹用精锐骑兵夺取了城门,州兵回不了城。赵延寿知道城中没有余兵,率领契丹兵紧急攻城;沈斌在城上,赵延寿对他说:"沈使君,你是我的老相识。'择祸不如选择轻的',为什么不早早投降!"沈斌说:"侍中父子因为失算陷身在胡虏那边,忍心率引犬羊来摧残父母之邦;自己不认为惭愧和羞耻,反而有骄傲的颜色,这是为什么!沈斌即使弓折矢尽,宁可为国家去死,最后也不能仿效你的所为!"第二天,城池陷落,沈斌自杀。

6　丙戌(十九日),出帝诏命北面行营都招讨使杜威率领本道兵马会合马全节等共同进军。

7　后晋端明殿学士、户部侍郎冯玉,宣徽北院使、权侍卫马步都虞候太原人李彦韬,都是依靠自己是皇亲而挟恩当权的,他们厌恶中书令桑维翰,多次诋毁他。出帝想罢免桑维翰的政务,李崧、刘昫坚持谏阻而停止。桑维翰知道后,请求任用冯玉为枢密副使,冯玉很不平。丙申(二十九日),御中下旨任命冯玉为户部尚书、枢密使,用以分削桑维翰的权柄。

彦韬少事阎宝,为仆夫,后隶高祖帐下。高祖自太原南下,留彦韬侍帝,为腹心,由是有宠。性纤巧,与嬖幸相结,以蔽帝耳目;帝委信之,至于升黜将相,亦得预议。常谓人曰:"吾不知朝廷设文官何所用,且欲澄汰,徐当尽去之。"

8 唐查文徽表求益兵,唐主以天威都虞候何敬洙为建州行营招讨马步都指挥使,将军祖全恩为应援使,姚凤为都监,将兵数千会攻建州,自崇安进屯赤岭。闽主延政遣仆射杨思恭、统军使陈望将兵万人拒之,列栅水南,旬馀不战,唐人不敢逼。

思恭以延政之命督望战。望曰:"江、淮兵精,其将习武事。国之安危,系此一举,不可不万全而后动。"思恭怒曰:"唐兵深侵,陛下寝不交睫,委之将军。今唐兵不出数千,将军拥众万馀,不乘其未定而击之,有如唐兵惧而自退,将军何面目以见陛下乎!"望不得已,引兵涉水与唐战。全恩等以大兵当其前,使奇兵出其后,大破之。望死,思恭仅以身免。

延政大惧,婴城自守,召董思安、王忠顺,使将泉州兵五千诣建州,分守要害。

9 初,高祖置德清军于故澶州城,及契丹入寇,澶州、邺都之间,城戍俱陷。议者以为澶州、邺都相去百五十里,宜于中涂筑城以应接南北,从之。三月戊戌,更筑德清军城,合德清、南乐之民以实之。

10 初,光州人李仁达,仕闽为元从指挥使,十五年不迁职。闽主曦之世,叛奔建州,闽主延政以为将。及朱文进弑曦,复叛奔福州,陈取建州之策。文进恶其反覆,黜居福清。浦城人陈继珣,亦叛闽主延政奔福州,为曦画策取建州,曦以为著作郎。及延政得福州,二人皆不自安。

李彦韬年少时事奉阎宝,当仆夫,后来隶属后晋高祖石敬瑭帐下。石敬瑭从太原南下,留下李彦韬侍奉出帝,成为心腹,从此就受到宠信。他为人性格琐屑巧黠,与那些由于亵近而获宠的人相勾结,来蒙蔽出帝耳目;出帝依靠信赖他,以至于提升贬降将相,他也能够参与议论。他常常对人说:"我不知道朝廷设置文官有什么用,我想把他们淘汰,慢慢地我将要全部去掉他们。"

8　南唐查文徽上表请求增加兵力,南唐主李璟任用天威都虞候何敬洙为建州行营招讨马步都指挥使,将军祖全恩为应援使,姚凤为都监,统兵数千会攻建州,从崇安进屯赤岭。闽主王延政派遣仆射杨思恭、统军使陈望领兵万人进行抗拒,排列栏栅在水的南面,十多天不出战,南唐兵不敢进逼。

杨思恭用王延政的命令督催陈望出战。陈望说:"江、淮的兵是精锐的,将官熟悉用兵。国家的安危,全在这一仗,不可不万全而后行动。"杨思恭生气地说:"南唐兵深入侵犯,陛下睡时不能合眼,把事情委托给将军。现在唐兵不出数千,将军拥有兵众万馀人,不乘他立足未定而进击他,如果唐兵惧怕而自行退走,将军有何面目去见陛下呢!"陈望不得已,引兵涉水与唐兵交战。祖全恩等用大规模的兵众在前面迎击他,而让奇兵袭击他的后面,把他们打得大败。陈望战死,杨思恭只身免于一死。

王延政大为恐惧,绕城自守,召唤董思安、王忠顺,使他们率领五千泉州兵赶赴建州,分守要害之地。

9　起初,后晋高祖在澶州故城设置德清军,等到契丹入侵时,澶州、邺都之间的城守都陷落了。人们议论认为澶州、邺都相去一百五十里,应该在中途修筑城防来应接南北,晋帝听从了。三月戊戌(初二),另筑德清军城,聚合德清、南乐的民众来充实它。

10　以前,光州人李仁达,在闽国做官任元从指挥使,十五年没有迁调职位。王曦做闽主的时候,反叛投奔建州,王延政做闽主时用他为将军。等到朱文进杀了王曦,又叛离了建州投奔福州,讲述了攻取建州的办法。朱文进厌恶他的反复,罢黜他留居在福清。浦城人陈继珣,也是叛离王延政投奔福州的,给王曦谋划攻取建州,王曦用他做著作郎。待到王延政取得福州后,二人都感到不能自安。

王继昌暗弱嗜酒，不恤将士，将士多怨。仁达潜入福州，说黄仁讽曰："今唐兵乘胜，建州孤危。富沙王不能保建州，安能保福州！昔王潮兄弟，光山布衣耳，取福建如反掌。况吾辈乘此机会，自图富贵，何患不如彼乎！"仁讽然之。是夕，仁达等引甲士突入府舍，杀继昌及吴成义。

仁达欲自立，恐众心未服，以雪峰寺僧卓岩明素为众所重，乃言："此僧目重瞳子，手垂过膝，真天子也。"相与迎之。己亥，立为帝，解去衲衣，被以衮冕，帅将吏北面拜之。然犹称天福十年，遣使奉表称藩于晋。

延政闻之，族黄仁讽家，命统军使张汉真将水军五千，会漳、泉兵讨岩明。

11 乙巳，杜威等诸军会于定州，以供奉官萧处钧权知祁州事。庚戌，诸军攻契丹，泰州刺史晋廷谦举州降。甲寅，取满城，获契丹酋长没剌及其兵二千人。乙卯，取遂城。赵延寿部曲有降者言："契丹主还至虎北口，闻晋取泰州，复拥众南向，约八万馀骑，计来夕当至，宜速为备。"杜威等惧，丙辰，退保泰州。

戊午，契丹至泰州。己未，晋军南行，契丹踵之。晋军至阳城，庚申，契丹大至。晋军与战，逐北十馀里，契丹逾白沟而去。

壬戌，晋军结陈而南，胡骑四合如山，诸军力战拒之。是日，才行十馀里，人马饥乏。

癸亥，晋军至白团卫村，埋鹿角为行寨。契丹围之数重，奇兵出寨后断粮道。是夕，东北风大起，破屋折树；营中掘井，方及水辄崩，士卒取其泥，帛绞而饮之，人马俱渴。

王延政的侄儿王继昌镇守福州，为人愚昧懦弱，嗜酒，不体恤爱护将士，将士多有怨恨。李仁达潜入福州，游说黄仁讽说："现在唐兵乘胜而进，建州孤立而危险。富沙王不能保全建州，又怎能保护福州！从前王氏先祖王潮兄弟，不过是光山的小百姓，他们竟易全如反掌地取得福建。何况我们遇到如此的机会，自己谋求富贵，何必担心不如他们呢！"黄仁讽赞成他。当夜，李仁达等引领甲兵突入府舍，杀了王继昌及吴成义。

李仁达想自立为王，又怕众心不服，由于雪峰寺僧人卓岩明素来被民众所推重，便说："这个和尚有两个瞳子，手长过膝，是真命天子啊。"因此共同把他迎接出来。己亥（初三），立他做皇帝，脱了僧衣，穿戴帝王衮冕，将吏向着北面朝拜他。但还是称为天福十年，遣派使臣到晋廷上表称藩。

王延政听说以后，族灭了黄仁讽全家，命令统军使张汉真统领水军五千人，会合漳州、泉州兵征讨卓岩明。

11 乙巳（初九），杜威等诸军在定州会合，任用供奉官萧处钧暂时主持祁州事务。庚戌（十四日），诸军攻打契丹，其泰州刺史晋廷谦带领全州投降。甲寅（十八日），夺取了满城，擒获契丹首长没刺以及他的兵众两千人。乙卯（十九日），夺取了遂城。赵延寿的亲兵有投降的人说："契丹主归回到虎北口，听说晋兵袭取泰州，又带领兵众向南进军，约有八万多骑兵，预计明晚应当来到，要赶快作准备。"杜威等害怕，丙辰（二十日），退守在泰州。

戊午（二十二日），契丹兵到达泰州。己未（二十三日），晋军向南撤退，契丹兵跟踪而来。晋军到达阳城，庚申（二十四日），契丹兵大举攻来。晋军同之交战，向北驱逐他们十馀里，契丹跨过白沟而去。

壬戌（二十六日），晋军集结成阵列向南行进，契丹兵从四面合围像山岳一样，后晋诸军极力抗拒。这一天，只行军十馀里，人马饥乏疲惫。

癸亥（二十七日），晋军到达白团卫村，埋下鹿角柴障安营扎寨。契丹兵把它包围了好几层，并派奇兵绕到寨后断绝晋军粮道。当夜，东北风大起，刮破房屋，摧折树木；晋营中掘井，刚出水便往往崩坍，士兵只好取带水的泥，用布帛拧绞出水来饮用，人和马都很干渴。

至曙,风尤甚。契丹主坐大奚车中,令其众曰:"晋军止此耳,当尽擒之,然后南取大梁!"命铁鹞四面下马,拔鹿角而入,奋短兵以击晋军,又顺风纵火扬尘以助其势。

军士皆愤怒,大呼曰:"都招讨使何不用兵,令士卒徒死!"诸将请出战,杜威曰:"俟风稍缓,徐观可否。"马步都监李守贞曰:"彼众我寡,风沙之内,莫测多少,惟力斗者胜,此风乃助我也;若俟风止,吾属无类矣。"即呼曰:"诸军齐击贼!"又谓威曰:"令公善守御,守贞以中军决死矣!"马军左厢都排陈使张彦泽召诸将问计,皆曰:"虏得风势,宜俟风回与战。"彦泽亦以为然。诸将退,马军右厢副排陈使太原药元福独留,谓彦泽曰:"今军中饥渴已甚,若俟风回,吾属已为虏矣。敌谓我不能逆风以战,宜出其不意急击之,此兵之诡道也。"马步左右厢都排陈使符彦卿曰:"与其束首就擒,曷若以身殉国!"乃与彦泽、元福及左厢都排陈使皇甫遇引精骑出西门击之,诸将继至。契丹却数百步。彦卿等谓守贞曰:"且曳队往来乎?直前奋击,以胜为度乎?"守贞曰:"事势如此,安可回鞚!宜长驱取胜耳。"彦卿等跃马而去,风势益甚,昏晦如夜。彦卿等拥万馀骑横击契丹,呼声动天地,契丹大败而走,势如崩山。李守贞亦令步兵尽拔鹿角出斗,步骑俱进,逐北二十馀里。铁鹞既下马,苍皇不能复上,皆委弃马及铠仗蔽地。

契丹散卒至阳城东南水上,稍复布列。杜威曰:"贼已破胆,不宜更令成列!"遣精骑击之,皆渡水去。契丹主乘奚车走十馀里,追兵急,获一橐驼,乘之而走。诸将请急追之。杜威扬言曰:"逢贼幸不死,更索衣囊邪?"李守贞曰:"两日人马渴甚,今得水饮之,皆足重,难以追寇,不若全军而还。"乃退保定州。

到天亮,风刮得更厉害。契丹主坐在从桑地取材做的大车中,对其兵众下令说:"晋军只此而已,必当把他们全部擒获,然后向南直取大梁!"命令铁鹞军四面下马,拔除鹿角柴障而入营寨,用短兵器袭击晋军,又顺风纵火扬尘以助其声势。

晋军军士都很愤怒,大呼说:"都招讨使为什么不出兵,让士兵们白白送死!"诸将请求出战,杜威说:"等待风势稍微转缓后慢慢再看可不可以出战。"马步都监李守贞说:"敌兵人多我们人少,风沙之内,看不清谁多谁少,只有奋力作战的人才可以取胜,这个风正好是帮我们的忙;如果等到风停,我们这些人就剩不下了。"当即大呼:"诸军齐发向贼兵进击!"又对杜威说:"令公您好好守卫,我李守贞用中路军与敌人决一死战了!"马军左厢都排阵使张彦泽召集诸将问怎么办好,都说:"胡虏现在正得到顺风,应该等到风往回吹时再同他交战。"张彦泽也认为可以。诸将退出,马军右厢副排阵使太原人药元福独自留下,对张彦泽说:"现在军中饥渴已到极点,如果等到风回,我们这些人已经成了俘虏。敌人认为我们不能逆风出战,应该出其不意抓紧攻击他,这是用兵的诡诈之道啊。"马步左右厢都排阵使符彦卿说:"与其束手就擒,不如以身殉国!"便与张彦泽、药元福及左厢都排阵使皇甫遇带领精锐骑兵出西门进击契丹,诸将接着也跟上来了。契丹兵退却几百步。符彦卿等对李守贞说:"是拉着队伍往来游弋呢?还是一直向前进击,直到打胜为止呢?"李守贞说:"事情已经到了这个地步,怎么能够掉转马头!应该长驱直进取得胜利才作罢。"符彦卿等跃马而去,风势更加厉害,昏暗得像黑夜。符彦卿等率领一万多骑兵横冲契丹军阵,呼声震动天地,契丹兵大败而走,势如山倒。李守贞命令步兵把鹿角都拔去,出阵战斗,步兵和骑兵同时进击,把契丹兵向北驱逐二十多里。契丹的铁鹞军下马之后,仓皇之间来不及再上马,把马和铠甲兵仗丢弃得遍地都是。

契丹溃散的兵卒到了阳城东南水上,稍微整复了阵列。杜威说:"贼兵已经破胆,不能再让他布成阵列!"于是派出精锐骑兵追击他们,契丹兵都渡水逃去。契丹主乘坐奚车奔逃十余里,追兵紧急,捉获一匹骆驼,骑上它逃走。晋军诸将请求急速追赶他们。杜威扬言说:"遇上敌人幸而没有死掉,还想进一步索求衣囊吗?"李守贞说:"两天来人和马都渴极了,现在喝上了水,都饱足了而且步子加重,难以追奔,不如保全军队还师。"于是退守定州。

契丹主至幽州，散兵稍集；以军失利，杖其酋长各数百，唯赵延寿得免。

乙丑，诸军自定州引归。诏以泰州隶定州。

12　夏，四月辛巳，帝发澶州；甲申，还大梁。

13　己丑，复以邺都为天雄军。

14　闽张汉真至福州，攻其东关。黄仁讽闻家夷灭，开门力战，大破闽兵，执汉真，入城，斩之。

卓岩明无他方略，但于殿上噀水散豆，作诸法事而已。又遣使迎其父于莆田，尊为太上皇。

李仁达既立岩明，自判六军诸卫事，使黄仁讽屯西门，陈继珣屯北门。仁讽从容谓继珣曰："人之所以为人者，以有忠、信、仁、义。吾顷尝有功于富沙，中间叛之，非忠也；人以从子托我而与人杀之，非信也；属者与建兵战，所杀皆乡曲故人，非仁也；弃妻子，使人鱼肉之，非义也。此身十沉九浮，死有馀愧！"因拊膺恸器。继珣曰："大丈夫徇功名，何顾妻子！宜置此事，勿以取祸。"仁达闻之，使人告仁讽、继珣谋反，皆杀之。由是兵权尽归仁达。

15　五月丙申朔，大赦。

16　顺国节度使杜威，久镇恒州，性贪残，自恃贵戚，多不法。每以备边为名，敛吏民钱帛以充私藏。富室有珍货或名姝、骏马，皆虏取之；或诬以罪杀之，籍没其家。又畏懦过甚，每契丹数十骑入境，威已闭门登埤，或数骑驱所掠华人千百过城下，威但瞋目延颈望之，无意邀取。由是虏无所忌惮，属城多为所屠，威竟不出一卒救之，千里之间，暴骨如莽，村落殆尽。

契丹主到达幽州,逃散的兵众稍见集聚;因为打仗失利,把酋长们各打军仗数百,只有赵延寿得以免打。

乙丑(二十九日),诸军从定州引还。后晋诏命把泰州归属于定州。

12 夏季,四月辛巳(十六日),晋帝从澶州出发;甲申(十九日),回到大梁。

13 己丑(二十四日),恢复邺都为天雄军镇所。

14 闽国张汉真到达福州,向东关进攻。黄仁讽听说他的全家被杀灭,开门力战,大破闽兵,抓住张汉真,进城杀了他。

卓岩明没有别的方略,只会在殿上喷水撒豆,作种种法事而已。又派人到莆田,迎接他的父亲,尊为太上皇。

李仁达挟立卓岩明之后,自己判领六军诸卫的事务,让黄仁讽屯驻西门,陈继珣屯驻北门。黄仁讽与陈继珣闲谈中说道:"人之所以为人,是因为实行忠、信、仁、义。我以前有功于富沙王,中间叛离了他,这是不忠;人家把侄儿托付给我而同别人一起把他杀了,这是不信;下属们与建州兵作战,所杀的都是同乡故人,这是不仁;抛弃妻子儿女,让人像鱼肉一样给宰杀了,这是不义。我这个人十沉九浮,死有馀愧啊!"因而捶胸大哭。陈继珣说:"大丈夫为了功名事业,哪里顾得上老婆孩子! 应该把这个事放在一边,不要因此而取祸。"李仁达听说后,指使人告黄仁讽、陈继珣阴谋造反,把他们都杀了。从此兵权全部归于李仁达。

15 五月丙申朔(初一),后晋实行大赦。

16 顺国节度使杜威,镇守恒州很长时间了,性情贪婪残酷,自己依仗是皇室贵戚,常常不守法纪。时常用边境设防的名义,搜刮官吏、百姓的金钱布帛,用来充实自己的私人腰包。富有人家有了珍贵的东西或者出色的美女、好马,都掠夺过来;或者诬加罪名把人杀了,没收他的家产。但他又畏缩怯懦得十分严重,每当契丹几十个骑兵入境,杜威已经关上城门登临高台,或者几个敌人骑兵驱赶着所停掠千百个中原人从城下经过时,杜威只能睁大眼睛伸长颈项看着,没有阻劫夺取的意思。因此,北虏无所忌惮,所辖属的城池常常被虏兵所屠掠,杜威竟然不出一兵一卒去救援,千里之间,尸骨暴露在荒野像草莽一样,村落人家几乎没有了。

威见所部残弊,为众所怨,又畏契丹之强,累表请入朝,帝不许;威不俟报,遽委镇入朝,朝廷闻之,惊骇。桑维翰言于帝曰:“威固违朝命,擅离边镇。居常凭恃勋旧,邀求姑息,及疆场多事,曾无守御之意;宜因此时废之,庶无后患。”帝不悦。维翰曰:“陛下不忍废之,宜授以近京小镇,勿复委以雄藩。”帝曰:“威,朕之密亲,必无异志;但宋国长公主切欲相见耳,公勿以为疑!”维翰自是不敢复言国事,以足疾辞位。丙辰,威至大梁。

17 丁巳,李仁达大阅战士,请卓岩明临视。仁达阴教军士突前登阶,刺杀岩明。仁达阳惊,狼狈而走;军士共执仁达,使居岩明之坐。仁达乃自称威武留后,用保大年号,奉表称藩于唐,亦遣使入贡于晋;并杀岩明之父。唐以仁达为威武节度使、同平章事,赐名弘义,编之属籍。弘义又遣使修好于吴越。

18 己未,杜威献部曲步骑合四千人并铠仗,庚申,又献粟十万斛,刍二十万束,云皆在本道。帝以其所献骑兵隶扈圣,步兵隶护国,威复请以为衙队,而禀赐皆仰县官。威又令公主白帝,求天雄节钺,帝许之。

19 唐兵围建州,屡破泉州兵。许文稹败唐兵于汀州,执其将时厚卿。

20 六月癸酉,以杜威为天雄节度使。

21 契丹连岁入寇,中国疲于奔命,边民涂地;契丹人畜亦多死,国人厌苦之。述律太后谓契丹主曰:“使汉人为胡主,可乎?”曰:“不可。”太后曰:“然则汝何故欲为汉主?”曰:“石氏负恩,不可容。”太后曰:“汝今虽得汉地,不能居也;

杜威看到自己所管辖的部属残破败弊,被众人怨恨,又畏惧契丹的强盛,连续上表请求入朝为官,出帝没有答应;杜威不等上报,突然放下军镇入朝,朝廷听说后,很惊怕。桑维翰对出帝上言说:"杜威顽固地违抗朝廷的命令,擅自离开边镇。平时往往依恃自己是勋爵旧臣,无理要求朝廷对他宽容,等到边疆战场多事时,不曾有过守土御敌的表示;应该乘此时罢免废除了他,免得以后发生祸患。"出帝不高兴。桑维翰说:"陛下不忍心废除他,应该授给他近京的小镇,不要委任他去辖领雄藩大镇。"出帝说:"杜威是朕的至密亲戚,一定不会有二心;只是宋国长公主急切想和他相见而已,先生不要对他产生疑惑!"桑维翰从此不敢再议论国事,以脚有病辞谢去位。丙辰(二十一日),杜威到达大梁。

17 丁巳(二十二日),闽国李仁达大规模检阅战士,请卓岩明亲临视察。李仁达暗中教唆军士突然上前登上台阶,刺杀卓岩明。李仁达假作惊恐,狼狈而走;军士们一起架着李仁达,让他坐在卓岩明的位置上。李仁达便自称威武留后,用保大的年号,向南唐上表称藩,也派使臣向后晋入贡;并且杀了卓岩明的父亲。南唐任命李仁达为威武节度使、同平章事,赐名弘义,把他编入李氏属籍。李弘义又派使者向吴越修好。

18 己未(二十四日),杜威向后晋朝廷献上部曲步兵和骑兵共计四千人及配备用的铠甲兵仗,庚申(二十五日),又献粟十万斛,刍草二十万束,说这些东西都在镇守的本道。出帝把他所献的骑兵隶属于扈圣军,步兵隶属于护国军,杜威又请求把这些兵马作为自己衙门的卫队,而他们的粮秣供给都由各县担负。杜威又让宋国长公主向出帝表示,请求让他充任天雄节度使,出帝应许了。

19 南唐兵包围建州,屡次打败泉州兵。许文稹在汀州把南唐兵打败,捉住南唐将领时厚卿。

20 六月癸酉(初九),后晋任命杜威为天雄节度使。

21 契丹连年入侵,中原疲于奔命,边民受尽苦难;契丹的人和牲畜也死了许多,民众对这种状况也厌恶和痛苦。述律太后对契丹主说:"让汉人来当胡人皇帝行不行?"回答说:"不行!"太后说:"那你为什么要当汉人的皇帝?"回答说:"姓石的辜负了我们对他们的恩义,不能容忍。"太后说:"你现在虽然取得了汉地,不能居留;

万一蹉跌，悔何所及！"又谓其群下曰："汉儿何得一向眠！自古但闻汉和蕃，未闻蕃和汉。汉儿果能回意，我亦何惜与和！"

桑维翰屡劝帝复请和于契丹以纾国患，帝假开封军将张晖供奉官，使奉表称臣诣契丹，卑辞谢过。契丹主曰："使景延广、桑维翰自来，仍割镇、定两道隶我，则可和。"朝廷以契丹语忿，谓其无和意，乃止。及契丹主入大梁，谓李崧等曰："向使晋使再来，则南北不战矣。"

22　秋，七月，闽人或告福州援兵谋叛，闽主延政收其铠仗，遣还，伏兵于隘，尽杀之，死者八千馀人，脯其肉以归为食。

唐边镐拔镡州，查文徽之党魏岑、冯延己、延鲁以师出有功，皆踊跃赞成之。征求供亿，府库为之耗竭，洪、饶、抚、信之民尤苦之。

延政遣使奉表称臣于吴越，请为附庸以求救。

23　楚王希范疑静江节度使兼侍中、知朗州希杲得人心，遣人伺之。希杲惧，称疾求归，不许；遣医往视疾，因毒杀之。

万一有了差失,后悔也来不及!"又对她的下属众人说:"汉儿又何曾睡过一晌好觉! 自古只听说汉来和蕃,没有听说过蕃和汉。汉儿如果能回心转意,我们又何必吝惜与他和好!"

桑维翰屡次劝出帝仍然请和于契丹以缓解国家的祸患,出帝暂时任命开封军将张晖为供奉官,让他奉表称臣前去契丹,用谦卑的语言谢过。契丹主说:"让景延广、桑维翰亲自来,仍然割让镇州、定州两道归属于我国,就可以和。"后晋朝廷认为契丹讲话愤慨,认为他没有和意,便停止了。后来契丹主耶律德光入主大梁时对李崧等说:"如果当时晋国使者再来我国,那就南北不战了。"

22 秋季,七月,闽国有人告发福州赴建州支援的兵众谋反,闽主王延政收缴了他们的铠甲兵器,遣送回福州,设伏兵在归路隘口,全部把他们杀了,死的人有八千多,把他们的肉做成肉脯带回作食品。

南唐边镐攻克镡州,查文徽的党羽魏岑、冯延己、冯延鲁由于师出有功,都欢欣鼓舞地表示赞成。征调搜求的供应和赏赐,府库都耗竭完了,洪、饶、抚、信诸州的民众尤其蒙受苦难。

王延政遣派使者向吴越上表称臣,请求作吴越的附庸以求得救援。

23 楚王马希范怀疑静江节度使兼侍中、主政朗州的马希杲得人心,派人去窥探他。马希杲害怕,称病要求归还,楚王不准许,派医生前往察看疾病,因而把马希杲毒杀了。

卷第二百八十五　后晋纪六

起乙巳(945)八月尽丙午(946)凡一年有奇

齐王下

开运二年(乙巳，945)

1　八月甲子朔，日有食之。

2　丙寅，右仆射兼中书侍郎、同平章事和凝罢守本官，加枢密使、户部尚书冯玉中书侍郎、同平章事，事无大小，悉以委之。

帝自阳城之捷，谓天下无虞，骄侈益甚。四方贡献珍奇，皆归内府；多造器玩，广宫室，崇饰后庭，近朝莫之及；作织锦楼以织地衣，用织工数百，期年乃成；又赏赐优伶无度。桑维翰谏曰："向者陛下亲御胡寇，战士重伤者，赏不过帛数端。今优人一谈一笑称旨，往往赐束帛、万钱、锦袍、银带，彼战士见之，能不觖望？曰：'我曹冒白刃，绝筋折骨，曾不如一谈一笑之功乎！'如此，则士卒解体，陛下谁与卫社稷乎！"帝不听。

冯玉每善承迎帝意，由是益有宠。尝有疾在家，帝谓诸宰相曰："自刺史以上，俟冯玉出乃得除。"其倚任如此。玉乘势弄权，四方赂遗，辐辏其门。由是朝政益坏。

3　唐兵围建州既久，建人离心。或谓董思安："宜早择去就。"思安曰："吾世事王氏，危而叛之，天下其谁容我！"众感其言，无叛者。

齐王下
后晋齐王(出帝)开运二年(乙巳,公元945年)

1 八月甲子朔(初一),出现日食。

2 丙寅(初三),后晋出帝石重贵免去和凝所兼中书侍郎、同平章事之职,保留右仆射原官;枢密使、户部尚书冯玉加官兼中书侍郎、同平章事,朝事无论巨细全都交由冯玉全权处理。

出帝自从阳城获胜,认为天下太平,更加骄横奢侈。各地进贡献上的奇珍异宝,统统归入内府;大量制造器具玩物,扩建宫室,装饰后宫,晚近各朝望尘莫及;建造织锦楼来编织地毯,征用数百名织工,一年才完成;出帝又毫无节制地赏赐为他歌舞戏谑的艺人。大臣桑维翰劝谏道:"过去陛下亲自率兵抗击胡人的进攻,战士受重伤的,也不过赏给数端布帛而已。现在艺人一说一笑合您的心意,就往往赏给十端布帛、上万钱币,还有锦袍、银带,这些若让那些战士看见,怎能不抱怨? 他们会说:'我们冒着刀锋剑刃,断筋折骨,竟不如人家一说一笑的功劳大呵!'这样下去,军队就将瓦解,陛下还靠谁来保卫国家呢!"出帝没有听从。

冯玉常善于迎合出帝的心意,因此越发得到宠信。有一次他在家养病,没有入朝,出帝对各宰相说:"自刺史以上的官职,要等冯玉病好才入朝,才能任命。"对他竟这样信任、重用。冯玉仗势玩弄权柄,各地争相贿赂馈赠,门前车马络绎不绝。由此朝政日益败坏。

3 南唐军队围困建州已久,建州城中人心涣散。有人对守城将领董思安说:"要及早选择何去何从。"董思安说:"我世代事奉王家,到了危难之际背叛他,天下谁还能容我!"众人感佩他的话,竟无一人背叛。

丁亥,唐先锋桥道使上元王建封先登,遂克建州,闽主延政降。王忠顺战死,董思安整众奔泉州。

初,唐兵之来,建人苦王氏之乱与杨思恭之重敛,争伐木开道以迎之。及破建州,纵兵大掠,焚宫室庐舍俱尽。是夕,寒雨,冻死者相枕,建人失望。唐主以其有功,皆不问。

4　汉主杀诏王弘雅。

5　九月,许文稹以汀州,王继勋以泉州,王继成以漳州,皆降于唐。唐置永安军于建州。

6　丙申,以西京留守兼侍中景延广充北面行营副招讨使。

7　殿中监王钦祚权知恒州事。会乏军储,诏钦祚括籴民粟。杜威有粟十馀万斛在恒州,钦祚举籍以闻。威大怒,表称:“臣有何罪,钦祚籍没臣粟!”朝廷为之召钦祚还,仍厚赐威以慰安之。

8　戊申,置威信军于曹州。

9　遣侍卫马步都指挥使李守贞戍澶州。

10　乙卯,遣彰德节度使张彦泽戍恒州。

11　汉主杀刘思潮、林少强、林少良、何昌廷。以左仆射王翷尝与高祖谋立弘昌,出为英州刺史,未至,赐死。内外皆惧不自保。

12　冬,十月癸巳,置镇安军于陈州。

13　唐元敬宋太后殂。

14　王延政至金陵,唐主以为羽林大将军。斩杨思恭以谢建人。以百胜节度使王崇文为永安节度使。崇文治以宽简,建人遂安。

15　初,高丽王建用兵吞灭邻国,颇强大,因胡僧襪啰言于高祖曰:“勃海,我婚姻也,其王为契丹所虏,请与朝廷共击取之。”高祖

丁亥(二十四日),南唐军先锋桥道使上元人王建封率先登城,于是攻克建州,闽主王延政投降。将领王忠顺战死,董思安收拾残部投奔泉州。

当初,南唐军队开来时,建州百姓困苦于闽主王延政的昏乱和杨思恭的横征暴敛,争先砍伐树木开辟道路来迎接南唐军队。等南唐军队攻克建州后,竟纵兵大肆抢掠,将王氏宫殿和百姓房屋统统放火烧光。当夜寒雨纷飞,冻死的人多得相互枕藉,建州百姓大失所望。而南唐主李璟却因其将领破城有功,对这些全不过问。

4　南汉主刘晟杀其弟诏王刘弘雅。

5　九月,许文稹率汀州,王继勋率泉州,王继成率漳州,向南唐投降。南唐在建州设置永安军。

6　丙申(初三),后晋命西京留守兼侍中景延广任北面行营副招讨使。

7　殿中监王钦祚暂主管恒州事务。正值军粮储备缺乏,朝廷诏命他搜刮买进民间粮食。杜威有十几万斛粮食存在恒州,王钦祚将其全部抄没,奏报朝廷。杜威闻知大怒,上表章声称:"臣有什么罪,王钦祚竟抄没我的粮食!"朝廷因此将王钦祚从恒州召回,并重赏杜威以示抚慰。

8　戊申(十五日),在曹州设置威信军。

9　派遣侍卫马步都指挥使李守贞守卫澶州。

10　乙卯(二十二日),派遣彰德节度使张彦泽守卫恒州。

11　南汉主刘晟杀刘思潮、林少强、林少良、何昌廷。因左仆射王翷曾与高祖刘龚策划立越王弘昌为主,贬往边远为英州刺史,人还未曾到英州,又命赐死。内外大臣都人人自危,怕不能保全性命。

12　冬季,十月癸巳(三十日),在陈州设置镇安军。

13　南唐元敬宋太后去世。

14　闽主王延政到达金陵,南唐主李璟任命他为羽林大将军。将杨思恭斩首以平建州的民愤。任命百胜节度使王崇文为永安节度使。王崇文为政宽宏、简约,建州百姓于是安定。

15　当初,高丽王王建发兵,企图吞并灭亡邻国,气势很强大,胡人僧侣襪啰因而对后晋高祖石敬瑭说:"勃海是我国的姻亲,它的国王被契丹所俘虏,希望能与朝廷共同攻取契丹。"高祖

不报。及帝与契丹为仇，襪啰复言之。帝欲使高丽扰契丹东边以分其兵势；会建卒，子武自称权知国事，上表告丧。十一月戊戌，以武为大义军使、高丽王，遣通事舍人郭仁遇使其国，谕指使击契丹。仁遇至其国，见其兵极弱，向者襪啰之言，特建为夸诞耳，实不敢与契丹为敌。仁遇还，武更以他故为解。

16　乙卯，吴越王弘佐诛内都监使杜昭达；己未，诛内牙上统军使明州刺史阚璠。

昭达，建徽之孙也，与璠皆好货。钱塘富人程昭悦以货结二人，得侍弘佐左右。昭悦为人狡佞，王悦之，宠待逾于旧将，璠不能平。昭悦知之，诣璠顿首谢罪，璠责让久之，乃曰："吾始者决欲杀汝，今既悔过，吾亦释然。"昭悦惧，谋去璠。

璠专而愎，国人恶之者众。昭悦欲出璠于外，恐璠觉之，私谓右统军使胡进思曰："今欲除公及璠各为本州，使璠不疑，可乎？"进思许之，乃以璠为明州刺史，进思为湖州刺史。璠怒曰："出我于外，是弃我也。"进思曰："老兵得大州，幸矣。不行何为！"璠乃受命。既而复以他故留进思。

内外马步都统军使钱仁俊母，杜昭达之姑也。昭悦因谮璠、昭达谋奉仁俊作乱，下狱锻炼成之。璠、昭达既诛，夺仁俊官，幽于东府。于是昭悦治阚、杜之党，凡权任与己侔，意所忌者，诛放百馀人，国人畏之侧目。胡进思重厚寡言，昭悦以为戆，故独存之。

昭悦收仁俊故吏慎温其，使证仁俊之罪，拷掠备至。温其坚守不屈。弘佐嘉之，擢为国官。温其，衢州人也。

未予答复。待出帝和契丹结仇之后，襁啰又说起这件事。后晋出帝想让高丽骚扰契丹的东边以分散契丹的兵力，正在此时，高丽王王建去世了，他的儿子王武自称代理主持国家事务，并向后晋奉上表章报表。十一月戊戌(初五)，后晋任命王武为大义军使、高丽王，派通事舍人郭仁遇出使高丽，传达旨意让高丽攻击契丹。郭仁遇来到高丽，发现它的兵力极为衰弱，以前襁啰所说的话，只是王建夸海口罢了，高丽实际不敢和契丹为敌。郭仁遇返回，高丽王王武又以其他理由作解释。

16　乙卯(二十二日)，吴越王钱弘佐诛杀内都监使杜昭达；己未(二十六日)，诛杀内牙上统军使、明州刺史阚璠。

杜昭达是杜建徽的孙子，和阚璠都贪财。钱塘的富人程昭悦用钱财与二人交结，于是得以在吴越王的身边侍奉。程昭悦为人狡猾，善谄媚，吴越王喜欢他，对他的宠信厚待超过老将，阚璠对此愤然不平。程昭悦知道后，就去向阚璠磕头认错，阚璠责骂他很久，才说："我在开始时决意要杀你，现在你已经悔过，我也就打消啦。"程昭悦听了心惊肉跳，心里谋划着除掉阚璠。

阚璠为人专横跋扈，刚愎自用，国人憎恶他的很多。程昭悦想把阚璠打发出去做地方官，又怕他察觉，私下对右统军使胡进思说："现在想任命你和阚璠各回家乡做官，使阚璠不生疑心，可以吧？"胡进思同意了，于是任命阚璠为明州刺史，胡进思为湖州刺史。阚璠大怒道："迁我到外地做官，是舍弃我。"胡进思劝他说："老兵得个大州，也算幸运了。不去干什么呢！"阚璠才接受了调命。不久，程昭悦又用其他理由把胡进思留在京城。

内外马步都统军使钱仁俊的母亲，是杜昭达的姑母。程昭悦因而诬陷阚璠、杜昭达合谋拥奉钱仁俊共同叛乱，将他们抓到狱中罗织罪名而定罪。阚璠、杜昭达被杀后，又罢免了钱仁俊的官，并将他囚禁在东府。于是程昭悦大肆抓捕阚璠和杜昭达的党羽，凡是权力、官位和他相等、他心里有所顾忌的，被杀、被流放的有一百多人，国中人害怕他而不敢正视。胡进思厚道寡言，程昭悦认为他憨厚，所以只留下他。

程昭悦抓到钱仁俊原手下官吏慎温其，让他出具伪证证明钱仁俊的罪，百般拷打他。但是慎温其坚贞自守，毫不屈服。钱弘佐赞许他，提拔他为国家官员。慎温其是衢州人。

17　十二月乙丑，加吴越王弘佐东南面兵马都元帅。

18　辛未，以前中书舍人广晋阴鹏为给事中、枢密直学士。鹏，冯玉之党也。朝廷每有迁除，玉皆与鹏议之。由是请谒赂遗，充满其门。

19　初，帝疾未平，会正旦，枢密使、中书令桑维翰遣女仆入宫起居太后，因问："皇弟睿近读书否?"帝闻之，以告冯玉，玉因谮维翰有废立之志，帝疑之。

李守贞素恶维翰，冯玉、李彦韬与守贞合谋排之，以中书令行开封尹赵莹柔而易制，共荐以代维翰。丁亥，罢维翰政事，为开封尹，以莹为中书令，李崧为枢密使、守侍中。维翰遂称足疾，希复朝谒，杜绝宾客。

或谓冯玉曰："桑公元老，今既解其枢务，纵不留之相位，犹当优以大藩，奈何使之尹京，亲猥细之务乎?"玉曰："恐其反耳。"曰："儒生安能反!"玉曰："纵不自反，恐其教人耳。"

20　楚湘阴处士戴偃，为诗多讥刺，楚王希范囚之。天策副都军使丁思瑾上书切谏，希范削其官爵。

21　唐齐王景达府属谢仲宣言于景达曰："宋齐丘，先帝布衣之交，今弃之草莱，不厌众心。"景达为之言于唐主曰："齐丘宿望，勿用可也，何必弃之以为名!"唐主乃使景达自至青阳召之。

三年(丙午，946)

1　春，正月，以齐丘为太傅兼中书令，但奉朝请，不预政事。以昭武节度使李建勋为右仆射兼门下侍郎，与中书侍郎冯延己皆同平章事。建勋练习吏事，而懦怯少断；延己工文辞，

17 十二月乙丑(初三),后晋朝廷加任吴越王钱弘佐为东南面兵马都元帅。

18 辛未(初九),任命前中书舍人广晋人阴鹏为给事中、枢密直学士。阴鹏是冯玉的党羽。朝廷每当有官员任免升降,冯玉都和阴鹏商议。因此前去求见、进行贿赂的挤满了家门。

19 当初,后晋出帝的病情还未平复,恰值正月初一,早晨,枢密使、中书令桑维翰派女仆入宫向太后问安,便询问:"皇弟睿近来读书吗?"出帝听到,告诉冯玉,冯玉于是诬陷桑维翰有废出帝、立石重睿的异志,出帝听后便对桑维翰产生怀疑。

李守贞历来憎恶桑维翰,冯玉、李彦韬与李守贞合谋排挤桑维翰,因中书令代理开封府尹赵莹为人软弱易于控制,他们共同荐举他取代桑维翰。丁亥(二十五日),罢免桑维翰朝中的职务,让他做开封尹,任命赵莹为中书令,李崧为枢密使兼侍中。桑维翰于是称脚有病,很少再入朝谒见,并谢绝宾客。

有人对冯玉说:"桑公是开国元老,现在既然已解除他枢密使的职务,纵然不能留在宰相的职位上,也应当优待他任大藩镇的长官,怎能用他做开封尹,亲自去干那些闲杂琐碎的事务呢?"冯玉说:"怕他造反。"那人说道:"他一个读书的儒生怎能造反!"冯玉说:"纵然他自己不出头造反,也怕会教唆别人造反。"

20 楚湘阴的隐士戴偃作诗多有讥讽朝廷的意思,楚王马希范把他囚禁起来。天策副都军使丁思瑾上书恳切劝谏,马希范却削除了他的官职爵位。

21 南唐齐王李景达的府僚谢仲宣向李景达进言道:"宋齐丘是先帝贫微时的老朋友,现在被舍弃在山野,此事难取众心。"李景达为此对南唐主李璟说:"宋齐丘是老成望重的人,不用他也便罢了,何必以舍弃而让他成名!"南唐主于是让李景达亲自到青阳那里召他。

后晋齐王(出帝)开运三年(丙午,公元946年)

1 春季,正月,南唐主任命宋齐丘为太傅兼中书令,但只奉朝会请召,并不参与政务大事。任命昭武节度使李建勋为右仆射兼门下侍郎,与中书侍郎冯延己都为同平章事。李建勋练达谙习官吏事务,但为人懦弱胆小,缺乏决断;冯延己擅长文章辞藻,

而狡佞,喜大言,多树朋党。水部郎中高越,上书指延己兄弟
过恶,唐主怒,贬越蕲州司士。

初,唐主置宣政院于禁中,以翰林学士、给事中常梦锡领
之,专典机密,与中书侍郎严续皆忠直无私。唐主谓梦锡曰:
"大臣惟严续中立,然无才,恐不胜其党,卿宜左右之。"未几,
梦锡罢宣政院,续亦出为池州观察使。梦锡于是移疾纵酒,
不复预朝廷事。续,可求之子也。

2 二月壬戌朔,日有食之。

3 晋昌节度使兼侍中赵在礼,更历十镇,所至贪暴,家
赀为诸帅之最。帝利其富,三月庚申,为皇子镇宁节度使延
煦娶其女。在礼自费缗钱十万,县官之费,数倍过之。延煦
及弟延宝,皆高祖诸孙,帝养以为子。

4 唐泉州刺史王继勋致书修好于威武节度使李弘义。
弘义以泉州故隶威武军,怒其抗礼,夏,四月,遣弟弘通将兵
万人伐之。

5 初,朔方节度使冯晖在灵州,留党项酋长拓跋彦超于
州下,故诸部不敢为寇。及将罢镇而纵之。

前彰武节度使王令温代晖镇朔方,不存抚羌、胡,以中国
法绳之。羌、胡怨怒,皆叛,竞为寇钞。拓跋彦超、石存、也厮
褒三族,共攻灵州,杀令温弟令周。戊午,令温上表告急。

6 泉州都指挥使留从效谓刺史王继勋曰:"李弘通兵势
甚盛,士卒以使君赏罚不当,莫肯力战,使君宜避位自省!"乃
废继勋归私第,代领军府事,勒兵击李弘通,大破之。表闻于
唐,唐主以从效为泉州刺史,召继勋还金陵,遣将将兵戍泉州。
徙漳州刺史王继成为和州刺史,汀州刺史许文稹为蕲州刺史。

但为人狡猾，善于谄媚，喜欢说大话，多结纳党羽。水部郎中高越上书指责冯延己兄弟作恶多端，南唐主发怒，贬谪高越为蕲州司士。

当初，南唐主在宫禁中设置了宣政院，任命翰林学士、给事中常梦锡主管，专门处理国家机要事务，他和中书侍郎严续都是忠诚、正直无私的大臣。南唐主曾对常梦锡说："大臣里只有严续保持中立，但是缺乏才能，怕不能抵住朝中的朋党，爱卿应从旁帮助他。"不久，常梦锡被罢免了宣政院的职务，严续也被放到外地做了池州观察使。常梦锡于是上书称病，日日在家饮酒，不再参与朝廷的事。严续是严可求的儿子。

2 二月壬戌朔(初一)，出现日食。

3 晋昌节度使兼侍中赵在礼，曾历任十个藩镇的节度使，所到之处贪婪残暴，所积家财在各镇将帅中是最多的。出帝贪图他的富有，三月庚申(二十九日)，为皇子镇宁节度使石延煦娶他的女儿。为办此事，赵在礼自己花费了十万缗钱财，而官府花费多出好几倍。石延煦和弟弟石延宝，都是后晋高祖石敬瑭的孙子，出帝收为自己的养子。

4 南唐泉州刺史王继勋致信给威武节度使李弘义，愿两相修好。李弘义认为泉州原隶属于威武军，因王继勋致信用对等礼仪而大怒，夏季，四月，派弟弟李弘通率兵一万人前去讨伐。

5 当初，朔方节度使冯晖驻扎在灵州，并将党项首长拓跋彦超扣留在州里，所以各部落不敢前来侵掠。到冯晖将离任时，就把拓跋彦超放出了灵州。

前彰武节度使王令温取代冯晖来镇守朔方，他不去安抚羌人、胡人，却用中国的法度来处置他们。于是羌人、胡人都颇为怨恨愤怒，争相侵犯抄掠。拓跋彦超、石存、也厮褒三个部族联合进攻灵州，杀死王令温的弟弟王令周。戊午，王令温向朝廷奉上表章告急。

6 泉州都指挥使留从效对刺史王继勋说："李弘通的军队来势很猛，而我们的士兵因您赏罚不公，没有肯卖力作战的，您应该自己引退反省！"于是王继勋被废黜回归家中，留从效代理军府事务，组织军队抗击李弘通，大败敌人。上表向南唐朝廷报捷，南唐主任命留从效为泉州刺史，将王继勋召回金陵，另选派将领率兵前去驻守泉州。调漳州刺史王继成为和州刺史，调汀州刺史许文稹为蕲州刺史。

7 定州西北二百里有狼山，土人筑堡于山上以避胡寇。堡中有佛舍，尼孙深意居之，以妖术惑众，言事颇验，远近信奉之。中山人孙方简，及弟行友，自言深意之侄，不饮酒食肉，事深意甚谨。深意卒，方简嗣行其术，称深意坐化，严饰，事之如生，其徒日滋。

会晋与契丹绝好，北边赋役烦重，寇盗充斥，民不安其业。方简、行友因帅乡里豪健者，据寺为寨以自保。契丹入寇，方简帅众邀击，颇获其甲兵、牛马、军资，人挈家往依之者日益众。久之，至千馀家，遂为群盗。惧为吏所讨，乃归款朝廷。朝廷亦资其御寇，署东北招收指挥使。

方简时入契丹境钞掠，多所杀获。既而邀求不已，朝廷小不副其意，则举寨降于契丹，请为乡道以入寇。时河北大饥，民饿死者所在以万数，兖、郓、沧、贝之间，盗贼蜂起，吏不能禁。

天雄节度使杜威遣元随军将刘延翰市马于边，方简执之，献于契丹。延翰逃归，六月壬戌，至大梁，言："方简欲乘中国凶饥，引契丹入寇，宜为之备。"

8 初，朔方节度使冯晖在灵武，得羌、胡心，市马期年，得五千匹，朝廷忌之，徙镇邠州及陕州，入为侍卫步军都指挥使、领河阳节度使。晖知朝廷之意，悔离灵武，乃厚事冯玉、李彦韬，求复镇灵州。朝廷亦以羌、胡方扰，丙寅，复以晖为朔方节度使，将关西兵击羌、胡；以威州刺史药元福为行营马步军都指挥使。

9 乙丑，定州言契丹勒兵压境。诏以天平节度使、侍卫马步都指挥使李守贞为北面行营都部署，义成节度使皇甫遇副之；彰德节度使张彦泽充马军都指挥使兼都虞候，义武节度使蓟人李殷充步军都指挥使兼都排陈使；遣护圣

7 在定州西北两百里处有座狼山,当地人在山上筑起城堡来躲避胡人的抄掠。城堡中有庙,尼姑孙深意住在庙中,用妖诡法术蛊惑众人,预言事情很灵验,远近村民都很信奉她。中山人孙方简和弟弟孙行友,自称是孙深意的侄子,不饮酒吃肉,侍奉孙深意很勤谨。孙深意死后,孙方简就接着用她的法术,称孙深意是坐化了,将尸体装扮修饰,像活着的时候侍奉她。孙方简的门徒日渐增多。

正赶上后晋和契丹绝交,北部边境地区赋役繁多沉重,盗贼遍地丛生,百姓不能安居乐业。孙方简、孙行友于是率领当地百姓中强健好斗的把寺庙作为兵寨来保护自己。契丹入侵时,孙方简率领大家迎击,缴获了许多兵器铠甲、牛马等军用物资,人们携家带口前往依附的日益众多。时间久了,达到一千多家,于是成为了群盗。因为惧怕官吏征讨,便归顺朝廷。朝廷也借他们来抵御契丹的入侵,就命其代理东北招收指挥使。

孙方简有时进入契丹境内抄掠,多有斩杀缴获。不久向朝廷邀功请赏不止,朝廷稍不如他们的意,他就率全寨投降契丹,并请求做契丹人的向导深入内地抢掠。当时正值河北荒年,百姓饿死的数以万计,兖、郓、沧、贝四州之间,盗贼蜂起,官吏不能禁止。

天雄节度使杜威派原随军将领刘延翰到边境一带买马,孙方简抓住他,献给契丹。刘延翰逃跑回来,六月壬戌(初三),到达大梁,说:"孙方简想乘中国的大饥荒,勾引契丹入侵,应该为此做好准备。"

8 当初,朔方节度使冯晖在灵武时,深得羌、胡部族的人心,一年之内做马匹交易,得马五千匹,朝廷对他有顾忌,调他镇守邠州及陕州,又调入朝中为侍卫步军都指挥使兼领河阳节度使。冯晖得知朝廷的用意,后悔离开灵武,于是就殷勤事奉冯玉、李彦韬,请求再镇守灵州。朝廷也以羌、胡部族正骚扰边境,丙寅(初七),再任冯晖为朔方节度使,率领关西兵马攻击羌、胡军队;任命威州刺史药元福为行营马步军都指挥使。

9 乙丑(初六),定州上报朝廷说契丹调遣军队,进逼边境。出帝下诏书,任命天平节度使、侍卫马步都指挥使李守贞为北面行营都部署,义成节度使皇甫遇任副职;彰德节度使张彦泽充马军都指挥使兼都虞候,义武节度使蓟人李殷充任步军都指挥使兼都排阵使;遣护圣

指挥使临清王彦超、太原白延遇以部兵十营诣邢州。时马军都指挥使、镇安节度使李彦韬方用事,视守贞蔑如也。守贞在外所为,事无大小,彦韬必知之,守贞外虽敬奉而内恨之。

10 初,唐人既克建州,欲乘胜取福州,唐主不许。枢密使陈觉请自往说李弘义,必令入朝。宋齐丘荐觉才辩,可不烦寸刃,坐致弘义。唐主乃拜弘义母、妻皆为国夫人,四弟皆迁官,以觉为福州宣谕使,厚赐弘义金帛。弘义知其谋,见觉,辞色甚倨,待之疏薄。觉不敢言入朝事而还。

11 秋,七月,河决杨刘,西入莘县,广四十里,自朝城北流。

12 有自幽州来者,言赵延寿有意归国。枢密使李崧、冯玉信之,命天雄节度使杜威致书于延寿,具述朝旨,啖以厚利。洺州军将赵行实尝事延寿,遣赍书潜往遗之。延寿复书言:“久处异域,思归中国。乞发大军应接,拔身南去。”辞旨恳密。朝廷欣然,复遣行实诣延寿,与为期约。

13 八月,李守贞言:“与契丹千馀骑遇于长城北,转斗四十里,斩其酋帅解里,拥馀众入水溺死者甚众。”丁卯,诏李守贞还屯澶州。

14 帝既与契丹绝好,数召吐谷浑酋长白承福入朝,宴赐甚厚。承福从帝与契丹战澶州,又与张从恩戍滑州。属岁大热,遣其部落还太原,畜牧于岚、石之境。部落多犯法,刘知远无所纵舍;部落知朝廷微弱,且畏知远之严,谋相与遁归故地。有白可久者,位亚承福,帅所部先亡归契丹,契丹用为云州观察使,以诱承福。

指挥使临清人王彦超、太原人白延遇率领部兵十营前往邢州。当时，马军都指挥使、镇安节度使李彦韬正执掌权柄，看不起李守贞。李守贞在外地的所作所为，无论事情大小，李彦韬都一定知道，李守贞表面虽然尊奉他，但心里很恨他。

10　当初，南唐人攻克建州后，打算乘胜夺取福州，但南唐主不允许。枢密使陈觉请求亲自去说服李弘义，一定让他入朝称臣。宋齐丘也推荐陈觉口才雄辩，可以不用刀枪就使李弘义前来归降。南唐主于是封李弘义的母亲、妻子都为国夫人，四个弟弟都升官，派陈觉为福州宣谕使，赏赐李弘义丰厚的金银财物。李弘义明白他们的计谋，接见陈觉时，说话、脸色非常傲慢，给他以冷遇，陈觉没敢提入朝归降的事就返回了。

11　秋季，七月，黄河在杨刘决口，向西流入莘县，大水漫漫有四十里宽，从朝城向北面流去。

12　有从幽州来的人，说赵延寿有意归顺国家。枢密使李崧、冯玉相信了，命令天雄节度使杜威给赵延寿写信，把朝廷的意思讲清楚，用丰厚的财利来引诱。洺州驻军将领赵行实曾在赵延寿手下做过事，派他带上书信偷偷运到幽州去。赵延寿回信说："久在异国他乡，很想回中国。恳求朝廷发大军接应，我将起程南下离去。"词意恳切真挚。朝廷很高兴，又派赵行实前去会见赵延寿，与他约定日期。

13　八月，李守贞上报："与契丹一千多骑兵在长城北面相遇，辗转追杀搏斗了四十里，斩杀了他们的首领解里，把其他敌人赶入水中，淹死了很多。"丁卯(初九)，诏命李守贞回兵，驻守澶州。

14　后晋出帝与契丹绝交后，屡次召吐谷浑的酋长白承福进京入朝，宴会隆重，赏赐丰厚。白承福跟随出帝与契丹在澶州作战，又和张从恩共同守卫滑州。适值天气酷热，白承福遣送他的部落回到太原，把牲畜放牧在岚、石二州境内。部落的人经常犯法，刘知远决不放纵；部落知道朝廷衰微，又因害怕刘知远执法的严厉，谋划一起跑回原来的地方。有个叫白可久的，地位仅次于白承福，率领自己的队伍最先逃跑，归降了契丹，契丹任命其为云州观察使，用此来引诱白承福投降。

知远与郭威谋曰:"今天下多事,置此属于太原,乃腹心之疾也,不如去之。"承福家甚富,饲马用银槽。威劝知远诛之,收其货以赡军。知远密表:"吐谷浑反覆难保,请迁于内地。"帝遣使发其部落千九百人,分置河阳及诸州。知远遣威诱承福等入居太原城中,因诬承福等五族谋叛,以兵围而杀之,合四百口,籍没其家赀。诏褒赏之,吐谷浑由是遂微。

濮州刺史慕容彦超坐违法科敛,擅取官麦五百斛造曲,赋与部民。李彦韬素与彦超有隙,发其事,罪应死。彦韬趣冯玉使杀之,刘知远上表论救。李崧曰:"如彦超之罪,今天下藩侯皆有之。若尽其法,恐人人不自安。"甲戌,敕免彦超死,削官爵,流房州。

15 唐陈觉自福州还,至剑州,耻无功,矫诏使侍卫官顾忠召弘义入朝,自称权福州军府事,擅发汀、建、抚、信州兵及戍卒,命建州监军使冯延鲁将之,趣福州迎弘义。延鲁先遗弘义书,谕以祸福。弘义复书请战,遣楼船指挥使杨崇保将州师拒之。觉以剑州刺史陈诲为缘江战棹指挥使,表:"福州孤危,旦夕可克。"唐主以觉专命,甚怒。群臣多言:"兵已傅城下,不可中止,当发兵助之。"

丁丑,觉、延鲁败杨崇保于候官,戊寅,乘胜进攻福州西关。弘义出击,大破之,执唐左神威指挥使杨匡邺。

唐主以永安节度使王崇文为东南面都招讨使,以漳泉安抚使、谏议大夫魏岑为东面监军使,延鲁为南面监军使,会兵攻福州,克其外郭。弘义固守第二城。

16 冯晖引兵过旱海,至辉德,糗粮已尽。拓跋彦超众数万,为三陈,扼要路,据水泉以待之。军中大惧。晖以赂求和于彦超,彦超许之。自旦至日中,使者往返数四,兵未解。药元福曰:

刘知远和郭威谋划道："现在天下多事,把吐谷浑部落安置在太原,是心腹之患,不如把它除掉。"白承福家里很富,喂马都用银食槽。郭威劝说刘知远杀掉他,没收他的财产用来蓄养军队。刘知远送上密表,称:"吐谷浑反复无常难以担保,请把他们迁往内地。"出帝派使者将其部落一千九百人分别安置在河阳和其他各州。刘知远又让郭威引诱白承福等人住到太原城里,乘机诬陷白承福等五个部族聚谋反叛,用兵包围并杀死了他们四百人,抄没了白承福的家财。出帝下诏表彰奖赏他们,吐谷浑部落从此衰微了。

濮州刺史慕容彦超因违法征收赋税,擅自取官仓的麦子五百斛造酒,分给部民而犯罪。李彦韬历来与慕容彦超有仇隙,揭发了这件事,按罪应斩首。李彦韬催促冯玉杀掉他,刘知远向朝廷上表章辩论营救。李崧说:"像慕容彦超的罪,现在天下各地的藩镇都有。如果都按法处置,怕人人不能安心。"甲戌(十六日),赦免了慕容彦超的死罪,削去他的官职爵位,流放到房州。

15 南唐陈觉从福州返还,到达剑州,他耻于此行未能立功,就假传圣旨,让侍卫官顾忠召李弘义入朝,自称代理福州军府事务,擅自调派汀、建、抚、信四州的军队和守边的士兵,命建州监军使冯延鲁率领,赶赴福州迎接李弘义。冯延鲁先给李弘义写了信,说明祸福。李弘义回信请战,派楼船指挥使杨崇保率州中军队抵御。陈觉命剑州刺史陈诲为缘江战棹指挥使,并向朝廷上表:"福州孤立危难,早晚就能攻克。"南唐主因陈觉专命独断,非常愤怒。群臣多说:"军队现在已分布在福州城下,不能中止,应当发兵助攻。"

丁丑(十九日),陈觉、冯延鲁在候官打败了杨崇保的军队,戊寅(二十日),南唐军队乘胜进攻福州西关。李弘义出击,大败南唐军,抓获南唐左神威指挥使杨匡邺。

南唐主命永安节度使王崇文为东南面都招讨使,命漳泉安抚使、谏议大夫魏岑为东面监军使,冯延鲁为南面监军使,合兵进攻福州,攻克福州的外城。李弘义固守第二道城墙。

16 冯晖率兵经过旱海,到达辉德,干粮已尽。拓跋彦超几万军队列为三个阵,扼守要路,控制水源,严阵以待。冯晖军队大为恐慌。冯晖给拓跋彦超贿赂以求和,拓跋彦超同意。但从早晨到中午,使者往返了四次,对方军队还没有撤退。药元福对冯晖说:

"虏知我饥渴,阳许和以困我耳;若至暮,则吾辈成擒矣。今虏虽众,精兵不多,依西山而陈者是也。其馀步卒,不足为患。请公严陈以待我,我以精骑先犯西山兵,小胜则举黄旗,大军合势击之,破之必矣。"乃帅骑先进,用短兵力战。彦超小却,元福举黄旗,晖引兵赴之,彦超大败。明日,晖入灵州。

17 九月,契丹三万寇河东。壬辰,刘知远败之于阳武谷,斩首七千级。

18 汉刘思潮等既死,陈道庠内不自安。特进邓伸遗之《汉纪》,道庠问其故。伸曰:"憨獠!此书有诛韩信、醢彭越事,宜审读之!"汉主闻之,族道庠及伸。

19 李弘义自称威武留后,更名弘达,奉表请命于晋。甲午,以弘达为威武节度使、同平章事,知闽国事。

20 张彦泽奏败契丹于定州北,又败之于泰州,斩首二千级。

21 辛丑,福州排陈使马捷引唐兵自马牧山拔寨而入,至善化门桥,都指挥使丁彦贞以兵百人拒之。弘达退保善化门,外城再重皆为唐兵所据。弘达更名达,遣使奉表称臣,乞师于吴越。

22 楚王希范知帝好奢靡,屡以珍玩为献,求都元帅。甲辰,以希范为诸道兵马都元帅。

23 丙辰,河决澶州临黄。

24 契丹使瀛州刺史刘延祚遗乐寿监军王峦书,请举城内附。且云:"城中契丹兵不满千人,乞朝廷发轻兵袭之,己为内应。又,今秋多雨,自瓦桥以北,积水无际,契丹主已归牙帐,虽闻关南有变,地远阻水,不能救也。"峦与天雄节度使兼中书令杜威屡奏瀛,莫乘此可取,深州刺史慕容迁献《瀛莫图》。冯玉、李崧信以为然,欲发大兵迎赵延寿及延祚。

"敌人知道我们又饿又渴,假装允和,以此困住我们;如果到了晚上,那我们就被活捉了。现在敌人虽然多,但精兵并不多,仅是靠西山布阵而已。其馀的步兵,不足威胁我们。请您严阵等待我的信号,我率领精锐骑兵先攻击西山下的敌军,如获小胜就举起黄旗,大军再合力攻击,打败敌军是必定的。"于是率领骑兵首先冲去,用短刀全力死战。拓跋彦超稍稍退却,药元福就举起黄旗,冯晖率兵赶赴,拓跋彦超被打得大败。第二天,冯晖率兵进入灵州。

17 九月,契丹三万兵马侵犯河东。壬辰(初五),刘知远在阳武谷打败了他们,斩首七千人。

18 南汉刘思潮等人死后,陈道庠心内不安。特进邓伸送给他一部《汉纪》,陈道庠问是何原因。邓伸说:"傻瓜!这书里有诛韩信、醢彭越的事,应仔细阅读啊!"南汉主听到此事,诛灭陈道庠、邓伸家族。

19 李弘义自称为威武留后,改名李弘达,奉上表章听命于后晋。甲午(初七),后晋任命李弘达为威武节度使、同平章事,主持闽国事务。

20 张彦泽上奏:在定州以北击败契丹,在泰州再次击败它,共斩首二千人。

21 辛丑(十四日),福州排阵使马捷领南唐军队从马牧山拔寨而入,开到善化门桥,都指挥使丁彦贞率一百名士兵抵抗。李弘达退守善化门,外城及第二道城都被南唐兵占领。李弘达改名李达,派使者向吴越王钱弘佐奉表称臣,乞求救兵。

22 楚王马希范知道后晋出帝喜好奢侈、华丽,多次献上珍玩宝物,求封为都元帅。甲辰(十七日),命马希范为诸道兵马都元帅。

23 丙辰(二十九日),黄河从澶州的临黄决口。

24 契丹让瀛州刺史刘延祚给后晋乐寿监军王峦写信,请求率全城归降。并且说:"城中契丹兵不足一千人,请朝廷派轻兵前来袭击,自己为内应。还有,今年秋天雨多,从瓦桥以北,积水漫无边际,契丹主已回牙帐去了,纵然听到关南有突变,路远隔水,也不能前来援救。"王峦与天雄节度使兼中书令杜威屡次上奏,认为瀛、莫二州乘这个机会可夺取,深州刺史慕容迁又献上《瀛莫图》。冯玉、李崧都信以为真,准备派出大兵迎接赵延寿和刘延祚。

先是，侍卫马步都指挥使、天平节度使李守贞数将兵过广晋，杜威厚待之，赠金帛、甲兵，动以万计。守贞由是与威亲善。守贞入朝，帝劳之曰："闻卿为将，常费私财以赏战士。"对曰："此皆杜威尽忠于国，以金帛资臣，臣安敢掠有其美！"因言："陛下若他日用兵，臣愿与威戮力以清沙漠。"帝由是亦贤之。

及将北征，帝与冯玉、李崧议，以威为元帅，守贞副之。赵莹私谓冯、李曰："杜令国戚，贵为将相，而所欲未厌，心常慊慊，岂可复假以兵权！必若有事北方，不若止任守贞为愈也。"不从。冬，十月辛未，以威为北面行营都指挥使，以守贞为兵马都监，泰宁节度使安审琦为左右厢都指挥使，武宁节度使符彦卿为马军左厢都指挥使，义成节度使皇甫遇为马军右厢都指挥使，永清节度使梁汉璋为马军都排陈使，前威胜节度使宋彦筠为步军左厢都指挥使，奉国左厢都指挥使王饶为步军右厢都指挥使，洺州团练使薛怀让为先锋都指挥使。仍下敕榜曰："专发大军，往平黠虏。先取瀛、莫，安定关南；次复幽燕，荡平塞北。"又曰："有擒获虏主者，除上镇节度使，赏钱万缗，绢万匹，银万两。"时自六月积雨，至是未止，军行及馈运者甚艰苦。

25　唐漳州将林赞尧作乱，杀监军使周承义、剑州刺史陈诲。泉州刺史留从效举兵逐赞尧，以泉州裨将董思安权知漳州。唐主以思安为漳州刺史，思安辞以父名章，唐主改漳州为南州，命思安及留从效将州兵会攻福州。庚辰，围之。

福州使者至钱塘，吴越王弘佐召诸将谋之，皆曰："道险远，难救。"惟内都监使临安水丘昭券以为当救。弘佐曰："唇亡齿寒，吾为天下元帅，曾不能救邻道，将安用之！诸君但乐饱身安坐邪！"壬午，遣统军张筠、赵承泰将兵三万，水陆救福州。

早先,侍卫马步都指挥使、天平节度使李守贞屡次领兵经过广晋,杜威接待他很好,赠送他金银、兵器铠甲,每次都数以万计。李守贞因此和杜威亲近友好。李守贞入朝时,出帝慰劳他说:"听说爱卿作为将军,常用自己的钱财赏给战士。"答道:"这些都是杜威对国家的忠心,他用金银钱财资助我,我怎么敢掠取他的美德!"于是说:"陛下如果他日用兵,我愿和杜威通力合作肃清沙漠之敌。"出帝因此也感到他是个德才兼备的将军。

待将要北征的时候,出帝和冯玉、李崧商议,任命杜威为元帅,李守贞为副帅。赵莹私下对冯、李二人说:"杜威是皇帝的亲戚,又是显贵的将相,但他的欲望还没有满足,心常怀不满之意,怎能再授予他兵权!如果一定要对北方用兵,不如只委任李守贞一个人为好。"冯、李二人没有听从。冬季,十月辛未(十四日),命杜威为北面行营都指挥使,命李守贞为兵马都监,泰宁节度使安审琦为左右厢都指挥使,武宁节度使符彦卿为马军左厢都指挥使,义成节度使皇甫遇为马军右厢都指挥使,永清节度使梁汉璋为马军都排阵使,前威胜节度使宋彦筠为步军左厢都指挥使,奉国左厢都指挥使王饶为步军右厢都指挥使,洺州团练使薛怀让为先锋都指挥使。并下达敕榜,写道:"专门调发大军,前往扫平黠虏。先取瀛州、莫州,安定关南;其次收复幽燕,扫荡平定塞北。"又道:"有生擒胡虏君主的,任命上等大镇的节度使,赏赐钱一万缗,绢一万匹,银子一万两。"当时,从六月连日下雨,一直没停,行军和运送军粮都很艰苦。

25 南唐漳州将领林赞尧作乱,杀死监军使周承义、剑州刺史陈诲。泉州刺史留从效起兵驱逐林赞尧,派泉州副将董思安代理主持漳州事务。南唐主命董思安为漳州刺史,思安因父亲名"章"而推辞,南唐主于是改漳州为南州,命董思安和留从效率领州中的军队合攻福州。庚辰(二十三日),包围了福州城。

福州的使者来到钱塘,吴越王钱弘佐召集众将领商议,都说:"道路又远又险,难去救援。"只有内都监使临安人水丘昭券认为应去援救。钱弘佐说:"唇亡齿寒,我作为天下元帅,连邻邦都不能解救,那还有什么用!你们只高兴吃饱了坐着吗?"壬午(二十五日),派统军使张筠、赵承泰率兵三万人,从水陆两路救援福州。

先是募兵,久无应者,弘佐命纠之,曰:"纠而为兵者,粮赐减半。"明日,应募者云集。弘佐命昭券专掌用兵,昭券惮程昭悦,以用兵事让之。弘佐命昭悦掌应援馈运事,而以军谋委元德昭。德昭,危仔倡之子也。

弘佐议铸铁钱以益将士禄赐,其弟牙内都虞候弘亿谏曰:"铸铁钱有八害:新钱既行,旧钱皆流入邻国,一也;可用于吾国而不可用于他国,则商贾不行,百货不通,二也;铜禁至严,民犹盗铸,况家有铛釜,野有铧犁,犯法必多,三也;闽人铸铁钱而乱亡,不足为法,四也;国用幸丰而自示空乏,五也;禄赐有常而无故益之以启无厌之心,六也;法变而弊,不可遽复,七也;'钱'者国姓,易之不祥,八也。"弘佐乃止。

26 杜威、李守贞会兵于广晋而北行。威屡使公主入奏,请益兵,曰:"今深入虏境,必资众力。"由是禁军皆在其麾下,而宿卫空虚。

十一月丁酉,以李守贞权知幽州行府事。

己亥,杜威等至瀛州,城门洞启,寂若无人,威等不敢进。闻契丹将高谟翰先已引兵潜出,威遣梁汉璋将二千骑追之,遇契丹于南阳务,败死。威等闻之,引兵而南。时束城等数县请降,威等焚其庐舍,掠其妇女而还。

27 己酉,吴越兵至福州,自晋浦南潜入州城。唐兵进据东武门,李达与吴越兵共御之,不利。自是内外断绝,城中益危。

唐主遣信州刺史王建封助攻福州。时王崇文虽为元帅,而陈觉、冯延鲁、魏岑争用事,留从效、王建封倔强不用命,各争功,进退不相应。由是将士皆解体,故攻城不克。

此前招募士兵,很长时间也没应募的,钱弘佐命令征集,并说:"凡被征集而当兵的发给他的粮食减少一半。"第二天,应召的人云集而至。钱弘佐命水丘昭券专管用兵之事,但水丘昭券害怕程昭悦,把用兵的事让给他干。钱弘佐命程昭悦掌管接应后援输送粮食的事务,而把全军的谋略大事委交元德昭。元德昭是危仔倡的儿子。

钱弘佐建议铸铁钱以增加将士们的俸禄赏赐,他的弟弟牙内都虞候钱弘亿劝谏道:"铸铁钱有八条害处:新铁钱一发行,旧铜钱都流入邻国,这是第一条;铁钱可在我国使用却不可在他国使用,商人不使用,百货也就不能流通,是第二条;采铜被严格禁止,百姓还有偷偷铸造的,现在使用铁钱,家里有铁锅,地里有铧犁,私铸犯法的必然多,是第三条;闽人铸造铁钱而灭亡,这不值得效法,是第四条;国家财力幸而很充足,而铸铁钱却是自己显示国库空虚,这是第五条;赐予俸禄本有常数,而无故增加它来诱发贪得无厌之心,是第六条;一旦法变酿成弊端,不能立即恢复,是第七条;'钱'是国姓,改动不吉祥,是第八条。"钱弘佐于是作罢。

26 杜威、李守贞在广晋会师,然后向北走。杜威屡次让公主入宫上奏,请求增兵,他说:"现在深入胡虏的国境,一定要靠大家的力量。"因此禁军都归于他的麾下,连宫内的宿值警卫都空虚了。

十一月丁酉(初十),派李守贞代理主持幽州行府事务。

己亥(十二日),杜威等人率兵来到瀛州,城门洞开,寂静得像没有人,杜威等人不敢进去。听说契丹将领高谟翰早已率兵偷偷出城跑了,杜威就派梁汉璋率领两千名骑兵追击,在南阳务与契丹遭遇,梁汉璋战败被杀。杜威等听到这个消息,率兵南下。当时束城等几个县已请求归降,杜威等人焚烧了庐舍,抢掠了那里的妇女而返回。

27 己酉(二十二日),吴越的军队来到福州,从晋浦以南偷偷进入福州城。而南唐军队又前进占领了东武门,李达和吴越兵共同抵抗,战事不利。从此福州城与外界联系断绝,城里形势更加危急。

南唐主派信州刺史王建封帮助进攻福州。当时南唐军中虽然王崇文是元帅,但是陈觉、冯延鲁、魏岑三人争着主事,留从效、王建封二人又倔强不听命令,各自抢功劳,进退行动互不照应。因此下面的将士也都各自为战,所以福州城攻不下来。

唐主以江州观察使杜昌业为吏部尚书,判省事。先是昌业自兵部尚书判省事,出江州,及还,阅簿籍,抚案叹曰:"未数年,而所耗者半,其能久乎!"

28　契丹主大举入寇,自易、定趣恒州。杜威等至武强,闻之,将自贝、冀而南。彰德节度使张彦泽时在恒州,引兵会之,言契丹可破之状,威等复趣恒州,以彦泽为前锋。甲寅,威等至中度桥,契丹已据桥,彦泽帅骑争之,契丹焚桥而退。晋兵与契丹夹滹沱而军。

始,契丹见晋军大至,又争桥不胜,恐晋军急渡滹沱,与恒州合势击之,议引兵还。及闻晋军筑垒为持久之计,遂不去。

29　蜀施州刺史田行皋叛,遣供奉官耿彦珣将兵讨之。

30　杜威虽以贵戚为上将,性懦怯。偏裨皆节度使,但日相承迎,置酒作乐,罕议军事。

磁州刺史兼北面转运使李毂说威及李守贞曰:"今大军去恒州咫尺,烟火相望,若多以三股木置水中,积薪布土其上,桥可立成。密约城中举火相应,夜募将士斫虏营而入,表里合势,虏必遁逃。"诸将皆以为然,独杜威不可,遣毂南至怀、孟督军粮。

契丹以大军当晋军之前,潜遣其将萧翰、通事刘重进将百骑及羸卒,并西山出晋军之后,断晋粮道及归路。樵采者遇之,尽为所掠;有逸归者,皆称虏众之盛,军中恼惧。翰等至栾城,城中戍兵千馀人,不觉其至,狼狈降之。契丹获晋民,皆黥其面曰"奉敕不杀",纵之南走;运夫在道遇之,皆弃车惊溃。翰,契丹主之舅也。

南唐主命江州观察使杜昌业为吏部尚书,兼任尚书省事。原先,杜昌业是兵部尚书兼任尚书省事,出江州任职,这次回来上任,翻阅账册簿籍,拍案感叹道:"没几年工夫,府库的积累所消耗已过半,怎么能持久呢!"

28 契丹主率兵大举入侵,从易州、定州直向恒州。杜威等到达武强,听到这个消息,要从贝州、冀州往南走。彰德节度使张彦泽当时在恒州,领兵前去和杜威等人会师,并陈述契丹可以被打败的理由,杜威等又前往恒州,命张彦泽为前锋。甲寅(二十七日),杜威来到中度桥,但契丹已占领了桥,张彦泽率骑兵前去争夺,契丹兵把桥烧掉退却了。于是后晋兵马和契丹军队隔着滹沱河驻扎下来。

开始,契丹人见后晋军队浩浩荡荡开来,前来争桥又没取胜,担心对方会强渡滹沱河,和恒州联合夹击,商议退兵返回。但听到后晋军队已筑起营垒作持久的准备,于是就不退兵了。

29 后蜀施州刺史田行皋反叛,后蜀派供奉官耿彦珣率兵前去讨伐。

30 杜威虽然以皇帝亲戚身份担任上将,但生性懦弱胆小。他手下的将领都是节度使,只是天天奉承迎合,饮酒作乐,很少谈论军事。

磁州刺史兼北面转运使李榖劝说杜威和李守贞道:"现在大军距恒州近在咫尺,相互的烟火都能望见,如果把许多三股木放到水中,在上面放上柴草铺上土,桥就立刻架成了。再密约城中的守军点起火堆为联络信号,趁夜里组织将士砍断胡虏营盘的栅栏冲进去,里外合兵,胡虏一定败逃。"众将领都认为说得对,只有杜威认为不行,派李榖往南到怀、孟二州督运军粮。

契丹用大军挡在后晋军队的前面,又悄悄派出将领萧翰、通事刘重进率领一百名骑兵和羸弱的步卒,沿西山出现在后晋军队的后面,切断后晋军的粮道和退路。打柴的樵夫遇到他们,全被抓走了;有逃跑回来的,都说契丹军队的强盛,后晋军中人心惶惶。萧翰等到达了栾城,城中后晋守军有一千多人,没想到敌人来临,慌乱狼狈中全都投降了。契丹抓到的后晋百姓,全都在脸上刺"奉敕不杀"四个字,放他们往南逃;运粮的民夫在路上遇见他们,都撂下辎重惊慌溃逃了。萧翰是契丹主耶律德光的舅舅。

　　十二月丁巳朔，李谷自书密奏，具言大军危急之势，请车驾幸滑州，遣高行周、符彦卿扈从，及发兵守澶州、河阳以备虏之奔冲。遣军将关勋走马上之。

　　己未，帝始闻大军屯中度。是夕，关勋至。庚申，杜威奏请益兵，诏悉发守宫禁者得数百人，赴之。又诏发河北及滑、孟、泽、潞刍粮五十万诣军前。督迫严急，所在鼎沸。辛酉，威又遣从者张祚等来告急，祚等还，为契丹所获。自是朝廷与军前声问两不相通。

　　时宿卫兵皆在行营，人心懔懔，莫知为计。开封尹桑维翰，以国家危在旦夕，求见帝言事。帝方在苑中调鹰，辞不见。又诣执政言之，执政不以为然。退，谓所亲曰："晋氏不血食矣！"

　　帝欲自将北征，李彦韬谏而止。时符彦卿虽任行营职事，帝留之，使戍荆州口。壬戌，诏以归德节度使高行周为北面都部署，以彦卿副之，共戍澶州；以西京留守景延广戍河阳，且张形势。

　　奉国都指挥使王清言于杜威曰："今大军去恒州五里，守此何为！营孤食尽，势将自溃。请以步卒二千为前锋，夺桥开道，公帅诸军继之，得入恒州，则无忧矣。"威许诺，遣清与宋彦筠俱进。清战甚锐，契丹不能支，势小却。诸将请以大军继之，威不许。彦筠为契丹所败，浮水抵岸得免，因退走。清独帅麾下陈于水北力战，互有杀伤，屡请救于威，威竟不遣一骑助之。清谓其众曰："上将握兵，坐观吾辈困急而不救，此必有异志。吾辈当以死报国耳！"众感其言，莫有退者，至暮，战不息。契丹以新兵继之，清及士众尽死。由是诸军皆夺气。清，洺州人也。

十二月丁巳朔(初一),李毂亲自给出帝写上密奏,详细说明后晋大军危急的形势,请皇帝亲临滑州,派高行周、符彦卿扈从,并请派兵守卫澶州、河阳,以防范契丹军队的狼奔豕突。派将领关勋快马加鞭把密奏送给皇帝。

己未(初三),后晋出帝才知道大军驻扎在中度桥的消息。这天晚上,关勋已赶到大梁。庚申(初四),杜威上奏章请求增兵,出帝下诏调全部守卫宫禁的几百人,赶往中度桥。又下诏,调发河北及滑、孟、泽、潞各州粮草五十万送到军营。因为督运时间紧迫,催促严急,各地惊扰沸腾。辛酉(初五),杜威又派遣部下张祚等前去告急,张祚等回来的途中被契丹抓获。从此,朝廷和军队之间消息不通。

当时宫中的宿卫军都在行营里,人人心里危惧,不知该怎么办。开封尹桑维翰认为国家的存亡已经危在旦夕,请求朝见皇帝,上报情况。出帝正在御苑里玩弄猎鹰,推辞不见。桑维翰又去向执掌权柄的大臣陈述,那些大臣不以为然。桑维翰退下来,对亲近的人说:"晋氏的宗庙得不到祭祀了!"

出帝要亲自率兵北征,被李彦韬劝谏阻止。当时符彦卿虽然担任行营的职务,出帝把他留下,让他守卫荆州口。壬戌(初六),下诏命归德节度使高行周为北面都部署,命符彦卿任副职,一起守卫澶州;命西京留守景延广守卫河阳,张开了迎战的架势。

奉国都指挥使王清向杜威进言道:"现在大军离恒州城只有五里,守在这里干什么! 军营孤立,粮食吃完,必将自己溃败。请求率步兵两千为先锋,夺取桥梁,开辟道路,您率领各军紧随其后,能够进入恒州,就没有忧虑了。"杜威允许了,派王清和宋彦筠一起前进。王清作战锐不可当,契丹兵不能支持,稍稍退却。众将领请求立刻派大军随后前进,杜威不允许。宋彦筠被契丹打败了,自己游回岸边,免于一死。王清独自率麾下兵士在河北岸布阵奋力作战,两军互有伤亡,王清屡次向杜威求救,杜威竟然不派一兵一卒前去支援。王清对士兵们说:"上将手握重兵,却坐视我们在困急当中不来救援,他一定有叛变之意。我们应该以死报国!"大家为他的话所感动,没有一人后退的,到了晚上,仍然战斗不息。契丹又派新的军队前来进攻,王清和士兵们全都战死。从此后晋各军丧失了士气。王清是洺州人。

甲子，契丹遥以兵环晋营，内外断绝，军中食且尽。杜威与李守贞、宋彦筠谋降契丹，威潜遣腹心诣契丹牙帐，邀求重赏。契丹主绐之曰："赵延寿威望素浅，恐不能帝中国。汝果降者，当以汝为之。"威喜，遂定降计。丙寅，伏甲召诸将，出降表示之，使署名。诸将骇愕，莫敢言者，但唯唯听命。威遣阁门使高勋赍诣契丹，契丹主赐诏慰纳之。是日，威悉命军士出陈于外，军士皆踊跃，以为且战，威亲谕之曰："今食尽涂穷，当与汝曹共求生计。"因命释甲。军士皆恸哭，声振原野。威、守贞仍于众中扬言："主上失德，信任奸邪，猜忌于己。"闻者无不切齿。契丹主遣赵延寿衣赭袍至晋营慰抚士卒，曰："彼皆汝物也。"杜威以下，皆迎谒于马前，亦以赭袍衣威以示晋军，其实皆戏之耳。以威为太傅，李守贞为司徒。

威引契丹主至恒州城下，谕顺国节度使王周以己降之状，周亦出降。戊辰，契丹主入恒州。遣兵袭代州，刺史王晖以城降之。

先是契丹屡攻易州，刺史郭璘固守拒之。契丹主每过城下，指而叹曰："吾能吞并天下，而为此人所扼！"及杜威既降，契丹主遣通事耿崇美至易州，诱谕其众，众皆降，璘不能制，遂为崇美所杀。璘，邢州人也。

义武节度使李殷，安国留后方太，皆降于契丹。契丹主以孙方简为义武节度使，麻荅为安国节度使，以客省副使马崇祚权知恒州事。

契丹翰林承旨、吏部尚书张砺言于契丹主曰："今大辽已得天下，中国将相宜用中国人为之，不宜用北人及左右近习。苟政令乖失，则人心不服，虽得之，犹将失之。"契丹主不从。

甲子(初八)，契丹派兵从远处包围了后晋军营，军营与外界联系断绝了，军中粮食将尽。杜威和李守贞、宋彦筠谋划投降契丹，杜威还派遣了心腹到契丹主的牙帐里，邀功求取重赏。契丹主骗他说:"赵延寿威望太浅，恐怕不能做中国的皇帝。你果真能投降，就让你当皇帝。"杜威喜欢，于是拟定投降的计划。丙寅(初十)，军帐周围埋伏了全副武装的士兵，召集众将领前来，杜威拿出降表来给他们看，让他们署名。众将领惊愕害怕，没有敢说话的，只有"是、是"地听从命令。杜威派阁门使高勋带降表送给契丹，契丹主赐下诏书抚慰收纳他们。这一天，杜威命全军士兵到营外列阵，军士们十分踊跃，以为就要打仗，杜威亲自告诉他们:"现在粮食吃光无路可走，应和你们一同求取生存的办法。"于是命令全军放下武装。军士们都抱头痛哭，哭声震动了原野。杜威、李守贞还在众人中宣扬:"君主无德，听信任用奸臣小人，猜忌我们。"听的人没有不咬牙切齿的。契丹主派赵延寿身穿红袍来到后晋营中抚慰士兵，指着红袍说:"这都将是你的东西。"杜威以下将领都到马前迎接拜见，赵延寿也给杜威穿上红袍，给后晋将士们看，其实这都是愚弄他们的把戏而已。契丹任命杜威为太傅，李守贞为司徒。

杜威引导契丹主来到恒州城下，告诉顺国节度使王周自己投降的情况，王周也出城投降了。戊辰(十二日)，契丹主进入恒州。又派兵袭击代州，刺史王晖开城投降。

原先，契丹屡次进攻易州，刺史郭璘死守抗拒。契丹主每次经过城下都指着易州城叹道:"我能够吞并天下，却被此人所扼阻!"现在杜威已投降，契丹主派通事耿崇美来到易州，诱劝郭璘的部下，这些人都投降了，郭璘不能制止，于是被耿崇美杀死。郭璘是邢州人。

义武节度使李殷、安国留后方太都投降了契丹。契丹主任命孙方简为义武节度使，麻荅为安国节度使，任命客省副使马崇祚代理主持恒州事务。

契丹翰林承旨、吏部尚书张砺对契丹主说:"现在大辽已得天下，中国的将相应由中国人来做，不宜用北国人和左右熟悉的人。如果政令失误，就会人心不服，虽然得到了天下，也还会失去。"契丹主不肯听从。

引兵自邢、相而南，杜威将降兵以从。遣张彦泽将二千骑先取大梁，且抚安吏民，以通事傅住兒为都监。

杜威之降也，皇甫遇初不预谋。契丹主欲遣遇先将兵入大梁，遇辞；退，谓所亲曰："吾位为将相，败不能死，忍复图其主乎！"至平棘，谓从者曰："吾不食累日矣，何面目复南行！"遂扼吭而死。

张彦泽倍道疾驱，夜渡白马津。壬申，帝始闻杜威等降。是夕，又闻彦泽至滑州，召李崧、冯玉、李彦韬入禁中计事，欲诏刘知远发兵入援。癸酉，未明，彦泽自封丘门斩关而入，李彦韬帅禁兵五百赴之，不能遏。彦泽顿兵明德门外，城中大扰。

帝于宫中起火，自携剑驱后宫十馀人将赴火，为亲军将薛超所持。俄而彦泽自宽仁门传契丹主与太后书慰抚之，且召桑维翰、景延广，帝乃命灭火，悉开宫城门。帝坐苑中，与后妃相聚而泣，召翰林学士范质草降表，自称："孙男臣重贵，祸至神惑，运尽天亡。今与太后及妻冯氏，举族于郊野面缚待罪次。遣男镇宁节度使延煦、威信节度使延宝，奉国宝一、金印三出迎。"太后亦上表称"新妇李氏妾"。

傅住兒入宣契丹主命，帝脱黄袍，服素衫，再拜受宣，左右皆掩泣。帝使召张彦泽，欲与计事。彦泽曰："臣无面目见陛下。"帝复召之，彦泽微笑不应。

或劝桑维翰逃去。维翰曰："吾大臣，逃将安之！"坐而俟命。彦泽以帝命召维翰，维翰至天街，遇李崧，驻马语未毕，有军吏于马前揖维翰赴侍卫司。维翰知不免，顾谓崧曰："侍中当国，今日国亡，反令维翰死之，何也？"崧有愧色。彦泽踞坐见维翰，维翰责之曰："去年拔公于罪人之中，复领大镇，授以兵权，何乃负恩至此！"彦泽无以应，遣兵守之。

契丹主率兵从邢、相二州南下,杜威率降兵跟随。契丹主派张彦泽率两千骑兵先去攻取大梁,并且安抚那里的官吏百姓,派通事傅住兒为都监。

杜威投降的事,皇甫遇当初没参与谋划。契丹主要派皇甫遇先率兵进入大梁,他推辞了;退下后对亲信说:"我身为将相,兵败后不能去死,怎能忍心再谋取君主呢!"兵至平棘,对身边跟随的人说:"我已好几天不吃饭了,还有什么面目再往南走啊!"于是掐住喉咙而死。

张彦泽日夜兼程飞奔疾驰,夜里渡过白马津。壬申(十六日),后晋出帝才知道杜威等人已投降。当天晚上,又听说张彦泽已到滑州,就召李崧、冯玉、李彦韬到宫中议事,打算诏命刘知远起兵来援救都城。癸酉(十七日),天还没亮,张彦泽已从封丘门破关冲入城中,李彦韬率领禁军五百名前往迎战,不能阻止。张彦泽在明德门外驻军,城中大乱。

后晋出帝在宫中放起了火,自己提着宝剑驱赶后宫的十几个人将要跳入火中,被亲军将领薛超抱住了。一会儿,张彦泽从宽仁门外传进契丹主给太后的书信以示抚慰,并召桑维翰、景延广前来,出帝于是命令灭火,打开所有的宫门。出帝坐在御苑中和后妃们一起哭泣,召翰林学士范质草拟降表,自称:"孙男臣重贵,祸事来临,神鬼迷惑,运数气尽,天命灭亡。现在和太后及妻子冯氏,全族大小都在郊野两手反绑向前排列等待降罪。派儿子镇宁节度使石延煦、威信节度使石延宝,奉上国宝一枚、金印三枚出城迎接。"太后也上表称"新妇李氏妾"。

傅住兒入宫内宣示契丹主的命令,出帝脱下黄袍,穿上素色衣衫,再次叩拜听从宣示,宫内左右侍从们都掩面涕泣。出帝让人召张彦泽来,想和他议事。张彦泽说:"臣没脸去见陛下。"出帝再次召他去,他只是微笑不答应。

有人劝桑维翰逃走。而他说:"我是大臣,逃了又往哪里去!"静坐待命。张彦泽以皇帝的命令召桑维翰入宫,桑维翰来到天街时,遇见李崧,停下马来说话未完,就有军吏在马前揖请桑维翰去侍卫司。他知道自己难免一死,回头对李崧说:"您这位侍中主执国政,现在国家灭亡,反而要让我去死,为什么呢?"李崧脸上露出惭愧的神色。张彦泽傲慢地倚坐接见桑维翰,桑维翰指责他道:"去年从罪人之中把你提拔出来,又让你管辖一个大的藩镇,授予你兵权,你怎么能如此负恩!"张彦泽无话可答,派兵看守住桑维翰。

宣徽使孟承诲,素以佞巧有宠于帝,至是,帝召承诲,欲与之谋,承诲伏匿不至;张彦泽捕而杀之。

彦泽纵兵大掠,贫民乘之,亦争入富室,杀人取其货,二日方止,都城为之一空。彦泽所居山积,自谓有功于契丹,昼夜以酒乐自娱,出入骑从常数百人,其旗帜皆题“赤心为主”,见者笑之。军士擒罪人至前,彦泽不问所犯,但瞋目竖三指,即驱出断其腰领。彦泽素与阁门使高勋不协,乘醉至其家,杀其叔父及弟,尸诸门首。士民不寒而栗。

中书舍人李涛谓人曰:“吾与其逃于沟渎而不免,不若往见之。”乃投刺谒彦泽曰:“上书请杀太尉人李涛,谨来请死。”彦泽欣然接之,谓涛曰:“舍人今日惧乎?”涛曰:“涛今日之惧,亦犹足下昔年之惧也。向使高祖用涛言,事安至此!”彦泽大笑,命酒饮之。涛引满而去,旁若无人。

甲戌,张彦泽迁帝于开封府,顷刻不得留,宫中恸哭。帝与太后、皇后乘肩舆,宫人、宦者十馀人步从。见者流涕。帝悉以内库金珠自随。彦泽使人讽之曰:“契丹主至,此物不可匿也。”帝悉归之,亦分以遗彦泽,彦泽择取其奇货,而封其馀以待契丹。彦泽遣控鹤指挥使李筠以兵守帝,内外不通。帝姑乌氏公主赂守门者,入与帝诀,相持而泣,归第自经。帝与太后所上契丹主表章,皆先示彦泽,然后敢发。

帝使取内库帛数段,主者不与,曰:“此非帝物也。”又求酒于李崧,崧亦辞以他故不进。又欲见李彦韬,彦韬亦辞不往。帝惆怅久之。

冯玉佞张彦泽,求自送传国宝,冀契丹复任用。

楚国夫人丁氏,延煦之母也,有美色。彦泽使人取之,太后迟回未与。彦泽诟詈,立载之去。

是夕,彦泽杀桑维翰,以带加颈,白契丹主,云其自经。契丹主曰:“吾无意杀维翰,何为如是!”命厚抚其家。

宣徽使孟承诲一贯以乖巧谄媚受出帝宠信,到这时,出帝召他,想和他商议事情,孟承诲藏匿起来不到;张彦泽把他捉住杀掉。

张彦泽放纵士兵大肆抢掠,贫民趁乱也争着闯入富人家里杀人抢掠钱财,两天才停止,而都城已经被洗劫一空。张彦泽的住处里钱财宝物堆积得像小山,他自认为有功于契丹,不分昼夜地饮美酒、听歌乐,纵情娱乐,每次出入跟随的骑兵常有几百名,他的旗帜上都题有"赤心为主"四字,见到的无不耻笑他。军士抓获罪人押到跟前,他不问所犯何罪,只瞪起眼睛竖起中指,就拉出去腰斩。张彦泽素来与阁门使高勋不融洽,就乘酒醉来到他家,杀死他的叔父和弟弟,陈尸门前。士民见了不寒而栗。

中书舍人李涛对人说:"我与其逃到水沟里而不免一死,不如前去见他。"于是投上名刺谒见张彦泽,说:"上书请杀太尉的人李涛,谨来请死。"张彦泽欣然接见了他,问李涛:"你今天害怕了?"李涛说:"我今天的害怕,就像你当年的害怕一样。过去如果高祖听我李涛的话,事情哪能到这地步!"张彦泽听了放声大笑,命人拿酒来给李涛喝。李涛斟满杯后一饮而尽,然后旁若无人地走了。

甲戌(十八日),张彦泽把出帝迁往开封府,而且片刻不能停留,宫里一片恸哭声。出帝和太后、皇后坐着轿子,宫人、宦官十几人步行跟随。路上见到的人都流下眼泪。出帝把内库的金银珠宝都随身带走。张彦泽派人规劝他说:"契丹主来时,这些东西无法藏匿。"出帝将这些财宝都放回内库,也分一部分给张彦泽,张彦泽选取其中的奇珍异宝,封存其馀留待契丹。张彦泽派控鹤指挥使李筠率兵看守出帝,出帝和外界的联系不通。出帝的姑姑乌氏公主贿赂看门人,进来与出帝诀别,相对罢泣,然后回到家中自杀而死。出帝和太后给契丹主所上的表章,都先给张彦泽检查,然后才敢发出。

出帝让人取几匹内库的丝帛,管库的人不给,说:"这不是你的东西。"又向李崧要酒,李崧也用其他原因推托不送来。他又想见李彦韬,李彦韬也推辞不来。出帝为此惆怅了许久。

冯玉谄媚张彦泽,请求让自己送去传国之宝,希望契丹能再任用他。

楚国夫人丁氏,是石延煦的母亲,长得美丽。张彦泽派人去取来,太后迟疑徘徊不肯给。张彦泽大骂,把楚国夫人装上车就走。

这天晚上,张彦泽害死了桑维翰,并用带子套在他脖子上,告诉契丹主,说他是上吊自杀。契丹主说:"我无意杀桑维翰,他为什么这样!"命人丰厚地抚恤他的家属。

　　高行周、符彦卿皆诣契丹牙帐降。契丹主以阳城之战为彦卿所败,诘之。彦卿曰:"臣当时惟知为晋主竭力,今日死生惟命。"契丹主笑而释之。

　　己卯,延煦、延宝自牙帐还,契丹主赐帝手诏,且遣解里谓帝曰:"孙勿忧,必使汝有啖饭之所。"帝心稍安,上表谢恩。

　　契丹以所献传国宝追琢非工,又不与前史相应,疑其非真,以诏书诘帝,使献真者。帝奏:"顷王从珂自焚,旧传国宝不知所在,必与之俱烬。此宝先帝所为,群臣备知。臣今日焉敢匿宝!"乃止。

　　帝闻契丹主将渡河,欲与太后于前途奉迎。张彦泽先奏之,契丹主不许。有司又欲使帝衔璧牵羊,大臣舆榇,迎于郊外,先具仪注白契丹主,契丹主曰:"吾遣奇兵直取大梁,非受降也。"亦不许。又诏晋文武群官,一切如故;朝廷制度,并用汉礼。有司欲备法驾迎契丹主,契丹主报曰:"吾方擐甲总戎,太常仪卫,未暇施也。"皆却之。

　　先是契丹主至相州,即遣兵趣河阳捕景延广。延广仓猝无所逃伏,往见契丹主于封丘。契丹主诘之曰:"致两主失欢,皆汝所为也。十万横磨剑安在!"召乔荣,使相辩证,事凡十条。延广初不服,荣以纸所记语示之,乃服。每服一事,辄授一筹。至八筹,延广但以面伏地请死,乃锁之。

　　丙戌晦,百官宿于封禅寺。

高行周、符彦卿都到契丹主的牙帐投降。契丹主因阳城之战被符彦卿打败，追问符彦卿，符彦卿说："臣当时只知为晋主竭尽全力，今天死生听天由命。"契丹主一笑而释放了他。

己卯（二十三日），石延煦、石延宝从牙帐返回，契丹主赐给出帝手写的诏书，并派解里前去对出帝说："孙儿不要担忧，一定让你有吃饭的地方。"出帝心里稍稍安稳，上表谢恩。

契丹认为所献的传国之宝雕琢不精细，又和前代历史不相吻合，怀疑不是真品，下诏书追问出帝，让他献出真宝。出帝上奏道："不久前王从珂自焚时，旧的传国之宝就不知去向，想来一定是和他一起化为灰烬了。这个国宝是先帝所制，众大臣全知道。我今天哪里还敢藏匿国宝啊！"于是作罢。

出帝听说契丹主将要渡黄河，想和太后事先到前面迎接。张彦泽事先奏报，契丹主不同意。有关官员又想让出帝口衔璧、手牵羊，大臣拉着车上的棺材，到郊外迎接，先将这些仪式告诉契丹主，契丹主说："我派奇兵直接占领了大梁，不是来受降的。"也不允许。又下诏书告诉后晋文武百官，一切都照旧；朝廷制度沿用汉人礼仪。有关官署要备法驾去迎接契丹主，契丹主说："我正戎装披甲，太常仪卫没工夫使用。"一概推却了。

早先，契丹主来到相州，旋即派兵开往河阳捕捉景延广。景延广仓促之间无处逃跑藏匿，就到封丘去见契丹主。契丹主责问他道："导致两主不合，全是你所干的事。你所说的'十万横磨剑'在哪里！"招来乔荣，让他们互相申辩对证，共十件事。景延广最初不服，乔荣把纸上所记的话给他看，景延广才认服。每承认一件事，就给他一支筹码。到第八支筹码时，景延广只能把脸伏在地上请求死罪，于是把他关押起来了。

丙戌晦（三十日），文武百官在封禅寺住宿。

卷第二百八十六　后汉纪一

起丁未(947)正月尽四月不满一年

高祖睿文圣武昭肃孝皇帝上
天福十二年(丁未,947)

1　春,正月丁亥朔,百官遥辞晋主于城北,乃易素服纱帽,迎契丹主,伏路侧请罪。契丹主貂帽、貂裘,衷甲,驻马高阜,命起,改服,抚慰之。左卫上将军安叔千独出班胡语,契丹主曰:"汝安没字邪？汝昔镇邢州,已累表输诚,我不忘也。"叔千拜谢呼跃而退。

晋主与太后已下迎于封丘门外,契丹主辞不见。

契丹主入门,民皆惊呼而走。契丹主登城楼,遣通事谕之曰:"我亦人也,汝曹勿惧！会当使汝曹苏息。我无心南来,汉兵引我至此耳。"至明德门,下马拜而后入宫。以其枢密副使刘密权开封尹事。日暮,契丹主复出,屯于赤冈。

2　戊子,执郑州防御使杨承勋至大梁,责以杀父叛契丹,命左右脔食之。未几,以其弟右羽林将军承信为平卢节度使,悉以其父旧兵授之。

3　高勋诉张彦泽杀其家人于契丹主,契丹主亦怒彦泽剽掠京城,并傅住儿锁之。以彦泽之罪宣示百官,问:"应死否？"皆言"应死。"百姓亦投牒争疏彦泽罪。己丑,斩彦泽、住儿于北市,仍命高勋监刑。彦泽前所杀士大夫子孙,皆经杖号哭,随而诟詈,以杖扑之。勋命断腕出锁,剖其心以祭死者。市人争破其脑取髓,脔其肉而食之。

高祖睿文圣武昭肃孝皇帝上
后汉高祖天福十二年(丁未,公元947年)

1 春季,正月丁亥朔(初一),后晋的文武百官在大梁城北远远地向后晋主辞别,然后改换白衣纱帽,迎接契丹主耶律德光,全都在路旁伏拜请罪。契丹主头戴貂帽,身披貂裘,内裏铁甲,立马于高岗之上,命令归降的百官起立,改换服装,安抚勉慰百官。左卫上将军安叔千一人从百官的行列中站出来,向契丹主耶律德光说了一番胡语,契丹主说:"你就是'安没字'吗?你过去镇守邢州时,已多次向我表示忠诚,我没忘记啊。"安叔千拜谢欢呼跳跃而退。

后晋主和太后以下在封丘门外迎接,契丹主推辞不见。

契丹主进入大梁城门时,百姓们都惊呼地跑掉了。契丹主登上城楼,命翻译告诉百姓们:"我也是人,你们不要害怕!我要让你们休养生息。我无心南来,是汉兵引我来到这儿的。"来到明德门,契丹主下马叩拜,然后入宫。命令他的枢密副使刘密为代理开封尹。日落时分,契丹主退出都城,屯兵于赤冈。

2 戊子(初二),抓获郑州防御使杨承勋,将他押解到大梁城,斥责他杀父、背叛契丹,命令左右的人把他剐为碎肉吃掉。不久,委任他的弟弟右羽林将军杨承信为平卢节度使,并把他父亲的旧部全都交给他率领。

3 高勋向契丹主耶律德光控诉张彦泽杀他的家属,契丹主也愤恨张彦泽抢劫掠夺京城,将张彦泽和监军傅住兒一起抓了起来。契丹主把张彦泽的罪行向百官宣布,并问:"张彦泽应不应该处死?"百官都说:"应该处死。"全城百姓也争先恐后递上状牒控告上书张彦泽的罪行。己丑(初三),命将张彦泽、傅住兒押往北市斩首,并命高勋监斩。张彦泽原来所杀的士大夫的子孙,这时都携带丧杖号哭,随后怒骂,用丧杖痛打张彦泽。高勋命令砍断手腕从铐锁中取出尸体,剖腹取心来祭奠被他杀害的人。市民们争着砸碎他的头,取出他的脑髓,剐碎他的肉并分吃掉。

4　契丹送景延广归其国,庚寅,宿陈桥,夜,伺守者稍怠,扼吭而死。

5　辛卯,契丹以晋主为负义侯,置于黄龙府。黄龙府,即慕容氏和龙城也。契丹主使谓李太后曰:"闻重贵不用母命以至于此,可求自便,勿与俱行。"太后曰:"重贵事妾甚谨。所失者,违先君之志,绝两国之欢耳。今幸蒙大恩,全生保家,母不随子,欲何所归!"

癸巳,契丹迁晋主及其家人于封禅寺,遣大同节度使兼侍中河内崔廷勋以兵守之。契丹主数遣使存问,晋主每闻使至,举家忧恐。时雨雪连旬,外无供亿,上下冻馁。太后使人谓寺僧曰:"吾尝于此饭僧数万,今日独无一人相念邪!"僧辞以"虏意难测,不敢献食"。晋主阴祈守者,乃稍得食。

是日,契丹主自赤冈引兵入宫,都城诸门及宫禁门,皆以契丹守卫,昼夜不释兵仗。磔犬于门,以竿悬羊皮于庭为厌胜。契丹主谓群臣曰:"自今不修甲兵,不市战马,轻赋省役,天下太平矣。"废东京,降开封府为汴州,尹为防御使。乙未,契丹主改服中国衣冠,百官起居皆如旧制。

赵延寿、张砺共荐李崧之才。会威胜节度使冯道自邓州入朝,契丹主素闻二人名,皆礼重之。未几,以崧为太子太师,充枢密使;道守太傅,于枢密院祗候,以备顾问。

契丹主分遣使者,以诏书赐晋之藩镇。晋之藩镇争上表称臣,被召者无不奔驰而至。惟彰义节度使史匡威据泾州不受命。匡威,建瑭之子也。雄武节度使何重建斩契丹使者,以秦、阶、成三州降蜀。

初,杜重威既以晋军降契丹,契丹主悉收其铠仗数百万贮恒州,驱马数万归其国,遣重威将其众从己而南。及河,

4 契丹押解景延广返归契丹，庚寅(初四)，夜宿于陈桥镇，趁看押人懈怠的时候，他上吊自杀了。

5 辛卯(初五)，契丹封后晋主为负义侯，安置在黄龙府。黄龙府就是原慕容氏的和龙城。契丹主派人对李太后说："听说重贵是不听母命才落到今天的下场，您可以自行方便，不要和他同行。"太后说："重贵侍奉我很恭谨。他的失误是违背了先君的意志，断绝了两国的交欢。现在有幸蒙受大恩，保全了身家性命，我做母亲的不随着儿子，又往哪儿寻求归宿呢！"

癸巳(初七)，契丹把后晋主和他全家人迁到封禅寺，派大同节度使兼侍中河内人崔廷勋领兵看守。契丹主多次派使者前去探望问讯，后晋主每听说使者到，全家都惊恐担忧。当时雨夹雪下了十几天，寺外断绝了供给，全家老小又冷又饿。李太后派人对寺内的和尚说："我曾在这里供给数万和尚斋饭，现在难道就没有一个人记着我吗！"和尚以"契丹用心难料，不敢献上食品"为推辞。后晋主只好偷偷地哀求看守，才得到一点食物。

当天，契丹主率兵从赤冈进入宫中，都城各门和宫禁大门，都派契丹兵把守，昼夜不放兵器。并且在大门前杀狗，在庭院中竖起长竿挂上羊皮作为厌胜。契丹主对群臣说："从今以后，不整治兵器，不购置战马，减轻赋税，少征徭役，天下太平了。"于是废除东京建制，降开封府为汴州，原府尹为防御使。乙未(初九)，契丹主改穿中国衣冠，文武百官上朝退朝一切均按旧有的典章制度。

赵延寿、张砺一起荐举李崧有才华。正赶上威胜节度使冯道从邓州入朝，契丹主对二人的名声早有耳闻，都给予礼遇以示重视。不久，就命李崧为太子太师，充任枢密使；命冯道为太傅，在枢密院供职，担任顾问。

契丹又分别派出使者，将诏书赐给后晋的各个藩镇。各藩镇都争着上表章称臣，凡被召的没有不快马加鞭到达的。只有彰义节度使史匡威据守泾州不接受命令。史匡威是史建瑭的儿子。雄武节度使何重建，把来传诏书的契丹使者杀掉，率领秦、阶、成三州投降后蜀。

当初，杜威恢复旧名杜重威领着后晋军投降契丹后，契丹主收缴了他的全部兵器铠甲，有数百万件之多，贮存于恒州，派人将军马数万匹驱赶到国中，派杜重威率领其部卒跟随自己南下。到了黄河岸边，

契丹主以晋兵之众,恐其为变,欲悉以胡骑拥而纳之河流。或谏曰:"晋兵在他所者尚多,彼闻降者尽死,必皆拒命。不若且抚之,徐思其策。"契丹主乃使重威以其众屯陈桥。会久雪,官无所给,士卒冻馁,咸怨重威,相聚而泣。重威每出,道旁人皆骂之。

契丹主犹欲诛晋兵。赵延寿言于契丹主曰:"皇帝亲冒矢石以取晋国,欲自有之乎,将为他人取之乎?"契丹主变色曰:"朕举国南征,五年不解甲,仅能得之,岂为他人乎!"延寿曰:"晋国南有唐,西有蜀,常为仇敌,皇帝亦知之乎?"曰:"知之。"延寿曰:"晋国东自沂、密,西及秦、凤,延袤数千里,边于吴、蜀,常以兵戍之。南方暑湿,上国之人不能居也。他日车驾北归,以晋国如此之大,无兵守之,吴、蜀必相与乘虚入寇,如此,岂非为他人取之乎?"契丹主曰:"我不知也。然则奈何?"延寿曰:"陈桥降卒,可分以戍南边,则吴、蜀不能为患矣。"契丹主曰:"吾昔在上党,失于断割,悉以唐兵授晋。既而返为寇仇,北向与吾战,辛勤累年,仅能胜之。今幸入吾手,不因此时悉除之,岂可复留以为后患乎?"延寿曰:"向留晋兵于河南,不质其妻子,故有此忧。今若悉徙其家于恒、定、云、朔之间,每岁分番使戍南边,何忧其为变哉!此上策也。"契丹主悦曰:"善!惟大王所以处之。"由是陈桥兵始得免,分遣还营。

6 契丹主杀右金吾卫大将军李彦绅、宦者秦继旻,以其为唐潞王杀东丹王故也。以其家族赀财赐东丹王之子永康王兀欲。兀欲眇一目,为人雄健好施。

7 癸卯,晋主与李太后、安太妃、冯后及弟睿、子延煦、延宝俱北迁,后宫左右从者百馀人。契丹遣三百骑援送之;又遣晋中书令赵莹、枢密使冯玉、马军都指挥使李彦韬与之俱。

契丹主看到投降的后晋兵卒太多,怕制造事变,想用自己的骑兵把他们统统赶进黄河。有人劝谏道:"晋兵在各地的还很多,他们听到投降的都死了,一定都会抗拒到底的。不如先安抚他们,慢慢地再想万全之策。"契丹主就派杜重威带领他的降兵屯驻陈桥。正赶上下雪多日,粮饷皆无,士兵们又冷又饿,都怨恨杜重威,聚在一起哭泣。杜重威每出帐外,道旁的士兵都骂他。

契丹主还是想诛杀后晋降卒。赵延寿对他说:"皇帝亲自率兵冒着飞矢流石夺取了晋国江山,是想自己占有呢,还是想替他人夺取呢?"契丹主脸色突变道:"朕统率全国南征,五年不解衣甲,才刚刚得到,怎能是为他人!"赵延寿说:"晋南面有唐,西面有蜀,常常互为仇敌,皇帝也知道吧?"契丹主答:"知道。"赵延寿又说:"晋国东起沂州、密州,西至秦州、凤州,绵延广袤数千里,边境与吴、蜀相接,常要派兵镇守。南方暑热潮湿,北国人不能居住。他日您车驾北归,而这么辽阔的晋国疆土无兵把守,吴、蜀一定乘虚入侵,这样,难道不是为他人夺取江山吗?"契丹主说:"这是我没料到的。那么应该怎么办呢?"赵延寿说:"陈桥的降兵,可分开来把守南部边疆,这样吴、蜀就不能成为后患了。"契丹主说:"我过去在上党,失策在于当断不断,把唐兵交给晋。没想到反过来与我为仇,北面同我作战,辛苦勤劳好几年,才把他们战胜。现在有幸落在我的手里,不乘这时把他们翦除干净,难道还留作后患吗?"赵延寿说:"过去把晋兵留在河南,不将他们的妻子儿子作为人质,所以才有这种忧患。现在如果把他们的家全迁到恒、定、云、朔各州之间,每年轮番让他们把守南部边疆,何怕他们发生突变!这是上策啊。"契丹主高兴地说:"对!全按你燕王的意见办理。"于是陈桥降兵才得免死,分别遣返兵营。

6　契丹主杀右金吾卫大将军李彦绅和宦者秦继旻,因为他们曾为后唐潞王杀死东丹王。并把他们家族的资财赏赐给东丹王的儿子永康王耶律兀欲。耶律兀欲瞎了一只眼,为人豪迈雄健,慷慨好施。

7　癸卯(十七日),后晋主与李太后、安太妃、冯后以及弟石重睿、儿子石延煦、石延宝全部向北迁移,后宫左右随从有一百多人。契丹派三百名骑兵护送、防范,又命原后晋中书令赵莹、枢密使冯玉、马军都指挥使李彦韬与他们同行。

晋主在涂,供馈不继,或时与太后俱绝食,旧臣无敢进谒者。独磁州刺史李毂迎谒于路,相对泣下。毂曰:"臣无状,负陛下。"因倾赀以献。

晋主至中度桥,见杜重威寨,叹曰:"天乎! 我家何负,为此贼所破!"恸哭而去。

8 癸丑,蜀主以左千牛卫上将军李继勋为秦州宣慰使。

9 契丹主以前燕京留守刘晞为西京留守,永康王兀欲之弟留珪为义成节度使,兀欲姊婿潘聿撚为横海节度使,赵延寿之子匡赞为护国节度使,汉将张彦超为雄武节度使,史佺为彰义节度使,客省副使刘晏僧为忠武节度使,前护国节度使侯益为凤翔节度使,权知凤翔府事焦继勋为保大节度使。晞,涿州人也。既而何重建附蜀,史匡威不受代,契丹势稍沮。

10 晋昌节度使赵在礼入朝,其裨将留长安者作乱,节度副使建人李肃讨诛之,军府以安。

11 晋主之绝契丹也,匡国节度使刘继勋为宣徽北院使,颇豫其谋;契丹主入汴,继勋入朝,契丹主责之。时冯道在殿上,继勋急指道曰:"冯道为首相,与景延广实为此谋。臣位卑,何敢发言!"契丹主曰:"此叟非多事者,勿妄引之!"命锁继勋,将送黄龙府。

赵在礼至洛阳,谓人曰:"契丹主尝言庄宗之乱由我所致。我此行良可忧。"契丹遣契丹将述轧、奚王拽剌、勃海将高谟翰戍洛阳,在礼入谒,拜于庭下,拽剌等皆踞坐受之。乙卯,在礼至郑州,闻继勋被锁,大惊,夜,自经于马枥间。契丹主闻在礼死,乃释继勋,继勋忧愤而卒。

刘晞在契丹尝为枢密使、同平章事,至洛阳,诟奚王曰:"赵在礼汉家大臣,尔北方一酋长耳,安得慢之如此!"立于庭下以挫之。由是洛人稍安。

后晋主在路上,食物供给接不上,有时和太后一同断食,而那些旧日的臣下竟没人敢前来拜见的。只有磁州刺史李毂在路旁边迎接拜谒,君臣相对泣下。李毂说:"为臣无能,有负于陛下。"于是把自己所有的资财献上。

后晋主到达中度桥,望见杜重威的兵寨,感叹道:"天啊!我家何负于人,竟被这个贼人所破!"大哭而去。

8 癸丑(二十七日),后蜀主孟昶派左千牛卫上将军李继勋为秦州宣慰使。

9 契丹主任命前燕京留守刘晞为西京留守,任命永康王耶律兀欲的弟弟耶律留珪为义成节度使,兀欲的姐夫潘聿撚为横海节度使,任命赵延寿的儿子赵匡赞为护国节度使,任命汉将张彦超为雄武节度使,史佺为彰义节度使,客省副使刘晏僧为忠武节度使,前护国节度使侯益为凤翔节度使,代理凤翔府事焦继勋为保大节度使。刘晞是涿州人。不久何重建归附后蜀,史匡威据泾州拒绝史佺取代,契丹之势稍稍受到扼制。

10 晋昌节度使赵在礼入朝到大梁,他留在长安的裨将作乱,节度副使建州人李肃讨伐诛灭了叛乱,军府得以安定。

11 后晋主断绝和契丹的往来时,匡国节度使刘继勋当时为宣徽北院使,参与此事的很多谋划;契丹主进入大梁,刘继勋又来朝见,契丹主责怪他。当时冯道正在殿上,刘继勋急忙指着他说:"冯道是首相,和景延广实际策划的此事。臣的官职卑微,哪里敢说话!"契丹主说:"这老头儿不是多事的人,你不要胡乱攀引他!"命人锁上刘继勋,押送黄龙府。

赵在礼走到洛阳时,对人说:"契丹主曾说庄宗之乱由我引起。看来我此行深可忧虑。"契丹派契丹的将领述轧、奚王拽剌、勃海将领高谟翰驻守洛阳,赵在礼进入谒见,在庭下叩拜,而拽剌等人傲慢地坐着受礼。乙卯(二十九日),赵在礼到了郑州,听说前往入朝的刘继勋被捉拿,惊恐万分,到了夜里,在马房里自杀了。契丹主听说赵在礼自杀了,就释放了刘继勋,刘继勋忧虑愤恨而死。

刘晞在契丹曾为枢密使、同平章事等职,到了洛阳,责骂奚王拽剌道:"赵在礼是汉家的大臣,你只不过是北方的一个酋长罢了,怎敢这样怠慢他!"刘晞站在庭下大挫他的气焰。于是洛阳人稍得安定。

契丹主广受四方贡献,大纵酒作乐,每谓晋臣曰:"中国事,我皆知之;吾国事,汝曹不知也。"

赵延寿请给上国兵廪食,契丹主曰:"吾国无此法。"乃纵胡骑四出,以牧马为名,分番剽掠,谓之"打草谷"。丁壮毙于锋刃,老弱委于沟壑,自东、西两畿及郑、滑、曹、濮,数百里间,财畜殆尽。

契丹主谓判三司刘昫曰:"契丹兵三十万,既平晋国,应有优赐,速宜营办。"时府库空竭,昫不知所出,请括借都城士民钱帛,自将相以下皆不免。又分遣使者数十人诣诸州括借,皆迫以严诛,人不聊生。其实无所颁给,皆蓄之内库,欲辇归其国。于是内外怨愤,始患苦契丹,皆思逐之矣。

12　初,晋主与河东节度使、中书令、北平王刘知远相猜忌,虽以为北面行营都统,徒尊以虚名,而诸军进止,实不得预闻。知远因之广募士卒。阳城之战,诸军散卒归之者数千人,又得吐谷浑财畜,由是河东富强冠诸镇,步骑至五万人。

晋主与契丹结怨,知远知其必危,而未尝论谏。契丹屡深入,知远初无邀遮、入援之志。及闻契丹入汴,知远分兵守四境以防侵轶。遣客将安阳王峻奉三表诣契丹主:一,贺入汴;二,以太原夷、夏杂居,戍兵所聚,未敢离镇;三,以应有贡物,值契丹将刘九一军自土门西入屯于南川,城中忧惧,俟召还此军,道路始通,可以入贡。契丹主赐诏褒美,及进画,亲加"儿"字于知远姓名之上,仍赐以木拐。胡法,优礼大臣则赐之,如汉赐几杖之比,惟伟王以叔父之尊得之。

契丹主广泛接受四面八方送上来的进贡礼品，大肆饮酒作乐，常常对原后晋的臣子说："你们中国的事，我都知道；可我国的事，你们就不晓得了！"

赵延寿请求供给北国军队粮饷，契丹主说："我国没有这个先例。"于是就向四处放出胡骑兵，以放马为名，四处抢掠，称为"打草谷"。百姓中年轻力壮的死于契丹兵的刀下，年老体弱的填于沟壑，从大梁、洛阳的辖区直到郑、滑、曹、濮各州，几百里地的地面上，财产牲畜几乎被抢掠一空。

契丹主对判三司刘昫说："契丹大军三十万，灭掉了晋国，就应该发给丰厚的赏赐，要赶快准备操办。"当时官府仓库里已经空竭，刘昫不知从哪里弄到这些东西，于是就向都城的士人百姓借钱，自将相以下都免不了。又分别派遣几十名使者到各州中借款，都用严刑相威胁，民不聊生。其实钱根本不颁发给契丹士兵，都聚积到皇宫内库里，打算装车运往本国。于是内外怨恨、愤怒，开始感到契丹的祸患痛苦，都想驱逐他们了。

12 当初，后晋主与河东节度使、中书令、北平王刘知远相互疑忌，虽然任命刘知远为北面行营都统，但徒有虚名罢了，各军的行动，实际上他一点都不能干预。刘知远因此大量招募士兵。阳城一战，各军的散兵游勇归附于他的有几千人，又得到吐谷浑的财产牲畜，于是各藩镇中河东最为富强，步兵、骑兵多达五万人。

后晋主和契丹结下怨隙，刘知远判断他必然凶多吉少，但从未加以劝谏。契丹屡次深入进犯，刘知远全然没有拦击、入援的打算。等到听说契丹已占据大梁，刘知远就分兵守护四方边境来防备侵袭。又派遣客将安阳人王峻向契丹主奉上三道表章：一是祝贺契丹进入大梁；二是因太原是夷、夏人杂居共处之处，守防士卒屯聚之地，所以不敢离镇前往朝贺；三是本应献上贡品，但正值契丹将领刘九一的军队从土门西入屯于南川，太原城中人心忧虑恐惧，待召回刘九一的部队，道路畅通，才可以送入贡品。契丹主见表章后赐予诏书，称赞表彰，待亲自审批诏书时，又在刘知远的姓名上加上"儿"字，以示亲近，并赐给他木栒。按照胡人的传统，优待大臣就赐以木栒，相当于汉人赐给几杖，只有伟王因为是叔父，地位尊贵，才得到这种赏赐。

知远又遣北都副留守太原白文珂入献奇缯名马，契丹主知知远观望不至，及文珂还，使谓知远曰："汝不事南朝，又不事北朝，意欲何所俟邪？"蕃汉孔目官郭威言于知远曰："虏恨我深矣！王峻言契丹贪残失人心，必不能久有中国。"

或劝知远举兵进取。知远曰："用兵有缓有急，当随时制宜。今契丹新降晋兵十万，虎据京邑，未有他变，岂可轻动哉！且观其所利止于货财，货财既足，必将北去。况冰雪已消，势难久留，宜待其去，然后取之，可以万全。"

昭义节度使张从恩，以地迫怀、洛，欲入朝于契丹，遣使谋于知远，知远曰："我以一隅之地，安敢抗天下之大！君宜先行，我当继往。"从恩以为然。判官高防谏曰："公晋室懿亲，不可轻变臣节。"从恩不从。左骁卫大将军王守恩，与从恩姻家，时在上党，从恩以副使赵行迁知留后，牒守恩权巡检使，与高防佐之。守恩，建立之子也。

13　荆南节度使高从诲遣使入贡于契丹，契丹遣使以马赐之。从诲亦遣使诣河东劝进。

14　唐主立齐王景遂为皇太弟。徙燕王景达为齐王，领诸道兵马元帅；徙南昌王弘冀为燕王，为之副。

景遂尝与宫僚燕集，赞善大夫元城张易有所规谏，景遂方与客传玩玉杯，弗之顾。易怒曰："殿下重宝而轻士。"取玉杯抵地碎之，众皆失色。景遂敛容谢之，待易益厚。

景达性刚直，唐主与宗室近臣饮，冯延己、延鲁、魏岑、陈觉辈，极倾诌之态，或乘酒喧笑。景达屡诃责之，复极言谏唐主，以不宜亲近佞臣。延己以二弟立非己意，欲以虚言德之；尝宴东宫，

刘知远又派遣北都副留守太原人白文珂献上珍奇的丝织品和名贵的马匹，契丹主知道刘知远两边观望，不来朝见，等白文珂回太原时，契丹主让他告诉刘知远："你既不奉事南朝，又不奉事北朝，你打算等什么呢？"蕃汉孔目官郭威对刘知远说："胡虏对我们怨恨很深啊！王峻说契丹贪婪残暴失掉人心，一定不能长久占据中国。"

有人劝刘知远起兵进攻。刘知远说："用兵有缓有急，应当随时采取合适的策略。现在契丹刚刚招降了晋国的十万兵马，像老虎一样雄踞都城，形势没有其他的变化，怎能轻举妄动呢！况且观察他们所贪图的无非是钱财物品，钱财物品得足了，一定要向北回国的。况且现在冰雪已消，气候转暖，他们必然难以久留，应等他们退去，再去占领那里，才可确保万无一失。"

昭义节度使张从恩，因为地近怀、洛二州，想向契丹朝觐，派使者先去和刘知远商量，刘知远说："我们以一个角落的地盘，怎么敢与偌大的天下抗争！您可先行一步，我随后就去。"张从恩信以为真。判官高防劝谏道："您身为晋室的至亲，切不可轻易地改变为臣的气节。"张从恩不听从。左骁卫大将军王守恩和张从恩是亲家，当时在上党，张从恩命节度副使赵行迁主持留后事务，发公文派王守恩代理巡检使，与高防共同辅佐赵行迁。王守恩是王建立的儿子。

13 荆南节度使高从诲派使者向契丹进贡，契丹派使者赐给他马匹。高从诲也派使者到河东，劝刘知远登皇帝位。

14 南唐主立齐王李景遂为皇太弟。又改封燕王李景达为齐王，领诸道兵马元帅；改封南昌王李弘冀为燕王，为副元帅。

李景遂曾和宫中僚属宴饮聚会，赞善大夫元城人张易有所劝谏，而李景遂正和客人们传看赏玩玉杯，顾不上理他。张易愤怒地说："殿下看重宝物而轻视士人。"抓过玉杯摔在地上砸碎了，众人都大惊失色。而李景遂显出严肃的脸色向张易道歉，从此对张易更加重视了。

李景达生性刚正直率。南唐主常和宗室近臣一起饮酒，冯延己、冯延鲁、魏岑、陈觉等人在此时竭尽诌媚丑态，有时借酒喧哗大笑。李景达多次大声斥责他们，又反复劝谏南唐主，认为不应亲近那些奸佞之臣。冯延己因两个皇弟的封立并不出于自己的意思，就想用空话来表示自己对他们有恩德；一次在东宫饮宴时，

阳醉,抚景达背曰:"尔不可忘我!"景达大怒,拂衣入禁中白唐主,请斩之;唐主谕解,乃止。张易谓景达曰:"群小交构,祸福所系。殿下力未能去,数面折之,使彼惧而为备,何所不至!"自是每游宴,景达多辞疾不预。

唐主遣使贺契丹灭晋,且请诣长安修复诸陵。契丹不许,而遣使报之。

晋密州刺史皇甫晖,棣州刺史王建,皆避契丹,帅众奔唐;淮北贼帅多请命于唐。唐虞部员外郎韩熙载上疏,以为:"陛下恢复祖业,今也其时。若虏主北归,中原有主,则未易图也。"时方连兵福州,未暇北顾。唐人皆以为恨,唐主亦悔之。

15　契丹主召晋百官悉集于庭,问曰:"吾国广大,方数万里,有君长二十七人;今中国之俗异于吾国,吾欲择一人君之,如何?"皆曰:"天无二日。夷、夏之心,皆愿推戴皇帝。"如是者再。契丹主乃曰:"汝曹既欲君我,今兹所行,何事为先?"对曰:"王者初有天下,应大赦。"二月丁巳朔,契丹主服通天冠、绛纱袍,登正殿,设乐悬、仪卫于庭。百官朝贺,华人皆法服,胡人仍胡服,立于文武班中间。下制称大辽会同十年,大赦。仍云:"自今节度使、刺史,毋得置牙兵,市战马。"

赵延寿以契丹主负约,心怏怏,令李崧言于契丹主曰:"汉天子所不敢望,乞为皇太子。"崧不得已为言之。契丹主曰:"我于燕王,虽割吾肉,有用于燕王,吾无所爱。然吾闻皇太子当以天子儿为之,岂燕王所可为也!"因令为燕王迁官。时契丹以恒州为中京,翰林承旨张砺奏拟燕王中京留守、大丞相、录尚书事、都督中外诸军事,枢密使如故。契丹主取笔涂去"录尚书事都督中外诸军事"而行之。

他装作酒醉,拍着李景达的后背说:"你不能忘了我!"李景达大怒,一甩袖子进入宫中,禀报南唐主,请求杀掉冯延己;唐主百般劝解,才算罢了。张易对李景达说:"朝中这群宵小之徒盘根错节,实在关系到生死福祸。殿下的力量不能除去他们,却多次当面折辱他们,使他们害怕并作好防范,什么事干不出来!"从此每次游乐宴会,李景达多借口身体不适而不参加。

南唐主派使臣去祝贺契丹攻灭后晋,并请契丹允许他去长安修复各处陵墓。契丹不允许,并派使者回复此事。

后晋密州刺史皇甫晖、棣州刺史王建,都躲避契丹而率众投奔南唐;淮北一带的盗贼将领也多请求归附听命于南唐。南唐虞部员外郎韩熙载上疏道:"陛下要恢复祖先大业,现在是时候了。如果胡虏之主北上回国,而中原有了新主,那就不容易对付了。"当时南唐正在与吴越争夺福州,没有机会顾及北方。南唐人都以此为恨事,后唐主也很后悔痛失良机。

15 契丹主在庭中召集后晋的全部文武百官,问他们:"我国土辽阔广大,方圆数万里,有君长二十七人;而中国的习俗和我国不一样,我想选一个人做中国的君长,怎么样?"百官都说:"天上没有两个太阳。无论夷族、华夏的人心,都愿拥戴您为皇帝。"这样劝进两次。契丹主于是说:"你们既然愿意让我做皇帝,那么现在要办的事,第一项是什么?"百官答道:"皇帝刚刚得到天下,应该大赦罪人。"二月丁巳朔(初一),契丹主头戴通天冠,身披绛纱袍,在皇宫正殿登极,庭下设置了大典乐器和仪仗卫队。百官都来朝贺,汉人都穿礼服,胡人仍穿胡服,立在汉人文、武两班中间。契丹主传下命令,称大辽会同十年,大赦天下。并说:"从今以后,节度使、刺史不许设置亲兵卫队,不得购买战马。"

赵延寿因为契丹主负约,心里愤懑不平,派李崧向契丹主说:"我不敢奢望为汉人天子,但请求做个皇太子。"李崧不得已,把这话转告给契丹主。契丹主说:"我对燕王,即使是割我身上的肉,只要于燕王有用,也在所不惜。但是我听说皇太子应当是天子的儿子才能当,哪能是燕王所能做的!"于是命令给燕王晋升官职。当时契丹以恒州作为中京,翰林承旨张砺奏拟以燕王为中京留守、大丞相、录尚书事、都督中外诸军事,枢密使照旧。契丹主取笔涂去"录尚书事、都督中外诸军事"后,发布此令。

16 壬戌,蜀李继勋与兴州刺史刘景攻固镇,拔之。乙丑,何重建请出蜀兵与阶成兵共扼散关以取凤州,丙寅,蜀主发山南兵三千七百赴之。

17 刘知远闻何重建降蜀,叹曰:"戎狄凭陵,中原无主,令藩镇外附,吾为方伯,良可愧也!"

于是将佐劝知远称尊号,以号令四方,观诸侯去就。知远不许。闻晋主北迁,声言欲出兵井陉,迎归晋阳。丁卯,命武节都指挥使荥泽史弘肇集诸军于毬场,告以出军之期。军士皆曰:"今契丹陷京城,执天子,天下无主。主天下者,非我王而谁!宜先正位号,然后出师。"争呼万岁不已。知远曰:"虏势尚强,吾军威未振,当且建功业。士卒何知!"命左右遏止之。

己巳,行军司马潞城张彦威等三上笺劝进,知远疑未决。郭威与都押牙冠氏杨邠入说知远曰:"今远近之心,不谋而同,此天意也。王不乘此际取之,谦让不居,恐人心且移,移则反受其咎矣。"知远从之。

18 契丹以其将刘愿为保义节度副使,陕人苦其暴虐。奉国都头王晏与指挥使赵晖、都头侯章谋曰:"今胡虏乱华,乃吾属奋发之秋。河东刘公,威德远著,吾辈若杀愿,举陕城归之,为天下唱,取富贵如返掌耳。"晖等然之。晏与壮士数人,夜逾牙城入府,出库兵以给众。庚午旦,斩愿首,悬诸府门,又杀契丹监军,奉晖为留后。晏,徐州;晖,澶州;章,太原人也。

19 辛未,刘知远即皇帝位。自言未忍改晋,又恶开运之名,乃更称天福十二年。

壬申,诏:"诸道为契丹括率钱帛者,皆罢之。其晋臣被迫胁为使者勿问,令诣行在。自馀契丹,所在诛之。"

16 壬戌（初六），后蜀李继勋和兴州刺史刘景进攻并夺取了固镇。乙丑（初九），何重建请求后蜀派兵与阶、成二州兵马共同扼守散关，以便夺取凤州，丙寅（初十），后蜀主命发山南兵三千七百名赶赴散关。

17 刘知远听说何重建投降后蜀，感叹道："戎狄入侵蹂躏，中原没有君主，致使藩镇向外投靠，我身为一方长官，太感惭愧了！"

于是他手下的将佐劝刘知远称皇帝尊号，以便号令四方，看各处诸侯的去向。刘知远不同意。听说晋主北上迁徙，刘知远放出风声要出兵井陉，迎接出帝回晋阳城。丁卯（十一日），命令武节都指挥使荥泽人史弘肇集合各军到毬场，公布了出兵的日期。军士们都说："现在契丹攻陷京城，抓走天子，天下已没有君主了。能够做天下君主的，除了我们北平王还有谁！应该先确定皇帝名号，然后再出兵。"于是争着呼喊"万岁"不止。刘知远说："胡虏的兵力还强，而我们的军威还不振，应当先建功业。这些事士兵怎能知道呢！"命左右将佐制止士兵的喧哗。

己巳（十三日），行军司马潞城人张彦威等三次上书劝刘知远登皇帝位。刘知远迟疑不决。郭威和都押牙冠氏人杨邠入内劝说刘知远道："现在远近的人心，不谋而合，这是天意啊。如果您不趁这个时候取天下，而谦让不就，只怕人心就要转移，而转移了您就要反受其害了。"刘知远听从了他们的劝进。

18 契丹派他的将领刘愿为保义节度副使，陕人苦于他的暴虐。奉国都头王晏与指挥使赵晖、都头侯章合谋道："现在胡虏扰乱中华，这正是我辈奋发有为的年代。河东的刘公，德高望重、远近闻名，我们如果杀死刘愿，率陕城归附于他，以此作为天下的首倡，那么取得富贵就易如反掌。"赵晖等人都认为对。王晏和几名壮士，趁着夜里爬上牙城并潜入府库，把兵器取出分给众人。庚午（十四日）早晨，砍掉了刘愿的脑袋，悬挂在府门上，又杀掉契丹的监军，拥立赵晖为留后。王晏是徐州人，赵晖是澶州人，侯章是太原人。

19 辛未（十五日），刘知远登皇帝位。自称不忍改后晋年号，但厌恶开运这个年号，于是改称天福十二年。

壬申（十六日），刘知远下诏书道："各道官员为契丹搜刮钱财的，都罢免。原晋臣子被胁迫派出做使者的，不予追究，命前来报到。至于其他契丹人，各处都要诛杀他们。"

20　何重建遣宮苑使崔延琛将兵攻凤州,不克,退保固镇。

21　甲戌,帝自将东迎晋主及太后。至寿阳,闻已过恒州数日,乃留兵戍承天军而还。

晋主既出塞,契丹无复供给,从官、宫女,皆自采木实、草叶而食之。至锦州,契丹令晋主及后妃拜契丹主阿保机墓。晋主不胜屈辱,泣曰:"薛超误我!"冯后阴令左右求毒药,欲与晋主俱自杀,不果。

22　契丹主闻帝即位,以通事耿崇美为昭义节度使,高唐英为彰德节度使,崔廷勋为河阳节度使,以控扼要害。

初,晋置乡兵,号天威军。教习岁馀,村民不闲军旅,竟不可用,悉罢之,但令七户输钱十千,其铠仗悉输官。而无赖子弟,不复肯复农业,山林之盗,自是而繁。及契丹入汴,纵胡骑打草谷;又多以其子弟及亲信左右为节度使、刺史,不通政事,华人之狡狯者多往依其麾下,教之妄作威福,掊敛货财,民不堪命。于是所在相聚为盗,多者数万人,少者不减千百,攻陷州县,杀掠吏民。滏阳贼帅梁晖,有众数百,送款晋阳求效用,帝许之。磁州刺史李毂密通表于帝,令晖袭相州。晖侦知高唐英未至,相州积兵器,无守备,丁丑夜,遣壮士逾城入,启关纳其众,杀契丹数百,其守将突围走。晖据州自称留后,表言其状。

23　戊寅,帝还至晋阳,议率民财以赏将士,夫人李氏谏曰:"陛下因河东创大业,未有以惠泽其民而先夺其生生之资,殆非新天子所以救民之意也。今宫中所有,请悉出之以劳军,虽复不厚,人无怨言。"帝曰:"善!"即罢率民,倾内府蓄积以赐将士,中外闻之,大悦。李氏,晋阳人也。

20 何重建派宫苑使崔延琛领兵攻打凤州,没能攻克,退守固镇。

21 甲戌(十八日),后汉高祖刘知远亲自率兵东去迎接后晋主和太后。兵至寿阳时,听说后晋主已被押过恒州好几天了,于是留兵在承天军守卫而返回。

后晋主到塞外,契丹就不再提供饮食,跟随的官员、宫女都自己去采摘树上的野果和草叶充饥。到了锦州,契丹命后晋主和后妃叩拜契丹主耶律阿保机的墓。后晋主受不了这种屈辱,哭泣道:"薛超害了我!"冯皇后悄悄命令随从去寻找毒药,打算和后晋主一起自杀,但没能实现。

22 契丹主听说刘知远已即皇帝位,就派通事耿崇美为昭义节度使,高唐英为彰德节度使,崔廷勋为河阳节度使,以便控制扼守各地要塞。

当初,后晋设置乡兵,号称"天威军"。教习演练了一年多,村民们还是不熟悉军旅作战,结果不能使用,于是又下令解散了,只让每七户交钱十千,原来的兵器铠甲全部交纳官府。而乡兵中的无赖子弟,不再肯干农活,占聚山林的盗贼,从此多了起来。到了契丹进入大梁城,放纵胡人骑兵四处"打草谷";又大多命契丹人的子弟和亲信左右为节度使、刺史,但这些人并不通晓政事,华人中狡狯的往往依附在他们麾下,教他们肆无忌惮地作威作福,苛敛钱财,使得老百姓活不下去。于是就地相聚成为盗贼,多的有几万人,少的也不低于千儿八百,他们攻陷州县城池,杀戮抢掠官民。滏阳盗贼头目梁晖,聚众数百人,向晋阳上表归诚请求效力,刘知远同意了。磁州刺史李毅向皇帝刘知远呈密报,命令梁晖袭击相州。梁晖侦察到高唐英还没到,而相州聚积了许多兵器,且没有守备军兵,丁丑(二十一日)夜里,派壮士爬过城墙,到城中打开城门,众人涌入,杀死契丹人数百名,他们的守将突围逃跑了。梁晖占据了相州,自称留后,并向刘知远上表陈述作战经过。

23 戊寅(二十二日),刘知远回到晋阳城,提议向百姓分派索取钱财赏给作战将士,夫人李氏功谏道:"陛下靠河东开创大业,但没有给百姓们带来恩惠好处,就先要夺取他们借以生活的资财,这大概不是新天子救民于苦难中的本意吧。现在就宫中所有的钱财,请全部拿出来慰劳军兵,虽然钱不太多,但人不会有怨言。"刘知远说:"对!"当即免除百姓分摊之议,把内府全部积蓄都拿出来赏赐作战将士,官员、百姓听到后,都很高兴。李氏是晋阳人。

24　吴越内都监程昭悦,多聚宾客,畜兵器,与术士游。吴越王弘佐欲诛之,谓水丘昭券曰:"汝今夕帅甲士千人围昭悦第。"昭券曰:"昭悦,家臣也,有罪当显戮,不宜夜兴兵。"弘佐曰:"善!"命内牙指挥使诸温伺昭悦归第,执送东府。己卯,斩之。释钱仁俊之囚。

25　武节都指挥使史弘肇攻代州,拔之,斩王晖。

26　建雄留后刘在明朝于契丹,以节度副使骆从朗知州事。帝遣使者张晏洪等如晋州,谕以己即帝位,从朗皆囚之。大将药可俦杀从朗,推晏洪权留后,庚辰,遣使以闻。

契丹主遣右谏议大夫赵熙使晋州,括率钱帛,征督甚急。从朗既死,民相帅共杀熙。

契丹主赐赵晖诏,即以为保义留后。晖斩契丹使者,焚其诏,遣支使河间赵矩奉表诣晋阳。契丹遣其将高谟翰攻晖,不克。帝见矩,甚喜,曰:"子挈咽喉之地以归我,天下不足定也。"矩因劝帝早引兵南向以副天下之望,帝善之。

辛巳,以晖为保义节度使,侯章为镇国节度使、保义军马步都指挥使,王晏为绛州防御使、保义军马步副指挥使。

27　高防与王守恩谋,遣指挥使李万超白昼帅众大噪入府,斩赵行迁,推守恩权知昭义留后。守恩杀契丹使者,举镇来降。

28　镇宁节度使邪律郎五,性残虐,澶州人苦之。贼帅王琼帅其徒千馀人,夜袭据南城,北度浮航,纵兵大掠,围郎五于牙城。契丹主闻之,甚惧,始遣天平节度使李守贞、天雄节度使杜重威还镇,由是无久留河南之意。遣兵救澶州;琼退屯近郊,遣弟超奉表来求救。癸未,帝厚赐超,遣还。琼兵败,为契丹所杀。

24　吴越内都监程昭悦聚积了众多的门客,收贮兵器,并和方士交往。吴越王钱弘佐想诛杀他,对水丘昭券说:"你今天晚上带领甲士三千人包围程昭悦的宅第。"昭券说:"程昭悦是家臣,有罪应该明正典刑、当众处决,不宜于夜晚兴兵问罪。"钱弘佐说:"对!"于是命内牙指挥使诸温等待程昭悦回家,抓送东府审讯。己卯(二十三日),将他处斩。并把关押中的钱仁俊释放了。

25　武节都指挥使史弘肇出兵攻克代州,杀掉王晖。

26　建雄留后刘在明朝见契丹,让节度副使骆从朗主持州中事务。后汉高祖派使者张晏洪等人前往晋州,宣布自己已登皇帝位,骆从朗把他派去的人全都囚禁起来。大将药可俦杀死了骆从朗,推举张晏洪为代理留后,庚辰(二十四日),派使者报告后汉高祖。

契丹主派遣右谏议大夫赵熙出使晋州,搜刮老百姓的钱财,征收催逼得很急。骆从朗死后,百姓们互相招呼着一起杀死赵熙。

契丹主赐给赵晖诏书,命他为保义留后。赵晖斩杀契丹使者,烧掉诏书,派支使河间人赵矩为使者奉持表章前往晋阳。契丹派将军高谟翰进攻赵晖,没能攻克。后汉高祖见到赵矩,非常高兴,说:"你带着咽喉要地前来归顺于我,天下不难平定了。"赵矩劝他早日率兵南下,以满足天下人的盼望,后汉高祖答应了。

辛巳(二十五日),后汉高祖任命赵晖为保义节度使,侯章为镇国节度使、保义军马步都指挥使,王晏为绛州防御使、保义军马步副指挥使。

27　高防与王守恩策划,派指挥使李万超在白天率领众兵喧噪入府,杀死赵行迁,推举王守恩为代理昭义留后。王守恩杀死契丹使者,率藩镇前来归降。

28　镇宁节度使耶律郎五,生性残酷暴虐,澶州人吃够了他的苦头。盗贼首领王琼率领他的一千多人趁夜袭击占领了南城,然后向北通过浮桥,纵兵大肆劫掠,将耶律郎五围困于牙城之内。契丹主听到这个消息,很害怕,开始派天平节度李守贞、天雄节度使杜重威返回原镇,从此再没有久留河南的意思。契丹主调兵遣将营救澶州;王琼退守澶州城近郊,派弟弟王超上表前来求救。癸未(二十七日),后汉高祖给予王超丰厚的赏赐,送他回澶州。王琼战败,被契丹杀死。

29　蜀主加雄武节度使何重建同平章事。

30　延州录事参军高允权，万金之子也。彰武节度使周密，暗而贪，将士作乱，攻之。密败，保东城。众以允权家世延帅，推为留后，据西城。密，应州人也。

31　丹州都指挥使高彦珣杀契丹所署刺史，自领州事。

32　契丹述律太后遣使以其国中酒馔脯果赐契丹主，贺平晋国。契丹主与群臣宴于永福殿，每举酒，立而饮之，曰："太后所赐，不敢坐饮。"

33　唐王淑妃与郇公从益居洛阳；赵延寿娶明宗女为夫人，淑妃诣大梁会礼。契丹主见而拜之曰："吾嫂也。"统军刘遂凝因淑妃求节钺，契丹主以从益为许王、威信节度使，遂凝为安远节度使。淑妃以从益幼，辞不赴镇，复归于洛。

34　契丹主以张砺为右仆射兼门下侍郎、同平章事，左仆射和凝兼中书侍郎、同平章事；司空兼门下侍郎、同平章事刘昫，以目疾辞位，罢为太保。

35　东方群盗大起，陷宋、亳、密三州。契丹主谓左右曰："我不知中国之人难制如此！"亟遣泰宁节度使安审琦、武宁节度使符彦卿等归镇，仍以契丹兵送之。

彦卿至埇桥，贼帅李仁恕帅众数万急攻徐州。彦卿与数十骑至城下，扬鞭欲招谕之，仁恕控彦卿马，请从相公入城。彦卿子昭序，自城中遣军校陈守习缒而出，呼于贼中曰："相公已陷虎口，听相公助贼攻城，城不可得也。"贼知不可劫，乃相率罗拜于彦卿马前，乞赦其罪。彦卿与之誓，乃解去。

36　三月丙戌朔，契丹主服赭袍，坐崇元殿，百官行入阁礼。

37　戊子，帝遣使以诏书安集农民保聚山谷避契丹之患者。

29　后蜀主加封雄武节度使何重建为同平章事。

30　延州录事参军高允权，是高万金的儿子。彰武节度使周密昏庸而贪婪，将士们哗变攻打他。周密兵败，退守东城。将士们认为高允权家世代统率延州，推举他为留后，占据西城。周密是应州人。

31　丹州都指挥使高彦珣杀死契丹指派的刺史，自己统领丹州事务。

32　契丹述律太后派遣使者把辽国的酒肉蔬果赐给契丹主，祝贺他灭亡了后晋。契丹主和群臣饮宴于永福殿，每次举起酒，都立着饮尽，说："太后所赐的酒，不敢坐着喝。"

33　后唐明宗的王淑妃和郇公李从益住在洛阳；赵延寿娶后唐明宗的女儿为妻，淑妃前来大梁城会面见礼。契丹主见到她就下拜行礼，说："是我的嫂子。"统军刘遂凝通过淑妃求封，契丹主封李从益为许王、威信节度使，刘遂凝为安远节度使。王淑妃因为李从益还年幼，推辞未赴藩镇，又回到洛阳。

34　契丹主任命张砺为右仆射兼门下侍郎、同平章事，左仆射和凝兼中书侍郎、同平章事；司空兼门下侍郎、同平章事刘昫，因有眼疾要求辞职，于是免去其职，任太保。

35　东方各处盗贼蜂拥而起，攻陷宋、亳、密三州。契丹主对左右官员说："我不知道中国人竟这样难于制服！"急派泰宁节度使安审琦、武宁节度使符彦卿等人回归藩镇，还派契丹兵护送他们。

符彦卿来到埇桥，盗贼头领李仁恕率领几万军兵加紧进攻徐州。符彦卿和数十骑兵来到城下，扬鞭想要招抚劝谕他们，李仁恕就抓住符彦卿的马缰绳，说请和相公一齐进城。符彦卿的儿子符昭序，在城中派军校陈守习从城上顺着绳子溜下来，到李仁恕军士中大声呼喊："相公已经陷入虎口，任凭相公助贼攻城，也休想得到此城！"李仁恕军士知道劫持不成，就相互跟着拜倒在符彦卿的马前，乞求赦免他们的罪过。符彦卿和他们盟誓后，于是解围离去。

36　三月丙戌朔（初一），契丹主身穿赭袍，坐在崇元殿上，文武百官前来行入阁礼。

37　戊子（初三），后汉高祖派遣使臣宣示诏书，安抚那些为避契丹战乱祸患而聚集到山谷借以自保的农民。

38　辛卯，高允权奉表来降。帝谕允权听周密诣行在，密遂弃东城来奔。

39　壬辰，高彦询以丹州来降。

40　蜀翰林承旨李昊谓枢密使王处回曰："敌复据固镇，则兴州道绝，不复能救秦州矣。请遣山南西道节度使孙汉韶将兵急攻凤州。"癸巳，蜀主命汉韶诣凤州行营。

41　契丹主复召晋百官，谕之曰："天时向热，吾难久留，欲暂至上国省太后。当留亲信一人于此为节度使。"百官请迎太后。契丹主曰："太后族大，如古柏根，不可移也。"契丹主欲尽以晋之百官自随。或曰："举国北迁，恐摇人心，不如稍稍迁之。"乃诏有职事者从行，馀留大梁。

复以汴州为宣武军，以萧翰为节度使。翰，述律太后之兄子，其妹复为契丹主后。翰始以萧为姓，自是契丹后族皆称萧氏。

42　吴越复发水军，遣其将余安将之，自海道救福州。己亥，至白虾浦。海岸泥淖，须布竹簀乃可行，唐之诸军在城南者，聚而射之，簀不得施。冯延鲁曰："城所以不降者，恃此救也。今相持不战，徒老我师，不若纵其登岸尽杀之，则城不攻自降矣。"裨将孟坚曰："浙兵至此已久，不能进退，求一战而死不可得。若纵其登岸，彼必致死于我，其锋不可当，安能尽杀乎！"延鲁不听，曰："吾自击之。"吴越兵既登岸，大呼奋击，延鲁不能御，弃众而走，孟坚战死。吴越兵乘胜而进，城中兵亦出，夹击唐兵，大破之。唐城南诸军皆遁，吴越兵追之。王崇文以牙兵三百拒之，诸军陈于崇文之后，追者乃还。

或言浙兵欲弃福州，拔李达之众归钱唐，东南守将刘洪进等白王建封，请纵其尽出而取其城。留从效不欲福州之平，建封亦忿陈觉等专横，乃曰："吾军败矣，安能与人争城！"是夕，

38 辛卯(初六),高允权上表来归降。后汉高祖告诉高允权说,听凭周密到自己驻地来。周密闻讯立刻放弃了东城前来投奔。

39 壬辰(初七),高彦询奉丹州前来归降。

40 后蜀翰林承旨李昊对枢密使王处回说:"敌人又占领了固镇,这样兴州的道路已断绝,不再能援救秦州了。请派山南西道节度使孙汉韶领兵加紧进攻凤州。"癸巳(初八),后蜀主命孙汉韶赶往凤州行营。

41 契丹主又召见原后晋的文武百官,告谕他们说:"天时渐渐热起来,我难以久留此地,想暂时北归辽国看望太后。应当留一名亲信在这里任节度使。"百官请求迎接太后到大梁。契丹主说:"太后家族庞大,就像古柏盘根,不可移动了。"契丹主想让后晋的百官统统随从自己北上。有人说:"如果全国北迁,恐怕人心动摇,不如慢慢地迁徙。"于是诏令有职事的跟随北迁,其他留在大梁。

契丹主又将汴州改置为宣武军,派萧翰为节度使。萧翰是述律太后哥哥的儿子,他的妹妹又是契丹主的皇后。萧翰开始以萧为姓,从此以后,契丹皇后一族都称是萧氏。

42 吴越王又派水军,命令将军余安率领,从海路救福州。己亥(十四日),水军到白虾浦,海岸全是泥沼,必须铺上竹席军队才能登岸,而南唐的各路军马在福州城南的,聚集起来向海岸射箭,竹席铺不成。冯延鲁说:"福州城之所以不投降,是依仗有海上救兵。现在两军相持不战,只能使我军疲惫,不如放他们登岸而全部消灭,城也就不攻自破了。"副将孟坚说:"吴越兵远来这里,进不能进,退不能退,巴不得和我们决一死战。如果放他们登岸,他们一定要置我们于死地,那锋芒锐不可当,怎能被全部消灭呢!"冯延鲁不听劝告,说:"我自己带兵去击杀他们。"吴越兵登岸后,就大声喊杀,奋勇攻击,冯延鲁不能抵挡,扔下军队自己跑了,孟坚战死。吴越兵乘胜前进,城中兵也冲出来,夹击南唐军队,大败南唐军。福州城南的南唐各路军马全都逃跑,吴越兵在后面追杀。王崇文率领三百名亲兵顽强抵抗,各路军马在王崇文后面布阵,追击的吴越兵才退却。

有人说吴越兵想舍弃福州,战胜李达的军队后回归钱唐,东南面的守将刘洪进等禀告王建封,请他把吴越兵全都放出城然后夺取城池。留从效本不愿平定福州,王建封也忿恨陈觉等人专横跋扈,就说:"我军已经败了,怎能和人争夺城池!"当晚,

烧营而遁，城北诸军亦相顾而溃。冯延鲁引佩刀自刺，亲吏救之，不死。唐兵死者二万馀人，委弃军资器械数十万，府库为之耗竭。

余安引兵入福州，李达举所部授之。

43　留从效引兵还泉州，谓唐戍将曰："泉州与福州世为仇敌，南接岭海瘴疠之乡，地险土瘠。比年军旅屡兴，农桑废业，冬征夏敛，仅能自赡，岂劳大军久戍于此！"置酒饯之，戍将不得已引兵归。唐主不能制，加从效检校太傅。

44　壬寅，契丹主发大梁，晋文武诸司从者数千人，诸军吏卒又数千人，宫女、宦官数百人，尽载府库之实以行，所留乐器仪仗而已。夕，宿赤冈，契丹主见村落皆空，命有司发榜数百通，所在招抚百姓，然竟不禁胡骑剽掠。丙午，契丹主自白马渡河，谓宣徽使高勋曰："吾在上国，以射猎为乐，至此令人悒悒。今得归，死无恨矣。"

45　蜀孙汉韶将兵两万攻凤州，军于固镇，分兵扼散关以绝援路。

46　张筠、余安皆还钱唐，吴越王弘佐遣东南安抚使鲍脩让将兵戍福州，以东府安抚使钱弘倧为丞相。

47　庚戌，以皇弟北京马步都指挥使崇行太原尹，知府事。

48　辛亥，契丹主将攻相州，梁晖请降；契丹主赦之，许以为防御使，晖疑其诈，复乘城拒守。夏，四月己未，未明，契丹主命蕃、汉诸军急攻相州，食时克之，悉杀城中男子，驱其妇女而北，胡人掷婴孩于空中，举刃接之以为乐。留高唐英守相州。唐英阅城中，遗民男女得七百馀人。其后节度使王继弘敛城中髑髅瘗之，凡得十馀万。

烧掉军营逃跑,包围城北的各部军马也跟随溃退了。冯延鲁抽出佩刀自杀,随身亲兵连忙抢救,得以不死。南唐兵将死了两万多人,丢弃的军资器械有几十万件,国库也为此耗尽了。

余安领兵进入福州,李达把全部军队都交他指挥。

43 留从效领兵回泉州,对南唐守将说:"泉州和福州世世为仇敌,南面连接岭南海边瘴气弥漫、疠病漫延的地方,地势险要而土壤贫瘠。由于连年兴兵作战,田地桑园全都废弃,每年冬夏两季征收的粮食、赋税,仅够自己养活自己,怎敢有劳大军长久驻扎在这里呢!"于是摆设酒宴为他们饯行,南唐守将不得已率兵回国了。南唐主不能制约留从效,就加封他为检校太傅。

44 壬寅(十七日),契丹主从大梁出发,后晋文武各司被带走的官员有几千人,各军兵将又有几千人,宫女、宦官几百人,把府库中值钱的统统装车运走,所留下的只有乐器仪仗罢了。当晚,宿于赤冈,契丹主见村落都空荡荡的,就命令官员发布榜文数百篇,招徕安抚当地百姓,但是他始终不禁止胡人骑兵的抢劫掠夺。丙午(二十一日),契丹主从白马渡过黄河,对宣徽使高勋说:"我在辽国,以骑射打猎作为乐事,来到这里令人闷闷不乐。今天总算回来,死了也无遗恨了。"

45 后蜀孙汉韶率兵两万攻打凤州,军队驻扎在固镇,分兵把守散关,以断绝外援之路。

46 张筠、余安回到钱唐,吴越王钱弘佐派遣东南安抚使鲍脩让领兵守卫福州,任命东府安抚使钱弘倧为丞相。

47 庚戌(二十五日),后汉高祖派皇弟北京马步都指挥使刘崇为代理太原府尹,主持府中事务。

48 辛亥(二十六日),契丹主将要进攻相州,守将梁晖请求投降;契丹主赦免了他的罪,并答应封他为防御使,梁晖怀疑其中有诈,又登城抗击拒守。夏季,四月己未(初四),天还未亮,契丹主命蕃、汉各军急攻相州,到吃饭时就攻克,把城中的男子全杀光,驱赶着妇女北上,契丹人把婴儿扔到空中,然后举起刀锋去接,以此作乐。契丹主留高唐英镇守相州。高唐英查看城中,遗留下的百姓仅得七百多人。以后节度使王继弘收敛城中的髑髅埋葬,共得十几万具。

或告磁州刺史李㲄谋举州应汉,契丹主执而诘之,㲄不服,契丹主引手于车中,若取所获文书者。㲄知其诈,因请曰:"必有其验,乞显示之。"凡六诘,㲄辞气不屈,乃释之。

49 帝以从弟北京马军都指挥使信领义成节度使,充侍卫马军都指挥使,武节都指挥使史弘肇领忠武节度使,充步军都指挥使,右都押牙杨邠权枢密使,蕃汉兵马都孔目官郭威权副枢密使,两使都孔目官南乐王章权三司使。

50 癸亥,立魏国夫人李氏为皇后。

51 契丹主见所过城邑丘墟,谓蕃、汉群臣曰:"致中国如此,皆燕王之罪也。"顾张砺曰:"尔亦有力焉。"

52 甲子,帝以河东节度判官长安苏逢吉、观察判官苏禹珪为中书侍郎、同平章事。禹珪,密州人也。

振武节度使、府州团练使折从远入朝,更名从阮,置永安军于府州,以从阮为节度使。又以河东左都押牙刘铢为河阳节度使。铢,陕人也。

53 契丹昭义节度使耿崇美屯泽州,将攻潞州。乙丑,诏史弘肇将步骑万人救之。

54 丙寅,以王守恩为昭义节度使,高允权为彰武节度使,又以岢岚军使郑谦为忻州刺史、领彰国节度使兼忻、代二州义军都部署。丁卯,以缘河巡检使阎万进为岚州刺史,领振武节度使兼岚、宪二州义军都制置使。帝闻契丹北归,欲经略河南,故以弘肇为前驱,又遣阎万进出北方以分契丹兵势。万进,并州人也。

55 契丹主以船数十艘载晋铠仗,将自汴溯河归其国,命宁国都虞候榆次武行德将士卒千馀人部送之。至河阴,行德与将士谋曰:"今为虏所制,将远去乡里。人生会有死,安能为异域之鬼乎!

有人告发磁州刺史李穀策划率州投降后汉，契丹主把李穀抓起来讯问，李穀不服，契丹主把手伸向车中，像要取出所查获的书信。李穀料定其中有诈，于是请求道："如果一定有验证，请明白展示出来。"契丹主追问了六次，李穀话语气色毫不屈服，于是就把他释放了。

49 后汉高祖派堂弟北京马军都指挥使刘信兼任义成节度使，充任侍卫马军都指挥使；武节都指挥使史弘肇兼任忠武节度使，充任步军都指挥使；右都押牙杨邠为代理枢密使；蕃汉兵马都孔目官郭威为代理副枢密使；两使都孔目官南乐人王章为代理三司使。

50 癸亥(初八)，后汉高祖立魏国夫人李氏为皇后。

51 契丹主见所过的城邑都化为丘墟，对蕃、汉群臣说："把中国搞成现在这个样子，都是燕王赵延寿的罪过啊！"回头又对张砺说："你也出了不少力啊！"

52 甲子(初九)，后汉高祖任命河东节度判官长安人苏逢吉、观察判官苏禹珪为中书侍郎、同平章事。苏禹珪是密州人。

振武节度使、府州团练使折从远入朝，改名为从阮，在府州设永安军，命从阮为节度使。又任命河东左都押牙刘铢为河阳节度使。刘铢是陕州人。

53 契丹昭义节度使耿崇美驻守泽州，将要进攻潞州。乙丑(初十)，后汉高祖诏令史弘肇率领一万步兵、骑兵救援潞州。

54 丙寅(十一日)，任命王守恩为昭义节度使，高允权为彰武节度使；又任命岢岚军使郑谦为忻州刺史，兼任彰国节度使兼忻、代二州义军都部署。丁卯(十二日)，任命缘河巡检使阎万进为岚州刺史，兼任振武节度使兼岚、宪二州义军都制置使。后汉高祖听说契丹已北归，想占领河南，所以派史弘肇为前驱，又调派阎万进从北方出兵来分散契丹的兵势。阎万进是并州人。

55 契丹主用几十艘大船装载着后晋国中的武器铠甲向北运走，计划从汴水沿着黄河而上返回辽国，命令宁国都虞候榆次人武行德率士卒一千多人护送船只。到达河阴，武行德和将士们商议："现在我们被胡虏挟制，即将远离家乡。人活着都会有死，但怎能去做异国他乡的野鬼呢！

虏势不能久留中国,不若共逐其党,坚守河阳,以俟天命之所归者而臣之,岂非长策乎!"众以为然。行德即以铠仗授之,相与杀契丹监军使。会契丹河阳节度使崔廷勋以兵送耿崇美之潞州,行德遂乘虚入据河阳,众推行德为河阳都部署。行德遣弟行友奉蜡表间道诣晋阳。

契丹遣武定节度使方太诣洛阳巡检,至郑州。州有戍兵,共迫太为郑王。梁嗣密王朱乙逃祸为僧,嵩山贼帅张遇得之,立以为天子,取嵩岳神衮冕以衣之,帅众万馀袭郑州,太击走之。太以契丹尚强,恐事不济,说谕戍兵,欲与俱西。众不从,太自西门逃奔洛阳。戍兵既失太,反谮太于契丹,云胁我为乱。太遣子师朗自诉于契丹,契丹将麻荅杀之,太无以自明。会群盗攻洛阳,契丹留守刘晞弃城奔许州,太乃入府行留守事,与巡检使潘环击群盗却之,张遇杀朱乙请降。伊阙贼帅自称天子,誓众于南郊坛,将入洛阳,太逆击,走之。

太欲自归于晋阳,武行德使人诱太曰:"我裨校也。公旧镇此地,今虚位相待。"太信之,至河阳,为行德所杀。

萧翰遣高谟翰援送刘晞自许还洛阳,晞疑潘环构其众逐己,使谟翰杀之。

戊辰,武行友至晋阳。

庚午,史弘肇奏遣先锋将马诲击契丹,斩首千馀级。时耿崇美、崔廷勋至泽州,闻弘肇兵已入潞州,不敢进,引兵而南。弘肇遣诲追击,破之,崇美、廷勋与奚王拽剌退保怀州。

辛未,以武行德为河阳节度使。

胡虏势必不能久留中国，不如一起赶走他们，坚守河阳城，等到有天命所归的天子出现而做他的臣民，这难道不是长远之计吗!"大家都觉得他说得对。武行德就把船中的武器发给大家，一起杀死了契丹的监军使。这时，正赶上契丹的河阳节度使崔廷勋派兵送耿崇美到潞州，武行德趁城中空虚占领了河阳，将士们推举武行德为河阳都部署。武行德立即派弟弟武行友将表章封在蜡丸里抄小路送往晋阳。

契丹派武定节度使方太到洛阳巡行视察，到达郑州。州里的守兵一起强迫他为郑王。后梁朱温的后代密王朱乙避祸当了和尚，嵩山盗贼头领张遇得到他，就立他为天子，把嵩岳大神的冠冕衮袍扒下来给他穿上，率领部众一万多人袭击郑州，被方太打跑了。方太认为契丹现在还很强大，怕事情不成，就劝谕守军一起向西转移。大家不同意，方太就从西门逃奔洛阳。守军失去方太，反过来向契丹诬告方太，说方太胁迫作乱。方太派儿子方师朗向契丹陈述真情，契丹将领麻荅把他杀死，方太无法剖明自己的心迹。正好群盗攻打洛阳，契丹留守刘晞扔下城池逃往许州，方太于是就进洛阳府中代理留守事务，和巡检使潘环一起攻打群盗，使其退却，张遇杀死朱乙请求投降。伊阙盗贼头领自称天子，在洛阳城南郊天坛聚众誓师，将要进入洛阳，方太出兵迎击，把他们打跑。

方太自己打算回归晋阳，武行德却派人去诱骗他说："我只是个军中的副官。您原来就镇守此地，我现在虚位以待。"方太相信了，来到河阳，被武行德杀死。

萧翰派遣高谟翰护送刘晞从许州返回洛阳，刘晞怀疑潘环策动部众驱逐自己，让高谟翰杀死他。

戊辰(十三日)，武行友来到晋阳。

庚午(十五日)，史弘肇奏报派先锋将马诲攻击契丹，杀死千馀人。当时耿崇美、崔廷勋来到泽州，听说史弘肇的军队已进入潞州，不敢前进，领兵南下。史弘肇派马诲前去追击，打败了敌军，耿崇美、崔廷勋和奚王拽剌退守怀州。

辛未(十六日)，后汉高祖任命武行德为河阳节度使。

契丹主闻河阳乱，叹曰："我有三失，宜天下之叛我也！诸道括钱，一失也；令上国人打草谷，二失也；不早遣诸节度使还镇，三失也。"

56　唐主以矫诏败军，皆陈觉、冯延鲁之罪，壬申，诏赦诸将，议斩二人以谢中外。御史中丞江文蔚对仗弹冯延己、魏岑曰："陛下践阼以来，所信任者，延己、延鲁、岑、觉四人而已，皆阴狡弄权，壅蔽聪明，排斥忠良，引用群小，谏争者逐，窃议者刑，上下相蒙，道路以目。今觉、延鲁虽伏辜，而延己、岑犹在，本根未殄，枝干复生。同罪异诛，人心疑惑。"又曰："上之视听，惟在数人，虽日接群臣，终成孤立。"又曰："在外者握兵，居中者当国。"又曰："岑、觉、延鲁，更相违戾。彼前则我却，彼东则我西。天生五材，国之利器，一旦为小人忿争妄动之具。"又曰："征讨之柄，在岑折简，帑藏取与，系岑一言。"唐主以文蔚所言为太过，怒，贬江州司士参军。械送觉、延鲁至金陵。宋齐丘以尝荐觉使福州，上表待罪。

诏流觉于蕲州，延鲁于舒州。知制诰会稽徐铉、史馆修撰韩熙载上疏曰："觉、延鲁罪不容诛，但齐丘、延己为之陈请，故陛下赦之。擅兴者不罪，则疆场有生事者矣；丧师者获存，则行陈无效死者矣。请行显戮以重军威。"不从。

中书侍郎、同平章事冯延己罢为太弟少保，贬魏岑为太子洗马。

韩熙载屡言宋齐丘党与必为祸乱。齐丘奏熙载嗜酒猖狂，贬和州司士参军。

契丹主听说河阳叛乱,感叹道:"我有三个失误,使天下应该背叛我啊! 许各道搜刮钱财,这是第一个失误;命北人'打草谷',这是第二个失误;没有及早派各个节度使返回镇所,这是第三个失误。"

56 南唐主认为伪称诏书使军队失败,都是陈觉、冯延鲁的罪过,壬申(十七日),下诏赦免其他将领,廷议斩杀陈、冯向内外谢罪。御史中丞江文蔚当庭奏事弹劾冯延己、魏岑,他说:"陛下登极以来,所信任的人,只有冯延己、冯延鲁、魏岑、陈觉四个人而已,都阴险狡诈、玩弄权柄,蒙蔽皇上视听,排斥忠臣良将,引荐任用小人,敢于进谏争论的逐出朝廷,私下议论的被滥用刑罚,上下互相蒙蔽,道路以目。现在陈觉、冯延鲁虽然服罪,但冯延己、魏岑还在,树根没有被铲除,枝干会重新生长。而同罪异罚,使人心疑惑不解。"又说:"皇上的视听,只在那几个人,虽然每天接触众多大臣,终究是孤立的。"又说:"那些人在外掌握兵权,在内执掌国政。"还说:"魏岑、陈觉、冯延鲁,互相摩擦争斗。你向前我就要向后,你往东我就要往西。天生金、木、水、火、土五种材料,合作才是国家的财富,国家一时间竟成为小人们泄愤争斗、轻举妄动的工具。"还说:"国家讨伐出兵的权力,在于魏岑的一纸书简;国库财富的支取,全凭魏岑的一句话。"南唐主认为江文蔚讲得太过分,大怒,贬他作江州司士参军。陈觉、冯延鲁被戴上刑具押送到金陵。宋齐丘因为曾经荐举陈觉去福州,这时向皇帝送上表章等待定罪。

南唐主诏令陈觉流放蕲州,冯延鲁流放舒州。知制诰会稽人徐铉、史馆修撰韩熙载上疏说:"陈觉、冯延鲁二人罪大恶极、死有余辜,但因为宋齐丘、冯延己为他们求情,所以陛下才赦免他们。擅自发兵的人不处极刑,边疆就会有制造事变的了;全军覆没的人获得生存,军队就没有拼死作战的了。请把他们公开处死来重振军威。"南唐主没有听从。

中书侍郎、同平章事冯延己被罢免为太弟少保,魏岑被贬官为太子洗马。

韩熙载多次上言宋齐丘一党必定成为国家的祸乱。宋齐丘参奏韩熙载嗜酒如命、狂妄自大,贬韩熙载为和州司士参军。

57　乙亥,凤州防御使石奉頵举州降蜀。奉頵,晋之宗属也。

58　契丹主至临城,得疾;及栾城,病甚,苦热,聚冰于胸腹手足,且啖之。丙子,至杀胡林而卒。国人剖其腹,实盐数斗,载之北去,晋人谓之"帝羓"。

赵延寿恨契丹主负约,谓人曰:"我不复入龙沙矣。"即日,先引兵入恒州,契丹永康王兀欲及南北二王,各以所部兵相继而入。延寿欲拒之,恐失大援,乃纳之。

时契丹诸将已密议奉兀欲为主,兀欲欲登鼓角楼受叔兄拜。而延寿不之知,自称受契丹皇帝遗诏,权知南朝军国事,仍下教布告诸道,所以供给兀欲与诸将同,兀欲衔之。恒州诸门管钥及仓库出纳,兀欲皆自主之。延寿使人请之,不与。

契丹主丧至国,述律太后不哭,曰:"待诸部宁一如故,则葬汝矣。"

59　帝之自寿阳还也,留兵千人戍承天军。戍兵闻契丹北还,不为备。契丹袭击之,戍兵惊溃。契丹焚其市邑,一日狼烟百馀举。帝曰:"此虏将遁,张虚势也。"遣亲将叶仁鲁将步骑三千赴之。会契丹出剽掠,仁鲁乘虚大破之,丁丑,复取承天军。

60　冀州人杀契丹刺史何行通,推牢城指挥使张廷翰知州事。廷翰,冀州人,符习之甥也。

61　或说赵延寿曰:"契丹诸大人数日聚谋,此必有变。今汉兵不下万人,不若先事图之。"延寿犹豫不决。壬午,延寿下令,以来月朔日于待贤馆上事,受文武官贺。其仪:宰相、枢密使拜于阶上,节度使以下拜于阶下。李崧以虏意不同,事理难测,固请赵延寿未行此礼,乃止。

57 乙亥(二十日),凤州防御使石奉颙率领全州投降后蜀。石奉颙是后晋的宗族。

58 契丹主到临城,得了病;到了栾城,已病体沉重,身上滚烫,把冰放在胸腹和手脚上,还吃冰。丙子(二十一日),到达杀胡林去世。契丹人把他的肚子剖开,装进几斗盐,载着尸体北上,后晋人称之为"帝䍐"。

赵延寿怨恨契丹主背弃信约,对人说:"我不再进龙沙了。"当天就领兵先进了恒州,契丹永康王耶律兀欲和南、北二王各自率领他们的军队相继进入恒州。赵延寿想把他们拒之恒州城外,又怕失去大部队支援,就放他们进来。

这时契丹的众多将领已秘密商议拥戴耶律兀欲为契丹主,耶律兀欲登上鼓角楼受叔父、兄弟的朝拜。而赵延寿不知道这些,还自称受契丹皇帝的遗诏,代理主持南朝军国事务,并下令布告各道,给耶律兀欲的日常供给和其他将领一样,耶律兀欲对此含恨。恒州各城门的钥匙及仓库的出入,耶律兀欲都亲自管理。赵延寿派人去要,耶律兀欲不给。

契丹主的尸体运到辽国,述律太后没有哭,说:"等到各部落像以前那样安宁统一时,就来安葬你!"

59 后汉高祖从寿阳回太原,曾留下一千名军兵守卫承天军。守军听说契丹人马向北回国,不作防备。而契丹兵突然袭击承天军,守卫军兵惊慌溃散。契丹烧毁了城市村镇,一天之内报警的狼烟有一百多起。后汉高祖说:"这些胡虏将遁逃,是虚张声势罢了。"派遣亲将叶仁鲁率领步兵、骑兵三千人去迎敌。正赶上契丹军外出抢掠,叶仁鲁趁城中空虚大败契丹守军,丁丑(二十二日),又占领了承天军。

60 冀州人杀死契丹刺史何行通,推举牢城指挥使张廷翰主持州中事务。张廷翰是冀州人,符习的外甥。

61 有人劝说赵延寿说:"契丹各位大人连日聚会谋议,这里一定有变故。现在汉兵不下万人,不如先下手为强。"赵延寿犹豫不决。壬午(二十七日),赵延寿下令,于下月初一在待贤馆举行仪式上书言事,接受文武官员的祝贺。礼仪是:宰相、枢密使在阶上叩拜,节度使以下在阶下叩拜。李崧认为契丹人意向不同,事情难测,竭力劝说赵延寿免行这个礼仪,此事才作罢。

卷第二百八十七　后汉纪二

起丁未(947)五月尽戊申(948)二月不满一年

高祖睿文圣武昭肃孝皇帝中

天福十二年(丁未,947)

1　五月乙酉朔,永康王兀欲召延寿及张砺、和凝、李崧、冯道于所馆饮酒。兀欲妻素以兄事延寿,兀欲从容谓延寿曰:"妹自上国来,宁欲见之乎?"延寿欣然与之俱人。良久,兀欲出,谓砺等曰:"燕王谋反,适已锁之矣。"又曰:"先帝在汴时,遗我一筹,许我知南朝军国。近者临崩,别无遗诏。而燕王擅自知南朝军国,岂理邪!"下令:"延寿亲党,皆释不问。"间一日,兀欲至待贤馆受蕃、汉官谒贺,笑谓张砺等曰:"燕王果于此礼上,吾以铁骑围之,诸公亦不免矣。"

后数日,集蕃、汉之臣于府署,宣契丹主遗制。其略曰:"永康王,大圣皇帝之嫡孙,人皇王之长子,太后钟爱,群情允归,可于中京即皇帝位。"于是始举哀成服。既而易吉服见群臣,不复行丧,歌吹之声不绝于内。

2　辛巳,以绛州防御使王晏为建雄节度使。

3　帝集群臣庭议进取,诸将咸请出师井陉,攻取镇、魏,先定河北,则河南拱手自服。帝欲自石会趋上党,郭威曰:"虏主虽死,党众犹盛,各据坚城。我出河北,兵少路迂,旁无应援,若群虏合势,共击我军,进则遮前,退则邀后,粮饷路绝,此危道也。

高祖睿文圣武昭肃孝皇帝中
后汉高祖天福十二年（丁未，公元947年）

1　五月乙酉朔（初一），永康王耶律兀欲召请赵延寿及张砺、
和凝、李崧、冯道等人到自己的馆舍饮酒。耶律兀欲的妻子素来像
对待兄长一样侍奉赵延寿，耶律兀欲就从容地对赵延寿说："妹妹
远从契丹来，难道不想见见她吗？"赵延寿欣然和他一起走入后堂。
过了许久，耶律兀欲出来，对张砺等人说："燕王蓄谋反叛，刚才已
经把他锁起来了。"又说："先帝在大梁时，留给我一个计划，允许我
主持南朝军国大事。近日驾崩之前，没有其他遗诏。而燕王擅自
主持南朝军国大事，岂有此理！"下令道："赵延寿的亲友朋党，全都
开释不予查问。"隔了一天，耶律兀欲到待贤馆接受蕃、汉官员的拜
贺，笑着对张砺等人说："燕王如果真的在这里行这种礼仪，我就将
用铁甲骑兵包围此地，诸位也就难免遭殃了。"

几天以后，集中蕃、汉大臣到恒州府衙，宣读契丹主的遗诏。
遗诏大略说："永康王，是大圣皇帝的嫡长孙，是人皇王的长子，太
后所钟爱，群情所归，可以在中京即皇帝位。"于是兀始为先帝举
哀，穿起丧服。然后又换上吉服接见群臣，不再行丧礼，歌声乐声
在署内响个不停。

2　辛巳（初七），后汉高祖任命绛州防御使王晏为建雄节
度使。

3　后汉高祖召集群臣在朝廷商议进军路线，众将领都建议从井
陉出兵，攻取镇、魏二州，先平定河北，河南就会自己拱手称臣。高祖
想从石会出兵，进军上党，郭威说："契丹主虽然死了，可是党羽部众
还很强盛，各自占据坚固的城池。我们出兵河北，士兵缺少，道路迂
回，旁边没有接应救援，如果这些胡虏联合攻击我军，那么我军前进
则受阻击，后退则受拦截，运粮道路也会断绝，这是条危险的道路。

上党山路险涩,粟少民残,无以供亿,亦不可由。近者陕、晋二镇,相继款附,引兵从之,万无一失,不出两旬,洛、汴定矣。"帝曰:"卿言是也。"苏逢吉等曰:"史弘肇大军已屯上党,群虏继遁,不若出天井,抵孟津为便。"司天奏:"太岁在午,不利南行,宜由晋、绛抵陕。"帝从之。辛卯,诏以十二日发北京,告谕诸道。

4 甲午,以太原尹崇为北京留守,以赵州刺史李存瓌为副留守,河东幕僚真定李骧为少尹,牙将太原蔚进为马步指挥使以佐之。存瓌,唐庄宗之从弟也。

5 是日,刘晞弃洛阳,奔大梁。

6 武安节度副使、天策府都尉、领镇南节度使马希广,楚文昭王希范之母弟也,性谨顺,希范爱之,使判内外诸司事。壬辰夜,希范卒,将佐议所立。都指挥使张少敌、都押牙袁友恭,以武平节度使知永州事希萼,于希范诸弟为最长,请立之。长直都指挥使刘彦瑫、天策府学士李弘皋、邓懿文、小门使杨涤皆欲立希广。张少敌曰:"永州齿长而性刚,必不为都尉之下明矣。必立都尉,当思长策以制永州,使帖然不动则可;不然,社稷危矣。"彦瑫等不从。天策府学士拓跋恒曰:"三十五郎虽判军府之政,然三十郎居长,请遣使以礼让之;不然,必起争端。"彦瑫等皆曰:"今日军政在手,天与不取,使他人得之,异日吾辈安所自容乎!"希广懦弱,不能自决。乙未,彦瑫等称希范遗命,共立之。张少敌退而叹曰:"祸其始此乎!"与拓跋恒皆称疾不出。

7 丙申,帝发太原,自阴地关出晋、绛。

丁酉,史弘肇奏克泽州。始,弘肇攻泽州,刺史翟令奇固守不下。帝以弘肇兵少,欲召还。苏逢吉、杨邠曰:"今陕、晋、河阳皆已

上党的山路艰险难走,沿路粮少民穷,没有供给,也不能走。近来陕、晋二镇相继向我们投诚归附,如果率兵从这里走,是万无一失的,不出二十天,洛阳、大梁就可平定了。"高祖说:"爱卿所说极是。"苏逢吉等人说:"史弘肇的大军已驻扎在上党,胡虏们相继逃跑,不如从天井出兵,奔赴孟津最为便捷。"司天官上奏道:"太岁星在午的方位,不利于南行。应该从晋、绛二州进军到达陕州。"高祖听从了这种意见。辛卯(初七),诏令十二日从北京发兵,向各道宣布通知。

4 甲午(初十),后汉高祖任命太原尹刘崇为北京留守,赵州刺史李存瓌为副留守,河东幕僚真定人李骧为少尹,牙将太原人蔚进为马步指挥使来辅助他们。李存瓌是后唐庄宗的堂弟。

5 这一天,刘晞放弃洛阳逃奔大梁。

6 武安节度副使、天策府都尉、代理镇南节度使马希广是楚国文昭王马希范同母的弟弟,性情恭谨温顺,马希范喜欢他,让他处理内外各司的事务。壬辰(初八)夜里,马希范去世,将领们商议拥立人选。都指挥使张少敌、都押牙袁友恭,认为武平节度使兼主持永州事务的马希萼,在马希范兄弟中年龄最大,建议立马希萼。长直都指挥使刘彦瑫、天策府学士李弘皋、邓懿文、小门使杨涤都希望立马希广。张少敌说:"马希萼年长而为人刚强,必定不肯屈居都尉马希广之下是很明显的。如果一定要立马希广,就要想个长远之计来控制马希萼,使他顺从不动就可以;如果不这样,国家社稷就危险了。"刘彦瑫等不答应。天策府学士拓跋恒说:"三十五郎马希广即使主理军政大事,但三十郎马希萼年龄居长,也应派遣使者以礼相让;不然,一定会起争端。"刘彦瑫等人都说:"现在军政大权在手,上天赐予而不取,让他人得到,今后我们这些人哪有安身之处!"马希广为人懦弱,不能自己决断。乙未(十一日),刘彦瑫等称有马希范遗命,共同拥立马希广。张少敌退下来叹息道:"大祸就要从这里开始了!"从此和拓跋恒都称有病,不再出来做官。

7 丙申(十二日),后汉高祖从太原起兵,从阴地关开往晋、绛二州。

丁酉(十三日),史弘肇奏报攻克了泽州。开始,史弘肇进攻泽州,刺史翟令奇死守城池,泽州久攻不下。后汉高祖认为是史弘肇兵少,想召回撤兵。苏逢吉、杨邠进言说:"现在陕、晋、河阳都已

向化，崔廷勋、耿崇美朝夕遁去；若召弘肇还，则河南人心动摇，虏势复壮矣。"帝未决，使人谕指于弘肇，曰："兵已及此，势如破竹，可进不可退。"与逢吉等议合，帝乃从之。弘肇遣部将李万超说令奇，令奇乃降，弘肇以万超权知泽州。

8 崔廷勋、耿崇美、奚王拽剌合兵逼河阳，张遇帅众数千救之，战于南阪，败死。武行德出战，亦败，闭城自守。拽剌欲攻之，廷勋曰："今北军已去，得此城何用！且杀一夫犹可惜，况一城乎！"闻弘肇已得泽州，乃释河阳，还保怀州。弘肇将至，廷勋等拥众北遁，过卫州，大掠而去。契丹在河南者相继北去，弘肇引兵与武行德合。

弘肇为人，沉毅寡言，御众严整，将校小不从命，立挝杀之；士卒所过，犯民田及系马于树者，皆斩之。军中慑息，莫敢犯令，故所向必克。帝自晋阳安行入洛及汴，兵不血刃，皆弘肇之力也。帝由是倚爱之。

辛丑，帝至霍邑，遣使谕河中节度使赵匡赞，仍以契丹囚其父告之。

9 滋德宫有宫人五十馀人，萧翰欲取之，宦者张环不与。翰破锁夺宫人，执环，烧铁灼之，腹烂而死。

初，翰闻帝拥兵而南，欲北归，恐中国无主，必大乱，己不得从容而去。时唐明宗子许王从益与王淑妃在洛阳，翰遣高谟翰迎之，矫称契丹主命，以从益知南朝军国事，召己赴恒州。淑妃、从益匿于徽陵下宫，不得已而出。至大梁，翰立以为帝，帅诸酋长拜之。又以礼部尚书王松、御史中丞赵远为宰相，前宣徽使甄城翟光邺为枢密使，左金吾大将军王景崇为宣徽使，以北来指挥使刘祚权侍卫亲军都指挥使，充在京巡检。松，徽之子也。

归顺我朝,崔廷勋、耿崇美早晚要逃跑;如果召回史弘肇,那么河南就会人心动摇,而胡虏的气焰会再度嚣张起来。"高祖没决定,就派人将此事告诉史弘肇,史弘肇说:"军队已到达此地,就像势如破竹,只能前进而不能后退。"与苏逢吉等人的建议相吻合,高祖于是就听从了这个意见。史弘肇派部将李万超前去说服翟令奇,翟令奇便归降了,史弘肇命李万超代理主持泽州事务。

8　崔廷勋、耿崇美、奚王拽刺联兵逼近河阳城,张遇率领几千人马前往救援,在南阪和敌军展开战斗,战败而死。武行德从河阳城中出来助战,也战败了,退回城中闭门自守。拽刺想要攻城,崔廷勋说:"现在契丹的军队已向北撤退了,得到这座城池有什么用!而且杀死一个人还觉得可惜,更何况毁灭一个城呢!"听说史弘肇已取得泽州,于是就放弃河阳,退守怀州。史弘肇军队临近泽州,崔廷勋等人率领众军向北逃走,路过卫州,大肆抢掠后离去。契丹在河南的军队就相继逃往北方,史弘肇领兵和武行德会合。

史弘肇为人稳重坚毅、沉默寡言,统领军队,号令严明、军纪整肃,大小将领稍不服从命令,立刻打死;士兵经过的地方,凡侵犯百姓田地和在树上系马的,一律斩首。军队中人人小心谨慎,不敢违犯军令,所以所向无敌、攻无不克。高祖从晋阳一路平安进入洛阳和大梁,士兵的刀枪没沾过血,都是靠了史弘肇之力。高祖从此更加倚重、喜爱他了。

辛丑(十七日),高祖到达霍邑,派使臣招谕河中节度使赵匡赞,并把契丹囚禁他父亲赵延寿的事告诉他。

9　滋德宫内有五十多名宫女,萧翰想要带走,宦官张环不给。萧翰砸坏宫门的锁,抢走宫女,抓起张环,用烧红的铁烙他,直把肚子烫烂而死。

当初,萧翰听说高祖率兵南下,就想向北回国,因为怕中国无主后,必然大乱,自己就不能从容回国了。当时后唐明宗的儿子许王李从益和王淑妃在洛阳,萧翰派高谟翰去迎接他们,假称契丹主的命令,让李从益主持南朝国大事,召自己去恒州。王淑妃和李从益藏在后唐明宗徽陵的下宫里,不得已才出来。到了大梁,萧翰立李从益为皇帝,并领着众首长向他朝拜。命礼部尚书王松、御史中丞赵远为宰相,命前宣徽使甄城人翟光邺为枢密使,命左金吾大将军王景崇为宣徽使,命北来指挥使刘祚代理侍卫亲军都指挥使,充任在京巡检。王松是王徽的儿子。

百官谒见淑妃,淑妃泣曰:"吾母子单弱如此,而为诸公所推,是祸吾家也。"翰留燕兵千人守诸门,为从益宿卫。壬寅,翰及刘晞辞行,从益饯于北郊。遣使召高行周于宋州,武行德于河阳,皆不至,淑妃惧,召大臣谋之曰:"吾母子为萧翰所逼,分当灭亡。诸公无罪,宜早迎新主,自求多福,勿以吾母子为意。"众感其言,皆未忍叛去。或曰:"今集诸营,不减五千,与燕兵并力坚守一月,北救必至。"淑妃曰:"吾母子亡国之馀,安敢与人争天下!不幸至此,死生惟人所裁。若新主见察,当知我无所负。今更为计画,则祸及他人,阖城涂炭,终何益乎!"众犹欲拒守,三司使文安刘审交曰:"余燕人,岂不为燕兵计!顾事有不可如何者。今城中大乱之馀,公私穷竭,遗民无几,若复受围一月,无噍类矣。愿诸公勿复言,一从太妃处分。"乃用赵远、翟光邺策,称梁王,知军国事。遣使奉表称臣迎帝,请早赴京师,仍出居私第。

10 甲辰,帝至晋州。

11 契丹主兀欲以契丹主德光有子在国,己以兄子袭位,又无述律太后之命,擅自立,内不自安。

初,契丹主阿保机卒于勃海,述律太后杀酋长及诸将凡数百人。契丹主德光复卒于境外,酋长诸将惧死,乃谋奉契丹主兀欲勒兵北归。

契丹主以安国节度使麻荅为中京留守,以前武州刺史高奉明为安国节度使。晋文武官及士卒悉留于恒州,独以翰林学士徐台符、李澣及后宫、宦者、教坊人自随。乙巳,发真定。

文武百官拜见王淑妃，王淑妃哭泣道："我们母子二人这样孤单弱小，却被你们各位推上这个位置，这是祸害我家呵。"萧翰留下一千名燕兵，把守各个大门，并作为李从益的值宿警卫。壬寅（十八日），萧翰和刘晞辞行，李从益在北郊为二人饯行。李从益派遣使者到宋州召高行周、到河阳召武行德，都不到，王淑妃害怕了，召集众大臣商量道："我们母子被萧翰逼迫，本当去死。但你们都没有罪，应该及早准备迎接新的君主，为自己多多求福，不要以我们母子为念了。"大家被她的一番话所感动，都不忍背叛他们而离去。有人说："现在集中各营兵马，不少于五千，和燕兵合力坚守一个月，北边必有救兵来到。"淑妃说："我们母子本身就是亡国的苟活之人，怎么敢和别人争夺天下！已经不幸到这个地步了，生死就任人去裁夺吧。如果新的君主明察这一切，应当知道我们无负于人。如果现在再要计划用兵，那就会祸及他人，造成满城生灵涂炭，最终又有什么好处呢！"众大臣还要坚守城池抵抗，三司使文安人刘审交说："我是燕人，还能不为燕兵着想！但事情是有无可奈何的。现在城中大乱以后，无论官家私人都穷到了底，留下的百姓没多少，如果再被围一个月，那就没有能喘气的人。希望大家不要再说，一切都听从太妃的处理决定。"于是采用赵远、翟光邺的建议，李从益改称梁王，主持这里的军国之事。派出使者向后汉高祖奉表称臣迎帝，请他早日前来京师，并从宫中搬出住到私宅。

10　甲辰（二十日），后汉高祖到达晋州。

11　契丹主耶律兀欲因为先帝耶律德光有儿子留在辽国，而自己是代替哥哥的儿子承袭皇位，又没有述律太后的命令，擅自即位，所以内心不安。

当初，契丹主耶律阿保机死于勃海，述律太后杀死酋长和众将领约几百人。这次契丹主耶律德光又死于国外，酋长和众将怕死，于是策划尊奉契丹主耶律兀欲统率军队向北回国。

契丹主耶律兀欲命安国节度使麻荅为中京留守，命前武州刺史高奉明为安国节度使。后晋的文武官员和士卒全都留在恒州，只让翰林学士徐台符、李澣以及后宫、宦官、教坊的舞乐人员跟随自己。乙巳（二十一日），从真定出发。

12 帝之即位也,绛州刺史李从朗与契丹将成霸卿等拒命,帝遣西南面招讨使、护国节度使白文珂攻之,未下。帝至城下,命诸军四布而勿攻,以利害谕之。戊申,从朗举城降。帝命亲将分护诸门,士卒一人毋得入。以偏将薛琼为防御使。

13 辛亥,帝至陕州,赵晖自御帝马而入。壬子,至石壕,汴人有来迎者。

14 六月甲寅朔,萧翰至恒州,与麻荅以铁骑围张砺之第。砺方卧病,出见之,翰数之曰:"汝何故言于先帝,云胡人不可以为节度使?又,吾为宣武节度使,且国舅也;汝在中书乃帖我!又,先帝留我守汴州,令我处宫中,汝以为不可。又,谮我及解里于先帝,云解里好掠人财,我好掠人子女。今我必杀汝!"命锁之。砺抗声曰:"此皆国家大体,吾实言之,欲杀即杀,奚以锁为!"麻荅以大臣不可专杀,力救止之,翰乃释之。是夕,砺愤恚而卒。

崔廷勋见麻荅,趋走拜,起,跪而献酒,麻荅踞而受之。

15 乙卯,帝至新安,西京留司官悉来迎。

16 吴越忠献王弘佐卒。遗令以丞相弘倧为镇海、镇东节度使兼侍中。

17 丙辰,帝至洛阳,入居宫中。汴州百官奉表来迎。诏谕以受契丹补署者皆勿自疑,聚其告牒而焚之。赵远更名上交。

命郑州防御使郭从义先入大梁清宫,密令杀李从益及王淑妃。淑妃且死,曰:"吾儿为契丹所立,何罪而死!何不留之,使每岁寒食,以一盂麦饭洒明宗陵乎!"闻者泣下。

12　后汉高祖即位后,绛州刺史李从朗和契丹将军成霸卿等人抗拒诏命。高祖派西南面招讨使、护国节度使白文珂攻打他们,但未能攻克。高祖来到城下,命令各部军队四面围住但不攻城,向李从朗等人晓以利害,劝谕归降。戊申(二十四日),李从朗开城投降。高祖命令只派亲将分守各门,士卒一人也不许入城。命偏将薛琼为防御使。

13　辛亥(二十七日),后汉高祖到达陕州,赵晖亲自牵皇帝的马进城。壬子(二十八日),抵达石壕,大梁百姓有远来迎接的。

14　六月甲寅朔(初一),萧翰来到恒州,与麻荅派铁甲骑兵包围了张砺的住宅。张砺正卧病在床,出来接见他们,萧翰就数落他说:"你为什么对先帝说胡人不可以做节度使?还有,我是宣武节度使,而且是国舅,你在中书就胆敢告我!还有,先帝留我守大梁,让我住在宫里,你却说不行。还有,在先帝面前诬告我和解里,说解里爱抢人的财物,说我爱抢人的女子。今天我一定得宰了你!"命人把他锁起来。张砺高声说:"这些事都有关国家大体,我确实说过,要杀就杀,还锁起来干什么?"麻荅说不能擅自杀戮大臣,极力解救、阻止,萧翰才把他释放。这天夜里,张砺又恨又怒而死。

崔廷勋看到麻荅,快步走上前去叩拜,并起身后跪着献酒,麻荅蹲坐着接受。

15　乙卯(初二),后汉高祖到达新安,西京留守各司的官员都来迎接。

16　吴越国忠献王钱弘佐去世。遗命委任丞相钱弘倧为镇海、镇东节度使兼侍中。

17　丙辰(初三),后汉高祖来到洛阳,进入并居住宫中。大梁的文武百官奉上表章前来迎接。高祖下诏书让那些接受契丹任命安排的人不要自己疑虑,将任命文告状牒收集起来烧掉。赵远改名为上交。

高祖命令郑州防御使郭从义先头进入大梁,清理内宫,密令杀死李从益和王淑妃。王淑妃临死前说:"我儿子是被契丹人立为皇帝,有什么罪而至死!为什么不能留下他一个,让每年的寒食节有一碗麦饭酒在明宗陵前呢!"听到的人都流下眼泪。

18　戊午,帝发洛阳。枢密院吏魏仁浦自契丹逃归,见于巩。郭威问以兵数及故事,仁浦强记精敏,威由是亲任之。仁浦,卫州人也。

19　辛酉,汴州百官窦贞固等迎于荥阳。甲子,帝至大梁,晋之藩镇相继来降。

20　丙寅,吴越王弘倧袭位。

21　戊辰,帝下诏大赦。凡契丹所除节度使,下至将吏,各安职任,不复变更。复以汴州为东京,改国号曰汉,仍称天福年,曰:"余未忍忘晋也。"复青、襄、汝三节度。壬申,以北京留守崇为河东节度使,同平章事。

22　契丹述律太后闻契丹主自立,大怒,发兵拒之。契丹主以伟王为前锋,相遇于石桥。初,晋侍卫马军都指挥使李彦韬从晋主北迁,隶述律太后麾下,太后以为排陈使。彦韬迎降于伟王,太后兵由是大败。契丹主幽太后于阿保机墓。改元天禄,自称天授皇帝,以高勋为枢密使。

契丹主慕中华风俗,多用晋臣,而荒于酒色,轻慢诸酋长,由是国人不附,诸部数叛,兴兵诛讨,故数年之间,不暇南寇。

23　初,契丹主德光命奉国都指挥使南宫王继弘、都虞候樊晖以所部兵戍相州,彰德节度使高唐英善待之。戍兵无铠仗,唐英以铠仗给之,倚信如亲戚。唐英闻帝南下,举镇请降;使者未返,继弘、晖杀唐英。继弘自称留后,遣使告云唐英反覆,诏以继弘为彰德留后。庚辰,以晖为磁州刺史。

安国节度使高奉明闻唐英死,心不自安,请于麻荅,署马步都指挥使刘铎为节度副使,知军府事,身归恒州。

24　帝遣使告谕荆南。高从海上表贺,且求郢州,帝不许;及加恩使至,拒而不受。

18　戊午(初五)，后汉高祖从洛阳出发。枢密院的官吏魏仁浦从契丹逃回，在巩义叩见高祖。郭威问契丹的兵力和事情，魏仁浦为人精细敏捷、博闻强记，郭威从此亲近重用他。魏仁浦是卫州人。

19　辛酉(初八)，汴州的窦贞固等文武百官在荥阳迎接。甲子(十一日)，后汉高祖到达大梁，后晋的藩镇相继前来归降。

20　丙寅(十三日)，吴越王钱弘倧承袭王位。

21　戊辰(十五日)，后汉高祖下诏书实行大赦。凡是契丹所委任的节度使，下至将领官吏，各自安于职守，不再变更。又把汴州改名为东京，改国号为汉，年号仍称天福，他说："我不忍忘却晋呵。"恢复青、襄、汝三州的节度使。壬申(十九日)，任命北京留守刘崇为河东节度使、同平章事。

22　契丹述律太后听说耶律兀欲自立为契丹主，大怒，派兵前去抗击。契丹主耶律兀欲派伟王为前锋，在石桥相遇。当初，后晋侍卫马军都指挥使李彦韬跟随后晋主向北迁徙，隶属于述律太后麾下，太后任命为排阵使。李彦韬向伟王投降，太后的军队因此大败。契丹主把太后囚禁在耶律阿保机墓旁。改年号为天禄，自称为天授皇帝，任命高勋为枢密使。

契丹主仰慕中国的风俗，所以多用原后晋的大臣，而他自己沉湎于酒色之中，轻视怠慢各位酋长，因此国内人不归附于他，各部落多次叛乱，就兴兵讨伐，所以几年里顾不上向南侵犯。

23　当初，契丹主耶律德光命奉国都指挥使南宫人王继弘、都虞候樊晖带领所部人马守卫相州，彰德节度使高唐英对他们很好。守兵缺乏铠甲兵器，高唐英就把铠甲兵器给他们，对他们倚重信赖就像亲戚一样。高唐英听说后汉高祖南下，带领藩镇请求归降；派往的使者还没返回，王继弘、樊晖就已杀死了高唐英。王继弘自称为留后，派使者告诉说高唐英反复无常，后汉高祖诏令王继弘为彰德留后。庚辰(二十七日)，任命樊晖为磁州刺史。

安国节度使高奉明听说高唐英被杀，心里忐忑不安，向麻答请求派马步都指挥使刘铎为节度副使，主持军府事务，自己回到恒州。

24　后汉高祖派遣使者通告安抚荆南。高从诲上表章祝贺，并要求郢州，高祖不答应；等到高祖派的加恩使来到，高从诲拒不接受。

25　唐主闻契丹主德光卒,萧翰弃大梁去,下诏曰:"乃眷中原,本朝故地。"以左右卫圣统军、忠武节度使李金全为北面行营招讨使,议经略北方。闻帝已入大梁,遂不敢出兵。

26　秋,七月甲午,以马希广为天策上将军、武安节度使、江南诸道都统,兼中书令,封楚王。

27　或传赵延寿已死。郭威言于帝曰:"赵匡赞,契丹所署,今犹在河中,宜遣使吊祭,因起复移镇。彼既家国无归,必感恩承命。"从之。会邺都留守、天雄节度使兼中书令杜重威、天平节度使兼侍中李守贞皆奉表归命。重威仍请移他镇。归德节度使兼中书令高行周入朝。丙申,徙重威为归德节度使,以行周代之;守贞为护国节度使,加兼中书令;徙护国节度使赵匡赞为晋昌节度使。后二年,延寿始卒于契丹。

28　吴越王弘倧以其弟台州刺史弘俶同参相府事。

29　李达以其弟通知福州留后,自诣钱唐见吴越王弘倧,弘倧承制加达兼侍中,更其名曰孺赟。既而孺赟悔惧,以金笋二十株及杂宝赂内牙统军使胡进思,求归福州。进思为之请,弘倧从之。

30　杜重威自以附契丹,负中国,内常疑惧;及移镇制下,复拒而不受,遣其子弘璲质于麻荅以求援。赵延寿有幽州亲兵二千在恒州,指挥使张琏将之,重威请以守魏。麻荅遣其将杨衮将契丹千五百人及幽州兵赴之。闰月庚午,诏削夺重威官爵,以高行周为招讨使,镇宁节度使慕容彦超副之,以讨重威。

31　辛未,杨邠、郭威、王章皆为正使。时兵荒之馀,公私匮竭,北来兵与朝廷兵合,顿增数倍。章白帝罢不急之务,省无益之费以奉军,用度克赡。

25 南唐主听说契丹主耶律德光去世，萧翰放弃大梁逃往北方，就下诏书道："我眷恋着中原，那是本朝的故土。"派左右卫圣统军、忠武节度使李金全为北面行营招讨使，筹划攻取北方。听说后汉高祖已进入大梁，于是就不敢出兵。

26 秋季，七月甲午(十一日)，后汉任命马希广为天策上将军、武安节度使、江南诸道都统，兼中书令，封为楚王。

27 有人传说赵延寿已经死了。郭威对后汉高祖说："赵匡赞是契丹任命的，现在还留在河中，我们应派遣使者前往吊唁祭祀，从而起用他，并调换镇所。他已无家无国可归，一定会感恩戴德听从了陛下的诏命。"高祖听从了这个建议。正值邺都留守、天雄节度使兼中书令杜重威、天平节度使兼侍中李守贞都奉上表章前来归顺。杜重威仍请求调到其他藩镇。归德节度使兼中书令高行周正前来朝觐。丙申(十三日)，调杜重威为归德节度使，命高行周代替他；命李守贞为护国节度使，加官兼中书令；调护国节度使赵匡赞为晋昌节度使。过了二年，赵延寿才死于契丹。

28 吴越王钱弘佐派他的弟弟台州刺史钱弘俶共同参与相府事务。

29 李达命他的弟弟李通主持福州留后事务，自己到钱唐拜见吴越王钱弘佐，吴越王承用制书加封李达为兼侍中，改他的名为孺赟。不久，李孺赟又悔又怕，用二十株金笋和其他珍宝贿赂内牙统军使胡进思，请求回归福州。胡进思替他请求，钱弘佐答应了。

30 杜重威自从投靠契丹、背叛中国后，心里常常怀疑恐惧；等到调任归德节度使的命令下达，他又拒不接受，他派自己的儿子杜弘璲到麻荅处做人质，以换取契丹的援兵。当时，赵延寿有两千名幽州亲兵驻扎在恒州，由指挥使张琏率领，杜重威请契丹派他们来帮助固守魏州。麻荅派将领杨衮率契丹一千五百人和幽州兵马前往。闰七月庚午(十八日)，后汉高祖诏令削去杜重威的官职爵位，派高行周为招讨使，镇宁节度使慕容彦超为副招讨使，出兵讨伐杜重威。

31 辛未(十九日)，杨邠、郭威、王章都为正使。当时正是兵荒马乱之后，国家、百姓都资财空乏，太原来的兵和后晋的兵会在一起，顿时兵员增加了几倍。王章建议高祖取消不急之务，省去无益的花费来供给军队，费用开支才能足够。

32　庚辰，制建宗庙。太祖高皇帝、世祖光武皇帝，皆百世不迁。又立四亲庙，追尊谥号。凡六庙。

33　麻荅贪猾残忍，民间有珍货、美妇女，必夺取之。又捕村民，诬以为盗，披面，抉目，断腕，焚炙而杀之，欲以威众。常以其具自随，左右悬人肝、胆、手、足，饮食起居于其间，语笑自若。出入或被黄衣，用乘舆，服御物，曰："兹事汉人以为不可，吾国无忌也。"又以宰相员不足，乃牒冯道判弘文馆，李崧判史馆，和凝判集贤，刘昫判中书，其僭妄如此。然契丹或犯法，无所容贷，故市肆不扰。常恐汉人亡去，谓门者曰："汉有窥门者，即断其首以来。"

麻荅遣使督运于洺州，洺州防御使薛怀让闻帝入大梁，杀其使者，举州降。帝遣郭从义将兵万人会怀让攻刘铎于邢州，不克。铎请兵于麻荅，麻荅遣其将杨安及前义武节度使李殷将千骑攻怀让于洺州。怀让婴城自守，安等纵兵大掠于邢、洺之境。

契丹所留兵不满二千，麻荅令所司给万四千人食，收其馀以自入。麻荅常疑汉兵，且以为无用，稍稍废省，又损其食以饲胡兵。众心怨愤，闻帝入大梁，皆有南归之志。前颍州防御使何福进，控鹤指挥使太原李荣，潜结军中壮士数十人谋攻契丹，然畏契丹尚强，犹豫未发。会杨衮、杨安等军出，契丹留恒州者才八百人，福进等遂决计，约以击佛寺钟为号。

辛巳，契丹主兀欲遣骑至恒州，召前威胜节度使兼中书令冯道、枢密使李崧、左仆射和凝等，会葬契丹主德光于木叶山。道等未行，食时，钟声发。汉兵夺契丹守门者兵击契丹，杀十馀人，因突入

32 庚辰(二十八日),后汉高祖制令兴建宗庙。太祖高皇帝刘邦、世祖光武皇帝刘秀,都百代不迁。又建立了高祖、曾祖、祖、考四座亲庙,共六座庙。

33 麻荅为人贪婪、奸诈、残忍,民间有的珍奇宝物、美丽妇女,他都一定要夺取到手。他还捕捉村民,诬陷为强盗,剥皮、挖眼、砍手,用火活活烧死,想用这些酷刑来威吓百姓。他常把那些刑具随身携带,居室周围悬挂有人的肝、胆、手、脚,而他在里面饮食起居,从容谈笑。进出有时身穿黄袍,乘坐天子的车驾,使用宫中物品,他说:"这些事,汉人认为不可,可是在我国是毫无忌讳的。"又因宰相人员不足,就用牒文命冯道兼判弘文馆,命李崧兼判史馆,命和凝兼判集贤馆,命刘昫兼判中书,他的僭越妄为竟达到如此地步。然而规定契丹人如有犯法,不能宽免,所以街市店铺不受滋扰。他常怕城中的汉人偷偷跑掉,对把守城门的人说:"汉人如有窥探城门的,就砍掉他的脑袋来见我!"

麻荅派使者到洺州督运粮草,洺州防御使薛怀让听说后汉高祖已入大梁城,就杀死那使者,率全州归降。高祖派郭从义领兵一万会同薛怀让进攻邢州的刘铎,不能攻克。刘铎向麻荅请求救兵,麻荅派将领杨安和前义武节度使李殷率一千骑兵攻击洺州的薛怀让。薛怀让绕城固守,杨安等人纵兵大肆抢掠邢州、洺州一带。

契丹留在恒州的兵不满两千人,麻荅却让有关司衙发给一万四千人的粮饷,他把多出的都收入自己的腰包。麻荅常怀疑汉人兵将,而且认为他们毫无用处,逐渐削减其兵员,又减少其粮食供给,用来给契丹兵吃。众汉兵心里怨恨愤怒,听说高祖入大梁,就都有向南投奔的意愿。前颍州防御使何福进、控鹤指挥使太原李荣,暗地里联络军中的几十名壮士,谋划袭击契丹人,但怕契丹兵力尚强,所以犹豫没有发起行动。正赶上杨衮、杨安等人率兵外出作战,契丹留在城内的士兵才有八百人,何福进等人于是决定,约好以佛寺敲钟为起事信号。

辛巳(二十九日),契丹主耶律兀欲派骑兵到恒州,召前威胜节度使兼中书令冯道、枢密使李崧、左仆射和凝等,会同安葬契丹先帝耶律德光于木叶山。冯道等人还没上路,吃饭时,钟声突然响起。汉兵夺过契丹守门兵士的兵器进攻契丹人,杀死了十几人,又冲入

府中。李荣先据甲库，悉召汉兵及市人，以铠仗授之，焚牙门，与契丹战。荣召诸将并力，护圣左厢都指挥使、恩州团练使白再荣狐疑，匿于别室，军吏以佩刀决幕，引其臂，再荣不得已而行。诸将继至，烟火四起，鼓噪震地。麻荅等大惊，载宝货家属，走保北城。而汉兵无所统一，贪狡者乘乱剽掠，懦者窜匿。八月壬午朔，契丹自北门入，势复振，汉民死者二千馀人。前磁州刺史李毂恐事不济，请冯道、李崧、和凝至战所慰勉士卒，士卒见道等至，争自奋。会日暮，有村民数千噪于城外，欲夺契丹宝货、妇女，契丹惧而北遁，麻荅、刘晞、崔廷勋皆奔定州，与义武节度使邪律忠合。忠，即郎五也。

　　冯道等四出安抚兵民，众推道为节度使。道曰："我书生也，当奏事而已，宜择诸将为留后。"时李荣功最多，而白再荣位在上，乃以再荣权知留后，具以状闻，且请援兵，帝遣左飞龙使李彦从将兵赴之。

　　白再荣贪昧，猜忌诸将。奉国军主华池王饶恐为再荣所并，诈称足疾，据东门楼，严兵自卫。司天监赵延义善于二人，往来谕释，始得解。

　　再荣以李崧、和凝久为相，家富，遣军士围其第求赏给，崧、凝各以家财与之，又欲杀崧、凝以灭口。李毂往见再荣，责之曰："国亡主辱，公辈握兵不救。今仅能逐一虏将，镇民死者几三千人，岂独公之力邪！才得脱死，遽欲杀宰相，新天子若诘公专杀之罪，公何辞以对？"再荣惧而止。又欲率民财以给军，毂力争之，乃止。汉人尝事麻荅者，再荣皆拘之以取其财，恒人以其贪虐，谓之"白麻荅"。

府衙中。李荣首先占领武库,召唤汉人士兵和市民,将兵器铠甲分发给他们,焚烧牙门,和契丹兵厮杀。李荣号召汉将合力起事。护圣左厢都指挥使、恩州团练使白再荣狐疑不定,藏匿到其他房子的帘幕后,起事官兵用佩刀砍掉帘幕,拽着他的胳膊,白再荣不得已而一起走。其他汉军将领相继到达,四周烟火冲天,鼓噪喊杀声震地。麻荅等人大为惊恐,装上钱财宝物和家属,逃往北城拒守。而汉兵没有统一指挥行动,贪婪狡诈的人乘乱抢掠,胆小怕事的人鼠窜藏匿。八月壬午朔(初一),契丹军队从北门开入恒州城,势头又振作起来,汉民被杀的有两千多人。前磁州刺史李毅怕起事不成,就请冯道、李崧、和凝到阵前慰问勉励士兵,士兵见冯道等人来,各自争先奋勇杀敌。到日落西山时,有好几千村民在城外鼓噪呐喊,要抢夺契丹人的金银财宝和妇女,契丹害怕而向北逃去。麻荅、刘晞、崔廷勋全都逃往定州,与义武节度使耶律忠会合,耶律忠就是耶律郎五。

冯道等人四出巡行安抚士兵和百姓,大家推举冯道为节度使。冯道说:"我是个书生,只能向上奏报事情罢了,应从众位武将里选择留后。"当时李荣功劳最大,而白再荣官位在他以上,就让白再荣代理主持留后事务,写成奏章上报,并且请派援兵。高祖派左飞龙使李彦从领兵前往。

白再荣为人贪婪昏昧,猜忌其他将领。奉国军主华池人王饶怕被白再荣吞并,假称脚有病,占据东门楼,严加防范守卫。司天监赵延义和王、白二人友善,往来劝说解释,才得和解。

白再荣认为李崧、和凝等人久做宰相,家中殷富,派军士们包围二人的住宅,请求发赏钱,李崧、和凝各自拿出家财分给他们,但白再荣又想杀掉二人以灭口。李毅前去会见白再荣,责备他说:"国家灭亡、君主蒙辱,你们手握兵权不去解救。现在刚刚驱逐了一个胡虏将领,镇州百姓死了近三千人,难道单单是你的力量!刚刚脱离死境,就想杀戮宰相,新天子如果追究你擅杀大臣的罪过,你用什么话来回答?"白再荣害怕而住手。他又想搜刮百姓的钱财来供给军队,李毅极力抗争,才算作罢。汉人中曾给麻荅供事的,白再荣都把他们抓起来索取财物,恒州人因为他贪婪暴虐,都叫他"白麻荅"。

杨衮至邢州,闻麻荅被逐,即日北还,杨安亦遁去;李殷以其众来降。

34 庚寅,以薛怀让为安国节度使。刘铎闻麻荅遁去,举邢州降,怀让诈云巡检,引兵向邢州,铎开门纳之,怀让杀铎,以克复闻。朝廷知而不问。

35 辛卯,复以恒州顺国军为镇州成德军。

36 乙未,以白再荣为成德留后。逾年,始以何福进为曹州防御使,李荣为博州刺史。

37 敕:“盗贼毋问赃多少皆抵死。”时四方盗贼多,朝廷患之,故重其法,仍分命使者逐捕。苏逢吉自草诏,意云:“应贼盗,并四邻同保,皆全族处斩。”众以为:“盗犹不可族,况邻保乎!”逢吉固争,不得已,但省去“全族”字。由是捕贼使者张令柔杀平阴十七村民。

逢吉为人,文深好杀。在河东幕府,帝尝令静狱以祈福,逢吉尽杀狱囚还报。及为相,朝廷草创,帝悉以军旅之事委杨邠、郭威,百司庶务委逢吉及苏禹珪。二相决事,皆出胸臆,不拘旧制;虽事无留滞,而用舍黜陟,惟其所欲。帝方倚信之,无敢言者。逢吉尤贪诈,公求货财,无所顾避。继母死,不为服;庶兄自外至,不白逢吉而见诸子,逢吉怒,密语郭威,以他事杖杀之。

38 楚王希广庶弟天策左司马希崇,性狡险,阴遗兄希萼书,言刘彦瑫违先王之命,废长立少,以激怒之。

希萼自永州来奔丧,乙巳,至跃石。彦瑫白希广遣侍从都指挥使周廷诲等将水军逆之,命永州将士皆释甲而入,馆希萼于碧湘宫,成服于其次,不听入与希广相见。希萼求还朗州,周廷诲劝希广杀之。希广曰:“吾何忍杀兄,宁分潭、朗而治之。”乃厚赠希萼,遣还朗州。希崇常为希萼诇希广,语言动作,悉以告之,约为内应。

杨衮到达邢州,听说麻荅已被驱逐,当天向北返回,杨安也领兵跑了;李殷率领他的军队前来投降。

34 庚寅(初九),后汉高祖任命薛怀让为安国节度使。刘铎听说麻荅逃跑,就率邢州投降,而薛怀让诈称要入城巡视检查,领兵开向邢州,刘铎大开城门让他们进来,薛怀让杀死刘铎,以攻克收复邢州上报。朝廷知道此事但不追问。

35 辛卯(初十),后汉又把恒州顺国军改为镇州成德军。

36 乙未(十四日),后汉高祖任命白再荣为成德留后。一年后,才任命何福进为曹州防御使,李荣为博州刺史。

37 后汉敕令:"盗贼不问赃物多少全都处死罪。"当时各地盗贼蜂起,朝廷深为担忧,所以刑法从严,并分派使者到各处追捕。苏逢吉自己草拟诏文,大意是:"接应盗贼,连同四邻同保,都全族处以斩首。"众大臣认为:"盗贼尚且不可灭族,况且是四邻同保呢!"苏逢吉坚持抗争,不得已,只删去了"全族"二字。由此,捕贼使者张令柔杀死了平阴县十七村的百姓。

苏逢吉为人,用法刻严、专嗜杀戮。在河东幕府时,后汉高祖曾命他"静狱"来祈求福祐,苏逢吉杀尽狱中囚犯回来答复。等做到宰相时,朝廷初创,高祖把一切军务委交杨邠、郭威,各部的事务委交苏逢吉和苏禹珪。这二位宰相决断事务,都根据自己的想法,不拘泥于旧有的典章制度;虽然事情没有耽搁滞留,但他的任用舍弃、罢免升迁,只是随心所欲。高祖正依靠、信任他们,没有敢说的。苏逢吉尤其贪婪奸诈,公开索取钱财,毫无顾忌。他的继母死后,他不穿丧服;他的异母哥哥从外地来,没禀报他去看各个侄子,苏逢吉就恼怒了,私下告诉郭威,以其他事由把哥哥用杖打死。

38 楚王马希广的异母弟弟天策左司马马希崇,生性狡猾阴险,悄悄写信给长兄马希萼,说刘彦瑫违背先王的遗命,废除长兄而拥立少弟,借此来激怒马希萼。

马希萼从永州前来奔丧,乙巳(二十四日),到达跌石。刘彦瑫告诉马希广,请派侍从都指挥使周廷诲等人率水军前往迎接,命永州将士全都解甲入城,让马希萼住在碧湘宫,在其驻地服丧,不让进入,与马希广相见。马希萼请求返回朗州,周廷诲劝马希广杀掉马希萼。马希广说:"我怎忍心杀哥哥,宁愿和他分管潭州、朗州而统治楚国!"于是给马希萼丰厚的赏赐,送还到朗州。马希崇常为马希萼侦察马希广,乃至马希广的一言一行,都告诉马希萼,相约作为城中内应。

39　契丹之灭晋也，驱战马二万归其国。至是汉兵乏马，诏市士民马于河南诸道不经剽掠者。

40　制以钱弘倧为东南兵马都元帅、镇海镇东节度使兼中书令、吴越王。

41　高从诲闻杜重威叛，发水军数千袭襄州，山南东道节度使安审琦击却之。又寇郢州，刺史尹实大破之。乃绝汉，附于唐、蜀。

初，荆南介居湖南、岭南、福建之间，地狭兵弱，自武信王季兴时，诸道入贡过其境者，多掠夺其货币。及诸道移书诘让，或加以兵，不得已复归之，曾不为愧。及从诲立，唐、晋、契丹、汉更据中原，南汉、闽、吴、蜀皆称帝，从诲利其赐予，所向称臣。诸国贱之，谓之"高无赖"。

42　唐主以太傅兼中书令宋齐丘为镇南节度使。

43　南汉主恐诸弟与其子争国，杀齐王弘弼、贵王弘道、定王弘益、辨王弘济、同王弘简、益王弘建、恩王弘伟、宜王弘照，尽杀其男，纳其女充后宫。作离宫千馀间，饰以珠宝，设镬汤、铁床、剐剔等刑，号"生地狱"。尝醉，戏以瓜置乐工之颈试剑，遂断其头。

44　初，帝与吏部尚书窦贞固俱事晋高祖，雅相知重，及即位，欲以为相，问苏逢吉："其次谁可相者？"逢吉与翰林学士李涛善，因荐之，曰："昔涛乞斩张彦泽，陛下在太原，尝重之，此可相也。"

会高行周、慕容彦超共讨杜重威于邺都，彦超欲急攻城，行周欲缓之以待其弊。行周女为重威子妇，彦超扬言："行周以女故，爱贼不攻。"由是二将不协。帝恐生他变，欲自将击重威，意未决。涛上疏请亲征。帝大悦，以涛有宰相器。九月甲戌，加逢吉左仆射兼门下侍郎，苏禹珪右仆射兼中书侍郎，贞固司空兼门下侍郎，涛户部尚书兼中书侍郎，并同平章事。

39　契丹灭亡后晋,驱赶战马两万匹回归辽国。到这时后汉军队缺乏战马,诏令到河南各道未经契丹抢掠的地方去购买士民的马匹。

40　后汉高祖制令任命钱弘倧为东南兵马都元帅,镇海、镇东节度使兼中书令、吴越王。

41　高从诲听说杜重威背叛,就出动水军几千人袭击襄州,山东南道节度使安审琦将他击退。高从诲又侵犯郢州,被刺史尹实打得大败。于是断绝与后汉的关系,依附于南唐、后蜀。

当初,荆南介于湖南、岭南和福建之间,地域狭窄,兵力薄弱,从武信王高季兴时起,各道进贡经过这里的,被他多次掠夺钱财货物。直到各道下书谴责,或派兵讨伐,他不得已才把财物送还,竟不感羞愧。等到高从诲为王,后唐、后晋、契丹、后汉更替占据中原,南汉、闽、吴、后蜀都称帝,高从诲贪图各国的赏赐,就四处称臣。各国都鄙视他,称他为"高无赖"。

42　南唐主任命太傅兼中书令宋齐丘为镇南节度使。

43　南汉主担心弟弟们和他的儿子争天下,就杀掉齐王刘弘弼、贵王刘弘道、定王刘弘益、辨王刘弘济、同王刘弘简、益王刘弘建、恩王刘弘伟、宜王刘弘照,并杀尽其家中男子,把妇女充入后宫。他还建造离宫一千多间,装饰上珠宝,设置镬汤、铁床、剉剔等刑具,号称"生地狱"。有一次喝醉了酒,开玩笑地把一个瓜放在乐工的脖子上试剑,于是砍掉了乐工的脑袋。

44　当初,后汉高祖和吏部尚书窦贞固同在后晋高祖处供事,互相深知敬重,待后汉高祖当了皇帝,想任命窦贞固为宰相,他问苏逢吉道:"你之外,有谁能做宰相?"苏逢吉和翰林学士李涛知己,于是就推荐李涛,说:"过去李涛请求斩掉张彦泽,陛下在太原,曾看重他,此人可以做宰相。"

正好高行周、慕容彦超到邺都共同讨伐杜重威,慕容彦超想加紧攻城,而高行周想放慢进攻来等待敌人的漏洞。高行周的女儿是杜重威的儿媳,慕容彦超扬言说:"高行周为他女儿的缘故,爱护敌人而不发动进攻。"从此两将不和。高祖怕生出其他变故,就想亲自去打杜重威,但主意还没定。这时,李涛上疏请皇帝御驾亲征。高祖大为高兴,认为李涛有宰相才器。九月甲戌(二十三日),苏逢吉加官为左仆射兼门下侍郎,苏禹珪加官为右仆射兼中书侍郎,窦贞固加官为司空兼门下侍郎,李涛加官为户部尚书兼中书侍郎,都为同平章事。

戊寅,诏幸澶、魏劳军,以皇子承训为东京留守。

45　冯道、李崧、和凝自镇州还,己卯,以崧为太子太傅,凝为太子太保。

46　庚辰,帝发大梁。

47　晋昌节度使赵匡赞恐终不为朝廷所容,冬,十月,遣使降蜀,请自终南山路出兵应援。

48　戊戌,帝至邺都城下,舍于高行周营。行周言于帝曰:"城中食未尽,急攻,徒杀士卒,未易克也,不若缓之,彼食尽自溃。"帝然之。慕容彦超数因事陵轹行周,行周泣诉于执政,掬粪壤实其口,苏逢吉、杨邠密以白帝。帝深知彦超之曲,犹命二臣和解之;又召彦超于帐中责之,且使诣行周谢。

杜重威声言车驾至即降,帝遣给事中陈观往谕指,重威复闭门拒之。城中食浸竭,将士多出降者。慕容彦超固请攻城,帝从之。丙午,亲督诸将攻城,自寅至辰,士卒伤者万馀人,死者千馀人,不克而止。彦超乃不敢复言。

初,契丹留幽州兵千五百戍大梁。帝入大梁,或告幽州兵将为变,帝尽杀之于繁台之下。及围邺都,张琏将幽州兵二千助重威拒守,帝屡遣人招谕,许以不死。琏曰:"繁台之卒,何罪而戮? 今守此,以死为期耳。"由是城久不下。十一月丙辰,内殿直韩训献攻城之具,帝曰:"城之所恃者,众心耳。众心苟离,城无所保,用此何为!"

杜重威之叛,观察判官金乡王敏屡泣谏,不听。及食竭力尽,甲戌,遣敏奉表出降。乙亥,重威子弘琏来见;丙子,

戊寅(二十七日),高祖下诏书,去澶州、魏州慰劳军队,命皇子刘承训为东京留守。

45　冯道、李崧、和凝从镇州返回,己卯(二十八日),后汉高祖任李崧为太子太傅,和凝为太子太保。

46　庚辰(二十九日),后汉高祖从大梁出发。

47　晋昌节度使赵匡赞顾虑最终不能被后汉朝廷所容,在冬季十月,派使臣归降后蜀,请求从终南山路出援兵接应。

48　戊戌(十七日),后汉高祖来到邺都城下,住在高行周军营中。高行周对高祖说:“城中粮食未尽,现在猛攻,白白损失士卒,不容易攻克城池,不如慢慢围困它,城中粮尽自然溃败。”高祖认为是这样。慕容彦超屡次借事端凌辱高行周,高行周向执政大臣哭诉,自己好比被粪土塞嘴不敢言,苏逢吉、杨邠将情况密报高祖。高祖深知慕容彦超理屈,仍命两位大臣和解;又把慕容彦超召到营帐里责备,并让他去向高行周谢罪。

杜重威曾声称高祖的车驾到达就投降,高祖派给事中陈观前去宣布旨意,杜重威却又关闭城门拒绝。城中粮食逐渐吃光,将士多有出城投降的。慕容彦超坚持请求攻城,高祖同意。丙午(二十五日),高祖亲自督励众将攻城,从寅时攻到辰时,士卒伤了一万多人,死了一千多人,未能攻下而收兵。慕容彦超于是不敢再说攻城。

当初,契丹留下一千五百名幽州兵守卫大梁。高祖进入大梁,有人密报幽州兵将发动兵变,高祖把所有幽州兵都杀死在繁台下面。待现在围困邺都,张琏率两千名幽州兵帮助杜重威拒守,于是高祖屡次派人劝谕招降,许诺不杀死。张琏说:“繁台下面的幽州兵卒,有什么罪而遭杀戮? 现在坚守此城,只求一死罢了。”因此城池久攻不下。十一月丙辰(初六),内殿直韩训进献攻城的器械,高祖说:“守城所倚仗的,是众人的心。如果众人离心离德,城池就无人保卫,用这些器械干什么!”

杜重威背叛后汉,观察判官金乡人王敏屡次哭泣劝谏,杜重威不听。到现在粮食吃光、气力用尽,甲戌(二十四日),派王敏出城奉上降表。乙亥(二十五日),杜重威的儿子杜弘璘前来朝见;丙子(二十六日),

妻石氏来见，石氏，即晋之宋国长公主也。帝复遣入城。丁
丑，重威开门出降，城中馁死者什七八，存者皆尫瘵无人状。
张琏先邀朝廷信誓，诏许以归乡里，及出降，杀琏等将校数十
人；纵其士卒北归，将出境，大掠而去。

郭威请杀重威牙将百馀人，并重威家赀籍之以赏战士，
从之。以重威为太傅兼中书令、楚国公。重威每出入，路人
往往掷瓦砾诟之。

> 臣光曰：汉高祖杀幽州无辜千五百人，非仁也；诱张
> 琏而诛之，非信也；杜重威罪大而赦之，非刑也。仁以合
> 众，信以行令，刑以惩奸。失此三者，何以守国！其祚运
> 之不延也，宜哉！

49 高行周以慕容彦超在澶州，固辞邺都。己卯，以忠
武节度使史弘肇领归德节度使兼侍卫马步都指挥使，义成节
度使刘信领忠武节度使兼侍卫马步副都指挥使，徙彦超为天
平节度使，并加同平章事。

50 吴越王弘倧大阅水军，赏赐倍于旧。胡进思固谏，
弘倧怒，投笔水中，曰："吾之财与士卒共之，奚多少之限邪！"

51 十二月丙戌，帝发邺都。

52 蜀主遣雄武都押牙吴崇恽，以枢密使王处回书招凤
翔节度使侯益。庚寅，以山南西道节度使兼中书令张虔钊为
北面行营招讨安抚使，雄武节度使何重建副之，宣徽使韩保
贞为都虞候，共将兵五万，虔钊出散关，重建出陇州，以击凤
翔；奉銮肃卫都虞候李廷珪将兵二万出子午谷，以援长安。
诸军发成都，旌旗数十里。

53 辛卯，皇子开封尹承训卒。承训孝友忠厚，达于从
政，人皆惜之。

杜重威的妻子石氏来朝见,石氏就是后晋的宋国长公主。高祖再次把他们送回城中。丁丑(二十七日),杜重威大开城门,出城投降,这时,城中十有七八的人都饿死了,活着的也都骨瘦如柴没有人样。张琏先要求朝廷讲信用发誓,高祖下诏令允许返归家乡,等出降以后,杀张琏等将领军校几十人;释放其他士兵北归家乡,那些幽州兵将出魏州地界时,大肆抢掠而去。

郭威请求杀死杜重威的一百多名牙将,并抄没杜重威家中的资财赏给战士们,高祖同意了。高祖任命杜重威为太傅兼中书令、楚国公。杜重威每次出入,路上的人常常向他扔碎砖烂瓦诟骂他。

臣司马光说:后汉高祖杀害无辜的幽州士卒一千五百人,是不仁;引诱张琏投降而又杀死他,是不信;杜重威罪恶大却赦免了他,是不刑。仁用来团结大众,信用来执行命令,刑用来惩罚奸佞,失掉这三者,凭什么守卫国家!他的皇位不能延续,也是应该的!

49 高行周因为慕容彦超在澶州,所以极力辞去相近的邺都。己卯(二十九日),后汉高祖命忠武节度使史弘肇领归德节度使,兼侍卫马步都指挥使;命义成节度使刘信领忠武节度使兼侍卫马步副都指挥使;调慕容彦超为天平节度使,并加官同平章事。

50 吴越王钱弘倧大举检阅水军,赏赐比过去多一倍。胡进思极力劝谏减少赏赐,钱弘倧动怒,把笔投到水里,说:“我的财产与士卒共有,有什么多少的界限呢!”

51 十二月丙戌(初六),后汉高祖从邺都出发。

52 后蜀主孟昶派雄武都押牙吴崇恽,带上枢密使王处回的信,招凤翔节度使侯益归降。庚寅(初十),命山南西道节度使兼中书令张虔钊为北面行营招讨安抚使,命雄武节度使何重建为副安抚使,命宣徽使韩保贞为都虞候,共率五万兵马,张虔钊从散关出兵,何重建从陇州出兵,来攻击凤翔;又命奉銮肃卫都虞候李廷珪领兵两万出子午谷,去援助长安。各军从成都出发时,旌旗连绵几十里。

53 辛卯(十一日),后汉高祖的皇子开封尹刘承训去世。刘承训为人孝顺、友爱、忠诚、厚道,而且通晓政务,人们都对他的死感到惋惜。

54 癸巳,帝至大梁。

55 威武节度使李孺赟与吴越戍将鲍修让不协,谋袭杀修让,复以福州降唐。修让觉之,引兵攻府第,是日,杀孺赟,夷其族。

56 乙未,追立皇子承训为魏王。

57 侯益请降于蜀,使吴崇恽持兵籍、粮帐西还,与赵匡赞同上表请出兵平定关中。

58 己酉,鲍修让传李孺赟首至钱塘,吴越王弘倧以丞相山阴吴程知威武节度事。

59 吴越王弘倧,性刚严,愤忠献王弘佐时容养诸将,政非己出,及袭位,诛杭、越侮法吏三人。

内牙统军使胡进思恃迎立功,干预政事;弘倧恶之,欲授以一州,进思不可。进思有所谋议,弘倧数面折之。进思还家,设忠献王位,被发恸哭。民有杀牛者,吏按之,引人所市肉近千斤。弘倧问进思:“牛大者肉几何?”对曰:“不过三百斤。”弘倧曰:“然则吏妄也。”命按其罪。进思拜贺其明。弘倧曰:“公何能知其详?”进思踧踖对曰:“臣昔未从军,亦尝从事于此。”进思以弘倧为知其素业,故辱之,益恨怒。进思建议遣李孺赟归福州,及孺赟叛,弘倧责之,进思愈不自安。

弘倧与内牙指挥使何承训谋逐进思,又谋于内都监使水丘昭券,昭券以为进思党盛难制,不如容之,弘倧犹豫未决。承训恐事泄,反以谋告进思。

庚戌晦,弘倧夜宴将吏,进思疑其图己,与其党谋作乱,帅亲兵百人戎服执兵入见于天策堂,曰:“老奴无罪,王何故图之?”弘倧叱之不退,左右持兵者皆愤怒。弘倧猝愕不暇发言,趋入义和院。进思锁其门,矫称王命,告中外云:“猝得风疾,传位于同参相府事

54　癸巳(十三日),后汉高祖抵达大梁。

55　威武节度使李孺赟与吴越守将鲍修让不和,李孺赟谋划袭击杀死鲍修让,再率福州投降南唐。鲍修让察觉了,领兵进攻福州府署,这天,杀死李孺赟,灭其家族。

56　乙未(十五日),后汉高祖追立皇子刘承训为魏王。

57　侯益请求归降于后蜀,让吴崇恽拿走凤翔的兵籍和粮帐向西返回,并与赵匡赞一同上表章请求出兵平定关中。

58　己酉(二十九日),鲍修让把李孺赟的头传至钱塘,吴越王钱弘倧派丞相山阴人吴程主持威武节度事务。

59　吴越王钱弘倧,生性刚毅、严厉,愤恨忠献王钱弘佐容忍宠养众将,政令不出于自己,等他承袭王位,诛杀杭、越二州玩弄败坏法纪的三个官吏。

内牙统军使胡进思倚仗着有迎立新王的功劳,干预政事;钱弘倧厌恶他,想让他去管辖一个州,胡进思不愿意。他有时陈述自己的谋略,钱弘倧就多次当面折辱他。胡进思回到家,设了一个忠献王的牌位,披散头发痛哭。百姓有杀牛的,官吏查访此事,拿来他人所买的肉近一千斤。钱弘倧问胡进思:"牛大的有多少肉?"答道:"不过三百斤。"钱弘倧说:"那么官吏是胡说。"命人查办官吏的罪。胡进思向钱弘倧拜贺他的明察。钱弘倧问:"您怎么能知道得这样详细?"胡进思恭敬而不安地答道:"臣过去没从军时,也曾干这种事。"胡进思认为钱弘倧知道他原来的旧业,故意侮辱他,更加愤恨恼怒。胡进思建议派李孺赟回福州,等到李孺赟反叛,钱弘倧责备他,胡进思越发自感不安。

钱弘倧和内牙指挥使何承训计划驱逐胡进思,又和内都监使水丘昭券商议,水丘昭券认为胡进思党羽众多难以制服,不如宽容他,钱弘倧犹豫不决。何承训怕事情泄露,反而把密谋告诉了胡进思。

庚戌晦(三十日),钱弘倧夜里宴请将领官员,胡进思怀疑他谋害自己,便与他的党羽策划作乱,率领亲兵一百人,身着戎装手持武器开进宫内在天策堂见钱弘倧,胡进思说:"老奴没有罪,大王为什么要谋害我?"钱弘倧呵斥他,他不退,周围执兵器的人都很愤怒。钱弘倧猛然惊愕得没时间发话,跑入义和院。胡进思锁上院门,假传王命,宣告朝廷内外:"因突然中风,传位给同参相府事

弘俶。"进思因帅诸将迎弘俶于私第,且召丞相元德昭。德昭至,立于帘外不拜,曰:"俟见新君。"进思曶出褰帘,德昭乃拜。

进思称弘倧之命,承制授弘俶镇海、镇东节度使兼侍中。弘俶曰:"能全吾兄,乃敢承命。不然,当避贤路。"进思许之。弘俶始视事。

进思杀水丘昭券及进侍鹿光铉。光铉,弘倧之舅也。进思之妻曰:"他人犹可杀,昭券,君子也,奈何害之!"

60 是岁,唐主以羽林大将军王延政为安化节度使鄱阳王,镇饶州。

乾祐元年(戊申,948)

1 春,正月乙卯,大赦,改元。

2 帝以赵匡赞、侯益与蜀兵共为寇,患之。会回鹘入贡,诉称为党项所阻,乞兵应接。诏左卫大将军王景崇、将军齐藏珍将禁军数千赴之,因使之经略关西。

晋昌节度判官李恕,久在赵延寿幕下,延寿使之佐匡赞。匡赞将入蜀,恕谏曰:"燕王入胡,岂所愿哉!今汉家新得天下,方务招怀,若谢罪归朝,必保富贵。入蜀非全计也,'蹄涔不容尺鲤',公必悔之。"匡赞乃遣恕奉表请入朝。景崇等未行而恕至,帝问恕:"匡赞何为附蜀?"对曰:"匡赞自以身受虏官,父在虏庭,恐陛下未之察,故附蜀求苟免耳。臣以为国家必应存抚,故遣臣来祈哀。"帝曰:"匡赞父子,本吾人也,不幸陷虏。今延寿方坠槛阱,吾何忍更害匡赞乎!"即听其入朝。侯益亦请赴二月四日圣寿节上寿。景崇等将行,帝召入卧内,敕之曰:"匡赞、益之心,皆未可知。汝至彼,彼已入朝,则勿问;若尚迁延顾望,当以便宜从事。"

钱弘俶。"胡进思于是率领众将到私宅迎接钱弘俶入宫,并召丞相元德昭。元德昭到达,站立在帘外不拜,说:"等待谒见新君。"胡进思急忙出去掀开帘子,元德昭才下拜。

胡进思伪称钱弘倧之命,承奉制书授钱弘俶镇海、镇东节度使兼侍中。钱弘俶说:"能保全我哥哥,才敢接受此命。否则,我当避路让贤。"胡进思答应他。钱弘俶开始处理国事。

胡进思杀死水丘昭券和进侍鹿光铉。鹿光铉是钱弘倧的舅舅。胡进思的妻子说:"他人还可杀,昭券是君子,怎么能杀害!"

60 这一年,南唐主命羽林大将军王延政为安化节度使、鄱阳王,镇守饶州。

后汉高祖乾祐元年(戊申,公元948年)

1 春季,正月乙卯(初五),后汉高祖大赦天下,改年号为乾祐。

2 后汉高祖因为赵匡赞、侯益和后蜀兵联合侵犯,深感忧虑。正赶上回鹘送来贡品,诉称在路上被党项人所阻拦,请求发兵接应。高祖诏令左卫大将军王景崇、将军齐藏珍率领禁军几千人赶赴,乘此让王景崇等人取得关西。

晋昌节度使判官李恕,多年在赵延寿幕府中,赵延寿派他去辅佐赵匡赞。赵匡赞将要入蜀,李恕劝谏说:"燕王身入契丹,难道是他自愿的吗!现在汉家新得天下,正致力招降怀远,如果认罪回归朝廷,一定能保住富贵。到后蜀去不是万全之策,'牛马蹄印里的水,容不得尺长的鲤鱼',您一定会后悔。"赵匡赞于是派李恕去后汉奉上降表请求入朝。王景崇等人还没发兵李恕就到了,高祖问李恕:"匡赞为什么归附蜀?"答道:"匡赞认为自己因为身受胡虏的官职,父亲又在胡虏朝廷,怕陛下不能详察,所以依附蜀国寻求苟且免杀。臣认为国家一定应能收留抚慰,所以就派臣来祈求哀怜。"高祖说:"匡赞父子,本来就是我们的人,不幸身陷于胡虏之中。如今延寿刚落入胡虏的监狱,我又怎能忍心再加害于匡赞呢!"立即让他入朝。侯益也请求赶赴二月四日圣寿节恭贺高祖生日。王景崇等人要走,高祖召入卧室中,命令道:"赵匡赞、侯益的心,都不可知。你们兵到那里,他们已经入朝,就不再过问;如果他们还在迁延观望,应当随机从事。"

3 已未，帝更名暠。

4 以前威胜节度使冯道为太师。

5 壬戌，吴越王弘俶迁故王弘倧于衣锦军私第，遣匡武都头薛温将亲兵卫之。潜戒之曰："若有非常处分，皆非吾意，当以死拒之。"

6 帝自魏王承训卒，悲痛过甚。甲子，始不豫。

7 赵匡赞不俟李恕返命，已离长安，丙子，入见。

王景崇等至长安，闻蜀兵已入秦川，以兵少，发本道及赵匡赞牙兵千馀人同拒之。景崇恐匡赞牙兵亡逸，欲文其面，微露风旨。军校赵思绾，首请自文其面以帅下，景崇悦。齐藏珍窃言曰："思绾凶暴难制，不如杀之。"景崇不听。思绾，魏州人也。

蜀李廷珪将至长安，闻赵匡赞已入朝，欲引归，王景崇邀之，败廷珪于子午谷。张虔钊至宝鸡，诸将议不协，按兵未进。侯益闻廷珪西还，因闭壁拒蜀兵。虔钊势孤，引兵夜遁。景崇帅凤翔、陇、邠、泾、鄜、坊之兵追败蜀兵于散关，俘将卒四百人。

8 丁丑，帝大渐。杨邠忌侍卫马军都指挥使、忠武节度使刘信，立遣之镇。信不得奉辞，雨泣而去。

帝召苏逢吉、杨邠、史弘肇、郭威入受顾命，曰："余气息微，不能多言。承祐幼弱，后事托在卿辈。"又曰："善防重威。"是日，殂于万岁殿，逢吉等秘不发丧。

庚辰，下诏，称："重威父子，因朕小疾，谤议摇众，并其子弘璋、弘琏、弘璨皆斩之。晋公主及内外亲族，一切不问。"磔重威尸于市，市人争啖其肉，吏不能禁，斯须而尽。

3 己未(初九),后汉高祖改名为暠。

4 后汉高祖任命前威胜节度使冯道为太师。

5 壬戌(十二日),吴越王钱弘俶把原来的吴越王钱弘倧迁到衣锦军的私宅,派匡武都头薛温领亲兵守卫。并悄悄告诫薛温:"如果有非常的处理,都不是我的意思,你应当拼死拒绝。"

6 后汉高祖自从魏王刘承训去世,过于悲伤哀痛。甲子(十四日),开始发病。

7 赵匡赞没等李恕回长安述命,就离开长安,丙子(二十六日),入京朝见。

王景崇等来到长安时,听说后蜀军队已开入秦川,因为自己带的兵少,就起用本道兵马和赵匡赞的一千多名牙兵共同拒敌。王景崇恐怕赵匡赞的牙兵逃跑,想在他们的脸上刺字,稍微透露出一点风声。牙兵的军校赵思绾首先请求在自己脸上刺字来统率部下,王景崇很高兴。齐藏珍悄悄说:"赵思绾凶猛暴戾,难以制服,不如杀掉他。"王景崇不听。赵思绾是魏州人。

后蜀李廷珪快到长安时,听说赵匡赞已向后汉皇帝朝拜,想率兵退回蜀地,王景崇拦击,在子午谷打败李廷珪。张虔钊到达宝鸡,众将意见不一致,按兵不动。侯益听说李廷珪向西返回,于是关闭壁垒抗拒后蜀军队。张虔钊见势力孤单,率领军队连夜逃跑。王景崇率领凤翔、陇、邠、泾、鄜、坊六州的兵马追击,在散关打败后蜀军队,俘虏兵将四百人。

8 丁丑(二十七日),后汉高祖病危。杨邠忌恨侍卫马军都指挥使、忠武节度使刘信,立刻派他前往镇所。刘信不能辞行,泪如雨下地离去。

高祖召苏逢吉、杨邠、史弘肇、郭威入宫接受遗嘱,说:"我气息微弱,不能多说。刘承祐年幼弱小,一切后事拜托各位爱卿。"又说:"妥善防范杜重威。"当天,在万岁殿去世。苏逢吉等人保密而不发布噩耗。

庚辰(三十日),传下皇帝诏书,声称:"杜重威父子,乘朕小病,毁谤非议,动摇人心,连同他的儿子杜弘璋、杜弘琏、杜弘璨一起斩首。晋公主及内外亲族,一概不予追究。"杜重威陈尸于街市,市民争着咬吃他的肉,官吏不能禁止,一会儿尸体就被咬光了。

二月辛巳朔，立皇子左衛大將軍、大內都點檢承祐為周王，同平章事。有頃，發喪，宣遺制，令周王即皇帝位。時年十八。

9　蜀韓保貞、龐福誠引兵自隴州還，要何重建俱西。是日，保貞等至秦州，分兵守諸門及衢路，重建遂入于蜀。

10　丁亥，尊皇后曰皇太后。

11　朝廷知成德留後白再榮非將帥才，庚寅，以前建雄留後劉在明代之。

12　癸巳，大赦。

13　吳越內牙指揮使何承訓復請誅胡進思及其黨。吳越王弘俶惡其反覆，且懼召禍，乙未，執承訓，斬之。

進思屢請殺廢王弘倧以絕後患，弘俶不許。進思詐以王命密令薛溫害之，溫曰："僕受命之日，不聞此言，不敢妄發。"進思乃夜遣其黨方安二人逾垣而入，弘倧闔戶拒之，大呼求救。溫聞之，率眾而入，斃安等于庭中。入告弘俶，弘俶大驚，曰："全吾兄，汝之力也。"

弘俶畏忌進思，曲意下之。進思亦內憂懼，未幾，疽發背卒。弘倧由是獲全。

14　詔以王景崇兼鳳翔巡檢使。景崇引兵至鳳翔，侯益尚未行，景崇以禁兵分守諸門。或勸景崇殺益，景崇以受先朝密旨，嗣主未之知，或疑於專殺，猶豫未決。益聞之，不告景崇而去，景崇悔，自訴。戊戌，益入朝，隱帝問："何故召蜀軍？"對曰："臣欲誘致而殺之。"帝哂之。

15　蜀張虔釗自恨無功，癸卯，至興州，慚忿而卒。

16　侍衛馬步都指揮使、同平章事史弘肇遭母喪，不數日，復出朝參。

二月辛巳朔(初一),立皇子左卫大将军、大内都点检刘承祐为周正,同平章事。不久,发布丧事,宣读遗诏,命周王即皇帝位。那年,刘承祐十八岁。

9 后蜀韩保贞、庞福诚率兵从陇州返回,约何重建一起西行。这天,韩保贞等到达泰州,分兵把守各城门及大路,何重建于是进入后蜀。

10 丁亥(初七),后汉尊皇后为皇太后。

11 后汉朝廷知道成德留后白再荣不是将帅之才,庚寅(初十),派前建雄留后刘在明前往取代他。

12 癸巳(十三日),大赦天下。

13 吴越内牙指挥使何承训又请求诛杀胡进思及其党羽。吴越王钱弘俶厌恶他反复无常,而且怕招来祸患,乙未(十五日),把何承训抓起来斩首。

胡进思屡次请求杀掉废王钱弘倧以绝后患,钱弘俶不允许。胡进思假称王命,密令薛温害死钱弘倧,薛温说:"我自受命守卫那天起,没有听到过这句话,不敢妄自行动。"胡进思就在夜里派出他的党羽方安二人跳墙而入,钱弘倧关门抵抗,大喊求救。薛温听到,率众兵冲入,在院中杀死方安二人。薛温到钱唐报告钱弘俶,钱弘俶大吃一惊,说:"保全我哥哥,全靠你的力量啊!"

钱弘俶畏惧提防胡进思,极力对他低三下四。胡进思也心中担忧害怕,不久,背上恶疮发作而死。钱弘倧因此得以保全。

14 后汉隐帝刘承祐诏令王景崇兼凤翔巡检使。王景崇领兵到达凤翔,侯益还没有启程,王景崇让禁兵分守各个城门。有人劝说王景崇杀掉侯益,王景崇说因接受先朝"便宜行事"的密旨,但新皇帝不知道,或许会怀疑擅自杀戮,所以犹豫不决。侯益听到风声,不与王景崇告别而离去,王景崇十分后悔,骂自己。戊戌(十八日),侯益入朝谒见后汉隐帝,隐帝问:"为什么招蜀军?"回答道:"臣想把他们诱到凤翔而杀掉。"隐帝微微一笑。

15 后蜀张虔钊恨自己劳师无功,癸卯(二十三日),到达兴州,惭愧愤懑而死。

16 后汉侍卫马步都指挥使、同平章事史弘肇因母去世在家居丧,但没过几天,又出来上朝参政。

卷第二百八十八　后汉纪三

起戊申(948)三月尽己酉(949)凡一年有奇

高祖睿文圣武昭肃孝皇帝下
乾祐元年(戊申,948)

1　三月丙辰,史弘肇起复,加兼侍中。

2　侯益家富于财,厚赂执政及史弘肇等,由是大臣争誉之。丙寅,以益兼中书令,行开封尹。

3　改广晋为大名府,晋昌军为永兴军。

4　侯益盛毁王景崇于朝,言其恣横。景崇闻益尹开封,知事已变,内不自安,且怨朝廷。会诏遣供奉官王益如凤翔,征赵匡赞牙兵诣阙,赵思绾等甚惧,景崇因以言激之。思绾途中谓其党常彦卿曰:"小太尉已落其手,吾属至京师,并死矣,奈何?"彦卿曰:"临机制变,子勿复言!"

癸酉,至长安,永兴节度副使安友规、巡检乔守温出迎王益,置酒于客亭。思绾前白曰:"壕寨使已定舍馆于城东。今将士家属皆在城中,欲各入城挈家诣城东宿。"友规等然之。时思绾等皆无铠仗,既入西门,有州校坐门侧,思绾遽夺其剑斩之。其徒因大噪,持白梃,杀守门者十馀人,分遣其党守诸门。思绾入府,开库取铠仗给之,友规等皆逃去。思绾遂据城,集城中少年,得四千馀人,缮城隍,葺楼堞,旬日间,战守之具皆备。

高祖睿文圣武昭肃孝皇帝下
后汉高祖乾祐元年(戊申,公元948年)

1 三月丙辰(初七),史弘肇出仕复职,加官兼侍中。

2 侯益家里财产丰厚,送厚礼贿赂执掌政权的大臣和史弘肇等人,因此众大臣交口称赞。丙寅(十七日),任命侯益兼中书令,代理开封尹。

3 改广晋府为大名府,改晋昌军为永兴军。

4 侯益在朝中大肆诋毁王景崇,说他恣意横行。王景崇听说侯益为开封尹,明白事态已产生变化,内心忐忑不安,而且埋怨朝廷。正赶上诏令派供奉官王益到凤翔,取赵匡赞的牙兵带回京城,牙校赵思绾等人很害怕,王景崇乘机用话语相激。赵思绾在路上对他的党羽常彦卿说:"小太尉赵匡赞已落入他们的手中,我们到达京城,都得死了,怎么办?"常彦卿说:"见机行事,你不要再说!"

癸酉(二十四日),到达长安,永兴节度副使安友规、巡检乔守温出城迎接王益,并在客亭设置酒宴款待。这时,赵思绾走上前来说:"壕寨使已经把会馆定在城东。现在将士的家属都在城中,想各自进城把家属带到城东住宿。"安友规等人同意。当时赵思绾等人都没有武器铠甲,进了西门,见有该州军校坐在门旁,赵忠绾突然夺过他的剑把他杀死。赵思绾的党羽乘势大喊大叫,拿着棍子,打死十几个守门兵士,派遣党羽分别把守各个大门。赵思绾进入府衙,打开府库取出武器铠甲分给大家,安友规等人都逃跑离开。赵思绾于是占据了长安城,集中城内少年,约有四千多人,修缮护城壕沟,整治城楼矮墙,十天之内,作战守卫的器械样样齐备。

王景崇讽凤翔吏民表景崇知军府事,朝廷患之。甲戌,徙静难节度使王守恩为永兴节度使,徙保义节度使赵晖为凤翔节度使,并同平章事。以景崇为邠州留后,令便道之官。

虢州伶人靖边庭杀团练使田令方,驱掠州民,奔赵思绾。至潼关,潼关守将出击之,其众皆溃。

5 初,契丹主北归,至定州,以义武节度副使耶律忠为节度使,徙故节度使孙方简为大同节度使。方简怨恚,且惧入朝为契丹所留,迁延不受命,帅其党三千人保狼山故寨,控守要害。契丹攻之,不克。未几,遣使请降,帝复其旧官,以扞契丹。

耶律忠闻邺都既平,常惧华人为变。诏以成德留后刘在明为幽州道马步都部署,使出兵经略定州。未行,忠与麻荅等焚掠定州,悉驱其人弃城北去。孙方简自狼山帅其众数百,还据定州,又奏以弟行友为易州刺史,方遇为泰州刺史。每契丹入寇,兄弟奔命,契丹颇畏之。于是晋末州县陷契丹者,皆复为汉有矣。

丙子,以刘在明为成德节度使。

麻荅至其国,契丹主责以失守。麻荅不服,曰:"因朝廷征汉官致乱耳。"契丹主鸩杀之。

6 苏逢吉等为相,多迁补官吏。杨邠以为虚费国用,所奏多抑之,逢吉等不悦。

中书侍郎兼户部尚书、同平章事李涛上疏言:"今关西纷扰,外御为急。二枢密皆佐命功臣,官虽贵而家未富,宜授以要害大镇。枢机之务在陛下目前,易以裁决,逢吉、禹珪自先帝时任事,皆可委也。"杨邠、郭威闻之,见太后泣诉,称:"臣等从先帝起艰难中,今天子取人言,欲弃之于外。况关西方有事,臣等何忍自取安逸,不顾社稷。若臣等必不任职,乞留过山陵。"

王景崇示意凤翔的官吏士民向朝廷上表,推举自己主持军府事务,朝廷对此深为担忧。甲戌(二十五日),调静难节度使王守恩为永兴节度使,调保义节度使赵晖为凤翔节度使,都为同平章事。命王景崇为邠州留后,让他抄近路赴任。

虢州的艺人靖边庭杀死团练使田令方,裹胁州中百姓,投奔赵思绾。到了潼关,潼关守将出关迎击,他的一群人全都溃散了。

5　当初,契丹主北行回国,来到定州,命义武节度副使耶律忠为节度使,调原节度使孙方简为大同节度使。孙方简怨恨愤怒,又怕到了契丹朝廷被他们扣留,所以拖延时日不接受任命,率领他的党羽三千多人守卫狼山原来的山寨,控制固守各处要害。契丹兵进攻,未能攻克。不久,他派使者见后汉高祖请求归降,高祖恢复他的原官职,用他来抵御契丹。

耶律忠听说邺都已被平定,常常害怕汉人发动事变。后汉高祖诏令成德留后刘在明为幽州道马步都部署,派他出兵整治定州。还没出兵,耶律忠和麻荅等人已劫掠焚烧了定州,驱赶定州百姓弃城北去。孙方简从狼山率领几百名军兵,回来占领定州,又上奏章请求任命弟弟孙行友为易州刺史、孙方遇为泰州刺史。每当契丹人入侵,兄弟三人就死命地抵抗,契丹人很害怕他们。于是后晋末年州县陷落到契丹人手中的,都又为后汉所有了。

丙子(二十七日),后汉任命刘在明为成德节度使。

麻荅回到辽国,契丹主责备他失守。麻荅不服气,说:"这是因为朝廷招收任用汉官,才导致今天的祸乱。"契丹主将他毒死。

6　苏逢吉等人做宰相,频繁提升补充官员,杨邠认为白白耗费国家钱财,在奏章里多次贬抑这种做法,苏逢吉等人不高兴。

中书侍郎兼户部尚书、同平章事李涛上疏说:"现在关西形势纷乱,抵御外寇入侵是当务之急。二位枢密使都是先朝辅佐创业的功臣,官阶虽然显贵但家资并不富裕,应该授予他们重要的大藩镇。枢密机要的事务,在陛下眼前,容易裁决,况且苏逢吉、苏禹珪都是从先帝时就任职,都可以委托。"杨邠、郭威听说,入宫向太后哭诉道:"我们跟随先帝在艰难中起来,现在天子听信人几句话,要把我们弃置在外。况且关西正有事,我们怎忍自求安逸,不顾社稷的安危。如果我们一定不称职,请求留我们过了先帝灵柩出殡。"

太后怒，以让帝，曰："国家勋旧之臣，奈何听人言而逐之！"帝曰："此宰相所言也。"因诘责宰相。涛曰："此疏臣独为之，他人无预。"丁丑，罢涛政事，勒归私第。

7　是日，邠、泾、同、华四镇俱上言护国节度使兼中书令李守贞与永兴、凤翔同反。

始，守贞闻杜重威死而惧，阴有异志。自以晋世尝为上将，有战功，素好施，得士卒心。汉室新造，天子年少初立，执政皆后进，有轻朝廷之志。乃招纳亡命，养死士，治城堑，缮甲兵，昼夜不息。遣人间道赍蜡丸结契丹，屡为边吏所获。

浚仪人赵修己，素善术数，自守贞镇滑州，署司户参军，累从移镇，为守贞言："时命不可，勿妄动！"前后切谏非一。守贞不听，乃称疾归乡里。僧总伦，以术媚守贞，言其必为天子，守贞信之。又尝会将佐置酒，引弓指《舐掌虎图》曰："吾有非常之福，当中其舌。"一发中之，左右皆贺。守贞益自负。

会赵思绾据长安，奉表献御衣于守贞。守贞自谓天人协契，乃自称秦王。遣其骁将平陆王继勋将兵据潼关，以思绾为晋昌节度使。

同州距河中最近，匡国节度使张彦威，常诇守贞所为，奏请先为之备，诏滑州马军都指挥使罗金山将部兵戍同州；故守贞起兵，同州不为所并。金山，云州人也。

8　定难节度使李彝殷发兵屯境上，奏称："去三载前羌族唃毋杀绥州刺史李仁裕叛去，请讨之。"庆州上言："请益兵为备。"诏以司天言，今岁不利先举兵，谕止之。

9　夏，四月辛巳，陕州都监王玉奏克复潼关。

太后大怒,责备隐帝道:"国家元勋旧臣,怎么能听人几句话就放逐他们!"隐帝说:"这是宰相说的。"于是又去责问宰相苏逢吉等人。李涛站出来说:"这篇疏文是臣独自写的,别人没有参与。"丁丑(二十八日),罢免李涛官职,勒令回到家中。

7　当天,邠、泾、同、华四镇都向朝廷上报:护国节度使兼中书令李守贞和永兴、凤翔二镇同时反叛。

开始,李守贞听说杜重威被杀而心中害怕,暗中萌生反叛念头。自以为后晋时曾为上将,有战功,平常慷慨好施,所以颇得士兵之心。现在后汉新建,皇帝年轻刚刚继位,执掌朝政都是后来进身的官员,所以有轻视朝廷的看法。于是招纳亡命之徒,豢养敢死之士,治理城墙壕堑,修缮武器铠甲,日夜不停。又派人从小路带着蜡丸密信去勾结契丹,多次被把守边关的官吏查获。

浚仪人赵修己,素来擅长星象占卜之术,自从李守贞镇守滑州,署理司户参军,屡次跟随藩镇调动,对李守贞说:"时运、天命不允许,不要轻举妄动!"前后恳切劝谏不止一次。李守贞不听,他于是声称有病回家乡。僧人总伦,用他的法术讨好李守贞,说他一定要做天子,李守贞信以为真。又曾和将佐聚会设置酒宴,弯弓搭箭指着《舐掌虎图》说:"我如果有非常的福分,就当射中它的舌头。"一箭射中,周围人都向他祝贺,李守贞更加自命不凡。

正赶上赵思绾占领了长安城,向李守贞奉上表章献上御衣。李守贞自认为是天意、人心共同默契,于是自称秦王。派他的骁将平陆人王继勋占据潼关,任命赵思绾为晋昌节度使。

同州距离河中最近,匡国节度使张彦威常侦察李守贞的所作所为,并奏请朝廷早作防范,诏令滑州马军都指挥使罗金山率所部守卫同州;所以李守贞起兵时,同州没有被他吞并。罗金山是云州人。

8　后汉定难节度使李彝殷起兵驻守境上,向朝廷上奏章,称:"三年以前,羌族啹毋杀死绥州刺史李仁裕反叛逃走,请求发兵征讨。"庆州上奏道:"请增加兵力作准备。"诏书引用司天监官员言论说,今年不利于先动兵戈,劝谕制止众将行动。

9　夏季,四月辛巳(初二),陕州都监王玉奏报攻克收复潼关。

10　帝与左右谋，以太后怒李涛离间，欲更进用二枢密，以明非帝意。左右亦疾二苏之专，欲夺其权，共劝之。壬午，制以枢密使杨邠为中书侍郎兼吏部尚书、同平章事，枢密使如故；以副枢密使郭威为枢密使；又加三司使王章同平章事。

凡中书除官，诸司奏事，帝皆委邠斟酌。自是三相拱手，政事尽决于邠。事有未更邠所可否者，莫敢施行，遂成凝滞。三相每进拟用人，苟不出邠意，虽簿、尉亦不之与。邠素不喜书生，常言：“国家府廪实，甲兵强，乃为急务。至于文章礼乐，何足介意！”既恨二苏排己，又以其除官太滥，为众所非，欲矫其弊，由是艰于除拜，士大夫往往有自汉兴至亡不沾一命者；凡门荫及百司入仕者悉罢之。虽由邠之愚蔽，时人亦咎二苏之不公所致云。

11　以镇宁节度使郭从义充永兴行营都部署，将侍卫兵讨赵思绾。戊子，以保义节度使白文珂为河中行营都部署，内客省使王峻为都监。辛卯，削夺李守贞官爵，命文珂等会兵讨之。乙未，以宁江节度使、侍卫步军都指挥使尚洪迁为西面行营都虞候。

12　王景崇迁延不之邠州，阅集凤翔丁壮，诈言讨赵思绾，仍牒邠州会兵。

13　契丹主如辽阳，故晋主与太后、皇后皆谒见。有禅奴利者，契丹主之妻兄也，闻晋主有女未嫁，诣晋主求之。晋主辞以幼。后数日，契丹主使人驰取其女而去，以赐禅奴。

14　王景崇遗蜀凤州刺史徐彦书，求通互市。壬戌，蜀主使彦复书招之。

15　契丹主留晋翰林学士徐台符于幽州，台符逃归。

16　五月乙亥，滑州言河决鱼池。

10　后汉隐帝和左右商量,因太后恼怒李涛的离间,现在想再进用两位枢密使,以便表明前举不是皇帝的意思。大臣们也憎恨二苏专政,想夺他们的权,所以都鼓励皇帝这样干。壬午(初三),制令枢密使杨邠为中书侍郎兼吏部尚书、同平章事,枢密使官职照旧;命副枢密使郭威为枢密使;又三司使王章加官同平章事。

　　凡中书省任命官员、各司上奏公事,隐帝全委任杨邠斟酌办理。从此其他三位宰相全都拱手无事,一切政事都决定于杨邠。凡事未经杨邠认可,没有人敢施行,便形成梗塞。三位宰相每次所拟的进用人选,只要不出于杨邠之意,即使主簿、尉这样的小官也不给。杨邠历来不喜欢书生,常说:"国家的府库仓廪要充实,兵力要强盛,这才是当务之急。至于文章礼乐,有什么值得介意!"他既怀恨二苏曾排斥自己,又因二苏原来任命官员太滥,被众人非议指责,想要矫正这一弊病,因此授予官职就很难了,士大夫里多有从后汉兴到后汉亡不曾受过一次升迁的人;还规定:凡靠祖、父馀荫得官的子弟以及从各个部门入仕的,全部罢免。这虽说是由于杨邠的愚昧闭塞,但当时人们也归咎于二苏封官办事不公所致。

11　后汉命镇宁节度使郭从义充任永兴行营都部署,率领侍卫兵讨伐赵思绾。戊子(初九),命保义节度使白文珂为河中行营都部署,命内客省使王峻为都监。辛卯(十二日),削去李守贞的官职爵位,命白文珂等将领合兵讨伐他。乙未(十六日),命宁江节度使、侍卫步军都指挥使尚洪迁为西面行营都虞候。

12　王景崇拖延时日不去邠州上任,招集、检阅凤翔的壮丁,假称要讨伐赵思绾,并发檄文与邠州合兵。

13　契丹主到了辽阳,前后晋主和太后、皇后都拜见他。有个叫禅奴利的,是契丹主妻子的哥哥,他听说后晋主有女儿尚未出嫁,就去见后晋主求婚。后晋主以女儿年龄幼小推辞。过了几天,契丹主派人骑马取走他女儿飞驰而去,赐给禅奴利。

14　王景崇致信给后蜀凤州刺史徐彦,要求互通贸易。壬戌,后蜀主命徐彦回信招降他。

15　契丹主扣留后晋翰林学士徐台符于幽州,徐台符逃回。

16　五月乙亥(二十七日),滑州上报,黄河在鱼池决口。

17 六月戊寅朔，日有食之。

18 辛巳，以奉国左厢都虞候刘词充河中行营马步都虞候。

19 乙酉，王景崇遣使请降于蜀，亦受李守贞官爵。

20 高从诲既与汉绝，北方商旅不至，境内贫乏，乃遣使上表谢罪，乞修职贡。诏遣使慰抚之。

21 西面行营都虞候尚洪迁攻长安，伤重而卒。

22 秋，七月，以工部侍郎李榖充西南面行营都转运使。

23 庚申，加枢密使郭威同平章事。

24 蜀司空兼中书侍郎、同平章事张业，性豪侈，强市人田宅，藏匿亡命于私第，置狱，系负债者，或历年至有瘐死者。其子检校左仆射继昭，好击剑，尝与僧归信访善剑者。右匡圣都指挥使孙汉韶与业有隙，密告业、继昭谋反；翰林承旨李昊、奉圣控鹤马步都指挥使安思谦复从而谮之。甲子，业入朝，蜀主命壮士就都堂击杀之，下诏暴其罪恶，籍没其家。

枢密使、保宁节度使兼侍中王处回，亦专权贪纵，卖官鬻狱，四方馈献，皆先输处回，次及内府，家赀巨万。子德钧，亦骄横。张业既死，蜀主不忍杀处回，听归私第。处回惶恐辞位，以为武德节度使兼中书令。

蜀主欲以普丰库使高延昭、茶酒库使王昭远为枢密使，以其名位素轻，乃授通奏使，知枢密院事。昭远，成都人，幼以僧童从其师入府，蜀高祖爱其敏慧，令给事蜀主左右；至是，委以机务，府库金帛，恣其取与，不复会计。

25 戊辰，以郭从义为永兴节度使，白文珂兼知河中行府事。

17 六月戊寅朔(初一),出现日食。

18 辛巳(初四),命奉国左厢都虞候刘词充任河中行营马步都虞候。

19 乙酉(初八),王景崇派使者向后蜀请求归降,同时接受李守贞给予的官爵。

20 高从诲与后汉断绝往来后,北方的商人不再来,境内贫困、物资缺乏,于是派使者向后汉上表章谢罪,并请允许履行交纳贡品的职责。后汉皇帝诏令派使者前去安抚。

21 西面行营都虞候尚洪迁攻打长安,身受重伤而死。

22 秋季,七月,命工部侍郎李毅充任西南面行营都转运使。

23 庚申(十三日),枢密使郭威加官任同平章事。

24 后蜀司空兼中书侍郎、同平章事张业,生性豪放、奢侈,强买别人的田地住宅,在自己的宅院里藏匿亡命的罪犯,私设监狱,抓欠债的人,有时关押一年半载以致有病死的。他的儿子检校左仆射张继昭,喜好击剑,曾和归信和尚走访善于击剑的高手。右匡圣都指挥使孙汉韶和张业有仇隙,密告张业、张继昭二人谋反;翰林承旨李昊、奉圣控鹤马步都指挥使安思谦又趁机诬陷他们。甲子(十七日),张业上朝,后蜀主命令壮士在都堂里把他杀死,下诏书公布他的罪恶,抄没他的家产。

枢密使、保守节度使兼侍中王处回,也擅权专横,贪婪恣肆,出卖官职,收受罪犯的贿赂,各地赠送的贡物,都先送到王处回处,再给皇帝内府,他家产巨万。他的儿子王德钧,也骄横跋扈。张业被处死后,后蜀皇帝不忍心杀王处回,让他回家。王处回慌忙辞去官职,后蜀主任他为武德节度使兼中书令。

后蜀主想让普丰库使高延昭、茶酒库使王昭远为枢密使,但因他们的名声和地位素向轻微,就授予他们为通奏使,来主持枢密院事务。王昭远是成都人,年幼时做小和尚随他的师傅进入都府,后蜀高祖喜爱他聪明敏捷,让他在自己身边供事;到这时,委任他国家重要事务,府库里的金银财帛,任其随意拿取,不再计算。

25 戊辰(二十一日),任命郭从义为永兴节度使,白文珂兼理主持河中行府事务。

26　蜀主以翰林承旨、尚书左丞李昊为门下侍郎兼户部尚书,翰林学士、兵部侍郎徐光溥为中书侍郎兼礼部尚书,并同平章事。

27　蜀安思谦谋尽去旧将,又谮卫圣都指挥使兼中书令赵廷隐谋反,欲代其位,夜,发兵围其第。会山南西道节度使李廷珪入朝,极言廷隐无罪,乃得免。廷隐因称疾,固请解军职;甲戌,蜀主许之。

28　凤翔节度使赵晖至长安;乙亥,表王景崇反状益明,请进兵击之。

29　初,高祖镇河东,皇弟崇为马步都指挥使,与蕃汉都孔目官郭威争权,有隙。及威执政,崇忧之。节度判官郑珙,劝崇为自全计,崇从之。珙,青州人也。八月庚辰,崇表募兵四指挥,自是选募勇士,招纳亡命,缮甲兵,实府库,罢上供财赋,皆以备契丹为名。朝廷诏令,多不禀承。

30　自河中、永兴、凤翔三镇拒命以来,朝廷继遣诸将讨之。昭义节度使常思屯潼关,白文珂屯同州,赵晖屯咸阳。惟郭从义、王峻置栅近长安,而二人相恶如水火,自春徂秋,皆相伅莫肯攻战。帝患之,欲遣重臣临督,壬午,以郭威为西面军前招慰安抚使,诸军皆受威节度。

威将行,问策于太师冯道。道曰:“守贞自谓旧将,为士卒所附,愿公勿爱官物,以赐士卒,则夺其所恃矣。”威从之。由是众心始附于威。

诏白文珂趣河中,赵晖趣凤翔。

31　甲申,蜀主以赵廷隐为太傅,赐爵宋王,国有大事,就第问之。

32　戊子,蜀改凤翔曰岐阳军;己丑,以王景崇为岐阳节度使、同平章事。

26　后蜀主命翰林承旨、尚书左丞李昊为门下侍郎兼户部尚书,命翰林学士、兵部侍郎徐光溥为中书侍郎兼礼部尚书,都为同平章事。

27　后蜀安思谦谋划把旧将全部除掉,又诬陷卫圣都指挥使兼中书令赵廷隐谋反,企图取代他的权位,夜里派兵包围了他的住宅。正赶上山南西道节度使李廷珪入朝,全力辩解赵廷隐没有罪,才免罪。赵廷隐因此声称有病,坚持请求解除自己的军权;甲戌(二十七日),后蜀主答应。

28　凤翔节度使赵晖来到长安;乙亥(二十八日),上表章说王景崇反叛的情况日益明显,请求发兵进攻。

29　当初,后汉高祖镇守河东,皇弟刘崇是马步都指挥使,与蕃汉都孔目官郭威争夺权力,二人有仇。等到郭威执政,刘崇很担忧。节度判官郑珙劝刘崇安排保全自己之计,刘崇听从了。郑珙是青州人。八月庚辰(初四),刘崇上表招募四个负责指挥的军官,从此他精选招募勇士,收纳亡命的罪犯,修缮兵器装备,充实官仓府库,停止向朝廷上缴赋税财物,都以防御契丹入侵为名。朝廷所下的诏令,大多不接受。

30　自从河中、永兴、凤翔三个藩镇抗拒朝廷命令以来,朝廷连续派众将领讨伐他们。昭义节度使常思屯兵潼关,白文珂屯兵同州,赵晖屯兵咸阳。只有郭从义、王峻在靠近长安的地方设置栅栏,但是郭、王二人相互交恶,就像水火不能相容,所以从春到秋二人都对峙观望不肯进攻作战。隐帝为此忧虑,想派一位朝廷重臣临阵督战,壬午(初六),命郭威为西面军前招慰安抚使,各军都受郭威的调度。

郭威将要上路,向太师冯道请教良策。冯道说:"李守贞自认为是老将,士兵之心都归附于他,望您不要吝惜官家的财物,要用以赏赐士兵,这样就夺走了他所倚仗的优势了。"郭威听从了冯道的这条计策。从此众人之心开始归附郭威。

隐帝诏令,白文珂赶赴河中,赵晖赶赴凤翔。

31　甲申(初八),后蜀主任命赵廷隐为太傅,封爵为宋王,凡有国家大事,亲自到他家中询问。

32　戊子(十二日),后蜀改凤翔为岐阳军;己丑(十三日),命王景崇为岐阳节度使、同平章事。

33　乙未，以钱弘俶为东南兵马都元帅、镇海镇东节度使兼中书令、吴越国王。

34　郭威与诸将议攻讨，诸将欲先取长安、凤翔。镇国节度使扈从珂曰："今三叛连衡，推守贞为主，守贞亡，则两镇自破矣。若舍近而攻远，万一王、赵拒吾前，守贞掎吾后，此危道也。"威善之。于是威自陕州，白文珂及宁江节度使、侍卫步军都指挥使刘词自同州，常思自潼关，三道攻河中。威对待士卒，与同苦乐，小有功辄赏之，微有伤常亲视之；士无贤不肖，有所陈启，皆温辞色而受之；违忤不怒，小过不责。由是将卒咸归心于威。

始，李守贞以禁军皆尝在麾下，受其恩施，又士卒素骄，苦汉法之严，谓其至则叩城奉迎，可以坐而待之。既而士卒新受赐于郭威，皆忘守贞旧恩，己亥，至城下，扬旗伐鼓，踊跃诟噪。守贞视之失色。

白文珂克西关城，栅于河西，常思栅于城南，威栅于城西。未几，威以常思无将领才，先遣归镇。

诸将欲急攻城，威曰："守贞前朝宿将，健斗好施，屡立战功。况城临大河，楼堞完固，未易轻也。且彼冯城而斗，吾仰而攻之，何异帅士卒投汤火乎！夫勇有盛衰，攻有缓急，时有可否，事有后先；不若且设长围而守之，使飞走路绝。吾洗兵牧马，坐食转输，温饱有馀。俟城中无食，公帑家财皆竭，然后进梯冲以逼之，飞羽檄以招之。彼之将士，脱身逃死，父子且不相保，况乌合之众乎！思绾、景崇，但分兵縻之，不足虑也。"乃发诸州民夫二万馀人，使白文珂等帅之，刳长壕，筑连城，列队伍而围之。威又谓诸将曰："守贞向畏高祖，不敢鸱张；以我辈崛起太原，事功未著，有轻我心，

33　乙未(十九日)，后汉封吴越钱弘俶为东南兵马都元帅，镇海、镇东节度使兼中书令，吴越国王。

34　郭威与众将领商议讨伐进攻，众将领想先夺取长安、凤翔。镇国节度使扈从珂说："现在三个叛藩联合，推举李守贞为主，如果李守贞灭亡，那两个藩镇便不攻自破了。如果舍近攻远，万一王、赵在前面抵抗，李守贞在背后夹击，这是危亡之道。"郭威认为很有道理。于是郭威从陕州，白文珂及宁江节度使、侍卫步军都指挥使刘词从同州，常思从潼关，从三条路进攻河中。郭威对待士兵，和他们同甘共苦，士兵们稍立军功就受到赏赐，稍有伤就经常亲自看望；谋士中无论是贤者还是不肖的，只要有事来陈述的，都和颜悦色地接待他们；违背触犯他不发怒，小的过错不责罚。因此士兵、将领之心都归附于郭威。

开始，李守贞以为禁军都曾是自己的老部下，受过他的恩惠，而且士兵一贯骄横，苦于后汉军法的严格，认为禁军一到就会前来敲城门奉迎他为君主，可以坐着等待。但是士兵们新近在郭威处受到赏赐，都忘了李守贞的旧恩。己亥(二十三日)，兵至城下，挥舞军旗，擂响战鼓，踊跃呼喊。李守贞在城上看到，大惊失色。

白文珂攻克西关城，在黄河西岸设营栅，常思在城南设营栅，郭威在城西设营栅。不久，郭威认为常思没有将领之才，先把他派回原藩镇。

众将领想赶快攻城，郭威说："李守贞是前朝有经验的老将，勇猛善斗，慷慨好施，多次建立战功。况且城临黄河，城楼护墙完好坚固，不容轻视。况且他凭借高城而战，我们仰面进攻，这和领着士兵去赴汤蹈火有什么不同！勇气有盛有衰，进攻有慢有急，时机有可有不可，办事情有后有先；不如先设置长长的包围圈困守他，使他上天无路入地无门。而我们磨洗兵器，放牧战马，静坐享用转运来的粮食，做到温饱有余。等城中没粮了，官家、私人的钱财全都枯竭，然后推进云梯冲车来逼近他们，飞传羽檄来招降他们。那边的将领士兵，各自脱身逃亡，就是父子也难以互相保护，何况是些乌合之众！赵思绾、王景崇二处，只要分兵牵制住，不值得忧虑。"于是征发各州民夫两万多人，让白文珂等人率领他们，挖长沟，筑连城，排列队伍把河中城团团围住。郭威又对众将领说："李守贞过去害怕高祖，所以不敢嚣张；认为我们从太原崛起，事业功勋不显赫，有轻视我们之心，

故敢反耳。正宜静以制之。"乃偃旗卧鼓,但循河设火铺,连延数十里,番步卒以守。遣水军舣舟于岸,寇有潜往来者,无不擒之。于是守贞如坐网中矣。

35 蜀武德节度使兼中书令王处回请老,辛丑,以太子太傅致仕。

36 南汉主遣知制诰宣化锺允章求婚于楚,楚王希广不许。南汉主怒,问允章:"马公复能经略南土乎?"对曰:"马氏兄弟,方争亡于不暇,安能害我!"南汉主曰:"然。希广懦而吝啬,其士卒忘战日久,此乃吾进取之秋也。"

37 武平节度使马希萼请与楚王希广各修职贡,求朝廷别加官爵,希广用天策府内都押牙欧弘练、进奏官张仲荀谋,厚赂执政,使拒其请。九月壬子,赐希萼及楚王希广诏书,谕以:"兄弟宜相辑睦,凡希萼所贡,当附希广以闻。"希萼不从。

38 蜀兵援王景崇,军于散关,赵晖遣都监李彦从袭击,破之,蜀兵遁去。

39 蜀主以张业、王处回执政,事多壅蔽,己未,始置匦函,后改为献纳函。

40 王景崇尽杀侯益家属七十馀人,益子前天平行军司马仁矩先在外,得免。庚申,以仁矩为隰州刺史。仁矩子延广,尚在襁褓,乳母刘氏以己子易之,抱延广而逃,乞食至于大梁,归于益家。

41 李守贞屡出兵欲突长围,皆败而返;遣人赍蜡丸求救于唐、蜀、契丹,皆为逻者所获。城中食且尽,殍死者日众。守贞忧于色,召总伦诘之,总伦曰:"大王当为天子,人不能夺。但此分野有灾,待磨灭将尽,只馀一人一骑,乃大王鹊起之时也。"守贞犹以为然。

所以敢于反叛。我们正应该用静来制服他。"于是把军旗、战鼓都收起来,只沿黄河设置"火铺"传递军情,连绵几十里,派步卒轮番守护。派水军船只停泊在岸边,敌人有偷偷往来的,无不抓获。于是李守贞就像生在罗网中了。

35　后蜀武德节度使兼中书令王处回请求告老退休,辛丑(二十五日),他以太子太傅的身份辞官。

36　南汉主派知制诰宣化人钟允章到楚国求婚,楚王马希广不同意。南汉主大怒,问钟允章:"马希广还能治理南方吗?"答道:"马氏兄弟正在争斗不暇,怎能伤害我们!"南汉主说:"好!马希广为人懦弱而且吝啬,他的士兵很久都没打过仗,这正是我们进取的大好时光啊!"

37　楚国武平节度使马希萼向后汉朝廷提出要与楚王马希广各自尽职进奉贡品,请求朝廷另加封官爵,马希广采用天策府内都押牙欧弘练、进奏官张仲荀的计策,用厚礼贿赂执政大臣,让朝廷拒绝马希萼的请求。九月壬子(初七),后汉皇帝赐马希萼及楚王马希广诏书,劝谕他们:"兄弟应该和睦相处,凡是马希萼的贡品,应当附于马希广贡品中上报。"马希萼不听从。

38　后蜀支援王景崇的军队驻扎在散关,赵晖派都监李彦从前去袭击,打败了他们,蜀军逃跑离去。

39　后蜀主孟昶认为张业、王处回主持政务时,自己多受蒙蔽而视听不清,己未(十四日),开始设置举报箱,名叫"匦函",后改为"献纳函"。

40　王景崇把侯益的家属七十多人全部杀死,只有侯益的儿子前大半行军司马侯仁矩事前在外,才免于一死。庚申(十五日),后汉朝廷任命侯仁矩为隰州刺史。侯仁矩的儿子侯延广,还在襁褓之中,奶妈刘氏用自己的孩子和他调换了,抱着侯延广逃走,靠要饭走到大梁城,回到侯益家里。

41　李守贞屡次出兵想突出长围,都战败而回;派人带上蜡丸密信向南唐、后蜀、契丹求救,全被巡逻士兵抓获。城里粮食将要吃完,饿死的人一天比一天多。李守贞满脸愁云,召总伦和尚责问,总伦说:"大王应当为天子,别人不能夺走。但这分野有灾,等磨难将尽,只剩下一人一马,就是大王鹊起的时候了。"李守贞仍然信以为真。

冬,十月,王景崇遣其子德让,赵思绾遣其子怀乂,见蜀主于成都。

戊寅,景崇遣兵出西门,赵晖击破之,遂取西关城。景崇退守大城。堑而围之,数挑战,不出。晖潜遣千馀人擐甲执兵,效蜀旗帜,循南山而下,令诸军声言:"蜀兵至矣。"景崇果遣兵数千出迎之,晖设伏掩击,尽殪之。自是景崇不复敢出。

蜀主遣山南西道节度使安思谦将兵救凤翔,左仆射兼门下侍郎、同平章事毋昭裔上疏谏曰:"臣窃见庄宗皇帝志贪西顾,前蜀主意欲北行,凡在庭臣,皆贡谏疏,殊无听纳,有何所成!只此两朝,可为鉴诫。"不听,又遣雄武节度使韩保贞引兵出汧阳以分汉兵之势。

王景崇遣前义成节度使酸枣李彦舜等逆蜀兵。丙申,安思谦屯右界,汉兵屯宝鸡。思谦遣眉州刺史申贵将兵二千趣模壁,设伏于竹林;丁酉旦,贵以兵数百压宝鸡而陈,汉兵逐之,遇伏而败,蜀兵逐北,破宝鸡寨。蜀兵去,汉兵复入宝鸡。己亥,思谦进屯渭水,汉益兵五千戍宝鸡。思谦畏之,谓众曰:"粮少敌强,宜更为后图。"辛丑,退屯凤州,寻归兴元。贵,潞州人也。

42 荆南节度使兼中书令南平文献王高从诲寝疾,以其子节度副使保融判内外兵马事。癸卯,从诲卒;保融知留后。

43 彰武节度使高允权与定难节度使李彝殷有隙,李守贞密求援于彝殷,发兵屯延、丹境上,闻官军围河中,乃退。甲辰,允权以状闻,彝殷亦自诉,朝廷和解之。

44 初,高祖入大梁,太师冯道、太子太傅李崧皆在真定,

冬季，十月，王景崇派儿子王德让，赵思绾派儿子赵怀义，到成都朝见后蜀主。

戊寅（初三），王景崇派兵出西门，赵晖打败他，于是夺取西关城。王景崇退守大城。赵晖挖起深沟包围住他们，多次挑战，王景崇军队也不出来了。赵晖就偷偷派出一千多人身披铠甲拿兵器，仿效后蜀军队的旗号，沿南山开下来，让各军叫道："蜀兵到了。"王景崇果然派出几千人马出城迎接，赵晖设下埋伏突然出击，出城军队全被歼灭。从此王景崇再也不敢出城了。

后蜀主派山南西道节度使安思谦领兵救援凤翔，左仆射兼门下侍郎、同平章事毋昭裔上疏进谏道："臣愚见，后唐庄宗皇帝贪于向西征伐，前蜀主意在向北进军，凡是在朝的臣子，全都劝谏上疏，一点都不听取采纳，如此用兵，又能有什么成就！只这两朝的先例，就可作为戒鉴。"蜀主不听，又派出雄武节度使韩保贞从汧阳出兵来分散后汉军队的兵力。

王景崇派前义成节度使酸枣人李彦舜等去迎接后蜀援军。丙申（二十一日），安思谦驻扎在宝鸡以西，后汉军驻扎在宝鸡。安思谦派眉州刺史申贵率兵两千奔赴模壁，在竹林中设下伏兵；丁酉（二十二日）早上，申贵用几百名士兵逼近宝鸡布阵，后汉兵驱逐他们，在竹林中了埋伏而失败，后蜀兵乘胜追击，攻破宝鸡寨。后蜀兵离去，后汉兵又进入宝鸡。己亥（二十四日），安思谦进兵驻扎在渭水之滨，后汉增兵五千人保卫宝鸡。安思谦害怕了，对众将领说："军粮少而敌人强大，应再为以后打算。"辛丑（二十八日），退兵驻扎凤州，不久回到兴元。申贵是潞州人。

42　荆南节度使南平文献王高从诲病重卧床，命他的儿子节度副使高保融兼领内外兵马事务。癸卯（二十八日），高从诲去世；高保融主持留后事务。

43　彰武节度使高允权与定难节度使李彝殷有仇隙，李守贞秘密向李彝殷求援，李彝殷发兵驻扎在延州、丹州边境上，听说官军已围住河中，就退兵了。甲辰（二十九日），高允权将此事上报朝廷，李彝殷也自己申诉，朝廷命二人和解。

44　当初，后汉高祖入大梁城，太师冯道、太子太傅李崧都在真定，

高祖以道第赐苏禹珪，崧第赐苏逢吉。崧第中瘗藏之物及洛阳别业，逢吉尽有之。及崧归朝，自以形迹孤危，事汉权臣，常惕惕谦谨，多称疾杜门。而二弟屿、巘，与逢吉子弟俱为朝士，时乘酒出怨言，云"夺我居第、家赀"。逢吉由是恶之。未几，崧以两京宅券献于逢吉，逢吉愈不悦；翰林学士陶穀，先为崧所引用，复从而谮之。

汉法既严，而侍卫都指挥使史弘肇尤残忍，宠任孔目官解晖，凡入军狱者，使之随意锻炼，无不自诬。及三叛连兵，群情震动，民间或讹言相惊骇。弘肇掌部禁兵，巡逻京城，得罪人，不问轻重，于法何如，皆专杀不请，或决口断舌，剖筋折胫，无虚日。虽奸盗屏迹，而冤死者甚众，莫敢辩诉。

李屿仆夫葛延遇，为屿贩鬻，多所欺匿，屿挞之，督其负甚急，延遇与苏逢吉之仆李澄，谋上变告屿谋反。逢吉闻而诱致之，因召崧至第，收送侍卫狱。屿自诬云："与兄崧、弟巘、甥王凝及家僮合二十人，谋因山陵发引，纵火焚京城作乱；又遣人以蜡书入河中城，结李守贞；又遣人召契丹兵。"及具狱上，逢吉取笔改"二十"为"五十"字。十一月甲寅，下诏诛崧兄弟、家属及辞所连及者，皆陈尸于市，仍厚赏葛延遇等，时人无不冤之。自是士民家皆畏惮仆隶，往往为所胁制。

他日，秘书郎真定李昉诣陶穀，穀曰："君于李侍中近远？"昉曰："族叔父。"穀曰："李氏之祸，穀有力焉。"昉闻之，汗出。穀，邠州人也，本姓唐，避晋高祖讳改焉。

史弘肇尤恶文士，常曰："此属轻人难耐，每谓吾辈为卒。"弘肇领归德节度使，委亲吏杨乙收属府公利，乙依势骄横，合境畏之如弘肇；副使以下，望风展敬，乙皆下视之，月率钱万缗以输弘肇，士民不胜其苦。

高祖把冯道、李崧的宅子分别赐给苏禹珪、苏逢吉。李崧宅中所藏之物及在洛阳的产业都归苏逢吉。等其归顺，李崧自认孤立危险，事奉后汉权臣，小心谨慎，经常称病关门在家。其弟李峤和李屿，与苏逢吉子弟都是朝士，有时趁酒后口出怨言，说"夺我住房家财"。苏逢吉因此憎恶他们。不久，李崧把两京住宅的房契献给苏逢吉，苏逢吉更不高兴；翰林学士陶毅，早先被李崧荐举，也跟着说他坏话。

后汉法律已经很严，而侍卫都指挥使史弘肇尤其残忍，他宠信孔目官解晖，凡入军中监狱的人，任他随意罗织罪名，最后都屈打成招。等到三镇联兵叛变，朝野内外群情震动，民间有人谣传惊扰。史弘肇部署禁兵，在京城巡逻，抓到罪犯，不问罪行轻重，依法如何处理，全都直接就砍头，或者裂口断舌，砍筋断腿骨，每天都这样。虽然奸人盗贼没了踪迹，但冤死的人很多，没人敢出来分辩申诉。

李峤的仆人葛延遇为李峤贩卖东西，常常欺骗主人、藏匿钱财，李峤鞭打他，催他交出亏欠逼得很急，葛延遇和苏逢吉的仆人李澄，商量向上诬告李峤谋反。苏逢吉听说后把他引诱过来，于是召李崧来到家中，抓起来送入侍卫狱。李峤在狱中屈招说："与兄李崧、弟李屿、外甥王凝及家童共二十人，谋划乘皇帝灵柩发运时，纵火焚烧京城作乱；又曾派人带蜡丸密书到河中城，勾结李守贞；又派人去招契丹兵。"在结案上报时，苏逢吉又取笔把"二十"改为"五十"。十一月甲寅（初九），下诏诛杀李崧兄弟、家属以及供词涉及的人，都暴尸街头，并重赏了葛延遇等人，当时人没有不觉得李氏冤枉的。从此士民家里都害怕仆人，往往被仆人所挟制。

有一天，秘书郎真定人李昉拜访陶毅，陶毅问："你和李侍中关系远近？"李昉说："他是同族叔父。"陶毅说："李家之祸，我出了力。"李昉听说，吓得出汗。陶毅是邠州人，本性唐，因避后晋高祖名讳而改。

史弘肇特别憎恶文人，常说："这些家伙轻蔑人让人最难忍耐，常叫我们是兵卒。"史弘肇兼领归德节度使，委派他亲近的官吏杨乙征收归属府的公利，杨乙依仗史弘肇的势力骄横跋扈，整个藩镇怕他就像怕史弘肇；副使以下的官员，远远望见他都要展拜示敬，而杨乙都以下人看待他们，每月搜刮上万缗钱财交给史弘肇，士民百姓都受不了这种苦。

45 初,沈丘人舒元、嵩山道士杨讷,俱以游客干李守贞;守贞为汉所攻,遣元更姓朱,讷更姓李,名平,间道奉表求救于唐,唐谏议大夫查文徽、兵部侍郎魏岑请出兵应之。

唐主命北面行营招讨使李金全将兵救河中,以清淮节度使刘彦贞副之,文徽为监军使,岑为沿淮巡检使,军于沂州之境。金全与诸将方会食,候骑白有汉兵数百在涧北,皆羸弱,请掩之,金全令曰:"敢言过涧者斩!"及暮,伏兵四起,金鼓闻十馀里,金全曰:"向可与之战乎?"时唐士卒厌兵,莫有斗志,又河中道远,势不相及,丙寅,唐兵退保海州。

唐主遗帝书谢,请复通商旅,且请赦守贞,朝廷不报。

46 壬申,葬睿文圣武昭肃孝皇帝于睿陵,庙号高祖。

47 十二月丁丑,以高保融为荆南节度使、同平章事。

48 辛巳,南汉主以内常侍吴怀恩为开府仪同三司、西北面招讨使,将兵击楚,攻贺州。楚王希广遣决胜指挥使徐知新等将兵五千救之。未至,南汉人已拔贺州,凿大阱于城外,覆以竹箔,加土,下施机轴,自堑中穿穴通阱中。知新等至,引兵攻城,南汉遣人自穴中发机,楚兵悉陷,南汉出兵从而击之,楚兵死者以千数。知新等遁归,希广斩之。南汉兵复陷昭州。

49 王景崇累表告急于蜀,蜀主命安思谦再出兵救之。壬午,思谦自兴元引兵屯凤州,请先运粮四十万斛,乃可出境,蜀主曰:"观思谦之意,安肯为朕进取!"然亦发兴州、兴元米数万斛以馈之。

戊子,思谦进屯散关,遣马步使高彦俦、眉州刺史申贵击汉箭筈安都寨,破之。庚寅,思谦败汉兵于玉女潭,汉兵退屯宝鸡,思谦进屯模壁。韩保贞出新关,壬辰,军于陇州神前,汉兵不出,保贞亦不敢进。

45 当初,沈丘人舒元、嵩山道士杨讷,都以游客身份谒见李守贞;当李守贞被后汉围攻,派舒元改姓朱,杨讷改姓李,名字为平,抄小道奉表章向南唐求救,南唐谏议大夫查文徽、兵部侍郎魏岑响应请求出兵救援。

南唐主命北面行营招讨使李金全率兵救援河中,派清淮节度使刘彦贞为副手,查文徽为监军使,魏岑为沿淮巡检使,驻军在沂州境内。李金全和众将领正一起吃饭时,侦察兵报告有后汉兵几百人在涧北,都是病弱,请求袭击他们,李金全命令道:"谁敢说过涧斩首!"到了晚上,伏兵四起,鸣金击鼓之声传出十几里,李金全说:"刚才可以和他们打吗?"当时南唐士兵厌战,没有斗志,又因河中城路远,地理上遥不相及,丙寅(二十一日),南唐兵退守海州。

南唐主致信后汉隐帝告罪,请求通商贸易,并请求赦免李守贞,朝廷不答复。

46 壬申(二十七日),后汉葬睿文圣武昭肃孝皇帝刘暠于睿陵,庙号是高祖。

47 十二月丁丑(初三),任命高保融为荆南节度使、同平章事。

48 辛巳(初七),南汉主任命内常侍吴怀恩为开府仪同三司、西北面招讨使,率兵攻打楚国,进攻贺州。楚王马希广派决胜指挥使徐知新等人率兵五千人去援救贺州。援兵还没到,南汉人已经攻占贺州,并在城外挖了大陷阱,覆盖竹席,加上土,下面设置了机关,从壕沟中挖洞通到陷阱里。徐知新等到达,率兵攻城,南汉派人在洞中引发机关,楚兵全都落入陷阱,南汉从城里出兵反攻,楚兵死亡数以千计。徐知新等逃回楚国,被楚王马希广斩首。南汉兵又攻陷了昭州。

49 王景崇屡次向后蜀上表章告急求救,后蜀主命安思谦再次出兵去援救。壬午(初八),安思谦从兴元领兵驻扎在凤州,请求先运军粮四十万斛,才能出境,后蜀主说:"看安思谦的意思,他怎肯为朕进兵攻取!"但依然调集兴州、兴元的米几万斛发送去。

戊子(十四日),安思谦进兵驻扎在散关,派马步使高彦俦、眉州刺史申贵袭击并攻克后汉箭筈安都寨。庚寅(十六日),安思谦在玉女潭又打败了后汉军队,后汉兵马退守宝鸡,安思谦进军驻扎模壁。后蜀将领韩保贞从新关出兵,壬辰(十八日),驻扎在陇州神前,后汉兵不出战,韩保贞也不敢进攻。

赵晖告急于郭威，威自往赴之。时李守贞遣副使周光逊、裨将王继勋、聂知遇守城西，威戒白文珂、刘词曰："贼苟不能突围，终为我禽；万一得出，则吾不得复留于此。成败之机，于是乎在。贼之骁锐，尽在城西，我去必来突围，尔曹谨备之！"威至华州，闻蜀兵食尽引去，威乃还。韩保贞闻安思谦去，亦退保弓川寨。

50　蜀中书侍郎兼礼部尚书、同平章事徐光溥坐以艳辞挑前蜀安康长公主，丁酉，罢守本官。

隐皇帝上
乾祐二年(己酉，949)

1　春，正月乙巳朔，大赦。

2　郭威将至河中，白文珂出迎之。

戊申夜，李守贞遣王继勋等引精兵千馀人循河而南，袭汉栅，坎岸而登，遂入之，纵火大噪，军中狼狈不知所为。刘词神色自若，下令曰："小盗不足惊也。"帅众击之。客省使阎晋卿曰："贼甲皆黄纸，为火所照，易辨耳；奈众无斗志何！"裨将李韬曰："安有无事食君禄，有急不死斗者邪！"援稍先进，众从之。河中兵退走，死者七百人，继勋重伤，仅以身免。己酉，郭威至，刘词迎马首请罪。威厚赏之，曰："吾所忧正在于此。微兄健斗，几为虏嗤。然虏伎殚于此矣。"晋卿，忻州人也。

守贞之欲攻河西栅也，先遣人出酤酒于村墅，或赉与，不责其直，逻骑多醉，由是河中兵得潜行入寨，几至不守。郭威乃下令："将士非犒宴，毋得私饮！"爱将李审，晨饮少酒，威怒曰："汝为吾帐下，首违军令，何以齐众！"立斩以徇。

3　甲寅，蜀安思谦退屯凤州，上表待罪，蜀主释不问。

赵晖向郭威告急，郭威亲自赶赴华州。这时李守贞派副使周光逊、裨将王继勋、聂知遇守卫城西，郭威告诫白文珂、刘词说："贼军如果不能突围，最终会被我抓获；万一冲出包围，那我们就不能再留在这里。成败的关键，就在于此！贼军的精锐部队，都集中在城西，我一离去他们必然从此突围，你们要谨慎防备！"郭威来到华州，听说后蜀军队军粮吃完已退走，郭威就返回河中。韩保贞听说安思谦离去，他也退守到弓川寨。

50 后蜀中书侍郎兼礼部尚书、同平章事徐光溥因为用轻佻的话挑逗前蜀安康长公主，丁酉（二十三日），被罢免同平章事，担任原来官职。

隐皇帝上
后汉隐帝乾祐二年（己酉，公元 949 年）

1 春季，正月乙巳朔（初一），大赦天下。
2 郭威将到河中，白文珂从军营出来迎接。

戊申（初四）夜里，李守贞派王继勋等率领精锐部队一千多人沿黄河南下，袭击后汉军队的营栅，他们在堤岸上挖坑攀登而上，于是进入营栅，放火，大声呼喊，军营里狼狈不知所措。刘词却神色自如，下命令道："小小盗贼不足惊慌。"率领众将士反击。客省使阎晋卿说："贼军铠甲上都有黄纸，被火光一照，容易辨认；但众兵没有斗志怎么办！"裨将李韬说："哪有太平无事时吃君王俸禄，有危急情况却不冒死搏斗的！"举起长矛带头冲锋，众兵将跟上。河中兵将退却逃跑，死亡七百人，王继勋受重伤，只捡了一条命。己酉（初五），郭威到达，刘词出迎在马头前请罪。郭威给他重赏，说："我所担忧的正在这里。没有兄弟勇猛激战，几乎被敌人所嗤笑。然而敌人的伎俩也就到此为止了。"阎晋卿是忻州人。

李守贞策划偷袭河西营栅，先派人出去到村里卖酒，有的赊欠白给，不要付钱，后汉巡逻的骑兵大多喝醉，因此河中的士兵得以偷偷地进入营寨，营寨几乎失守。于是郭威下命令："将领士兵不是犒赏宴饮，不得私下喝酒！"郭威的爱将李审，早晨喝了点儿酒，郭威大怒道："你在我帐下，带头违反军令，怎么来统一大家！"立刻斩首示众。

3 甲寅（初十），后蜀安思谦退守驻扎在凤州，送上表章等待朝廷降罪，后蜀主放下此事不再过问。

4　诏以静州隶定难军。二月辛未,李彝殷上表谢。彝殷以中原多故,有轻傲之志,每藩镇有叛者,常阴助之,邀其重赂。朝廷知其事,亦以恩泽羁縻之。

5　淮北群盗多请命于唐,唐主遣神卫都虞候皇甫晖等将兵万人出海、泗以招纳之。蒙城镇将咸师朗等降于晖;徐州将成德钦败唐兵于峒峿镇,俘斩六百级,晖等引归。

6　晋李太后诣契丹主,请依汉人城寨之侧,给田以耕桑自赡,契丹主许之,并晋主迁于建州。未至,安太妃卒于路。遗令:"必焚我骨,南向飏之,庶几魂魄归达于汉。"既至建州,得田五十馀顷,晋主令从者耕其中以给食。倾之,述律王遣骑取晋主宠姬赵氏、聂氏而去。述律王者,契丹主德光之子也。

7　三月己未,以归德牙内指挥使史德珫领忠州刺史。德珫,弘肇之子也,颇读书,常不乐父之所为。有举人呼噪于贡院门,苏逢吉命执送侍卫司,欲其痛箠而黥之。德珫言于父曰:"书生无礼,自有台府治之,非军务也。此乃公卿欲彰大人之过耳。"弘肇大然之,即破械遣之。

8　楚将徐进败蛮于凤阳山,斩首五千级。

9　夏,四月壬午,太白昼见,民有仰视之者,为逻卒所执,史弘肇腰斩之。

10　河中城中食且尽,民饿死者什五六。癸卯,李守贞出兵五千馀人,赍梯桥,分五道以攻长围之西北隅。郭威遣都监吴虔裕引兵横击之,河中兵败走,杀伤太半,夺其攻具。五月丙午,守贞复出兵,又败之,擒其将魏延朗、郑宾。壬子,周光逊、王继勋、聂知遇帅其众千馀人来降。守贞将士降者相继,威乘其离散,庚申,督诸军百道攻之。

4 后汉隐帝下诏书,命将静州隶属于定难军。二月辛未,李彝殷奉上表章告罪。李彝殷因为中原多事,有轻傲侮慢的想法,每当藩镇有反叛的,常在暗处帮助、支持,以希望得到丰厚的贿赂。朝廷知道这些事,也用恩惠来笼络他。

5 淮北众多盗贼大都听命于南唐,南唐主派神卫都虞候皇甫晖等领兵一万多人从海州、泗州出来招抚接纳他们。蒙城守将咸师朗等人向皇甫晖投降;徐州守将成德钦在峒峿镇打败南唐军队,俘获、斩首六百多人,皇甫晖等率兵退回。

6 后晋李太后去见契丹主,请求靠着汉人城寨的旁边,给一块田地用来耕种养蚕养活自己,契丹主准许并让她和后晋主一起迁往建州。还没到建州,安太妃死在途中。遗嘱说:“一定要火化我的遗体,向南方扬去,使我的魂魄能回到汉地。”到建州后,得到田地五十多顷,后晋主命令跟随的人都在田里耕种来获取食物。不久,述律王派人来取后晋主宠爱的姬妾赵氏、聂氏而去。述律王是契丹主耶律德光的儿子。

7 三月己未(十六日),命归德牙内指挥使史德珫兼任忠州刺史。史德珫是史弘肇的儿子,很爱读书,常不喜欢父亲的所作所为。有举人在贡院门前高声喧哗,苏逢吉命人抓起来送往侍卫司,准备狠抽一顿鞭子再在脸上刺上字。史德珫对父亲说:“书生无礼,自然有台府处置,这不是军务。这全是公卿大臣想要宣扬大人的过错罢了。”史弘肇深以为然,立即打开刑具把书生送走。

8 楚国将领徐进在凤阳山打败南蛮,斩首五千多人。

9 夏季,四月壬午(初九),太白星白天出现,百姓中有仰面观看的,被巡逻的士兵抓住,史弘肇命处以腰斩。

10 河中城里粮食将要吃光,百姓饿死的有十分之五六。癸卯(三十日),李守贞出兵五千多人,带着梯子、造桥器械,分五路进攻长围的西北角。郭威派都监吴虔裕率兵从旁拦击,河中兵战败逃跑,被杀伤一大半,夺走了进攻器械。五月丙午(初三),李守贞又出兵,又被打败,后汉生擒了他的将领魏延朗、郑宾。壬子(初九),周光逊、王继勋、聂知遇率领一千多人前来投降。李守贞将领、士兵投降的相继不断,郭威趁李守贞部下分崩离散,庚申(十八日),督率各军分一百路进攻河中。

11　赵思绾好食人肝,尝面剖而脍之,脍尽,人犹未死。又好以酒吞人胆,谓人曰:“吞此千枚,则胆无敌矣。”及长安城中食尽,取妇女、幼稚为军粮,日计数而给之,每犒军,辄屠数百人,如羊豕法。思绾计穷,不知所出。郭从义使人诱之。

初,思绾少时,求为左骁卫上将军致仕李肃仆,肃不纳,曰:“是人目乱而语诞,他日必为叛臣。”肃妻张氏,全义之女也,曰:“君今拒之,后且为患。”乃厚以金帛遗之。及思绾据长安,肃闲居在城中,思绾数就见之,拜伏如故礼。肃曰:“是子亟来,且污我。”欲自杀。妻曰:“曷若劝之归国!”会思绾问自全之计,肃乃与判官程让能说思绾曰:“公本与国家无嫌,但惧罪耳。今国家三道用兵,俱未有功,若以此时翻然改图,朝廷必喜,自可不失富贵。孰与坐而待毙乎!”思绾从之,遣使诣阙请降。乙丑,以思绾为华州留后,都指挥使常彦卿为虢州刺史,令便道之官。

12　吴越内牙都指挥使钭滔,胡进思之党也,或告其谋叛,辞连丞相弘亿。吴越王弘俶不欲穷治,贬滔于处州。

13　六月癸酉朔,日有食之。

14　秋,七月甲辰,赵思绾释甲出城受诏,郭从义以兵守其南门,复遣还城。思绾求其牙兵及铠仗,从义亦给之;思绾迁延,收敛财贿,三改行期。从义等疑之,密白郭威,请图之,威许之。壬子,从义与都监、南院宣徽使王峻按辔入城,处于府舍,召思绾酌别,因执之,并常彦卿及其父兄部曲三百人,皆斩于市。

11　赵思绾喜吃人肝,曾经当面剖开人腹取肝而切成细丝,吃完了,人还没死。又好用酒吞吃人胆,对人说:"吞这一千个,就胆大无敌了。"长安城中绝粮的时候,就靠吃妇女、小孩充当军粮,每天有一定数量的供给,每次犒劳军队,就屠杀几百个人吃,就像杀猪宰羊一样。赵思绾计谋用尽,不知出路何在。郭从义派人引诱他。

当初,赵思绾少年时,请求当已退休的左骁卫上将军李肃的马夫,李肃不收纳他,说:"这个人眼珠乱转而且言语荒诞,来日一定是个叛臣。"李肃的妻子张氏,是张全义的女儿,说:"你现在这样拒绝他,以后会成为你的祸患。"于是赠送许多金银钱财把他打发走了。等赵思绾占据长安,李肃闲住在城中,赵思绾多次前往探望,向李肃叩拜伏地如同旧日礼节。李肃说:"这个人老是来我这儿,是玷污我的清白!"想要自杀。妻子说:"何不劝他归附国家!"正赶上赵思绾前来请教能保全自己的办法,李肃就和判官程让能劝说他:"你本来和国家并无嫌隙,只不过是怕获罪而已。现在国家三路用兵,都没有成功,如果趁现在翻然悔过,改弦更张,朝廷一定高兴,自然不会失掉富贵。这不比坐以待毙强多了!"赵思绾听从了他们的劝告,派遣使者前往朝廷请求归降。乙丑(二十三日),朝廷任命赵思绾为华州留后,任命都指挥使常彦卿为虢州刺史,让他们走近道直接前往就任。

12　吴越的内牙都指挥使斜滔,是胡进思的党羽,有人告发他蓄谋反叛,告发牵连到丞相钱弘亿,吴越王钱弘俶不想深入追查治罪,只把斜滔贬到处州。

13　六月癸酉(初一),出现日食。

14　秋季,七月甲辰(初三),赵思绾脱下盔甲出城接受皇帝的诏书,郭从义派兵把守南门,又把他接回城里。赵思绾要他的卫队和兵器,郭从义也都给了他;赵思绾拖延时间,在城中收敛钱财,三次改变行期。郭从义等人产生怀疑,密报郭威,请求采取果断措施,郭威同意了。壬子(十一日),郭从义和都监、南院宣徽使王峻骑马入城,来到府署馆舍,召赵思绾饯行话别,乘势抓住了他,连同常彦卿及父亲、兄弟、部下共三百个人,全部推到街市上斩首。

15　甲寅，郭威攻河中，克其外郭。李守贞收馀众，退保子城。诸将请急攻之，威曰："夫鸟穷则啄，况一军乎！涸水取鱼，安用急为！"

壬戌，李守贞与妻及子崇勋等自焚，威入城，获其子崇玉等及所署丞相靖峤、孙愿、枢密使刘芮、国师总伦等，送大梁，磔于市。征赵修己为翰林天文。

威阅守贞文书，得朝廷权臣及藩镇与守贞交通书，词意悖逆，欲奏之，秘书郎榆次王溥谏曰："魑魅乘夜争出，见日自消。愿一切焚之，以安反侧。"威从之。

16　三叛既平，帝浸骄纵，与左右狎昵。飞龙使瑕丘後匡赞、茶酒使太原郭允明以谄媚得幸，帝好与之为庾辞、丑语，太后屡戒之，帝不以为意。癸亥，太常卿张昭上言："宜亲近儒臣，讲习经训。"不听。昭，即昭远，避高祖讳改之。

17　戊辰，加永兴节度使郭从义同平章事，徙镇国节度使扈从珂为护国节度使，以河中行营马步都虞候刘词为镇国节度使。

18　唐主复进用魏岑。吏部郎中会稽锺谟、尚书员外郎李德明始以辩慧得幸，参预国政；二人皆恃恩轻躁，虽不与岑为党，而国人皆恶之。户部员外郎范冲敏，性狷介，乃教天威都虞候王建封上书，历诋用事者，请进用正人。唐主谓建封武臣典兵，不当干预国政，大怒，流建封于池州，未至，杀之。冲敏弃市。

唐主闻河中破，以朱元为驾部员外郎，待诏文理院李平为尚书员外郎。

19　吴越王弘俶以丞相弘亿判明州。

15 甲寅（十三日），郭威进入河中城，攻克外城。李守贞收集馀部退守子城。各将领要求赶快进攻子城，郭威说："那鸟没处逃的时候还会啄人，何况是一支军队！把水慢慢舀干了再抓鱼，何必要这么性急！"

壬戌（二十一日），李守贞和妻子及儿子李崇勋等自焚而死，郭威军队入城，抓住了李守贞的儿子李崇玉等及所委任的宰相靖崟、孙愿，枢密使刘芮，国师总伦等人，押解到大梁，全都杀掉并暴尸街头。征召赵修己为翰林天文。

郭威查阅李守贞的公文书信，得到朝廷权臣及藩镇大员和李守贞来往勾结的书信，言语大逆不道，郭威想上奏朝廷，但秘书郎榆次人王溥劝谏道："鬼魅在夜里才争着出来，而见到太阳自然会消失。希望把这一切统统烧掉，来安定那些反复无常的人。"郭威听从此言。

16 三叛平息后，隐帝逐渐骄奢放纵，和身边的宠臣随意玩耍。飞龙使瑕丘人後匡赞、茶酒使太原人郭允明都因谄媚而得到宠幸，隐帝平时爱和他们说隐语、脏话，太后多次告诫他，他也不在意。癸亥（二十二日），太常卿张昭进言道："应该亲近儒臣，讲习经典训诂。"隐帝不听。张昭，就是张昭远，为避高祖名讳而改名。

17 戊辰（二十七日），永兴节度使郭从义加任同平章事，调镇国节度使扈从珂为护国节度使，命河中行营马步都虞候刘词为镇国节度使。

18 南唐王再度起用魏岑。吏部郎中会稽人锺谟、尚书员外郎李德明凭着能说善辩、聪明机警得到宠幸，参与国政；两人都自恃恩宠而轻浮骄躁，虽然不与魏岑结党，国人也都憎恶他们。户部员外郎范冲敏，为人廉正耿直，于是让天威都虞候王建封上书，一一指责当权人的错误，要求任用正人君子。南唐主认为王建封是武将，只掌管军队，不应干预国家政治，勃然大怒，把王建封流放到池州，没有到达，在途中便被杀死。范冲敏在街头被斩首示众。

南唐主听说河中城被攻破，就任命朱元为驾部员外郎，待诏文理院李平为尚书员外郎。

19 吴越王钱弘俶命丞相钱弘亿出任明州地方官。

20 西京留守、同平章事王守恩,性贪鄙,专事聚敛。丧车非输钱不得出城,下至抒厕、行乞之人,不免课率,或纵麾下令盗人财。有富室娶妇,守恩与俳优数人往为宾客,得银数铤而返。

八月甲申,郭威自河中还,过洛阳;守恩自恃位兼将相,肩舆出迎。威怒,以为慢己,辞以浴,不见,即以头子命保义节度使、同平章事白文珂代守恩为留守,文珂不敢违。守恩犹坐客次,吏白:“新留守已视事于府矣。”守恩大惊,狼狈而归,见家属数百已逐出府,在通衢矣。朝廷不之问,以文珂兼侍中,充西京留守。

欧阳修论曰:自古乱亡之国,必先坏其法制而后乱从之,此势之然也,五代之际是已。文珂、守恩皆汉大臣,而周太祖以一枢密使头子而易置之,如更戍卒。是时太祖未有无君之志,而所为如此者,盖习为常事,故文珂不敢违,守恩不敢拒。太祖既处之不疑,而汉廷君臣亦置而不问,岂非纲纪坏乱之极而至于此欤!是以善为天下虑者,不敢忽于微而常杜其渐也,可不戒哉!

21 守恩至大梁,恐获罪,广为贡献,重赂权贵。朝廷亦以守恩首举潞州归汉,故宥之,但诛其用事者数人而已。

22 马希萼悉调朗州丁壮为乡兵,造号静江军,作战舰七百艘,将攻潭州,其妻苑氏谏曰:“兄弟相攻,胜负皆为人笑。”不听,引兵趣长沙。

马希广闻之曰:“朗州,吾兄也,不可与争,当以国让之而已。”刘彦瑫、李弘皋固争以为不可,乃以岳州刺史王赟为都部署战棹指挥使,以彦瑫监其军。己丑,大破希萼于仆射洲,获其战舰三百艘。赟追希萼,将及之,希广遣使召之曰:“勿伤吾兄!”赟引兵还。赟,环之子也。

20 西京留守、同平章事王守恩为人贪婪卑鄙,专门聚敛钱财。丧车不交钱不准出城,下至清扫厕所、做乞丐的,也不免交税,有时还让他手下的人去偷人家的钱财。有富人家娶媳妇,王守恩和几个艺人前去做宾客,捞取几锭银子才回去。

八月甲申(十三日),郭威从河中返回,途经洛阳;王守恩倚仗自己位兼将相,坐在轿里出来迎接。郭威大怒,认为有意侮慢自己,用沐浴休假推辞,不见他,旋即拟堂帖任命保义节度使、同平章事白文珂取代王守恩做留守,白文珂不敢违背他的意思。王守恩还在客座上,官吏告诉他:“新留守现已在西京府里办公了。”王守恩大吃一惊,狼狈而归,见几百名家属已经被赶出府外,站在大街上了。朝廷不过问此事,任命白文珂兼侍中,充任西京留守。

欧阳修评论说:自古动乱、灭亡的国家,一定是先破坏了它的法制,然后动乱才跟随而起,这是势所必然的,五代的时候正是这样。白文珂、王守恩都是后汉的大臣,而周太祖郭威当时仅用一个枢密使的堂帖而更换,就像更换卫兵一样。当时周太祖并没有无视君主的异志,但所以能这样干,是因为习以为常事,所以白文珂不敢违背,王守恩不敢抗拒。太祖既然不怀疑这种干法,后汉朝廷的君臣也置之不问,这难道不是因朝纲法纪败坏混乱到了极点,而导致这种局面吗!所以说,善于为国家着想的,不敢在小事上马虎,而要经常防微杜渐,能不警惕吗!

21 王守恩来到大梁,害怕获罪,所以各处打点,用重礼贿赂权贵。朝廷也因为王守恩最先率潞州归降后汉,所以宽恕了他,只惩罚了他手下当权的人。

22 马希萼征调朗州所有的壮丁组成乡兵,创立军号为静江军,又制造了七百艘战船,准备攻打潭州,他的妻子范氏劝谏道:“兄弟互相攻打,无论胜败都将被外人嗤笑。”马希萼不听,率兵赶赴长沙。

马希广听到朗州军情后说:“朗州,那是我的哥哥,不能和他争斗,只应当把国家让给他罢了。”刘彦瑫、李弘皋极力抗争认为不能这样做,于是派岳州刺史王赟为都部署战棹指挥使,派刘彦瑫为监军。己丑(十八日),在仆射洲把马希萼的水军打得落花流水,俘获三百只战船。王赟追击马希萼,快追上时,马希广派使臣向他关照道:“不要伤害我哥哥!”王赟于是率兵返回。王赟是王环的儿子。

希萼自赤沙湖乘轻舟遁归,苑氏泣曰:"祸将至矣,余不忍见也。"赴井而死。

23 戊戌,郭威至大梁,入见,帝劳之,赐金帛、衣服、玉带、鞍马,辞曰:"臣受命期年,仅克一城,何功之有!且臣将兵在外,凡镇安京师、供亿所须、使兵食不乏,皆诸大臣居中者之力也,臣安敢独膺此赐!请遍赏之。"又议加方镇,辞曰:"杨邠位在臣上,未有茅土;且帷幄之臣,不可以弘肇为比。"九月壬寅,遍赐宰相、枢密、宣徽、三司、侍卫使九人,与威如一。帝欲特赏威,辞曰:"运筹建画,出于庙堂;发兵馈粮,资于藩镇;暴露战斗,在于将士;而功独归臣,臣何以堪之!"

乙巳,加威兼侍中,史弘肇兼中书令。辛亥,加窦贞固司徒,苏逢吉司空,苏禹珪左仆射,杨邠右仆射。诸大臣议,以朝廷执政溥加恩,恐藩镇觖望。乙卯,加天雄节度使高行周守太师,山南东道节度使安审琦守太傅,泰宁节度使符彦卿守太保,河东节度使刘崇兼中书令。己未,加忠武节度使刘信、天平节度使慕容彦超、平卢节度使刘铢并兼侍中。辛酉,加朔方节度使冯晖、定难节度使李彝殷兼中书令。冬,十月壬申,加义武节度使孙方简、武宁节度使刘赟同平章事。壬午,加吴越王弘俶尚书令,楚王希广太尉。丙戌,加荆南节度使高保融兼侍中。议者以为:"郭威不专有其功,推以分人,信为美矣;而国家爵位,以一人立功而罩及天下,不亦滥乎!"

24 吴越王弘俶募民能垦荒田者,勿收其税,由是境内无弃田。或请纠民遗丁以增赋,仍自掌其事;弘俶杖之国门。国人皆悦。

25 楚静江节度使马希瞻以兄希萼、希广交争,屡遣使谏止,不从;知终覆族,疽发于背,丁亥,卒。

马希萼本人从赤沙湖乘小船逃回朗州，范氏哭泣道："大祸就要临头了，我不忍看见。"投井而死。

23　戊戌（二十七日），郭威回到大梁，入朝拜见隐帝，隐帝慰劳他，赐给他金帛、衣服、玉带、鞍马，郭威推辞道："臣接受命令一年，只攻克一座城，有什么功劳！而且我率领兵马在外，保卫、治理京城，供应军需物品，使军粮不缺，都是朝中众位大臣的力量，我怎么敢独自接受这些赏赐！请分赏给大家吧。"又建议加授他藩镇，他推辞道："杨邠位置在我之上，尚且没有兼领藩镇之地；况且帷幄近臣不可以与史弘肇相比。"九月壬寅（初二），遍赏宰相、枢密使、宣徽使、三司使、侍卫使九个人，与郭威一样。隐帝想特别赏赐郭威，郭威推辞道："作战的运筹策划，出于朝廷；发兵运粮，依靠藩镇；野外战斗，在于将士；而把功劳只归我，为臣的怎能受得了！"

乙巳（初六），郭威加任兼侍中，史弘肇加任兼中书令。辛亥（十二日），加任窦贞固为司徒，苏逢吉为司空，苏禹珪为左仆射，杨邠为右仆射。众大臣议论，因为朝廷中执掌政权的大臣普遍加受恩遇，恐怕各地藩镇埋怨失望。乙卯（十六日），加任天雄节度使高行周为守太师，山南东道节度使安审琦为守太傅，泰宁节度使符彦卿为守太保，河东节度使刘崇兼中书令。己未（二十日），加任忠武节度使刘信、天平节度使慕容彦超、平卢节度使刘铢都兼侍中。辛酉（二十二日），加任朔方节度使冯晖、定难节度使李彝殷都兼中书令。冬季，十月壬申（初三），加任义武节度使孙方简、武宁节度使刘赟为同平章事。壬午（十三日），加任吴越王钱弘俶为尚书令，楚王马希广为太尉。丙戌（十七日），加任荆南节度使高保融兼侍中。议论的人认为："郭威不独占功劳，而是把功劳推让分给别人，确实是高尚的行为；但是国家的爵位，因一个人立功而普及天下，不也太滥了吗！"

24　吴越王钱弘俶招募农民开垦荒地，不收赋税，因此吴越境内没有闲弃的田。有官员请求查纠百姓户籍上遗漏的男丁来增加赋役，并申请自己掌管此事；钱弘俶命人在都城大门用杖打他。国人都很高兴。

25　楚国的静江节度使马希瞻因为哥哥马希萼、马希广二人交相争斗，屡次派使者向二人劝谏阻止，二人都没有听从；他知道最终会造成家族覆亡，因背上毒疮迸发，丁亥（十八日），去世。

26 契丹寇河北，所过杀掠；节度使、刺史各婴城自守。游骑至贝州及邺都之北境，帝忧之。己丑，遣枢密使郭威督诸将御之，以宣徽使王峻监其军。

十一月，契丹闻汉兵渡河，乃引去。辛亥，郭威军至邺都，令王峻分军趣镇、定。戊午，威至邢州。

27 唐兵渡淮，攻正阳。十二月，颍州将白福进击败之。

28 杨邠为政苛细。初，邢州人周璨为诸卫将军，罢秩无依，从王景崇西征，景崇叛，遂为之谋主。邠奏："诸前资官，喜摇动藩臣，宜悉遣诣京师。"既而四方云集，日遮宰相马求官。辛卯，邠复奏："前资官宜分居两京，以俟有阙而补之。"漂泊失所者甚众，邠又奏："行道往来者，皆给过所。"既而官司填咽，民情大扰，乃止。

29 赵晖急攻凤翔，周璨谓王景崇曰："公向与蒲、雍相表里，今二镇已平，蜀儿不足恃，不如降也。"景崇曰："善，吾更思之。"

后数日，外攻转急。景崇谓其党曰："事穷矣，吾欲为急计。"乃谓其将公孙辇、张思练曰："赵晖精兵，多在城北，来日五鼓前，尔二人烧城东门诈降，勿令寇入，吾与周璨以牙兵出北门突晖军，纵无成而死，犹胜束手。"皆曰："善。"

癸巳，未明，辇、思练烧东门请降，府牙火亦发；二将遣人诇之，景崇已与家人自焚矣。璨亦降。

30 丁酉，密州刺史王万敢击唐海州荻水镇，残之。

26　契丹侵犯河北,所过之处杀人、抢掠;各节度使、刺史都只是自己环城固守。契丹流动骑兵来到贝州及邺都的北部边境,隐帝深感忧虑。己丑(二十日),派枢密使郭威监督众将领抵御来犯之敌,并派宣徽使王峻监督军队。

十一月,契丹兵听说后汉军队渡过黄河,就后退离去。辛亥(十二日),郭威率军队来到邺都,命令王峻分兵开赴镇、定二州。戊午(十九日),郭威到达邢州。

27　南唐军队渡过淮河,进攻正阳。十二月,颍州将领白福进出击,打败了南唐军队。

28　杨邠主持政务苛刻琐碎。当初,邢州人周璨为诸卫将军,被罢黜官阶而没有依靠,就跟随王景崇西征,王景崇叛变,于是他就成为谋主。杨邠上奏道:"各前朝所任命的官员,都喜欢煽动藩镇大臣反叛,应该全部把他们送到京城。"不久,前朝官员从四方云集到都城,每天拦宰相的马请求封官。辛卯(二十二日),杨邠又上奏道:"前朝所授的官员应分住两京,以便等有空缺而补官。"漂泊流离失去住所的官员很多,杨邠又上奏道:"在路上往来的前朝所授官员,都发给通行证。"不久负责签发证件的官司衙门拥挤不堪,民情大为骚动,于是作罢。

29　赵晖加紧进攻凤翔,周璨对王景崇说:"你过去与李守贞、赵思绾二藩镇互为表里,而现在两个藩镇已被平定,后蜀小儿也不可依仗,不如投降。"王景崇说:"好,容我再想想。"

过了几天,城外围攻得更加紧急,王景崇对他的党羽们说:"事情已经山穷水尽了,我想采取应急计策。"于是对他的将领公孙辇、张思练说:"赵晖的精锐部队,大多布置在城北,明天五鼓以前,你二人烧城东门诈降,但不要让敌军进城,我和周璨率领卫队亲兵出北门冲击赵晖的军队,纵然不成而死,也胜过束手就擒。"众将领都说:"是!"

癸巳(二十四日),天还没明,公孙辇、张思练二人放火烧东城门,请求投降,府衙内也火光冲天而起;二位将领派人去侦察,原来王景崇已和家里人自焚。周璨也投降了。

30　丁酉(二十八日),密州刺史王万敢进攻南唐海州的获水镇,消灭守军。

31 是月,南汉主如英州。

32 是岁,唐泉州刺史留从效兄南州副使从愿,鸩刺史董思安而代之。唐主不能制,置清源军于泉州,以从效为节度使。

31 这个月,南汉主前往英州。

32 这一年,南唐泉州刺史留从效的哥哥南州副使留从愿,毒死南州刺史董思安取代他。南唐主不能控制,在泉州设置清源军,任命留从效为节度使。

卷第二百八十九　后汉纪四

庚戌(950)一年

隐皇帝下

乾祐三年(庚戌,950)

1　春,正月丁未,加凤翔节度使赵晖兼侍中。

2　密州刺史王万敢请益兵以攻唐;诏以前沂州刺史郭琼为东路行营都部署,帅禁军及齐州兵赴之。

3　郭威请勒兵北临契丹之境,诏止之。

4　丙寅,遣使诣河中、凤翔收瘗战死及饿殍遗骸,时有僧已聚二十万矣。

5　唐主闻汉兵尽平三叛,始罢李金全北面行营招讨使。

6　唐清淮节度使刘彦贞多敛民财以赂权贵,权贵争誉之。在寿州积年,恐被代,欲以警急自固,妄奏称汉兵将大举南伐。二月,唐主以东都留守燕王弘冀为润、宣二州大都督,镇润州;宁国节度使周宗为东都留守。

7　朝廷欲移易藩镇,因其请赴嘉庆节上寿,许之。

8　甲申,郭威行北边还。

9　福州人或诣建州告唐永安留后查文徽,云吴越兵已弃城去,请文徽为帅。文徽信之,遣剑州刺史陈诲将水军下闽江,文徽自以步骑继之。会大雨,水涨,诲一夕行七百里,至城下,败福州兵,执其将马先进等。庚寅,文徽至福州,吴越知威武军吴程诈遣数百人出迎。诲曰:"闽人多诈,

隐皇帝下

后汉隐帝乾祐三年(庚戌,公元 950 年)

1　春季,正月丁未(初九),凤翔节度使赵晖加官兼任侍中。

2　密州刺史王万敢请求增加兵力来进攻南唐;后汉隐帝下诏任命前沂州刺史郭琼为东路行营都部署,率领京城禁军以及齐州军队赶赴海州。

3　郭威请求统率军队北上进逼契丹边境,隐帝下诏制止。

4　丙寅(二十八日),后汉隐帝派遣使者到河中、凤翔一带收集掩埋阵亡将士以及饿死百姓的遗骸,当时已有僧人聚集遗骸二十多万具了。

5　南唐君主听说后汉军队彻底平息赵思绾、李守贞、王景崇的三镇叛乱,才撤销李金全的北面行营招讨使。

6　南唐清淮节度使刘彦贞大肆搜刮民财来贿赂当朝权贵,权贵争相称誉他。刘彦贞在寿州坐镇多年,恐怕被人取代,想用边境军情紧急来稳住自己的地位,谎报军情说后汉军队将要大举南下进犯。二月,南唐君主任命东都留守燕王李弘冀为润、宣二州大都督,坐镇润州;任命宁国节度使周宗为东都留守。

7　后汉朝廷想调换各镇节度使,适逢各镇请求进京赶赴嘉庆节祝贺皇上生日,就答应了他们。

8　甲申(十六日),郭威巡行北部边境返回。

9　福州人有的到建州报告南唐永安留后查文徽,说吴越军队已经弃城离去,请求查文徽当统帅。查文徽相信了他,派遣剑州刺史陈诲带领水军沿闽江而下,自己率领步兵、骑兵为后继。碰上天下大雨,河水猛涨,陈诲一夜行船七百里,到了城下,击败福州军队,抓获将领马先进等人。庚寅(二十二日),查文徽到福州,吴越国知威武军吴程派遣数百人出城假装迎接。陈诲说:"闽人善于欺诈,

未可信也,宜立寨徐图。"文徽曰:"疑则变生,不若乘机据其城。"因引兵径进。海整众鸣鼓,止于江湄,文徽不为备,程勒兵出击之,唐兵大败,文徽坠马,为福人所执,士卒死者万人。海全军归剑州。程送文徽于钱唐,吴越王弘俶献于五庙而释之。

10 丁亥,汝州奏防御使刘审交卒。吏民诣阙上书,以审交有仁政,乞留葬汝州,得奉事其丘垄,诏许之。州人相与聚哭而葬之,为立祠,岁时享之。太师冯道曰:"吾尝为刘君僚佐,观其为政,无以逾人,非能减其租赋,除其徭役也,但推公廉慈爱之心以行之耳。此亦众人所能为,但他人不为而刘君独为之,故汝人爱之如此。使天下二千石皆效其所为,何患得民不如刘君哉!"

11 甲午,吴越丞相、昭化节度使、同平章事杜建徽卒。

12 乙未,以前永兴节度使赵匡赞为左骁卫上将军。

13 三月丙午,嘉庆节,邺都留守高行周、天平节度使慕容彦超、泰宁节度使符彦卿、昭义节度使常思、安远节度使杨信、安国节度使薛怀让、成德节度使武行德、彰德节度使郭谨、保大留后王饶皆入朝。

14 甲寅,诏营寝庙于高祖长陵、世祖原陵,以时致祭。有司以费多,寝其事,以至国亡,二陵竟不沾一奠。

15 壬戌,徙高行周为天平节度使,符彦卿为平卢节度使。甲子,徙慕容彦超为泰宁节度使。

16 永安节度使折从阮举族入朝。

不可轻信,应当安营扎寨从长计议。"查文徽说:"犹豫就会产生变故,不如乘机占据福州城。"便带领军队一直前进。陈诲整顿好部队才击鼓前进,在闽江边上停下来,查文徽不作防备,吴程领兵出击,南唐军队大败,查文徽从马上摔下来,被福州人抓获,士卒死亡万人。陈诲却完整地将军队带回剑州。吴程解送查文徽到钱唐,吴越王钱弘俶将查文徽作为战利品在祖宗五庙举行献俘礼,然后释放了他。

10 丁亥(十九日),汝州奏报防御使刘审交去世。当地官吏百姓到朝廷上书,以刘审交生前有仁政的理由,恳求将其尸体留葬在汝州,以便能够事奉他的坟墓,后汉隐帝下诏准许。汝州百姓相互聚集在一起痛哭,安葬了刘审交,为他建立祠堂,按时举行祭祀。太师冯道说:"我曾经做过刘君的同僚,看他的为政,没有超过别人的地方,不能削减租赋,免除徭役,只是能推广公正廉洁慈善仁爱的心并且实行罢了。这也是一般人所能做到的,只是别人不做而只有刘君一人去做了,所以汝州百姓如此爱戴他。倘若天下各地方长官都能仿效刘君的作为,何患不像刘君那样获得民心呢!"

11 甲午(二十六日),吴越丞相、昭化节度使、同平章事杜建徽去世。

12 乙未(二十七日),后汉隐帝任命前永兴节度使赵匡赞为左骁卫上将军。

13 三月丙午(初九),是后汉隐帝的生日嘉庆节,邺都留守高行周、天平节度使慕容彦超、泰宁节度使符彦卿、昭义节度使常思、安远节度使杨信、安国节度使薛怀让、成德节度使武行德、彰德节度使郭谨、保大留后王饶,都进京入朝祝寿。

14 甲寅(十七日),隐帝下诏在高祖西汉刘邦的长陵、世祖东汉刘秀的原陵营建寝庙,按时举行祭祀。有关承办部门因为费用大,搁置了这件事,直到后汉灭亡,这两处陵墓始终没有享受过一次祭奠。

15 壬戌(二十五日),后汉隐帝调任高行周为天平节度使,符彦卿为平卢节度使。甲子(二十七日),调任慕容彦超为泰宁节度使。

16 永安节度使折从阮全家族进京入朝。

17　夏，四月戊辰朔，徙薛怀让为匡国节度使，庚午，徙折从阮为武胜节度使，壬申，徙杨信为保大节度使，徙镇国节度使刘词为安国节度使，永清节度使王令温为安远节度使。李守贞之乱，王饶潜与之通，守贞平，众谓饶必居散地；及入朝，厚结史弘肇，迁护国节度使，闻者骇之。

18　杨邠求解枢密使，帝遣中使谕止之。宣徽北院使吴虔裕在旁曰："枢密重地，难以久居，当使后来者迭为之，相公辞之是也。"帝闻之，不悦，辛巳，以虔裕为郑州防御使。

19　朝廷以契丹近入寇，横行河北，诸藩镇各自守，无捍御之者，议以郭威镇邺都，使督诸将以备契丹。史弘肇欲威仍领枢密使，苏逢吉以为故事无之，弘肇曰："领枢密使则可以便宜从事，诸军畏服，号令行矣。"帝卒从弘肇议。弘肇怨逢吉异议，逢吉曰："以内制外，顺也；今反以外制内，其可乎！"壬午，制以威为邺都留守、天雄节度使，枢密使如故。仍诏河北，兵甲钱谷，但见郭威文书立皆禀应。明日，朝贵会饮于窦贞固之第，弘肇举大觥属威，厉声曰："昨日廷议，一何同异！今日为弟饮之。"逢吉、杨邠亦举觥曰："是国家之事，何足介意！"弘肇又厉声曰："安定国家，在长枪大剑，安用毛锥！"王章曰："无毛锥，则财赋何从可出？"自是将相始有隙。

20　癸未，罢永安军。

21　壬辰，以左监门卫将军郭荣为贵州刺史、天雄牙内都指挥使。荣本姓柴，父守礼，郭威之妻兄也，威未有子时养以为子。

22　五月己亥，以府州蕃汉马步都指挥使折德扆为本州团练使。德扆，从阮之子也。

17　夏季,四月戊辰朔(初一),调任薛怀让为匡国节度使,庚午(初三),调任折从阮为武胜节度使,壬申(初五),调任杨信为保大节度使,调任镇国节度使刘词为安国节度使,永清节度使王令温为安远节度使。河中李守贞叛乱,王饶暗中与他勾结,李守贞叛乱被平息,众人以为王饶必定要被贬为冗散闲官;但到进京入朝,他用重金结交史弘肇,竟被升任为护国节度使,听说此事的人都大为惊骇。

18　杨邠请求解除自己枢密使的职务,隐帝派遣宫中使者告谕阻止他。宣徽北院使吴虔裕在杨邠身旁说:"枢密院为政务重地,难以长久停留,应当让后来的人轮流担任,相公辞去枢密使的要求是对的。"隐帝听说此话,很不高兴,辛巳(十四日),任命吴虔裕为郑州防御使。

19　后汉朝廷因为契丹军队近来入侵,横行黄河以北地区,诸位藩镇长官各保自身,没有出来抵抗的,便商议任命郭威出镇邺都,让他督率诸将来防备契丹军队。史弘肇要郭威仍旧兼任枢密使之职,苏逢吉认为无此先例,史弘肇说:"郭威兼领枢密使就可以在外根据情况随机行事,各路军队因此畏惧服从,号令便畅行无阻了。"隐帝最终听从了史弘肇的建议。史弘肇怨恨苏逢吉的异议,苏逢吉便说:"用内朝官节制外朝官,是名正言顺的;如今反过来用外朝官来制约内朝官,难道可以吗!"壬午(十五日),隐帝下制书任命郭威为邺都留守、天雄节度使,枢密使之职照旧。同时颁布诏书到黄河以北地区,所有军队、武器、钱财、粮草,只要见到郭威签署的文书立即都应接受命令负责提供。第二天,朝廷权贵在窦贞固的宅第聚会宴饮,史弘肇举起大杯向郭威劝酒,厉声说:"昨日朝廷的议论,竟是何等的不同! 今日我与贤弟痛饮此杯。"苏逢吉、杨邠也举杯说:"这都是为国家之事,何必介意!"史弘肇又厉声说:"安定国家,靠的是长枪大剑,哪里用得着毛笔啊!"王章说:"没有毛笔,那钱财军赋又从何而来呢?"从此文臣武将之间开始有了矛盾。

20　癸未(十六日),后汉撤销永安军。

21　壬辰(二十五日),后汉隐帝任命左监门卫将军郭荣为贵州刺史、天雄牙内都指挥使。郭荣本姓柴,其父柴守礼,是郭威妻子的哥哥,郭威没有儿子时收养郭荣为子。

22　五月己亥(初二),后汉隐帝任命府州蕃汉马步都指挥使折德扆为府州团练使。折德扆是折从阮的儿子。

23 庚子,郭威辞行,言于帝曰:"太后从先帝久,多历天下事,陛下富于春秋,有事宜禀其教而行之。亲近忠直,放远谗邪,善恶之间,所宜明审。苏逢吉、杨邠、史弘肇皆先帝旧臣,尽忠徇国,愿陛下推心任之,必无败失。至于疆埸之事,臣愿竭其愚弩,庶不负驱策。"帝敛容谢之。威至邺都,以河北困弊,戒边将谨守疆场,严守备,无得出侵掠,契丹入寇,则坚壁清野以待之。

24 辛丑,敕:"防御、团练使,自非军期,无得专奏事,皆先申观察使斟酌以闻。"

25 丙午,以皇弟山南西道节度使承勋为开封尹,加兼中书令,实未出阁。

26 平卢节度使刘铢,贪虐恣横,朝廷欲征之,恐其拒命,因沂、密用兵于唐,遣沂州刺史郭琼将兵屯青州。铢不自安,置酒召琼,伏兵幕下,欲害之;琼知其谋,悉屏左右,从容如会,了无惧色,铢不敢发。琼因谕以祸福,铢感服,诏至即行。庚戌,铢入朝。辛亥,以琼为颍州团练使。

27 癸丑,王章置酒会诸朝贵,酒酣,为手势令,史弘肇不闲其事,客省使阎晋卿坐次弘肇,屡教之。苏逢吉戏之曰:"旁有姓阎人,何忧罚爵!"弘肇妻阎氏,本酒家倡也,意逢吉讥之,大怒,以丑语诟逢吉,逢吉不应。弘肇欲殴之,逢吉起去。弘肇索剑欲追之,杨邠泣止之曰:"苏公宰相,公若杀之,置天子何地,愿孰思之!"弘肇即上马去,邠与之联镳,送至其第而还。于是将相如水火矣。帝使宣徽使王峻置酒和解之,不能得。

23 庚子(初三)，郭威辞别出行，向隐帝进言说："太后随从先帝很久，经历许多天下之事，陛下年纪尚轻，有大事应当接受太后教导再行动。亲近忠诚正直的君子，远离谄谀邪恶的小人，善恶的界线，应当仔细分清楚。苏逢吉、杨邠、史弘肇都是先帝的元老旧臣，尽忠报国，希望陛下放心任用他们，必定不会坏事失误。至于边疆征战之事，臣下愿竭尽绵薄之力，或许可以不辜负陛下的委托。"隐帝脸色严肃地答谢。郭威到达邺都，鉴于黄河以北地区的困难凋敝，告诫边境上的将军谨慎守卫疆界，严密防备，不得外出侵扰抢掠，契丹军队进来侵犯，就采用坚壁清野的办法对付它。

24 辛丑(初四)，后汉隐帝下敕书命令："各防御使、团练使，如果不是军务机要，不得擅自直接向朝廷进奏言事，都须先申报各地观察使斟酌后再来奏闻。"

25 丙午(初九)，隐帝任命皇弟山南西道节度使刘承勋为开封尹，加官兼任中书令，实际上刘承勋因年纪尚幼并未就封职。

26 平卢节度使刘铢，贪婪暴虐，恣意横行，后汉朝廷准备征召他回京，恐怕他抗拒命令，便乘在沂州、密州对南唐用兵的机会，派遣沂州刺史郭琼带领军队驻扎在青州。刘铢自感不安，就摆酒设宴召请郭琼，在府署埋伏军士，准备杀害他；郭琼知悉刘铢的阴谋，毅然屏退全部随从，从容赴会，毫无惧色，刘铢于是不敢下手。郭琼乘机说明利害祸福，刘铢被感化折服，等诏书一到，立即上路。庚戌(十三日)，刘铢进京入朝。辛亥(十四日)，隐帝任命郭琼为颍州团练使。

27 癸丑(十六日)，王章设宴聚会各位朝廷显贵，饮酒尽兴，用手势行酒令，史弘肇不熟悉酒令，客省使阎晋卿座位紧挨史弘肇，多次教他。苏逢吉嘲弄史弘肇说："身旁有姓阎的人，何必担心罚酒！"史弘肇的妻子阎氏，原本是酒家娼妓，史弘肇以为苏逢吉在讥笑阎氏，勃然大怒，用脏话辱骂苏逢吉，苏逢吉不回嘴。史弘肇要揍他，苏逢吉起身离去。史弘肇寻找刀剑要追杀他，杨邠流着泪劝阻说："苏公是当朝宰相，您若杀他，将把天子置于何地，望三思啊！"史弘肇即刻上马离去，杨邠也上马同他并驾齐驱，送到他的宅第而返回。从此文武将相之间的关系就像水火那样不相容了。隐帝派宣徽使王峻摆设酒宴调解将相关系，没能成功。

逢吉欲求出镇以避之,既而中止,曰:"吾去朝廷,止烦史公一处分,吾齑粉矣!"王章亦忽忽不乐,欲求外官,杨、史固止之。

28　闰月,宫中数有怪。癸巳,大风雨,发屋拔木,吹郑门扉起,十馀步而落,震死者六七人,水深平地尺馀。帝召司天监赵延义,问以禳祈之术,对曰:"臣之业在天文时日,禳祈非所习也。然王者欲弭灾异,莫如修德。"延义归,帝遣中使问:"如何为修德?"延义对:"请读《贞观政要》而法之。"

29　六月,河决郑州。

30　马希萼既败归,乃以书诱辰、溆州及梅山蛮,欲与共击湖南。蛮素闻长沙帑藏之富,大喜,争出兵赴之,遂攻益阳。楚王希广遣指挥使陈璠拒之,战于淹溪,璠败死。

31　秋,七月,唐归马先进等于吴越以易查文徽。

32　马希萼又遣群蛮攻迪田,八月戊戌,破之,杀其镇将张延嗣。楚王希广遣指挥使黄处超救之,处超败死。潭人震恐,复遣牙内指挥使崔洪琏将兵七千屯玉潭。

33　庚子,蜀主立其弟仁毅为夔王,仁赟为雅王,仁裕为彭王,仁操为嘉王。己酉,立子玄喆为秦王,玄珏为褒王。

34　晋李太后在建州,卧病,无医药,惟与晋主仰天号泣,戟手骂杜重威、李守贞曰:"吾死不置汝!"戊午,卒。周显德中,有自契丹来者云:"晋主及冯后尚无恙,其从者亡归及物故则过半矣。"

35　马希萼表请别置进奏务于京师。九月辛巳,诏以湖南已有进奏务,不许。亦赐楚王希广诏,劝以敦睦。

苏逢吉打算请求出任藩镇来避开史弘肇,不久便放弃,说:"我若离开朝廷,只劳史公做个手脚,我便粉身碎骨了。"王章也闷闷不乐,打算求任外官,杨邠、史弘肇再三劝阻他。

28　闰月,后汉宫中多次出现怪事。癸巳(二十七日),大风狂作,掀屋拔树,吹得京城西南的郑门门扇飞起,扬出十多步才落地,被震死的有六七人,平地水深一尺多。隐帝于是招来司天监赵延义,询问祈求消灾免祸的办法,赵延义回答说:"臣下的业务在天文历算方面,祭祀祈祷不是我所熟习的。然而统治天下的人想要消弭灾异,最好的办法不如修行德政。"赵延义回家,隐帝又派宫中使者去问:"怎样才算是修行德政?"赵延义回答:"请读《贞观政要》而效法它。"

29　六月,黄河在郑州决口。

30　马希萼既已兵败逃归,于是写书信引诱辰州、溆州以及梅山蛮族,打算和他们共同进攻湖南。蛮人平素听说长沙国库很富有,非常高兴,争着出兵赶赴前往,随即攻打益阳。楚王马希广派遣指挥使陈璠抵抗,在淹溪交战,陈璠兵败而死。

31　秋季,七月,南唐归还马先进等战俘给吴越来交换查文徽。

32　马希萼又调遣各蛮族部落进攻迪田,八月戊戌(初三),攻破迪田,杀死守将张延嗣。楚王马希广派遣指挥使黄处超援救迪田,黄处超兵败身死。潭州人震惊恐慌,又派遣牙内指挥使崔洪琏领兵七千驻扎在玉潭。

33　庚子(初五),后蜀君主封立他的弟弟孟仁毅为夔王,孟仁赟为雅王,孟仁裕为彭王,孟仁操为嘉王。己酉(十四日),封立他的儿子孟玄喆为秦王,孟玄珏为褒王。

34　后晋李太后在建州,生病卧床,没有医生药物,只能和后晋出帝石重贵仰天呼喊哭泣,挥手比画大骂杜重威、李守贞道:"我死都不放过你们!"戊午(二十三日),李太后去世。后周显德年间,有从契丹来的人说:"晋出帝和冯后还活着,但他的侍从逃亡回家和过世的却超过一半了。"

35　马希萼上表后汉朝廷请求在京城另外设置进奏务。九月辛巳(十七日),后汉隐帝下诏书,因湖南在京城已设有进奏务,没有准许。同时也赐楚王马希广诏书,规劝马氏兄弟亲密和睦。

36 马希萼以朝廷意佑楚王希广,怒,遣使称藩于唐,乞师攻楚。唐加希萼同平章事,以鄂州今年租税赐之,命楚州刺史何敬洙将兵助希萼。冬,十月丙午,希广遣使上表告急,言:"荆南、岭南、江南连谋,欲分湖南之地,乞发兵屯澧州,以扼江南、荆南援朗州之路。"

37 丁未,以吴越王弘俶为诸道兵马元帅。

38 楚王希广以朗州与山蛮入寇,诸将屡败,忧形于色。刘彦瑫言于希广曰:"朗州兵不满万,马不满千,都府精兵十万,何忧不胜!愿假臣兵万馀人,战舰百五十艘,径入朗州缚取希萼,以解大王之忧。"王悦,以彦瑫为战棹都指挥使、朗州行营都统。彦瑫入朗州境,父老争以牛酒犒军,曰:"百姓不愿从乱,望都府之兵久矣!"彦瑫厚赏之;战舰过,则运竹木以断其后。是日,马希萼遣朗兵及蛮兵六千、战舰百艘逆战于湄州,彦瑫乘风纵火以焚其舰,顷之,风回,反自焚。彦瑫还走,江路已断,士卒战及溺死者数千人。希广闻之,涕泣不知所为。希广平日罕颁赐,至是,大出金帛以取悦于士卒。

或告天策左司马希崇流言惑众,反状已明,请杀之。希广曰:"吾自害其弟,何以见先王于地下!"

马军指挥使张晖将兵自他道击朗州,至龙阳,闻彦瑫败,退屯益阳。希广又遣指挥使朱进忠等将兵三千急攻益阳,张晖绐其众曰:"我以麾下出贼后,汝辈留城中待我,相与合势击之。"既出,遂自竹头市遁归长沙。朗兵知城中无主,急击之,士卒九千馀人皆死。

39 吴越王弘俶归查文徽于唐,文徽得喑疾,以工部尚书致仕。

36 马希萼以为后汉朝廷有意袒护楚王马希广,发怒,派遣使者向南唐称臣,请求出兵攻打楚王马希广。南唐加封马希萼为同平章事,将鄂州当年租税赏赐给他,命令楚州刺史何敬洙领兵援助马希萼。冬季,十月丙午(十二日),马希广派遣使者向后汉朝廷上表告急,说:"荆南高氏、岭南刘氏、江南李氏连兵谋划,准备瓜分湖南之地,乞求发兵屯驻澧州,用来把守江南、荆南支援朗州的道路。"

37 丁未(十三日),后汉隐帝任命吴越王钱弘俶为诸道兵马元帅。

38 楚王马希广因为朗州人与山蛮入侵,众将屡吃败仗,面有忧色。刘彦瑫对马希广说:"朗州军队不到一万,马匹不到一千,您有精兵十万,为什么担忧不能取胜!希望给我军队一万馀人,战舰一百五十艘,直接攻入朗州城捉拿马希萼,以解大王心头忧愁。"楚王听了很高兴,任命刘彦瑫为战棹都指挥使、朗州行营都统。刘彦瑫进入朗州地界,父老乡亲争着用牛、酒来犒劳军队,说:"我们百姓不愿意跟从乱党,盼望楚王的军队已很久了!"刘彦瑫重赏大家;战舰驶过以后,就运来毛竹木头来截断后路。这一天,马希萼调遣朗州军队和蛮族军队六千、战舰百艘在湄州迎战,刘彦瑫乘着风势放火来焚烧朗州的战舰,一会儿,风向回转,反过来烧了自己的战舰。刘彦瑫调头逃跑,但水路已经截断,士兵战死的以及淹死的有数千人。马希广闻讯,哭得不知如何是好。马希广平时很少颁发赏赐,到这时,也拿出大量金钱绢帛来博取士兵的欢心。

有人告发天策左司马马希崇撒布流言,扰乱人心,谋反的证据已经很明显,请求杀死他。马希广说:"我亲手杀害自己的兄弟,还有什么脸面去见九泉之下的先王!"

马军指挥使张晖领兵从别的路进攻朗州,到达龙阳,听说刘彦瑫兵败,便后退屯驻益阳。马希萼又调遣指挥使朱进忠等领兵三千急攻益阳,张晖欺骗部众说:"我带帐下的亲兵出城赶到贼军后面,你们留守城中等待我,然后一起合力攻击敌人。"张晖已出益阳,就从竹头市跑回长沙。朗州军队得知城中没有主帅,加紧攻击,守城九千多士兵全部战死。

39 吴越王钱弘俶让查文徽返归南唐。查文徽患哑疾,以工部尚书之职辞官。

40 十一月甲子朔，日有食之。

41 蜀太师、中书令宋忠武王赵廷隐卒。

42 楚王希广遣其僚属孟骈说马希萼曰："公忘父兄之仇，北面事唐，何异袁谭求救于曹公邪！"希萼将斩之，骈曰："古者兵交，使在其间，骈若爱死，安肯此来！骈之言非私于潭人，实为公谋也。"乃释之，使还报曰："大义绝矣，非地下不相见也！"

朱进忠请希萼自将兵取潭州，辛未，希萼留其子光赞守朗州，悉发境内之兵趣长沙，自称顺天王。

43 诏侍卫步军都指挥使、宁江节度使王殷将兵屯澶州以备契丹。殷，瀛州人也。

44 朝廷议发兵，以安远节度使王令温为都部署，以救潭州，会内难作，不果。

45 帝自即位以来，枢密使、右仆射、同平章事杨邠总机政，枢密使兼侍中郭威主征伐，归德节度使、侍卫亲军都指挥使兼中书令史弘肇典宿卫，三司使、同平章事王章掌财赋。邠颇公忠，退朝，门无私谒，虽不却四方馈遗，有馀辄献之。弘肇督察京城，道不拾遗。是时承契丹荡覆之馀，公私困竭，章捃摭遗利，咨于出纳，以实府库。属三叛连衡，宿兵累年而供馈不乏。及事平，赐予之外，尚有馀积，以是国家粗安。

章聚敛刻急。旧制，田税每斛更输二升，谓之"雀鼠耗"，章始令更输二斗，谓之"省耗"；旧钱出入皆以八十为陌，章始令入者八十，出者七十七，谓之"省陌"；有犯盐、矾、酒曲之禁者，锱铢涓滴，罪皆死；由是百姓愁怨。章尤不喜文臣，尝曰："此辈授之握算，不知纵横，何益于用！"俸禄皆以不堪资军者给之，吏已高其估，章更增之。

40　十一月甲子朔（初一），出现日食。

41　后蜀太师、中书令宋忠武王赵廷隐去世。

42　楚王马希广派遣他的幕僚孟骈劝说马希萼道："您忘记父兄的仇敌，臣服南唐，与东汉末年的袁谭向曹操求救有什么不同呢！"马希萼将要斩他的头，孟骈说："古代两军交战，使者可以来往其间，我孟骈倘若吝惜一死，岂肯到这里来！我的话并非出于潭州人的私利，实在是为您考虑啊。"马希萼这才放了孟骈，让他返归回答说："兄弟的情义已经断了，不到九泉之下不再相见！"

朱进忠请求马希萼亲自领兵攻取潭州。辛未（初八），马希萼留下他的儿子马光赞镇守朗州，调发境内全部军队直奔长沙，自称顺天王。

43　后汉隐帝下诏书命侍卫步军都指挥使、宁江节度使王殷领兵驻扎在澶州来防备契丹入侵。王殷是瀛州人。

44　后汉朝廷讨论出兵，任命安远节度使王令温为都部署，以援救潭州，正好遇上内乱发生，没有成行。

45　后汉隐帝从即位以来，枢密使、右仆射、同平章事杨邠总理机要政务，枢密使兼侍中郭威主持征战，归德节度使、侍卫亲军都指挥使兼中书令史弘肇典领京城警卫，三司使、同平章事王章掌管财政赋税。杨邠十分秉公忠心，退朝回家，门下没有私人拜会，虽然不拒绝四方的馈赠，但有多馀的就进献皇上。史弘肇负责京城治安，路上丢了东西没有人捡。这时正好紧承契丹大乱中原之后，官府、百姓的财力困难拮据，王章搜集点滴馀利，节约开支，以此充实国库。虽然跟着就有李守贞、王景崇、赵思绾的三镇叛乱互相勾结，却用兵多年而供应没有短缺。到了事态平息，除赏赐之外，还有积馀，因此国家基本安定。

王章征集赋税苛刻严厉。以前规定，田税每斛之外再交两升，叫作"雀鼠耗"，王章开始下令再交两斗，称作"省耗"；以前钱币的付出、收入都以八十文为"陌"，王章开始下令收入的以八十文为"陌"，付出的以七十七文为"陌"，称作"省陌"；有违反盐、矾、酒曲禁令的，即使只有一两一钱、一点一滴，也都定为死罪；百姓因此忧愁怨恨。王章特别不喜欢文官，曾经说："这帮人交给他一把筹码，也不知道如何摆弄，有什么用处！"文官的俸禄都以少于相应武官的标准供给，有关官吏已对文官俸禄超值估算，王章又再增加。

帝左右嬖幸浸用事,太后亲戚亦干预朝政,邠等屡裁抑之。太后有故人子求补军职,弘肇怒而斩之。武德使李业,太后之弟也,高祖使掌内帑,帝即位,尤蒙宠任。会宣徽使阙,业意欲之,帝及太后亦讽执政;邠、弘肇以为内使迁补有次,不可以外戚超居,乃止。内客省使阎晋卿次当为宣徽使,久而不补;枢密承旨聂文进、飞龙使後匡赞、翰林茶酒使郭允明皆有宠于帝,久不迁官,共怨执政。文进,并州人也。刘铢罢青州归,久奉朝请,未除官,常戟手于执政。

帝初除三年丧,听乐,赐伶人锦袍、玉带。伶人诣弘肇谢,弘肇怒曰:“士卒守边苦战,犹未有以赐之,汝曹何功而得此!”皆夺以还官。帝欲立所幸耿夫人为后,邠以为太速;夫人卒,帝欲以后礼葬之,邠复以为不可。帝年益壮,厌为大臣所制。邠、弘肇尝议事于帝前,帝曰:“审图之,勿令人有言!”邠曰:“陛下但禁声,有臣等在。”帝积不能平,左右因乘间谮之于帝云:“邠等专恣,终当为乱。”帝信之。尝夜闻作坊锻声,疑有急兵,达旦不寐。司空、同平章事苏逢吉既与弘肇有隙,知李业等怨弘肇,屡以言激之。帝遂与业、文进、匡赞、允明谋诛邠等,议既定,入白太后。太后曰:“兹事何可轻发!更宜与宰相议之。”业时在旁,曰:“先帝尝言,朝廷大事不可谋及书生,懦怯误人。”太后复以为言,帝忿曰:“国家之事,非闺门所知!”拂衣而出。乙亥,业等以其谋告阎晋卿,晋卿恐事不成,诣弘肇第欲告之,弘肇以他故辞不见。

后汉隐帝的左右宠臣逐渐被任用,太后的亲戚也干预朝政,杨邠等屡次加以裁减抑制。太后有个旧友的儿子要求补个军职,史弘肇发怒斩了他。武德使李业,是太后的弟弟,后汉高祖让他掌管宫内财物,到了隐帝即位,他特别受到宠幸信任。适逢宣徽使空缺,李业心想补缺,隐帝和太后也给执政官打了招呼;杨邠、史弘肇认为内朝使职的升迁递补有规定次序,不能因为外戚而越级担任,于是作罢。内朝客省使阎晋卿按次序应当担任宣徽使,但迟迟没有递补;枢密承旨聂文进、飞龙使後匡赞、翰林茶酒使郭允明都得到隐帝的宠爱,却长时间没有升官,因此共同怨恨执政官。聂文进是并州人。刘铢免职从青州归来,长期闲散无事,没有委派职务,故此经常用手对执政官指指戳戳。

隐帝刚解除高祖的三年之丧,就听音乐,赏赐乐官锦袍、玉带。乐官到史弘肇处告谢,史弘肇大怒道:"将士守卫边疆殊死苦战尚且没有赏赐这些,你们这等人有什么功劳得到锦袍、玉带!"随即全部没收归还官府。隐帝想立所宠爱的耿夫人为皇后,杨邠认为太快;耿夫人去世,隐帝想用皇后之礼安葬,杨邠又认为不可。隐帝年龄渐渐增大,讨厌被大臣所制约。杨邠、史弘肇曾在隐帝面前议论政事,隐帝说:"仔细考虑,不要让人有闲话!"杨邠说:"陛下只管闭口不出声,有我们在。"隐帝的积怨久不能平,左右宠臣就乘机向隐帝进谗言说:"杨邠等人专横跋扈肆无忌惮,最终是犯上作乱。"隐帝听信了这话。隐帝曾经夜里听到手工作坊打铁声响,怀疑有人在紧急赶制兵器,到天亮都没入睡。司空、同平章事苏逢吉已与史弘肇有了隔阂,知道李业等人怨恨史弘肇,就多次用言语激他们。隐帝于是和李业、聂文进、後匡赞、郭允明谋划诛杀杨邠等人,商议已定,入内禀告太后。太后说:"这事怎么可轻举妄动!应该再同宰相商议。"李业当时在旁边,说:"先帝曾经说过,朝廷大事不可同书生谋划,书生胆小怕事会误事害人。"太后又重复她刚才所说的话,隐帝于是生气地说:"国家大事,不是闺门女人所能知晓的!"拂袖而出。乙亥(十二日),李业等将他们的密谋告诉阎晋卿,阎晋卿恐怕事情不成,到史弘肇宅第想报告他,史弘肇因为别的事推辞不见。

丙子旦，邠等入朝，有甲士数十自广政殿出，杀邠、弘肇、章于东庑下。文进亟召宰相、朝臣班于崇元殿，宣云："邠等谋反，已伏诛，与卿等同庆。"又召诸军将校至万岁殿庭，帝亲谕之，且曰："邠等以稚子视朕，朕今始得为汝主，汝辈免横忧矣！"皆拜谢而退。又召前节度使、刺史等升殿谕之，分遣使者帅骑收捕邠等亲戚、党与、僚从，尽杀之。

弘肇待侍卫步军都指挥使王殷尤厚，邠等死，帝遣供奉官孟业赍密诏诣澶州及邺都，令镇宁节度使李洪义杀殷，又令邺都行营马军都指挥使郭崇威、步军都指挥使真定曹威杀郭威及监军、宣徽使王峻。洪义，太后之弟也。又急诏征天平节度使高行周、平卢节度使符彦卿、永兴节度使郭从义、泰宁节度使慕容彦超、匡国节度使薛怀让、郑州防御使吴虔裕、陈州刺史李穀入朝。以苏逢吉权知枢密院事，前平卢节度使刘铢权知开封府，侍卫马军都指挥使李洪建权判侍卫司事，内侍省使阎晋卿权侍卫马军都指挥使。洪建，业之兄也。

时中外人情忧骇，苏逢吉虽恶弘肇，而不预李业等谋，闻变惊愕，私谓人曰："事太匆匆，主上悦以一言见问，不至于此！"业等命刘铢诛郭威、王峻之家，铢极其惨毒，婴孺无免者。命李洪建诛王殷之家，洪建但使人守视，仍饮食之。

丁丑，使者至澶州，李洪义畏懦，虑王殷已知其事，不敢发，乃引孟业见殷；殷因业，遣副使陈光穗以密诏示郭威。威召枢密吏魏仁浦，示以诏书曰："奈何？"仁浦曰："公，国之大臣，功名素著，加之握强兵，据重镇，一旦为群小所构，祸出非意，此非辞说之所能解。时事如此，不可坐而待之。"

丙子（十三日）早晨，杨邠等上朝，有几十名全副武装的武士从广政殿出来，在东面廊屋下杀死杨邠、史弘肇、王章。聂文进立刻召集宰相、朝会大臣在崇元殿依次排列，宣旨说："杨邠等人谋划造反，已经服罪处决，与诸位共同庆贺。"又召集各军将校到万岁殿庭中，隐帝亲自向他们宣布了这事，并且说："杨邠等人把朕当作小孩子来看待，朕今日开始能为你们做主，你们从此免除权臣专横的忧患了。"众人全都拜谢退下。隐帝又召集在京前节度使、刺史等上殿宣布此事，分头派遣使者率领骑兵逮捕杨邠等人的亲属、党羽、随从，全部杀死。

史弘肇对侍卫步军都指挥使王殷特别优厚，杨邠等死后，隐帝派遣供奉官孟业携带绝密诏书到澶州以及邺都，命令镇宁节度使李洪义杀死王殷，又命令邺都行营马军都指挥使郭崇威、步军都指挥使真定人曹威杀死郭威以及监军、宣徽使王峻。李洪义是太后的弟弟。又紧急下诏征调天平节度使高行周、平卢节度使符彦卿、永兴节度使郭从义、泰宁节度使慕容彦超、匡国节度使薛怀让、郑州防御使吴虔裕、陈州刺史李毅进京入朝。任命苏逢吉临时主持枢密院事务，前平卢节度使刘铢临时主持开封府事务，侍卫马军都指挥使李洪建临时兼管侍卫司事务，内侍省使阎晋卿代理侍卫马军都指挥使。李洪建是李业的哥哥。

当时朝廷内外人心惶惶，苏逢吉虽然厌恶史弘肇，但没有参与李业等人密谋，闻悉事变陡然一惊，私下里对人说："事情干得太草率，皇上倘若有　语问我，绝不会到这个地步！"李业等命令刘铢诛杀郭威、王峻的家属，刘铢极其残忍，连婴儿小孩都没有幸免于难。命令李洪建诛杀王殷的家属，李洪建只派人守卫监视，仍旧供应饮食。

丁丑（十四日），使者到达澶州，李洪义畏缩胆怯，顾虑王殷已经知道此事，不敢动手，于是带着孟业去见王殷；王殷囚禁孟业，派遣副使陈光穗把绝密诏书拿给郭威看。郭威召见枢密吏魏仁浦，把诏书拿给他看，说："怎么办？"魏仁浦说："您是国家的大臣，功勋名声素来卓著，加上掌握强兵，据守重镇，一旦被小人们所诬陷，灾祸出于不测，这不是用言词所能排解的。事态已经如此，不可坐着等待。"

威乃召郭崇威、曹威及诸将，告以杨邠等冤死及有密诏之状，且曰："吾与诸公，披荆棘，从先帝取天下，受托孤之任，竭力以卫国家，今诸公已死，吾何心独生！君辈当奉行诏书，取吾首以报天子，庶不相累。"郭崇威等皆泣曰："天子幼冲，此必左右群小所为，若使此辈得志，国家其得安乎！崇威愿从公入朝自诉，荡涤鼠辈以清朝廷，不可为单使所杀，受千载恶名。"翰林天文赵修己谓郭威曰："公徒死何益！不若顺众心，拥兵而南，此天启也。"郭威乃留其养子荣镇邺都，命郭崇威将骑兵前驱，戊寅，自将大军继之。

慕容彦超方食，得诏，舍匕箸入朝；帝悉以军事委之。己卯，吴虔裕入朝。

帝闻郭威举兵南向，议发兵拒之。前开封尹侯益曰："邺都戍兵家属皆在京师，官军不可轻出，不若闭城以挫其锋，使其母妻登城招之，可不战而下也。"慕容彦超曰："侯益衰老，为懦夫计耳。"帝乃遣益及阎晋卿、吴虔裕、前保大节度使张彦超将禁军趣澶州。

是日，郭威已至澶州，李洪义纳之；王殷迎谒恸哭，以所部兵从郭威涉河。帝遣内养鸾脱觇郭威，威获之，以表置鸾脱衣领中，使归白帝曰："臣昨得诏书，延颈俟死。郭崇威等不忍杀臣，云此皆陛下左右贪权无厌者谮臣耳，逼臣南行，诣阙请罪。臣求死不获，力不能制。臣数日当至阙庭。陛下若以臣为有罪，安敢逃刑！若实有谮臣者，愿执付军前以快众心，臣敢不抚谕诸军，退归邺都！"

庚辰，郭威趣滑州。辛巳，义成节度使宋延渥迎降。延渥，洛阳人，其妻晋高祖女永宁公主也。郭威取滑州库物以劳将士，

郭威于是召集郭崇威、曹威以及众将,告知杨邠等人蒙冤屈死以及有绝密诏书的情况,并且说:"我与杨邠等人,披荆斩棘,跟随先帝夺取天下,接受托孤的重任,尽心竭力保卫国家,如今他们已死,我还有什么心思独自活着!各位应当执行诏书指令,斩取我的脑袋来禀报天子,大概能不受牵累。"郭崇威等都流着泪说:"天子年少,这必定是天子身边小人们所干的,倘若让这帮小人得志,国家岂能得到安宁!我郭崇威情愿跟从您进京入朝亲自申诉,扫除无能鼠辈来肃清朝廷污浊,切不可被一个使者所杀,蒙受千古恶名。"翰林天文赵修己对郭威说:"您白白送死有什么好处!不如顺应众人之心,领兵南行,这是天赐良机啊。"郭威于是留下他的养子郭荣镇守邺都,命令郭崇威率骑兵前面开路,戊寅(十五日),自己带领大部队接着进发。

慕容彦超正在吃饭,得到诏书,放下汤勺筷子就进京入朝;隐帝把军事全都委托给了他。己卯(十六日),吴虔裕进京入朝。

隐帝闻知郭威领兵向南,商议发兵抵抗。前开封尹侯益说:"戍守邺都士兵的家属都在京师,官府军队不可轻易出去,不如紧闭城门来挫伤他们的锐气,让他们的父母妻子登上城楼招呼他们回来,可以不战而胜。"慕容彦超说:"侯益已经衰老,只会出胆小鬼的计策。"隐帝于是派遣侯益以及阎晋卿、吴虔裕、前保大节度使张彦超带领禁军奔赴澶州。

这天,郭威已经到达澶州,李洪义迎纳郭威;王殷迎接拜见时痛哭,率领所统辖的军队跟随郭威过黄河。隐帝派遣宫中杂役鹜脱暗中监视郭威,郭威抓获了他,把上奏的文表放在鹜脱的衣领里,让他回去告诉隐帝说:"臣下昨日得到诏书,伸着脖子等死。郭崇威等不忍心杀我,说这都是陛下身边贪图权势不知满足的人进谗言陷害我,便逼着我向南行进,到宫阙下请罪。我求死不得,又无力量能控制他们。我数日之内必当到达宫阙大庭。陛下如果认为我有罪,岂敢逃避惩处!如果确实有进谗言的小人,希望抓付军前以大快人心,那么,我又岂敢不安抚晓谕各部,撤退回归邺都!"

庚辰(十七日),郭威赶赴滑州。辛巳(十八日),义成节度使宋延渥出迎并投降了郭威。宋延渥是洛阳人,他的妻子是后晋高祖女儿永宁公主。郭威取出滑州仓库的财物来慰劳将士,

且谕之曰："闻侯令公已督诸军自南来，今遇之，交战则非入朝之义，不战则为其所屠。吾欲全汝曹功名，不若奉行前诏，吾死不恨。"皆曰："国家负公，公不负国，所以万人争奋，如报私仇，侯益辈何能为乎！"王峻徇于众曰："我得公处分，俟克京城，听旬日剽掠。"众皆踊跃。

辛巳，鸾脱至大梁。前此帝议欲自往澶州，闻郭威已至河上而止。帝甚有悔惧之色，私谓窦贞固曰："属者亦太草草。"李业等请空府库以赐诸军，苏禹珪以为未可，业拜禹珪于帝前，曰："相公且为天子勿惜府库。"乃赐禁军人二十缗，下军半之，将士在北者给其家，使通家信以诱之。

壬午，郭威军至封丘，人情恟惧。太后泣曰："不用李涛之言，宜其亡也！"慕容彦超恃其骁勇，言于帝曰："臣视北军犹蟏蟏蟓耳，当为陛下生致其魁。"退，见聂文进，问北来兵数及将校姓名，颇惧，曰："是亦剧贼，未易轻也！"帝复遣左神武统军袁鸢、前威胜节度使刘重进等帅禁军与侯益等会屯赤冈。鸢，象先之子也。彦超以大军屯七里店。

癸未，南、北军遇于刘子陂。帝欲自出劳军，太后曰："郭威吾家故旧，非死亡切身，何以至此！但按兵守城，飞诏谕之，观其志趣，必有辞理，则君臣之礼尚全，慎勿轻出。"帝不从。时扈从军甚盛，太后遣使戒聂文进曰："大须在意！"对曰："有臣在，虽郭威百人，可擒也！"至暮，两军不战，帝还宫。慕容彦超大言曰："陛下来日宫中无事，幸再出观臣破贼。臣不必与之战，但叱散使归营耳！"

并且告诉他们说:"听说侯令公已经督率各军从南面而来,如今遇上他们,交战就违背进京入朝的本意,不战就被他们所屠杀。我想成全你们的功名,不如执行日前诏书,我死了也没有遗恨。"众将士都说:"朝廷辜负了您,您没有辜负朝廷,因此万众奋勇争先,如同各报私仇一样,侯益一伙能有什么作为呢!"王峻向部众宣布说:"我已得郭公的决定,等到攻克京城,准许抢劫十天。"大家都欢呼雀跃。

辛巳(十八日),銮驾到达京城大梁。在此之前隐帝提议准备亲自前往澶州,听说郭威已到黄河边上而作罢。隐帝颇有后悔恐惧的神色,私下对窦贞固说:"日前也太草率了。"李业等人请求清空仓库来赏赐各军,苏禹珪认为不可以,李业在隐帝面前叩拜苏禹珪,说:"相公暂且为天子考虑而不要吝惜仓库财物。"于是赏赐禁军每人二十缗钱,其他军队减半,将士在北面郭威军队中的给他们的家属,让家属通信来引诱他们。

壬午(十九日),郭威的军队到达封丘,人心惶惶。太后流泪说:"不听李涛的话,自该灭亡啊!"慕容彦超恃仗自己勇猛,对隐帝说道:"我看北方的军队犹如小虫罢了,必当为陛下活捉他们的魁首!"退朝,慕容彦超见到聂文进,询问北方来的军队数量和将校姓名,颇感恐惧,说:"这还是强贼劲敌,不可看轻他们啊!"隐帝又派遣左神武统军袁鳷、前威胜节度使刘重进等率领禁军与侯益会合驻扎在赤冈。袁鳷是袁象先的儿子。慕容彦超率领大部队驻扎在七里店。

癸未(二十日),南、北两方军队在刘子陂相遇。隐帝准备亲自出去慰劳军队,太后说:"郭威是我家的旧臣,如果不是生死攸关,哪里会到这个地步!只要按兵不动守在城中,飞传诏书告诉他,观察他的志向,必定有解说道理,那君臣大礼就可以保全,千万不要轻易出去。"隐帝不听。当时扈从军队很多,太后派人告诫聂文进说:"须非常留意!"聂文进回答说:"有我在,即使一百个郭威,也可捉拿来!"到傍晚,两军没有交战,隐帝回宫。慕容彦超说大话道:"陛下明日若宫中无事,恭请再次出来观看臣下如何攻破贼军。我不必同他们交战,只需呼喝驱散他们即可使他们返归营地!"

甲申，帝欲再出，太后力止之，不可。既陈，郭威戒其众曰：“吾来诛群小，非敢敌天子也，慎勿先动。”久之，慕容彦超引轻骑直前奋击，郭崇威与前博州刺史李荣帅骑兵拒之。彦超马倒，几获之。彦超引兵退，麾下死者百馀人，于是诸军夺气，稍稍降于北军。侯益、吴虔裕、张彦超、袁鬷、刘重进皆潜往见郭威，威各遣还营，又谓宋延渥曰：“天子方危，公近亲，宜以牙兵往卫乘舆，且附奏陛下，愿乘间早幸臣营。”延渥未至御营，乱兵云扰，不敢进而还。比暮，南军多归于北。慕容彦超与麾下十馀骑奔还兖州。

是夕，帝独与三相及从官数十人宿于七里寨，馀皆逃溃。乙酉旦，郭威望见天子旌旗在高阪上，下马免胄往从之，至则帝已去矣。帝策马将还宫，至玄化门，刘铢在门上，问帝左右：“兵马何在？”因射左右。帝回辔，西北至赵村，追兵已至，帝下马入民家，为乱兵所弑。苏逢吉、阎晋卿、郭允明皆自杀；聂文进挺身走，军士追斩之。李业奔陕州，後匡赞奔兖州。郭威闻帝遇弑，号恸曰：“老夫之罪也！”

威至玄化门，刘铢雨射城外。威自迎春门入，归私第，遣前曹州防御使何福进将兵守明德门。诸军大掠，通夕烟火四发。

军士入前义成节度使白再荣之第，执再荣，尽掠其财，既而进曰：“某等昔尝趋走麾下，一旦无礼至此，何面目复见公。”遂刜其首而去。

吏部侍郎张允，家赀以万计，而性吝，虽妻亦不之委，常自系众钥于衣下，行如环珮。是夕，匿于佛殿藻井之上，登者浸多，板坏而坠，军士掠其衣，遂以冻卒。

甲申(二十一日),隐帝想再次出城,太后极力制止,不答应。已经摆好军阵,郭威训诫部众说:"我来诛讨这帮小人,不是敢与天子对抗,千万不要首先动手。"过了好久,慕容彦超带领轻骑兵径直前进猛烈攻击,郭崇威与前博州刺史李荣率领骑兵抵抗。慕容彦超坐骑摔倒,差点被抓获。慕容彦超带兵撤退,手下死亡一百多人,于是南面各军丧失士气,逐渐向北方军队投降。侯益、吴虔裕、张彦超、袁羲、刘重进都暗中前往拜见郭威,郭威逐一遣返他们回营,又对宋延渥说:"天子正处危难,您亲近在旁,应该带领牙帐卫兵前往保卫天子,并请附带启奏陛下,希望有空早日光临臣下军营。"宋延渥没到天子营帐,乱兵纷扰,不敢前进而退回。到了天黑,南面军队大多数投归到北面。慕容彦超与手下十几名骑士逃跑返回兖州。

当晚,隐帝只与窦贞固、苏逢吉、苏禹珪三位宰相以及随从官员数十人在七里寨住宿,其余人都逃跑溃散。乙酉(二十二日)早晨,郭威望见天子的旌旗在高坡上,便下马脱去头盔前往跟随,到达后隐帝已经离去了。隐帝扬鞭赶马准备回宫,到达大梁玄化门,刘铢在城门上,问隐帝周围的人:"兵马在何处?"就向隐帝身边人射箭。隐帝掉转马头,往西北到达赵村,追兵已经赶到,隐帝下马进入百姓家,被乱兵所杀。苏逢吉、阎晋卿、郭允明都自杀;聂文进挺身逃跑,被军士追上斩杀。李业逃奔陕州,后匡赞逃奔兖州。郭威听说隐帝遇害,呼喊痛哭道:"是我的罪过啊!"

郭威到达玄化门,刘铢像雨点似的向城外射箭。郭威从迎春门入城,回到私宅,派遣前曹州防御使何福进领兵把守明德门。各军大肆抢掠,整夜烟火四起。

军士进入前义成节度使白再荣的住宅,抓住白再荣,抢光财物,然后上前说:"我们从前曾在您手下奔走,今日无礼到这个地步,还有什么脸面再见您。"于是割下白再荣的头而离开。

吏部侍郎张允,家产数以万计,但生性吝啬,即使是妻子也不肯放手,总是把全部钥匙系在自己衣服底下,走起路来叮当作响如同佩带玉环。这天晚上,他躲藏在佛堂顶棚板上,上去的人逐渐增多,顶板损坏而坠落,军士即抢走他身上的衣服,于是他因受冻而死。

初,作坊使贾延徽有宠于帝,与魏仁浦为邻,欲并仁浦所居以自广,屡谮仁浦于帝,几至不测。至是,有擒延徽以授仁浦者,仁浦谢曰:"因乱而报怨,吾所不为也。"郭威闻之,待仁浦益厚。

右千牛卫大将军枣强赵凤曰:"郭侍中举兵,欲诛君侧之恶以安国家耳;而鼠辈敢尔,乃贼也,岂侍中意邪!"执弓矢,踞胡床,坐于巷首,掠者至,辄射杀之,里中皆赖以全。

丙戌,获刘铢、李洪建,囚之。铢谓其妻曰:"我死,汝且为人婢乎?"妻曰:"以公所为,雅当然耳!"

王殷、郭崇威言于郭威曰:"不止剽掠,今夕止有空城耳。"威乃命诸将分部禁止掠者,不从则斩之。至晡,乃定。

窦贞固、苏禹珪自七里寨逃归,郭威使人访求得之,寻复其位。贞固为相,值杨、史弄权,李业等作乱,但以凝重处其间,自全而已。

郭威命有司迁隐帝梓宫于西宫。或请如魏高贵乡公故事,葬以公礼,威不许,曰:"仓猝之际,吾不能保卫乘舆,罪已大矣,况敢贬君乎!"

太师冯道帅百官谒见郭威,威见,犹拜之,道受拜如平时,徐曰:"侍中此行不易!"

丁亥,郭威帅百官诣明德门起居太后,且奏称:"军国事殷,请早立嗣君。"太后诰称:"郭允明弑逆,神器不可无主;河东节度使崇,忠武节度使信,皆高祖之弟,武宁节度使赟,开封尹勋,高祖之子,其令百官议择所宜。"赟,崇之子也,高祖爱之,养视如子。郭威、王峻入见太后于万岁宫,请以勋为嗣。

当初,作坊使贾延徽受到隐帝宠信,与魏仁浦是邻居,想吞并魏仁浦所住房屋来扩大自己宅第,屡次向隐帝说魏仁浦的坏话,几乎酿成杀身之祸。到这个时候,有抓获贾延徽交给魏仁浦的,魏仁浦拒绝说:"乘乱而报私怨,是我所不做的!"郭威听说此事,对待魏仁浦越发优厚。

右千牛卫大将军枣强人赵凤说:"郭侍中起兵,只是要诛伐国君身边的恶人来安定国家罢了;然而底下无名鼠辈竟敢如此胡作非为,已成强盗,哪里是郭侍中的本意呀!"手持弓箭,危坐胡床,坐在里巷门口,抢掠者一到,就发箭射杀,同里的人家都依赖此而得以保全。

丙戌(二十三日),抓获刘铢、李洪建,囚禁他们。刘铢对他妻子说:"我死了,你将去做人家的奴婢吗?"妻子说:"按您平日的所作所为,确实只该这样!"

王殷、郭崇威向郭威进言说:"不制止抢掠,今晚就只剩一座空城了。"郭威于是命令众将约束所部禁止抢掠,不服从就斩首。到黄昏,才安定下来。

窦贞固、苏禹珪从七里寨逃跑归来,郭威派人寻访找到他们,不久官复原职。窦贞固为宰相时,正当杨邠、史弘肇滥用职权,李业等人发难作乱,他不过仅以谨慎稳重处于两者之间,自我保全罢了。

郭威命令有关部门将后汉隐帝的棺木迁到西宫。有人请求比照三国时魏高贵乡公的旧例,用公礼安葬隐帝,郭威不允许,说·"紧急之时,我不能保卫好天子,罪责已够大了,何况再敢贬低国君呢!"

太师冯道率领百官拜见郭威,郭威见到冯道,仍行拜礼,冯道像平时一样接受拜礼,慢条斯理地说:"侍中这一路不容易啊!"

丁亥(二十四日),郭威率领百官到明德门向太后请安,并且进奏说:"军政事务繁忙,请早立继位国君。"太后发诰令说:"郭允明大逆弑君,但君位不可一日无主;河东节度使刘崇,忠武节度使刘信,都是高祖的弟弟;武宁节度使刘赟,开封尹刘勋,是高祖的儿子,就让百官商议选择最合适的吧。"刘赟是刘崇的儿子,后汉高祖喜爱他,收养视为亲生儿子。郭威、王峻进入内宫在万岁宫谒见太后,请求让刘勋为继承人。

太后曰:"勋久羸疾不能起。"威出谕诸将,诸将请见之,太后令左右以卧榻举之示诸将,诸将乃信之。于是郭威与峻议立赟。己丑,郭威帅百官表请以赟承大统。太后诰所司,择日,备法驾迎赟即皇帝位。郭威奏遣太师冯道及枢密直学士王度、秘书监赵上交诣徐州奉迎。

郭威之讨三叛也,每见朝廷诏书,处分军事皆合机宜,问使者:"谁为此诏?"使者以翰林学士范质对。威曰:"宰相器也。"入城,访求得之,甚喜。时大雪,威解所服紫袍衣之,令草太后诰令,迎新君仪注。苍黄之中,讨论撰定,皆得其宜。

初,隐帝遣供奉官押班阳曲张永德赐昭义节度使常思生辰物,永德,郭威之婿也,会杨邠等诛,密诏思杀永德。思索闻郭威多奇异,囚永德以观变,及威克大梁,思乃释永德而谢之。

庚寅,郭威帅百官上言:"比皇帝到阙,动涉浃旬,请太后临朝听政。"

46 先是,马希萼遣蛮兵围玉潭,朱进忠引兵会之;崔洪琏兵败,奔还长沙。希萼引兵继进,攻岳州,刺史王赟拒之,五日不克。希萼使人谓赟曰:"公非马氏之臣乎?不事我,欲事异国乎?为人臣而怀贰心,岂不辱其先人!"赟曰:"赟父环为先王将,六破淮南兵。今大王兄弟不相容,赟常恐淮南坐收其弊,一旦以遗体臣淮南,诚辱先人耳。大王苟能释憾罢兵,兄弟雍睦如初,赟敢不尽死以事大王兄弟,岂有二心乎!"希萼惭,引兵去。辛卯,至湘阴,焚掠而过。至长沙,军于湘西,步兵及蛮兵军于岳麓,朱进忠自玉潭引兵会之。

太后说:"刘勋长期虚弱患病不能起床。"郭威出去告知众将,众将请求面见刘勋,太后命令手下人用卧榻抬着刘勋给众将看,众将这才相信。于是郭威和王峻商议立刘赟继位。己丑(二十六日),郭威率领百官上表请求让刘赟继承帝位。太后诰令有关部门,选择日子,准备天子车马迎接刘赟即皇帝位。郭威上奏派遣太师冯道以及枢密直学士王度、秘书监赵上交到徐州事奉迎接。

郭威领兵讨伐三镇叛乱时,常见朝廷诏书,处置军务都切合实际情况,便向使者道:"谁起草的这诏书?"使者回答是翰林学士范质。郭威说:"真是宰相的人材啊。"进入京城后,寻访找到范质,极为喜欢。当时天下着大雪,郭威解下身上的紫袍给范质穿上,令他起草太后诰令,迎接新国君的礼仪规则。匆忙之中,讨论写定,都很得体。

当初,隐帝派遣供奉官押班阳曲人张永德赐给昭义节度使常思生日的回赠礼物,张永德是郭威的女婿,遇上杨邠等人被诛杀,有绝密诏书命令常思杀死张永德。常思久闻郭威颇有奇才,便囚禁张永德以观察事变,及至郭威攻克大梁,常思就释放张永德而谢罪。

庚寅(二十七日),郭威率领百官进言:"等皇帝驾到宫中,行程需要十天,请求太后临朝听政。"

46 在此之前,马希萼调遣蛮军围攻玉潭,朱进忠领兵会合;崔洪琏守军失败,奔回长沙。马希萼领兵继续前进,攻打岳州,刺史王赟抵抗,五天没有攻克。马希萼派人对王赟说:"您不是马家的臣子吗?不事奉我,还想事奉他国吗?做人家的臣子而内怀二心,岂不有辱自己的先人!"王赟说:"我父亲王环做先王的将军,六次击败淮南军队。如今大王兄弟互不相容,我王赟常常害怕淮南坐收两败俱伤的好处,有朝一日让我臣服淮南,那才真是有辱先人英灵。大王如果能捐弃前嫌停止用兵,兄弟之间像当初那样融洽和睦,我王赟怎敢不拼死来事奉大王兄弟,哪有什么三心二意呢!"马希萼感到惭愧,率领军队离去。辛卯(二十八日),马希萼军队到湘阴,焚烧抢掠而过。到达长沙,马希萼领兵驻扎在湘西,步兵以及蛮军驻扎在岳麓,朱进忠从玉潭领兵来会合。

马希广遣刘彦瑫召水军指挥使许可琼帅战舰五百艘屯城北津,属于南津,以马希崇为监军;又遣马军指挥使李彦温将骑兵屯驼口,扼湘阴路,步军指挥使韩礼将二千人屯杨柳桥,扼栅路。可琼,德勋之子也。

47 壬辰,太后始临朝,以王峻为枢密使,袁嶬为宣徽南院使,王殷为侍卫马步军都指挥使,郭崇威为侍卫马军都指挥使,曹威为侍卫步军都指挥使,陈州刺史李穀权判三司。

48 刘铢、李洪建及其党皆枭首于市,而赦其家。郭威谓公卿曰:"刘铢屠吾家,吾复屠其家,怨仇反覆,庸有极乎!"由是数家获免。王殷屡为洪建请免死,郭威不许。

后匡赞至兖州,慕容彦超执而献之。李业至陕州,其兄保义节度使洪信不敢匿于家。业怀金将奔晋阳,至绛州,盗杀之而取其金。

49 蜀施州刺史田行皋奔荆南。高保融曰:"彼贰于蜀,安肯尽忠于我!"执之,归于蜀,伏诛。

50 镇州、邢州奏:"契丹主将数万骑入寇,攻内丘,五日不克,死伤甚众。有戍兵五百叛应契丹,引契丹入城,屠之,又陷饶阳。"太后敕郭威将大军击之,国事权委窦贞固、苏禹珪、王峻,军事委王殷。十二月甲午朔,郭威发大梁。

51 丁酉,以翰林学士、户部侍郎范质为枢密副使。

52 初,蛮酋彭师暠降于楚,楚人恶其犷直;楚王希广独怜之,以为强弩指挥使,领辰州刺史,师暠常欲为希广死。及朱进忠与蛮兵合七千馀人至长沙,营于江西,师暠登城望之,言于希广曰:"朗人骤胜而骄,杂以蛮兵,攻之易破也。愿假臣步卒三千,自巴溪渡江,出岳麓之后,至水西,令许可琼以战舰渡江,腹背击之,必破之。前军败,则其大军自不敢轻进矣。"希广将从之。

马希广派遣刘彦瑫召令水军指挥使许可琼率战舰五百艘屯驻城北渡口，战舰一直连到城南渡口，任命马希崇为监军；又派遣马军指挥使李彦温带领骑兵屯驻驼口，扼守湘阴路，步军指挥使韩礼领两千人屯驻杨柳桥，扼守栅栏掐断通湘西的路。许可琼是许德勋的儿子。

47　壬辰(二十九日)，太后开始上朝，任命王峻为枢密使，袁鼑为宣徽南院使，王殷为侍卫马步军都指挥使，郭崇威为侍卫马军都指挥使，曹威为侍卫步军都指挥使，陈州刺史李毂临时兼管三司。

48　刘铢、李洪建及其党徒都被在街市上斩首悬挂示众，而赦免了他们的家属。郭威对朝廷大臣们说："刘铢屠杀我的家属，我再屠杀他的家属，怨仇翻来覆去，哪里有个头呢！"由此这几家获得赦免。王殷屡次为李洪建请求免除死刑，郭威不允许。

后匡赞到达兖州，慕容彦超抓住他献给朝廷。李业到达陕州，他的哥哥保义节度使李洪信不敢把他藏在家中。李业带着金子准备投奔晋阳，到达绛州，强贼杀死李业取走了他的金子。

49　后蜀施州刺史田行皋投奔荆南。高保融说："他背叛蜀国，哪里会尽心忠于我呢！"把他抓起来，送归后蜀，伏法处死。

50　镇州、邢州奏报："契丹君主率领数万骑兵入侵，攻打内丘，五天没有打下来，死伤很多。有五百守兵叛变策应契丹，领契丹军队入城，屠杀居民，又攻陷饶阳。"太后敕令郭威率领大部队攻打契丹，国事暂时委交窦贞固、苏禹珪、王峻，军事委交王殷。十二月甲午朔(初一)，郭威从大梁出发。

51　丁酉(初四)，任命翰林学士、户部侍郎范质为枢密副使。

52　当初，蛮族部落首领彭师暠向楚国投降，楚人讨厌他粗犷耿直；只有楚王马希广爱怜他，任命为强弩指挥使，兼领辰州刺史，彭师暠随时准备为马希广献身。及至朱进忠与蛮军会合七千多人到达长沙，在湘江西岸扎营，彭师暠登城眺望敌军，对马希广说："朗州人因突然取胜而骄傲，同蛮军混杂在一起，攻打它容易击破。希望给臣下步兵三千，从巴溪渡过湘江，从岳麓的后面出去，绕到湘江西面，让许可琼用战舰横渡湘江，前后合击，必定击破敌人。前锋军队失败，那么他的大队人马自然不敢轻易前进了。"马希广打算听从此计。

时马希萼已遣间使以厚利啖许可琼,许分湖南而治,可琼有贰心,乃谓希广曰:"师暠与梅山诸蛮皆族类,安可信也!可琼世为楚将,必不负大王,希萼竟何能为!"希广乃止。

希萼寻以战舰四百馀艘泊江西。希广命诸将皆受可琼节度,日赐可琼银五百两,希广屡造其营计事。可琼常闭垒,不使士卒知朗军进退,希广叹曰:"真将军也,吾何忧哉!"可琼或夜乘单舸诈称巡江,与希萼会水西,约为内应。一旦,彭师暠见可琼,嗔目叱之,拂衣入见希广曰:"可琼将叛国,人皆知之,请速除之,无贻后患。"希广曰:"可琼,许侍中之子,岂有是邪!"师暠退,叹曰:"王仁而不断,败亡可翘足俟也!"

潭州大雪,平地四尺,潭、朗两军久不得战。希广信巫觋及僧语,塑鬼于江上,举手以却朗兵,又作大像于高楼,手指水西,怒目视之,命众僧日夜诵经,希广自衣僧服膜拜求福。

甲辰,朗州步军指挥使武陵何敬真等以蛮兵三千陈于杨柳桥,敬真望韩礼营旌旗纷错,曰:"彼众已惧,击之易破也。"朗人雷晖衣潭卒之服潜入礼寨,手剑击礼,不中,军中惊扰。敬真等乘其乱击之,礼军大溃,礼被创走,至家而卒。于是朗兵水陆急攻长沙,步军指挥使吴宏、小门使杨涤相谓曰:"以死报国,此其时矣!"各引兵出战。宏出清泰门,战不利;涤出长乐,战自辰至午,朗兵小却;许可琼、刘彦瑫按兵不救。涤士卒饥疲,退就食;彭师暠战于城东北隅。蛮兵自城东纵火,城上人招许可琼军使救城,可琼举全军降希萼,长沙遂陷。

当时,马希萼已经派遣密使用厚利引诱许可琼,答应和他瓜分湖南共同统治,许可琼有了二心,就对马希广说:"彭师暠与梅山各蛮都是同一族类,哪里可以轻信呢!我许可琼世代为楚国将军,必定不背负大王,那马希萼究竟能有什么作为!"马希广于是取消彭师暠的计划。

马希萼不久率领战舰四百馀艘停泊湘江西岸。马希广命令众将都接受许可琼的调度,每日赐给许可琼白银五百两,马希广多次到许可琼的营帐筹划军事。许可琼经常关闭营垒,不让士兵知道朗州军队进退情况,马希广感叹说:"真正的将军啊,我还有什么可忧虑的呢!"许可琼有时夜晚乘坐单只小船假称巡视江面,同马希萼在湘水西岸会面,相约作为内应。一天,彭师暠见到许可琼,瞪大眼珠呵斥他,拂袖而去进见马希广说:"许可琼将要叛国,一般人都知道,请迅速除掉他,不要贻留后患。"马希广说:"可琼是侍中许德勋的儿子,岂能有这样的事呢!"彭师暠退下,叹息道:"楚王仁义而不果断,失败灭亡很快就会到来啊!"

潭州下起大雪,平地积雪四尺,潭州、朗州两军许久不能交战。马希广相信巫师以及僧侣的话,在江边上塑造鬼像,举着手来使朗州军队退兵,又在高楼上制作巨大鬼像,手指着湘江西岸,怒目而视,命令许多僧侣日夜诵念经文,马希广自己穿上僧侣服装向鬼像顶礼膜拜祈求赐福。

甲辰(十一日),朗州步军指挥使武陵人何敬真等领蛮军三千在杨柳桥列阵,何敬真望见韩礼营中旗帜纷乱,说:"对方兵众已经恐惧,攻打他容易去破。"朗州人雷晖穿上潭州士兵的衣服潜入韩礼营寨,手持长剑刺向韩礼,虽没刺中,但军营中已惊恐骚扰。何敬真等乘乱出击,韩礼军队大败,韩礼带伤逃跑,到家而死。于是朗州军队从水陆两路猛攻长沙,步军指挥使吴宏、小门使杨涤相互勉励说:"以死报国,这是时候了!"各自领兵出战。吴宏从清泰门出,交战失利;杨涤从长乐门出,战斗从辰时持续到午时,朗州军队稍稍退却;但许可琼、刘彦瑫按兵不去救援。杨涤的士兵饥饿疲乏,撤退吃饭;彭师暠在城东北角战斗。蛮军从城东面放火,城上人招呼许可琼军队让他们救援城内,但许可琼带领全体部下投降马希萼,长沙于是沦陷。

朗兵及蛮兵大掠三日,杀吏民,焚庐舍,自武穆王以来所营宫室,皆为灰烬,所积宝货,皆入蛮落。李彦温望见城中火起,自驼口引兵救之,朗人已据城拒战。彦温攻清泰门,不克,与刘彦瑫各将千馀人奉文昭王及希广诸子趣袁州,遂奔唐。张晖降于希萼。左司马希崇帅将吏诣希萼劝进。吴宏战血满袖,见希萼曰:"不幸为许可琼所误,今日死,不愧先王矣!"彭师暠投槊于地,大呼请死。希萼叹曰:"铁石人也!"皆不杀。

乙巳,希崇迎希萼入府视事,闭城,分捕希广及掌书记李弘皋、弟弘节、都军判官唐昭胤及邓懿文、杨涤等,皆获之。希萼谓希广曰:"承父兄之业,岂无长幼乎?"希广曰:"将吏见推,朝廷见命耳。"希萼皆囚之。丙午,希萼命内外巡检侍卫指挥使刘宾禁止焚掠。

丁未,希萼自称天策上将军、武安武平静江宁远等军节度使、楚王。以希崇为节度副使、判军府事;湖南要职,悉以朗人为之。脔食李弘皋、弘节、唐昭胤、杨涤,斩邓懿文于市。戊申,希萼谓将吏曰:"希广懦夫,为左右所制耳,吾欲生之,可乎?"诸将皆不对。朱进忠尝为希广所笞,对曰:"大王三年血战,始得长沙,一国不容二主,他日必悔之。"戊申,赐希广死。希广临刑,犹诵佛书。彭师暠葬之于浏阳门外。

53 武宁节度使赟留右都押牙巩廷美、元从都教练使杨温守徐州,与冯道等西来,在道仗卫,皆如王者,左右呼万岁。郭威至滑州,留数日,赟遣使慰劳。诸将受命之际,相顾不拜,私相谓曰:"我辈屠陷京城,其罪大矣;若刘氏复立,我辈尚有种乎!"

朗州军队和蛮军大抢三天,砍杀官吏百姓,焚烧房屋建筑,从楚武穆王以来所营造的宫殿居室,全都化为灰烬,所积聚的金银财宝,全都落入蛮人部族。李彦温望见城中起火,从驼口领兵来救援,朗州人已经占据城市作战抵抗。李彦温攻打清泰门,没有攻克,与刘彦瑫各领千馀人护送楚文昭王马希范和马希广的儿子们赶赴袁州,于是投奔南唐。张晖向马希萼投降。左司马马希崇率领将官前往马希萼处劝即王位。吴宏作战鲜血沾满袍袖,看见马希萼说:"不幸被许可琼所耽误,今日虽死,也不愧对先王了。"彭师暠将长矛扔到地上,大喊求死。马希萼叹息说:"真是像铁石一样坚硬的人啊!"都没杀。

乙巳(十二日),马希崇迎接马希萼进入府第治理政事,关闭城门,分头搜捕马希广以及掌书记李弘皋、其弟李弘节、都军判官唐昭胤和邓懿文、杨涤等,全部抓获。马希萼对马希广说:"继承父兄家业,难道没有长幼之分吗?"马希广说:"我只是被将校官吏所推举,被朝廷天子所册命罢了。"马希萼将他们全部囚禁。丙午(十三日),马希萼命令内外巡检侍卫指挥使刘宾去禁止纵火抢掠。

丁未(十四日),马希萼自称天策上将军,武安、武平、静江、宁远等军节度使,楚王。任命马希崇为节度副使,判军府事;湖南的重要职务,全用朗州人来担任。将李弘皋、李弘节、唐昭胤、杨涤切成肉块处死,在闹市将邓懿文斩首。戊申(十五日),马希萼对将校官吏说:"马希广是个儒夫,只是被左右小人所控制罢了,我想让他活着,行吗?"众将官都不回答。朱进忠曾经被马希广鞭打过,回答说:"大王经过三年浴血苦战,方才取得长沙。一个国家不能容纳两个君主,如让马希广活的话,到时候必定会后悔。"戊申(十五日),马希萼便命马希广自杀。马希广临刑之时,仍然口诵佛典经书。彭师暠把他葬在浏阳门外。

53　武宁节度使刘赟留下右都押牙巩廷美、元从都教练使杨温守卫徐州,与冯道等人向西而来,在路上的仪仗警卫,都按照王的规格,左右高呼万岁。郭威到达滑州,停留数日,刘赟派遣使者慰劳。众将接受犒赏赐命的时候,相互环顾不下拜,私下又相互说:"我们攻陷京城,屠杀吏民,那罪行够大了;倘若刘氏再立为国君,我们还会有后代吗!"

己酉,威闻之,即引兵行,趣澶州。辛亥,遣苏禹珪如宋州迎嗣君。

54 楚王希萼以子光赞为武平留后,以何敬真为朗州牙内都指挥使,将兵戍之。希萼召拓跋恒,欲用之,恒称疾不起。

55 壬子,郭威渡河,馆于澶州。癸丑旦,将发,将士数千人忽大噪,威命闭门,将士逾垣登屋而入曰:"天子须侍中自为之,将士已与刘氏为仇,不可立也!"或裂黄旗以被威体,共扶抱之,呼万岁震地,因拥威南行。威乃上太后笺,请奉汉宗庙,事太后为母。丙辰,至韦城,下书抚谕大梁士民,以昨离河上,在道秋毫不犯,勿有忧疑。戊午,威至七里店,窦贞固帅百官出迎拜谒,因劝进。威营于皋门村。

武宁节度使赟已至宋州,王峻、王殷闻澶州军变,遣侍卫马军都指挥使郭崇威将七百骑往拒之,又遣前申州刺史马铎将兵诣许州巡检。崇威忽至宋州,陈于府门外,赟大惊,阖门登楼诘之。对曰:"澶州军变,郭公虑陛下未察,故遣崇威来宿卫,无他也。"赟召崇威,崇威不敢进。冯道出与崇威语,崇威乃登楼,赟执崇威手而泣。崇威以郭威意安谕之。

少顷,崇威出,时护圣指挥使张令超帅部兵为赟宿卫,徐州判官董裔说赟曰:"观崇威视瞻举措,必有异谋。道路皆言郭威已为帝,而陛下深入不止,祸其至哉!请急召张令超,谕以祸福,使夜以兵劫崇威,夺其兵。明日,掠睢阳金帛,募士卒,北走晋阳。彼新定京邑,未暇追我,此策之上也!"赟犹豫未决。是夕,崇威密诱令超,令超帅众归之。赟大惧。

己酉(十六日),郭威听说这情况,立即领兵行进,赶赴澶州。辛亥(十八日),太后派遣苏禹珪到宋州迎接准备继承君位的刘赟。

54　楚王马希萼任命儿子马光赞为武平留后,任命何敬真为朗州牙内都指挥使,领兵戍守。马希萼征召拓跋恒,准备任用他。拓跋恒称说有病不能赴任。

55　壬子(十九日),郭威渡过黄河,寓居澶州驿馆。癸丑(二十日)早晨,将要出发时,将士数千人忽然大声喧哗,郭威即下令关上房门,将士们便翻越墙头登上房顶而进入说:"天子必须侍中您自己来做,我们已经与刘氏结仇,不可再立刘氏为君!"有人撕裂黄旗披在郭威身上,共同扶抱起郭威,欢呼万岁,震天动地,趁势簇拥着郭威向南行进。郭威于是向太后上奏笺,请求主持宗庙社稷,侍奉太后作为母亲。丙辰(二十三日),郭威到达韦城,发下文告安抚大梁百姓:于昨日离开黄河岸边,一路上秋毫无犯,大家不必担心疑虑。戊午(二十五日),郭威到达七里店,窦贞固率领文武百官出城迎接拜见,乘此劝即帝位。郭威在皋门村宿营。

武宁节度使刘赟已经到达宋州,王峻、王殷听说澶州军队哗变,就派遣侍卫马军都指挥使郭崇威带领七百骑兵前往阻击,又派遣前申州刺史马铎领兵到许州巡察。郭崇威却突然到达宋州,在府第门外排队列阵,刘赟大为惊恐,关闭府门登上门楼责问郭崇威。郭崇威回答说:"澶州发生军队哗变,郭公顾虑陛下不知详情,故此派遣崇威前来警卫,没有别的意思。"刘赟召见郭崇威,郭崇威不敢讲去。冯道出门和郭崇威面谈,郭崇威这才登上门楼,刘赟抓住郭崇威的手流泪。郭崇威转达郭威之意安慰他。

一会儿,郭崇威出府第,当时护圣指挥使张令超率领所辖军队为刘赟警卫,徐州判官董裔劝说刘赟道:"观察郭崇威的眼色举止,必定有阴谋。路上都传说郭威已经称帝,而陛下还一路深入不停,灾祸将要降临啦!请赶紧召见张令超,说明利害祸福,让他夜里领兵劫持郭崇威,夺取他的兵权。明天,抢掠睢阳府库的金银绢帛,招募士兵,朝北奔赴晋阳。郭威他刚刚在京城安顿,没有时间来追赶我们,这是上策啊!"刘赟犹豫没做决定。当晚,郭崇威秘密招诱张令超,张令超率领部众归附郭崇威。刘赟非常害怕。

郭威遗赟书,云为诸军所迫;召冯道先归,留赵上交、王度奉侍。道辞行,赟曰:"寡人此来所恃者,以公三十年旧相,故无疑耳。今崇威夺吾卫兵,事危矣,公何以为计?"道默然。客将贾贞数目道,欲杀之。赟曰:"汝辈勿草草,此无预冯公事。"崇威迁赟于外馆,杀其腹心董裔、贾贞等数人。

己未,太后诰,废赟为湘阴公。

马铎引兵入许州,刘信惶惑自杀。

庚申,太后诰,以侍中监国。百官藩镇相继上表劝进。壬戌夜,监国营有步兵将校醉,扬言向者澶州骑兵扶立,今步兵亦欲扶立,监国斩之。

56　南汉主以宫人卢琼仙、黄琼芝为女侍中,朝服冠带,参决政事。宗室勋旧,诛戮殆尽,惟宦官林延遇等用事。

郭威写书信给刘赟，说自己是被众军所逼迫；召冯道先回京城，留下赵上交、王度侍候。冯道告辞上路，刘赟说："我这次前来所依靠的，是您这位三十年的老宰相，所以没有顾虑。如今郭崇威夺走我的卫兵，事情危险了，您有什么计策？"冯道默默无语。客将贾贞多次注视冯道，准备杀他。刘赟说："你们不要草率鲁莽，这不关冯公的事。"郭崇威将刘赟迁居到府外驿馆，杀死刘赟的心腹董裔、贾贞等几人。

　　己未（二十五日），太后发布诰令，废黜刘赟为湘阴公。

　　马铎领兵进入许州，刘信惶惑不安而自杀。

　　庚申（二十六日），太后发布诰令，任命侍中郭威代理国政。文武百官和四方藩镇相继上表劝郭威即帝位。壬戌（二十八日）晚，郭威军营中有步兵将校喝醉酒，扬言说前日澶州骑兵扶立郭威为帝，今日步兵也要扶立郭威为帝，郭威将他斩首。

　　56　南汉君主任命宫女卢琼仙、黄琼芝为女侍中，穿戴朝臣冠服，参与决策政事。国君宗室、元老旧臣差不多被斩尽杀绝，只有宦官林延遇等人当权。

卷第二百九十　后周纪一

起辛亥(951)尽壬子(952)八月凡一年有奇

太祖圣神恭肃文孝皇帝上
广顺元年(辛亥,951)

1　春,正月丁卯,汉太后下诰,授监国符宝,即皇帝位。监国自皋门入宫,即位于崇元殿,制曰:"朕周室之裔,虢叔之后,国号宜曰周。"改元,大赦。杨邠、史弘肇、王章等皆赠官,官为敛葬,仍访其子孙叙用之。凡仓场、库务掌纳官吏,无得收斗馀、称耗;旧所进羡馀物,悉罢之。犯窃盗及奸者,并依晋天福元年以前刑名;罪人非反逆,无得诛及亲族,籍没家赀。唐庄宗、明宗、晋高祖各置守陵十户,汉高祖陵职员、宫人、时月荐享及守陵户并如故。初,唐衰,多盗,不用律文,更定峻法,窃盗赃三匹者死;晋天福中,加至五匹。奸有夫妇人,无问强、和,男女并死。汉法,窃盗一钱以上皆死;又罪非反逆,往往族诛、籍没。故帝即位,首革其弊。

初,杨邠以功臣、国戚为方镇者多不闲吏事,乃以三司军将补都押牙、孔目官、内知客,其人自恃敕补,多专横,节度使不能制,至是悉罢之。

帝命史弘肇亲吏上党李崇矩访弘肇亲族,崇矩言:"弘肇弟弘福今存。"初,弘肇使崇矩掌其家赀之籍,由是尽得其产,皆以授弘福。帝贤之,使隶皇子荣帐下。

太祖圣神恭肃文孝皇帝上
后周太祖广顺元年（辛亥，公元 951 年）

1　春季，正月丁卯（初五），后汉太后颁下诰令，授予郭威传国玺印，正式即皇帝位。郭威从皋门进入皇宫，在崇元殿即位，下制书说："朕是周代宗室的子孙，虢叔的后裔，国号应该叫周。"改年号，实行大赦。杨邠、史弘肇、王章等人都追赠官爵，官府为他们收敛安葬，并且寻访他们的子孙依次任用。所有粮食仓库、场院掌管交纳的官吏，不得收取额外的"斗馀""称耗"；从前以赋税盈馀名义进贡物品，全部取消。犯有盗窃罪和强奸罪的，一律按照后晋天福元年以前的刑法条文处理；罪人不犯谋反罪的，不得株连亲戚家族和登记没收家产。后唐庄宗、后唐明宗、后晋高祖安葬处分别设置守陵的人家十户，后汉高祖陵园的官吏、宫人，一年四季供奉祭祀以及守陵户数一律照旧。当初，唐朝衰败，盗贼很多，便不用原来的刑律条文，另外制订严刑酷法，规定盗窃赃物够三匹绢帛的处死；后晋天福年间将处死标准加到五匹绢帛。奸淫有夫之妇，不论强奸、通奸，男女一律处死。后汉刑法规定，盗窃钱一文以上的都处死；此外罪行还不属于谋反的，往往满门抄斩、没收家产。所以后周太祖郭威一即位，首先革除这些弊端。

当初，杨邠因为功臣元勋、皇亲国戚担任镇守一方长官大多不熟悉行政事务，于是用朝廷三司军将补任都押牙、孔目官、内知客，那些人自恃是皇命敕补，大多专横跋扈，节度使不能控制，到这时全部罢免。

太祖命令史弘肇亲信上党人李崇矩寻访史弘肇的亲族，李崇矩说："史弘肇的弟弟史弘福如今还在。"当初，史弘肇让李崇矩掌管他家财产的账簿，因此得到全部史家财产，李崇矩都交付给了史弘福。太祖认为李崇矩贤能，让他在皇子郭荣手下供职。

2　戊辰，以前复州防御使王彦超权武宁节度使。

3　汉李太后迁居西宫，己巳，上尊号曰昭圣皇太后。

4　开封尹兼中书令刘勋卒。

5　癸酉，加王峻同平章事。

6　以卫尉卿刘皞主汉隐帝之丧。

7　初，河东节度使兼中书令刘崇闻隐帝遇害，欲举兵南向，闻迎立湘阴公，乃止，曰："吾儿为帝，吾又何求。"太原少尹李骧阴说崇曰："观郭公之心，终欲自取，公不如疾引兵逾太行，据孟津，俟徐州相公即位，然后还镇，则郭公不敢动矣。不然，且为所卖。"崇怒曰："腐儒，欲离间吾父子！"命左右曳出斩之。骧呼曰："吾负经济之才而为愚人谋事，死固甘心！家有老妻，愿与之同死。"崇并其妻杀之，且奏于朝廷，示无二心。及赟废，崇乃遣使请赟归晋阳。诏报以："湘阴公比在宋州，今方取归京师，必令得所，公勿以为忧。公能同力相辅，当加王爵，永镇河东。"

　　巩廷美、杨温闻湘阴公失位，奉赟妃董氏据徐州拒守，以俟河东援兵，帝使赟以书谕之。廷美、温欲降而惧死，帝复遗赟书曰："爱念斯人尽心于主，足以赏其忠义，何由责以悔尤，俟新节度使入城，当各除刺史，公可更以委曲示之。"

8　契丹之攻内丘也，死伤颇多，又值月食，军中多妖异，契丹主惧，不敢深入，引兵还，遣使请和于汉。会汉亡，安国节度使刘词送其使者诣大梁，帝遣左千牛卫将军朱宪报聘，且叙革命之由，以金器、玉带赠之。

9　帝以邺都镇抚河北，控制契丹，欲以腹心处之。乙亥，以宁江节度使、侍卫亲军都指挥使王殷为邺都留守、天雄节度使、同平章事，领军如故，仍以侍卫司从赴镇。

2　戊辰(初六)，任命前复州防御使王彦超代理武宁节度使。

3　后汉李太后迁居西宫，己巳(初七)，后周太祖进上尊号称昭圣皇太后。

4　开封尹兼中书令刘勋去世。

5　癸酉(十一日)，王峻加官同平章事。

6　命令卫尉卿刘皞主办后汉隐帝的丧事。

7　当初，河东节度使兼中书令刘崇听说后汉隐帝遇害，准备起兵向南进发，听说迎立刘赟继位，于是作罢，说："我儿子当皇帝，我又有什么可求。"太原少尹李骧私下劝说刘崇道："观察郭威的心思，终究是要自取帝位，您不如火速领兵翻过太行山，占据孟津，等待徐州相公刘赟即帝位，然后返回镇所，那郭威就不敢动手了。不然，将要被人出卖。"刘崇发怒道："你这个腐儒，想要离间我父子关系！"命令手下人将李骧拉出去斩首。李骧大喊道："我怀经世济民的才能却在为愚人谋划事情，死了本当甘心！但家中还有年老的妻子，希望与她同死。"刘崇便连他的妻子一齐杀了，并且向朝廷奏报，表示没有二心。到了刘赟被罢黜，刘崇才派遣使者请求让刘赟返归晋阳。诏书回答说："湘阴公刘赟近在宋州，如今正取道返归京城，必定让他得其所宜，您不要为此忧虑。您如能一同出力辅佐朝廷，理当加封王爵，永远镇守河东。"

巩廷美、杨温听说湘阴公刘赟失去帝位，便事奉刘赟妃子董氏占据徐州坚守，以此等待河东援军，太祖让刘赟用书信陈说利害。巩廷美、杨温想投降而怕死，太祖又给刘赟书信说："念及这两人对主人竭尽忠心，就值得奖赏他们的忠义，哪有什么理由责备他们有过错，等待新节度使入城，应当分别委任刺史，您可再用亲笔信宣示此意。"

8　契丹军队进攻内丘，死伤很多，又碰到月食，军中出现许多奇异怪事，契丹君主恐惧，不敢继续深入，便领兵返回，派遣使者向后汉请求和好。适逢后汉灭亡，安国节度使刘词送契丹使者到大梁，后周太祖派遣左千牛卫将军朱宪回报使者来访，并且陈述改朝换代的缘由，把金器、玉带赠送给契丹君主。

9　后周太祖利用邺都镇抚黄河以北地区，控制契丹，打算安排心腹亲信居守。乙亥(十三日)，任命宁江节度使、侍卫亲军都指挥使王殷为邺都留守、天雄节度使、同平章事，兼领侍卫军照旧，并仍带侍卫司随从同赴镇所。

10 丙子，帝帅百官诣西宫，为汉隐帝举哀成服，皆如天子礼。

11 慕容彦超遣使入贡，帝虑其疑惧，赐诏慰安之，曰："今兄事已至此，言不欲繁，望弟扶持，同安亿兆。"

12 戊寅，杀湘阴公于宋州。

13 是日，刘崇即皇帝位于晋阳，仍用乾祐年号，所有者并、汾、忻、代、岚、宪、隆、蔚、沁、辽、麟、石十二州之地。以节度判官郑珙为中书侍郎，观察判官荥阳赵华为户部侍郎，并同平章事。以次子承钧为侍卫亲军都指挥使、太原尹，以节度副使李存瓌为代州防御使，裨将武安张元徽为马步军都指挥使，陈光裕为宣徽使。

北汉主谓李存瓌、张元徽曰："朕以高祖之业一朝坠地，今日位号，不得已而称之，顾我是何天子，汝曹是何节度使邪！"由是不建宗庙，祭祀如家人，宰相月俸止百缗，节度使止三十缗，自馀薄有资给而已，故其国中少廉吏。

客省使河南李光美尝为直省官，颇谙故事，北汉朝廷制度，皆出于光美。

北汉主闻湘阴公死，哭曰："吾不用忠臣之言，以至于此。"为李骧立祠，岁时祭之。

14 己卯，以太师冯道为中书令，加窦贞固侍中，苏禹珪司空。

15 王彦超奏遣使赍敕诣徐州，巩廷美等犹豫不肯启关，诏进兵攻之。

16 帝谓王峻曰："朕起于寒微，备尝艰苦，遭时丧乱，一旦为帝王，岂敢厚自奉养以病下民乎！"命峻疏四方贡献珍美食物，庚辰，下诏悉罢之。其诏略曰："所奉止于朕躬，所损被于甿庶。"又曰："积于有司之中，甚为无用之物。"又诏曰："朕生长军旅，不亲学问，未知治天下之道，文武官有益

10　丙子(十四日),后周太祖率领文武百官到西宫,为后汉隐帝发丧,穿上丧服,全都按照天子的葬礼。

11　慕容彦超派遣使者入朝进贡,太祖考虑到他疑惑恐惧,特赐诏书安慰他,说:"如今我的事情已到这个地步,不想多说,只望你能鼎力扶助,共同安定黎民。"

12　戊寅(十六日),在宋州杀死湘阴公刘赟。

13　当天,刘崇在晋阳即皇帝位,仍旧沿用乾祐年号,所统辖的有并州、汾州、忻州、代州、岚州、宪州、隆州、蔚州、沁州、辽州、麟州、石州,共十二州之地。任命节度判官郑珙为中书侍郎,观察判官荥阳人赵华为户部侍郎,均为同平章事。任命次子刘承钧为侍卫亲军都指挥使、太原尹,任命节度副使李存瓌为代州防御使,副将武安人张元徽为马步军都指挥使,陈光裕为宣徽使。

北汉君主刘崇对李存瓌、张元徽说:"朕只因为高祖的大业一朝断送,所以今日的帝位年号,是不得已才自称的,但我算是什么天子,你们又算是什么节度使啊!"因此不建立宗庙,祭祀祖宗如同普通百姓,宰相每月俸禄只有一百缗钱,节度使只有三十缗钱,其馀官员也都只有微薄的供养而已,所以北汉国中很少有廉洁的官吏。

客省使河南人李光美曾经做过直省官,很熟悉宫廷旧事,北汉朝廷的各项制度,都出自李光美之手。

北汉君主听说湘阴公刘赟死讯,哭着说:"我不听忠臣的话,才至于此!"为李骧建立祠堂,逢年过节祭祀他。

14　己卯(十七日),后周太祖任命太师冯道为中书令,窦贞固加官侍中,苏禹珪加官司空。

15　王彦超奏报派遣使者携带敕书到徐州,巩廷美等犹豫未决不肯打开城门,后周太祖下诏令进兵攻城。

16　后周太祖对王峻说:"朕出身贫寒之家,饱尝艰辛困苦,遭遇时世沉沦动乱,如今一朝成为帝王,岂敢提高自己的供养而让下面百姓吃苦呢!"命王峻清理四方贡献的珍美食物,庚辰(十八日),下诏令全部停止进贡。诏书大致说:"所供养的只给朕一人,而受损害的却普及黎民百姓。"又说:"贡品贮存在官府之中,大多成为无用之物。"又下诏书说:"朕生长在军队,没有亲自从师学习,不懂治理天下的道理,文武官员有利

国利民之术,各具封事以闻,咸宜直书其事,勿事辞藻。"帝以苏逢吉之第赐王峻,峻曰:"是逢吉所以族李崧也!"辞而不处。

17　初,契丹主北归,横海节度使潘聿撚弃镇随之,契丹主以聿撚为西南路招讨使。及北汉主立,契丹主使聿撚遗刘承钧书。北汉主使承钧复书,称:"本朝沦亡,绍袭帝位,欲循晋室故事,求援北朝。"契丹主大喜。北汉主发兵屯阴地、黄泽、团柏。丁亥,以承钧为招讨使,与副招讨使白从晖、都监李存瓌将步骑万人寇晋州。从晖,吐谷浑人也。

18　郭崇威更名崇,曹威更名英。

19　二月丁酉,以皇子天雄牙内都指挥使荣为镇宁节度使,选朝士为之僚佐,以侍御史王敏为节度判官,右补阙崔颂为观察判官,校书郎王朴为掌书记。颂,协之子;朴,东平人也。

20　戊戌,北汉兵五道攻晋州,节度使王晏闭城不出。刘承钧以为怯,蚁附登城。晏伏兵奋击,北汉兵死伤者千馀人。承钧遣副兵马使安元宝焚晋州西城,元宝来降。承钧乃移军攻隰州,癸卯,隰州刺史许迁遣步军都指挥使孙继业迎击北汉兵于长寿村,执其将程筠等,杀之。未几,北汉兵攻州城,数日不克,死伤甚众,乃引去。迁,郓州人也。

21　甲辰,楚王希萼遣掌书记刘光辅入贡于唐。

22　帝悉出汉宫中宝玉器数十,碎之于庭,曰:"凡为帝王,安用此物!闻汉隐帝日与嬖宠于禁中嬉戏,珍玩不离侧,兹事不远,宜以为鉴。"仍戒左右,自今珍华悦目之物,无得入宫。

23　丁未,契丹主遣其臣袅骨支与朱宪偕来,贺即位。

国利民的办法,各自上书奏报让我知道,都应直陈其事,不要讲究辞藻。"太祖将苏逢吉的宅第赏赐给王峻,王峻说:"这是苏逢吉诛灭李崧家族的起因啊!"推辞而不住。

17 当初,契丹君主返归北方,横海节度使潘聿捻离弃镇所跟随北上,契丹君主任命潘聿捻为西南路招讨使。及至北汉君主即位,契丹君主让潘聿捻给刘承钧去信。北汉君主让刘承钧复信,说:"原来的汉朝已沦陷灭亡,我继承帝位,想遵循晋的先例,向北朝契丹求援。"契丹君主非常高兴。北汉君主发兵屯驻阴地、黄泽、团柏。丁亥(二十五日),任命刘承钧为招讨使,与副招讨使白从晖、都监李存瓌率领步兵、骑兵万人侵犯晋州。白从晖是吐谷浑人。

18 郭崇威改名为崇,曹威改名为英。

19 二月丁酉(初五),后周太祖任命皇子天雄牙内都指挥使郭荣为镇宁节度使,挑选朝廷文士当他的属官,任命侍御史王敏为节度判官,右补阙崔颂为观察判官,校书郎王朴为掌书记。崔颂是崔协的儿子,王朴是东平人。

20 戊戌(初六),北汉军队分五路进攻晋州,节度使王晏紧闭城门不出。刘承钧认为王晏胆怯,下令士兵像蚂蚁那样密集攀墙登城。王晏埋伏的士兵奋起反击,北汉军队死伤一千馀人。刘承钧派副兵马使安元宝焚烧晋州西城,安元宝却前来投降。刘承钧于是转移军队攻打隰州,癸卯(十一日),隰州刺史许迁派步军都指挥使孙继业在长寿村迎击北汉军队,捉住北汉将军程筠等人,杀死他们。不久,北汉军队进攻隰州州城,多日不能攻克,死伤惨重,于是退兵离去。许迁是郓州人。

21 甲辰(十二日),楚王马希萼派遣掌书记刘光辅到南唐进贡。

22 后周太祖将后汉宫中数十件珠宝玉器全部清出,在厅堂上砸碎,说:"所有当帝王的,哪里用得着这些东西!听说汉隐帝整日与亲信宠臣在宫禁中游戏玩耍,珍宝古玩不离身边,此事不远,应该引为鉴戒。"并告诫左右的人,从今以后珍贵华丽、赏心悦目的物品,不得进入宫廷。

23 丁未(十五日),契丹君主派遣他的臣子枭骨支与朱宪一同来朝,祝贺后周太祖即皇帝位。

24　戊申,敕前资官各听自便居外州。

25　陈思让未至湖南,马希萼已克长沙。思让留屯郢州,敕召令还。

26　丁巳,遣尚书左丞田敏使契丹。北汉主遣通事舍人李谔使于契丹,乞兵为援。

27　诏加泰宁节度使慕容彦超中书令,遣翰林学士鱼崇谅诣兖州谕指。崇谅,即崇远也。彦超上表谢。三月壬戌朔,诏报之曰:"向以前朝失德,少主用谗,仓猝之间,召卿赴阙,卿即奔驰应命,信宿至京,救国难而不顾身,闻君召而不俟驾。以至天亡汉祚,兵散梁郊,降将败军,相继而至,卿即便回马首,径反龟阴。为主为时,有终有始。所谓危乱见忠臣之节,疾风知劲草之心,若使为臣者皆能如兹,则有国者谁不欲用。所言朕潜龙河朔之际,平难浚郊之时,缘不奉示喻之言,亦不得差人至行阙。且事主之道,何必如斯!若或二三于汉朝,又安肯忠信于周室!以此为惧,不亦过乎!卿但悉力推心,安民体国,事朕之节,如事故君,不惟黎庶获安,抑亦社稷是赖。但坚表率,未议替移。由衷之诚,言尽于此。"

28　唐以楚王希萼为天策上将军、武安武平静江宁远节度使兼中书令、楚王;以右仆射孙忌、客省使姚凤为册礼使。

29　丙寅,遣前淄州刺史陈思让将兵戍磁州,扼黄泽路。

30　楚王希萼既得志,多思旧怨,杀戮无度,昼夜纵酒荒淫,悉以军府事委马希崇。希崇复多私曲,政刑紊乱。府库既尽于乱兵,籍民财以赏赉士卒,或封其门而取之,士卒犹以不均怨望。虽朗州旧将佐从希萼来者,亦皆不悦,有离心。

24 戊申(十六日),后周太祖下敕令前朝官员居住京外州、县各听自便。

25 陈思让没有到达湖南镇府,马希萼便已攻克长沙。陈思让只得滞留屯驻郢州,后周太祖下敕书召回。

26 丁巳(二十五日),后周太祖派遣尚书左丞田敏出使契丹。北汉君主派遣通事舍人李瑴出使到契丹,请求出兵作为援军。

27 后周太祖下诏泰宁节度使慕容彦超加官中书令,派遣翰林学士鱼崇谅到兖州宣旨。鱼崇谅就是鱼崇远。慕容彦超进表书道谢。三月壬戌朔(初一),诏书回复说:"昔日因为前代汉朝丧失德政,年少君主听用谗言,危急关头,征召爱卿奔赴宫阙,爱卿立即飞奔疾驰接受命令,只过了两夜便赶到京城,这真是拯救国家危难而不顾自身,听到君主召唤而不等驾车。及至上天结束汉朝国运,军队在大梁郊外溃散,投降的将领、溃败的军队接踵而至,爱卿却立刻就掉转马头,直接返回龟阴。对于国君,对于时势,做到有始有终。真所谓危乱关头才看见忠臣的节操,狂风时节才知道劲草的骨气,倘若做臣子的都能如此,那么有国家的君主谁不想任用。表中所说朕到黄河北岸回避退让的关头,在浚水郊外平定乱难的时候,因为没有接到告示,所以也没能派人到朕的行在。但臣子事奉君主的道理,何必如此!如若对汉朝有三心二意,又怎么肯对周室忠信不二呢!由此产生恐惧,不也过分了吗!爱卿只管尽心竭力,安民利国,事奉朕的节操,如同事奉从前君主一样,不但黎民获得平安,而且国家也依赖于此。朕只想坚定爱卿的表率作用,从未议论过撤换。一片肺腑之言,全说到这里。"

28 南唐君主任命楚王马希萼为天策上将军,武安、武平、静江、宁远节度使兼中书令,楚王;任命右仆射孙忌、客省使姚凤为册礼使。

29 丙寅(初五),后周太祖派遣前淄州刺史陈思让领兵驻防磁州,把守黄泽关路口。

30 楚王马希萼既已得志称王,便时常回忆旧日怨仇,诛杀屠戮没有节制,日夜纵酒,荒淫无度,把军政事务全部委托给马希崇。马希崇又多私人好恶,政治刑律混乱不堪。官府仓库已经在战乱中荡然无存,便搜刮没收百姓财产来赏赐士兵,有的封百姓的门而夺取家中财物,士兵仍然因为分配不均而怨恨。即使朗州旧日将佐跟从马希萼一同来的,也都不高兴,渐渐产生背离之心。

刘光辅之入贡于唐也，唐主待之厚，光辅密言："湖南民疲主骄，可取也。"唐主乃以营屯都虞候边镐为信州刺史，将兵屯袁州，潜谋进取。

小门使谢彦颙，本希萼家奴，以首面有宠于希萼，至与妻妾杂坐，恃恩专横。常肩随希崇，或拊其背；希崇衔之。故事，府宴，小门使执兵在门外。希萼使彦颙预坐，或居诸将之上，诸将皆耻之。

希萼以府舍焚荡，命朗州静江指挥使王逵、副使周行逢帅所部兵千馀人治之，执役甚劳，又无犒赐，士卒皆怨，窃言曰："囚免死则役作之。我辈从大王出万死取湖南，何罪而囚役之！且大王终日酣歌，岂知我辈之劳苦乎！"逵、行逢闻之，相谓曰："众怨深矣，不早为计，祸及吾曹。"壬申旦，帅其众各执长柯斧、白梃，逃归朗州。时希萼醉未醒，左右不敢白，癸酉，始白之。希萼遣湖南指挥使唐师翥将千馀人追之，不及，直抵朗州。逵等乘其疲乏，伏兵纵击，士卒死伤殆尽，师翥脱归。

逵等黜留后马光赞，更以希萼兄子光惠知州事。光惠，希振之子也。寻奉光惠为节度使，逵等与何敬真及诸军指挥使张倣参决军府事。希萼具以状言于唐，唐主遣使以厚赏招谕之。逵等纳其赏，纵其使，不答其诏，唐亦不敢诘也。

31　王彦超奏克徐州，杀巩廷美等。
32　北汉李璮至契丹，契丹主使拽剌梅里报之。
33　丙子，敕："朝廷与唐本无仇怨，缘淮军镇，各守疆域，无得纵兵民擅入唐境；商旅往来，无得禁止。"

刘光辅到南唐进贡,南唐君主待他很优厚,刘光辅秘密进言道:"湖南百姓疲惫,君主骄横,可以攻取啊。"南唐君主于是任命营屯都虞候边镐为信州刺史,领兵屯驻袁州,暗中谋划进攻夺取湖南。

小门使谢彦颙,原本是马希萼的家奴,因为面目姣美得到马希萼宠幸,甚至与马希萼的妻妾同坐,依仗恩宠专横跋扈。谢彦颙经常与马希崇并肩相随,有时拍马希崇的背;马希崇怀恨在心。旧例,府中设宴,小门使手持兵器站在门外。马希萼让谢彦颙入席同坐,有时坐在众将的上方,众将都为此感到耻辱。

马希萼因为府第房舍焚烧毁坏,命令朗州静江指挥使王逵、副使周行逢率领所管辖的士兵千馀人修建,承担的徭役十分辛苦,又没有犒劳赏赐,士兵都怨恨,私下说道:"囚犯免死便罚做苦役。我们跟从大王出生入死攻取湖南,有什么罪过要像囚犯那样服苦役呀!况且大王终日醉酒当歌,哪里知道我们的辛劳苦处啊!"王逵、周行逢听到这些,相互说:"大家的积怨深了,不早作打算,灾祸会轮到我们头上。"壬申(十一日)早晨,他俩便率领部众各人手拿长柄斧子、白木棍棒,逃回朗州。当时马希萼酒醉没醒,周围的人不敢报告,癸酉(十二日),才报告此事。马希萼派遣湖南指挥使唐师翥带领千馀人追赶,没追上,一直追到朗州。王逵等乘他们疲惫困乏,埋伏的士兵全力出击,追兵死的死伤的伤,几乎全军覆没,唐师翥脱身逃归。

王逵等废黜留后马光赞,改用马希萼哥哥的儿子马光惠主持朗州政事。马光惠是马希振的儿子。不久奉立马光惠为节度使,王逵等与何敬真以及诸军指挥使张倣参与决策军政大事。马希萼详细将情况通报给南唐,南唐君主派遣使者用丰厚的赏赐来招降安抚。王逵等收下南唐的赏赐,放走使者,不回答诏谕,南唐也不敢追问。

31 王彦超奏报攻克徐州,杀死巩廷美等人。

32 北汉使者李鍇到契丹,契丹君主派拽剌梅里回报北汉。

33 丙子(十五日),后周太祖下敕令:"本朝廷与唐朝廷本来没有怨仇,沿淮河的军镇,各守自己疆域,不得放纵士兵百姓擅自进入唐人地界;商人旅客往来,不得阻止。"

34　己卯，潞州送涉县所获北汉将卒二百六十馀人，各赐衫袴巾履遣还。

35　加吴越王弘俶诸道兵马都元帅。

36　夏，四月壬辰朔，滨淮州镇上言："淮南饥民过淮籴谷，未敢禁止。"诏曰："彼之生民，与此何异，宜令州县津铺无得禁止。"

37　蜀通奏使高延昭固辞知枢密院，丁未，以前云安榷盐使太原伊审徵为通奏使，知枢密院事。审徵，蜀高祖妹褒国公主之子也，少与蜀主相亲狎，及知枢密，政之大小悉以咨之。审徵亦以经济为己任，而贪侈回邪，与王昭远相表里，蜀政由是浸衰。

38　吴越王弘俶徙废王弘倧居东府，为筑宫室，治园圃，娱悦之，岁时供馈甚厚。

39　契丹主遣使如北汉，告以周使田敏来，约岁输钱十万缗。北汉主使郑珙以厚赂谢契丹，自称"侄皇帝致书于叔天授皇帝"，请行册礼。

40　五月己巳，遣左金吾将军姚汉英等使于契丹，契丹留之。

41　辛未，北汉礼部侍郎、同平章事郑珙卒于契丹。

42　甲戌，义武节度使孙方简避皇考讳，更名方谏。

43　定难节度李彝殷遣使奉表于北汉。

44　六月辛亥，以枢密使、同平章事王峻为左仆射兼门下侍郎，枢密副使、兵部侍郎范质、户部侍郎、判三司李毂为中书侍郎，并同平章事，毂仍判三司。司徒兼侍中窦贞固、司空兼中书侍郎、同平章事苏禹珪并罢守本官。癸丑，范质参知枢密院事。丁巳，以宣徽北院使翟光邺兼枢密副使。

34 己卯(十八日),潞州送来涉县所俘获的北汉将领士兵两百六十多人,后周朝廷赐给每人衣衫、裤子、头巾、鞋子,遣送回家。

35 吴越王钱弘俶加官诸道兵马都元帅。

36 夏季,四月壬辰朔(初一),濒临淮河的州镇上奏说:"淮南饥民渡过淮河来买粮,没敢禁止。"后周太祖下诏说:"那边的百姓,与这边的百姓有什么不同,应下令各州、县渡口、粮铺不得禁止。"

37 后蜀通奏使高延昭坚决推辞主持枢密院事务。丁未(十六日),后蜀君主任命前云安榷盐使太原人伊审徽为通奏使,主持枢密院事务。伊审徽是后蜀高祖妹妹褒国公主的儿子,从小同后蜀君主亲昵随便,及至他主持枢密院,后蜀君主无论政事大小都向他咨询。伊审徽也以经国济世为己任,但贪婪奢侈、奸诈邪恶,与王昭远内外勾结,后蜀政权因此逐渐衰败。

38 吴越王钱弘俶将废黜的前王钱弘倧迁居东府,为他建筑宫室,修造园林,让他游玩快活,一年四季供养馈赠非常丰厚。

39 契丹君主派遣使者前往北汉,告知后周使者田敏来的情况,约定每年送钱十万缗。北汉君主派郑珙为使者用丰厚的钱财向契丹君主致谢,自称"侄皇帝向叔父天授皇帝致送书信",请求举行册命典礼。

40 五月己巳(初八),后周太祖派遣左金吾将军姚汉英等出使到契丹,契丹留住他们。

41 辛未(初十),北汉礼部侍郎、同平章事郑珙在契丹去世。

42 甲戌(十三日),义武节度使孙方简为避后周皇帝父亲郭简的名讳,改名为方谏。

43 定难节度李彝殷派遣使者持奉表书到北汉。

44 六月辛亥(二十一日),后周太祖任命枢密使、同平章事王峻为左仆射兼门下侍郎,枢密副使兼兵部侍郎范质、兼领三司李穀为中书侍郎,都为同平章事,李穀仍然兼领三司。司徒兼侍中窦贞固、司空兼中书侍郎、同平章事苏禹珪都被免去同平章事而担任原来的职务。癸丑(二十三日),范质参与主持枢密院事务。丁巳(二十七日),任命宣徽北院使翟光邺兼枢密副使。

初,帝讨河中,已为人望所属。李穀时为转运使,帝数以微言动之,穀但以人臣尽节为对,帝以是贤之,即位,首用为相。时国家新造,四方多故,王峻夙夜尽心,知无不为,军旅之谋,多所裨益。范质明敏强记,谨守法度。李穀沉毅有器略,在帝前议论,辞气慷慨,善譬谕以开主意。

45　武平节度使马光惠,愚懦嗜酒,不能服诸将。王逵、周行逢、何敬真谋以辰州刺史庐陵刘言骁勇得蛮夷心,欲迎以为副使。言知逵等难制,曰:“不往,将攻我。”乃单骑赴之。既至,众废光惠,送于唐,推言权武平留后,表求旄节于唐,唐人未许,亦称藩于周。

46　吴越王弘俶以前内外马步都统军使仁俊无罪,复其官爵。

47　契丹遣燕王述轧等册命北汉主为大汉神武皇帝,妃为皇后。北汉主更名旻。

48　秋,七月,北汉主遣翰林学士博兴卫融等诣契丹谢册礼,且请兵。

49　八月壬戌,葬汉隐帝于颖陵。

50　义武节度使孙方谏入朝,壬子,徙镇国节度使,以其弟易州刺史行友为义武留后。又徙建雄节度使王晏镇徐州,以武宁节度使王彦超代之。

51　戊午,追立故夫人柴氏为皇后。

52　九月,北汉主遣招讨使李存瑰将兵自团柏入寇。契丹欲引兵会之,与酋长议于九十九泉。诸部皆不欲南寇,契丹主强之,癸亥,行至新州之西火神淀,燕王述轧及伟王之子太宁王沤僧作乱,弑契丹主而立述轧。契丹主德光之子齐王述律逃入南山,诸部奉述律以攻述轧、沤僧,杀之,并其族党。

当初,后周太祖征讨河中,已为众望所归。李毂当时任转运使,太祖多次用委婉言语打动他,李毂只用为人臣子应该尽到臣节作为回答,太祖因此认为他有贤德,即皇帝位后,首先任用他为宰相。当时国家新建,四方多事,王峻日夜绞尽脑汁,知道的事没有不去做的,军事谋划,常出良策补益。范质精明敏锐,博闻强记,严守法律制度。李毂沉静坚毅,有器度胆略,在太祖面前议论朝政,言辞慷慨激昂,善于运用譬喻来启发皇帝的意向。

45 武平节度使马光惠,愚蠢胆小,专好饮酒,不能折服众将。王逵、周行逢、何敬真商量,认为辰州刺史庐陵人刘言打仗勇猛,很得蛮夷士众之心,准备迎立他为武平节度副使。刘言知道王逵等人难以驾驭,说:"不去的话,将会向我进攻。"于是单枪匹马赶赴朗州。刘言已到,众将便废黜马光惠,送他到南唐,推举刘言代理武平留后,上表书向南唐朝廷请求赐予旌旗符节,南唐人没有答应,便同时也向后周称臣。

46 吴越王钱弘俶因为前内外马步都统军使钱仁俊无罪,恢复他的官职爵位。

47 契丹君主派遣燕王耶律述轧等人来主持典礼,册命北汉君主为大汉神武皇帝,妃子为皇后。北汉君主改名为旻。

48 秋季,七月,北汉君主派遣翰林学士博兴人卫融等到契丹道谢所赐册命典礼,并且请求出兵。

49 八月壬戌,后汉隐帝安葬在颖陵。

50 义武节度使孙方谏进京入朝,壬子(二十三日),调任镇国节度使,任命孙方谏弟弟易州刺史孙行友为义武留后。又调建雄节度使王晏改任武宁节度使镇守徐州,任命武宁节度使王彦超接替王晏原职。

51 戊午(二十九日),后周太祖追立已故夫人柴氏为皇后。

52 九月,北汉派遣招讨使李存瓌领兵从团柏入侵。契丹君主准备领兵会合北汉军队,与首长们在九十九泉商议。各部落都不愿南侵,契丹君主强行出兵,癸亥(初四),契丹军队行进到新州的火神淀,燕王耶律述轧以及伟王的儿子太宁王耶律沤僧发动叛乱,杀死契丹君主耶律阮而拥立耶律述轧。前契丹君主耶律德光的儿子齐王耶律述律逃入南山,各部落拥戴耶律述律而进攻耶律述轧、耶律沤僧,杀死他们,吞并他们的部族党羽。

立述律为帝,改元应历。自火神淀入幽州,遣使告于北汉,北汉主遣枢密直学士上党王得中如契丹,贺即位,复以叔父事之,请兵以击晋州。

契丹主年少,好游戏,不亲国事,每夜酣饮,达旦乃寐,日中方起,国人谓之睡王。后更名明。

53　壬申,蜀以吏部尚书、御史中丞范仁恕为中书侍郎兼吏部尚书、同平章事。

54　楚王希萼既克长沙,不赏许可琼,疑可琼怨望,出为蒙州刺史。遣马步都指挥使徐威、左右军马步使陈敬迁、水军都指挥使鲁公绾、牙内侍卫指挥使陆孟俊帅部兵立寨于城西北隅,以备朗兵,不存抚役者,将卒皆怨怒,谋作乱。希崇知其谋,戊寅,希萼宴将吏,徐威等不预,希崇亦辞疾不至。威等使人先驱躞蹀马十馀入府,自帅其徒执斧斤、白梃,声言縶马,奄至座上,纵横击人,颠踣满地。希萼逾垣走,威等执囚之;执谢彦颙,自顶及踵锉之。立希崇为武安留后,纵兵大掠。幽希萼于衡山县。

刘言闻希崇立,遣兵趣潭州,声言讨其篡夺之罪,壬午,军于益阳之西。希崇惧,癸未,发兵二千拒之,又遣使如朗州求和,请为邻藩。掌书记桂林李观象说言曰:“希萼旧将佐犹在长沙,此必不欲与公为邻,不若先檄希崇取其首,然后图湖南,可兼有也。”言从之。希崇畏言,即断都军判官杨仲敏、掌书记刘光辅、牙内指挥使魏师进、都押牙黄勃等十馀人首,遣前辰阳县令李翊赍送朗州。至则腐败,言与王逵等皆以为非仲敏等首,怒责翊,翊惶恐自杀。

拥立耶律述律为皇帝，改年号为应历。耶律述律从火神淀进入幽州，派遣使者向北汉报告，北汉君主派遣枢密直学士上党人王得中前往契丹，祝贺耶律述律即皇帝位，又用对待叔父的规格事奉他，请求出兵来攻击晋州。

契丹君主耶律述律年轻，喜好玩耍，不亲理国家大事，每天夜里摆酒畅饮，直到天亮才睡觉，中午才起床，国中之人称他为睡王。后来改名为明。

53　壬申（十三日），后蜀任命吏部尚书、御史中丞范仁恕为中书侍郎兼吏部尚书、同平章事。

54　楚王马希萼既已攻克长沙，没有奖赏许可琼，怀疑许可琼有怨恨，便让他出任蒙州刺史。派遣马步都指挥使徐威、左右军马步使陈敬迁、水军都指挥使鲁公绾、牙内侍卫指挥使陆孟俊率领所部军队在城西北角安营扎寨，用以防备朗州军队，不慰问安抚从事劳役的军队，服役的将士都怨恨愤怒，谋划发动叛乱。马希崇知道将士的阴谋，戊寅（十九日），马希萼宴请将领官吏，徐威等人不参加，马希崇也推辞有病而不到。徐威等派人先驱赶十几匹踶蹶子咬人的劣马进入府中，自己带领部下手持斧子、白木棍棒，声称来绊缚劣马，突然闯到座席上面，任意砍杀赴宴的人，倒下的人躺满一地。马希萼翻墙逃跑，徐威等抓住囚禁了他；抓住谢彦颙，从头到脚剁成碎块。拥立马希崇为武安留后，放纵士兵大肆抢掠。将马希萼幽禁在衡山县。

刘言听说马希崇被立为武安留后，便调遣军队奔赴潭州，声称要讨伐他篡位夺权的罪行，壬午（二十三日），军队驻扎在益阳西面。马希崇恐惧，癸未（二十四日），发兵两千抵抗，又派遣使者前往朗州求和，请结为睦邻藩镇。掌书记桂林人李观象劝说刘言道："马希萼的旧部将佐还在长沙，那些人必定不愿与您结为友邻，不如先驰传檄文命马希崇取来他们的首级，然后筹划夺取湖南，便可最后兼并占有整个湖南了。"刘言听从了他的建议。马希崇畏惧刘言，立即斩下都军判官杨仲敏、掌书记刘光辅、牙内指挥使魏师进、都押牙黄勍等十几人的首级，派遣前辰阳县令李翊带着送往朗州。等到朗州，首级已经腐烂，刘言与王逵等都认为不是杨仲敏等人的头，发怒斥责李翊，李翊惶恐不安而自杀。

希崇既袭位,亦纵酒荒淫,为政不公,语多矫妄,国人不附。

初,马希萼入长沙,彭师暠虽免死,犹杖背黜为民。希崇以为师暠必怨之,使送希萼于衡山,实欲师暠杀之,师暠曰:"欲使我为弑君之人乎!"奉事逾谨。丙戌,至衡山,衡山指挥使廖偃,匡图之子也,与其季父节度巡官匡凝谋曰:"吾家世受马氏恩,今希萼长而被黜,必不免祸,盍相与辅之。"于是帅庄户及乡人悉为兵,与师暠共立希萼为衡山王,以县为行府,断江为栅,编竹为战舰,以师暠为武清节度使,招募徒众,数日,至万馀人,州县多应之。遣判官刘虚己求援于唐。

徐威等见希崇所为,知必无成,又畏朗州、衡山之逼,恐一朝丧败,俱及祸,欲杀希崇以自解。希崇微觉之,大惧,密遣客将范守牧奉表请兵于唐,唐主命边镐自袁州将兵万人西趣长沙。

55　冬,十月辛卯,潞州巡检陈思让败北汉兵于虒亭。

56　唐边镐引兵入醴陵。癸巳,楚王希崇遣使犒军。壬寅,遣天策府学士拓跋恒奉笺诣镐请降。恒叹曰:"吾久不死,乃为小儿送降状!"癸卯,希崇帅弟侄迎镐,望尘而拜,镐下马称诏劳之。甲辰,希崇等从镐入城,镐舍于浏阳门楼,湖南将吏毕贺,镐皆厚赐之。时湖南饥馑,镐大发马氏仓粟赈之,楚人大悦。

57　契丹遣彰国节度使萧禹厥将奚、契丹五万会北汉兵入寇,北汉主自将兵二万自阴地关寇晋州。丁未,军于城北,三面置寨,

马希崇继位之后，也纵酒狂饮，荒淫无度，办事不公，言语多虚妄，国中之人都不亲附他。

当初，马希萼进入长沙，彭师暠虽然免于死刑，但仍背受杖刑废黜为民。马希崇认为彭师暠必定仇恨马希萼，便派他送马希萼到衡山，实际要彭师暠杀死马希萼，彭师暠说："难道要让我做弑君犯上的人吗！"反而侍候马希萼愈加小心谨慎。丙戌(二十七日)，到达衡山县，衡山指挥使廖偃是廖匡图的儿子，与他叔父节度巡官廖匡凝商量说："我家世代承受马氏恩德，如今马希萼年长而被废黜，必定不能避免杀身大祸，何不一起辅助他。"于是率领庄中佃户和乡里百姓全部组成军队，与彭师暠共立马希萼为衡山王，将县府作为临时王府，横截湘江设置栅栏，编排竹子作为战舰，任命彭师暠为武清节度使，招募部众，数天之后，达到一万多人，邻近州县也大多响应。派遣判官刘虚己向南唐求援。

徐威等人见马希崇的所作所为，知道必定不能成功，又畏惧朗州、衡山的压力，恐怕有朝一日马希崇覆亡，同遭祸殃，打算杀死马希崇来解脱自己。马希崇暗中察觉此事，大为惊恐，秘密派遣客将范守牧携带表书到南唐请求出兵，南唐君主命令边镐从袁州领兵一万人向西赶赴长沙。

55　冬季，十月辛卯(初三)，后周潞州巡检陈思让在虒亭击败北汉军队。

56　南唐边镐领兵进入醴陵。癸巳(初五)，楚王马希崇派遣使者犒劳军队。壬寅(十四日)，派遣天策府学士拓跋恒奉持笺书到边镐住处请求投降。拓跋恒叹息说："我这么长时间没有死，竟是为了给这小子递送投降书！"癸卯(十五日)，马希崇率领兄弟侄子迎接边镐，刚望见远处的行尘便叩拜，边镐下马宣读诏书慰劳马希崇。甲辰(十六日)，马希崇等人跟从边镐进入长沙城，边镐住宿在浏阳门楼，湖南将领官吏全来祝贺，边镐都重赏他们。当时湖南闹饥荒，边镐大量散发马氏仓库粮食救济百姓，楚地人民非常喜悦。

57　契丹派遣彰国节度使萧禹厥统率奚、契丹五万人马会合北汉军队进攻入侵，北汉君主亲自统领两万军队从阴地关出发侵犯晋州。丁未(十九日)，军队驻扎在晋州城北，三面安置营寨，

昼夜攻之,游兵至绛州。时王晏已离镇,王彦超未至,巡检使王万敢权知晋州,与龙捷都指挥使史彦超、虎捷指挥使何徽共拒之。史彦超,云州人也。

58　癸丑,唐武昌节度使刘仁赡帅战舰二百取岳州,抚纳降附,人忘其亡。仁赡,金之子也。

唐百官共贺湖南平,起居郎高远曰:"我乘楚乱,取之甚易。观诸将之才,但恐守之难耳!"远,幽州人也。司徒致仕李建勋曰:"祸其始于此乎!"

唐主自即位以来,未尝亲祠郊庙,礼官以为请,唐主曰:"俟天下一家,然后告谢。"及一举取楚,谓诸国指麾可定。魏岑侍宴言:"臣少游元城,乐其风土,俟陛下定中原,乞魏博节度使。"唐主许之,岑趋下拜谢。其主骄臣佞如此。

马希萼望唐人立己为潭帅,而潭人恶希萼,共请边镐为帅,唐主乃以镐为武安节度使。

59　王峻有故人曰申师厚,尝为兖州牙将,失职饥寒,望峻马拜谒于道。会凉州留后折逋嘉施上表请帅于朝廷,帝以绝域非人所欲,募率府供奉官愿行者,月馀,无人应募,峻荐师厚于帝。丁巳,以师厚为河西节度使。

60　唐边镐趣马希崇帅其族入朝,马氏聚族相泣,欲重赂镐,奏乞留居长沙,镐微哂曰:"国家与公家世为仇敌,殆六十年,然未尝敢有意窥公之国。今公兄弟斗阋,困穷自归,若复二三,恐有不测之忧。"希崇无以应,十一月辛酉,与宗族及将佐千馀人号恸登舟,送者皆哭,响振川谷。

日夜攻城流动部队到了绛州。当时王晏已经离开镇所,王彦超还没有到达,巡检使王万敢临时主持晋州军政,与龙捷都指挥使史彦超、虎捷指挥使何徽共同抵抗敌军。史彦超是云州人。

58 癸丑(二十五日),南唐武昌节度使刘仁赡率领战船两百艘攻取岳州,安抚招纳投降归附的军民,楚人都好像忘记了国家灭亡。刘仁赡是刘金的儿子。

南唐文武百官共同庆贺平定湖南,起居郎高远说:"我们乘着楚国内乱,所以夺取它很容易。观察众将的才能,只怕守住它就难了!"高远是幽州人。司徒致仕李建勋说:"祸患恐怕就从这里开始吧!"

南唐君主从即位以来,未曾亲自祭祀天地宗庙,礼官请求举行祭祀,南唐君主说:"等到天下成为一家,然后告谢天地祖宗。"及至一举夺取楚地,认为其馀各国也能随手平定。魏岑陪从南唐君主消磨闲暇,说:"我年轻时游过元城,喜欢那里的风土人情,等到陛下平定中原,请求让我当魏博节度使。"南唐君主答应了他,魏岑赶忙快步走下台阶拜谢。南唐君主的骄傲、臣子们的谄媚大都如此。

马希萼希望南唐人扶立自己为潭州主帅,但潭州人憎恨马希萼,一齐请求边镐为主帅,南唐君主于是任命边镐为武安节度使。

59 王峻有个老熟人叫申师厚,曾任兖州牙将,因失去职务而饥寒交迫,在路上望见王峻坐骑而叩拜谒见。恰好凉州留后折逋嘉施向朝廷上奏表书请求委派主帅,后周太祖因为偏远地区无人愿去,便在东宫率府供奉官中招募愿意前往的人,但过了一个多月,还是没人应募,王峻向后周太祖推荐申师厚。丁巳(二十九日),任命申师厚为河西节度使。

60 南唐边镐催促马希崇带领家族进京入朝,马氏聚集族人相对哭泣,打算用重礼贿赂边镐,上奏乞求留住长沙,边镐微微一笑说:"国家与您马家世代互为仇敌,将近六十年,然而未曾敢有觊觎您马氏楚国的意思。如今您兄弟争斗,自己落得穷困下场,倘若再有三心二意,恐怕又会产生无法预测的忧患。"马希崇无言以答,十一月辛酉(初三),和同宗族人以及将佐一千馀人呼喊痛哭登上船只,送行的人也都哭着,哭声震动江河山谷。

61　帝以北汉、契丹之兵犹在晋州,甲子,以王峻为行营都部署,将兵救之,诏诸军皆受峻节度,听以便宜从事,得自选择将吏。乙丑,峻行,帝自至城西饯之。

62　楚静江节度副使、知桂州马希隐,武穆王殷之少子也。楚王希广、希萼兄弟争国,南汉主以内侍吴怀恩为西北招讨使,将兵屯境上,伺间密谋进取,希广遣指挥使彭彦晖将兵屯龙峒以备之。希萼自衡山遣使以彦晖为桂州都监、在城外内巡检使、判军府事,希隐恶之,潜遣人告蒙州刺史许可琼。可琼方畏南汉之逼,即弃蒙州,引兵趣桂州,与彦晖战于城中,彦晖败,奔衡山,可琼留屯桂州。吴怀恩据蒙州,进兵侵掠,桂管大扰,希隐、可琼不知所为,但相与饮酒对泣。

南汉主遗希隐书,言:“武穆王奄有全楚,富强安靖五十馀年。正由三十五舅、三十舅兄弟寻戈,自相鱼肉,举先人基业,北面仇雠。今闻唐兵已据长沙,窃计桂林继为所取。当朝世为与国,重以婚姻,睹兹倾危,忍不赴救。已发大军水陆俱进,当令相公舅永拥节旄,常居方面。”希隐得书,与僚佐议降之,支使潘玄珪以为不可。丙寅,吴怀恩引兵奄至城下,希隐、可琼帅其众,夜斩关奔全州,桂州遂溃。怀恩因以兵略定宜、连、梧、严、富、昭、柳、龚、象等州,南汉始尽有岭南之地。

63　辛未,唐边镐遣先锋指挥使李承戬将兵如衡山,趣马希萼入朝。庚辰,希萼与将佐士卒万馀人自潭州东下。

64　王峻留陕州旬日,帝以北汉攻晋州急,忧其不守,议自将由泽州路与峻会兵救之,且遣使谕峻。十二月戊子朔,下诏以三日西征。使者至陕,峻因使者言于帝曰:“晋州城坚,未易可拔,刘崇兵锋方锐,不可力争。所以驻兵,待其气衰耳,非臣怯也。

61　后周太祖因为北汉、契丹的军队仍在晋州,甲子(初六),任命王峻为行营都部署,领兵援救晋州,颁诏令各路军队都接受王峻的调度指挥,授权王峻根据情况需要机断从事,可以自己选择任命将领官吏。乙丑(初七),王峻出征,后周太祖亲自到城西为他饯行。

62　楚静江节度副使、知桂州马希隐是楚武穆王马殷的小儿子。楚王马希广、马希萼兄弟争夺国家,南汉君主任命内侍吴怀恩为西北招讨使,领兵屯驻国境线上,等待时机,秘密图谋进攻夺取楚地,马希广派遣指挥使彭彦晖领兵屯驻龙峒来防备南汉军队。马希隐从衡山县派遣使者任命彭彦晖为桂州都监、在城外内巡检使、判军府事,马希隐厌恶彭彦晖,暗中派人告知蒙州刺史许可琼。许可琼正畏惧南汉的威逼,立即放弃蒙州,领兵直奔桂州,同彭彦晖军队在城中开战,彭彦晖被打败,逃奔衡山县,许可琼留下来屯驻桂州。吴怀恩占据蒙州,进军侵犯抢掠,桂州管区大受骚扰,马希隐、许可琼不知该怎么办,只是一起饮酒相对哭泣。

南汉君主给马希隐书信,说:"楚武穆王拥有整个楚国,富强安宁五十多年。正是由于三十五舅马希广、三十舅马希萼兄弟同室操戈,自相残杀,拿先人打下的江山,向昔日仇敌南唐称臣降服。如今听说南唐军队已经占据长沙,我估计桂林将相继为南唐所夺取。本朝世代与楚为邻国,加以通婚联姻,见此倾覆危亡,岂能忍心不前往救援。已经调发大军水陆并进,必当让您相公舅永远握有实权,长久镇居一方。"马希隐得到书信,与部下商议投降南汉,支使潘玄珪认为不可。丙寅(初八),吴怀恩领兵突然进到城下,马希隐、许可琼率领部众,夜晚破关夺路逃奔全州,桂州于是溃败。吴怀恩乘机用兵基本平定宜州、连州、梧州、严州、富州、昭州、柳州、龚州、象州等,南汉从此完全占有大庾岭以南之地。

63　辛未(十三日),南唐边镐派遣先锋指挥使李承戬领兵前往衡山县,催促马希萼进京入朝。庚辰(二十二日),马希萼与将佐士兵一万多人从潭州向东沿江而下。

64　王峻在陕州停留十日,后周太祖因北汉军队攻打晋州紧急,担心晋州不能坚守,商议亲自统军从泽州路与王峻会师救援晋州,并且派遣使者告知王峻。十二月戊子朔(初一),后周太祖下诏命于三日出发西征。使者到达陕州,王峻通过使者转告太祖说:"晋州城池坚固,不易攻破,刘崇军队前锋正锐气十足,不可力争。我之所以屯兵不进,只为等待他们士气低落罢了,不是臣下心虚胆怯。

陛下新即位,不宜轻动。若车驾出汜水,则慕容彦超引兵入汴,大事去矣!"帝闻之,自以手提耳曰:"几败吾事。"庚寅,敕罢亲征。

初,泰宁节度使兼中书令慕容彦超闻徐州平,疑惧愈甚,乃招纳亡命,畜聚薪粮,潜以书结北汉,吏获其书以闻。又遣人诈为商人求援于唐。帝遣通事舍人郑好谦就申慰谕,与之为誓。彦超益不自安,屡遣都押牙郑麟诣阙,伪输诚款,实觇机事,又献天平节度使高行周书,其言皆谤毁朝廷与彦超相结之意,帝笑曰:"此彦超之诈也!"以书示行周,行周上表谢恩。既而彦超反迹益露,丙申,遣阁门使张凝将兵赴郓州巡检以备之。

65　庚子,王峻至绛州;乙巳,引兵趣晋州。晋州南有蒙阬,最为险要,峻忧北汉兵据之,是日,闻前锋已度蒙阬,喜曰:"吾事济矣!"

66　慕容彦超奏请入朝,帝知其诈,即许之;既而复称境内多盗,未敢离镇。

67　北汉主攻晋州,久不克。会大雪,民相聚保山寨,野无所掠,军乏食。契丹思归,闻王峻至蒙阬,烧营夜遁。峻入晋州,诸将请亟追之,峻犹豫未决。明日,乃遣行营马军都指挥使仇弘超、都排陈使药元福、左厢排陈使陈思让、康延沼将骑兵追之,及于霍邑,纵兵奋击,北汉兵坠崖谷死者甚众。霍邑道隘,延沼畏懦不急追,由是北汉兵得渡。药元福曰:"刘崇悉发其众,挟胡骑而来,志吞晋、绛,今气衰力惫,狼狈而遁,不乘此翦扑,必为后患。"诸将不欲进,王峻复遣使止之,遂还。契丹比至晋阳,士马什丧三四。萧禹厥耻无功,钉大酋长一人于市,旬馀而斩之。

陛下新近即位,不宜轻举妄动。倘若陛下大驾从氾水出来,那么慕容彦超领兵进入汴京的话,大事就完了。"太祖听到这话,不觉自己用手拉耳朵说:"差点坏了我的大事!"庚寅(初三),敕命取消原定的亲征计划。

当初,泰宁节度使兼中书令慕容彦超听说徐州平定,疑虑恐惧愈发加重,于是招纳亡命之徒,积聚粮草,暗中写书信勾结北汉,官吏截获书信而奏报。慕容彦超又派人装作商人向南唐寻求援助。后周太祖派遣通事舍人郑好谦前去申明劝慰之意,与他立下誓约。慕容彦超更加自感不安,屡次派遣都押牙郑麟到朝廷,表面上假表忠心,实际上刺探机密,又献上天平节度使高行周的书信,信中讲的都是诽谤朝廷与慕容彦超私相勾结的话,太祖笑道:"这是慕容彦超的诡计啊!"将书信给高行周看,高行周上陈表书感谢皇恩。不久慕容彦超谋反的迹象日益显露,丙申(初九),后周太祖派遣阁门使张凝领兵赶赴郓州巡行检查来防备他。

65 庚子(十三日),王峻到达绛州;乙巳(十八日),领兵奔赴晋州。晋州南面有个蒙院,地形最为险恶,王峻担心北汉军队占据它,当天,听说前锋部队已过蒙院,欣喜地说:"我的大事成功了!"

66 慕容彦超上表奏请进京入朝,后周太祖明知他有诈,立即应许他;不久他又说境内强盗多,不敢离开镇所。

67 北汉君主攻打晋州,久攻不下。碰上天下大雪,百姓互相聚集守卫山寨,野外没有可抢掠的,军队缺乏食物。契丹军队想返回,听说王峻到达蒙院,便焚烧营帐连夜逃跑。王峻进入晋州,众将请命立即追赶,王峻犹豫没做决定。第二天,又派遣行营马军都指挥使仇弘超、都排阵使药元福、左厢排阵使陈思让、康延沼率领骑兵追击,赶到霍邑,撒开骑兵奋勇击杀,北汉士兵坠落山崖深谷摔死的非常多。霍邑道路狭窄,康延沼畏缩害怕不敢紧追,因此北汉军队得以渡河。药元福说:"刘崇调动他的全部军队,挟持胡人骑兵一起来,志在吞并晋州、绛州,如今士气衰落疲惫不堪,狼狈逃窜,不乘此时歼灭,必定留为后患。"众将不想继续挺进,王峻又派人制止,于是返回。等到契丹军队到达晋阳,士卒马匹损失十分之三四。萧禹厥因无功败归感到耻辱,将一名大酋长钉在街市上,十几天后才斩杀他。

北汉主始息意于进取。北汉土瘠民贫,内供军国,外奉契丹,赋繁役重,民不聊生,逃入周境者甚众。

68　唐主以镇南节度使兼中书令宋齐丘为太傅;以马希萼为江南西道观察使,守中书令镇洪州,仍赐爵楚王;以马希崇为永泰节度使,兼侍中镇舒州。湖南将吏,位高者拜刺史、将军、卿监,卑者以次拜官。唐主嘉廖偃、彭师暠之忠,以偃为左殿直军使、莱州刺史,师暠为殿直都虞候,赐予甚厚。湖南刺史皆入朝于唐,永州刺史王赟独后至,唐主毒杀之。

69　南汉主遣内侍省丞潘崇彻、将军谢贯将兵攻郴州,唐边镐发兵救之。崇彻败唐兵于义章,遂取郴州。边镐请除全、道二州刺史以备南汉。丙辰,唐主以廖偃为道州刺史,以黑云指挥使张峦知全州。

70　是岁,唐主以安化节度使鄱阳王王延政为山南西道节度使,更赐爵光山王。

初,蒙城镇将咸师朗将部兵降唐,唐主以其兵为奉节都,从边镐平湖南。唐悉收湖南金帛、珍玩、仓粟乃至舟舰、亭馆、花果之美者,皆徙于金陵,遣都官郎中杨继勋等收湖南租赋以赡戍兵。继勋等务为苛刻,湖南人失望。行营粮料使王绍颜减士卒粮赐,奉节指挥使孙朗、曹进怒曰:"昔吾从咸公降唐,唐待我岂如今日湖南将士之厚哉!今有功不增禄赐,又减之,不如杀绍颜及镐,据湖南,归中原,富贵可图也!"

二年(壬子,952)

1　春,正月庚申,夜,孙朗、曹进帅其徒作乱,束藁潜烧府门,火不然。边镐觉之,出兵格斗,且命鸣鼓角,朗、进等以为将晓,

北汉君主开始打消南下进攻的念头。北汉土地贫瘠、人民穷困,内要供给军队、官府的费用,外要向契丹贡献钱财,赋税繁多,徭役沉重,民不聊生,逃入后周地界的人很多。

68 南唐君主任命镇南节度使兼中书令宋齐丘为太傅;任命马希萼为江南西道观察使兼侍中,镇守洪州,仍旧赐爵为楚王;任命马希崇为永泰节度使,镇守舒州。湖南的将领官吏,职位高的授予刺史、将军、卿监,职位低的也依次授官。南唐君主嘉奖廖偃、彭师暠的忠诚,任命廖偃为左殿直军使、莱州刺史,彭师暠为殿直都虞候,赏赐非常丰厚。湖南刺史都到南唐京城入朝称臣,只有永州刺史王赟最后到达,南唐君主用毒药杀死他。

69 南汉君主派遣内侍省丞潘崇彻、将军谢贯领兵进攻郴州,南唐边镐发兵救援。潘崇彻在义章击败南唐军队,于是攻取郴州。边镐请求任命全、道二州的刺史来防备南汉。丙辰(二十九日),南唐君主任命廖偃为道州刺史,任命黑云指挥使张峦主持全州军政。

70 这一年,南唐君主任命安化节度使鄱阳王王延政为山南西道节度使,又赐爵为光山王。

当初,蒙城镇守将领咸师朗率领所辖军队投降南唐,南唐君主将他的部队改编为奉节都,跟随边镐平定湖南。南唐全部没收湖南的金银绢帛、珍宝古玩、仓库粮食乃至舟船战舰、亭台馆阁、鲜花水果中的佳品,都转移到金陵,派遣都官郎中杨继勋等收取湖南租税军赋来供养守卫的军队。杨继勋等专门加重收敛盘剥,湖南百姓大失所望。行营粮料使王绍颜削减士兵的粮食、赏赐,奉节指挥使孙朗、曹进发怒说:"从前我们跟着咸公投降唐朝,唐朝待我们哪里比得上今日待湖南将士那样优厚呀!如今有功劳不增加俸禄赏赐,反而减少,不如杀掉王绍颜和边镐,占据湖南,投归中原,荣华富贵指日可待!"

后周太祖广顺二年(壬子,公元952年)

1 春季,正月庚申(初三),夜晚,孙朗、曹进率领他们的徒众举行叛乱,将薪草打成捆束暗中焚烧镇府大门,火没点着。边镐察觉了,派出士兵进行格斗,并且命令击鼓吹响号角,孙朗、曹进等以为天将破晓,

斩关奔朗州。王逵问朗曰："吾昔从武穆王,与淮南战屡捷,淮南兵易与耳。令欲以朗州之众复取湖南,可乎?"朗曰:"朗在金陵数年,备见其政事,朝无贤臣,军无良将,忠佞无别,赏罚不当,如此,得国存幸矣,何暇兼人! 朗请为公前驱,取湖南如拾芥耳!"逵悦,厚遇之。

2　壬戌,发开封府民夫五万修大梁城,旬日而罢。

3　慕容彦超发乡兵入城,引泗水注壕中,为战守之备;又多以旗帜授诸镇将,令募群盗,剽掠邻境,所在奏其反状。甲子,敕沂、密二州不复隶泰宁军。以侍卫步军都指挥使、昭武节度使曹英为都部署,讨彦超,齐州防御使史延超为副部署,皇城使河内向训为都监,陈州防御使药元福为行营马步都虞候。帝以元福宿将,命英、训无得以军礼见之,二人皆父事之。

唐主发兵五千,军于下邳,以援彦超;闻周兵将至,退屯沭阳。徐州巡检使张令彬击之,大破唐兵,杀、溺死者千馀人,获其将燕敬权。

初,彦超以周室新造,谓其易摇,故北召北汉及契丹,南诱唐人,使侵边鄙,冀朝廷奔命不暇,然后乘间而动。及北汉、契丹自晋州北走,唐兵败于沭阳,彦超之势遂沮。

永兴节度使李洪信,自以汉室近亲,心不自安,城中兵不满千人,王峻在陕,以救晋州为名,发其数百。及北汉兵遁去,遣禁兵千馀人戍长安;洪信惧,遂入朝。

4　壬申,王峻自晋州还,入见。
5　曹英等至兖州,设长围。慕容彦超屡出战,药元福皆击败之,彦超不敢出。十馀日,长围合,遂进攻。

便夺关破门逃奔朗州。王逵问孙朗道:"我昔日跟随楚武穆王,与淮南作战屡次取胜,淮南军队容易对付。如今打算用朗州的部众再次夺取湖南,可以吗?"孙朗说:"我在金陵多年,详察南唐的政事,朝廷没有贤臣,军队没有良将,忠诚奸佞不分,赏罚失当,像这样,能保存国家已是万幸了,还有什么闲暇去兼并别人!我请求做您的前锋,夺取湖南就如同捡拾小草!"王逵很高兴,厚礼待他。

2　壬戌(初五),后周征发开封府五万民夫修筑大梁城墙,十天完成。

3　慕容彦超调发乡兵入城,挖沟引泗水灌注护城河,作战斗防守的准备;同时把许多旗帜授予各镇将领,让他们招募成群结伙的强盗,抢掠邻近州县,骚扰所及之处纷纷奏报慕容彦超反叛的情况。甲子(初七),后周太祖敕令沂、密二州不再隶属泰宁军。任命侍卫步军都指挥使、昭武节度使曹英为都部署,讨伐慕容彦超,齐州防御使史延超为副部署,皇城使河内人向训为都监,陈州防御使药元福为行营马步都虞候。后周太祖因为药元福是经验丰富的老将,命令曹英、向训不得按照军礼见药元福,二人都像对父亲那样待他。

南唐君主发兵五千,驻扎在下邳,以便援助慕容彦超;听说后周军队将到,后退屯驻沐阳。徐州巡检使张令彬出击,大败南唐军队,杀死淹死的有一千多人,抓获南唐将领燕敬权。

当初,慕容彦超因周朝新建,认为容易动摇,所以北面招呼北汉和契丹,南面引诱南唐人,让他们侵犯边疆,希望朝廷疲于奔命无暇他顾,然后自己乘机而动。及至北汉、契丹军队从晋州败走,南唐军队在沐阳溃败,慕容彦超的势力于是受挫。

永兴节度使李洪信,因为自己是后汉皇室的近亲,内心不能自安;城中军队不满千人,王峻在陕州时,以援救晋州的名义,调发其中数百人。及至北汉军队逃跑离去,朝廷又派遣禁兵一千多人戍守长安;李洪信深感恐惧,于是只得进京入朝。

4　壬申(十五日),王峻从晋州回来,入朝拜见太祖。

5　曹英等到达兖州,布设包围圈。慕容彦超屡次出城交战,药元福都击败他,慕容彦超便不敢出来。十几天后,包围圈合围,就发起进攻。

初,彦超将反,判官崔周度谏曰:"鲁,诗书之国,自伯禽以来不能霸诸侯,然以礼义守之,可以长世。公于国家非有私憾,胡为自疑。况主上开谕勤至,苟撤备归诚,则坐享太山之安矣。独不见杜中令、安襄阳、李河中竟何所成乎!"彦超怒。及官军围城,彦超括士民之财以赡军,坐匿财死者甚众。前陕州司马阎弘鲁,宝之子也,畏彦超之暴,倾家为献,彦超犹以为有所匿,命周度索其家,周度谓弘鲁曰:"君之死生,系财之丰约,宜无所爱。"弘鲁泣拜其妻妾曰:"悉出所有以救吾死。"皆曰:"竭矣!"周度以白彦超,彦超不信,收弘鲁夫妻系狱。有乳母于泥中掊得金缠臂,献之,冀以赎其主。彦超曰:"果然所匿必犹多。"榜掠弘鲁夫妻,肉溃而死。以周度为阿庇,斩于市。

6　北汉遣兵寇府州,防御使折德扆败之,杀二千馀人。二月庚子,德扆奏攻拔北汉岢岚军,以兵戍之。

7　甲辰,帝释燕敬权等使归唐,谓唐主曰:"叛臣,天下所共疾也,不意唐主助之,得无非计乎!"唐主大惭,先所得中国人,皆礼而归之。唐之言事者犹献取中原之策,中书舍人韩熙载曰:"郭氏有国虽浅,为治已固,我兵轻动,必有害无益。"

唐自烈祖以来,常遣使泛海与契丹相结,欲与之共制中国,更相馈遗,约为兄弟。然契丹利其货,徒以虚语往来,实不为唐用也。

唐主好文学,故熙载与冯延己、延鲁、江文蔚、潘佑、徐铉之徒皆至美官。佑,幽州人也。当时唐之文雅于诸国为盛,然未尝设科举,多因上书言事拜官,至是,始命翰林学士江文蔚知贡举,

当初，慕容彦超将要反叛，判官崔周度劝谏说："鲁这个地方，是诗书的国家，自从伯禽以来虽不能称霸诸侯，然而用礼义守护，可以长存于世。您对国家并无私恨，为什么自己疑神疑鬼。况且主上开导诚谕关怀备至，假如撤去防备归降投诚，就可以坐享泰山那样的平安了。难道没看见杜重威、安从进、李守贞结果干成什么了吗！"慕容彦超大怒。及至官府军队围城，慕容彦超搜刮士人百姓的财产来供应军需，因隐匿财产罪被处死的人很多。前陕州司马阎弘鲁是阎宝的儿子，畏惧慕容彦超的残暴，把全部家产献出，但慕容彦超仍然认为他有所隐瞒，命令崔周度搜索阎家，崔周度对阎弘鲁说："您的死生之命，就系连在献出财产的多少上，应该无所吝惜。"阎弘鲁流泪叩拜他的妻子侍妾说："拿出全部所有的财物来救我免死。"都说："一点儿也没有了！"崔周度将情况告诉慕容彦超，慕容彦超不相信，拘捕阎弘鲁夫妻押在监狱。有个奶妈从泥土中扒到金镯子，献给官府，希图赎出主人。慕容彦超说："所隐藏的必定还有很多。"拷打阎弘鲁夫妻，皮开肉绽而死。又认为崔周度袒护包庇阎弘鲁，将他在闹市斩首。

6　北汉派遣军队侵犯府州，防御使折德扆击败入侵军队，杀死两千人。二月庚子（十四日），折德扆奏报攻下北汉岢岚军，率军队守卫。

7　甲辰（十八日），后周太祖释放燕敬权等人让他们回归南唐，对南唐君主说："叛逆之臣，是天下所共同痛恨的，不料唐主扶助他们，恐怕是失策了吧！"南唐君主大感惭愧，将先前所得的中原降附人士，都以礼相待遣返回国。南唐谈论政事的人仍然进献夺取中原的计策，中书舍人韩熙载说："郭氏掌握国家虽然时间不长，但统治已经牢固，我国军队轻易出动，必然有害无益。"

南唐自从烈祖以来，经常派遣使者漂洋过海与契丹相勾结，打算和契丹共同钳制中原，并厚礼馈赠，相约结为兄弟。然而契丹贪图送来的财货，只是用空话作为回报，实际上不被南唐所利用。

南唐君主喜好文学，所以韩熙载与冯延己、冯延鲁、江文蔚、潘佑、徐铉等人都得到高官美差。潘佑是幽州人。当时南唐的艺文礼乐比其他各国兴盛，然而未曾立科举制度，大多根据上书言事来授予官职，到这时，开始任命翰林学士江文蔚主持选拔人才，

进士庐陵王克贞等三人及第。唐主问文蔚:"卿取士何如前朝?"对曰:"前朝公举、私谒相半,臣专任至公耳!"唐主悦。中书舍人张纬,前朝登第,闻而衔之。时执政皆不由科第,相与沮毁,竟罢贡举。

8　三月戊辰,以内客省使、恩州团练使晋阳郑仁诲为枢密副使。

9　甲戌,改威胜军曰武胜军。

10　唐主以太弟太保、昭义节度使冯延己为左仆射,前镇海节度使徐景运为中书侍郎,及右仆射孙晟皆同平章事。既宣制,户部尚书常梦锡众中大言曰:"白麻甚佳,但不及江文蔚疏耳!"晟素轻延己,谓人曰:"金杯玉碗,乃贮狗矢乎!"

延己言于唐主曰:"陛下躬亲庶务,故宰相不得尽其才,此治道所以未成也!"唐主乃悉以政事委之,奏可而已。既而延己不能勤事,文书皆仰成胥史,军旅则委之边将,顷之,事益不治,唐主乃复自览之。

大理卿萧俨恶延己为人,数上疏攻之,会俨坐失入人死罪,锺谟、李德明辈必欲杀之,延己曰:"俨误杀一妇人,诸君以为当死。俨九卿也,可误杀乎?"独上言:"俨素有直声,今所坐已会赦,宜从宽宥。"俨由是得免,人亦以此多之。

景运寻罢为太子少傅。

11　夏,四月丙戌朔,日有食之。

12　帝以曹英等攻兖州久未克,乙卯,下诏亲征,以李毂权东京留守兼判开封府,郑仁诲权大内都点检,又以侍卫马军都指挥使郭崇充在京都巡检。

13　唐主既克湖南,遣其将李建期屯益阳以图朗州,以知全州张峦兼桂州招讨使以图桂州,久之,未有功。唐主谓冯延己、孙晟曰:"楚人求息肩于我,我未有抚其疮痏而虐用其力,非所以副来苏之望;吾欲罢桂林之役,敛益阳之戍,

进士有庐陵人王克贞等三人考中。南唐君主问江文蔚："爱卿取士比前朝怎么样？"回答说："前朝公家荐举、私人说情各占一半，臣下专用一种绝对公正！"南唐君主很高兴。中书舍人张纬，前朝取中进士，听说此话而怀恨在心。当时朝廷执政官员都不是经科举任职，便一齐阻挠诋毁，结果停止了科举选士。

8　三月戊辰（十二日），任命内客省使、恩州团练使晋阳人郑仁诲为枢密副使。

9　甲戌（十八日），后周威胜军改名为武胜军。

10　南唐君主任命太弟太保、昭义节度使冯延己为左仆射，前镇海节度使徐景运为中书侍郎，和右仆射孙晟都为同平章事。宣读制书后，户部尚书常梦锡在大庭广众中大声说道："白麻诏书虽然很好，只是不及江文蔚的弹劾疏文啊！"孙晟素来轻视冯延己，对人说："金杯玉碗，竟然盛了狗屎！"

冯延己对南唐君主说："陛下亲自处理各种政务，所以宰相不能全部施展他的才能，这就是安邦治国之道未能实现的原因啊！"南唐君主于是便把政事全部委托给他，只等奏报点头而已。不久，冯延己不能勤理事务，文书仰仗刀笔小吏写成，军务就交给守边将领，过了一段时间，事务愈发不能处理，南唐君主才再次亲理朝政。

大理卿萧俨憎恶冯延己的为人，多次上疏攻击冯延己，正好遇上萧俨犯了判人死罪的过失，钟谟、李德明等一帮人一定要杀萧俨，冯延己说："萧俨误杀一个妇人，诸位认为应当处死。萧俨是九卿之一，难道可以误杀吗？"单独上言说："萧俨一向有耿直的名声，如今所判犯人已遇赦免，应当从宽饶恕他的过失。"萧俨因此得以免死，人们也为此称道冯延己。

徐景运不久被罢免中书侍郎、同平章事之职而任太子少傅。

11　夏季，四月丙戌朔（初一），出现日食。

12　后周太祖因为曹英等攻打兖州长时间不下，乙卯（三十日），下诏书亲自出征，任命李毅代理东京留守兼领开封府，郑仁诲代理大内都点检，又任命侍卫马军都指挥使郭崇在京都巡检。

13　南唐君主已经攻克湖南，派遣其将领李建期屯兵益阳来谋取朗州，任命知全州张峦兼任桂州招讨使来谋取桂州，但是旷日持久，没有成功。南唐君主对冯延己、孙晟说："楚人求我能让他们休养生息，但我没有抚恤治疗战乱的创伤反而滥用民力，这不是用以实现楚人复苏愿望的办法；我打算停止桂州的战役，收回益阳的屯兵，

以旌节授刘言,何如?"晟以为宜然。延己曰:"吾出偏将举湖南,远近震惊,一旦三分丧二,人将轻我。请委边将察其形势。"唐主乃遣统军使侯训将兵五千自吉州路趣全州,与张峦合兵攻桂州。南汉伏兵于山谷,峦等始至城下,罢乏,伏兵四起,城中出兵夹击之,唐兵大败,训死,峦收散卒数百奔归全州。

14 五月庚申,帝发大梁;戊辰,至兖州。己巳,帝使人招谕慕容彦超,城上人语不逊;庚午,命诸军进攻。

先是,术者绐彦超云:"镇星行至角、亢,角、亢兖州之分,其下有福。"彦超乃立祠而祷之,令民间皆立黄幡。彦超性贪吝,官军攻城急,犹瘗藏珍宝,由是人无斗志,将卒相继有出降者。乙亥,官军克城,彦超方祷镇星祠,帅众力战,不胜,乃焚镇星祠,与妻赴井死。子继勋出走,追获,杀之。官军大掠,城中死者近万人。初,彦超将反,募群盗置帐下,至者二千馀人,皆山林犷悍,竟不为用。

帝欲悉诛兖州将吏,翰林学士窦仪见冯道、范质,与之共白帝曰:"彼皆胁从耳。"乃赦之。丁丑,以端明殿学士颜衎权知兖州事。壬午,赦兖州管内,彦超党逃匿者期一月听自首,前已伏诛者赦其亲戚。癸未,降泰宁军为防御州。

15 唐司徒致仕李建勋卒,且死,戒其家人曰:"时事如此,吾得良死幸矣!勿封土立碑,听人耕种于其上,免为他日开发之标。"及江南之亡也,诸贵人高大之冢无不发者,惟建勋家莫知其处。

将指挥权授予刘言,怎么样?"孙晟认为应该这样。冯延已说:"我们派出偏将攻取湖南,远近四方为之震惊,若一旦丧失三分之二,人家将会轻视我们。请求委派守边将领试探明州、桂州的形势。"南唐君主于是派遣统军使侯训领兵五千从吉州一路赶赴全州,与张峦合兵进攻桂州。南汉在山谷埋伏军队,张峦等刚到城下,十分疲乏,突然南汉伏兵四起,桂州城中出动军队前后夹击,南唐军队大败,侯训战死,张峦收拾残兵数百逃归全州。

14 五月庚申(初五),后周太祖从大梁出发;戊辰(十三日),到达兖州。己巳(十四日),太祖派人招安慕容彦超,但城上的人出言不逊;庚午(十五日),太祖命令各军发起进攻。

在此之前,方士欺骗慕容彦超说:"土星已运行到角、亢二宿,角、亢是兖州的分野,土星下面有福运。"慕容彦超于是建立祠堂祈祷求福,并命令民间都要树立黄色旗幡。慕容彦超生性贪婪吝啬,官府军队攻城紧急,仍然埋藏珍宝,因此人无斗志,将领士卒相继有出城投降的。乙亥(二十日),官府军队攻克兖州城,慕容彦超正在土星祠祈祷,急忙率领部众拼力战斗,没有获胜,于是焚烧土星祠,与妻子投井而死。儿子慕容继勋出城逃跑,被追兵抓获,杀死。官府军队大肆抢掠,城中死的接近万人。当初,慕容彦超将要反叛,招募群盗安置在自己手下,来的盗贼有两千多人,都是山林粗犷强悍之徒,结果却没有被他派上用场。

后周太祖想诛杀兖州所有的将领官吏,翰林学士窦仪谒见冯道、范质,和二人共同对太祖说:"他们都只是胁从罢了。"太祖于是赦免了兖州将吏。丁丑(二十二日),任命端明殿学士颜衎临时主持兖州事务。壬午,在兖州管区内实行大赦,规定慕容彦超同党逃跑隐匿者一月之内随时可以自首,以前已经被诛杀者赦免他们的亲戚。癸未(二十八日),将泰宁军降为防御州。

15 南唐司徒致仕李建勋去世,临死时,告诫他的家里人说:"世道到了如此地步,我能得好死已经很幸运了!不要在我坟头封土立碑,任凭别人在坟上耕种,免得成为日后开挖盗发的标志。"及至江南沦亡,各权贵人家高大的墓冢没有不被发掘的,只有李建勋的坟无人知道地方。

16 六月乙酉朔，帝如曲阜，谒孔子祠。既奠，将拜，左右曰："孔子，陪臣也，不当以天子拜之。"帝曰："孔子百世帝王之师，敢不敬乎！"遂拜之。又拜孔子墓，命葺孔子祠，禁孔林樵采。访孔子、颜渊之后，以为曲阜令及主簿。丙戌，帝发兖州。

17 乙未，吴越顺德太夫人吴氏卒。

18 丁酉，蜀大水入成都，漂没千馀家，溺死五千馀人，坏太庙四室。戊戌，蜀大赦，赈水灾之家。

19 己亥，帝至大梁。

20 朔方节度使兼中书令陈留王冯晖卒，其子牙内都虞候继业杀其兄继勋，自知军府事。

21 太子宾客李涛之弟澣，在契丹为勤政殿学士，与幽州节度使萧海真善。海真，契丹主兀欲之妻弟也。澣说海真内附，海真欣然许之。澣因定州谍者田重霸赍绢表以闻，且与涛书，言："契丹主童騃，专事宴游，无远志，非前人之比，朝廷若能用兵，必克；不然，与和，必得。二者皆利于速，度其情势，他日终不能力助河东者也。"壬寅，重霸至大梁，会中国多事，不果从。

22 辛亥，以冯继业为朔方留后。

23 枢密使王峻，性轻躁，多计数，好权利，喜人附己。自以天下为己任。每言事，帝从之则喜，或时未允，辄愠怼，往往发不逊语。帝以其故旧，且有佐命功，又素知其为人，每优容之。峻年长于帝，帝即位，犹以兄呼之，或称其字，峻以是益骄。副使郑仁海、皇城使向训、恩州团练使李重进，皆帝在藩镇时腹心将佐也，帝即位，稍稍进用。峻心嫉之，累表称疾，求解机务，以诇帝意，

16　六月乙酉朔(初一)，后周太祖前往曲阜，拜谒孔子祠。已献上供品，将行拜礼，左右侍臣说："孔子是诸侯的大夫，不应当以天子的身份拜他。"太祖说："孔子是百代帝王的老师，岂敢不恭敬啊！"于是行拜。又拜孔子墓，命令修缮孔子祠，禁止在孔林打柴采药。访求孔子、颜渊的后代，任命做曲阜县令以及主簿。丙戌(初二)，太祖从兖州出发。

17　乙未(十一日)，吴越顺德太夫人吴氏去世。

18　丁酉(十三日)，后蜀发大水冲入成都，淹没一千多家，淹死五千多人，冲坏太庙四室。戊戌(十四日)，后蜀发布大赦，救济遭受水灾的人家。

19　己亥(十五日)，后周太祖回到大梁。

20　朔方节度使兼中书令陈留王冯晖去世，他的儿子牙内都虞候冯继业杀死其兄冯继勋，自己主持方镇军政事务。

21　后周太祖太子宾客李涛的弟弟李澣，在契丹当勤政殿学士，与幽州节度使萧海真关系很好。萧海真是契丹君主耶律兀欲的妻弟。李澣劝说萧海真归附后周，萧海真欣然答应。李澣利用定州间谍田重霸携带绢表来传报，并且给李涛信，说："契丹君主幼稚愚昧，专门从事闲逛游戏，毫无远大志向，没法同他的前人相比，朝廷倘若能够用兵，必定取胜；不然的话，与他讲和，也必定可以。这两者都宜于快速进行，估计契丹的情况形势，将来终究不能出力帮助河东的北汉。"壬寅(十八日)，田重霸到达大梁，遇上国内事情繁多，结果没有采取李澣之计。

22　辛亥(二十七日)，任命冯继业为朔方留后。

23　枢密使王峻性情轻浮急躁，善于算计，贪图权利，喜欢人家奉承自己。自负得认为治理天下的重任只有自己才能承担。他经常谈论政事，太祖听从他就高兴，有时不同意，就怨恨，往往出言不逊。太祖念其是元老旧臣，并且有辅佐创立帝业的功劳，又一向深知他的为人，常常宽容原谅他。王峻年纪比太祖大，太祖即位，仍然对王峻以兄相称，或者称他的字，王峻因此愈加骄横。枢密副使郑仁诲、皇城使向训、恩州团练使李重进，都是太祖在藩镇时候的心腹将佐，太祖即位，逐渐提拔起用他们。王峻心中妒忌，便多次上表称说有病，请求解除政务，以此试探太祖的意思，

帝屡遣左右敦谕，峻对使者辞气亢厉，又遗诸道节度使书求保证；诸道各献其书，帝惊骇久之，复遣左右慰勉，令视事，且曰："卿傥不来，朕且自往。"犹不至。帝知枢密直学士陈观与峻亲善，令往谕指，观曰："陛下但声言临幸其第，严驾以待之，峻必不敢不来。"从之。秋，七月戊子，峻入朝，帝慰劳令视事。重进，沧州人，其母即帝妹福庆长公主也。

24 李谷足跌，伤右臂，在告月馀。帝以谷职业繁剧，趣令入朝，辞以未任趋拜。癸巳，诏免朝参，但令视事。

25 蜀工部尚书、判武德军郭延钧不礼于监押王承丕，承丕谋作乱。辛丑，左奉圣都指挥使安次孙钦当以部兵戍边，往辞承丕，承丕邀与俱见府公。钦不知其谋，从之。承丕至，则令左右击杀延钧，屠其家，称奉诏处置军府，即开府库赏士卒，出系囚，发屯戍。将吏毕集，钦谓承丕曰："今延钧已伏辜，公宜出诏书以示众。"承丕曰："我能致公富贵，勿问诏书。"钦始知承丕反，因绐曰："今内外未安，我请以部兵为公巡察。"即跃马而出，承丕连呼之，不止。钦至营，晓谕其众，帅以入府，攻承丕。承丕左右欲拒战，钦叱之，皆弃兵走，遂执承丕，斩之，并其亲党，传首成都。

26 天平节度使、守中书令高行周卒。行周有勇而知义，功高而不矜，策马临敌，叱咤风生，平居与宾僚宴集，侃侃和易，人以是重之。

27 癸卯，蜀主遣客省使赵季札如梓州，慰抚吏民。

太祖屡次派遣左右侍者敦促劝慰，王峻回答使者的言词意气非常激烈，同时给各道节度使去信寻求保举证书；各道分别进献保举王峻的书信，太祖阅后惊骇很久，又派左右侍者慰问劝勉，让他治理政事，并且说："爱卿倘若不来，朕将亲自前往。"王峻仍然不到朝廷。太祖知道枢密直学士陈观与王峻亲密友善，便令他前去宣谕旨意，陈观说："陛下只须扬言要亲自驾临他的家，王峻必定不敢不来。"秋季，七月戊子，王峻上朝，太祖慰劳他并让他处理政事。李重进是沧州人，他母亲就是太祖的妹妹福庆长公主。

24 李毅失足摔跤，伤了右臂，休假一个多月。太祖因为李毅主管的业务繁多紧急，便催促他入朝，李毅以不能行朝拜大礼为理由推辞。癸巳（十八日），太祖下诏免除他的入朝参拜礼节，只让他处理事务。

25 后蜀工部尚书、判武德军郭延钧对监押王承丕无礼，王承丕阴谋发动叛乱。辛丑（十八日），左奉圣都指挥使安次人孙钦应当率所部士兵戍守边关，前往王承丕处告辞，王承丕邀请他一同去参见府公郭延钧。孙钦不知他的阴谋，跟从他去。王承丕到后，就命手下击杀郭延钧，并屠杀他全家，号称奉诏命处理军府事务，立即打开仓库赏赐士卒，放出关押的囚犯，征发他们屯戍边疆。将领官吏全部集合，孙钦对王承丕说："如今郭延钧已经服罪，您该拿出诏书来给大家看。"王承丕说："我能让您得到富贵，不必再问诏书。"孙钦这才知道王承丕是在造反，就骗他说："如今内外没有安定，我请求用所部士兵为您巡逻检查。"随即跳上马奔驰而出，王承丕连声叫他，没有止步。孙钦回到军营，向部众说明情况，率领队伍进入军府，攻击王承丕。王承丕左右卫想抵抗战斗，孙钦大声呼喝，侍卫全部丢弃武器逃跑，于是抓住王承丕，斩杀了他，以及他的亲属同党，将王承丕首级传送成都。

26 天平节度使、守中书令高行周去世。高行周勇敢而深明大义，功高而不骄傲自夸，战场上扬鞭策马亲临敌阵，叱咤风云，但平时居家与宾客僚属闲暇聚会，和颜悦色，平易近人，人们因此尊重他。

27 癸卯（二十日），后蜀君主派遣客省使赵季札前往梓州，慰问安抚官吏百姓。

28 汉法，犯私盐、麹，无问多少抵死。郑州民有以屋税受盐于官，过州城，吏以为私盐，执而杀之；其妻讼冤。癸丑，始诏犯盐、麹者以斤两定刑有差。

28　后汉刑法规定,凡犯有走私食盐、酒曲罪的,不问数量多少一律处死。郑州百姓有人交纳屋税而从官府接受配给的盐,经过州城时,官吏以为是私盐,抓住杀了他;他的妻子申诉冤枉。癸丑(三十日),后周太祖开始发布诏令:犯走私食盐、酒曲罪者,根据数量多少,定刑时应有差别。

卷第二百九十一　后周纪二

起壬子(952)九月尽甲寅(954)四月凡一年有奇

太祖圣神恭肃文武孝皇帝中
广顺二年(壬子,952)

1　九月甲寅朔,吴越丞相裴坚卒。以台州刺史吴延福同参相府事。

2　庚午,敕北边吏民毋得入契丹境俘掠。

3　契丹将高谟翰以苇筏渡胡卢河入寇,至冀州,成德节度使何福进遣龙捷都指挥使刘诚海等屯贝州以拒之。契丹闻之,遽引兵北渡。所掠冀州丁壮数百人,望见官军,争鼓噪,欲攻契丹,官军不敢应,契丹尽杀之。

4　蜀山南西道节度使李廷珪奏周人聚兵关中,请益兵为备。蜀主遣奉銮肃卫都虞候赵进将兵趣利州,既而闻周人聚兵以备北汉,乃引还。

5　唐武安节度使边镐,昏懦无断,在湖南,政出多门,不合众心。吉水人欧阳广上书,言:"镐非将帅才,必丧湖南,宜别择良帅,益兵以救其败。"不报。

唐主使镐经略朗州,有自朗州来者,多言刘言忠顺,镐由是不为备。唐主召刘言入朝,言不行,谓王逵曰:"唐必伐我,奈何?"逵曰:"武陵负江湖之险,带甲数万,安能拱手受制于人!边镐抚御无方,士民不附,可一战擒也。"言犹豫未决,周行逢曰:"机事贵速,缓则彼为之备,不可图也。"言

太祖圣神恭肃文武孝皇帝中

后周太祖广顺二年(壬子，公元952年)

1　九月甲寅朔(初一)，吴越丞相裴坚去世。任命台州刺史吴延福共同参与丞相府事务。

2　庚午(十七日)，后周太祖敕令北部边境官吏百姓不得进入契丹地界掳掠人口财物。

3　契丹将领高谟翰用芦苇编成的筏子渡过胡卢河入侵，到达冀州，成德节度使何福进派遣龙捷都指挥使刘诚诲等屯驻贝州来抵抗。契丹军队闻讯，马上退兵北上渡河。所劫掠的冀州壮丁数百人，望见官府军队，争相鼓噪，想要攻击契丹军队，官府军队不敢响应，契丹军队杀死全部壮丁。

4　后蜀山南西道节度使李廷珪奏报后周人在关中地区集结军队，请求增加兵力进行防备。后蜀君主派遣奉銮肃卫都虞候赵进领兵赶赴利州，不久听说后周人集结军队用来防备北汉，于是退兵返回。

5　南唐武安节度使边镐，昏庸怯懦不决断，在湖南，政令出自多家，不能凝聚民心。吉水人欧阳广上书，说："边镐不是将帅之才，必定会丧失湖南，应该另外选择好的主帅，并增加军队来挽救败亡。"没有答复。

南唐君主让边镐筹划治理朗州，有从朗州来的人，说刘言忠诚顺服，边镐因此不做防备。南唐君主召刘言进京入朝，刘言不去，对王逵说："唐必定讨伐我，怎么办？"王逵说："武陵依托长江、洞庭湖的险要，全副武装的士卒数万，怎么能束手待毙受制于人！边镐治理无方，士人百姓不愿亲附，可以一战就擒获。"刘言犹豫不决，周行逢说："机密之事贵在神速，动作迟缓的话对方就会做准备，不可谋取了。"刘言

乃以逵、行逢及牙将何敬真、张仿、蒲公益、朱全琇、宇文琼、彭万和、潘叔嗣、张文表十人皆为指挥使,部分发兵。叔嗣、文表,皆朗州人也。行逢能谋,文表善战,叔嗣果敢,三人多相须成功,情款甚昵。

诸将欲召溆州酋长苻彦通为援,行逢曰:"蛮贪而无义,前年从马希萼入潭州,焚掠无遗。吾兵以义举,往无不克,乌用此物,使暴殄百姓哉!"乃止。然亦畏彦通为后患,以蛮酋土团都指挥使刘瑶为群蛮所惮,补西境镇遏使以备之。

冬,十月,逵等将兵分道趣长沙,以孙朗、曹进为先锋使,边镐遣指挥使郭再诚等将兵屯益阳以拒之。戊子,逵等克沅江,执都监刘承遇,裨将李师德帅众五百降之。壬辰,逵等命军士举小舟自蔽,直造益阳,四面斧寨而入,遂克之,杀戍兵二千人。边镐告急于唐。甲午,逵等克桥口及湘阴;乙未,至潭州,边镐婴城自守。救兵未至,城中兵少,丙申夜,镐弃城走,吏民俱溃。醴陵门桥折,死者万馀人,道州刺史廖偃为乱兵所杀。丁酉旦,王逵入城,自称武平节度副使、权知军府事,以何敬真为行军司马。遣敬真等追镐,不及,斩首五百级。蒲公益攻岳州,唐岳州刺史宋德权走,刘言以公益权知岳州。唐将守湖南诸州者,闻长沙陷,相继遁去。刘言尽复马氏岭北故地,惟郴、连入于南汉。

6 契丹瀛、莫、幽州大水,流民入塞散居河北者数十万口,契丹州县亦不之禁。诏所在赈给存处之,中国民先为所掠,得归者什五六。

7 丁未,彀以病臂久未愈,三表辞位,帝遣中使谕指曰:"卿所掌至重,朕难其人,苟事功克集,何必朝礼。朕今于便殿待卿,可暂入

于是任命王逵、周行逢以及牙将何敬真、张仿、蒲公益、朱全琇、宇文琼、彭万和、潘叔嗣、张文表十人都为指挥使，部署发兵。潘叔嗣、张文表都是朗州人。周行逢擅长计谋，张文表善于作战，潘叔嗣果断勇敢，三人经常互相配合取胜，情投意合，非常亲密。

众将想召唤溆州酋长符彦通作为援军，周行逢说："蛮人贪婪而不讲信义，前年跟从马希萼进入潭州，烧杀抢掠没有遗留。我军以义起事勇往直前，攻无不克，何必动用这家伙，让他暴虐残害百姓呢！"于是作罢。然而又怕符彦通成为后顾之忧，因蛮人酋长团都指挥使刘瑄被众蛮人部落所畏服，便补授他为西境镇遏使来防备符彦通。

冬季，十月，王逵等领兵分路奔赴长沙，任命孙朗、曹进为先锋使，边镐派遣指挥使郭再诚等领兵屯驻益阳抵抗。戊子（初五），王逵等攻克沅江，抓获都监刘承遇，副将李师德率部众五百人投降。壬辰（初九），王逵等命令军士举着小船遮蔽自己，直达益阳城下，从四面用斧子砍破寨门进入，于是攻克益阳，杀死戍守士兵两千人。边镐向南唐告急。甲午（十一日），王逵等攻克桥口及湘阴；乙未（十二日），到达潭州，边镐据城亲自守卫。救兵没有到达，城中士兵又少，丙申（十三日）夜晚，边镐弃城逃跑，官吏百姓全都溃逃。潭州城东的醴陵门桥断裂，死的有一万多人，道州刺史廖偃被乱军所杀。丁酉（十四日）清晨，王逵进入潭州城，自称武平节度副使，代理主持军府事务，任命何敬真为行军司马。派遣何敬真等追赶边镐，没有追上，斩得首级五百。蒲公益进攻岳州，南唐岳州刺史宋德权逃跑，刘言任命蒲公益代理主持岳州军政。南唐将领守卫湖南各州的，听说长沙陷落，相继逃跑离去。刘言全部收复马氏大庾岭以北旧地，只有郴州、连州落入南汉之手。

6　契丹瀛州、莫州、幽州发大水，流民进入边塞散居河北的有数十万人，契丹各州、县也不加禁止。后周太祖下诏书命有关州、县救济接待流民，中原百姓从前被抢掠而得以返归者有十分之五六。

7　丁未（十二四日），李穀因为手臂的伤长久不能痊愈，便三次上表要求辞去他的职位，后周太祖派遣宫中使者传达旨意，说："爱卿所执掌的事务至为重要，朕实在难得合适的人选，只要事业能够成功，何必讲究朝礼的形式。朕现在便殿等候爱卿，可马上入宫

相见。"縠入见于金祥殿,面陈悃款,帝不许。縠不得已复视事。縠未能执笔,诏以三司务繁,令刻名印用之。

8 辛亥,敕:"民有诉讼,必先历县州及观察使处决,不直,乃听讼于台省。或自不能书牒,倩人书者,必书所倩姓名、居处。若无可倩,听执素纸。所诉必须己事,毋得挟私客诉。"

9 庆州刺史郭彦钦性贪,野鸡族多羊马,彦钦故扰之以求赂,野鸡族遂反,剽掠纲商。帝命宁、环二州合兵讨之。

10 刘言遣使来告,称:"湖南世事朝廷,不幸为邻寇所陷,臣虽不奉诏,辄纠合义兵,削平旧国。"

唐主削边镐官爵,流饶州。初,镐以都虞候从查文徽克建州,凡所俘获皆全之,建人谓之"边佛子";及克潭州,市不易肆,潭人谓之"边菩萨";既而为节度使,政无纲纪,惟日设斋供,盛修佛事,潭人失望,谓之"边和尚"矣。

左仆射同平章事冯延己、右仆射同平章事孙晟上表请罪,皆释之。晟陈请不已,乃与延己皆罢守本官。

唐主以比年出师无功,乃议休兵息民。或曰:"愿陛下数十年不用兵,可小康矣!"唐主曰:"将终身不用,何数十年之有。"唐主思欧阳广之言,拜本县令。

11 十一月辛未,徙保义节度使折从阮为静难节度使,讨野鸡族。

12 癸酉,敕:"约每岁民间所输牛皮,三分减二;计田十顷,税取一皮,馀听民自用及卖买,惟禁卖于敌国。"先是,兵兴以来,禁民私卖买牛皮,悉令输官受直。唐明宗之世,有司止偿以盐;晋天福中,

相见。"李榖入宫在金祥殿谒见，当面陈述由衷之言，太祖不答应。李榖不得已再主事。李榖不能握笔，太祖诏令：因三司事务繁杂，命刻李榖的印章用于公文。

8　辛亥（二十八日），后周太祖下敕令："百姓若有诉讼，必须先经县、州以及观察使处理，认为判决不公，才允许向朝廷台省起诉。有人自己不能书写状牒，请他人书写的，必须写明代笔人的姓名、住址。倘若无合适人可请，允许拿着白纸起诉。所申诉的必须是自己的事，不得挟持私心为他人诉讼。"

9　庆州刺史郭彦钦生性贪婪，野鸡族部落羊马很多，郭彦钦故意骚扰他们来索求贿赂，野鸡族于是反叛，抢劫贸易商队。后周太祖命令宁州、环州会合军队讨伐。

10　刘言派遣使者前来报告，说："湖南世代事奉朝廷，不幸被南唐所攻陷，臣虽然没接奉诏令，但立即纠合义兵，已经平定湖南楚国旧地。"

南唐君主削去边镐的官职爵位，流放饶州。当初，边镐任都虞候跟随查文徽攻克建州，凡是所捕获俘房都保全性命，建州人称他"边佛子"；及至攻克潭州，市场照常营业，潭州人称他"边菩萨"；不久当了节度使，为政没有章法，只是每天摆设供品，大修佛事，潭州人很失望，称他"边和尚"了。

左仆射同平章事冯延己、右仆射同平章事孙晟上表书请罪，南唐君主都宽恕了他们。孙晟陈述请罪不止，才和冯延己一同被罢免同平章事而担任原来的官职。

南唐君主因连年出师无功，于是商议停止用兵休养生息。有人说："希望陛下几十年都不用兵，可以实现小康了！"南唐君主说："我将终身不再用兵，何止几十年呢。"南唐君主想起欧阳广当初说的话，授任他为本县县令。

11　十一月辛未（十九日），后周太祖调任保义节度使折从阮为静难节度使，讨伐野鸡族。

12　癸酉（二十一日），后周太祖颁发敕令："规定每年民间所进贡的牛皮，减免三分之二；每十顷田，征税收取一张牛皮，其馀的任凭百姓自己使用以及相互买卖，只禁止出卖给敌对国家。"在此之前，战争兴起以来，禁止百姓私自买卖牛皮，全部让送到官府接受偿值。唐明宗的时候，官府只用盐作为偿还；后晋天福年间，

并盐不给。汉法,犯私牛皮一寸抵死,然民间日用实不可无。帝素知其弊,至是,李榖建议,均于田亩,公私便之。

13 十二月丙戌,河决郑、滑,遣使行视修塞。

14 甲午,前静难节度使侯章献买宴绢千匹,银五百两。帝不受,曰:"诸侯入觐,天子宜有宴犒,岂待买邪!自今如此比者,皆不受。"

15 王逵将兵及洞蛮五万攻郴州,南汉将潘崇彻救之,遇于蠻石。崇彻登高望湖南兵,曰:"疲而不整,可破也。"纵击,大破之,伏尸八十里。

16 翰林学士徐台符请诛诬告李崧者葛延遇及李澄,冯道以为屡更赦,不许。王峻嘉台符之义,白于帝,癸卯,收延遇、澄,诛之。

17 刘言表称潭州残破,乞移使府治朗州,且请贡献、卖茶,悉如马氏故事,许之。

18 唐江西观察使楚王马希萼入朝,唐主留之,后数年,卒于金陵,谥曰恭孝。

19 初,麟州土豪杨信自为刺史,受命于周。信卒,子重训嗣,以州降北汉。至是,为群羌所围,复归款,求救于夏、府二州。

三年(癸丑,953)

1 春,正月丙辰,以武平留后刘言为武平节度使,制置武安静江等军事、同平章事;以王逵为武安节度使,何敬真为静江节度使,周行逢为武安行军司马。

2 诏折从阮:"野鸡族能改过者,拜官赐金帛,不则进兵讨之。"壬戌,从阮奏:"酋长李万全等受诏立誓外,自馀犹不服,方讨之。"

连盐都不给。后汉法律规定,犯有私自动用一寸牛皮的处死,然而民间生活日用实在不可缺少。后周太祖素知其中弊端,到这时,李毅提出建议,将上缴牛皮均摊到田亩里,公私双方都方便。

13　十二月丙戌(初四),黄河在郑州、滑州决口,后周太祖派遣使者巡视堵塞决口。

14　甲午(十二日),前静难节度使侯章进献买宴绢一千四、银子五百两。后周太祖不接受,说:"诸侯入朝观见,天子应该有宴席犒劳,岂能等人出钱买宴呢! 从今以后像这类的进贡,一律不接受。"

15　王逵率领所部以及洞蛮军队五万进攻郴州,南汉将领潘崇彻救援郴州,在蠄石相遇。潘崇彻登高观望湖南军队,说:"疲惫而不整齐,可以击败。"纵兵出击,大败王逵,倒伏的尸体长达八十里。

16　翰林学士徐台符请求诛杀诬告李崧的葛延遇和李澄,冯道认为屡经赦免,不准许。王峻赞许徐台符的义气,向后周太祖禀报,癸卯(二十一日),逮捕葛延遇、李澄,诛杀二人。

17　刘言上表称说潭州残坏破败,请求将节度使府治迁移到朗州,并且请求进纳贡献、买卖茶叶,全部比照马氏成例,后周太祖准许。

18　南唐江西观察使楚王马希萼进京入朝,南唐君主留他在京,几年之后,马希萼在金陵去世,谥号为恭孝。

19　当初,麟州土豪杨信自称刺史,接受后周的命令。杨信去世,儿子杨重训继位,带着麟州投降北汉。到这时,被众多羌人部落所包围,又归附投诚后周,向夏、府二州求救。

后周太祖广顺三年(癸丑,公元953年)

1　春季,正月丙辰(初五),后周太祖任命武平留后刘言为武平节度使、置制武安及静江等军事、同平章事;任命王逵为武安节度使,何敬真为静江节度使,周行逢为武安行军司马。

2　后周太祖下诏书给折从阮:"野鸡族首领能够改过的,授予官职赏赐金帛,怙恶不悛的就进兵讨伐。"壬戌(十一日),折从阮奏报:"除酋长李万全等接受诏书立誓改过之外,其馀的仍然不肯降服,正在讨伐他们。"

3 前世屯田皆在边地，使戍兵佃之。唐末，中原宿兵，所在皆置营田以耕旷土，其后又募高赀户使输课佃之，户部别置官司总领，不隶州县，或丁多无役，或容庇奸盗，州县不能诘。梁太祖击淮南，掠得牛以千万计，给东南诸州农民，使岁输租。自是历数十年，牛死而租不除，民甚苦之。帝素知其弊，会阁门使、知青州张凝上便宜，请罢营田务，李毅亦以为言，乙丑，敕："悉罢户部营田务，以其民隶州县；其田、庐、牛、农器，并赐见佃者为永业，悉除租牛课。"是岁，户部增三万馀户。民既得为永业，始敢葺屋植木，获地利数倍。或言："营田有肥饶者，不若鬻之，可得钱数十万缗以资国。"帝曰："利在于民，犹在国也，朕用此钱何为！"

4 莱州刺史叶仁鲁，帝之故吏也，坐赃绢万五千匹，钱千缗，庚午，赐死。帝遣中使赐以酒食曰："汝自抵国法，吾无如之何！当存恤汝母。"仁鲁感泣。

5 帝以河决为忧，王峻自请往行视，许之。镇宁节度使荣屡求入朝，峻忌其英烈，每沮止之。闰月，荣复求入朝，会峻在河上，帝乃许之。

6 契丹寇定州，围义丰军，定和都指挥使杨弘裕夜击其营，大获，契丹遁去。又寇镇州，本道兵击走之。

7 丙申，镇宁节度使荣入朝。故李守贞骑士马全义从荣入朝，帝召见，补殿前指挥使，谓左右曰："全义忠于所事，昔在河中，屡挫吾军，汝辈宜效之。"王峻闻荣入朝，遽自河上归，戊戌，至大梁。

3　前代屯田都在边疆地带,让卫戍的士兵耕种。唐朝末年,中原驻北军队,所在之处都设置营田来耕种空旷土地,以后又招募钱多的富户耕种让他们交纳租税,户部另外设置机构总管,不隶属于州、县,有的壮丁多而无徭役,有的收容庇护奸人盗贼,州、县没法追究。后梁太祖进击淮南,抢掠到的牛数以千万计,提供给东南各州农民,让他们每年交租。自此经过几十年后,牛死而租不免除,农民深受其苦。后周太祖素知其中弊端,正好阁门使、知青州张凝上奏请便宜行事,要求撤销营田事务,李穀也这样说,乙丑(十四日),颁敕令:"全部取消户部营田事务,将耕种营田的农民隶属于州、县;他们的田地、庐舍、耕牛、农具,同时赐给现在耕种者作为永久产业,全部免除牛租的征收。"这一年,户部增加三万多户人口。农民既已得到这些成为永久产业,方才敢修葺房屋、种植树木,获取地利数倍于以前。有人说:"营田中有肥沃富饶的,不如卖掉它,可以得钱数十万缗来充实国库。"太祖说:"利益在农民那里,如同在国家一样,朕用这些钱干什么!"

4　莱州刺史叶仁鲁是后周太祖的旧吏,因贪污绢帛一万五千四、钱一千缗而被判罪,庚午(十九日),赐其自杀。太祖派遣宫中使者赐给酒和食物,说:"你自己触犯国法,我没有什么办法!必当关照抚恤你的母亲。"叶仁鲁感动得流下眼泪。

5　后周太祖为黄河决口而忧愁,王峻自己请求前往巡视,太祖准许。镇宁节度使郭荣屡次请求进京入朝,王峻嫉妒他英武勇烈,经常阻挠。闰月,郭荣又请求进京入朝,正好王峻外出在黄河边上,太祖就答应了。

6　契丹侵犯定州,包围义丰军,定和都指挥使杨弘裕夜晚袭击敌营,大获全胜,契丹军队逃跑。契丹军队又侵犯镇州,当地军队击败赶走了敌人。

7　丙申(十五日),镇宁节度使郭荣进京入朝。原李守贞的骑士马全义随郭荣入朝,后周太祖召见他,补授他为殿前指挥使,对左右的人说:"马全义忠于所服务的主人,从前在河中时,屡次挫败我的军队,你们应该仿效他。"王峻听说郭荣进京入朝,赶紧从黄河边上返回,戊戌(十七日),到达大梁。

8　彰武节度使高允权卒,其子牙内指挥使绍基谋袭父位,诈称允权疾病,表己知军府事。观察判官李彬切谏,绍基怒,斩之,辛巳,以彬谋反闻。

9　王峻固求领藩镇,帝不得已,壬寅,以峻兼平卢节度使。

10　高绍基屡奏杂虏犯边,冀得承袭,帝遣六宅使张仁谦诣延州巡检,绍基不能匿,始发父丧。

11　戊申,折从阮奏降野鸡二十一族。

12　唐草泽邵棠上言:"近游淮上,闻周主恭俭,增修德政。吾兵新破于潭、朗,恐其有南征之志,宜为之备。"

13　初,王逵既得潭州,以指挥使何敬真为静江节度副使,朱全琇为武安节度副使,张文表为武平节度副使,周行逢为武安行军司马。敬真、全琇各置牙兵,与逵分厅视事,吏民莫知所从。每宴集,诸将使酒,纷拏如市,无复上下之分,唯行逢、文表事逵尽礼,逵亲爱之。敬真与逵不协,辞归朗州,又不能事刘言,与全琇谋作乱。言素忌逵之强,疑逵使敬真伺己,将讨之,逵闻之,甚惧。行逢曰:"刘言素不与吾辈同心,何敬真、朱全琇耻在公下,公宜早图之。"逵喜曰:"与公共除凶党,同治潭、朗,夫复何忧!"会南汉寇全、道、永州,行逢请:"身至朗州说言,遣敬真、全琇南讨,俟至长沙,以计取之,如掌中物耳。"逵从之。行逢至朗州,言以敬真为南面行营招讨使,全琇为先锋使,将牙兵百馀人会潭州兵以御南汉。二人至长沙,逵出郊迎,相见甚欢,宴饮连日,多以美妓饵之,敬真因淹留不进。朗州指挥使李仲迁部兵三千人久戍潭州,敬真使之先发,趣岭北,都头符会等因士卒思归,劫仲迁擅还朗州。

8　彰武节度使高允权去世,他的儿子牙内指挥使高绍基图谋承袭父亲职位,谎称高允权病重,上表自己主持军府事务。观察判官李彬恳切劝谏,高绍基发怒,斩杀了他,辛巳,捏造李彬图谋造反向上报告。

9　王峻再三请求兼领藩镇,后周太祖不得已,壬寅(二十一日),任命王峻兼任平卢节度使。

10　高绍基屡次奏报各种强虏侵犯边境,希望能承袭父职,后周太祖派遣六宅使张仁谦到延州巡视检查,高绍基不能再隐瞒,才发布父丧。

11　戊申(二十七日),折从阮奏报降伏野鸡二十一个部族。

12　南唐布衣之士邵棠上言说:"近来出游淮上,听说周主恭敬俭朴,不断推行德政。我国军队新近在潭州、朗州失利,恐怕周有南征的意向,应该为此做好防备。"

13　当初,王逵既已取得潭州,便任命指挥使何敬真为静江节度副使,朱全琇为武安节度副使,张文表为武平节度副使,周行逢为武安行军司马。何敬真、朱全琇各自设置警卫牙兵,与王逵分厅处理政务,官吏百姓不知应该听从谁的。每次宴请聚会,众将领酗酒使性,纷纭杂乱得像市场一样,不再有上下尊卑的区分,只有周行逢、张文表对待王逵恭敬有礼,所以王逵亲近喜爱这两人。何敬真与王逵不和,告辞返归朗州,但又不肯服从刘言,便与朱全琇谋划发动叛乱。刘言一向顾忌王逵的强大,怀疑王逵派何敬真来窥探自己,准备征讨王逵,王逵闻知,很恐惧。周行逢说:"刘言素来不与我们一条心,何敬真、朱全琇以在您手下为耻,您应当及早处置他们。"王逵大喜说:"与您共同剪除凶党乱徒,一道统治潭州、朗州,还有什么忧愁!"正好遇上南汉入侵全州、道州、永州,周行逢请命:"我愿单身到朗州劝说刘言,让他派遣何敬真、朱全琇南下讨伐,等二人到达长沙,设计捉拿,犹如取掌中之物那样容易。"王逵听从此计。周行逢到达朗州,刘言任命何敬真为南面行营招讨使,朱全琇为先锋使,率领牙兵百馀人会合潭州军队来抵御南汉。两人到达长沙,王逵亲自出城到郊外迎接,相互见面显得非常欢喜,设宴畅饮接连几天,常用美貌妓女款待引诱他们,何敬真因此滞留不再前进。朗州指挥使李仲迁所部军队三千人长久戍守潭州,何敬真让他先出发,赶赴大庚岭北面,都头符会等因士兵思归故里,劫持李仲迁擅自返回朗州。

逵乘敬真醉,使人诈为言使者,责敬真以"南寇深侵,不亟捍御而专务荒宴,太师命械公归西府",因收系狱。全琇逃去,遣兵追捕之。二月辛亥朔,斩敬真以徇。未几,获全琇及其党十馀人,皆斩之。

14　癸丑,镇宁节度使荣归澶州。

15　初,契丹主德光北还,以晋传国宝自随。至是,更以玉作二宝。

16　王逵遣使以斩何敬真告刘言,言不得已,庚申,斩符会等数人。

17　枢密使、平卢节度使、同平章事王峻,晚节益狂躁,奏请以端明殿学士颜衍、枢密直学士陈观代范质、李穀为相,帝曰:"进退宰辅,不可仓猝,俟朕更思之。"峻力论列,语浸不逊。日向中,帝尚未食,峻争之不已,帝曰:"今方寒食,俟假开,如卿所奏。"峻乃退。

癸亥,帝亟召宰相、枢密使入,幽峻于别所。帝见冯道等,泣曰:"王峻陵朕太甚,欲尽逐大臣,翦朕羽翼。朕惟一子,专务间阻,暂令诣阙,已怀怨望。岂有身典枢机,复兼宰相,又求重镇,观其志趣,殊未盈厌。无君如此,谁则堪之!"甲子,贬峻商州司马,制辞略曰:"肉视群后,孩抚朕躬。"帝虑邺都留守王殷不自安,命殷子尚食使承诲诣殷,谕以峻得罪之状。峻至商州,得腹疾,帝犹愍之,命其妻往视之,未几而卒。

18　帝命折从阮分兵屯延州,高绍基始惧,屡有贡献。又命供奉官张怀贞将禁兵两指挥屯鄜、延,绍基乃悉以军府事授副使张匡图。甲戌,以客省使向训权知延州。

王逵乘何敬真大醉,派人假装成刘言的使者,斥责何敬真:"南面敌寇大举入侵,不立即防御抵抗而专门追求荒淫玩乐,太师命令给您戴上脚镣手铐押回西府朗州。"趁机将何敬真逮捕关进监狱。朱全璙逃跑离去,派兵追捕他。二月辛亥朔(初一),斩杀何敬真来示众。不久,捕获朱全璙及其党羽十几人,全部斩首。

14 癸丑(初三),镇宁节度使郭荣返归澶州。

15 当初,契丹君主耶律德光返回北方,将后晋传国玺印随身携走。到这时,又用玉做两枚玺印。

16 王逵派遣使者将何敬真斩首报告刘言,刘言不得已,于庚申(十日),将符会等多人斩首。

17 枢密使、平卢节度使、同平章事王峻,晚年性情益发狂妄急躁,奏请任用端明殿学士颜衎、枢密直学士陈观取代范质、李穀为宰相,后周太祖说:"调换宰相,不可仓促行事,待朕再考虑一番。"王峻极力陈述己见,言语愈来愈不恭敬。太阳已近正中,太祖还未进食,王峻争执没个完,太祖说:"如今正是寒食节,等待休假结束,就照爱卿所奏办理。"王峻这才退下。

癸亥(十三日),后周太祖紧急召见宰相、枢密使入朝,将王峻软禁在别的地方。太祖见到冯道等人,流下眼泪说:"王峻欺朕太甚,想将大臣全部驱逐,翦除朕的左膀右臂。朕只有一子,王峻却专门设置障碍,临时让他进京入朝,王峻得知便已满腔怨恨。况且岂有一身既主持枢密院,又兼任宰相,还要求遥领重要藩镇的道理,观察他的志向意趣,永无满足。目中无君如此,谁能忍受!"甲子(十四日),贬谪王峻为商州司马,制书之辞大略说:"视群臣如案板上的肉,待朕身似几岁孩童。"太祖顾虑邺都留守王殷会自感不安,命王殷儿子尚食使王承诲前往王殷处,告知王峻获罪的情况。王峻到达商州,得了腹泻病,太祖仍然可怜他,命他的妻子前往探视,王峻不久便去世了。

18 后周太祖命折从阮分兵屯驻延州,高绍基开始害怕,时常有贡物给朝廷。太祖又命供奉官张怀贞率领禁兵两个指挥屯驻鄜州、延州,高绍基这才把全部军府事务交给节度副使张匡图。甲戌(二十四日),任命客省使向训出守延州。

19 三月甲申,以镇宁节度使荣为开封尹、晋王。丙戌,以枢密副使郑仁诲为镇宁节度使。

20 初,杀牛族与野鸡族有隙,闻官军讨野鸡,馈饷迎奉,官军利其财畜而掠之。杀牛族反,与野鸡合,败宁州刺史张建武于包山。帝以郭彦钦扰群胡,致其作乱,黜废于家。

21 初,解州刺史浚仪郭元昭与榷盐使李温玉有隙,温玉婿魏仁浦为枢密主事,元昭疑仁浦庇之;会李守贞反,温玉有子在河中,元昭收系温玉,奏言其叛,事连仁浦。帝时为枢密使,知其诬,释不问。至是,仁浦为枢密承旨,元昭代归,甚惧,过洛阳,以告仁浦弟仁涤,仁涤曰:"吾兄平生不与人为怨,况肯以私害公乎!"既至,丁亥,仁浦白帝,以元昭为庆州刺史。

22 己丑,以棣州团练使太原王仁镐为宣徽北院使兼枢密副使。

23 唐主复以左仆射冯延己同平章事。

24 周行逢恶武平节度副使张倣,言于王逵曰:"何敬真,倣之亲戚,临刑以后事属倣,公宜备之。"夏,四月庚申,逵召倣饮,醉而杀之。

25 丙寅,归德节度使兼侍中常思入朝;戊辰,徙平卢节度使。将行,奏曰:"臣在宋州,举丝四万馀两在民间,谨以上进,请征之。"帝颔之。五月丁亥,敕榜宋州,凡常思所举悉蠲之,已输者复归之,思亦无怍色。

26 自唐末以来,所在学校废绝,蜀毋昭裔出私财百万营学馆,且请刻板印《九经》,蜀主从之。由是蜀中文学复盛。

27 六月壬子,沧州奏契丹知卢台军事范阳张藏英来降。

19　三月甲申(初五)，后周太祖任命镇宁节度使郭荣为开封尹、晋王。丙戌(初七)，任命枢密副使郑仁诲为镇宁节度使。

20　当初，杀牛族与野鸡族有摩擦，听说官府军队讨伐野鸡族，便馈送军粮迎接事奉，官府军队贪图他们的财产牲畜而进行抢掠。杀牛族即造反，与野鸡族联合，在包山打败宁州刺史张建武。后周太祖因为郭彦钦骚扰各胡人部族，导致发生叛乱，将他革职为民。

21　当初，解州刺史浚仪人郭元昭与榷盐使李温玉有矛盾，李温玉女婿魏仁浦为枢密主事，郭元昭怀疑魏仁浦庇护岳丈；正好遇上河中李守贞造反，李温玉有个儿子在河中，郭元昭拘捕关押李温玉，上奏报告他叛变，事情牵连到魏仁浦。后周太祖当时任枢密使，知道这是诬告，便放在一边不加追问。到这时，魏仁浦任枢密承旨，郭元昭调职归京，很害怕，路过洛阳，来告诉魏仁浦的弟弟魏仁涤，魏仁涤说："我哥哥平素不与人结怨记仇，怎么肯因私人恩怨来害您呢!"郭元昭已到京，丁亥(八日)，魏仁浦报告后周太祖，任命郭元昭为庆州刺史。

22　己丑(十日)，后周太祖任命棣州团练使太原人王仁镐为宣徽北院使兼枢密副使。

23　南唐君主又任命左仆射冯延己为同平章事。

24　周行逢厌恶武平节度副使张倣，向王逵禀告说："何敬真是张倣的亲戚，何敬真临刑时将后事托付给张倣，您应防备他。"夏季，四月庚申(十一日)，王逵召张倣喝酒，灌醉后杀了他。

25　内寅(十七日)，归德节度使兼侍中常思进京入朝；戊辰(十九日)，调任平卢节度使。常思将要出行，启奏说："臣下在宋州，在民间发放四万多两丝的债，谨将债权进献皇上，请到时征收。"后周太祖点点头。五月丁亥(初九)，太祖向宋州颁发布告，凡是常思所放的债全部豁免，常思知道后也没有惭愧的样子。

26　自从唐朝末年以来，各地学校荡然无存，后蜀毋昭裔拿出私人财产上百万营办学馆，并且请求刻板印刷《九经》，后蜀君主听从了他。由此蜀地的文艺学术重新昌盛。

27　六月壬子(初四)，沧州奏报契丹的知卢台军事范阳人张藏英前来投降。

28 初,唐明宗之世,宰相冯道、李愚请令判国子监田敏校正《九经》,刻板印卖,朝廷从之。丁巳,板成,献之。由是,虽乱世,《九经》传布甚广。

29 王逵以周行逢知潭州,自将兵袭朗州,克之,杀指挥使郑玫,执武安节度使、同平章事刘言,幽于别馆。

30 秋,七月,王殷三表请入朝,帝疑其不诚,遣使止之。

31 唐大旱,井泉涸,淮水可涉,饥民渡淮而北者相继,濠、寿发兵御之,民与兵斗而北来。帝闻之曰:"彼我之民一也,听籴米过淮。"唐人遂筑仓,多籴以供军。八月己未,诏唐民以人畜负米者听之,以舟车运载者勿予。

32 王逵遣使上表,诬"刘言谋以朗州降唐,又欲攻潭州,其众不从,废而囚之,臣已至朗州抚安军府讫。"且请复移使府治潭州。甲戌,遣通事舍人翟光裔诣湖南宣抚,从其所请。逵还长沙,以周行逢知朗州事,又遣潘叔嗣杀刘言于朗州。

33 九月己亥,武成节度使白重赞奏塞决河。

34 契丹寇乐寿,齐州戍兵右保宁都头刘汉章杀都监杜延熙,谋应契丹,不克,并其党伏诛。

35 南汉主立其子继兴为卫王,璇兴为桂王,庆兴为荆王,保兴为祯王,崇兴为梅王。

36 东自青、徐,南至安、复,西至丹、慈,北至贝、镇,皆大水。

37 帝自入秋得风痹疾,害于食饮及步趋,术者言宜散财以禳之。帝欲祀南郊,又以自梁以来,郊祀常在洛阳,疑之。执政曰:"天子所都则可以祀百神,何必洛阳!"于是,

28 当初,后唐明宗的时候,宰相冯道、李愚请示让判国子监田敏校正《九经》,刻板印刷出售,朝廷同意。丁巳(九日),刻板完成,进献朝廷。从此,虽然世道大乱,但《九经》的传布仍然很广。

29 王逵任命周行逢主持潭州事务,自己领兵袭击朗州,攻克州城,杀死指挥使郑珓,抓获武安节度使、同平章事刘言,囚禁在客馆。

30 秋季,七月,王殷三次上表请求进京入朝,后周太祖怀疑他不诚心,派遣使者制止。

31 南唐大旱,井水、泉水干涸,淮河干得可徒步而过,饥民渡过淮河北上的接连不断,南唐濠州、寿州发兵阻止,百姓与士兵争斗朝北奔来。后周太祖闻悉此情说:"对方和我方的百姓是一样的,听凭南面百姓过淮河来买粮。"南唐人于是修筑仓库,多买粮食来供应军队。八月己未(十二日),后周太祖颁诏令:南唐百姓用人力和牲口拉粮食的准许,用船只车辆运载粮食的不予出售。

32 王逵派遣使者上表书,诬称:"刘言阴谋率朗州向南唐投降,又准备攻潭州,他的部众不肯从命,将他废黜并囚禁,臣下已经到达朗州安抚军府完毕。"并且请求将节度使府治再迁移到潭州。甲戌(二十七日),后周太祖派遣通事舍人翟光裔到湖南宣旨安抚,同意王逵的请求。王逵返回长沙,任命周行逢主持朗州事务,又派遣潘叔嗣在朗州杀死刘言。

33 九月己亥(二十二日),武成节度使白重赞奏报堵塞黄河决口。

34 契丹军队侵犯乐寿,齐州卫戍部队右保宁都头刘汉章杀死都监杜延熙,策划接应契丹军队,没有成功,连同他的党羽伏法处死。

35 南汉君主封立他的儿子刘继兴为卫王,刘璇兴为桂王,刘庆兴为荆王,刘保兴为祯王,刘崇兴为梅王。

36 东起青州、徐州,南到安州、复州,西到丹州、慈州,北到贝州、镇州,都发大水。

37 后周太祖自入秋以来受风得了风痹病,影响饮食和行走,术士说应该散发财物来祛病消灾。太祖打算在南郊举行祭祀,又因从后梁以来,祭祀天地常在洛阳举行,疑惑未决。朝廷执政官说:"天子所在都城便可以祭祀百神,何必非在洛阳!"于是,

始筑圜丘、社稷坛,作太庙于大梁。癸亥,遣冯道迎太庙社稷神主于洛阳。

38　南汉大赦。

39　冬,十一月己丑,太常请准洛阳筑四郊诸坛,从之。十二月丁未朔,神主至大梁,帝迎于西郊,祔享于太庙。

40　邺都留守、天雄节度使兼侍卫亲军都指挥使、同平章事王殷恃功专横,凡河北镇戍兵应用敕处分者,殷即以帖行之,又多掊敛民财。帝闻之不悦,使人谓曰:"卿与国同体,邺都帑庾甚丰,卿欲用则取之,何患无财!"成德节度使何福进素恶殷,甲子,福进入朝,密以殷阴事白帝,帝由是疑之。乙丑,殷入朝,诏留殷充京城内外巡检。

41　戊辰,府州防御使折德扆奏北汉将乔赟入寇,击走之。

42　王殷每出入,从者常数百人。殷请量给铠仗以备巡逻,帝难之。时帝体不平,将行郊祀,而殷挟震主之势在左右,众心忌之。壬申,帝力疾御滋德殿,殷入起居,遂执之。下制诬殷谋以郊祀日作乱,流登州,出城,杀之。命镇宁节度使郑仁诲诣邺都安抚。仁诲利殷家财,擅杀殷子,迁其家属于登州。

43　唐祠部郎中、知制诰徐铉言贡举初设,不宜遽罢,乃复行之。
先是,楚州刺史田敬洙请修白水塘溉田以实边,冯延己以为便。李德明因请大辟旷土为屯田,修复所在渠塘堙废者。吏因缘侵扰,大兴力役,夺民田甚众,民愁怨无诉。徐铉以白唐主,唐主命铉按视之,铉籍民田悉归其主。或谮铉擅作威福,唐主怒,流铉舒州。然白水塘竟不成。

开始建筑祭祀天地的圜丘、社稷坛,在大梁建造太庙。癸亥(十六日),派遣冯道到洛阳迎来太庙社稷的神主牌位。

38　南汉实行大赦。

39　冬季,十一月己丑(十三日),太常请示比照洛阳修筑四郊各坛,后周太祖同意。十二月丁未朔(初一),神主牌位抵达大梁,后周太祖到西郊迎接,合供在太庙。

40　邺都留守、天雄节度使兼侍卫亲军都指挥使、同平章事王殷恃仗有功专横不法,凡是河北藩镇卫戍部队应用皇帝敕书才能处理的事,王殷却直接用自己的手帖就实施了,同时大量盘剥百姓财产。后周太祖听说这些很不高兴,派人对他说:"爱卿与国家同为一体,邺都国库非常丰盈,爱卿想用就拿取,还怕什么没财!"成德节度使何福进一向憎恶王殷,甲子(十八日),何福进进京入朝,秘密地将王殷隐秘之事禀报后周太祖,太祖由此怀疑王殷。乙丑(十九日),王殷进京入朝,太祖颁诏留下王殷充任京城内外巡检。

41　戊辰(二十二日),府州防御使折德扆奏报北汉将领乔赟入侵,将他打跑了。

42　王殷每次出入,随从经常有数百人。王殷请求如数配给铠甲兵器以备巡逻之用,后周太祖对此感到为难。当时太祖身体欠安,将要举行祭祀天地的典礼,而王殷挟持功高震主之势在天子左右,众人心中忌恨他。壬申(二十六日),太祖竭力支撑带病的身子坐在滋德殿,王殷进入问安,于是拘捕了他。颁下制书诬称王殷密谋在祭祀天地那天发动叛乱,流放登州,刚出京城,便杀死了他。命令镇宁节度使郑仁诲到邺都进行安抚,郑仁诲贪图王殷家产,擅自杀死王殷的儿子,并将他的家属迁到登州。

43　南唐祠部郎中、知制诰徐铉进言选拔人才制度刚开始设立,不应马上停止,于是又实行。

在此之前,楚州刺史田敬洙请示修理白水塘灌溉田地来充实边疆,冯延己认为有利。李德明因此请示大力开辟空旷土地作为屯田,修复当地已经埋没废弃的灌渠水塘。官吏乘机侵扰百姓,大兴徭役,夺取民田很多,百姓忧愁,怨恨无处诉说。徐铉将情况禀报南唐君主,南唐君主命令徐铉检查视察,徐铉没收官吏所侵吞的民田全部归还原主。有人进谗言说徐铉擅自做主,滥施恩威,南唐君主发怒,将徐铉发配舒州。这样白水塘最终没能修成。

　　唐主又命少府监冯延鲁巡抚诸州，右拾遗徐锴表延鲁无才多罪，举措轻浅，不宜奉使。唐主怒，贬锴校书郎、分司东都。锴，铉之弟也。

　　44　道州盘容洞蛮酋盘崇聚众自称盘容州都统，屡寇郴、道州。

　　45　乙亥，帝朝享太庙，被衮冕，左右掖以登阶，才及一室，酌献，俯首不能拜而退，命晋王荣终礼。是夕，宿南郊，疾尤剧，几不救，夜分小愈。

显德元年（甲寅，954）

　　1　春，正月丙子朔，帝祀圜丘，仅能瞻仰致敬而已，进爵奠币皆有司代之。大赦，改元。听蜀境通商。

　　2　戊寅，罢邺都，但为天雄军。

　　3　庚辰，加晋王荣兼侍中，判内外兵马事。时群臣希得见帝，中外恐惧，闻晋王典兵，人心稍安。

　　4　军士有流言郊赏薄于唐明宗时者，帝闻之，壬午，召诸将至寝殿，让之曰：“朕自即位以来，恶衣菲食，专以赡军为念。府库蓄积，四方贡献，赡军之外，鲜有赢馀，汝辈岂不知之！今乃纵凶徒腾口，不顾人主之勤俭，察国之贫乏，又不思己有何功而受赏，惟知怨望，于汝辈安乎！”皆惶恐谢罪，退，索不逞者戮之，流言乃息。

　　5　初，帝在邺都，奇爱小吏曹翰之才，使之事晋王荣；荣镇澶州，以为牙将。荣入为开封尹，未即召翰，翰自至，荣怪之。翰请间言曰：“大王国之储嗣，今主上寝疾，大王当入侍医药，奈何犹决事于外邪！”荣感悟，即日入止禁中。丙戌，帝疾笃，停诸司细务皆勿奏，有大事，则晋王荣禀进止宣行之。

南唐君主又命少府监冯延鲁巡视安抚各州,左拾遗徐锴上表弹劾冯延鲁没有才能却有许多罪行,举止轻浮浅薄,不适宜奉命出使。南唐君主大怒,将徐锴贬为校书郎、分司东都。徐锴是徐铉的弟弟。

44　道州盘容洞蛮酋长盘崇聚集部众自称盘容州都统,屡次侵犯郴州、道州。

45　乙亥(二十九日),后周太祖祭祀太庙,穿戴衮衣冠冕,由左右人搀扶着登上台阶,才到一室,刚斟酒进献,便低下头不能行拜而退下,命令晋王郭荣完成祭礼。当晚,住宿南郊,病情尤其严重,几乎没救了,夜半时稍有好转。

后周太祖显德元年(甲寅,公元954年)

1　春季,正月丙子朔(初一),后周太祖到圜丘祭天,仅能抬头瞻仰表示致敬而已,进献酒爵、放置币帛都由有关官员代劳。宣布实行大赦,改换年号。同意后蜀在边境通商贸易。

2　戊寅(初三),撤销邺都,只设天雄军。

3　庚辰(初五),晋王郭荣加官兼侍中,管理京城内外兵马事务。当时群臣很少能见到后周太祖,所以朝廷内外惊恐害怕,听说晋王掌管军队,人心渐渐趋于平静。

4　军队将士中有流言说郊祀的赏赐比后唐明宗时少,后周太祖闻悉,壬午(初七),召集众将到寝殿,责备说:"朕从即位以来,节衣缩食,专门把保证军队供给放在心上。国库的积蓄,四方的贡献,除去供应军队之外,很少有剩馀,你们难道不知晓!如今却纵容凶恶之徒乱说,全然不顾念君主的勤勉俭朴,体察国家的贫穷匮乏,又不想想自己有什么功劳而接受赏赐,只知抱怨,你们于心能安吗!"众将都惶恐告罪,退下,搜索军中不法之徒立即杀戮,流言于是平息。

5　当初,后周太祖在邺都时,格外喜爱小吏曹翰的才能,让他事奉晋王郭荣;郭荣镇守澶州,任命他为牙将。郭荣入朝任开封尹,没有立即招来曹翰,曹翰却自己到了,郭荣很奇怪。曹翰请求私下进言,说:"大王是国家的继承人,如今主上患病卧床,大王应当入宫侍候医治用药,怎么还在外面处理决定事务呢!"郭荣醒悟,当天进入住在宫中。丙戌(十一日),后周太祖病情危重,各部门具体事务,不得奏报,有重大事情,则由晋王郭荣禀报可否而宣旨实行。

6 以镇宁节度使郑仁诲为枢密使、同平章事。

7 戊子,以义武留后孙行友、保义留后韩通、朔方留后冯继业皆为节度使。通,太原人也。

8 帝屡戒晋王曰:"昔吾西征,见唐十八陵无不发掘者,此无他,惟多藏金玉故也。我死,当衣以纸衣,敛以瓦棺;速营葬,勿久留宫中;圹中无用石,以甓代之;工人役徒皆和雇,勿以烦民;葬毕,募近陵民三十户,蠲其杂徭,使之守视;勿修下宫,勿置守陵宫人,勿作石羊、虎、人、马,惟刻石置陵前云:'周天子平生好俭约,遗令用纸衣、瓦棺,嗣天子不敢违也。'汝或吾违,吾不福汝。"又曰:"李洪义当与节钺,魏仁浦勿使离枢密院。"

9 庚寅,诏前登州刺史周训等塞决河。先是,河决灵河、鱼池、酸枣、阳武、常乐驿、河阴、六明镇、原武,凡八口。至是,分遣使者塞之。

10 帝命趣草制,以端明殿学士、户部侍郎王溥为中书侍郎、同平章事。壬辰,宣制毕,左右以闻,帝曰:"吾无恨矣!"以枢密副使王仁镐为永兴军节度使,以殿前都指挥使李重进领武信节度使,马军都指挥使樊爱能领武定节度使,步军都指挥使何徽领昭武节度使。重进年长于晋王荣,帝召入禁中,属以后事,仍命拜荣,以定君臣之分。是日,帝殂于滋德殿,秘不发丧。乙未,宣遗制。丙申,晋王即皇帝位。

11 初,静海节度使吴权卒,子昌岌立;昌岌卒,弟昌文立。是月,始请命于南汉,南汉以昌文为静海节度使兼安南都护。

12 北汉主闻太祖晏驾,甚喜,谋大举入寇,遣使请兵于契丹。二月,契丹遣其武定节度使、政事令杨衮将万馀骑如晋阳。北汉主自将兵三万,以义成节度使白从晖为行军都部署,武宁节度使张元徽为前锋都指挥使,与契丹自团柏南趣潞州。

6 任命镇宁节度使郑仁诲为枢密使、同平章事。

7 戊子(十三日),任命义武留后孙行友、保义留后韩通、朔方留后冯继业都为节度使。韩通是太原人。

8 后周太祖屡次告诫晋王说:"从前我西征的时候,看到唐朝十八座皇陵没有不被发掘的,这没有别的原因,只是多藏金银宝玉的缘故。我死后,定当用纸衣给我穿上,用土烧的棺材收敛我;迅速办理安葬,不要久留宫中;墓穴中不要用石头,拿砖代替;工匠役徒都由官府出钱雇佣,不要麻烦百姓;安葬完毕,招募靠近陵墓的百姓三十家,免除他们的各种徭役,让他们看守陵墓;不要修建地下宫室,不要设置守陵宫人,不要造石羊、石虎、石人、石马,只刻一块石碑立在陵前,写上:'周天子平生好俭约,遗令用纸衣、瓦棺,嗣天子不敢违也。'你如果违背我的话,我就不施福给你。"又说:"李洪义应当授予符节和斧钺,魏仁浦不要让他离开枢密院。"

9 庚寅(十五日),诏令前登州刺史周训等堵塞黄河决口。此前,黄河在灵河、鱼池、酸枣、阳武、常乐驿、河阴、六明镇、原武决口,共八个口。到这时,分别派遣使者去堵塞。

10 后周太祖命令赶快起草制书,任命端明殿学士、户部侍郎王涛为中书侍郎、同平章事。壬辰(十七日),宣布制书完毕,左右大臣都已知晓,太祖说:"我没有遗憾了。"任命枢密副使王仁镐为永兴军节度使,任命殿前都指挥使李重进兼任武信节度使,马军都指挥使樊爱能兼任武定节度使,步军都指挥使何徽兼任昭武节度使。李重进年龄大于晋王郭荣,太祖召他入宫中,托付后事,并命他拜见郭荣,以确定君臣之间的名分。当天,后周太祖死于滋德殿,封锁消息不发丧。乙未(二十日),宣布太祖遗制。丙申(二十一日),晋王即皇帝位。

11 当初,静海节度使吴权去世,儿子吴昌岌继位;吴昌岌去世,弟弟吴昌文继位。此月,开始向南汉请求任命,南汉任命吴昌文为静海节度使兼安南都护。

12 北汉君主听说后周太祖去世,极为高兴,图谋大举入侵后周,派遣使者到契丹请求出兵。二月,契丹派遣它的武定节度使、政事令杨衮率领一万多骑兵前往晋阳。北汉君主亲自领兵三万,任命义成节度使白从晖为行军都部署,武宁节度使张元徽为前锋都指挥使,与契丹军队从团柏南下赶赴潞州。

13　蜀左匡圣马步都指挥使、保宁节度使安思谦潜杀张业，废赵廷隐，蜀人皆恶之。蜀主使将兵救王景崇，思谦逗桡无功，内惭惧，不自安。自张业之诛，宫门守卫加严，思谦以为疑己，言多不逊。思谦典宿卫，多杀士卒以立威。蜀主阅卫士，有年尚壮而为思谦所斥者，复留隶籍，思谦杀之，蜀主不能平。思谦三子宸、嗣、裔，倚父势暴横，为国人患。翰林使王藻屡言思谦怨望，将反，丁巳，思谦入朝，蜀主命壮士击杀之，及其三子。藻亦坐擅启边奏，并诛之。

14　北汉兵屯梁侯驿，昭义节度使李筠遣其将穆令均将步骑二千逆战，筠自将大军壁于太平驿。张元徽与令均战，阳不胜而北，令均逐之，伏发，杀令均，俘斩士卒千馀人。筠遁归上党，婴城自守。筠，即李荣也，避上名改焉。

世宗闻北汉主入寇，欲自将兵御之，群臣皆曰："刘崇自平阳遁走以来，势蹙气沮，必不敢自来。陛下新即位，山陵有日，人心易摇，不宜轻动，宜命将御之。"帝曰："崇幸我大丧，轻朕年少新立，有吞天下之心，此必自来，朕不可不往。"冯道固争之，帝曰："昔唐太宗定天下，未尝不自行，朕何敢偷安。"道曰："未审陛下能为唐太宗否？"帝曰："以吾兵力之强，破刘崇如山压卵耳！"道曰："未审陛下能为山否？"帝不悦。惟王溥劝行，帝从之。

15　三月乙亥朔，蜀主加捧圣、控鹤都指挥使兼中书令孙汉韶武信节度使，赐爵乐安郡王，罢军职。蜀主惩安思谦之跋扈，命山南西道节度使李廷珪等十人分典禁兵。

16　北汉乘胜进逼潞州。丁丑，诏天雄节度使符彦卿引兵自磁州固镇出北汉军后，以镇宁节度使郭崇副之；又诏河中节度使王彦超引兵自晋州东北邀北汉军，以保义节度使韩通副之；

13　后蜀左匡圣马步都指挥使、保宁节度使安思谦进谗言杀害张业,废黜赵廷隐,蜀人都痛恨他。后蜀君主派他领兵救援王景崇,安思谦徘徊观望而无战功,内心惭愧恐惧,自感不安。自张业被诛杀以后,宫门守卫更加严密,安思谦认为这是怀疑自己,说话多有不敬。安思谦统领皇宫警卫,老是杀士兵来树立自己的权威。后蜀君主查阅卫士名册,有年纪还轻而被安思谦所斥退的,便又留下归入簿籍,安思谦却杀死这些卫士,后蜀君主深感不平。安思谦有三个儿子,安宸、安嗣、安裔,倚仗父亲权势残暴横行,成为国人大患。翰林使王藻屡次奏言安思谦怨恨在心,准备谋反,丁巳(十二日),安思谦上朝,后蜀君主命壮士击杀他以及他的三个儿子。王藻也因犯有擅自启拆边关奏报的罪,一同遭诛杀。

14　北汉军队屯驻梁侯驿,昭义节度使李筠派遣将军穆令均带领步兵、骑兵两千人迎战,李筠自己率领大部队在太平驿安下营垒。张元徽与穆令均交战,假装打不过而逃跑,穆令均追逐,北汉伏兵突然出击,杀死穆令均,俘虏斩杀士兵一千多人。李筠逃归上党,据城自守。李筠就是李荣,为避周世宗郭荣的名讳而改了名。

后周世宗听说北汉君主领兵入侵,准备亲自率领军队抵抗,朝廷群臣都说:"刘崇从平阳逃跑以来,势力缩小,士气沮丧,必定不敢亲自再来。陛下新近即位,为帝不久,人心容易动摇,不宜轻易出动,应该命令将领去抵抗。"世宗说:"刘崇庆幸我国有大丧,轻视朕年轻新近即位,颇有吞并天下之心,这次必定亲自前来,朕不可不前往。"冯道一再争辩,世宗说:"昔日唐太宗平定天下,未尝不亲自出征,朕怎敢苟且偷安。"冯道说:"不知陛下能不能成为唐太宗?"世宗说:"以我的兵力的强大,打败刘崇犹如大山压碎鸡蛋罢了!"冯道说:"不知陛下能不能成为大山?"世宗不高兴。只有王溥鼓励出征,世宗听从他的话。

15　三月乙亥朔(初一),后蜀君主下令捧圣、控鹤都指挥使兼中书令孙汉韶加官武信节度使,赐爵乐安郡王,免去军事职务。后蜀君主鉴于安思谦专横跋扈的教训,命令山南西道节度使李廷珪等十人分别统领禁兵。

16　北汉军队乘胜推进逼近潞州。丁丑(初三),后周世宗诏令天雄节度使符彦卿北领兵众从磁州固镇出现在北汉军队后面,任命镇宁节度使郭崇为副帅;又诏令河中节度使王彦超统率军队从晋州东北拦截北汉军队,任命保义节度使韩通为副帅;

又命马军都指挥使宁江节度使樊爱能、步军都指挥使清淮节度使何徽、义成节度使白重赞、郑州防御使史彦超、前耀州团练使符彦能将兵先趣泽州,宣徽使向训监之。重赞,宪州人也。

17 辛巳,大赦。

18 癸未,帝命冯道奉梓宫赴山陵,以郑仁诲为东京留守。

乙酉,帝发大梁;庚寅,至怀州。帝欲兼行速进,控鹤都指挥使真定赵晁私谓通事舍人郑好谦曰:"贼势方盛,宜持重以挫之。"好谦言于帝,帝怒曰:"汝安得此言!必为人所使,言其人则生,不然必死。"好谦以实对,帝命并晁械于州狱。壬辰,帝过泽州,宿于州东北。

北汉主不知帝至,过潞州不攻,引兵而南,是夕,军于高平之南。癸巳,前锋与北汉军遇,击之,北汉兵却。帝虑其遁去,趣诸军亟进。北汉主以中军陈于巴公原,张元徽军其东,杨衮军其西,众颇严整。时河阳节度使刘词将后军未至,众心危惧,而帝志气益锐,命白重赞与侍卫马步都虞候李重进将左军居西,樊爱能、何徽将右军居东,向训、史彦超将精骑居中央,殿前都指挥使张永德将禁兵卫帝。帝介马自临陈督战。

北汉主见周军少,悔召契丹,谓诸将曰:"吾自用汉军可破也,何必契丹!今日不惟克周,亦可使契丹心服。"诸将皆以为然。杨衮策马前望周军,退谓北汉主曰:"劲敌也,未可轻进!"北汉主奋髯曰:"时不可失,请公勿言,试观我战。"衮默然不悦。时东北风方盛,俄而忽转南风,北汉副枢密使王延嗣使司天监李义白北汉主云:"时可战矣。"北汉主从之。枢密直学士王得中扣马谏曰:"义可斩也!风势如此,岂助我者邪!"北汉主曰:"吾计已决,老书生勿妄言,且斩汝!"麾东军先进,张元徽将千骑击周右军。

又命马军都指挥使、宁江节度使樊爱能，步军都指挥使、清淮节度使何徽及义成节度使白重赞、郑州防御使史彦超、前耀州团练使符彦能领兵先赶赴泽州，宣徽使向训监督各部。白重赞是宪州人。

17 辛巳（初七），后周实行大赦。

18 癸未（初九），后周世宗命冯道护送太祖灵柩前往山陵，任命郑仁诲为东京留守。

乙酉（十一日），后周世宗从大梁出发；庚寅（十六日），到达怀州。世宗想日夜兼程快速前进，控鹤都指挥使真定人赵晁私下对通事舍人郑好谦说：“贼寇气势正在强盛之时，应该稳健持重来挫败它。”郑好谦讲给世宗听，世宗发怒说：“你从哪里得到这话！必定是被人所支使，说出那人就活，不然定叫你死。”郑好谦据实回答，世宗命令将他连同赵晁一起关押在怀州监狱。壬辰（十八日），世宗经过泽州，住宿在州城东北。

北汉君主不知后周世宗到达，所以经过潞州时没有进攻，领兵向南，当晚，军队驻扎在高平城南。癸巳（十九日），后周前锋部队与北汉军队相遇，发起攻击，北汉军队后退。世宗顾虑敌军逃跑，催促各路军队急速前进。北汉君主率中军在巴公原摆开阵势，张元徽率军在东边，杨衮率军在西边，部众十分严整。这时后周河阳节度使刘词率领后续部队尚未到达，大家心感危险惧怕，而世宗意志情绪更加坚决，命令白重赞与侍卫马步都虞候李重进率领左路军队在西边，樊爱能、何徽率领右路军队在东边，向训、史彦超率领精锐骑兵居中央，殿前都指挥使张永德率领禁兵保卫世宗。世宗骑着披甲的战马亲临阵前督战。

北汉君主看到后周军队人数少，后悔招来契丹军队，对众将说：“我独自用汉家军队就可破敌，何必再用契丹！今天不但可以战胜周军，而且还可以让契丹心悦诚服。”众将都认为说的对。杨衮驱马向前观望后周军队，退下来对北汉君主说：“是劲敌啊，不可轻易冒进！”北汉君主扬起两颊长须说：“时机不可丧失，请您不必多言，试看我出战。”杨衮沉默不快。这时东北风正大，一会儿忽然转成南风，北汉枢密副使王延嗣派司天监李义禀报北汉君主说：“现在可以开战了。”北汉君主听从所言。枢密直学士王得中牵住马劝谏说：“李义应该斩首！风向这样，哪里是在助我呢！”北汉君主说：“我的主意已定，老书生不要胡言乱语，再说将杀你的头！”指挥东面军队首先推进，张元徽率领一千多骑兵攻击后周右路军队。

合战未几,樊爱能、何徽引骑兵先遁,右军溃,步兵千馀人解甲呼万岁,降于北汉。帝见军势危,自引亲兵犯矢石督战。太祖皇帝时为宿卫将,谓同列曰:"主危如此,吾属何得不致死!"又谓张永德曰:"贼气骄,力战可破也!公麾下多能左射者,请引兵乘高出为左翼,我引兵为右翼以击之。国家安危,在此一举!"永德从之,各将二千人进战。太祖皇帝身先士卒,驰犯其锋,士卒死战,无不一当百,北汉兵披靡。内殿直夏津马仁瑀谓众曰:"使乘舆受敌,安用我辈!"跃马引弓大呼,连毙数十人,士气益振。殿前右番行首马全义言于帝曰:"贼势极矣,将为我擒,愿陛下按辔勿动,徐观诸将破之。"即引数百骑进陷陈。

北汉主知帝自临陈,褒赏张元徽,趣使乘胜进兵。元徽前略陈,马倒,为周兵所杀。元徽,北汉之骁将也,北军由是夺气。时南风益盛,周兵争奋,北汉兵大败,北汉主自举赤帜以收兵,不能止。杨衮畏周兵之强,不敢救,且恨北汉主之语,全军而退。

樊爱能、何徽引数千骑南走,控弦露刃,剽掠辎重,役徒惊走,失亡甚多。帝遣近臣及亲军校追谕止之,莫肯奉诏,使者或为军士所杀,扬言:"契丹大至,官军败绩,馀众已降虏矣。"刘词遇爱能等于涂,爱能等止之,词不从,引兵而北。时北汉主尚有馀众万馀人,阻涧而陈,薄暮,词至,复与诸军击之,北汉兵又败,杀王延嗣,追至高平,僵尸满山谷,委弃御物及辎重、器械、杂畜不可胜纪。

是夕,帝宿于野次,得步兵之降敌者,皆杀之。樊爱能等闻周兵大捷,与士卒稍稍复还,有达曙不至者。甲午,休兵于高平,选北汉降卒数千人为效顺指挥,命前武胜行军司马唐景思将之,

交战不多时，樊爱能、何徽带着骑兵首先逃跑，右路军队溃败，一千多步兵脱下盔甲口呼万岁，向北汉投降。后周世宗看到形势危急，自己带贴身亲兵冒着流矢飞石督战。宋太祖赵匡胤当时任后周警卫将领，对同伴说："主上如此危险，我等怎么能不拼出性命！"又对张永德说："贼寇只不过气焰嚣张，全力作战可以打败！您手下有许多能左手射箭的士兵，请领兵登上高处出击作为左翼，我领兵作为右翼攻击敌军。国家安危存亡，就在此一举。"张永德听从，各自率领两千人前进战斗。宋太祖身先士卒，快马加鞭冲向北汉前锋，士兵拼死战斗，无不以一当百，北汉军队开始溃败。内殿直夏津人马仁瑀对部众说："让皇上受敌攻击，那还用我们干什么！"跃马奔腾，拉弓发射，大声呼喊，连续击毙数十人，士气愈发振奋。殿前右番行首马全义对世宗说："贼寇气势已经尽了，将要被我们擒获，望陛下抓住缰绳别动，慢慢观看众将如何击破贼寇。"立即率领数百骑兵前进深入敌阵。

北汉君主得知后周世宗亲临战阵，便重赏张元徽，催促他乘胜进兵。张元徽前往攻阵，坐骑摔倒，被北周士兵所杀。张元徽是北汉有名的猛将，北汉军队因此丧失士气。这时南风越刮越大，北周士兵奋勇争先，北汉军队大败，北汉君主亲自高举红旗来收集军队，还是不能制止溃败。杨衮害怕后周军队的强大，不敢救援，而且痛恨北汉君主的大话，便保全军队而撤退。

樊爱能、何徽领数千骑兵向南逃奔，箭上弦、刀出鞘，抢掠军用物资，负责运送的役徒惊慌奔逃，跑失、死亡的很多。后周世宗派遣身边大臣以及贴身军校追赶宣命制止他们抢掠，没有人肯接受诏令，使者有的被军士所杀死，军士扬言："契丹大军赶到，官府军队溃败，其馀部众已经是投降的俘虏了。"刘词在路上遇到樊爱能等人，樊爱能等劝阻他，刘词不听，领兵北上。当时北汉君主还有馀部一万多人，凭借山涧作为障碍而布阵，接近日落时候，刘词到达，又与其他军队进攻，北汉军队又被击败，后周军杀死王延嗣，直追到高平，僵卧的尸体布满山谷，丢弃的皇帝专用物品以及军需、用具、各种牲畜不计其数。

当夜，后周世宗在野外宿营，得到投降敌人的步兵，全部杀死。樊爱能等听说后周军队大捷，才与士兵逐渐又返回，有的至天亮还没到。甲午(二十日)，世宗在高平休整队伍，挑选北汉投降士兵数千人组成效顺指挥，命令前武胜行军司马唐景思率领，

使戍淮上,馀二千馀人赐赍装纵遣之。李毂为乱兵所迫,潜窜山谷,数日乃出。丁酉,帝至潞州。

北汉主自高平被褐戴笠,乘契丹所赠黄骝,帅百馀骑由雕窠岭遁归,宵迷,俘村民为导,误之晋州,行百馀里,乃觉之,杀导者。昼夜北走,所至,得食未举箸,或传周兵至,辄苍黄而去。北汉主衰老力惫,伏于马上,昼夜驰骤,殆不能支,仅得入晋阳。

帝欲诛樊爱能等以肃军政,犹豫未决。己亥,昼卧行宫帐中,张永德侍侧,帝以其事访之,对曰:"爱能等素无大功,忝冒节钺,望敌先逃,死未塞责。且陛下方欲削平四海,苟军法不立,虽有熊罴之士,百万之众,安得而用之!"帝掷枕于地,大呼称善。即收爱能、徽及所部军使以上七十馀人,责之曰:"汝曹皆累朝宿将,非不能战,今望风奔遁者,无他,正欲以朕为奇货,卖与刘崇耳!"悉斩之。帝以何徽先守晋州有功,欲免之,既而以法不可废,遂并诛之,而给槽车归葬。自是骄将惰卒始知所惧,不行姑息之政矣。

庚子,赏高平之功,以李重进兼忠武节度使,向训兼义成节度使,张永德兼武信节度使,史彦超为镇国节度使。张永德盛称太祖皇帝之智勇,帝擢太祖皇帝为殿前都虞候,领严州刺史,以马仁瑀为控鹤弓箭直指挥使,马全义为散员指挥使;自馀将校迁拜者凡数十人,士卒有自行间擢主军厢者。释赵晁之囚。

北汉主收散卒,缮甲兵,完城堑以备周。杨衮将其众北屯代州,北汉主遣王得中送衮,因求救于契丹,契丹主遣得中还报,许发兵救晋阳。

让他们戍守淮上,其馀两千多人给予路费服装释放遣返北汉。李毂被乱兵所逼迫,潜逃山谷之中,数日之后才出来。丁酉(二十三日),后周世宗到达潞州。

北汉君主从高平起穿上粗布衣服戴上斗笠,乘着契丹所赠送的黄骝骏马,率一百多骑兵从雕窠岭逃跑回归,夜晚迷路,俘虏村民领路,错向晋州走去,行了一百多里,才发觉,即杀死向导。日夜向北奔走,刚到一处,得到食物还未举起筷子,有人传言后周军队追到,便仓皇离去。北汉君主衰老疲惫,伏在马上,日夜奔驰,几乎不能支持,勉强得以进入晋阳。

后周世宗想诛杀樊爱能等人以整肃军纪,但犹豫未决。己亥(二十五日),白天躺在行宫的帐篷中,张永德在旁边侍候,世宗拿此事询问他,张永德回答说:"樊爱能等人平素没有大功,白当了一方将帅,望见敌人首先逃跑,死了都不能抵塞罪责。况且陛下正想平定四海,一统天下,如果军法不能确立,即使有勇猛武士,百万大军,又怎么能为陛下所用!"世宗将枕头掷到地上,大声叫好。立即拘捕樊爱能、何徽以及所部军使以上的军官七十多人,斥责他们说:"你们都是历朝的老将,不是不能打仗,如今望风而逃,没有别的原因,正是想将朕当作稀有的货物,出卖给刘崇罢了!"随即将他们全部斩首。世宗因何徽先前守卫晋州有功,打算赦免他,但马上又认为军法不可废弃,于是将他一起诛杀,赐给运载棺木的车子送归老家安葬。从此骄横的将领、怠惰的士兵开始知道军法的可怕,姑息养奸的政令不再通行了。

庚子(二十六日),赏赐高平战役中有功人员,任命李重进兼忠武节度使,向训兼义成节度使,张永德兼忠武信节度使,史彦超为镇国节度使。张永德极力称赞宋太祖赵匡胤的智慧勇敢,后周世宗提拔宋太祖为殿前都虞候,兼任严州刺史,任命马仁瑀为控鹤弓箭直指挥使,马全义为散员指挥使;其馀将校军官升任职务的共几十人,士兵有从行伍中提拔担任军主、厢主的。解除对赵晁的囚禁。

北汉君主收拾残兵,修缮武器装备,加固城池守卫工事来防备后周。杨衮率领他的部众北上屯驻代州,北汉君主派遣王得中送杨衮,趁此向契丹请求救援,契丹君主遣送王得中回去报告,答应发兵援救晋阳。

　　壬寅,以符彦卿为河东行营都部署兼知太原行府事,以郭崇副之,向训为都监,李重进为马步都虞候,史彦超为先锋都指挥使,将步骑二万发潞州。仍诏王彦超、韩通自阴地关入,与彦卿合军而进,又以刘词为随驾部署,保大节度使白重赞副之。

　　19　汉昭圣皇太后李氏殂于西宫。

　　20　夏,四月,北汉盂县降。符彦卿军晋阳城下,王彦超攻汾州,北汉防御使董希颜降。帝遣莱州防御使康延沼攻辽州,密州防御使田琼攻沁州,皆不下。供备库副使太原李谦溥单骑说辽州刺史张汉超,汉超即降。

　　21　乙卯,葬圣神恭肃文武孝皇帝于嵩陵,庙号太祖。

　　22　南汉主以高王弘邈为雄武节度使,镇邕州。弘邈以齐、镇二王相继死于邕州,固辞,求宿卫,不许。至镇,委政僚佐,日饮酒,祷鬼神。或上书诬弘邈谋作乱,戊午,南汉主遣甘泉宫使林延遇赐鸩杀之。

　　23　初,帝遣符彦卿等北征,但欲耀兵于晋阳城下,未议攻取。既入北汉境,其民争以食物迎周师,泣诉刘氏赋役之重,愿供军须,助攻晋阳,北汉州县继有降者。帝闻之,始有兼并之意,遣使往与诸将议之,诸将皆言“刍粮不足,请且班师以俟再举”,帝不听。既而诸军数十万聚于太原城下,军士不免剽掠,北汉民失望,稍稍保山谷自固。帝闻之,驰诏禁止剽掠,安抚农民,止征今岁租税,及募民入粟拜官有差,仍发泽、潞、晋、绛、慈、隰及山东近便诸州民运粮以馈军。己未,遣李毅诣太原计度刍粮。

　　24　庚申,太师、中书令瀛文懿王冯道卒。道少以孝谨知名,唐庄宗世始贵显,自是累朝不离将、相、三公、三师之位,为人清俭宽弘,人莫测其喜愠,滑稽多智,浮沉取容,尝著《长乐老叙》,自述累朝荣遇之状,时人往往以德量推之。

壬寅（二十八日），后周世宗任命符彦卿为河东行营都部署兼知太原行府事，任命郭崇为副职，向训为都监，李重进为马步都虞候，史彦超为先锋都指挥使，率领步兵、骑兵两万从潞州出发。并且诏令王彦超、韩通从阴地关进入，与符彦卿会师进军，又任命刘词为随驾部署，保大节度使白重赞为副职。

19　后汉昭圣皇太后李氏在西宫去世。

20　夏季，四月，北汉盂县投降。符彦卿驻军晋阳城下，王彦超进攻汾州，北汉防御使董希颜投降。后周世宗派莱州防御使康延沼进攻辽州，密州防御使田琼进攻沁州，都没攻下。供备库副使太原人李谦溥单人匹马去劝说辽州刺史张汉超，张汉超立即投降。

21　乙卯（十二日），后周将圣神恭肃文武孝皇帝安葬在嵩陵，庙号为太祖。

22　南汉君主任命高王刘弘邈为雄武节度使，镇守邕州。刘弘邈因齐王、镇王两人相继死在邕州，坚决推辞，请求入宫值宿警卫，南汉君主不允许。刘弘邈到达镇所，将政事交给手下僚佐，每天喝酒，祈祷鬼神保佑。有人上书诬陷刘弘邈阴谋发动叛乱，戊午（十五日），南汉君主派遣甘泉宫使林延遇赐毒酒将刘弘邈杀死。

23　起初，后周世宗派遣符彦卿等人北上征伐，只想在晋阳城下炫耀兵力，并没有打算攻取。进入北汉境内后，那里的百姓争相用食物迎接后周军队，哭诉刘氏政权赋税徭役的沉重，表示愿意供应军需物资，帮助进攻晋阳，北汉的州、县相继有投降的。后周世宗知悉这些情况，开始有兼并北汉的意思，派遣使者前去与众将商议，众将都说："粮草不足，请暂且回师，等待时机再发兵。"世宗不同意。不久后周各路军队数十万人聚集在太原城下，军士不免有抢掠行动，北汉百姓感到失望，渐渐退保山谷自守。世宗听说，派使者飞驰传送诏令禁止抢掠，安抚农民，只征今年租税，并且募集百姓缴纳粮食，按缴的数量授予不同的官职，同时征发泽州、潞州、晋州、绛州、慈州、隰州以及太行山以东路近方便的各州百姓运送粮食来供应军队。己未（十六日），派遣李穀到太原筹划粮草。

24　庚申（十七日），太师、中书令瀛文懿王冯道去世。冯道少年时以孝顺谨慎闻名，后唐庄宗时代开始尊贵显赫，从此历朝官不离将军、宰相、三公、三师的职位，为人清静俭朴宽容大度，别人无法猜测他的喜怒哀乐，能言善辩，足智多谋，与世沉浮，左右逢源，曾经作《长乐老叙》，自述历朝荣誉礼遇的情况，当时的人每每用有德行度量来推重他。

欧阳修论曰："礼义廉耻，国之四维；四维不张，国乃灭亡。"礼义，治人之大法；廉耻，立人之大节。况为大臣而无廉耻，天下其有不乱，国家其有不亡者乎！予读冯道《长乐老叙》，见其自述以为荣，其可谓无廉耻者矣，则天下国家可从而知也。

予于五代得全节之士三，死事之人十有五，皆武夫战卒，岂于儒者果无其人哉？得非高节之士，恶时之乱，薄其世而不肯出欤？抑君天下者不足顾，而莫能致之欤？

予尝闻五代时有王凝者，家青、齐之间，为虢州司户参军，以疾卒于官。凝家素贫，一子尚幼，妻李氏，携其子，负其遗骸以归，东过开封，止于旅舍，主人不纳。李氏顾天已暮，不肯去，主人牵其臂而出之。李氏仰天恸曰："我为妇人，不能守节，而此手为人所执邪！"即引斧自断其臂，见者为之嗟泣。开封尹闻之，白其事于朝，厚恤李氏而笞其主人。呜呼！士不自爱其身而忍耻以偷生者，闻李氏之风，宜少知愧哉！

臣光曰：天地设位，圣人则之，以制礼立法，内有夫妇，外有君臣。妇之从夫，终身不改；臣之事君，有死无贰；此人道之大伦也。苟或废之，乱莫大焉！范质称冯道厚德稽古，宏才伟量，虽朝代迁贸，人无间言，屹若巨山，不可转也。臣愚以为正女不从二夫，忠臣不事二君。为女不正，虽复华色之美，织纴之巧，不足贤矣；

欧阳修评论说："礼、义、廉、耻,是国家赖以生存的四条纲维;这四条纲维不能张立,国家就灭亡。"礼、义,是统治人民的根本大法;廉、耻,是安身立命的基本节操。况且身为大臣而毫无廉耻,天下岂有不乱,国家岂有不亡的啊!我读冯道《长乐老叙》,看他的自述不讲礼义廉耻反以为荣耀,真可谓是毫无廉耻的人了,那天下国家的命运也就可以从而知晓了。

我从五代历史中找到保全节操的志士有三位,为事业而死的仁人有十五位,都是武夫战士,难道在儒者中间果真没有那样的人吗?莫非是高尚节操的士人,憎恶时势的浊乱,鄙薄那世道不肯出来?还是统治天下的君主来不及关顾,而没能让他们出来呢?

我曾经听说五代时有个叫王凝的人,家在青州、齐州之间,担任虢州司户参军,因为疾病在任上去世。王凝家中素来贫寒,一个儿子还年幼,他的妻子李氏,带着孩子,背着王凝的尸骨回老家,向东经过开封,在旅店住下,店主不愿接纳。李氏眼看天色已晚,不肯离去,店主拉她的胳膊让她出去。李氏仰天痛哭说:"我是个女人,不能守住贞操,而让这只手臂被别的男人抓过了!"立即拿起斧子自己砍断那条胳膊,看见的人为她叹息流泪。开封尹听说后,将此事向朝廷禀报,优厚地周济李氏而鞭打了那位店主。呜呼!士人不自己珍爱他的身体而忍受耻辱苟且偷生的,听说李氏的高风亮节,应当稍微知道点羞愧了!

臣司马光说:天地设置方位,圣人作为仿效的准则,用来制定礼仪、建立法律,家中有夫妇,家外有君臣。妇人随从丈夫,终身不能改变;臣子事奉君主,至死没有二心;这是为人之道的最大伦常。如果有人废弃它,祸乱就没有比这更大的了!范质称赞冯道德行深厚精研古道,才器雄伟度量宏大,虽然朝代变迁,人们也没有闲言碎语,好像大山那样巍然屹立,不可震撼转动!臣下我认为正派的女人不会跟从两个丈夫,忠诚的臣子不会事奉两位君主。做女人不正派,即使再有如花似玉的美貌,纺纱织锦的巧手,也称不上贤惠了;

为臣不忠，虽复材智之多，治行之优，不足贵矣。何则？大节已亏故也。道之为相，历五朝、八姓，若逆旅之视过客，朝为仇敌，暮为君臣，易面变辞，曾无愧怍，大节如此，虽有小善，庸足称乎！

或以为自唐室之亡，群雄力争，帝王兴废，远者十馀年，近者四三年，虽有忠智，将若之何！当是之时，失臣节者非道一人，岂得独罪道哉！臣愚以为忠臣忧公如家，见危致命，君有过则强谏力争，国败亡则竭节致死。智士邦有道则见，邦无道则隐，或灭迹山林，或优游下僚。今道尊宠则冠三师，权任则首诸相，国存则依违拱嘿，窃位素餐，国亡则图全苟免，迎谒劝进。君则兴亡接踵，道则富贵自如，兹乃奸臣之尤，安得与他人为比哉！或谓道能全身远害于乱世，斯亦贤已。臣谓君子有杀身成仁，无求生害仁，岂专以全身远害为贤哉！然则盗跖病终而子路醢，果谁贤乎？

抑此非特道之愆也，时君亦有责焉。何则？不正之女，中士羞以为家；不忠之人，中君羞以为臣。彼相前朝，语其忠则反君事雠，语其智则社稷为墟；后来之君，不诛不弃，乃复用以为相，彼又安肯尽忠于我而能获其用乎！故曰，非特道之愆，亦时君之责也。

25 辛酉，符彦卿奏北汉宪州刺史太原韩光愿、岚州刺史郭言皆举城降。

做臣子不忠诚,即使再才器过人,足智多谋,政绩卓著,也不值得看重了。什么缘故呢?因为大节已经亏缺了。冯道担任宰相,历事五个朝代、八位君主,如同旅店看待过客那样,清晨还是仇敌,傍晚已成君臣,更换面孔、变化腔调,竟无一点羞愧之心,大节如此,即使有小善,哪里还值得称道呢!

有人认为自从大唐皇室灭亡,群雄武力相争,一位帝王的兴盛衰亡,长的十几年,短的三四年,虽然有忠臣智士,又能怎么样呢!在这种时候,丧失为臣节操的不止冯道一个人,岂能单独怪罪冯道呢!臣下我认为忠臣担忧国运如同家运,见到危险敢于献出生命,君主有过失就坚决劝谏、据理力争,国家衰败灭亡就至死恪守节操。智士见国家清明有道就出来,国家昏庸无道就隐居,或者遁入山林不留踪迹,或者身居小吏悠闲自在。如今冯道论尊贵恩宠则胜过太师、太傅、太保三师,论权力责任则居各宰相之首,国家存在便拱着手闭着嘴不置可否,窃据权位无功受禄;国家灭亡便图谋保全苟且免死,迎接拜谒新主或上表劝进帝位。国君兴盛灭亡一个接着一个,冯道荣华富贵依然故我,这是奸臣之最,哪能与其他一般人相提并论呢!有人认为冯道能够在乱世中保全自身远离祸害,这也算得上贤能了。臣下认为君子只有敢于牺牲自己成全仁义,决不能为追求活命而损害仁义,哪能将专门保全自身远离祸害当作贤能呢!那么盗跖虽是大盗却生病老死,而子路虽为忠臣却被砍成肉酱,究竟谁才称得上贤能呢?

然而这不光是冯道的过错,当时的君主也有责任。什么缘故呢?不正派的女人,一般男子羞以为妻;不忠诚的小人,一般君主羞以为臣。冯道为前朝宰相,说他忠诚却背叛前君事奉仇敌,说他智慧却听任国家变成废墟;后来的君主,对他既不诛杀又不抛弃,却再任用为宰相,他又怎么肯要求自己竭尽忠诚从而能派上他的用场呢!所以说,不光是冯道的过错,当时的君主也有责任啊!

25 辛酉(十八日),符彦卿奏报北汉宪州刺史太原韩光愿、岚州刺史郭言都率城投降。

26 初,符彦卿有女适李守贞之子崇训,相者言其贵当为天下母。守贞喜曰:"吾妇犹母天下,况我乎!"反意遂决。及败,崇训先刃其弟妹,次及符氏。符氏匿帏下,崇训仓猝求之不获,遂自刭。乱兵既入,符氏安坐堂上,叱乱兵曰:"吾父与郭公为昆弟,汝曹勿无礼!"太祖遣使归之于彦卿。及帝镇澶州,太祖为帝娶之。壬戌,立为皇后。后性和惠而明决,帝甚重之。

27 王彦超、韩通攻石州,克之,执刺史安彦进。癸亥,沁州刺史李延诲降。庚午,帝发潞州,趣晋阳。癸酉,北汉忻州监军李勍杀刺史赵皋及契丹通事杨耨姑,举城降。以勍为忻州刺史。

28 王逵表请复徙使府治朗州。

26　当初，符彦卿有个女儿嫁给李守贞的儿子李崇训，看相的人说她带贵相，日后当为天下的国母。李守贞欣喜地说："我的媳妇都能当天下的国母，何况我呢！"反叛的念头于是决定了。及至李守贞败亡，李崇训先用刀杀死弟弟妹妹，依次轮到符氏。符氏藏匿在帏帐下面，李崇训仓促之间寻找不到，于是自杀。乱兵已经进入，符氏却安然坐在堂前，斥责乱兵说："我父亲与郭公是兄弟，你们不得无礼！"后周太祖派人将她送归给符彦卿。到了后周世宗镇守澶州，太祖为世宗选娶符氏。壬戌（十九日），符氏立为皇后。皇后性情温和贤惠而聪明果断，世宗很看重她。

27　王彦超、韩通进攻石州，攻克州城，抓获刺史安彦进。癸亥（二十日），沁州刺史李延诲投降。庚午（二十七日），后周世宗从潞州出发，赶赴晋阳。癸酉（三十日），北汉忻州监军李勍杀死刺史赵皋和契丹通事杨耨姑，率城投降。后周世宗任命李勍为忻州刺史。

28　王逵上表请求再次将节度使府治迁到朗州。

卷第二百九十二　后周纪三

起甲寅（954）五月尽丙辰（956）二月凡一年有奇

太祖圣神恭肃文武孝皇帝下
显德元年（甲寅，954）

1　五月甲戌朔，王逵自潭州迁于朗州，以周行逢知潭州事，以潘叔嗣为岳州团练使。

2　丙子，帝至晋阳城下，旗帜环城四十里。杨衮疑北汉代州防御使郑处谦贰于周，召与计事，欲图之。处谦知之，不往。衮使胡骑数十守其城门，处谦杀之，因闭门拒衮。衮奔归契丹。契丹主怒其无功，囚之。处谦举城来降。丁丑，置静塞军于代州，以郑处谦为节度使。

契丹数千骑屯忻、代之间，为北汉之援，庚辰，遣符彦卿等将步骑万馀击之。彦卿入忻州，契丹退保忻口。

丁亥，置宁化军于汾州，以石、沁二州隶之。

代州将桑珪、解文遇杀郑处谦，诬奏云潜通契丹。

符彦卿奏请益兵，癸巳，遣李筠、张永德将兵三千赴之。契丹游骑时至忻州城下，丙申，彦卿与诸将陈以待之。史彦超将二十骑为前锋，遇契丹，与战，李筠引兵继之，杀契丹二千人。彦超恃勇轻进，去大军浸远，众寡不敌，为契丹所杀，筠仅以身免，周兵死伤甚众。彦卿退保忻州，寻引兵还晋阳。

太祖圣神恭肃文武孝皇帝下

后周太祖显德元年(甲寅,公元 954 年)

1　五月甲戌朔(初一),王逵从潭州迁居朗州,任命周行逢主持潭州政务,任命潘叔嗣为岳州团练使。

2　丙子(初三),后周世宗到达晋阳城下,后周军队的旗帜环绕晋阳城长达四十里。杨衮怀疑北汉代州防御使郑处谦要向后周投降,便召他来共同商计军事,准备借机处置他。郑处谦知道情况,不肯前往。杨衮派胡人骑兵数十名把守代州城门,郑处谦杀死他们,关上城门拒绝杨衮进来。杨衮逃奔返回契丹。契丹君主恼怒杨衮没有立功,囚禁了他。郑处谦率领全城前来投降。丁丑(初四),后周在代州设置静塞军,任命郑处谦为节度使。

契丹数千骑兵屯驻在忻州、代州之间,作为北汉的援军,庚辰(初七),后周派遣符彦卿等人率领步兵、骑兵一万多出击。符彦卿进入忻州,契丹军队后退保守忻口。

丁亥(十四日),后周在汾州设置宁化军,将石、沁二州隶属于它。

代州将领桑珪、解文遇杀死郑处谦,诬奏说郑处谦私通契丹。

符彦卿上奏请求增加兵力,癸巳(二十日),后周派遣李筠、张永德领兵三千赶赴。契丹流动骑兵时常到达忻州城下,丙申(二十三日),符彦卿和众将列阵等待契丹军队。史彦超带领二十骑兵作为前锋,遇到契丹军队,进行战斗,李筠领兵增援,杀死契丹两千人。史彦超恃仗勇敢,轻易冒进,离开大部队越来越远,寡不敌众,被契丹军队杀死,李筠也只不过幸免于死,后周士兵死伤很多。符彦卿后退保守忻州,不久领兵返回晋阳。

府州防御使折德扆将州兵来朝。辛丑,复置永安军于府州,以德扆为节度使。

时大发兵夫,东自怀、孟,西及蒲、陕,以攻晋阳,不克。会久雨,士卒疲病,乃议引还。

初,王得中返自契丹,值周兵围晋阳,留止代州。及桑珪杀郑处谦,囚得中,送于周军,帝释之,赐以带、马,问"虏兵何时当至?"得中曰:"臣受命送杨衮,他无所求。"或谓得中曰:"契丹许公发兵,公不以实告,契丹兵即至,公得无危乎?"得中太息曰:"吾食刘氏禄,有老母在围中,若以实告,周人必发兵据险以拒之,如此,家国两亡,吾独生何益!不若杀身以全家国,所得多矣!"甲辰,帝以得中欺罔,缢杀之。

乙巳,帝发晋阳。匡国节度使药元福言于帝曰:"进军易,退军难。"帝曰:"朕一以委卿。"元福乃勒兵成列而殿。北汉果出兵追蹑,元福击走之。然军还匆遽,刍粮数十万在城下,悉焚弃之。军中讹言相惊,或相剽掠,军须失亡不可胜计。所得北汉州县,周所置刺史等皆弃城走,惟代州桑珪既叛北汉,又不敢归周,婴城自守,北汉遣兵攻拔之。

乙卯,帝至潞州;甲子,至郑州;丙寅,谒嵩陵;庚午,至大梁。

3 帝违众议破北汉,自是政事无大小皆亲决,百官受成于上而已。河南府推官高锡上书谏,以为:"四海之广,万机之众,虽尧、舜不能独治,必择人而任之。今陛下一以身亲之,天下不谓陛下聪明睿智足以兼百官之任,皆言陛下褊迫疑忌举不信群臣也!不若选能知人公正者以为宰相,能爱民听讼者以为守令,能丰财足食者使掌金谷,能原情守法者使掌刑狱,陛下但垂拱明堂,视其功过而赏罚之,天下何忧不治!

府州防御使折德扆率领州兵前来朝见。辛丑（二十八日），后周又在府州设置永安军，任命折德扆为节度使。

当时大量征发军队民夫，东起怀州、孟州，西至蒲州、陕州，用以进攻晋阳，没有攻克。遇上长时间下雨，士兵疲劳生病，于是商议退兵返回。

当初，王得中从契丹返回，正值后周军队围困晋阳，便停留住在代州。及至桑珪杀死了郑处谦，便囚禁王得中，将他送到后周军中，世宗释放王得中，赐给玉带、马匹，问："契丹军队什么时候会到？"王得中说："我只受命送杨衮，没有别的使命。"有人对王得中说："契丹答应您发兵，您不将实情禀告，倘若契丹军队立即到达，您不就危在旦夕了吗？"王得中叹息说："我吃刘氏的俸禄，又有老母在围城之中，倘若将实情禀告，周人必定发兵占据险要来抵抗，像这样，家庭、国家双亡，我独自活着又有何用！不如杀身来保全家、国，所得到的就多了！"甲辰（初二），世宗因为王得中进行欺骗，便勒死了他。

乙巳（初三），世宗从晋阳出发。匡国节度使药元福向世宗进言说："进军容易，退军困难。"世宗说："朕的身家性命就全部委托给爱卿了。"药元福于是整顿军队排成行列断后。北汉果然派出军队追踪，药元福打跑追兵。然而军队返回匆忙仓促，数十万粮草还在晋阳城下，只好全部焚烧丢弃。军队中谣言流传相互惊扰，有的互相抢劫，军用物资损失无法计算。所得到的北汉州、县，后周所设置的刺史等都弃城逃跑，只有代州桑珪已经叛变北汉，但又不敢归顺后周，只好环城自守，北汉派兵攻占代州。

乙卯（十三日），后周世宗到达潞州；甲子（二十二日），到达郑州；丙寅（二十四日），拜谒嵩陵；庚午（二十八日），到达大梁。

3 后周世宗违背朝臣众议击败北汉，从此政事无论大小全都亲自决定，文武百官只是从皇上那里接受成命罢了。河南府推官高锡上书劝谏，认为："天下四海的广大，千头万绪的众多，即使是唐尧、虞舜也不能独自治理，必定要选择贤人来任用他们。如今陛下全部亲自处理，但天下人并不认为陛下聪明智慧足以兼负百官的重任，却都说陛下狭隘多疑全不相信朝廷群臣啊！不如选择能够知人善任、公正无私的人作为宰相，能够爱护百姓、善理诉讼的人作为州守县令，能够增加财富、丰衣足食的人委派掌管金银粮食，能够推究实情、遵守法制的人委派管刑法监狱，那么陛下只须在朝廷垂衣拱手，根据他们的功过而进行赏罚，天下何愁不能太平！

何必降君尊而代臣职,屈贵位而亲贱事,无乃失为政之本乎!"帝不从。锡,河中人也。

4　北汉主忧愤成疾,悉以国事委其子侍卫都指挥使承钧。

5　河西节度使申师厚不俟诏,擅弃镇入朝,署其子为留后。秋,七月癸酉朔,责授率府副率。

6　丁丑,加吴越王钱弘俶天下兵马都元帅。

7　癸巳,加门下侍郎、同平章事范质守司徒,以枢密直学士、工部侍郎长山景范为中书侍郎、同平章事、判三司。加枢密使、同平章事郑仁诲兼侍中。乙未,以枢密副使魏仁浦为枢密使。范质既为司徒,司徒窦贞固归洛阳,府县以民视之,课役皆不免。贞固诉于留守向训,训不听。

初,帝与北汉主相拒于高平,命前泽州刺史李彦崇将兵守江猪岭,遏北汉主归路。彦崇闻樊爱能等南遁,引兵退,北汉主果自其路遁去。八月己酉,贬彦崇率府副率。

8　己巳,废镇国军。

9　初,太祖以建雄节度使王晏有拒北汉之功,其乡里在滕县,徙晏为武宁节度使。晏少时尝为群盗,至镇,悉召故党,赠之金帛、鞍马,谓曰:"吾乡素名多盗,昔吾与诸君皆尝为之,想后来者无能居诸君之右。诸君幸为我语之,使勿复为,为者吾必族之。"于是一境清肃。九月,徐州人请为之立衣锦碑。许之。

何必降低国君的尊严而代替臣子的职责,枉屈高贵的地位亲理低贱的事务,不是丢失为政的根本了吗!"世宗不听从。高锡是河中人。

4 北汉君主忧愤成疾,将国家大事全部委托给他的儿子侍卫都指挥使刘承钧。

5 河西节度使申师厚没有等到诏令,擅自离弃镇所进京入朝,安排他的儿子作为留后。秋季,七月癸酉朔(初一),后周世宗斥责他,改授东宫率府副率之职。

6 丁丑(初五),后周世宗下诏吴越王钱弘俶加官天下兵马都元帅。

7 癸巳(二十一日),门下侍郎、同平章事范质加官守司徒,任命枢密副直学士、工部侍郎长山人景范为中书侍郎、同平章事、判三司。枢密副使、同平章事郑仁诲加官兼任侍中。乙未(二十三日),任命枢密副使魏仁浦为枢密使。范质既已担任司徒,原司徒窦贞固回归洛阳老家,当地府、县都按平民看待他,赋税徭役全不减免。窦贞固向留守向训诉说,向训不理睬。

当初,后周世宗与北汉君主在高平对峙,命令前泽州刺史李彦崇领兵扼守江猪岭,阻断北汉君主的归路。李彦崇听说樊爱能等向南逃跑,便领兵撤退了,后来北汉君主果然从这条路逃跑离去。八月己酉(初八),贬李彦崇为率府副率。

8 己巳(二十八日),后周撤销镇国军。

9 当初,后周太祖因建雄节度使王晏有抵抗北汉军队的功劳,他的故乡在滕县,便调任王晏为武宁节度使。王晏年轻时曾经做过强盗,到达镇所,召集所有旧日同党,赠送金钱绢帛、鞍子马匹,对他们说:"我们家乡素来以强盗多出名,从前我和诸位都曾经干过,料想后来的强盗没有能胜过诸位的。诸位劳驾替我告诉其他强盗,让他们不要再干,再干的人我必定灭他的家族。"于是全境强盗绝迹。九月,徐州人请求为王晏树立衣锦碑。后周世宗准许。

10　冬,十月甲辰,左羽林大将军孟汉卿坐纳藁税,场官扰民,多取耗馀,赐死。有司奏汉卿罪不至死。上曰:"朕知之,欲以惩众耳!"

11　己酉,废安远、永清军。

12　初,宿卫之士,累朝相承,务求姑息,不欲简阅,恐伤人情,由是羸老者居多。但骄蹇不用命,实不可用,每遇大敌,不走即降,其所以失国,亦多由此。帝因高平之战,始知其弊,癸亥,谓侍臣曰:"凡兵务精不务多,今以农夫百未能养甲士一,奈何浚民之膏泽,养此无用之物乎!且健懦不分,众何所劝!"乃命大简诸军,精锐者升之上军,羸者斥去之。又以骁勇之士多为藩镇所蓄,诏募天下壮士,咸遣诣阙,命太祖皇帝选其尤者为殿前诸班,其骑步诸军,各命将帅选之。由是士卒精强,近代无比,征伐四方,所向皆捷,选练之力也。

13　戊辰,帝谓侍臣曰:"诸道盗贼颇多,讨捕终不能绝,盖由累朝分命使臣巡检,致藩侯、守令皆不致力。宜悉召还,专委节镇、州县,责其清肃。"

14　河自杨刘至于博州百二十里,连年东溃,分为二派,汇为大泽,弥漫数百里。又东北坏古堤而出,灌齐、棣、淄诸州,至于海涯,漂没民田庐不可胜计,流民采菰稗、捕鱼以给食,朝廷屡遣使者不能塞。十一月戊戌,帝遣李穀诣澶、郓、齐按视堤塞,役徒六万,三十日而毕。

10　冬季,十月甲辰(初三),左羽林大将军孟汉卿因交纳蒿税时,场院官吏侵扰百姓,多取所谓"耗馀"而定罪,赐他自杀。有关官员奏称孟汉卿的罪还不至于死。世宗说:"朕知道这些,只不过想借此惩戒众人罢了!"

11　己酉(初八),后周撤销安远军、永清军。

12　当初,宫禁警卫士兵,历朝相互继承,只求息事宁人,不想再检查挑选,恐怕伤害人情,因此瘦弱年老的占多数。但又骄横傲慢,不听命令,实际无法使用,每次遇到大敌,不是逃跑就是投降,各朝之所以丧失国家,也大多由于这个原因。后周世宗通过高平一战,开始知道它的弊端,癸亥(二十二日),对侍从大臣说:"大凡军队只求精而不求多,如今用一百个农夫也未必能供养得起一名全副武装的士兵,怎么能榨取百姓的血汗,去养活这批无用的东西呢!况且勇健懦弱不加区分,用什么去激励士众!"于是命令各军普遍检查挑选兵员,精锐的提升到上军,瘦弱的逐出军队。又因强健勇猛的战士大多被藩镇所吸收,下诏征募天下壮士,全部遣送到京城,命令宋太祖赵匡胤挑选其中最好的组成殿前诸班,其馀骑兵、步兵各军,分别命令将帅挑选士兵。由此士兵精干强壮,近代以来没有比得过的,征伐四方,所到之处频传捷报,这就是挑选兵员的功效啊。

13　戊辰(二十七日),后周世宗对侍从大臣说:"各道盗贼很多,讨伐搜捕终究不能绝迹,是由于历朝另外命令使臣巡视检查,致使藩镇主帅、州守县令都不再努力。应该全部召回使臣,专门委托藩镇节度使、州守县令,责成他们肃清盗贼。"

14　黄河从杨刘直至博州有一百二十里,连年在东面冲溃堤防,分成两个支流,汇合为巨大湖泽,河水弥漫达数百里。黄河又向东北冲毁古堤而流出,灌淹齐、棣、淄各州,直至海边,漂流淹没百姓田地房屋不可胜计,流民只好采集菱白稗子、捕捞鱼虾来充饥,朝廷屡次派遣使者没能堵塞住。十一月戊戌(二十八日),后周世宗派遣李毂到澶州、郓州、齐州检查监督堤防决口的堵塞,征发役徒六万,三十天完工。

15 北汉主疾病,命其子承钧监国,寻殂。遣使告哀于契丹。契丹遣骠骑大将军、知内侍省事刘承训册命承钧为帝,更名钧。北汉孝和帝性孝谨,既嗣位,勤于为政,爱民礼士,境内粗安。每上表于契丹主称男,契丹主赐之诏,谓之"儿皇帝"。

16 马希萼之帅群蛮破长沙也,府库累世之积,皆为溆州蛮酋苻彦通所掠,彦通由是富强,称王于溪洞间。王逵既得湖南,欲遣使抚之,募能往者,其将王虔朗请行。既至,彦通盛侍卫而见之,礼貌甚倨。虔朗厉声责之曰:"足下自称苻秦苗裔,宜知礼义,有以异于群蛮。昔马氏在湖南,足下祖父皆北面事之。今王公尽得马氏之地,足下不早往乞盟,致使者先来,又不接之以礼,异日得无悔乎!"彦通惭惧,起,执虔朗手谢之。虔朗知其可动,因说之曰:"溪洞之地,隋、唐之世皆为州县,著在图籍。今足下上无天子之诏,下无使府之命,虽自王于山谷之间,不过蛮夷一酋长耳!曷若去王号,自归于王公,王公必以天子之命授足下节度使,与中国侯伯等夷,岂不尊荣哉!"彦通大喜,即日去王号,因虔朗献铜鼓数枚于王逵。逵曰:"虔朗一言胜数万兵,真国士也!"承制以彦通为黔中节度使,以虔朗为都指挥使,预闻府政。虔朗,桂州人也。

逵虑西界镇遏使、锦州刺史刘瑶为边患,表为镇南节度副使,充西界都招讨使。

17 是岁,湖南大饥,民食草木实。武清节度使、知潭州事周行逢开仓以赈之,全活甚众。行逢起于微贱,知民间疾苦,励精为治,严而无私,辟署僚属,皆取廉介之士,约束简要,吏民便之,其自奉甚薄。或讥其太俭,行逢曰:"马氏父子穷奢极靡,不恤百姓,今子孙乞食于人,又足效乎!"

15　北汉君主病重，命令他的儿子刘承钧代理国政，不久去世。北汉派遣使者向契丹报告噩耗。契丹派遣骠骑大将军、知内侍省事刘承训册立刘承钧为皇帝，刘承钧改名为钧。北汉孝和帝刘钧生性孝顺谨慎，继承皇位后，勤理朝政，爱护百姓，礼贤下士，境内基本平安。他每次向契丹君主上表自称为"男"，契丹君主回赐诏书，叫他"儿皇帝"。

16　马希萼率领各蛮族部落攻破长沙，都府仓库中历代积累的财富，全被溆州蛮族部落首长符彦通所抢，符彦通因此富有强盛，在溪谷洞壑之间自称为王。王逵既已得到湖南，打算派遣使者安抚他，招募能前往的人选，他的部将王虔朗请求出行。王虔朗到达后，符彦通警卫森严地会见王虔朗，举止十分傲慢。王虔朗严厉地斥责他说："您自称是符秦的后裔，应该知道礼义，有区别于其他蛮族部落的地方。从前马氏在湖南的时候，您的祖父、父亲都北面称臣。如今王公取得马氏全部的领地，您既不及早前往请求结盟，致使王公派我这个使者先来，又不以礼相迎，他日难道不会后悔吗！"符彦通惭愧恐惧，从座位上起来，握住王虔朗的手向他道歉。王虔朗知道符彦通可以说动，就劝说道："这溪谷洞壑之地，隋、唐的时代都是州、县，记载在地图簿籍上。如今您上无天子的诏书，下无节度使都府的命令，虽然自己在山谷之间称王，实际不过蛮夷部落的一个酋长罢了！不如去掉王号，自动归顺王公，王公必定用天子的命令授予您节度使之职，与中原的侯伯等同，岂不尊贵荣耀吗！"符彦通大为喜欢，当天去掉王号，通过王虔朗向王逵进献多枚铜鼓。王逵说："王虔朗一席话胜过数万军队，真是国家的贤士啊！"王逵接受皇帝制书任命符彦通为黔中节度使，任命王虔朗为都指挥使，参与都府政务。王虔朗是桂州人。

王逵顾虑西界镇遏使、锦州刺史刘瑁会成为边境隐患，上表请求任命刘瑁为镇南节度副使，担任西界都招讨使。

17　当年，湖南出现大饥荒，百姓食用草木的果实。武清节度使、知潭州事周行逢打开粮仓赈济灾民，保全救活许多人。周行逢出身贫贱，知道民间疾苦，励精图治，执法严厉，公正无私，征召安排属官，都选取廉洁方正之士，规约简单明了，给自己的奉养十分菲薄。有的人讥讽他太节俭，周行逢说："马氏父子穷奢极欲，不体贴百姓，如今他的子孙在向人要饭，还值得效法吗！"

世宗睿武孝文皇帝上
显德二年(乙卯,955)

1 春,正月庚辰,上以漕运自晋、汉以来不给斗耗,纲吏多以亏欠抵死,诏自今每斛给耗一斗。

2 定难节度使李彝兴以折德扆亦为节度使,与己并列,耻之,塞路不通周使。癸未,上谋于宰相,对曰:"夏州边镇,朝廷向来每加优借,府州褊小,得失不系重轻,且宜抚谕彝兴,庶全大体。"上曰:"德扆数年以来,尽忠戮力以拒刘氏,奈何一旦弃之!且夏州惟产羊马,贸易百货,悉仰中国,我若绝之,彼何能为!"乃遣供奉官齐藏珍赍诏书责之,彝兴惶恐谢罪。

3 戊子,蜀置威武军于凤州。

4 辛卯,初令翰林学士、两省官举令、录。除官之日,仍署举者姓名,若贪秽败官,并当连坐。

5 契丹自晋、汉以来屡寇河北,轻骑深入,无藩篱之限,郊野之民每困杀掠。言事者称深、冀之间有胡卢河,横亘数百里,可浚之以限其奔突。是月,诏忠武节度使王彦超、彰信节度使韩通将兵夫浚胡卢河,筑城于李晏口,留兵戍之。帝召德州刺史张藏英,问以备边之策,藏英具陈地形要害,请列置戍兵,募边人骁勇者,厚其禀给,自请将之,随便宜讨击。帝皆从之,以藏英为沿边巡检招收都指挥使。藏英到官数月,募得千馀人。王彦超等行视役者,尝为契丹所围。藏英引所募兵驰击,大破之。自是契丹不敢涉胡卢河,河南之民始得休息。

世宗睿武孝文皇帝上
后周世宗显德二年(乙卯,公元 955 年)

1 春季,正月庚辰(十日),后周世宗因为河道运粮自从后晋、后汉以来不给"斗耗",负责运送的官吏不少因为损耗造成粮食亏欠而抵死罪,下诏命令从今开始每斛粮食给损耗一斗。

2 定难节度使李彝兴因为折德扆也当了节度使,与自己地位相同,感到羞耻,便阻塞道路不与后周交通使者。癸未(十三日),后周世宗与宰相商量,宰相回答说:"夏州是边关重镇,朝廷历来格外从宽优待,府州地方偏僻狭小,利害得失不关轻重,暂且应该安抚李彝兴,可以保全大局。"世宗说:"折德扆多年以来,尽忠报国努力作战来抵御北汉刘氏,怎么能一下子抛弃他!况且夏州只出产羊马,交易其他百货,全都仰仗中原,我若断绝关系,他还能有什么作为!"于是派遣供奉官齐藏珍带着诏书责问李彝兴,李彝兴惊慌恐惧连忙认罪道歉。

3 戊子(十八日),后蜀在凤州设置威武军。

4 辛卯(二十一日),后周开始命令翰林学士、门下和中书两省官员荐举县令、录事参军人选。授官之日,同时记下荐举人的姓名,倘若被荐人贪婪污秽败坏公务,与荐举人一并连同定罪。

5 契丹自从后晋、后汉以来,频繁侵犯河北,轻骑兵长驱直入,没有任何屏障的阻隔,郊区野外的农民经常陷入烧杀抢掠的困境。向朝廷陈述政见者说深州、冀州之间有胡卢河,绵延横亘几百里,可以疏通河道来阻截契丹骑兵的横冲直撞。当月,诏令忠武节度使王彦超、彰信节度使韩通率领士兵、民夫疏通胡卢河,在李晏口筑城,留驻军队守卫。后周世宗召见德州刺史张藏英,询问边疆防备的对策,张藏英具体陈说地理形势、军事要塞,请求部署戍边军队,招募边疆百姓中矫健勇猛的,多给军饷,自己请求率领他们,随时根据情况征讨攻击契丹骑兵。世宗全都同意,任命张藏英为沿边巡检招收都指挥使。张藏英赴任几个月,招募到一千多人。王彦超等巡视疏通河道的工程,曾经被契丹军队包围。张藏英带领所招募的士兵驰马出击,大败敌军。从此契丹军队不敢再过胡卢河,胡卢河以南的百姓开始得到休养生息。

6　二月庚子朔，日有食之。

7　蜀夔恭孝王仁毅卒。

8　壬戌，诏群臣极言得失，其略曰："朕于卿大夫，才不能尽知，面不能尽识。若不采其言而观其行，审其意而察其忠，则何以见器略之浅深，知任用之当否。若言之不入，罪实在予；苟求之不言，咎将谁执！"

9　唐主以中书侍郎、知尚书省严续为门下侍郎、同平章事。

10　三月辛未，以李晏口为静安军。

11　帝常愤广明以来中国日蹙，及高平既捷，慨然有削平天下之志。会秦州民夷有诣大梁献策请恢复旧疆者，帝纳其言。

蜀主闻之，遣客省使赵季札按视边备。季札素以文武才略自任，使还，奏称："雄武节度使韩继勋、凤州刺史王万迪非将帅才，不足以御大敌。"蜀主问："谁可往者？"季札请自行。丙申，以季札为雄武监军使，仍以宿卫精兵千人为之部曲。

12　帝以大梁城中迫隘，夏，四月乙卯，诏展外城，先立标帜，俟今冬农隙兴板筑；东作动则罢之，更俟次年，以渐成之。且令自今葬埋皆出所标七里之外，其标内俟县官分画街衢、仓场、营廨之外，听民随便筑室。

13　丙辰，蜀主命知枢密院王昭远按行北边城寨及甲兵。

14　上谓宰相曰："朕每思致治之方，未得其要，寝食不忘。又自唐、晋以来，吴、蜀、幽、并皆阻声教，未能混壹，宜命近臣著《为君难为臣不易论》及《开边策》各一篇，朕将览焉。"

6 二月庚子朔(初一),出现日食。

7 后蜀夔恭孝王孟仁毅去世。

8 壬戌(二十三日),后周世宗诏令群臣畅所欲言陈述政事的得失利弊,诏书大致说:"朕对各位卿大夫的才能没法全部知道,面孔没法全都认识。倘若不采集他们的言论从而观察他们的行为,明悉他们的意见从而考察他们的忠诚,那凭什么来看出各人才器韬略的高低深浅,了解任用是否得当。倘若卿大夫陈说了而听不进,罪确实在朕身上;假使我要求了而不说,罪责将归谁呢!"

9 南唐君主任命中书侍郎、知尚书省严续为门下侍郎、同平章事。

10 三月辛未(初二),后周在李晏口设置静安军。

11 后周世宗经常为唐僖宗广明以来中原日益缩小而愤慨,及至高平一战奏捷,慨然萌生削平各国统一天下的志向。正好秦州百姓有到大梁进献计策请求恢复旧日大唐疆域的,世宗采纳他的意见。

后蜀君主闻知情况,派遣客省使赵季札巡视边防。赵季札素来以文武双全的才略自许,出使回来,上奏道:"雄武节度使韩继勋、凤州刺史王万迪不是将帅之才,不能够抵御大敌入侵。"后蜀君主问:"谁可前往呢?"赵季札请命自己前往。丙申(二十七日),任命赵季札为雄武监军使,并将宫禁警卫精兵一千人作为他的私属部队。

12 后周世宗因为大梁城中局促狭窄,夏季,四月乙卯(十七日),下诏扩展外城,先设立标记,等待今年冬天农闲再兴土木;农事开始就停止,再等来年开工,以此逐渐完成。并且命令从今开始埋葬死人都要出城,离所立标记七里之外,在标记内等待官府划分出街道、仓库场院、营房官舍,除此之外,听凭百姓随便盖房。

13 丙辰(十八日),后蜀君主命令知枢密院王昭远巡视检查北部边界的城镇营寨和武备。

14 后周世宗对宰相说:"朕经常思考达到大治的方略,没有得到其中的要义,睡觉吃饭都不能忘记。又从后唐、后晋以来,吴地、蜀地、幽州、并州都被隔断了政令教化,不能混为一体,应该命令朝中大臣撰写《为君难为臣不易论》和《开边策》各一篇,朕将一一阅览。"

　　比部郎中王朴献策,以为:"中国之失吴、蜀、幽、并,皆由失道。今必先观所以失之之原,然后知所以取之之术。其始失之也,莫不以君暗臣邪,兵骄民困,奸党内炽,武夫外横,因小致大,积微成著。今欲取之,莫若反其所为而已。夫进贤退不肖,所以收其才也;恩隐诚信,所以结其心也;赏功罚罪,所以尽其力也;去奢节用,所以丰其财也;时使薄敛,所以阜其民也。俟群才既集,政事既治,财用既充,士民既附,然后举而用之,功无不成矣! 彼之人观我有必取之势,则知其情状者愿为间谍,知其山川者愿为向导,民心既归,天意必从矣。

　　"凡攻取之道,必先其易者。唐与吾接境几两千里,其势易扰也。扰之当以无备之处为始,备东则扰西,备西则扰东,彼必奔走而救之。奔走之间,可以知其虚实强弱,然后避实击虚,避强击弱。未须大举,且以轻兵扰之。南人懦怯,闻小有警,必悉师以救之。师数动则民疲而财竭,不悉师则我可以乘虚取之。如此,江北诸州将悉为我有。既得江北,则用彼之民,行我之法,江南亦易取也。得江南则岭南、巴蜀可传檄而定。南方既定,则燕地必望风内附;若其不至,移兵攻之,席卷可平矣。惟河东必死之寇,不可以恩信诱,当以强兵制之,然彼自高平之败,力竭气沮,必未能为边患,宜且以为后图,俟天下既平,然后伺间,一举可擒也。今士卒精练,甲兵有备,群下畏法,诸将效力,期年之后可以出师,宜自夏秋蓄积实边矣。"

比部郎中王朴进献策略，认为："中原朝廷丧失吴地、蜀地、幽州、并州，都是由于丧失了治国之道。如今一定要首先考察所以丧失土地的根本原因，然后才能知晓所以收取失地的方法。当开始丧失国土时，没有不是因为君主昏庸臣子奸邪，军队骄横百姓穷困，奸人乱党在朝内炙手可热，强将武夫在外面横行霸道，由小变大，积微成著。如今要收取失地，只不过反其道而行之罢了。召进贤人斥退坏人，是收罗人才的办法；布施恩泽讲究信用，是团结人心的办法；奖赏功劳惩罚罪过，是鼓励大家贡献力量的办法；革除奢侈节约费用，是增加财富的办法；按时使用民力，减少赋税，是使百姓富足的办法。等到群贤毕集，政事理顺，财用充足，人民归附，然后起兵而使用他们，千秋功业没有不成功的了！对方的人民看到我方有必定取胜的形势，知道内部情况的就愿意当间谍，熟悉山川地理的就愿意当向导，民心已归附，那么天意也必然会顺从了。

"大凡进攻夺取的规律，必定先从容易的地方下手。南唐与我们相接的国境将近两千里，这地势很容易骚扰对方。骚扰对方应当从没有防备的地方开始，防备东面就骚扰西面，防备西面就骚扰东面，对方必定东奔西走去救援。东奔西走之间，就可以探明对方的虚实强弱，然后避实击虚，避强击弱。不须大举进攻时，暂且用小部队骚扰。南方人生性懦弱胆小，听说有小小的警报，必定出动全部军队去救援。军队频繁出动就会使百姓疲劳而财物耗竭，不出动全国军队救援，我们就可以乘着空虚夺取土地。像这样，长江以北各州将全部被我们占有。既得长江以北，就可利用他们的百姓，实行我们的办法，那长江以南也容易夺取了。取得江南，那么岭南、巴蜀之地就可以传递檄文而平定。南方既已平定，那燕地必定望风披靡归附中原；倘若它不归顺，就调动军队进攻，犹如卷席子那样很快可以平定了。只有河东北汉是必然要拼死一战的敌人，没法用恩惠信义诱导，应当用强大的军队制服它，然而它从高平失败以后，国力空虚士气沮丧，必定不能再起边患，应该暂且放在以后谋取，等待天下已经平定，然后瞅准时机，一举就可以擒获。如今士兵精干，武器齐全，部下畏服军法，众将愿意效力，一年以后可以出师，应该从夏季、秋季就开始积蓄粮草来充实边疆了。"

上欣然纳之。时群臣多守常偷安，所对少有可取者，惟朴神峻气劲，有谋能断，凡所规画，皆称上意，上由是重其气识，未几，迁左谏议大夫，知开封府事。

15　上谋取秦、凤，求可将者。王溥荐宣徽南院使、镇安节度使向训。上命训与凤翔节度使王景、客省使高唐昝居润偕行。五月戊辰朔，景出兵自散关趣秦州。

16　敕天下寺院，非敕额者悉废之。禁私度僧尼，凡欲出家者必俟祖父母、父母、伯叔之命。惟两京、大名府、京兆府、青州听设戒坛。禁僧俗舍身、断手足、炼指、挂灯、带钳之类幻惑流俗者。令两京及诸州每岁造僧帐，有死亡、归俗，皆随时开落。是岁，天下寺院存者二千六百九十四，废者三万三百三十六，见僧四万二千四百四十四，尼一万八千七百五十六。

17　王景拔黄牛等八寨。戊寅，蜀主以捧圣控鹤都指挥使、保宁节度使李廷珪为北路行营都统，左卫圣步军都指挥使高彦俦为招讨使，武宁节度使吕彦珂副之，客省使赵崇韬为都监。

18　蜀赵季札至德阳，闻周师入境，惧不敢进，上书求解边任还奏事，先遣辎重及妓妾西归。丁亥，单骑驰入成都，众以为奔败，莫不震恐。蜀主问以机事，皆不能对。蜀主怒，系之御史台，庚午，斩之于崇礼门。

19　六月庚子，上亲录囚于内苑。有汝州民马遇，父及弟为吏所冤死，屡经覆按，不能自伸，上临问，始得其实，人以为神。由是诸长吏无不亲察狱讼。

世宗欣然接受。当时群臣大多墨守常规苟且偷安,所对策略很少有可取的,只有王朴神情峻逸,气势刚劲,有智谋能决断,凡是有所规划建议,都符合世宗的心意,世宗因此看重王朴的气质胆识,不久,迁升左谏议大夫,主持开封府政务。

15　后周世宗谋划攻取秦州、凤州,寻找可以统领军队的人。王溥推荐宣徽南院使、镇安节度使向训。世宗命令向训与凤翔节度使王景、客省使高唐人昝居润同行。五月戊辰朔(初一),王景从散关出兵直奔秦州。

16　后周世宗敕命天下寺院,未经朝廷敕赐匾额的全部废除。禁止私下剃发出家当和尚、尼姑,凡是打算出家的人必须得到祖父母、父母亲、伯伯叔叔的同意。只有东京、西京、大名府、京兆府、青州准许设立传戒的佛坛。禁止僧侣献身自杀、斩断手指、手指上燃香、裸体挂钩点灯、身带铁钳之类扰乱破坏社会风俗的行为。命令东京、西京以及各州每年编制僧侣账册,如有死亡、返俗,都随时注销。这一年,天下寺院保存的有两千六百九十四座,废除的有三万三百三十六座,现有和尚四万二千四百四十四人,尼姑一万八千七百五十六人。

17　王景攻克黄牛等八个营寨。戊寅(十一日),后蜀君主任命捧圣控鹤都指挥使、保宁节度使李廷珪为北路行营都统,左卫圣步军都指挥使高彦俦为招讨使,武宁节度使吕彦珂为招讨副使,客省使赵崇韬为都监。

18　后蜀赵季札到达德阳,听说后周军队入境,恐惧不敢前进,上书请求解除守边任务返回京城奏报情况,先遣送随身携带的包裹箱笼和妓女侍妾向西返归。丁亥(二十日),赵季札单人匹马奔入成都,众人都以为是打败仗逃回,没有不震惊恐慌的。后蜀君主问他军事机务,都不能回答。后蜀君主勃然大怒,将他关押在御史台,庚午(二十七日),在崇礼门斩首。

19　六月庚子(初三),后周世宗在宫内园林中亲自查阅囚犯的档案。有个汝州的百姓叫马遇,父亲以及弟弟被官吏冤枉致死,屡经核查审理,自己不能申诉,世宗当面审问,才获得真实情况,众人都认为神奇。从此各部门长官无不亲自省察刑事诉讼案件。

20　壬寅,西师与蜀李廷珪等战于威武城东,不利,排陈使濮州刺史胡立等为蜀所擒。丁未,蜀主遣间使如北汉及唐,欲与之俱出兵以制周,北汉主、唐主皆许之。

21　己酉,以彰信节度使韩通充西南行营马步军都虞候。

22　戊午,南汉主杀祯州节度使通王弘政,于是高祖之诸子尽矣。

23　壬戌,以枢密院承旨清河张美为右领军大将军、权点检三司事。初,帝在澶州,美掌州之金谷隶三司者,帝或私有所求,美曲为供副。太祖闻之怒,恐伤帝意,但徙美为濮州马步军都虞候。美治财精敏,当时鲜及,故帝以利权授之;然思其在澶州所为,终不以公忠待之。

24　秋,七月丁卯朔,以王景兼西南行营都招讨使,向训兼行营兵马都监。宰相以景等久无功,馈运不继,固请罢兵。帝命太祖皇帝往视之,还,言秦、凤可取之状,帝从之。

25　八月丁未,中书侍郎、同平章事景范罢判三司,寻以父丧罢政事。

26　王景等败蜀兵,获将卒三百。己未,蜀主遣通奏使、知枢密院、武泰节度使伊审徵如行营慰抚,仍督战。

27　帝以县官久不铸钱,而民间多销钱为器皿及佛像,钱益少,九月丙寅朔,敕始立监采铜铸钱,自非县官法物、军器及寺观钟磬钹铎之类听留外,自馀民间铜器、佛像,五十日内悉令输官,给其直;过期隐匿不输,五斤以上其罪死,不及者论刑有差。上谓侍臣曰:“卿辈勿以毁佛为疑。夫佛以善道化人,苟志于善,斯奉佛矣。彼铜像岂所谓佛邪!且吾闻佛在利人,虽头目犹舍以布施,若朕身可以济民,亦非所惜也。”

20 壬寅(初五),西征军队与后蜀李廷珪等在威武城东交战,失利,排阵使濮州刺史胡立等人被后蜀擒获。丁未(十日),后蜀君主派遣秘密使者前往北汉和南唐,准备和他们共同出兵来制服后周,北汉君主、南唐君主都答应。

21 己酉(十二日),后周任命彰信节度使韩通充任西南行营马步军都虞候。

22 戊午(二十一日),南汉君主杀死祯州节度使通王刘弘政,于是南汉高祖的所有儿子全没了。

23 壬戌(二十五日),后周世宗任命枢密院承旨清河张美为右领军大将军、权点检三司事。当初,世宗在澶州时,张美掌管州中隶属于三司的钱粮,世宗有时私下有所索求,张美千方百计为他提供满足。后周太祖听说此事很生气,又恐怕伤害世宗的感情,只是调任张美为濮州马步军都虞候。张美治理财政很精明,当时很少有人赶得上,所以世宗将财政收入的大权授给他;然而想到他在澶州的作为,终究不将他当作公正忠诚的人来对待。

24 秋季,七月丁卯朔(初一),后周世宗任命王景兼西南行营都招讨使,向训兼行营兵马都监。宰相因王景等长久没有成功,粮草运输跟不上,坚持请求撤兵。世宗命令宋太祖赵匡胤前往视察,回来,陈述秦州、凤州可以攻取的情况,世宗听从了他意见。

25 八月丁未(十一日),中书侍郎、同平章事景范罢免判三司之职,不久因为父丧免去朝政事务。

26 王景等击败后蜀军队,捕获将吏士卒三百人。己未(二十三日),后蜀君主派遣通奏使、知枢密院、武泰节度使伊审徵前往军营慰劳安抚,并且督战。

27 后周世宗因为官府长久没有铸造铜钱,而民间许多人销毁钱币做成器皿以及佛像,铜钱越来越少,九月丙寅朔(初一),敕令开始设立机构采集铜来铸造钱币,除了朝廷的礼器、兵器以及寺庙道观的钟磬、钹镲、铃铎之类准许保留外,其馀民间的铜器、佛像,五十天内全部让送交官府,付给等值的钱;超过期限隐藏不交,重量在五斤以上的判死罪,不到五斤的量刑判处不同的罪。世宗对侍从大臣说:"你们不要怀疑我是在毁佛。佛用善道来教化人,假如立志行善,这就是信佛了。那些铜像岂是所说的佛呢!况且我听说佛的宗旨是在于利人,即使是脑袋、眼睛也都可以舍弃布施给需要的人,倘若朕的身子可用来普济百姓,也不值得吝惜啊。"

臣光曰：若周世宗，可谓仁矣，不爱其身而爱民；若周世宗，可谓明矣，不以无益废有益。

28　蜀李廷珪遣先锋都指挥使李进据马岭寨，又遣奇兵出斜谷，屯白涧，又分兵出凤州之北唐仓镇及黄花谷，绝周粮道。闰月，王景遣裨将张建雄将兵二千抵黄花，又遣千人趣唐仓，扼蜀归路。蜀染院使王峦将兵出唐仓，与建雄战于黄花，蜀兵败，奔唐仓，遇周兵，又败，虏峦及其将士三千人；马岭、白涧兵皆溃，李廷珪、高彦俦等退保青泥岭。蜀雄武节度使兼侍中韩继勋弃秦州，奔还成都，观察判官赵玼举城降，斜谷援兵亦溃。成、阶二州皆降，蜀人震恐。玼，澶州人也。帝欲以玼为节度使，范质固争以为不可，乃以为郢州刺史。

壬子，百官入贺，帝举酒属王溥曰：“边功之成，卿择帅之力也！”

29　甲子，上与将相食于万岁殿，因言：“两日大寒，朕于宫中食珍膳，深愧无功于民而坐享天禄，既不能躬耕而食，惟当亲冒矢石为民除害，差可自安耳！”

30　乙丑，蜀李廷珪上表待罪。冬，十月壬申，伊审徵至成都请罪，皆释之。

蜀主致书于帝请和，自称大蜀皇帝。帝怒其抗礼，不答。蜀主愈恐，聚兵粮于剑门、白帝，为守御之备，募兵既多，用度不足，始铸铁钱，榷境内铁器，民甚苦之。

31　唐主性和柔，好文章，而喜人佞己，由是谄谀之臣多进用，政事日乱。既克建州，破湖南，益骄，有吞天下之志。李守贞、慕容彦超之叛，皆为之出师，遥为声援，又遣使自海道通契丹及北汉，约共图中国。值中国多事，未暇与之校。

臣司马光说:像周世宗,可以称得上仁爱了,不吝惜自身
而爱护百姓;像周世宗,可以称得上英明了,不用无益的东西
来废弃有益的东西。

28　后蜀李廷珪派遣先锋都指挥使李进占据马岭寨,又派遣准
备突然出击的部队从斜谷而出,屯驻白涧,又分出军队从凤州以北
的唐仓镇和黄花谷而出,断绝后周的粮道。闰月,王景派遣副将张
建雄领兵二千抵达黄花谷,又派遣军队一千赶赴唐仓镇,把守后蜀
军队归路。后蜀染院使王峦领兵从唐仓镇而出,与张建雄在黄花谷
交战,后蜀兵败,逃奔唐仓镇,路遇后周军队,又被击败,俘虏王峦及
其将吏士卒三千人;马岭、白涧的军队全都溃逃,李廷珪、高彦俦等
后退保守青泥岭。后蜀雄武节度使兼侍中韩继勋放弃秦州,逃回成
都,观察判官赵玭率城投降,斜谷增援部队也溃散。成、阶二州都投
降,后蜀人震惊恐慌。赵玭是澶州人。世宗打算任命赵玭为节度
使,范质坚持争辩认为不可,于是任命赵玭为郢州刺史。

壬子(十七日),文武百官入朝祝贺,世宗举杯为王溥敬酒说:
"边疆战功的取得,全仗爱卿选择主帅得当的力量啊!"

29　甲子(二十九日),后周世宗与将军、丞相在万岁殿就餐,
因而说道:"两天大寒,朕在宫中吃美味佳肴,对百姓没功劳而坐享
上天赐予的禄位深感惭愧,既然不能自己耕耘而吃饭,那就只有亲
身去冒飞矢流石的危险来为民除害,还略可自我安慰。"

30　乙丑,后蜀李廷珪上表等候治罪。冬季,十月壬申(初
八),伊审徽到达成都请罪,把他们全部释放。

后蜀君主致书信给后周世宗请求讲和,自称大蜀皇帝。世宗
恼怒他以对等礼节相待,不作回答。后蜀君主愈加恐慌,在剑门、
白帝聚集军队、粮草,作好防守抵抗的准备,招募士兵已经很多,费
用开支不够,开始铸造铁钱,对境内铁器实行专卖,百姓很为此所
苦累。

31　南唐君主生性温和文柔,爱好文采辞章,而且喜欢人奉承
自己,因此善于花言巧语、献媚取宠的臣子大多晋升任用,政事日
益混乱。既已攻克建州,击破湖南,就更加骄傲,产生吞并天下的
志向。李守贞、慕容彦超叛乱,南唐都为之出兵,远远地进行声援,
又派遣使者从海道交通契丹和北汉,约定共同谋取中原。后周正
值中原多事,没有时间来与他计较。

先是，每冬淮水浅涸，唐人常发兵戍守，谓之“把浅”，寿州监军吴廷绍以为疆场无事，坐费资粮，悉罢之。清淮节度使刘仁赡上表固争，不能得。十一月乙未朔，帝以李榖为淮南道前军行营都部署兼知庐、寿等行府事，以忠武节度使王彦超副之，督侍卫马军都指挥使韩令坤等十二将以伐唐。令坤，磁州武安人也。

32 汴水自唐末溃决，自埇桥东南悉为污泽。上谋击唐，先命武宁节度使武行德发民夫，因故堤疏导之，东至泗上。议者皆以为难成，上曰：“数年之后，必获其利。”

33 丁未，上与侍臣论刑赏，上曰：“朕必不因怒刑人，因喜赏人。”

34 先是，大梁城中民侵街衢为舍，通大车者盖寡，上命悉直而广之，广者至三十步；又迁坟墓于标外。上曰：“近广京城，于存殁扰动诚多。怨谤之语，朕自当之，他日终为人利。”

35 王景等围凤州，韩通分兵城固镇以绝蜀之援兵。戊申，克凤州，擒蜀威武节度使王环及都监赵崇溥等将士五千人。崇溥不食而死。环，真定人也。乙卯，制曲赦秦、凤、阶、成境内，所获蜀将士，愿留者优其俸赐，愿去者给资装而遣之。诏曰：“用慰众情，免违物性，其四州之民，二税征科之外，凡蜀人所立诸色科徭，悉罢之。”

36 唐人闻周兵将至而惧。刘仁赡神气自若，部分守御，无异平日，众情稍安。唐主以神武统军刘彦贞为北面行营都部署，将兵二万趣寿州，奉化节度使、同平章事皇甫晖为应援使，常州团练使姚凤为应援都监，将兵三万屯定远。召镇南节度使宋齐丘还金陵，谋国难，以翰林承旨、户部尚书殷崇义为吏部尚书、知枢密院。

从前,每年冬天淮河水浅干涸,南唐人经常发兵守卫淮河,称作"把浅",寿州监军吴廷绍认为边境平安无事,白费财物粮草,全部撤回。清淮节度使刘仁赡上表一再争辩,没能取胜。十一月乙未朔(初一),后周世宗任命李榖为淮南道前军行营都部署兼知庐州、寿州等行府事务,任命忠武节度使王彦超为行营副都部署,督领侍卫马军都指挥使韩令坤等十二名将领来攻伐南唐。韩令坤是磁州武安人。

32 汴水从唐朝末年溃堤决口以来,自埇桥东南全都成为污泥沼泽。后周世宗图谋攻击南唐,先命令武宁节度使武行德征发民夫,顺着原来河堤疏通引水,东流到泗水之上。商议的人都认为难以成功,世宗说:"数年以后,必定获得它的好处。"

33 丁未(十三日),后周世宗与侍从大臣谈论刑赏,世宗说:"朕一定不因为自己愤怒而惩处人,因为自己高兴而奖赏人。"

34 在这以前,大梁城中居民侵占街道修筑房舍,能通大车的路比较少,后周世宗命令将街道全部取直并且拓宽,拓宽到三十步;又将坟墓迁移到标记以外。世宗说:"近来拓宽京城,给活人、死者骚扰动乱确实很多。怨恨诽谤的言语,朕自己承当,然而将来终究会对百姓有利。"

35 王景等包围凤州,韩通分兵修筑固镇城来截断后蜀的援军。戊申(十四日),攻克凤州,擒获后蜀威武节度使王环以及都监赵崇溥等将吏士兵五千人。赵崇溥不进食而死。王环是真定人。乙卯(二十一日),制令在秦州、凤州、阶州、成州境内实行特赦,所俘获后蜀将吏士兵,愿意留下的给他们优厚的俸禄赏赐,愿意离去的送给路费服装而遣返。诏书说:"用来安慰民众的情绪,避免违背事物的本性,这四州的百姓,除了夏税、秋税的征收之外,凡是蜀人所设立的各种赋税徭役,全部取消。"

36 南唐人听说后周军队即将到达而恐惧。刘仁赡神态自若,部署军队守卫抵御,与平日没有两样,大家的情绪稍趋安稳。南唐君主任命神武统军刘彦贞为北面行营都部署,领兵两万奔赴寿州,奉化节度使、同平章事皇甫晖为应援使,常州团练使姚凤为应援都监,领兵三万屯驻定远。征召镇南节度使宋齐丘返回金陵,商讨应付国难,任命翰林承旨、户部尚书殷崇义为吏部尚书、知枢密院。

37　李榖等为浮梁,自正阳济淮。十二月甲戌,榖奏王彦超败唐兵二千馀人于寿州城下。己卯,又奏先锋都指挥使白延遇败唐兵千馀人于山口镇。

38　丙戌,枢密使兼侍中韩忠正公郑仁诲卒。上临其丧,近臣奏称岁道非便,上曰:"君臣义重,何日时之有!"往哭尽哀。

39　吴越王弘俶遣元帅府判官陈彦禧入贡,帝以诏谕弘俶,使出兵击唐。

三年(丙辰,956)

1　春,正月丙午,以王环为右骁卫大将军,赏其不降也。

2　丁酉,李榖奏败唐兵千馀人于上窑。

3　戊戌,发开封府、曹、滑、郑州之民十馀万筑大梁外城。

4　庚子,帝下诏亲征淮南,以宣徽南院使、镇安节度使向训权东京留守,端明殿学士王朴副之,彰信节度使韩通权点检侍卫司及在京内外都巡检。命侍卫都指挥使、归德节度使李重进将兵先赴正阳,河阳节度使白重赞将亲兵三千屯颍上。壬寅,帝发大梁。

李榖攻寿州,久不克;唐刘彦贞引兵救之,至来远镇,距寿州二百里,又以战舰数百艘趣正阳,为攻浮梁之势。李榖畏之,召将佐谋曰:"我军不能水战,若贼断浮梁,则腹背受敌,皆不归矣!不如退守浮梁以待车驾。"上至圉镇,闻其谋,亟遣中使乘驿止之。比至,已焚刍粮,退保正阳。丁未,帝至陈州,亟遣李重进引兵趣淮上。

37　李榖等架设浮桥，从正阳渡过淮河。十二月甲戌（十日），李榖奏报王彦超在寿州城下击败南唐军队两千多人。己卯（十五日），又奏报先锋都指挥使白延遇在山口镇击败南唐军队一千多人。

38　丙戌（二十日），枢密使兼侍中韩忠正公郑仁诲去世。后周世宗要亲临吊丧，侍从近臣进奏说时日不吉利，世宗说："君臣情义深重，讲究什么日子时辰！"前往痛哭表达哀思。

39　吴越王钱弘俶派遣元帅府判官陈彦禧入朝进贡，后周世宗赐诏书安抚钱弘俶，让他出兵进攻南唐。

后周世宗显德三年（丙辰，公元956年）

1　春季，正月丙午（十二日），后周任命王环为右骁卫大将军，奖赏他的不投降。

2　丁酉（初三），李榖奏报在上窑击败南唐军队一千多人。

3　戊戌（初四），后周征发开封府、曹州、滑州、郑州的百姓十多万建筑大梁外城。

4　庚子（初六），后周世宗颁下诏书亲自出征淮南，任命宣徽南院使、镇安节度使向训暂时代理东京留守，端明殿学士王朴为副留守，彰信节度使韩通暂代理点检侍卫司以及在京内外都巡检。命令侍卫都指挥使、归德节度使李重进领兵先赶赴正阳，河阳节度使白重赞带领随身亲兵三千屯驻颍上。壬寅（初八），世宗从大梁出发。

李榖进攻寿州，许久没攻下；南唐刘彦贞领兵救援，到达来远镇，距离寿州两百里，又率领战舰数百艘赶赴正阳，造成攻击浮桥的态势。李榖畏惧南唐水军，召集将领僚佐商量说："我军不善于水战，倘若贼寇截断浮桥，就会腹背受敌，全都不能返回了！不如退守浮桥来等待皇上。"世宗到达圉镇，听说李榖的计谋，立即派遣朝廷使臣乘着驿站车马去制止。等使者到达，李榖已焚烧粮草，退守正阳浮桥。丁未（十三日），世宗到达陈州，立即派遣李重进领兵赶赴淮上。

辛亥,李榖奏贼舰中流而进,弩炮所不能及,若浮梁不守,则众心动摇,须至退军。今贼舰日进,淮水日涨,若车驾亲临,万一粮道阻绝,其危不测。愿陛下且驻跸陈、颍,俟李重进至,臣与之共度贼舰可御,浮梁可完,立具奏闻。但若历兵秣马,春去冬来,足使贼中疲弊,取之未晚。"帝览奏,不悦。

刘彦贞素骄贵,无才略,不习兵,所历藩镇,专为贪暴,积财巨亿,以赂权要,由是魏岑等争誉之,以为治民如龚、黄,用兵如韩、彭,故周师至,唐主首用之。其裨将咸师朗等皆勇而无谋,闻李榖退,喜,引兵直抵正阳,旌旗辎重数百里,刘仁赡及池州刺史张全约固止之。仁赡曰:"公军未至而敌人先遁,是畏公之威声也,安用速战!万一失利,则大事去矣!"彦贞不从。既行,仁赡曰:"果遇,必败。"乃益兵乘城为备。李重进渡淮,逆战于正阳东,大破之,斩彦贞,生擒咸师朗等,斩首万馀级,伏尸三十里,收军资器械三十馀万。是时江、淮久安,民不习战,彦贞既败,唐人大恐,张全约收馀众奔寿州,刘仁赡表全约为马步左厢都指挥使。皇甫晖、姚凤退保清流关。滁州刺史王绍颜委城走。

壬子,帝至永宁镇,谓侍臣曰:"闻寿州围解,农民多归村落,今闻大军至,必复入城。怜其聚为饿殍,宜先遣使存抚,各令安业。"甲寅,帝至正阳,以李重进代李榖为淮南道行营都招讨使,以榖判寿州行府事。丙辰,帝至寿州城下,营于淝水之阳,命诸军围寿州,徙正阳浮梁于下蔡镇。丁巳,征宋、亳、陈、颍、徐、宿、许、蔡等州丁夫数十万以攻城,昼夜不息。

辛亥（十七日），李穀上奏："贼寇战舰在淮水中央前进，弓弩石炮的射程不能到达，倘若浮桥失守，就会人心动摇，必定退兵。如今贼寇战舰每日前进，淮水日益上涨，倘若皇上大驾光临，万一粮道断绝，那危险就难以预测。希望陛下暂且驻在陈州、颍州，等待李重进到达，臣下与他共同商量如何阻止贼寇战舰，如何保全浮桥，立即陈奏报告。倘若我军厉兵秣马做好准备，春去冬来等待时机，足以让贼寇疲惫不堪，到那时取之未晚。"世宗阅览奏报，很不高兴。

刘彦贞素来骄横宠贵，既无才能谋略，又不熟悉军事，在任所经藩镇，专行贪污暴虐，积累财产达万万，用来贿赂当权要人，因此魏岑等权臣争相称誉他，认为他治理百姓如同西汉的好官龚遂、黄霸，用兵打仗如同西汉的良将韩信、彭越，所以后周军队来到，南唐君主首先起用他。刘彦贞的副将咸师朗等人都有勇无谋，听说李穀退兵，大喜，领兵直接抵达正阳，各色旗帜、军需运输前后长达数百里，刘仁赡和池州刺史张全约再三劝阻刘彦贞。刘仁赡说："您的军队未到而敌人先跑，这是畏惧您的声威啊，怎么能用速战速决的办法！万一失利的话，大事就完了！"刘彦贞不听。已经出行，刘仁赡说："果真遇上敌人，必定失败。"于是增加士兵登上城楼做好战备。李重进渡过淮河，在正阳东面迎战，大败南唐军队，斩杀刘彦贞，活捉咸师朗等，斩得首级一万多，躺伏地上的尸体长达三十里，收缴军用物资器材三十多万件。此时长江、淮河一带长久平安无事，百姓不习惯打仗，刘彦贞既已战败，南唐人大为恐慌，张全约收集残馀的部众投奔寿州，刘仁赡上表荐举张全约为马步左厢都指挥使。皇甫晖、姚凤后退保守清流关，滁州刺史王绍颜弃城逃跑。

壬子（十八日），世宗到达永宁镇，对侍从大臣说："听说寿州围困解除，农民大多回归村落，如今听说大部到达，必定再次入城。可怜他们聚集起来就会饿死，应先派遣使者安抚，让他们各自安心务农。"甲寅（二十日），世宗到达正阳，任命李重进代替李穀为淮南道行营都招讨使，任命李穀兼理寿州行府政务。丙辰（二十二日），世宗到达寿州城下，在淝水北岸宿营，命令各军包围寿州，将正阳浮桥移到下蔡镇。丁巳（二十三日），征发宋州、亳州、陈州、颍州、徐州、宿州、许州、蔡州等地壮丁数十万来攻城，昼夜不停。

唐兵万馀人维舟于淮,营于涂山之下。庚申,帝命太祖击之,太祖皇帝遣百馀骑薄其营而伪遁,伏兵邀之,大败唐兵于涡口,斩其都监何延锡等,夺战舰五十馀艘。

5　诏以武平节度使兼中书令王逵为南面行营都统,使攻唐之鄂州。逵引兵过岳州,岳州团练使潘叔嗣厚具燕犒,奉事甚谨。逵左右求取无厌,不满望者谮叔嗣于逵,云其谋叛,逵怒形于词色,叔嗣由是惧而不自安。

唐主闻湖南兵将至,命武昌节度使何敬洙徙民入城,为固守之计,敬洙不从,使除地为战场,曰:"敌至,则与军民俱死于此耳!"唐主善之。

6　二月丙寅,下蔡浮梁成,上自往视之。

戊辰,庐、寿、光、黄巡检使司超奏败唐兵三千馀人于盛唐,擒都监高弼等,获战舰四十馀艘。

上命太祖皇帝倍道袭清流关。皇甫晖等陈于山下,方与前锋战,太祖皇帝引兵出山后。晖等大惊,走入滁州,欲断桥自守,太祖皇帝跃马麾兵涉水,直抵城下。晖曰:"人各为其主,愿容成列而战。"太祖皇帝笑而许之。晖整众而出,太祖皇帝拥马颈突陈而入,大呼曰:"吾止取皇甫晖,他人非吾敌也!"手剑击晖,中脑,生擒之,并擒姚凤,遂克滁州。后数日,宣祖皇帝为马军副都指挥使,引兵夜半至滁州城下,传呼开门。太祖皇帝曰:"父子虽至亲,城门王事也,不敢奉命。"

南唐一万多人将船只拴连在淮河上,在涂山脚下宿营。庚申(二十六日),世宗命令宋太祖赵匡胤出击,宋太祖派遣一百多骑兵入侵南唐军营而又假装逃跑,埋伏的部队乘机拦击南唐追兵,在涡口大败南唐军队,斩杀南唐都监何延锡等人,夺取战舰五十多艘。

　　5　后周世宗下诏任命武平节度使兼中书令王逵为南面行营都统,让他进攻南唐的鄂州。王逵领兵经过岳州,岳州团练使潘叔嗣准备丰厚的宴饮食物来慰劳,招待非常恭敬。王逵手下的人贪得无厌,不满足而抱怨的人对王逵说潘叔嗣的坏话,说他谋划叛变,王逵愤怒溢于言表,潘叔嗣因此恐惧而不能自安。

　　南唐君主听说湖南军队将要到达,命令武昌节度使何敬洙将百姓都迁移入城,筹划固守鄂州之计,何敬洙没有听从,让百姓清理地方作为战场,说:"敌军到达,就和军民一齐战死在这里!"南唐君主赞赏他。

　　6　二月丙寅(初三),下蔡浮桥架成,后周世宗亲自前往视察。

　　戊辰(初五),庐、寿、光、黄巡检使司超奏报在盛唐击败南唐军队三千多人,擒获都监高弼等人,缴获战舰四十多艘。

　　后周世宗命令宋太祖兼程而行袭击清流关。皇甫晖等在山下列阵,正与后周前锋部队交战,宋太祖领兵从山后出来。皇甫晖等大吃一惊,逃入滁州城中,打算毁断护城河桥坚守,宋太祖跃马指挥军队涉水而过,直抵城下。皇甫晖说:"人都各为自己的主子效力,希望容我排好队列再战。"宋太祖笑着答应了他。皇甫晖整顿部众出城,宋太祖抱住马脖子突破敌阵冲进去,大喊道:"我只取皇甫晖,别的都不是我的敌人!"手持长剑攻击皇甫晖,刺中脑袋,生擒活捉,并擒获姚凤,于是攻克滁州。数日以后,宋太祖的父亲宋宣祖为马军副都指挥使,半夜领兵到达滁州城下,传令呼喊开门。宋太祖说:"父子虽然最亲,但城门开启是王家大事,不敢随便受命。"

上遣翰林学士窦仪籍滁州帑藏,太祖皇帝遣亲吏取藏中绢。仪曰:"公初克城时,虽倾藏取之,无伤也。今既籍为官物,非有诏书,不可得也。"太祖皇帝由是重仪。诏左金吾卫将军马崇祚知滁州。

初,永兴节度使刘词遗表荐其幕僚蓟人赵普有才可用。会滁州平,范质荐普为滁州军事判官,太祖皇帝与语,悦之。时获盗百馀人,皆应死,普请先讯鞫然后决,所活十七八。太祖皇帝益奇之。

太祖皇帝威名日盛,每临陈,必以繁缨饰马,铠仗鲜明。或曰:"如此,为敌所识。"太祖皇帝曰:"吾固欲其识之耳!"

唐主遣泗州牙将王知朗赍书抵徐州,称:"唐皇帝奉书大周皇帝,请息兵修好,愿以兄事帝,岁输货财以助军费。"甲戌,徐州以闻;帝不答。戊寅,命前武胜节度使侯章等攻寿州水寨,决其壕之西北隅,导壕水入于淝。

太祖皇帝遣使献皇甫晖等,晖伤甚,见上,卧而言曰:"臣非不忠于所事,但士卒勇怯不同耳。臣向日屡与契丹战,未尝见兵精如此。"因盛称太祖皇帝之勇。上释之,后数日卒。

帝诇知扬州无备,己卯,命韩令坤等将兵袭之,戒以毋得残民;其李氏陵寝,遣人与李氏人共守护之。

唐主兵屡败,惧亡,乃遣翰林学士、户部侍郎锺谟、工部侍郎、文理院学士李德明奉表称臣,来请平,献御服、汤药及金器千两,银器五千两,缯锦二千匹,犒军牛五百头,酒二千斛,壬午,至寿州城下。谟、德明素辩口,上知其欲游说,盛陈甲兵而见之,曰:"尔主自谓唐室苗裔,宜知礼义,异于他国。

后周世宗派遣翰林学士窦仪清点登记滁州库存的物资,宋太祖派心腹官吏提取库藏绢帛。窦仪说:"您在攻克州城之初时,即使把库中东西取光,也无妨碍。如今已经登录为官府物资,没有诏书命令,是不能取得的。"宋太祖因此器重窦仪。世宗诏令左金吾卫将军马崇祚主持滁州政务。

当初,永兴节度使刘词遣送表书荐举他的幕僚蓟州人赵普有才能可以重用。适逢滁州平定,范质推荐赵普为滁州军事判官,宋太祖和他交谈,很喜欢他。当时捕获强盗一百多人,都应处死,赵普请求先审讯然后处决,结果活下来的占十分之七八。宋太祖愈发认为他是个奇才。

宋太祖的威名日益盛大,每当亲临军阵,必定用精美的辂马绳带装饰坐骑,铠甲兵器锃亮耀眼。有人说:"像这样,会被敌人认识。"宋太祖说:"我本就想让敌人认识我!"

南唐君主派遣泗州牙将王知朗携带书信抵达徐州,称:"唐皇帝奉上书信致达大周皇帝,请求休战讲和,情愿把皇帝当作兄长来侍奉,每年贡献货物财宝来襄助军费。"甲戌(十一日),徐州将书信奏报;世宗不作回答。戊寅(十五日),世宗命令前武胜节度使侯章等人进攻寿州水寨,在护城河的西北角打开决口,将护城河水引入淝水。

宋太祖派遣使者献上皇甫晖等战俘,皇甫晖伤势很重,见到世宗,卧着说道:"臣下不是不忠于所事奉的主人,只是士兵有勇敢胆怯的不同罢了。臣下往日屡次与契丹交战,未曾见到过像您这样精锐的军队。"因而盛赞宋太祖的勇敢。世宗释放他,数日之后皇甫晖去世。

世宗探知扬州没有防备,己卯(十六日),命令韩令坤等领兵袭击扬州,告诫不得残害百姓;那里的李氏陵墓寝庙,派人与李氏族人共同守卫看护。

南唐君主因军队屡遭败绩,惧怕灭亡,于是派遣翰林学士、户部侍郎锺谟和工部侍郎、文理院学士李德明奉持表书称臣,前来请求和平,进献皇帝专用的服装、汤药以及金器一千两,银器五千两,缯帛锦缎二十四,犒劳军队的牛五百头,酒两千斛,壬午(十九日),到达寿州城下。锺谟、李德明一向能说善辩,世宗知道他们打算游说,命全副武装的士兵严整列队而接见,说:"你们的君主自称是唐皇室的后裔,应该懂得礼义,同别的国家有区别。

与朕止隔一水，未尝遣一介修好，惟泛海通契丹，舍华事夷，礼义安在？且汝欲说我令罢兵邪？我非六国愚主，岂汝口舌所能移邪！可归语汝主：亟来见朕，再拜谢过，则无事矣。不然，朕欲观金陵城，借府库以劳军，汝君臣得无悔乎！"谟、德明战栗不敢言。

7　吴越王弘俶遣兵屯境上以俟周命。苏州营田指挥使陈满言于丞相吴程曰："周师南征，唐举国惊扰，常州无备，易取也。"会唐主有诏抚安江阴吏民，满告程云："周诏书已至。"程为之言于弘俶，请亟发兵从其策。丞相元德昭曰："唐大国，未可轻也。若我入唐境而周师不至，谁与并力，能无危乎！请姑俟之。"程固争，以为时不可失，弘俶卒从程议。癸未，遣程督衢州刺史鲍修让、中直都指挥使罗晟趣常州。程谓将士曰："元丞相不欲出师。"将士怒，流言欲击德昭。弘俶匿德昭于府中，令捕言者，叹曰："方出师而士卒欲击丞相，不祥甚哉！"

8　乙酉，韩令坤奄至扬州；平旦，先遣白延遇以数百骑驰入城，城中不之觉。令坤继至，唐东都营屯使贾崇焚官府民舍，弃城南走，副留守工部侍郎冯延鲁髡发被僧服，匿于佛寺，军士执之。令坤慰抚其民，使皆安堵。

庚寅，王逵奏拔鄂州长山寨，执其将陈泽等，献之。

辛卯，太祖皇帝奏唐天长制置使耿谦降，获刍粮二十馀万。

与朕只有一水之隔,却未曾派遣过一位使者来建立友好关系,反而漂洋过海去勾结契丹,舍弃华夏而臣事蛮夷,礼义在哪里呢?再说你们准备向我游说让我休战吧?我不是战国时代六国那样的愚蠢君主,岂是你们用口舌所能改变主意的人!你们可以回去告诉你们的君主:马上来见朕,下跪再拜认罪谢过,那就没有事情了。不然的话,朕打算亲自到金陵城观看,借用金陵国库来慰劳军队,你们君臣可不要后悔啊!"锺谟、李德明全身发抖不敢说话。

7 吴越王钱弘俶派遣军队屯驻边境上以等待后周命令。苏州营田指挥使陈满向丞相吴程进言说:"后周军队南下征伐,南唐举国震惊骚动,常州没有防备,容易攻取。"适逢南唐君主有诏书安抚江阴官吏百姓,陈满禀告吴程说:"后周诏书已经到达。"吴程为此向钱弘俶进言,请求立即发兵采用陈满的计策。丞相元德昭说:"南唐是大国,不可轻视啊。倘若我军进入南唐境界而周兵没到,谁来与我们合力作战,能不危险吗!请暂且等待一下。"吴程再三争辩,认为时机不可错过,钱弘俶听从了吴程的建议。癸未(二十日),钱弘俶派遣吴程督领衢州刺史鲍修让、中直都指挥使罗晟奔赴常州。吴程对将士们说:"元丞相不愿意出兵。"将士们恼怒,有流言说要袭击元德昭。钱弘俶把元德昭藏匿在自己府中,下令逮捕散布流言的人,叹息说:"正要出兵而士卒想要袭击丞相,不吉利得很啊!"

8 乙酉(二十二日),韩令坤突然到达扬州;天大亮,先派遣白延遇率数百骑兵奔驰入城,城中没有觉察。韩令坤接着到达,南唐东都营屯使贾崇焚毁政府官邸、百姓房屋,弃城往南逃奔,副留守工部侍郎冯延鲁剃光头发披上僧服躲藏进佛寺,军士抓获了他。韩令坤慰问安抚扬州百姓,让他们都安居乐业。

庚寅(二十七日),王逵奏报攻克鄂州长山寨,抓获南唐将领陈泽等人献上。

辛卯(二十八日),宋太祖奏报南唐天长制置使耿谦投降,缴获粮草二十多万。

9　唐主遣园苑使尹延范如泰州,迁吴让皇之族于润州。延范以道路艰难,恐杨氏为变,尽杀其男子六十人,还报,唐主怒,腰斩之。

10　韩令坤等攻唐泰州,拔之,刺史方讷奔金陵。

11　唐主遣人以蜡丸求救于契丹。壬辰,静安军使何继筠获而献之。

12　以给事中高防权知泰州。

13　癸巳,吴越王弘俶遣上直都指挥使路彦铢攻宣州,罗晟帅战舰屯江阴。唐静海制置使姚彦洪帅兵民万人奔吴越。

14　潘叔嗣属将士而告之曰:"吾事令公至矣,今乃信谗疑怒,军还,必击我,吾不能坐而待死,汝辈能与吾俱西乎?"众愤怒,请行,叔嗣帅之西袭朗州。逵闻之,还军追之,及于武陵城外,与叔嗣战,逵败死。

或劝叔嗣遂据朗州,叔嗣曰:"吾救死耳,安敢自尊,宜以督府归潭州太尉,岂不以武安见处乎!"乃归岳州,使团练判官李简帅朗州将吏迎武安节度使周行逢。众谓行逢:"必以潭州授叔嗣。"行逢曰:"叔嗣贼杀主帅,罪当族。所可恕者,得武陵而不有,以授吾耳。若遽用为节度使,天下谓我与之同谋,何以自明!宜且以为行军司马,俟逾年,授以节铖可也。"乃以衡州刺史莫弘万权知潭州,帅众入朗州,自称武平、武安留后,告于朝廷,以叔嗣为行军司马。叔嗣怒,称疾不至。行逢曰:"行军司马,吾尝为之,权与节度使相垺耳,叔嗣犹不满望,更欲图我邪!"

9 南唐君主派遣园苑使尹延范前往泰州,将吴让皇的家族迁居到润州。尹延范因为道路艰难,恐怕杨氏家族发生变乱,将其中男子六十人全部杀死,返回报告,南唐君主大怒,腰斩尹延范。

10 韩令坤等进攻泰州,占领泰州,刺史方讷逃奔金陵。

11 南唐君主派人拿着封有书信的蜡丸去向契丹求救。壬辰(二十九日),静安军使何继筠截获后献给后周世宗。

12 后周任命给事中高防临时主持泰州政务。

13 癸巳(三十日),吴越王钱弘俶派遣上直都指挥使路彦铢进攻宣州,罗晟率领战舰屯驻江阴。南唐静海制置使姚彦洪率领士兵、百姓一万多人投奔吴越。

14 潘叔嗣集合将士告诉他们说:"我事奉王令公好得无以复加了,如今他反而听信谗言怀疑发怒,军队返回来的话,必定攻击我,我不能坐着等死,你们能和我一道西进吗?"部众很愤怒,请求出行,潘叔嗣率领所部向西袭击朗州。王逵听说这消息,调回军队追赶,追到武陵城外,与潘叔嗣交战,王逵兵败身死。

有人劝说潘叔嗣就此占据朗州,潘叔嗣说:"我只不过逃命罢了,怎么敢自己称尊称王,应该将朗州督府交归潭州太尉周行逢,难道他不会安排我当武安节度使吗!"于是返归岳州,派团练判官李简率领朗州将领官吏迎接武安节度使周行逢。部众对周行逢说:"一定要把潭州授予潘叔嗣。"周行逢说:"潘叔嗣杀害主帅,罪该灭族。可以宽恕的地方,只是取得武陵而不占有,交给我罢了。倘若马上起用他为节度使,天下人就会认为我和他是同谋,我还怎么自我表白!现宜暂时任命为行军司马,等过了一年,便可以授予节度使的职权。"于是任命衡州刺史莫弘万临时主持潭州政务,率领部众进入朗州,自称武平、武安留后,向朝廷报告,任命潘叔嗣为行军司马。潘叔嗣恼怒,称病不到任。周行逢说:"行军司马,我曾经做过,权力与节度使大致相当,潘叔嗣却还不满意,难道还想对我图谋不轨吗!"

　　或说行逢："授叔嗣武安节钺以诱之,令至都府受命,此乃机上肉耳!"行逢从之。叔嗣将行,其所亲止之。叔嗣自恃素以兄事行逢,相亲善,遂行不疑。行逢遣使迎候,道路相望,既至,自出郊劳,相见甚欢。叔嗣入谒,未至听事,遣人执之,立于庭下,责之曰:"汝为小校无大功,王逵用汝为团练使,一旦反杀主帅。吾以畴昔之情,未忍斩汝,以为行军司马,乃敢违拒吾命而不受乎!"叔嗣知不免,以宗族为请。遂斩之。

有人劝说周行逢:"用授予潘叔嗣武安节度使职权来引诱他,让他到都府来接受任命,他就成为案板上的肉了!"周行逢听从此计。潘叔嗣将要上路,亲近的人阻止他。潘叔嗣自仗素来以兄长之礼侍奉周行逢,相互亲善,于是登程,不加怀疑。周行逢派遣使者迎接等候,一路不断,已经到达,周行逢亲自出城到郊外慰劳,相互见面非常高兴。潘叔嗣入府谒见,还没到办公大厅,周行逢便派人拘捕他,立在厅堂下,斥责他说:"你做了个小校并无大功,王逵起用你为团练使,却突然反过来杀死主帅。我因往昔的情谊,不忍心杀你,任你为行军司马,竟敢违抗我的命令而不接受!"潘叔嗣自知难免一死,请求保全宗族。于是将他斩首。

卷第二百九十三　后周纪四

起丙辰（956）三月尽丁巳（957）凡一年有奇

世宗睿武孝文皇帝中

显德三年（丙辰，956）

1　三月甲午朔，上行视水寨，至淝桥，自取一石，马上持之至寨以供炮，从官过桥者人赍一石。太祖皇帝乘皮船入寿春壕中，城上发连弩射之，矢大如屋椽。牙将馆陶张琼遽以身蔽之，矢中琼髀，死而复苏。镞著骨不可出，琼饮酒一大卮，令人破骨出之，流血数升，神色自若。

唐主复以右仆射孙晟为司空，遣与礼部尚书王崇质奉表入见，称："自天祐以来，海内分崩，或跨据一方，或迁革异代，臣绍袭先业，奄有江表，顾以瞻乌未定，附凤何从！今天命有归，声教远被，愿比两浙、湖南，仰奉正朔，谨守土疆，乞收薄伐之威，赦其后服之罪，首于下国，俾作外臣，则柔远之德，云谁不服。"又献金千两，银十万两，罗绮二千匹。晟谓冯延己曰："此行当在左相，晟若辞之，则负先帝。"既行，知不免，中夜，叹息谓崇质曰："君家百口，宜自为谋。吾思之熟矣，终不负永陵一培土，馀无所知。"

世宗睿武孝文皇帝中
后周世宗显德三年(丙辰,公元 956 年)

1　三月甲午朔(初一),后周世宗巡视水寨,到达淝桥,亲自捡取一块石头,骑在马上拿着到寨中供炮使用,随从官员过桥的每人也携带一块石头。宋太祖乘坐牛皮船进入寿春护城河中,城上用连弩发射,箭矢像房屋的椽子那样粗。牙将馆陶人张琼立即用身体遮挡,箭射中张琼的大腿,昏死过去又苏醒过来。箭头射进骨头不能拔出,张琼喝下一大杯酒,命令人敲破骨头取出箭,流血好几升,神态脸色仍从容自如。

南唐君主又任命右仆射孙晟为司空,派遣他与礼部尚书王崇质奉持表章入周觐见,表称:"自从唐朝天祐以来,天下分崩离析,有的地区割据一方,有的地区改朝换代,臣下继承祖先基业,拥有江表之地,只是因为看那乌鸦都没有落脚,要想附凤攀龙,又从何谈起!如今天命已有归宿,声威教化泽被远近,希望比照两浙的吴越、湖南的楚国,敬奉中原号令,谨守土地疆域,乞求收敛征伐的威势,赦免后来臣服的罪过,从我小国开始,让我做您域外臣子,那么安抚边远的德政,还有谁不服从。"又贡献黄金千两,白银十万两,罗绮两千匹。孙晟对冯延己说:"此行应当由您左相出使,然而我孙晟如果推辞,那就有负先帝烈祖厚望。"上路以后,自知不免一死,半夜叹息,对王崇质说:"您家有一百多口人,应该好好地为自己盘算。我已经考虑得很成熟了,最后决不辜负永陵烈祖的在天之灵,其馀的一无所知了。"

2 南汉甘泉宫使林延遇，阴险多计数，南汉主倚信之；诛灭诸弟，皆延遇之谋也。乙未卒，国人相贺。延遇病甚，荐内给事龚澄枢自代，南汉主即日擢澄枢知承宣院及内侍省。澄枢，番禺人也。

3 光舒黄招安巡检使、行光州刺史何超以安、随、申、蔡四州兵数万攻光州。丙申，超奏唐光州刺史张绍弃城走，都监张承翰以城降。

丁酉，行舒州刺史郭令图拔舒州，唐蕲州将李福杀其知州王承巂，举州来降。遣六宅使齐藏珍攻黄州。

4 彰武留后李彦頵，性贪虐，部民与羌胡作乱，攻之。上召彦頵还朝。

5 秦、凤之平也，上赦所俘蜀兵以隶军籍，从征淮南，复亡降于唐。癸卯，唐主表献百五十人。上悉命斩之。

6 舒州人逐郭令图，铁骑都指挥使洛阳王审琦选轻骑夜袭舒州，复取之，令图乃得归。

7 马希崇及王延政之子继沂皆在扬州，诏抚存之。

8 丙午，孙晟等至上所。庚戌，上遣中使以孙晟诣寿春城下，示刘仁赡，且招谕之。仁赡见晟，戎服拜于城上。晟谓仁赡曰："君受国厚恩，不可开门纳寇。"上闻之，甚怒，晟曰："臣为唐宰相，岂可教节度使外叛邪！"上乃释之。

9 唐主使李德明、孙晟言于上，请去帝号，割寿、濠、泗、楚、光、海六州之地。仍岁输金帛百万以求罢兵。上以淮南之地已半为周有，诸将捷奏日至，欲尽得江北之地，不许。德明见周兵日进，奏称："唐主不知陛下兵力如此之盛，愿宽臣五日之诛，得归白唐主，尽献江北之地。"上乃许之。晟因奏遣王崇质与德明俱归。上遣供奉官安弘道送德明等归金陵，赐唐主书，其略曰：

2　南汉甘泉宫使林延遇,为人阴险,善于算计,南汉君主依靠信任他;诛杀消灭君主的诸兄弟,都是林延遇的主意。乙未(初二),林延遇去世,国中之人互相庆贺。林延遇病情危重时,推荐内给事龚澄枢代替自己,南汉君主当日提升龚澄枢主持承宣院和内侍省。龚澄枢是番禺人。

3　光、舒、黄招安巡检使、行光州刺史何超率领安、随、申、蔡四州军队数万人进攻光州。丙申(初三),何超奏报南唐光州刺史张绍弃城逃跑,都监张承翰率城投降。

丁酉(初四),行舒州刺史郭令图攻克舒州,南唐蕲州将领李福杀死知州王承巂,率州前来投降。后周派遣六宅使齐藏珍进攻黄州。

4　彰武留后李彦頵,生性贪婪暴虐,所辖百姓和羌胡部落发动叛乱,进攻李彦頵。后周世宗召李彦頵回朝进京。

5　秦州、凤州平定的时候,后周世宗赦免所俘获的后蜀士兵,将他们编入军籍,跟随征伐淮南,他们又逃亡向南唐投降。癸卯(初十),南唐君主上表献出降卒一百五十人。世宗命令将他们全部斩首。

6　舒州人驱逐郭令图,铁骑都指挥使洛阳人王审琦挑选轻骑兵夜晚袭击舒州,又收复舒州,郭令图于是得以返归。

7　马希崇和王延政的儿子王继沂都在扬州,后周世宗下诏安抚慰问他们。

8　丙午(十三日),孙晟等人到达后周世宗所在之处。庚戌(十七日),后周世宗派遣朝廷使者带孙晟到寿春城下,并且让他招安南唐守将。刘仁赡见到孙晟,在城上身着戎装行拜礼。孙晟对刘仁赡说:"您身受国君深厚恩泽,不可打开城门迎纳敌寇。"世宗听说后,十分恼怒,孙晟说:"臣下我身为唐宰相,岂能教唆节度使叛变投敌呢!"世宗于是释放了他。

9　南唐君主派遣李德明、孙晟对后周世宗说,请求废除帝号,割让寿州、濠州、泗州、楚州、光州、海州等六州之地。并且每年进贡黄金绢帛百万,以求休兵停战。世宗因为淮南之地已经一半被后周占有,各路将领捷报连日到达,便打算取得全部长江以北的地方,不答应唐主所请。李德明眼看后周军队日益推进,上奏称述:"唐主不知道陛下的兵力如此强盛,希望给臣下五天不作讨伐的宽限,使臣下得以返归禀告唐主,献出全部长江以北之地。"世宗于是准许他。孙晟便奏请派王崇质与李德明一道返归。世宗派遣供奉官安弘道送李德明等人返归金陵,赐南唐君主书信,信中大致说:

"但存帝号,何爽岁寒!傥坚事大之心,终不迫人于险。"又曰:"俟诸郡之悉来,即大军之立罢。言尽于此,更不烦云;苟曰未然,请从兹绝。"又赐其将相书,使熟议而来。唐主复上表谢。

李德明盛称上威德及甲兵之强,劝唐主割江北之地,唐主不悦。宋齐丘以割地为无益;德明轻佻,言多过实,国人亦不之信。枢密使陈觉、副使李徵古素恶德明与孙晟,使王崇质异其言,因谮德明于唐主曰:"德明卖国求利。"唐主大怒,斩德明于市。

10　吴程攻常州,破其外郭,执唐常州团练使赵仁泽,送于钱唐。仁泽见吴越王弘俶不拜,责以负约。弘俶怒,决其口至耳。元德昭怜其忠,为傅良药,得不死。

唐主以吴越兵在常州,恐其侵逼润州,以宣、润大都督燕王弘冀年少,恐其不习兵,征还金陵。部将赵铎言于弘冀曰:"大王元帅,众心所恃,逆自退归,所部必乱。"弘冀然之,辞不就征,部分诸将,为战守之备。

龙武都虞候柴克宏,再用之子也,沉默好施,不事家产,虽典宿卫,日与宾客博弈饮酒,未尝言兵,时人以为非将帅材。至是,有言克宏久不迁官者,唐主以为抚州刺史。克宏请效死行陈,其母亦表称克宏有父风,可为将,苟不胜任,分甘孥戮。唐主乃以克宏为右武卫将军,使将兵会袁州刺史陆孟俊救常州。

"只管保存帝号,为什么要失去松柏不怕天寒地冻依旧郁郁葱葱的品格! 倘若能坚定自己事奉大周的信念,终究不会被人逼入险境绝地。"又说:"等到江北各州全部献来,我的大军立即休战。话已在此说尽,不再赘述;倘若说还不行,请从此决绝。"又赐给南唐将相书信,让他们仔细商议而来。南唐君主又上表道谢。

李德明盛赞后周世宗声威德行和军队强盛,规劝南唐君主割让长江以北之地,南唐君主不高兴。宋齐丘认为割让土地无济于事;李德明为人轻浮,经常言过其实,国中之人也不相信他的话。枢密使陈觉、副使李徵古素来憎恶李德明和孙晟,让王崇质说得同李德明不一样,趁势对南唐君主说李德明的坏话道:"李德明出卖国家求取私利。"南唐君主勃然大怒,将李德明在街市斩首。

10　吴程进攻常州,攻破常州外城,抓获南唐常州团练使赵仁泽,解送到钱唐。赵仁泽见到吴越王钱弘俶不下跪叩拜,斥责钱弘俶背信负约。钱弘俶发怒,把他的嘴一直撕裂到耳边。元德昭怜惜他的忠诚,为他敷用好药,得以不死。

南唐君主因吴越军队在常州城下,害怕他们侵犯进逼润州,又因宣、润大都督燕王李弘冀年纪轻,怕他不熟习军事,便征召他返回金陵。部将赵铎对李弘冀说:"大王身为元帅,是众人心目中的支柱,反而自己退归京城,部众必定大乱。"李弘冀认为是这样,推辞不接受征召,部署众将,作好战斗守卫的准备。

龙武都虞候柴克宏是柴再用的儿子,沉默寡言、乐善好施,不管家产,虽然典领宫廷警卫,但仍每天与宾客们下棋喝酒,不曾谈论军事,当时人认为他不是将帅的材料。到这时,有人说柴克宏很久没迁升官职,南唐君主便任命他为抚州刺史。柴克宏请求在军队效命,他母亲也进表称柴克宏有父亲遗风,可以为将,如果不能胜任,甘愿满门抄斩。南唐君主于是任命柴克宏为右武卫将军,让他领兵会合袁州刺史陆孟俊救援常州。

时唐精兵悉在江北，克宏所将数千人皆赢老，枢密使李徵古复以铠仗之朽蠹者给之。克宏诉于徵古，徵古慢骂之，众皆愤恚，克宏怡然。至润州，徵古遣使召还，以神卫统军朱匡业代之。燕王弘冀谓克宏："君但前战，吾当论奏。"乃表克宏才略可以成功，常州危在旦莫，不宜中易主将。克宏引兵径趣常州，徵古复遣使召之，克宏曰："吾计日破贼，汝来召吾，必奸人也！"命斩之。使者曰："受李枢密命而来。"克宏曰："李枢密来，吾亦斩之！"

初，鲍修让、罗晟在福州，与吴程有隙，至是，程抑挫之，二人皆怨。先是，唐主遣中书舍人乔匡舜使于吴越，壬子，柴克宏至常州，蒙其船以幕，匿甲士于其中，声言迎匡舜。吴越逻者以告，程曰："兵交，使在其间，不可妄以为疑。"唐兵登岸，径薄吴越营，罗晟不力战，纵之使趣程帐，程仅以身免。克宏大破吴越兵，斩首万级。朱匡业至行营，克宏事之甚谨。吴程至钱唐，吴越王弘俶悉夺其官。

11　甲寅，蜀主以捧圣控鹤都指挥使李廷珪为左右卫圣诸军马步都指挥使，仍分卫圣、匡圣步骑为左右十军，以武定节度使吕彦琦等为使，廷珪总之，如赵廷隐之任。

12　初，柴克宏为宣州巡检使，始至，城堑不修，器械皆阙，吏云："自田頵、王茂章、李遇相继叛，后人无敢治之者。"克宏曰："时移事异，安有此理！"悉缮完之。由是路彦铢攻之不克，闻吴程败，乙卯，引归。唐主以克宏为奉化节度使，克宏复请将兵救寿州，未至而卒。

当时南唐精锐部队都在长江以北,柴克宏所率领的数千人都瘦弱年迈,枢密使李徵古又将铠甲兵器中锈蚀破烂的给他。柴克宏向李徵古申诉,李徵古傲慢地辱骂他,部众都愤愤不平,柴克宏却安然如常。到达润州,李徵古派遣使者召他回来,任命神卫统军朱匡业取代他。燕王李弘冀对柴克宏说:"您只管在前面打仗,我自会安排奏报。"于是上表说柴克宏才能谋略可以成就功业,常州危在旦夕,不适宜中途调换主将。柴克宏领兵直奔常州,李徵古又派遣使者召他,柴克宏说:"我估计数日可以破敌,你来召我回去,必定是奸人啊!"命令斩首。使者说:"我接受李枢密的命令而来。"柴克宏说:"李枢密来,我也斩他首级。"

当初,鲍修让、罗晟在福州的时候,与吴程有矛盾,到这时,吴程压制刁难他们,二人都有怨恨。在这以前,南唐君主派遣中书舍人乔匡舜到吴越出使,壬子(十九日),柴克宏到达常州,用帐幕蒙在船上,将全副武装的士兵藏匿在里面,声称前来接乔匡舜。吴越巡逻士兵将情况报告,吴程说:"两国交战,使者可以在其间来往,不可随便怀疑。"南唐士兵登上岸,直接逼近吴越营寨,罗晟不拼力作战,放进来让他们奔向吴程的营帐,吴程仅仅自己幸免于难。柴克宏大破吴越军队,斩首一万级。朱匡业到达军营,柴克宏事奉他很恭敬。吴程到达钱唐,吴越王钱弘傲削夺他的一切职务。

11 甲寅(二十一日),后蜀君主任命捧圣控鹤都指挥使李廷珪为左右卫圣诸军马步都指挥使,仍旧分卫圣、匡圣步兵、骑兵为左右十个军,任命武定节度使吕彦琦等为军使,李廷珪总领,如同赵廷隐的职务。

12 当初,柴克宏为宣州巡检使,开始到达时,城墙、护城河年久失修,战备器具都有损缺,官吏说:"自从田頵、王茂章、李遇相继叛变,后来的人没有敢修治城池器械的。"柴克宏说:"时代变换事情不同,哪有这种道理!"全部修缮完好。因此路彦铢攻城不克,听说吴程兵败,乙卯(二十二日),撤退返回。南唐君主任命柴克宏为奉化节度使,柴克宏又请求领兵救援寿州,没有到达而去世。

13　河阳节度使白重赞,以天子南征,虑北汉乘虚入寇,缮完守备,且请兵于西京。西京留守王晏初不之与,又虑事出非常,乃自将兵赴之。重赞以晏不奉诏而来,拒不纳,遣人谓之曰:"令公昔在陕服,已立大功,河阳小城,不烦枉驾。"晏惭怍而还。孟、洛之民,数日惊扰。

14　唐主命诸道兵马元帅齐王景达将兵拒周,以陈觉为监军使,前武安节度使边镐为应援都军使。中书舍人韩熙载上书曰:"信莫信于亲王,重莫重于元帅,安用监军使为!"唐主不从。

遣鸿胪卿潘承祐诣泉、建召募骁勇,承祐荐前永安节度使许文稹、静江指挥使陈德诚、建州人郑彦华、林仁肇。唐主以文稹为西面行营应援使,彦华、仁肇皆为将。仁肇,仁翰之弟也。

15　夏,四月甲子,以侍卫亲军都指挥使、归德节度使李重进为庐、寿等州招讨使,以武宁节度使武行德为濠州城下都部署。

16　唐右卫将军陆孟俊自常州将兵万馀人趣泰州,周兵遁去,孟俊复取之,遣陈德诚戍泰州。孟俊进攻扬州,屯于蜀冈,韩令坤弃扬州走。帝遣张永德将兵救之,令坤复入扬州。帝又遣太祖皇帝将兵屯六合。太祖皇帝令曰:"扬州兵有过六合者,折其足!"令坤始有固守之志。

帝自至寿春以来,命诸军昼夜攻城,久不克;会大雨,营中水深数尺,攻具及士卒失亡颇多,粮运不继,李德明失期不至,乃议旋师。或劝帝东幸濠州,声言寿州已破;从之。己巳,帝自寿春循淮而东,乙亥,至濠州。

13　河阳节度使白重赞因为天子南征,顾虑北汉有可能乘虚入侵,修治防御工事,并且向西京请求增兵。西京留守王晏起初不给军队,后又考虑事情发生在非常时期,于是亲自统率军队赶赴。白重赞因为王晏不是接受诏令前来,拒不接纳,派人对他说:"令公您昔日在陕城归附,已立大功,河阳区区小城,不劳屈尊枉驾!"王晏羞愧而回。孟州、洛州的百姓,惊恐骚动了好几天。

14　南唐君主命令诸道兵马元帅齐王李景达领兵抵抗后周军队,任命陈觉为监军使,前武安节度使边镐为应援都军使。中书舍人韩熙载上书说:"论信任,没有比亲王更可信的;论权重,没有比元帅更重要的,哪里用得上监军使呢!"南唐君主没听从。

派遣鸿胪卿潘承祐到泉州、建州招募矫健勇猛的人才,潘承祐推荐前永安节度使许文稹、静江指挥使陈德诚、建州人郑彦华、林仁肇。南唐君主任命许文稹为西面行营应援使,郑彦华、林仁肇都为将领。林仁肇是林仁翰的弟弟。

15　夏季,四月甲子(初二),后周世宗任命侍卫亲军都指挥使、归德节度使李重进为庐、寿等州招讨使,任命武宁节度使武行德为濠州城下都部署。

16　南唐右卫将军陆孟俊从常州领兵一万多人赶赴泰州,后周军队逃遁离去,陆孟俊收复泰州,派遣陈德诚守卫泰州。陆孟俊进攻扬州,屯驻在蜀冈,韩令坤丢弃扬州逃跑。后周世宗派遣张永德领兵救援,韩令坤再入扬州。世宗又派遣宋太祖领兵屯驻六合。宋太祖下令说:"扬州士兵有过六合的,折断他的脚!"韩令坤这才有固守的决心。

世宗亲自到达寿春以来,命令各军昼夜攻城,长久未能攻克;适逢大雨,军营中水深数尺,攻城器材以及士兵损失逃亡很多,粮草运输接应不上,李德明超过期限没有到达,于是商议回师。有人劝说世宗往东巡视濠州,声称寿州已经攻破;世宗听从。己巳(初七),世宗从寿春沿着淮河东进,乙亥(十三日),到达濠州。

　　韩令坤败唐兵于城东,擒陆孟俊。初,孟俊之废马希萼立希崇也,灭故舒州刺史杨昭恽之族而取其财,杨氏有女美,献于希崇。令坤入扬州,希崇以杨氏遗令坤,令坤嬖之。既获孟俊,将械送帝所;杨氏在帘下,忽抚膺恸哭,令坤惊问之,对曰:"孟俊昔在潭州,杀妾家二百口,今日见之,请复其冤。"令坤乃杀之。

　　17　唐齐王景达将兵二万自瓜步济江,距六合二十馀里,设栅不进。诸将欲击之,太祖皇帝曰:"彼设栅自固,惧我也。今吾众不满二千,若往击之,则彼见吾众寡矣;不如俟其来而击之,破之必矣!"居数日,唐出兵趣六合,太祖皇帝奋击,大破之,杀获近五千人,馀众尚万馀,走渡江,争舟溺死者甚众,于是唐之精卒尽矣。

　　是战也,士卒有不致力者。太祖皇帝阳为督战,以剑斫其皮笠。明日,遍阅其皮笠,有剑迹者数十人,皆斩之,由是部兵莫敢不尽死。

　　先是,唐主闻扬州失守,命四旁发兵取之。己卯,韩令坤奏败扬州兵万馀人于湾头堰,获涟州刺史秦进崇;张永德奏败泗州万馀人于曲溪堰。

　　18　丙戌,以宣徽南院使向训为淮南节度使兼沿江招讨使。

　　涡口奏新作浮梁成。丁亥,帝自濠州如涡口。

　　帝锐于进取,欲自至扬州,范质等以兵疲食少,泣谏而止。帝尝怒翰林学士窦仪,欲杀之。范质入救之,帝望见,知其意,即起避之,质趋前伏地,叩头谏曰:"仪罪不至死,臣为宰相,致陛下枉杀近臣,罪皆在臣。"继之以泣。帝意解,乃释之。

韩令坤在扬州城东击败南唐军队,擒获陆孟俊。当初,陆孟俊废黜马希萼拥立马希崇,诛灭原舒州刺史杨昭恽全家而取得杨家财产,杨家有个女儿长得美丽,陆孟俊把她献给马希崇。韩令坤进入扬州,马希崇把杨氏送给韩令坤,韩令坤宠爱她。已经抓获陆孟俊,给他带上脚镣手铐准备押送到世宗所在之处;杨氏站在竹帘下,突然捶胸痛哭,韩令坤惊讶而问她,回答说:"陆孟俊昔日在潭州,杀死贱妾家人两百口,今日见到,请报冤仇。"韩令坤就杀了陆孟俊。

17 南唐齐王李景达领兵两万从瓜步渡过长江,距离六合二十多里,设置栅栏不再前进。后周众将领想出击,宋太祖说:"他们设置栅栏固守,是怕我们啊。如今我们部众不满两千,倘若前往攻击,他们就看出我们人数的多少了;不如等待他们来而出击,必定可打败他们了。"过了几天,南唐出兵赶赴六合,宋太祖奋勇出击,大败敌军,杀死抓获近五千人,馀下部众还有一万多,逃奔渡江,争船淹死的很多,于是南唐的精锐部队丧尽。

这场战斗,士兵有不卖力的。宋太祖假装督战,用剑砍那些作战不卖力的士兵的皮斗笠。第二天,普遍检查皮斗笠,上面有剑砍痕迹的有数十人,全部推出斩首,从此所部士兵没有敢不拼死作战的。

在此之前,南唐君主听说扬州失守,命令四周州军发兵夺取扬州。己卯(十七日),韩令坤奏报在湾头堰击败扬州军队一万多人,抓获涟州刺史秦进崇;张永德奏报在曲溪堰击败泗州军队一万多人。

18 丙戌(二十四日),后周世宗任命宣徽南院使向训为淮南节度使兼沿江招讨使。

涡口奏报新建浮桥落成。丁亥(二十五日),世宗从濠州前往涡口。

世宗锐意进取,打算亲自到扬州,范质等人认为军队疲乏粮食缺少,哭着劝谏而阻止。世宗曾经生翰林学士窦仪的气,想杀他。范质进去救窦仪,世宗远远望见,知道来意,立即起身避开他,范质急步向前伏在地上,磕头进谏说:"窦仪的罪不至于死,臣下身为宰相,导致陛下错杀近臣,罪都在臣下身上。"接着哭泣。世宗怒气消解,于是释放窦仪。

19　北汉葬神武帝于交城北山,庙号世祖。

20　五月壬辰朔,以涡口为镇淮军。

21　丙申,唐永安节度使陈诲败福州兵于南台江,俘斩千馀级。唐主更命永安曰忠义军。诲,德诚之父也。

22　戊戌,帝留侍卫亲军都指挥使李重进等围寿州,自涡口北归;乙卯,至大梁。

23　六月壬申,赦淮南诸州系囚,除李氏非理赋役,事有不便于民者,委长吏以闻。

24　侍卫步军都指挥使、彰信节度使李继勋营于寿州城南,唐刘仁赡伺继勋无备,出兵击之,杀士卒数百人,焚其攻具。

25　唐驾部员外郎朱元因奏事论用兵方略,唐主以为能,命将兵复江北诸州。

26　秋,七月辛卯朔,以周行逢为武平节度使,制置武安、静江等军事。行逢既兼总湖、湘,乃矫前人之弊,留心民事,悉除马氏横赋,贪吏猾民为民害者皆去之,择廉平吏为刺史、县令。

朗州民夷杂居,刘言、王逵旧将多骄横,行逢壹以法治之,无所宽假,众怨怼且惧。有大将与其党十馀人谋作乱,行逢知之,大会诸将,于座中擒之,数曰:"吾恶衣粝食,充实府库,正为汝曹,何负而反! 今日之会,与汝诀也!"立挝杀之,座上股栗。行逢曰:"诸君无罪,皆宜自安。"乐饮而罢。

行逢多计数,善发隐伏,将卒有谋乱及叛亡者,行逢必先觉,擒杀之,所部凛然。然性猜忍,常散遣人密诇诸州事,其之邵州者,无事可复命,但言刺史刘光委多宴饮。行逢曰:"光委数聚饮,欲谋我邪!"即召还,杀之。亲卫指挥使、衡州刺史张文表恐获罪,求归治所,行逢许之。文表岁时馈献甚厚,及谨事左右,由是得免。

19 北汉在交城北山安葬神武帝刘旻,庙号为世祖。

20 五月壬辰朔(初一),后周将涡口改为镇淮军。

21 丙申(初五),南唐永安节度使陈诲在南台江击败福州军队,俘虏斩首一千多级。南唐君主将永安军改名为忠义军。陈诲是陈德诚的父亲。

22 戊戌(初七),世宗留下侍卫亲军都指挥使李重进等围攻寿州,从涡口北上返归;乙卯(二十四日),到达大梁。

23 六月壬申(十一日),后周赦免淮南各州关押的囚犯,废除南唐李氏不合理的赋税徭役,事情有不便利百姓的,委托州县官吏奏报。

24 侍卫步军都指挥使、彰信节度使李继勋在寿州城南安营,南唐刘仁赡等候李继勋没有防备,出兵袭击,杀死士兵数百人,焚毁后周军队的攻城器具。

25 南唐驾部员外郎朱元利用奏报政事论述用兵策略,南唐君主认为他有才能,命他统领军队收复长江以北各州。

26 秋季,七月辛卯朔(初一),后周世宗任命周行逢为武平节度使,制置武安、静江等军事。周行逢既已兼管洞庭湖、湘水地区,于是就矫正前人的弊端,关心百姓生计,全部废除马氏的横征暴敛,贪官污吏扰民成为百姓祸害的全部革去,选择廉洁平正的官吏担任刺史、县令。

朗州地区华夏、蛮夷之民共同居住,刘言、王逵旧日将领大多骄横不法,周行逢一律用法制来管理,没有一点宽容姑息,众人既怨恨又恐惧。有个大将与其党羽十几人阴谋发动叛乱,周行逢知道此事,便设宴大会众将,在座位上擒获他,数落说:"我穿布衣、吃粗粮,充实国库,正是为了你们,为何负心而谋反!今日宴会,是与你诀别!"立刻打死他,在座将领吓得双腿发抖。周行逢说:"诸位没有罪过,都应该自己心安。"大家高兴地饮酒而结束。

周行逢足智多谋,善于发现隐患,将吏士兵有阴谋作乱和叛变逃亡的,周行逢必定事先察觉,拘捕斩杀,因此部众对他十分敬畏。然而他生性多疑残忍,经常分头派人秘密探察各州情况,他派到邵州的人,没有情况可以报告,便只说刺史刘光委经常设宴饮酒。周行逢说:"刘光委多次聚众宴饮,想算计我吧!"立即召回,杀死他。亲卫指挥使、衡州刺史张文表怕无辜获罪,请求解除兵权回归治所衡州,周行逢准许。张文表一年四季馈赠贡献十分丰厚,同时小心事奉周行逢身边亲信,因此得以免罪。

行逢妻郾国夫人邓氏,陋而刚决,善治生,尝谏行逢用法太严,人无亲附者,行逢怒曰:"汝妇人何知!"邓氏不悦,因请之村墅视田园,遂不复归府舍。行逢屡遣人迎之,不至;一旦,自帅僮仆来输税,行逢就见之,曰:"吾为节度使,夫人何自苦如此!"邓氏曰:"税,官物也。公为节度使,不先输税,何以率下!且独不记为里正代人输税以免楚挞时邪?"行逢欲与之归,不可,曰:"公诛杀太过,常恐一旦有变,村墅易为逃匿耳。"行逢惭怒,其僚属曰:"夫人言直,公宜纳之。"

行逢婿唐德求补吏,行逢曰:"汝才不堪为吏,吾今私汝则可矣;汝居官无状,吾不敢以法贷汝,则亲戚之恩绝矣。"与之耕牛、农具而遣之。

行逢少时尝坐事黥,隶辰州铜阬,或说行逢:"公面有文,恐为朝廷使者所嗤,请以药灭之。"行逢曰:"吾闻汉有黥布,不害为英雄,吾何耻焉!"

自刘言、王逵以来,屡举兵,将吏积功及所羁縻蛮夷,检校官至三公者以千数。前天策府学士徐仲雅,自马希广之废,杜门不出,行逢慕之,署节度判官。仲雅曰:"行逢昔趋事我,奈何为之幕吏!"辞疾不至。行逢迫胁固召之,面授文牒,终辞不取,行逢怒,放之邵州,既而召还。会行逢生日,诸道各遣使致贺,行逢有矜色,谓仲雅曰:"自吾兼镇三府,四邻亦畏我乎?"仲雅曰:"侍中境内,弥天太保,遍地司空,四邻那得不畏!"行逢复放之邵州,竟不能屈。有僧仁及,为行逢所信任,军府事皆预之,亦加检校司空,娶数妻,出入导从如王公。

周行逢妻子郧国夫人邓氏，丑陋而刚强决断，善于操持生计，曾经规劝周行逢，用法太严的话别人就不会亲附。周行逢发怒说："你妇道人家知道什么！"邓氏不快，因此请求到乡村草房看守田园，于是不再回归府第官舍。周行逢屡次派人接她，不肯到来；有一天，她亲自带领家童仆人前来交纳赋税，周行逢上前见她，说："我身为节度使，夫人为何如此自找苦吃！"邓氏说："赋税，是官家的财富。您身为节度使，不首先交纳赋税，用什么去做下面百姓的表率！再说你难道不记得当里正代人交纳赋税来免除刑杖拷打的时候了吗？"周行逢想同她回家，她不答应，说："您诛杀太过分，我常常担心有朝一日发生变乱，乡村草房容易逃避藏匿。"周行逢又羞又气，他的僚属说："夫人说得有理，您应该接受。"

周行逢的女婿唐德求补任官吏，周行逢说："你的才能不配做官吏，我如今私下照顾你倒是可以的；但如你当官不像样，我不敢用法来宽容你，那亲戚间的情谊就断绝了。"给他耕牛、农具而遣送回家。

周行逢年轻时曾经因事定罪受黥刑，发配辰州铜阬，有人劝说周行逢："您脸上刺有字，恐怕会被朝廷使者所嗤笑，请用药来除去。"周行逢说："我听说汉代有个黥布，并不因此妨碍他成为英雄，我何必为此感到羞耻呢！"

自从刘言、王逵以来，多次起兵，将领官吏积累功劳以及所属羁縻州县的蛮夷部落首领，赏赐加封得到司徒、司马、司空三公散官头衔的数以千计。原天策府学士徐仲雅，自从马希广被废黜以后，闭门不出，周行逢仰慕他，任命他代理节度判官。徐仲雅说："周行逢昔日在我手下做事，我怎么能做他幕府的官吏！"推辞有病而不到职。周行逢强迫威胁再三征召，当面授予任职文书，终究坚辞不就，周行逢发怒，将他流放到邵州，不久又召回。遇上周行逢生日，各府州分别派遣使者表示祝贺，周行逢面有骄色，对徐仲雅说："从我总领武平、武安、静江三府之后，四方比邻也都畏服我吗？"徐仲雅说："侍中您管辖境内，满天太保，遍地司空，四邻八方哪能不畏服呢！"周行逢再次将他流放到邵州，最后没能使他屈服。有个叫仁及的僧人，得到周行逢信任，军府事务都参与，也加封为检校司空，娶了好几个妻子，出来进去开道跟从的排场如同王公一般。

27 辛亥,宣懿皇后符氏殂。

28 唐将朱元取舒州,刺史郭令图弃城走。李平取蕲州。唐主以元为舒州团练使,平为蕲州刺史。元又取和州。

初,唐人以茶盐强民而征其粟帛,谓之博征,又兴营田于淮南,民甚苦之;及周师至,争奉牛酒迎劳。而将帅不之恤,专事俘掠,视民如土芥;民皆失望,相聚山泽,立堡壁自固,操农器为兵,积纸为甲,时人谓之"白甲军"。周兵讨之,屡为所败,先所得唐诸州,多复为唐有。

唐之援兵营于紫金山,与寿春城中烽火相应。淮南节度使向训奏请以广陵之兵并力攻寿春,俟克城,更图进取,诏许之。训封府库以授扬州主者,命扬州牙将分部按行城中,秋毫不犯,扬州民感悦,军还,或负粮糒以送之。滁州守将亦弃城去,皆引兵趣寿春。

唐诸将请据险以邀周师,宋齐丘曰:"如此,则怨益深。"乃命诸将各自保守,毋得擅出击周兵。由是寿春之围益急。齐王景达军于濠州,遥为寿州声援,军政皆出于陈觉,景达署纸尾而已,拥兵五万,无决战意,将吏畏觉,无敢言者。

29 八月戊辰,端明殿学士王朴、司天少监王处纳撰《显德钦天历》,上之。诏自来岁行之。

30 殿前都指挥使、义成节度使张永德屯下蔡,唐将林仁肇以水陆军援寿春;永德与之战,仁肇以船实薪刍,因风纵火,欲焚下蔡浮梁,俄而风回,唐兵败退。永德为铁縆千馀尺,距浮梁十馀步,横绝淮流,系以巨木,由是唐兵不能近。

27 辛亥(二十一日),后周宣懿皇后符氏去世。

28 南唐将领朱元攻取舒州,后周刺史郭令图弃城逃跑。李平攻取蕲州。南唐君主任命朱元为舒州团练使,李平为蕲州刺史。朱元又攻取和州。

当初,南唐政府将茶、盐强行配给农民而征收粮食布帛,称为"博征",又在淮南兴造营田,农民很吃苦头;及至后周军队到达,农民争相奉送牛酒来迎接慰劳。但后周将帅不体贴安抚,反而专门从事掳掠,把农民视为粪土草芥;农民都很失望,相互聚集在山林湖泽,建立城堡壁垒自己固守,拿起农具作为武器,拼缀纸片作为铠甲,当时人称之为"白甲军"。后周军队讨伐他们,屡次被打败,先前所得到南唐各州,大多再为南唐所有。

南唐的救援部队在紫金山安营,与寿春城中的烽火遥相呼应。淮南节度使向训上奏请求派广陵的军队合力进攻寿春,等待攻克寿春城,再计划进取,后周世宗下诏同意。向训封好都府仓库交给扬州主管人员,命令扬州牙将部署在城中的巡逻,纪律严明秋毫无犯,扬州百姓感动喜悦,军队返回,有的人背着干粮送去。滁州守将也弃城离去,都领兵赶赴寿春。

南唐众将请求占据险要来迎击后周军队,宋齐丘说:"如此的话,怨仇就更深了。"于是命令众将各自退保坚守,不得擅自出击后周军队。因此寿春的围困益发紧急。齐王李景达军队到达濠州,远远地为寿州声援,军政命令都出于陈觉之手,李景达只是在文书末尾署名而已,拥有五万军队,却无决战之意,将领官吏畏惧陈觉,没有敢说的。

29 八月戊辰(初九),端明殿学士王朴、司天少监王处纳撰成《显德钦天历》上奏。后周世宗诏令从第二年开始施行。

30 殿前都指挥使、义成节度使张永德屯驻下蔡,南唐将领林仁肇率水军、陆军救援寿春;张永德与他交战,林仁肇在船舱装满柴草,借着风势放火,打算烧毁下蔡浮桥,一会儿风向改变,南唐军队溃败退兵。张永德用铁索一千多尺,在距离浮桥十几步的地方,拦腰阻截淮水河道,并系上巨大的木头,因此南唐军队无法接近。

31 九月丙午,以端明殿学士、左散骑常侍、权知开封府事王朴为户部侍郎,充枢密副使。

32 冬,十月癸酉,李重进奏唐人寇盛唐,铁骑都指挥使王彦昇等击破之,斩首三千馀级。彦昇,蜀人也。

33 丙子,上谓侍臣:"近朝征敛谷帛,多不俟收获、纺绩之毕。"乃诏三司,自今夏税以六月,秋税以十月起征,民间便之。

34 山南东道节度使、守太尉兼中书令安审琦镇襄州十馀年,至是入朝,除守太师,遣还镇。既行,上问宰相:"卿曹送之乎?"对曰:"送至城南,审琦深感圣恩。"上曰:"近朝多不以诚信待诸侯,诸侯虽有欲效忠节者,其道无由。王者但能毋失其信,何患诸侯不归心哉!"

35 壬午,张永德奏败唐兵于下蔡。是时唐复以水军攻永德,永德夜令善游者没其船下,縻以铁锁,纵兵击之,船不得进退,溺死者甚众。永德解金带以赏善游者。

36 甲申,以太祖皇帝为定国节度使兼殿前都指挥使。太祖皇帝表渭州军事判官赵普为节度推官。

37 张永德与李重进不相悦,永德密表重进有二心,帝不之信。时二将各拥重兵,众心忧恐。重进一日单骑诣永德营,从容宴饮,谓永德曰:"吾与公幸以肺附俱为将帅,奚相疑若此之深邪?"永德意乃解,众心亦安。唐主闻之,以蜡丸遗重进,诱以厚利,其书皆谤毁及反间之语,重进奏之。

31 九月丙午(十七日),后周世宗任命端明殿学士、左散骑常侍、权知开封府事王朴为户部侍郎,充任枢密副使。

32 冬季,十月癸酉(十四日),李重进奏报南唐军队侵犯盛唐,铁骑都指挥使王彦昇等击败来敌,斩首三千多级。王彦昇是蜀人。

33 丙子(十七日),后周世宗对侍从大臣说:"近代各朝征收粮食布帛,大多不等到收获、纺织完毕。"于是诏令三司,从此以后夏税在六月开始征收,秋税在十月开始征收,乡里民间感到便利。

34 山南东道节度使、守太尉兼中书令安审琦坐镇襄州十几年,到这时进京入朝,授官守太师,遣送返回镇所。上路以后,后周世宗问宰相:"爱卿等送他了吗?"回答说:"送到京城南面,安审琦深深感激皇上的恩德。"世宗说:"近代各朝大多不用诚信对待诸侯,诸侯即使有想效忠尽节的,那路也无从可走。统治天下的人只要能不失信用,怕什么诸侯不心归诚服呢!"

35 壬午(二十三日),张永德奏报在下蔡击败南唐军队。当时南唐再次用水军进攻张永德,张永德夜晚命令善于游泳的士兵潜没到敌船底下,系上铁锁,发兵攻击,船只不能前进后退,淹死的南唐兵很多。张永德解下身上的金带赏给善于游泳的士兵。

36 甲申(二十五日),后周世宗任命宋太祖为定国节度使兼殿前都指挥使。宋太祖推荐渭州军事判官赵普为节度推官。

37 张永德和李重进关系不和,张永德秘密上表说李重进有二心,世宗不相信。当时两位将领各自握有重兵,众人心里担忧恐惧。李重进有一天单人匹马到张永德营帐,从容自如地欢宴饮酒,对张永德说:"我和您有幸因是皇上的心腹而都做将帅,为何相互疑忌如此之深呢?"张永德的敌意于是消除,众人心里也踏实了。南唐君主闻讯,派人将封有书信的蜡丸带给李重进,用高官厚禄来引诱,书信中都是毁谤朝廷和策反离间的话,李重进将来信奏报。

初,唐使者孙晟、锺谟从帝至大梁,帝待之甚厚,每朝会,班于中书省官之后,时召见,饮以醇酒,问以唐事。晟但言:"唐主畏陛下神武,事陛下无二心。"及得唐蜡书,帝大怒,召晟,责以所对不实。晟正色抗辞,请死而已。问以唐虚实,默不对。十一月乙巳,帝命都承旨曹翰送晟于右军巡院,更以帝意问之。翰与之饮酒数行,从容问之,晟终不言。翰乃谓曰:"有敕,赐相公死。"晟神色怡然,索袍笏,整衣冠,南向拜曰:"臣谨以死报国。"乃就刑。并从者百馀人皆杀之,贬锺谟耀州司马。既而帝怜晟忠节,悔杀之,召谟,拜卫尉少卿。

38　帝召华山隐士真源陈抟,问以飞升、黄白之术,对曰:"陛下为天子,当以治天下为务,安用此为!"戊申,遣还山,诏州县长吏常存问之。

39　十二月壬申,以张永德为殿前都点检。

40　分命中使发陈、蔡、宋、亳、颍、兖、曹、单等州丁夫数万城下蔡。

41　是岁,唐主诏淮南营田害民尤甚者罢之。遣兵部郎中陈处尧持重币浮海诣契丹乞兵。契丹不能为之出兵,而留处尧不遣。处尧刚直有口辩,久之,忿恚,数面责契丹主,契丹主亦不之罪也。

42　蜀陵、荣州獠反,弓箭库使赵季文讨平之。

43　吴越王弘俶括境内民兵,劳扰颇多,判明州钱弘亿手疏切谏,罢之。

当初,南唐使者孙晟、锺谟跟随世宗到达大梁,世宗待他们很优厚,每次朝会,让他们排在中书省官员的后面,时常召见,给他们喝美酒,询问南唐情况。孙晟只说:"唐主畏服陛下神武,事奉陛下别无二心。"及至获得南唐蜡丸中的书信,世宗勃然大怒,召见孙晟,斥责他回答的不是实情。孙晟神色严正言辞激昂,只求一死。再问南唐国中虚实,缄口不答。十一月乙巳(十七日),世宗命令都承旨曹翰送孙晟到右军巡院,再按世宗意思问他。曹翰与他饮酒,酒过几巡以后,和颜悦色地问他,孙晟始终不说。曹翰于是对他说:"我有敕书,赐相公自杀。"孙晟神色安详,寻找朝袍朝笏,整理衣帽,向南叩拜说:"臣下我谨以死报国。"于是赴刑。连同随从一百多人都杀死,锺谟贬为耀州司马。事后世宗怜惜孙晟的忠诚节操,后悔杀他,召回锺谟,授予卫尉少卿。

38 后周世宗召见华山隐士真源人陈抟,询问羽化升仙、冶炼金子的法术,陈抟回答:"陛下是天子,应当以治理天下为己任,哪里用得着这些呢!"戊申(二十日),世宗遣送他回山,诏令州县长官经常看望问候。

39 十二月壬申(十四日),世宗任命张永德为殿前都检点。

40 后周世宗分别命令宫中使者征发陈州、蔡州、宋州、亳州、颍州、兖州、曹州、单州等地壮丁民夫修筑下蔡城。

41 这一年,南唐君主诏令取消损害百姓特别严重的部分淮南营田。派遣兵部郎中陈处尧携带厚礼渡海到契丹乞求出兵。契丹不能为南唐出兵,因而留下陈处尧不送还。陈处尧刚强直率,有口才善辩,时间久了,愤怒怨恨,多次当面指责契丹君主,契丹君主也不怪罪他。

42 后蜀陵州、荣州獠人造反,弓箭库使赵季文讨伐平定叛乱。

43 吴越王钱弘俶搜求境内的百姓当兵,烦劳骚扰颇多,明州刺史钱弘亿亲笔上疏恳切劝谏,吴越王于是撤销此举。

四年(丁巳,957)

1 春,正月己丑朔,北汉大赦,改元天会。以翰林学士卫融为中书侍郎、同平章事,内客省使段恒为枢密使。

2 宰相屡请立皇子为王,上曰:"诸子皆幼,且功臣之子皆未加恩,而独先朕子,能自安乎!"

3 周兵围寿春,连年未下,城中食尽。齐王景达自濠州遣应援使、永安节度使许文稹、都军使边镐、北面招讨使朱元将兵数万,溯淮救之,军于紫金山,列十馀寨如连珠,与城中烽火晨夕相应,又筑甬道抵寿春,欲运粮以馈之,绵亘数十里。将及寿春,李重进邀击,大破之,死者五千人,夺其二寨。丁未,重进以闻。戊申,诏以来月幸淮上。

刘仁赡请以边镐守城,自帅众决战;齐王景达不许,仁赡愤邑成疾。其幼子崇谏夜泛舟渡淮北,为小校所执,仁赡命腰斩之,左右莫敢救,监军使周廷构哭于中门以救之,仁赡不许。廷构复使求救于夫人,夫人曰:"妾于崇谏非不爱也,然军法不可私,名节不可亏;若贷之,则刘氏为不忠之门,妾与公何面目见将士乎!"趣命斩之,然后成丧。将士皆感泣。

议者以唐援兵尚强,多请罢兵,帝疑之。李穀寝疾在第,二月丙寅,帝使范质、王溥就与之谋,穀上疏,以为:"寿春危困,破在旦夕,若銮驾亲征,则将士争奋,援兵震恐,城中知亡,必可下矣!"上悦。

4 庚午,诏有司更造祭器、祭玉等,命国子博士聂崇义讨论制度,为之图。

后周世宗显德四年(丁巳,公元957年)

1 春季,正月己丑朔(初一),北汉实行大赦,改年号为天会。任命翰林学士卫融为中书侍郎、同平章事,内客省使段恒为枢密使。

2 后周宰相多次请求册立皇子为王,世宗说:"儿子们都还年幼,况且功臣的儿子都没加封,反而独自先封朕的儿子,能心安理得吗!"

3 后周军队围攻寿春,连年没有攻下,城中粮食吃光。齐王李景达从濠州派遣应援使、永安节度使许文稹和都军使边镐、北面招讨使朱元领兵数万,沿淮水而上救援寿春,军队驻扎在紫金山,排列十几个营寨如同串连的珠子,与城中的烽火早晚相呼应,又修筑两旁有墙的通道直达寿春,准备运输粮食来供应城中,绵延横亘长达几十里。通道将要修到寿春城下,李重进拦截出去,大败南唐军,死的有五千人,夺取两个营寨。丁未(十九日),李重进奏报。戊申(二十日),世宗下诏宣布于下月亲临淮水之上。

刘仁赡请求让边镐守城,自己率领部众决一死战;齐王李景达不准许,刘仁赡因气愤抑郁成疾。刘仁赡的小儿子刘崇谏夜晚乘船准备渡到淮北,被军中小校抓获,刘仁赡命令腰斩,左右部将没有人敢去救,监军使周廷构在中门大哭来相救,刘仁赡不允许。周廷构又派人向夫人求救,夫人说:"贱妾对崇谏不是不怜爱,然而军法不可徇私,名节不可亏损;倘若宽容他,刘氏就成为不忠之家,贱妾与刘公将有什么面目去见将吏士卒呢!"催促命令腰斩,然后收敛安葬。将吏士兵都感动流泪。

议事的人认为南唐援军还强大,大多请求撤兵,世宗怀疑所议。李毂卧病在家,二月丙寅(初八),世宗派范质、王溥前去与他商议,李毂上书,认为:"寿春危难困苦,朝夕之间可以攻破,倘若皇上亲自出征,将士就会奋勇争先,南唐援军震惊恐慌,城中守军知道危亡,就必定可以攻下了!"世宗很高兴。

4 庚午(十二日),后周世宗诏令有关部门另外制造祭器、祭玉等,命国子博士聂崇义探讨研究礼仪制度,画出图来。

5　甲戌，以王朴权东京留守兼判开封府事，以三司使张美为大内都巡检，以侍卫都虞候韩通为京城内外都巡检。

乙亥，帝发大梁。先是周与唐战，唐水军锐敏，周人无以敌之，帝每以为恨。返自寿春，于大梁城西汴水侧造战舰数百艘，命唐降卒教北人水战，数月之后，纵横出没，殆胜唐兵。至是命右骁卫大将军王环将水军数千自闵河沿颍入淮，唐人见之大惊。

乙酉，帝至下蔡；三月己丑夜，帝渡淮，抵寿春城下。庚寅旦，躬擐甲胄，军于紫金山南，命太祖皇帝击唐先锋寨及山北一寨，皆破之，斩获三千馀级，断其甬道，由是唐兵首尾不能相救。至暮，帝分兵守诸寨，还下蔡。

6　唐朱元恃功，颇违元帅节度；陈觉与元有隙，屡表元反覆，不可将兵，唐主以武昌节度使杨守忠代之。守忠至濠州，觉以齐王景达之命，召元至濠州计事，将夺其兵。元闻之，愤怒，欲自杀，门下客宋垍说元曰："大丈夫何往不富贵，何必为妻子死乎！"辛卯夜，元与先锋壕寨使朱仁裕等举寨万馀人降；裨将时厚卿不从，元杀之。

帝虑其馀众沿流东溃，遽命虎捷左厢都指挥使赵晁将水军数千沿淮而下。壬辰旦，帝军于赵步，诸将击唐紫金山寨，大破之，杀获万馀人，擒许文稹、边镐、杨守忠。馀众果沿淮东走，帝自赵步将骑数百循北岸追之，诸将以步骑循南岸追之，水军自中流而下，唐兵战溺死及降者殆四万人，获船舰粮仗以十万数。晡时，帝驰至荆山洪，距赵步二百馀里。是夜，宿镇淮军，癸酉，从官始至。刘仁赡闻援兵败，扼吭叹息。

5　甲戌(十六日),后周世宗任命王朴暂时代理东京留守兼判开封府事,任命三司使张美为大内都巡检,任命侍卫都虞候韩通为京城内外都巡检。

乙亥(十七日),世宗从大梁出发。在这之前后周与南唐交战,南唐水军精锐敏捷,后周无法同它抗衡,世宗经常以此为恨。从寿春返回后,在大梁城西汴水岸边制造战舰数百艘,命令南唐投降士卒教北方兵水战,几个月以后,后周水军纵横江湖,出没水中,差不多胜过南唐水军。到这时,命令右骁卫大将军王环率领水军数千人从闵河沿颍水进淮水,南唐军队看见大为震惊。

乙酉(二十七日),世宗到达下蔡;三月己丑(初二)夜晚,世宗渡过淮水,抵达寿春城下。庚寅(初三)早晨,世宗亲自穿上盔甲,驻军紫金山南面,命令宋太祖攻击南唐先锋寨以及山北面的另一个营寨,全都击破,斩获三千多首级,切断敌军通道,由此南唐军队首尾无法互相救援。到傍晚,世宗诏令分兵把守各个营寨,返回下蔡。

6　南唐朱元倚仗有战功,常常违抗元帅指挥;陈觉与朱元有矛盾,屡次上表说朱元反复无常,不可领兵,南唐君主任命武昌节度使杨守忠取代他。杨守忠到达濠州,陈觉用齐王李景达的命令,召见朱元到濠州计划军事,准备夺取他的兵权。朱元听说此事,异常愤怒,想要自杀,门下客人宋均劝朱元说:"大丈夫到哪里不能富贵,何必为了妻子儿女去死呢!"辛卯(初四)夜晚,朱元与先锋壕寨使朱仁裕等率领营寨中一万多人投降;副将时厚卿不服从,朱元杀死了他。

世宗考虑南唐其馀部众会沿着水流向东溃逃,赶紧命令虎捷左厢都指挥使赵晁带领数千水军沿着淮水而下。壬辰(初五)早晨,世宗驻扎在赵步,众将攻击南唐紫金山营寨,大败唐军,杀死俘获一万多人,活捉许文稹、边镐、杨守忠。其馀部队果然沿着淮水向东逃跑,世宗从赵步率领数百骑兵沿北岸追赶,众将率步兵、骑兵沿南岸追赶,水军从淮水中流而下,南唐军队战死淹死和投降的将近四万人,缴获船舰粮食兵器达数十万。黄昏时分,世宗奔驰到荆山洪,距离赵步两百多里。当夜,住宿在镇淮军,癸酉,随从官员才到达。刘仁赡听说援兵溃败,气噎喉咙而叹息。

甲午，发近县丁夫数千城镇淮军，为二城，夹淮水，徙下蔡浮梁于其间，扼濠、寿应援之路。会淮水涨，唐濠州都监彭城郭廷谓以水军溯淮，欲掩不备，焚浮梁；右龙武统军赵匡赞觇知之，伏兵邀击，破之。

唐齐王景达及陈觉皆自濠州奔归金陵，惟静江指挥使陈德诚全军而还。

戊戌，以淮南节度使向训为武宁节度使、淮南道行营都监，将兵戍镇淮军。

己亥，上自镇淮军复如下蔡。庚子，赐刘仁赡诏，使自择祸福。

唐主议自督诸将拒周，中书舍人乔匡舜上疏切谏，唐主以为沮众，流抚州。唐主问神卫统军朱匡业、刘存忠以守御方略，匡业诵罗隐诗曰："时来天地皆同力，运去英雄不自由。"存忠以匡业言为然。唐主怒，贬匡业抚州副使，流存忠于饶州。既而竟不敢自行。

甲辰，帝耀兵于寿春城北。唐清淮节度使兼侍中刘仁赡病甚，不知人。丙午，监军使周廷构、营田副使孙羽等作仁赡表，遣使奉之来降。丁未，帝赐仁赡诏，遣阁门使万年张保续入城宣谕，仁赡子崇让复出谢罪。戊申，帝大陈甲兵，受降于寿春城北，廷构等舁仁赡出城，仁赡卧不能起，帝慰劳赐赉，复令入城养疾。

庚戌，徙寿州治下蔡，赦州境死罪以下。州民受唐文书聚山林者，并召令复业，勿问罪；有尝为其杀伤者，毋得雠讼。向日政令有不便于民者，令本州条奏。辛亥，以刘仁赡为天平节度使兼中书令，制辞略曰："尽忠所事，抗节无亏，前代名臣，几人堪比！朕之伐叛，得尔为多。"是日，卒，追赐爵彭城郡王。唐主闻之，亦赠太师。帝复以清淮军为忠正军以旌仁赡之节，以右羽林统军杨信为忠正节度使、同平章事。

甲午(初七),后周征发附近州县壮丁民夫修筑镇淮军城,建造两座城,中夹淮水,将下蔡浮桥迁移到两城之间,切断濠州、寿州接应救援的道路。适逢淮水上涨,南唐濠州都监彭城人郭廷谓率水军沿淮水而上,想乘不备之时突然袭击,焚毁浮桥;右龙武统军赵匡赞窥察知道这一情况,埋伏军队拦击,打败唐军。

南唐齐王李景达和陈觉都从濠州逃回金陵,只有静江指挥使陈德诚全军而还。

戊戌(十一日),后周世宗任命淮南节度使向训为武宁节度使、淮南道行营都监,领兵戍守镇淮军。

己亥(十二日),后周世宗从镇淮军再次前往下蔡。庚子(十三日),赐刘仁赡诏书,让他自己选择吉凶祸福。

南唐君主拟议亲自督率众将抵抗后周,中书舍人乔匡舜上书恳切劝谏,南唐君主认为动摇军心,流放抚州。南唐君主问神卫统军朱匡业、刘存忠防御策略,朱匡业背诵罗隐的诗道:"时来天地皆同力,运去英雄不自由。"刘存忠认为朱匡业的话很对。南唐君主发怒,贬谪朱匡业为抚州副使,将刘存忠流放到饶州。不久他自己也居然不敢出行。

甲辰(十七日),后周世宗在寿春城北显示兵力。南唐清淮节度使兼侍中刘仁赡病得很重,不省人事。丙午(十九日),监军使周廷构、营田副使孙羽等以刘仁赡的名义起草表书,派遣使者拿着前来投降。丁未(二十日),世宗赐刘仁赡诏书,派遣阁门使万年人张保续入城宣示安抚,刘仁赡儿子刘崇让又出城谢罪。戊申(二十一日),世宗大陈军旅,在寿春城北面接受投降,周廷构等抬着刘仁赡出城,刘仁赡躺着不能起来,世宗慰劳赏赐,又让他进城养病。

庚戌(二十三日),将寿州府治迁到下蔡,赦免州境内死罪以下全部囚犯。州中百姓因受到南唐刑法处理而聚集山林的,一并召回让他们重操旧业,不加问罪;有曾经被他们伤害过的,不得报仇打官司。昔日政令有不便于百姓的,命令本州条陈奏报。辛亥(二十四日),任命刘仁赡为天平节度使兼中书令,制书内容大致说:"对事奉的君主竭尽忠诚,高风亮节没有欠缺,前代名臣良将,能有几人可以比拟!朕讨伐叛逆,得到你才真正值得称道。"当日,刘仁赡去世,追赐爵位为彭城郡王。南唐君主闻悉,也追赐刘仁赡为太师。世宗又将清淮军改为忠正军来表彰刘仁赡的节操,任命右羽林统军杨信为忠正节度使、同平章事。

7　前许州司马韩伦,侍卫马军都指挥使令坤之父也。令坤领镇安节度使,伦居于陈州,干预政事,贪污不法,为公私患,为人所讼,令坤屡为之泣请。癸丑,诏免伦死,流沙门岛。

伦后得赦还,居洛阳,与光禄卿致仕柴守礼及当时将相王溥、王晏、王彦超之父游处,恃势恣横,洛阳人畏之,谓之十阿父。帝既为太祖嗣,人无敢言守礼子者,但以元舅处之,优其俸给,未尝至大梁;尝以小忿杀人,有司不敢诘,帝知而不问。

8　诏开寿州仓振饥民。丙辰,帝北还;夏,四月己巳,至大梁。

9　诏修永福殿,命宦官孙延希董其役。丁丑,帝至其所,见役徒有削柿为匕,瓦中啖饭者,大怒,斩延希于市。

10　帝之克秦、凤也,以蜀兵数千人为怀恩军。乙亥,遣怀恩指挥使萧知远等将士八百馀人西还。

11　壬午,李榖扶疾入见,帝命不拜,坐于御坐之侧。榖恳辞禄位,不许。

12　甲申,分江南降卒为六军、三十指挥,号怀德军。

13　乙酉,诏疏汴水北入五丈河,由是齐、鲁舟楫皆达于大梁。

14　五月丁酉,以太祖皇帝领义成节度使。

15　诏以律令文古难知,格敕烦杂不壹,命御史知杂事张湜等训释,详定为《刑统》。

7 前许州司马韩伦,是侍卫马军都指挥使韩令坤的父亲。韩令坤兼领镇安节度使,韩伦居住在陈州,干预当地政事,贪污违法,成为官府、百姓的祸患,被人起诉,韩令坤屡次为他哭泣求情。癸丑(二十六日),后周世宗下诏韩伦免于处死,流放沙门岛。

韩伦后来得到赦免返回,居住洛阳,与光禄卿致仕柴守礼以及当时将相王溥、王晏、王彦超的父亲交游相处,依仗权势恣意横行,洛阳百姓怕他们,称作"十阿父"。世宗成为太祖继承人,别人不敢说他是柴守礼的儿子,只以长舅看待柴守礼,给他优厚的俸禄给养,但未曾到达大梁;柴守礼曾经因一点小小的怨恨而杀人,官吏不敢追究,世宗知道但不过问。

8 后周世宗诏命打开寿州粮仓救济饥民。丙辰(二十九日),世宗北上返回;夏季,四月己巳(十二日),到达大梁。

9 后周世宗诏令修缮永福殿,命令宦官孙延希监督工程。丁丑(二十日),世宗到达修缮场所,看到役徒有使用木片削成的勺子,在瓦片中盛饭吃的,勃然大怒,将孙延希在街市斩首。

10 后周世宗攻克秦州、凤州后,将后蜀士兵数千人组建为怀恩军。乙亥(十八日),派遣怀恩指挥使萧知远等率领将士八百多人向西返回。

11 壬午(二十五日),李穀抱病入朝谒见,世宗命令不必下拜,让他坐在天子座位的旁边。李穀恳切辞去俸禄职位,但世宗不答应。

12 甲申(二十七日),后周将江南投降的士兵分编成六军、三十指挥,号称怀德军。

13 乙酉(二十八日),后周世宗诏令疏通汴水让其向北流入五丈河,从此齐、鲁一带的船只都能直达大梁。

14 五月丁酉(十一日),后周世宗任命宋太祖兼领义成节度使。

15 后周世宗诏令因法律条令文字古奥艰深难以明白,格式、敕令繁杂众多互不统一,命令御史知杂事张湜等训诂诠释,缜密编定为《刑统》。

16 唐郭廷谓将水军断涡口浮梁,又袭败武宁节度使武行德于定远,行德仅以身免。唐主以廷谓为滁州团练使,充上淮水陆应援使。

17 蜀人多言左右卫圣马步都指挥使、保宁节度使、同平章事李廷珪为将败覆,不应复典兵;廷珪亦自请罢去。六月乙丑,蜀主加廷珪检校太尉,罢军职。李太后以典兵者多非其人,谓蜀主曰:"吾昔见庄宗跨河与梁战,及先帝在太原,平二蜀,诸将非有大功,无得典兵,故士卒畏服。今王昭远出于厮养,伊审徵、韩保贞、赵崇韬皆膏粱乳臭子,素不习兵,徒以旧恩寘于人上,平时谁敢言者,一旦疆场有事,安能御大敌乎!以吾观之,惟高彦俦太原旧人,终不负汝,自馀无足任者。"蜀主不能从。

18 丁丑,以前华州刺史王祚为颍州团练使。祚,溥之父也。溥为宰相,祚有宾客,溥常朝服侍立,客坐不安席,祚曰:"犰犬不足为起。"

19 秋,七月丁亥,上治定远军及寿春城南之败,以武宁节度使兼中书令武行德为左卫上将军,河阳节度使李继勋为右卫大将军。

20 北汉主初立七庙。

21 司空兼门下侍郎、同平章事李穀卧疾二年,凡九表辞位;八月乙亥,罢守本官,令每月肩舆一诣便殿议政事。

22 以枢密副使、户部侍郎王朴检校太保,充枢密使。

23 怀恩军至成都,蜀主遣梓州别驾胡立等八十人东还,且致书为谢,请通好。癸未,立等至大梁。帝以蜀主抗礼,不之答。蜀主闻之,怒曰:"朕为天子郊祀天地时,尔犹作贼,何敢如是!"

16 南唐郭廷谓率领水军切断涡口浮桥,并且在定远偷袭击败武宁节度使武行德,武行德仅仅自己逃脱。南唐君主任命郭廷谓为滁州团练使,充任上淮水陆应援使。

17 后蜀人大多议论左右卫圣马步都指挥使、保宁节度使、同平章事李廷珪担任将领而兵败覆没,不应该再统领军队;李廷珪自己也请求罢免。六月乙丑(十日),后蜀君主诏命李廷珪加官检校太尉,罢去军队职务。李太后因为统领军队的将帅大多不是合适人选,就对后蜀君主说:"我从前看见唐庄宗跨越黄河与梁朝作战,以及先帝在太原任职,其后平定西川、东川,各位将领没有重大战功,不得统领军队,所以士兵畏惧服从。如今王昭远出身役徒下人,伊审徵、韩保贞、赵崇韬都是膏粱纨绔、乳臭未干的贵胄子弟,素来不熟悉军事,只是因为旧日恩宠而置于常人之上,平时谁敢说他们,然而一旦边疆有战事,他们怎么能抵御入侵大敌呢!按我的观察,只有高彦俦是先帝在太原时的老部下,终究不会背负您,其馀均不值得重用。"后蜀君主没能听从。

18 丁丑(二十二日),后周世宗任命前华州刺史王祚为颍州团练使。王祚是王溥的父亲。王溥担任宰相,遇到王祚有宾客,王溥经常穿着朝服立着侍候,客人们坐在席上很不安,王祚说:"犬子不值得诸位为他起身。"

19 秋季,七月丁亥(初二),后周世宗处理定远军和寿春城南的失败,任命武宁节度使兼中书令武行德为左卫上将军,河阳节度使李继勋为右卫大将军。

20 北汉君主开始设立祖宗七庙。

21 司空兼门下侍郎、同平章事李穀卧病两年,前后共九次上表辞职;八月乙亥(二十一日),后周世宗诏令免去李穀同平章事之职保留原官,让他每月坐着轿子到便殿一次,议论朝廷政事。

22 后周世宗任命枢密使、户部侍郎王朴为检校太保,充任枢密使。

23 怀恩军到达成都,后蜀君主派遣梓州别驾胡立等八十人向东返回,并且致书信表示感谢,请求通使友好。癸未(二十九日),胡立等人到达大梁。后周世宗因为后蜀君主采用对等礼节,便不回复他。后蜀君主闻悉后,发怒说:"朕为天子在郊外祭祀天地的时候,你还在当盗贼,怎么敢如此无礼!"

24 九月,中书舍人窦俨上疏请令有司讨论古今礼仪,作《大周通礼》,考正钟律,作《大周正乐》。又以为:"为政之本,莫大择人;择人之重,莫先宰相。自有唐之末,轻用名器,始为辅弼,即兼三公、仆射之官。故其未得之也,则以趋竞为心;既得之也,则以容默为事。但思解密勿之务,守崇重之官,逍遥林亭,保安宗族。乞令即日宰相于南宫三品、两省给、舍以上,各举所知。若陛下素知其贤,自可登庸;若其未也,且令以本官权知政事。期岁之间,察其职业,若果能堪称,其官已高,则除平章事;未高,则稍更迁官,权知如故。若有不称,则罢其政事,责其举者。又,班行之中,有员无职者太半,乞量其才器,授以外任,试之于事,还以旧官登叙,考其治状,能者进之,否者黜之。"又请:"令盗贼自相纠告,以其所告赀产之半赏之;或亲戚为之首,则论其徒侣而赦其所首者。如此,则盗不能聚矣。又,新郑乡村团为义营,各立将佐,一户为盗,累其一村,一户被盗,罪其一将。每有盗发,则鸣鼓举火,丁壮云集,盗少民多,无能脱者。由是邻县充斥而一境独清。请令他县皆效之,亦止盗之一术也。又,累朝已来,屡下诏书,听民多种广耕,止输旧税,及其既种,则有司履亩而增之,故民皆疑惧而田不加辟。夫为政之先,莫如敦信,信苟著矣,则田无不广,田广则谷多,谷多则藏之民犹藏之官也。"

24 九月,中书舍人窦俨上书请求命令有关官员研讨纂集古今的礼仪,撰作《大周通礼》,考究校正黄钟律度,撰作《大周正乐》。同时认为:"治理政事的根本,没有比选择人才更重要的;选择人才的重点,没有比挑选宰相更首要的。自从唐朝末年以来,轻易赐爵封官,刚担任宰相辅佐天子处理朝政,便立即兼领司徒、司空、司马三公和仆射的官位。因此许多人在没得到职位时,就一门心思追逐猎取;得到职位以后,就专以沉默寡言、明哲保身为事。只考虑如何解脱耗神费力的政务,守住位高权重的官职,整天逍遥在园林亭台之中,保护家族的平安。请求命令现任宰相至尚书省六部尚书、中书省及门下省给事中、中书舍人以上,各自荐举所知道的人才。倘若陛下平素知道其人贤能,自己可以提拔任用;倘若不清楚,暂且让其人以原来官位暂时主持政事。用一年左右的时间,考察他的职责业绩,倘若果真能够胜任,他原来的官位已经高了,就正式授予平章事;倘若原来的官位不高,就再稍加提升,代理主持政事照旧。倘若有不称职的,就罢免他处理政事的资格,追究荐举者的责任。此外,在朝做官的班次行列之中,有名额而无职责的占了大半,请求衡量他们的才能本领,授官出外任职,在实际事务中试用,回京入朝后按原职登录叙用,考察他的政绩,能干的提拔,无能的贬黜。"又请求:"让盗贼自己相互检举揭发,将被告发者的一半财产赏给告发者;或有亲戚替他自首的,就判处他的党徒同伙而赦免所自首者。像这样,盗贼就不能聚集了。另外,新郑的乡村组织成义营,分别设立将佐,一户当盗贼,就连累一村,一户遭遇盗抢,就怪罪一将。每当有盗贼发生,就击鼓举火,成年男子云集出事地点,盗贼少而百姓多,便没有能漏网逃脱的。如此邻近县乡盗贼充斥而新郑全境独自肃清盗贼。请求下令其他州县都仿效新郑,这也是阻止盗贼的一个办法。同时,历朝以来,多次颁下诏书,听凭农民在旧田以外多种广耕,只交纳旧税,但等到农民已经种上,官吏就丈量田亩而增税,所以农民都怀疑惧怕而田地不再开辟。实行政令的先决条件,没有比诚实信用更重要的,如果信用卓著,田地就不会不扩大,田地扩大粮食就增多,粮食增多,藏在农民手里就如同藏在官府一样。"

又言："陛下南征江、淮,一举而得八州,再驾而平寿春,威灵所加,前无强敌。今以众击寡,以治伐乱,势无不克,但行之贵速,则彼民免俘馘之灾,此民息转输之困矣。"帝览而善之。俨,仪之弟也。

25　冬,十月戊午,设贤良方正直言极谏、经学优深可为师法、详闲吏理达于教化等科。

26　癸亥,北汉麟州刺史杨重训举城降,以为麟州防御使。

27　己巳,以王朴为东京留守,听以便宜从事。以三司使张美充大内都点检。

壬申,帝发大梁;十一月丙戌,至镇淮军,是夜五鼓,济淮;丁亥,至濠州城西。濠州东北十八里有滩,唐人栅于其上,环水自固,谓周兵必不能涉。戊子,帝自攻之,命内殿直康保裔帅甲士数百,乘橐驼涉水,太祖皇帝帅骑兵继之,遂拔之。李重进破濠州南关城。癸巳,帝自攻濠州,王审琦拔其水寨。唐人屯战船数百于城北,又植巨木于淮水以限周兵。帝命水军攻之,拔其木,焚战船七十馀艘,斩首二千馀级,又攻拔其羊马城,城中震恐。丙申夜,唐濠州团练使郭廷谓上表言:"臣家在江南,今若遽降,恐为唐所种族,请先遣使诣金陵禀命,然后出降。"帝许之。辛丑,帝闻唐有战船数百艘在涣水东,欲救濠州,自将兵夜发水陆击之。癸卯,大破唐兵于洞口,斩首五千馀级,降卒二千馀人,因鼓行而东,所至皆下。乙巳,至泗州城下,太祖皇帝先攻其南,因焚城门,破水寨及月城。帝居于月城楼,督将士攻城。

又说:"陛下南下征伐长江、淮水流域,一举而取得八个州,再次出征而平定寿春,神威所至之处,前面没有强敌对手。如今以多击少,以治伐乱,势必攻无不克,只是行动上贵在神速,对方的百姓就可免于俘获斩首的灾难,这里的百姓则能消除辗转运输的困苦。"世宗阅后认为好。窦俨是窦仪的弟弟。

25 冬季,十月戊午(初五),后周设立贤良方正直言极谏、经学优深可为师法、详闲吏理达于教化等科荐举人才。

26 癸亥(初十),北汉麟州刺史杨重训率城投降,后周世宗任命他为麟州防御使。

27 己巳(十六日),后周世宗任命王朴为东京留守,准许他根据情况机断行事。任命三司使张美充任大内都点检。

壬申(十九日),世宗从大梁出发;十一月丙戌(初四),到达镇淮军,当夜五更,渡过淮水;丁亥(初五),到达濠州城西。濠州东北十八里有个滩,南唐人在滩上设置栅栏,四周环水据以固守,认为后周军队必定无法渡河。戊子(初六),世宗亲自攻打,命令内殿直康保裔率领全副武装的士兵数百人,乘着骆驼涉水,宋太祖率领骑兵随后,于是攻克。李重进攻破濠州南关城。癸巳(十一日),世宗亲自进攻濠州,王审琦攻取了南唐军水寨。南唐军队在城北面聚集数百条战船,又在淮水中竖起大木头来阻拦后周军队。世宗命令水军进攻,拔掉大木头,烧毁战船七十多艘,斩首两千多级,又攻破城外的羊马墙工事,城中震动恐慌。丙申(十四日)夜晚,南唐濠州团练使郭廷谓上表给后周世宗说:"臣下家在江南,如今倘若马上投降,恐怕被唐人诛灭全族,请求先派遣使者到金陵请命,然后出城投降。"世宗答应了他。辛丑(十九日),世宗听说南唐有数百艘战船在涣水东面,准备救援濠州,便亲自领兵夜晚派出水军、陆军进攻。癸卯(二十一日),在洞口大败南唐军队,斩首五千多级,投降士兵两千多人,后周军队乘势击鼓向东行进,所到之处都被攻克。乙巳(二十三日),到达泗州城下,宋太祖先攻城南,乘势焚烧城门,攻破水寨和月城。世宗住在月城楼上,监督将士攻打泗州城。

28　北汉主自即位以来,方安集境内,未遑外略。是月,契丹遣其大同节度使、侍中崔勋将兵来会北汉,欲同入寇,北汉主遣其忠武节度使、同平章事李存瓌将兵会之,南侵潞州,至其城下而还。北汉主知契丹不足恃而不敢遽与之绝,赠送勋甚厚。

29　十二月乙卯,唐泗州守将范再遇举城降,以再遇为宿州团练使。上自至泗州城下,禁军中刍荛者毋得犯民田,民皆感悦,争献刍粟;既克泗州,无一卒敢擅入城者。帝闻唐战船数百艘泊洞口,遣骑诇之,唐兵退保清口。

戊午,上自将亲军自淮北进,命太祖皇帝将步骑自淮南进,诸将以水军自中流进,共追唐兵。时淮滨久无行人,葭苇如织,多泥淖沟堑,士卒乘胜气芟涉争进,皆忘其劳。庚申,追及唐兵,且战且行,金鼓声闻数十里。辛酉,至楚州西北,大破之。唐兵有沿淮东下者,帝自追之,太祖皇帝为前锋,行六十里,擒其保义节度使、濠泗楚海都应援使陈承昭以归。所获战船烧沉之馀得三百馀艘,士卒杀溺之馀得七千馀人。唐之战船在淮上者,于是尽矣。

郭廷谓使者自金陵还,知唐不能救,命录事参军鄱阳李延邹草降表。延邹责以忠义,廷谓以兵临之,延邹掷笔曰:"大丈夫终不负国为叛臣作降表!"廷谓斩之,举濠州降,得兵万人,粮数万斛。唐主赏李延邹之子以官。

壬戌,帝济淮,至楚州,营于城西北。
乙丑,唐雄武军使、知涟水县事崔万迪降。
丙寅,以郭廷谓为亳州防御使。
戊辰,帝攻楚州,克其月城。

28 北汉君主从即位以来,正忙于安定国内,没空对外攻略。当月,契丹派遣大同节度使、侍中崔勋领兵来会合北汉军队,准备共同入侵后周,北汉君主派遣忠武节度使、同平章事李存瓌领兵会合崔勋的军队,南下侵犯潞州,到达城下而返回。北汉君主知道契丹靠不住但不敢立即与之断绝关系,便赠送给崔勋很丰厚的礼物。

29 十二月乙卯(初三),南唐泗州守将范再遇率城投降,后周任命范再遇为宿州团练使。世宗亲自到达泗州城下,禁令军中割草打柴的人不得侵犯农民田地,农民都感激喜悦,争相献送粮草;攻克泗州以后,没有一名士兵敢擅自入城。世宗闻悉南唐数百艘战船停泊在洞口,派遣骑兵侦察,南唐军队退守清口。

戊午(初六),世宗亲自率领警卫部队从淮水北岸挺进,命令宋太祖率领步兵、骑兵从淮水南岸挺进,众将率领水军从淮水中流挺进,共同追击南唐军队。当时淮水之滨长久没有行人,芦苇茂密如织,到处是沼泽沟坑,士兵凭借胜利的气势跋涉泥泞争相前进,都忘却了劳累。庚申(初八),追上南唐军队,边打边进,金钲的声音传到周围数十里。辛酉(初九),到达楚州西北,大败南唐军。南唐军队有沿淮水向东而下的,世宗亲自追赶,宋太祖担任前锋,出行六十里,擒获南唐保义节度使、濠、泗、楚、海都应援使陈承昭而返归。所缴获的战船除去烧毁沉没之外共得三百多艘,士兵斩杀淹死之外共俘七千多人。南唐人在淮水上的战舰,全在这场战斗中歼灭了。

郭廷谓的使者从金陵回来,得知南唐朝廷不能救援,便命令录事参军鄱阳人李延邹起草投降表书。李延邹用忠义来斥责郭廷谓,郭廷谓用兵器相逼,李延邹将笔掷地说:"大丈夫最终决不肯负国家去为叛臣写投降表书!"郭廷谓杀死他,率濠州投降,后周得到兵员万人,粮食数万斛。南唐君主用官位赏赐李延邹的儿子。

壬戌(十日),世宗渡过淮水,到达楚州,在城西北安营。

乙丑(十三日),南唐雄武军使、知涟水县事崔万迪投降。

丙寅(十四日),任命郭廷谓为亳州防御使。

戊辰(十六日),世宗进攻楚州,攻克城外的月城。

庚午,郭廷谓见于行宫,帝曰:"朕南征以来,江南诸将败亡相继,独卿能断涡口浮梁,破定远寨,所以报国足矣。濠州小城,使李璟自守,能守之乎!"使将濠州兵攻天长。帝遣铁骑左厢都指挥使武守琦将骑数百趋扬州,至高邮;唐人悉焚扬州官府民居,驱其人南渡江,后数日,周兵至,城中馀癃病十馀人而已,癸酉,守琦以闻。

帝闻泰州无备,遣兵袭之,丁丑,拔泰州。

30　南汉中书侍郎、同平章事卢膺卒。

31　南汉主闻唐屡败,忧形于色,遣使入贡于周,为湖南所闭,乃治战舰,修武备;既而纵酒酣饮,曰:"吾身得免,幸矣,何暇虑后世哉!"

32　唐使者陈处尧在契丹,白契丹主请南游太原,北汉主厚礼之;留数日,北还,竟卒于契丹。

庚午(十八日),郭廷谓在行宫拜见,世宗说:"朕南下征伐以来,江南众将相继战败逃亡,只有爱卿能切断涡口浮桥,击破定远寨,用以报答国家的战功足够了。濠州是个小城,即使李璟自己把守,能守住吗!"派他率领濠州军队进攻天长。世宗派遣铁骑左厢都指挥使武守琦率领数百骑奔赴扬州,到达高邮;南唐人焚烧扬州全部官府民宅,驱赶扬州百姓向南渡过长江,几天以后,后周军队到达,城中只剩下十几个手脚不便的瘫病患者,癸酉(二十一日),武守琦将情况报告。

　　世宗闻悉泰州没有防备,派兵袭击;丁丑(二十五日),攻取泰州。

　　30　南汉中书侍郎、同平章事卢膺去世。

　　31　南汉君主闻悉唐军屡遭失败,忧愁溢于言表,派遣使者向后周进贡,道路被湖南所阻塞,于是建造战舰,进行军事准备;不久纵酒狂饮,说:"我自身能免于战火,就很幸运了,还有什么闲暇来考虑后代呢!"

　　32　南唐使者陈处尧在契丹,禀报契丹君主请求南下太原游玩,北汉君主对他厚礼相待;停留数日,北上返回,陈处尧最终死在契丹。

卷第二百九十四　后周纪五

起戊午(958)尽己未(959)凡二年

世宗睿武孝文皇帝下
显德五年(戊午,958)

1　春,正月乙酉,废匡国军。

2　唐改元中兴。

3　丁亥,右龙武将军王汉璋奏克海州。

4　己丑,以侍卫马军都指挥使韩令坤权扬州军府事。

5　上欲引战舰自淮入江,阻北神堰,不得渡;欲凿楚州西北鹳水以通其道,遣使行视,还言地形不便,计功甚多。上自往视之,授以规画,发楚州民夫浚之,旬日而成,用功甚省,巨舰数百艘皆达于江,唐人大惊,以为神。

6　壬辰,拔静海军,始通吴越之路。先是帝遣左谏议大夫长安尹日就等使吴越,语之曰:"卿今去虽泛海,比还,淮南已平,当陆归耳。"已而果然。

7　甲辰,蜀右补阙章九龄见蜀主,言政事不治,由奸佞在朝。蜀主问奸佞为谁,指李昊、王昭远以对。蜀主怒,以九龄为毁斥大臣,贬维州录事参军。

8　周兵攻楚州,逾四旬,唐楚州防御使张彦卿固守不下。乙巳,帝自督诸将攻之,宿于城下,丁未,克之。彦卿与都监郑昭业犹帅众拒战,矢刃皆尽,彦卿举绳床以斗而死,所部千馀人,至死无一人降者。

世宗睿武孝文皇帝下
后周世宗显德五年(戊午,公元 958 年)

1 春季,正月乙酉(初三),后周撤销匡国军。

2 南唐改年号为中兴。

3 丁亥(初五),后周右龙武将军王汉璋奏报攻克海州。

4 己丑(初七),后周世宗任命侍卫马军都指挥使韩令坤代理扬州军府事务。

5 后周世宗打算率领战舰从淮水进入长江,但受到北神堰阻挡,没法渡过,就打算开凿楚州西北的鹳水来打通淮水、长江的河道,派遣使者巡视,回来说地形条件不便利,预计费工很多。世宗亲自前往视察,口授工程规划,征发楚州民夫疏通河道,十天便完成,花费工日很少,数百艘巨大战舰都直接到达长江,南唐人大为惊讶,认为神奇。

6 壬辰(初十),后周攻取静海军,开始打通与吴越的陆路。在这之前世宗派遣左谏议大夫长安人尹日就等人出使吴越,跟他们说:"爱卿此去虽然还要泛舟过海,但等到回来,淮南已经平定,必当从陆上返回了。"不久果真如此。

7 甲辰(二十二日),后蜀右补阙章九龄谒见后蜀君主,说政事没有治理好,是由于奸人佞臣在朝廷专权。后蜀君主问这奸人佞臣是谁,章九龄手指李昊、王昭远来回答。后蜀君主发怒,认为章九龄是毁谤大臣,贬为维州录事参军。

8 后周军队进攻楚州,经过四十多天,南唐楚州防御使张彦卿仍然坚守而无法攻下。乙巳(二十三日),后周世宗亲自监督众将攻城,住宿在城下,丁未(二十五日),攻克楚州。张彦卿与都监郑昭业仍然率领部众抵抗战斗,弓箭刀剑都用光了,张彦卿举起折椅来搏斗而死去,所部一千多人,至死没有一人投降。

9　高保融遣指挥使魏璘将战船百艘东下会伐唐,至于鄂州。

10　庚戌,蜀置永宁军于果州,以通州隶之。

11　唐以天长为雄州,以建武军使易文赟为刺史。二月甲寅,文赟举城降。

12　戊午,帝发楚州;丁卯,至扬州,命韩令坤发丁夫万馀,筑故城之东南隅为小城以治之。

13　乙亥,黄州刺史司超奏与控鹤右厢都指挥使王审琦攻唐舒州,擒其刺史施仁望。

14　丙子,建雄节度使真定杨廷璋奏败北汉兵于隰州城下。时隰州刺史孙议暴卒,廷璋谓都监、闲厩使李谦溥曰:"今大驾南征,隰州无守将,河东必生心;若奏请待报,则孤城危矣。"即牒谦溥权隰州事,谦溥至则修守备。未几,北汉兵果至,诸将请速救之,廷璋曰:"隰州城坚将良,未易克也。"北汉攻城久不下,廷璋度其疲困无备,潜与谦溥约,各募死士百馀夜袭其营,北汉兵惊溃,斩首千馀级,北汉兵遂解去。

15　三月壬午朔,帝如泰州。

16　丁亥,唐大赦,改元交泰。

17　唐太弟景遂前后凡十表辞位,且言:"今国危不能扶,请出就藩镇。燕王弘冀嫡长有军功,宜为嗣,谨奏上太弟宝册。"齐王景达亦以败军辞元帅。唐主乃立景遂为晋王,加天策上将军、江南西道兵马元帅、洪州大都督、太尉、尚书令,以景达为浙西道元帅、润州大都督。景达以浙西方用兵,固辞,改抚州大都督。立弘冀为太子,参决庶政。弘冀为人猜忌严刻,景遂左右有未出东宫者,立斥逐之。其弟安定公从嘉畏之,不敢预事,专以经籍自娱。

9　荆南高保融派遣指挥使魏璘率领战船百艘顺长江东下会同后周征伐南唐,到达鄂州。

10　庚戌(二十八日),后蜀在果州设置永宁军,将通州隶属永宁军。

11　南唐将天长县改为雄州,任命建武军使易文赟为刺史。二月甲寅(初二),易文赟率城投降。

12　戊午(初六),后周世宗从楚州出发;丁卯(十五日),到达扬州,命令韩令坤征发民夫一万多,在原城东南角修筑小城来作为扬州治所。

13　乙亥(二十三日),后周黄州刺史司超奏报与控鹤右厢都指挥使王审琦进攻南唐舒州,擒获舒州刺史施仁望。

14　丙子(二十四日),后周建雄节度使真定人杨廷璋奏报在隰州城下击败北汉军队。当时隰州刺史孙议突然死亡,杨廷璋对都监、闲厩使李谦溥说:“如今皇上南下征伐,隰州没有守将,河东北汉必生觊觎之心;倘若奏报请示等待回复,隰州孤城就危险了。”立即签署书牒命李谦溥代理隰州军政,李谦溥到达后就进行守城准备。不久,北汉军队果然到来,众将请求迅速救援,杨廷璋说:“隰州城池坚固,守将杰出,不容易攻克。”北汉军队攻城久攻不下,杨廷璋估计他们疲惫困乏没有准备,暗中与李谦溥约定,各招募敢死士兵一百多人深夜偷袭敌营,北汉军队惊慌溃逃,斩首一千多级,北汉军队于是撤退离去。

15　三月壬午朔(初一),后周世宗前往泰州。

16　丁亥(初六),南唐实行大赦,改年号为交泰。

17　南唐皇太弟李景遂前后共十次上表请求辞去继承人地位,并且说:“如今国家危难不能匡扶,请求出宫就任一方藩镇。燕王李弘冀是嫡长子又有军功,应该当继承人,谨奏奉上皇太弟的宝册。”齐王李景达也因为军队溃败辞去元帅之职。南唐君主于是封李景遂为晋王,加官天策上将军、江南西道兵马元帅、洪州大都督、太尉、尚书令,任命李景达为浙西道元帅、润州大都督。李景达因浙西正在用兵,坚决推辞,改任抚州大都督。南唐君主立李弘冀为皇太子,参与决定各种政务。李弘冀为人多疑尖刻,李景遂手下人还有没出东宫的,立即斥退赶走。他弟弟安定公李从嘉畏惧李弘冀,不敢参与政事,专门以书籍作为自我娱乐。

18　辛卯,上如迎銮镇,屡至江口,遣水军击唐兵,破之。上闻唐战舰数百艘泊东㳇州,将趣海口扼苏、杭路,遣殿前都虞候慕容延钊将步骑,右神武统军宋延渥将水军,循江而下。甲午,延钊奏大破唐兵于东㳇州;上遣李重进将兵趣庐州。

唐主闻上在江上,恐遂南渡,又耻降号称藩,乃遣兵部侍郎陈觉奉表,请传位于太子弘冀,使听命于中国。时淮南惟庐、舒、蕲、黄未下,丙申,觉至迎銮,见周兵之盛,白上,请遣人渡江取表,献四州之地,画江为境,以求息兵,辞指甚哀。上曰:"朕本兴师止取江北,尔主能举国内附,朕复何求!"觉拜谢而退。丁酉,觉请遣其属阁门承旨刘承遇如金陵,上赐唐主书,称"皇帝恭问江南国主",慰纳之。

戊戌,吴越奏遣上直指挥使、处州刺史邵可迁、秀州刺史路彦铢以战舰四百艘、士卒万七千人屯通州南岸。

唐主复遣刘承遇奉表称唐国主,请献江北四州,岁输贡物数十万。于是江北悉平,得州十四,县六十。

庚子,上赐唐主书,谕以:"缘江诸军及两浙、湖南、荆南兵并当罢归,其庐、蕲、黄三道,亦令敛兵近外。俟彼将士及家属就道,可遣人召将校以城邑付之。江中舟舰有须往来者,并令就北岸引之。"辛丑,陈觉辞行,又赐唐主书,谕以不必传位于子。

壬寅,上自迎銮复如扬州。

18　辛卯(十日),后周世宗前往迎銮镇,屡次到达长江口,派遣水军攻击南唐军队,打败敌军。世宗听说南唐数百艘战舰停泊在东沛州,将要赶赴入海口扼守通往苏州、杭州的路,便派遣殿前都虞候慕容延钊带领步兵、骑兵,右神武统军宋延渥带领水军,沿江而下。甲午(十三日),慕容延钊奏报在东沛州大败南唐军队;世宗派遣李重进率领军队赶赴庐州。

南唐君主闻知世宗在长江畔,恐怕就要南下渡江,又耻于贬降帝号改称藩臣,于是派遣兵部侍郎陈觉奉持表章,请求传位给太子李弘冀,让他听从后周的命令。当时淮南只有庐州、舒州、蕲州、黄州没有攻下,丙申(十五日),陈觉到达迎銮镇,看到后周军队的强盛,向世宗禀报,请求派人渡过长江拿取表章,进献四州土地,划江为界,来要求休战,言辞旨意非常悲哀。世宗说:"朕兴师出兵本只为取得江北之地,你的君主能够率国归附,朕还要求什么呢!"陈觉叩拜道谢而退下。丁酉(十六日),陈觉请求派遣他的属官阁门承旨刘承遇前往金陵,世宗赐给南唐君主书信,说"皇帝恭问江南国主",安慰接纳他。

戊戌(十七日),吴越奏报派遣上直指挥使、处州刺史邵可迁和秀州刺史路彦铢率领四百艘战舰、一万七千多士兵驻守通州南面江岸。

南唐君主再派刘承遇奉送表章自称唐国主,请求献出长江北面庐、舒、蕲、黄等四州,每年献送贡品数十万。于是长江以北全部平定,得到十四个州、六十个县。

庚子(十九日),世宗赐给南唐君主书信,告以:"沿长江各支军队和在两浙、湖南、荆南的军队都当撤回,其中庐州、蕲州、黄州三路军队,也下令把军队收回到近郊以外。等到三州城中将吏士兵及其家属上路南归以后,可以派人召唤我军将校并将城市都邑交付给他们。长江的船只有需要来往的,一并让他们到北岸来拉走。"辛丑(二十日),陈觉告辞上路,世宗又赐给南唐君主书信,告诉他不必把君位传给儿子。

壬寅(二十一日),世宗从迎銮镇再次前往扬州。

癸卯，诏吴越、荆南军各归本道；赐钱弘俶犒军帛三万匹，高保融一万匹。

甲辰，置保信军于庐州，以右龙武统军赵匡赞为节度使。

丙午，唐主遣冯延己献银、绢、钱、茶、谷共百万以犒军。

己酉，命宋延渥将水军三千溯江巡警。

庚戌，敕故淮南节度使杨行密、故升府节度使徐温等墓并量给守户；其江南群臣墓在江北者，亦委长吏以时检校。

辛亥，唐主遣其临汝公徐辽代己来上寿。

19　是月，浚汴口，导河流达于淮，于是江、淮舟楫始通。

20　夏，四月乙卯，帝自扬州北还。

21　新作太庙成。庚申，神主入庙。

22　辛酉夜，钱唐城南火，延及内城，官府庐舍几尽。壬戌旦，火将及镇国仓，吴越王弘俶久疾，自强出救火。火止，谓左右曰："吾疾因灾而愈。"众心稍安。

23　帝之南征也，契丹乘虚入寇。壬申，帝至大梁，命镇宁节度使张永德将兵备御北边。

24　五月辛巳朔，日有食之。

25　诏赏劳南征士卒及淮南新附之民。

26　辛卯，以太祖皇帝领忠武节度使，徙安审琦为平卢节度使。

癸卯(二十二日),后周世宗诏令吴越、荆南军队各自返回本地;赐给钱弘傲犒劳军队的绢帛三万匹,赐高保融一万匹。

甲辰(二十三日),在庐州设置保信军,任命右龙武统军赵匡赞为节度使。

丙午(二十五日),南唐君主派遣冯延已贡献银、绢、钱、茶、谷总共百万以犒劳军队。

己酉(二十八日),后周世宗命令宋延渥率领水军三千人沿江而上巡逻警戒。

庚戌(二十九日),敕令已故淮南节度使杨行密、已故升府节度使徐温等人的墓全都根据需要给予守墓民户;其馀江南群臣有先人坟墓在长江以北的,也委托所在地方长官按时检查。

辛亥(三十日),南唐君主派遣临汝公徐辽代表自己前来献送祝寿礼品。

19 当月,疏通汴口,引导黄河支流直达淮水,于是长江、淮水的船只开始直通东京。

20 夏季,四月乙卯(初四),后周世宗从扬州北上返回。

21 后周大梁新造太庙建成。庚申(初九),神主牌位放入太庙。

22 辛酉(十日)夜晚,吴越钱唐城南起火,延及内城,官家府第百姓房舍几乎烧尽。壬戌(十一日)清晨,大火即将烧到镇国仓,吴越王钱弘傲长期患病,自己勉强支撑着出去救火。大火止熄,钱弘傲对左右的人说:"我的病因这场火灾而痊愈。"众人的心稍许得到安慰。

23 后周世宗南下征伐,契丹军队乘虚入侵。壬申(二十一日),世宗到达大梁,命令张永德领兵到北部边界防备御敌。

24 五月辛巳朔(初一),发生日食。

25 后周世宗颁诏赏赐南下征伐的士兵和淮南新近归附的百姓。

26 辛卯(十一日),后周世宗任命宋太祖皇帝兼领忠武节度使,调任安审琦为平卢节度使。

27 成德节度使郭崇攻契丹束城,拔之,以报其入寇也。

28 唐主避周讳,更名景。下令去帝号,称国主,凡天子仪制皆有降损,去年号,用周正朔,仍告于太庙。左仆射、同平章事冯延己罢为太子太傅,门下侍郎、同平章事严续罢为少傅,枢密使、兵部侍郎陈觉罢守本官。

初,冯延己以取中原之策说唐主,由是有宠。延己尝笑烈祖戢兵为龌龊,曰:"安陆所丧才数千兵,为之辍食咨嗟者旬日,此田舍翁识量耳,安足与成大事!岂如今上暴师数万于外,而击球宴乐无异平日,真英主也!"延己与其党谈论,常以天下为己任,更相唱和。翰林学士常梦锡屡言延己等浮诞,不可信。唐主不听,梦锡曰:"奸言似忠,陛下不悟,国必亡矣!"及臣服于周,延己之党相与言,有谓周为大朝者,梦锡大笑曰:"诸公常欲致君尧、舜,何意今日自为小朝邪!"众默然。

自唐主内附,帝止因其使者赐书,未尝遣使至其国。己酉,始命太仆卿冯延鲁、卫尉少卿锺谟使于唐,赐以御衣、玉带等及犒军帛十万,并今年《钦天历》。

刘承遇之还自金陵也,唐主使陈觉白帝,以江南无卤田,愿得海陵监南属以赡军。帝曰:"海陵在江北,难以交居,当别有处分。"至是,诏岁支盐三十万斛以给江南,所俘获江南士卒,稍稍归之。

29 六月壬子,昭义节度使李筠奏击北汉石会关,拔其六寨。乙卯,晋州奏都监李谦溥击北汉,破孝义。

27　成德节度使郭崇进攻契丹束城,拔取该城,以此报复契丹军队的入侵。

28　南唐君主为避后周世宗祖先名讳,改名为景。下令取消帝号,只称国主,所有原来的天子仪仗规制都有所降低贬损,取消交泰年号,改用后周年号历法,并向太庙报告。左仆射、同平章事冯延己免职后为太子太傅,门下侍郎、同平章事严续免职后为少傅,枢密使、兵部侍郎陈觉免去同平章事保留原来官职。

当初,冯延己用夺取中原的策略来劝说南唐君主,因此得到宠幸。冯延己曾经嘲笑南唐烈祖息兵是心胸狭窄,说:"安陆所丧失的才几千士兵,就为之禁食叹息有十天,这是乡村田舍老翁的见识度量,怎么能与他成就大事!哪像如今皇上几万大军风餐露宿在野外,而自己打球玩耍取乐与平日没有两样,真是英明的君主啊!"冯延己与他的同党谈论时,总是把治理天下作为自己的责任,互相唱和呼应。翰林学士常梦锡多次上言说冯延己等人浮夸荒诞,不可信任。南唐君主不听从,常梦锡说:"奸臣的话好似忠言,陛下如果再不觉悟,国家必定灭亡了!"及至向后周臣服,冯延己党羽相互言谈,有称后周为大朝的,常梦锡大笑说:"诸位平常想引导国君成为统治天下的唐尧、虞舜,哪里想得到今日却自称小朝廷呢!"众人沉默无语。

自从南唐君主归附中原,后周世宗只通过对方使者赐给书信,还未曾派遣使者到唐国。己酉(二十九日),方始命令太仆卿冯延鲁、卫尉少卿锺谟出使到南唐,赐给御衣、玉带等物品以及犒劳军队的绢帛十万匹,并赐当年的《钦天历》。

刘承遇从金陵返回,南唐君主派陈觉禀报世宗,因为江南地区没有盐卤之田,希望得到海陵监归属江南来供应军需。世宗说:"海陵在长江北岸,难以归属江南而使南、北官吏交错杂居,应当另有安排。"到这时,诏令每年拨出三十万斛盐来供给江南地区,所俘获的江南士兵,渐渐地释放回国。

29　六月壬子(初二),后周昭义节度使李筠奏报出击北汉石会关,攻拔北汉六个寨子。乙卯(初五),晋州奏报都监李谦溥出击北汉,攻破孝义。

30 高保融遣使劝蜀主称藩于周,蜀主报以前岁遣胡立致书于周而不答。

31 秋,七月丙戌,初行《大周刑统》。

32 帝欲均田租,丁亥,以元稹《均田图》遍赐诸道。

33 闰月,唐清源节度使兼中书令留从效遣牙将蔡仲赟衣商人服,以绢表置革带中,间道来称藩。

34 唐江西元帅晋王景遂之赴洪州也,以时方用兵,启求大臣以自副,唐主以枢密副使、工部侍郎李徵古为镇南节度副使。徵古傲很专恣,景遂虽宽厚,久而不能堪,常欲斩徵古,自拘于有司,左右谏而止,景遂忽忽不乐。

太子弘冀在东宫多不法,唐主怒,尝以球杖击之曰:“吾当复召景遂。”昭庆宫使袁从范从景遂为洪州都押牙,或谮从范之子于景遂,景遂欲杀之,从范由是怨望。弘冀闻之,密遣从范毒之;八月庚辰,景遂击球渴甚,从范进浆,景遂饮之而卒。未殡,体已溃。唐主不之知,赠皇太弟,谥曰文成。

35 辛巳,南汉中宗殂,长子卫王继兴即帝位,更名鋹,改元大宝。鋹年十六,国事皆决于宦官玉清宫使龚澄枢及女侍中卢琼仙等,台省官备位而已。

36 甲申,唐始置进奏院于大梁。

37 壬辰,命西上阁门使灵寿曹彬使于吴越,赐吴越王弘俶骑军钢甲二百,步军甲五千及他兵器。彬事毕亟返,不受馈遗,吴越人以轻舟追与之,至于数四,彬曰:“吾终不受,是窃名也。”尽籍其数,归而献之。帝曰:“向之奉使,乞匄无厌,使四方轻朝命。卿能如是,甚善;然彼以遗卿,卿自取之。”彬始拜受,悉以散于亲识,家无留者。

30　荆南高保融派遣使者劝说后蜀君主向后周称臣,后蜀君主回复说去年派胡立送致书信给后周而未予答复。

31　秋季,七月丙戌(初七),后周开始实行《大周刑统》。

32　后周世宗准备平均田租,丁亥(初八),将元稹《均田图》普遍赐发各地。

33　闰月,南唐清源节度使兼中书令留从效派遣牙将蔡仲赟穿着商人服装,把绢帛表章夹放在皮带中间,从偏僻小路前来称臣。

34　南唐江西元帅晋王李景遂到洪州赴任,因当时正在用兵,奏请委派大臣作为自己的副手,南唐君主任命枢密副使、工部侍郎李徵古为镇南节度副使。李徵古傲慢凶狠专横跋扈,李景遂虽然宽容仁厚,但时间长了也不堪忍受,经常想斩了李徵古,然后到有关执法部门自首,被左右人劝谏而住手,李景遂惆怅恍惚闷闷不乐。

太子李弘冀住在东宫多有不法行为,南唐君主发怒,曾经用击球木棍打他说:“我应当重新召回李景遂。”昭庆宫使袁从范跟从李景遂为洪州都押牙,有人向李景遂说袁从范儿子的坏话,李景遂想杀他,袁从范因此产生怨恨。李弘冀闻知,秘密指使袁从范毒杀李景遂;八月庚辰(初二),李景遂打马球口渴得很,袁从范送上饮料,李景遂喝下而死去。还没等到收殓,身体已经溃烂。南唐君主不知详情,追赠皇太弟,谥号为文成。

35　辛巳(初三),南汉中宗刘晟去世,长子刘继兴即皇帝位,改名为鋹,改年号为大宝。刘鋹十六岁,国事全部由宦官玉清宫使龚澄枢和女侍中卢琼仙等人裁决,朝廷台、省各部官员只是虚有其名而已。

36　甲申(初六),南唐开始在大梁设置进奏院。

37　壬辰(十四日),后周世宗命令西上阁门使灵寿人曹彬出使吴越,赐给吴越王钱弘俶两百副骑兵钢铠甲、五千副步兵钢铠甲和其他兵器。曹彬事情完毕即刻返回,不接受馈赠,吴越人划着轻便小船追送礼品,坚持再三,曹彬说:“我最终仍不接受,这是沽名钓誉啊。”全部登录礼品数量,返归后献上。世宗说:“以前奉命出使的人,索求没个满足,使得四方之人轻视朝廷命官。爱卿能够如此,非常好;然而别人既已将此馈赠爱卿,爱卿自可取走。”曹彬这才跪拜接受,全部散发给亲近熟人,家中一点没留。

38　辛丑，冯延鲁、锺谟来自唐，唐主手表谢恩，其略曰："天地之恩厚矣，父母之恩深矣，子不谢父，人何报天，惟有赤心，可酬大造。"又乞比藩方，赐诏书。又称："有情事令钟谟上奏，乞令早还。"唐主复令谟白帝，欲传位太子。九月丁巳，以延鲁为刑部侍郎、谟为给事中。己未，先遣谟还，赐书谕以未可传位之意。唐主复遣吏部尚书、知枢密院殷崇义来贺天清节。

39　帝谋伐蜀，冬，十月己卯，以户部侍郎高防为西南面水陆制置使，右赞善大夫李玉为判官。

40　甲午，帝归冯延鲁及左监门卫上将军许文稹、右千牛卫上将军边镐、卫尉卿周廷构于唐。唐主以文稹等皆败军之俘，弃不复用。

41　高保融再遗蜀主书，劝称臣于周，蜀主集将相议之，李昊曰："从之则君父之辱，违之则周师必至，诸将能拒周乎？"诸将皆曰："以陛下圣明，江山险固，岂可望风屈服！秣马厉兵，正为今日。臣等请以死卫社稷！"丁酉，蜀主命昊草书，极言拒绝之。

42　诏左散骑常侍须城艾颖等三十四人分行诸州，均定田租。庚子，诏诸州并乡村，率以百户为团，团置耆长三人。帝留心农事，刻木为耕夫、蚕妇，置之殿庭。

43　命武胜节度使宋延渥以水军巡江。

44　高保融奏，闻王师将伐蜀，请以水军趣三峡，诏褒之。

45　十一月庚戌，敕窦俨编集《大周通礼》、《大周正乐》。

46　辛亥，南汉葬文武光明孝皇帝于昭陵，庙号中宗。

38 辛丑(二十三日),冯延鲁、锺谟从南唐而来,南唐君主亲书表章感谢皇恩,表章大致说:"天地的恩泽真厚啊,父母的恩泽真深啊,子女无法感谢父母,人们怎么报答天地,只有赤诚之心,可以回报大恩大德。"又请求与四方藩镇同列,降赐诏书。又说:"有情况让锺谟上奏,乞求让他早日返回。"南唐君主又让锺谟禀报世宗,打算传位给太子。九月丁巳(初九),后周世宗任命冯延鲁为刑部侍郎、锺谟为给事中。己未,后周世宗先遣锺谟返回,赐诏书晓谕不传位的意图。南唐君主又派遣吏部尚书、知枢密院殷崇义前来祝贺世宗生日天清节。

39 后周世宗谋划伐后蜀,冬季,十月己卯(初二),任命户部侍郎高防为西南面水陆制置使,右赞善大夫李玉为判官。

40 甲午(十七日),后周世宗将冯延鲁和左监门卫上将军许文稹、右千牛卫上将军边镐、卫尉卿周廷构送归给南唐。南唐君主因许文稹等人都是打败仗的俘虏,弃置不再任用。

41 荆南高保融再次给后蜀君主去信,规劝他向后周投降称臣,后蜀君主召集将相商议此事,李昊说:"听从他就是国君先父的耻辱,违背他周朝军队必定到达,众将能够抵御周军吗?"众将都说:"依靠陛下的圣明,江山的险固,岂能望风投降!秣马厉兵长期战备,正是为了今日抵御外敌。我们请求用生命来保卫国家!"丁酉(二十日),后蜀君主命令李昊起草回信,尽情陈辞拒绝劝降。

42 后周世宗诏令左散骑常侍须城人艾颖等三十四人分别视察各州,按地多少均衡确定田租。庚子(二十三日),诏令各州合并乡村,一般以百户为一团,每团设置年老的团长三人。世宗留意农事,用木头刻成耕田农夫、养蚕农妇,安放在宫廷庭院中。

43 后周世宗命令武胜节度使宋延渥率领水军巡视长江。

44 荆南高保融上奏,听说王师将要征伐后蜀,请求率领水军赶赴三峡,后周世宗诏令嘉奖他。

45 十一月庚戌(初四),后周世宗敕令窦俨编纂《大周通礼》《大周正乐》。

46 辛亥(初五),南汉将文武光明孝皇帝安葬在昭陵,庙号为中宗。

47 乙丑，唐主复遣礼部侍郎锺谟入见。

48 李玉至长安，或言：“蜀归安镇在长安南三百馀里，可袭取也。”玉信之，牒永兴节度使王彦超，索兵二百，彦超以为归安道阻隘难取，玉曰：“吾自奉密旨。”彦超不得已与之。玉将以往，十二月，蜀归安镇遏使李承勋据险邀之，斩玉，其众皆没。

49 乙酉，蜀主以右卫圣步军都指挥使赵崇韬为北面招讨使，丙戌，以奉銮肃卫都指挥使、武信节度使兼中书令孟贻业为昭武、文州都招讨使，左卫圣马军都指挥使赵思进为东面招讨使，山南西道节度使韩保贞为北面都招讨使，将兵六万，分屯要害以备周。

50 丙戌，诏凡诸色课户及俸户并勒归州县，其幕职、州县官自今并支俸钱及米麦。

51 初，唐太傅兼中书令楚公宋齐丘多树朋党，欲以专固朝权，躁进之士争附之，推奖以为国之元老。枢密使陈觉、副使李徵古恃齐丘之势，尤骄慢。及许文稹等败于紫金山，觉与齐丘、景达自濠州遁归，国人恟惧。唐主尝叹曰：“吾国家一朝至此！”因泣下。徵古曰：“陛下当治兵以扞敌，涕泣何为！岂饮酒过量邪，将乳母不至邪？”唐主色变，而徵古举止自若。会司天奏：“天文有变，人主宜避位禳灾。”唐主乃曰：“祸难方殷，吾欲释去万机，栖心冲寂，谁可以托国者？”徵古曰：“宋公，造国手也，陛下如厌万机，何不举国授之！”觉曰：“陛下深居禁中，国事皆委宋公，先行后闻，臣等时入侍，谈释、老而已。”唐主心慍，即命中书舍人豫章陈乔草诏行之。乔惶恐请见，曰：“陛下一署此诏，臣不复得见矣！”因极言其不可。唐主笑曰：“尔亦知其非邪？”乃止。由是因晋王出镇，以徵古为之副，觉自周还，亦罢近职。

47　乙丑(十九日),南唐君主又派遣礼部侍郎锺谟入朝谒见。

48　李玉到达长安,有人说:"蜀归安镇在长安南面三百多里,可以偷袭夺取。"李玉听信这话,投牒给永兴节度使王彦超,索求两百士兵,王彦超认为归安道路险恶狭窄难以攻取,李玉说:"我自奉有密旨。"王彦超不得已给他两百士兵。李玉带领士兵前往,十二月,后蜀归安镇过使李承勋占据险要地形拦击,斩杀李玉,他的士兵全部覆没。

49　乙酉(初九),后蜀君主任命右卫圣步军都指挥使赵崇韬为北面招讨使,丙戌(十日),任命奉銮肃卫都指挥使、武信节度使兼中书令孟贻业为昭武、文州都招讨使,左卫圣马军都指挥使赵思进为东面招讨使,山南西道节度使韩保贞为北面都招讨使,领兵六万,分别驻守要害地段来防御后周。

50　丙戌(十日),后周世宗诏令所有各种课户和俸户一律统归州县管理,所有幕职官、州县官从今开始一律由州县开支俸钱和粮食。

51　当初,南唐太傅兼中书令楚公宋齐丘大肆拉帮结伙、培植党羽,想以此垄断朝政大权,浮躁急进之士争相攀附,推崇夸奖宋齐丘为国家元老。枢密使陈觉、副使李徵古倚仗宋齐丘的势力,尤其骄横傲慢。及至许文稹等在紫金山溃败,陈觉与宋齐丘、李景达从濠州逃跑回来,国中之人非常恐惧。南唐君主曾经感叹说:"我的国家一刹那竟到了这个地步!"因而流下眼泪。李徵古说:"陛下应当整顿军队来抵抗敌人,流泪哭泣干什么!难道是喝酒过量了吗,还是奶妈没到呢?"南唐君主脸色大变,而李徵古言谈举止仍从容自如。适逢司天奏报:"大象有大变,人主应该避位祈求消灾。"南唐君主于是说:"祸乱灾难正频繁,我想放弃君位摆脱政务,让心境处于淡泊寂静之中,但可以将国家托付给谁呢?"李徵古说:"宋公是治理国家的高手,陛下如果讨厌政务,何不把国家交授给他!"陈觉说:"陛下深居在宫中,国家大事都委托给宋公,先处理后报告,我们时常入宫侍候,只谈释迦牟尼、老子之道罢了。"南唐君主心中怨恨,立即命令中书舍人豫章人陈乔起草诏书实行。陈乔恐惧不安请求谒见,说:"陛下一旦签署这项诏令,我便不再能见陛下了。"就极力陈述不可如此的道理。南唐君主笑着说:"你也知道那样不行吗?"于是作罢。因此借晋王出任藩镇之机,任命李徵古为他副手,陈觉从后周返回,也被撤销朝廷近臣之职。

　　锺谟素与李德明善，以德明之死怨齐丘；及奉使归唐，言于唐主曰："齐丘乘国之危，遽谋篡窃，陈觉、李徵古为之羽翼，理不可容。"陈觉之自周还，矫以帝命谓唐主曰："闻江南连岁拒命，皆宰相严续之谋，当为我斩之。"唐主知觉素与续有隙，固未之信。锺谟请覆之于周，唐主乃因谟复命，上言："久拒王师，皆臣愚迷，非续之罪。"帝闻之，大惊曰："审如此，则续乃忠臣，朕为天下主，岂教人杀忠臣乎！"谟还，以白唐主。

　　唐主欲诛齐丘等，复遣谟入禀于帝。帝以异国之臣，无所可否。己亥，唐主命知枢密院殷崇义草诏暴齐丘、觉、徵古罪恶，听齐丘归九华山旧隐，官爵悉如故；觉责授国子博士，宣州安置；徵古削夺官爵，赐自尽；党与皆不问。遣使告于周。

　　52　丙午，蜀以峡路巡检制置使高彦俦为招讨使。

　　53　平卢节度使、太师、中书令陈王安审琦仆夫安友进与其嬖妾通，妾恐事泄，与友进谋杀审琦，友进不可，妾曰："不然，我当反告汝。"友进惧而从之。

六年(己未,959)

　　1　春，正月癸丑，审琦醉熟寝，妾取审琦所枕剑授友进而杀之，仍尽杀侍婢在帐下者以灭口。后数日，其子守忠始知之，执友进等剐之。

锺谟平素与李德明要好，因为李德明的死而怨恨宋齐丘；及至奉命出使回归南唐，对南唐君主进言道："宋齐丘乘国家危难，便马上图谋篡国夺位，陈觉、李徵古当他的帮手，天理不容。"陈觉从后周回来，伪造后周世宗命令对南唐君主说："听说江南多年抗拒诏令，都是宰相严续的主意，必当替我斩了他。"南唐君主明知陈觉素来与严续有矛盾，本来就不相信他的话。锺谟请求到后周核实，南唐君主于是通过锺谟回复命令，上言说："长时间抗拒王师，都是我的愚昧糊涂，不是严续的罪过。"后周世宗闻悉，大为惊讶，说："确实如此的话，那严续乃是忠臣，朕为天下之主，岂能教唆人杀害忠臣呢！"锺谟回国，将情况禀报南唐君主。

南唐君主打算诛杀宋齐丘等人，又派遣锺谟入朝向后周世宗禀报。世宗因为是别国的臣子，不置可否。己亥（二十三日），南唐君主命令知枢密院殷崇义起草诏书公布宋齐丘、陈觉、李徵古的罪恶，允许宋齐丘返归九华山旧日隐居之地，官职爵位全部照旧；陈觉被贬谪授予国子博士，送往宣州安置；李徵古削夺官职爵位，赐命自杀；他们的党羽都不作追究。派遣使者向后周报告。

52　丙午（三十日），后蜀任命峡路巡检制置高彦俦为招讨使。

53　平卢节度使、太师、中书令陈王安审琦的车夫安友进同安审琦的爱妾私通，这个侍妾怕事情泄露，就与安友进密谋杀死安审琦，安友进认为不可，侍妾说："不这样的话，我必定反过来告发你。"安友进恐惧而听从她的主意。

后周世宗显德六年（己未，公元 959 年）

1　春季，正月癸丑（初七），安审琦喝醉酒熟睡，侍妾取出安审琦所枕的剑交给安友进而杀死他，并且将在帐下服侍的婢女全部杀死灭口。事后数日，安审琦的儿子安守忠才知道真相，抓住安友进等人将他们凌迟处死。

2 初,有司将立正仗,宿设乐悬于殿庭,帝观之,见钟磬有设而不击者,问乐工,皆不能对。乃命窦俨讨论古今,考正雅乐。王朴素晓音律,帝以乐事询之,朴上疏,以为:

"礼以检形,乐以治心;形顺于外,心和于内,然而天下不治者未之有也。是以礼乐修于上,万国化于下,圣人之教不肃而成,其政不严而治,用此道也。夫乐生于人心而声成于物,物声既成,复能感人之心。

"昔黄帝吹九寸之管,得黄钟正声,半之为清声,倍之为缓声,三分损益之以生十二律。十二律旋相为宫以生七调,为一均。凡十二均、八十四调而大备。遭秦灭学,历代治乐者罕能用之。唐太宗之世,祖孝孙、张文收考正大乐,备八十四调;安、史之乱,器与工什亡八九,至于黄巢,荡尽无遗。时有太常博士殷盈孙,按《考工记》,铸镈钟十二,编钟二百四十。处士萧承训校定石磬,今之在悬者是也。虽有钟磬之状,殊无相应之和,其镈钟不问音律,但循环而击,编钟、编磬徒悬而已。丝、竹、匏、土仅有七声,名为黄钟之宫,其存者九曲。考之三曲协律,六曲参涉诸调;盖乐之废缺,无甚于今。

"陛下武功既著,垂意礼乐,以臣尝学律吕,宣示古今乐录,命臣讨论。臣谨如古法,以秬黍定尺,长九寸径三分为黄钟之管,与今黄钟之声相应,因而推之,得十二律。以为众管互吹,用声不便,乃作律准,十有三弦,其长九尺,皆应黄钟之声,以次设柱,为十一律,及黄钟清声,旋用七律以为一均。为均之主者,宫也,徵、商、羽、角、变宫、变徵次焉。

2　当初,有关官吏准备安放正月初一接受朝贺的仪仗礼器,前一天晚上在正殿厅堂上设置悬挂的钟磬,后周世宗前去观看,见到钟磬有挂设在那里却不敲打的,便询问乐工,都不能回答。于是命令窦俨探讨研究古今有关制度,考定校正雅乐。王朴一向通晓音律,世宗询问他雅乐之事,王朴上书,认为:

"礼仪是用来规范形体的,音乐是用来陶冶心灵的;形体在外表恭顺,心灵在内部平和,这样而天下还不太平的是没有的。所以礼乐在朝廷上修成实行,天下万国就会感化归服,圣人的教化不峻急而成功,圣人的政令不严厉而大治,就是由于这个道理。那音乐产生于人的心灵而声音形成于物体的振动,物体的声音既已形成,又能反过来感化人的心灵。

"从前黄帝吹九寸长的竹管,得到黄钟的正声,截去一半变为清声,加长一倍变为缓声,用增减三分之一长度的方法产生十二音律。十二音律轮流作为宫音,都可产生七个调,成为一均。总共有十二个均、八十四个调,从而、调全部齐备。但是遭到秦代消灭学术的厄运,历代研习演奏音乐的人很少有能使用它的。唐太宗的时代,祖孝孙、张文收考定校正雅乐,配齐八十四个调;安禄山、史思明作乱,乐器和乐师损失十分之八九,到了黄巢造反,便荡然无存。当时有太常博士殷盈孙,根据《考工记》,铸造镈钟十二枚,编钟二百四十枚。处士萧承训校定石磬,如今悬挂的就是。虽然有钟、磬的形状,但一点都没有相应的和谐,那钟镈也不问是什么音律,只是循环敲打,编钟、编磬白白地挂着而已。丝、竹、匏、土等各种质地的乐器也只有七个声音,称为黄钟之宫,保存下来的有九个曲子。校核九个曲子,三个曲子合乎音律,六个曲子夹杂各种音调;音乐的旷废遗缺,没有比当今更严重的了。

"陛下武功既已卓著,开始注意振兴礼乐,因为臣下曾经学过律吕之术,便公布古今音乐著录,命令臣下探讨研究。臣下谨慎地按照古代的方法,用黑黍籽粒来定出尺寸,长九寸、直径三分的作为黄钟律管,与当今黄钟的声音相互应和,以此推算,得出十二音律。因为做许多律管交替吹奏,使用听声不方便,于是制作律准,共有十三条弦,其长九尺,所有的音都应合黄钟的声音,依次设置架弦的码子,调成林钟、太簇、南吕、姑洗、应钟、蕤宾、大吕、夷则、夹钟、无射、中吕等十一音律和黄钟清声,轮番使用七个音律成为一均。作为均的主音,首先是宫,其次是徵、商、羽、角、变宫、变徵。

发其均主之声,归于本音之律,迭应不乱,乃成其调,凡八十一调。此法久绝,出臣独见,乞集百官校其得失。"

诏从之。百官皆以为然,乃行之。

3　唐宋齐丘至九华山,唐主命锁其第,穴墙给饮食。齐丘叹曰:"吾昔献谋幽让皇帝族于泰州,宜其及此!"乃缢而死。谥曰丑缪。

初,翰林学士常梦锡知宣政院,参预机政,深疾齐丘之党,数言于唐主曰:"不去此属,国必危亡。"与冯延己、魏岑之徒日有争论。久之,罢宣政院,梦锡郁郁不得志,不复预事,纵酒成疾而卒。及齐丘死,唐主曰:"常梦锡平生欲杀齐丘,恨不使见之!"赠梦锡左仆射。

4　二月丙子朔,命王朴如河阴按行河堤,立斗门于汴口。壬午,命侍卫都指挥使韩通、宣徽南院使吴延祚,发徐、宿、宋、单等州丁夫数万浚汴水。甲申,命马军都指挥使韩令坤自大梁城东导汴水入于蔡水,以通陈、颍之漕,命步军都指挥使袁彦浚五丈渠东过曹、济、梁山泊,以通青、郓之漕,发畿内及滑、亳丁夫数千以供其役。

5　丁亥,开封府奏田税旧一十万二千馀顷,今按行得羡田四万二千馀顷,敕减三万八千顷。诸州行田使还,所奏羡田,减之仿此。

6　淮南饥,上命以米贷之。或曰:"民贫,恐不能偿。"上曰:"民吾子也,安有子倒悬而父不为之解哉!安在责其必偿也!"

发出该均主音之声,最后回归到本音的音律,重叠应和而不杂乱,才能构成一调,总共八十一调。这个方法长期失传,出于臣下独自见解,请求召集百官较考其得失正误。"

世宗下诏采用王朴所奏旋宫之法。百官都认为是这样,于是实行。

3 南唐宋齐丘到达九华山,南唐君主下令锁上他宅第的全部门窗,在墙上挖洞供给饮食。宋齐丘叹息说:"我从前献计将吴让皇帝家族幽禁在泰州,所以今天应该到达这步田地!"于是上吊而死。谥号为丑缪。

当初,翰林学士常梦锡主持宣政院事务,参与机要政务,深切痛恨宋齐丘一派,多次对南唐君主说:"不除去这一帮人,国家必定危险灭亡。"同冯延己、魏岑之徒每天都有争论。时间久了,被罢免宣政院职务,常梦锡心情忧郁不能实现抱负,不再参与朝政,纵酒狂饮成疾而去世。到宋齐丘死时,南唐君主说:"常梦锡生前总是想杀死宋齐丘,遗憾的是不能让他见到这一天。"追赠常梦锡为左仆射。

4 二月丙子朔(初一),后周世宗命令王朴前往河阴巡视黄河堤防,在汴水入河口建立放水闸门。壬午(初七),命令侍卫都指挥使韩通、宣徽南院使吴延祚,征发徐州、宿州、宋州、单州等地壮丁民夫数万人疏通汴水。甲申(初九),命令马军都指挥使韩令坤从大梁城东面引汴水流入蔡水,来打通陈州、颍州的运粮水道,命令步军都指挥使袁彦疏通五丈渠,向东经过曹州、济州、梁山泊,以打通青州、郓州的运粮水道,征发京城所辖地区之内和滑州、亳州壮丁民夫数千人来供给这些工程。

5 丁亥(十二日),开封府奏报征取租税的田地原为十万两千余顷,如今核查得到多出的田地有四万两千余顷,后周世宗敕令减免租税三万八千顷。各州巡视苗田使者回来,所奏报多出的田地,减免租税的比例仿照开封府。

6 淮南闹饥荒,后周世宗命令把粮食借贷给百姓。有人说:"百姓贫穷,恐怕不能偿还。"世宗说:"百姓是我的子女啊,哪有子女倒悬在那里而父亲不为他解脱的道理呢!哪个在要求百姓必定偿还呢!"

7　庚申，枢密使王朴卒。上临其丧，以玉钺卓地，恸哭数四，不能自止。朴性刚而锐敏，智略过人，上以是惜之。

8　甲子，诏以北鄙未复，将幸沧州，命义武节度使孙行友扞西山路，以宣徽南院使吴延祚权东京留守、判开封府事，三司使张美权大内都部署。丁卯，命侍卫亲军都虞候韩通等将水陆军先发。甲戌，上发大梁。

夏，四月庚寅，韩通奏自沧州治水道入契丹境，栅于乾宁军南，补坏防，开游口三十六，遂通瀛、莫。

辛卯，上至沧州，即日帅步骑数万发沧州，直趋契丹之境。河北州县非车驾所过，民间皆不之知。壬辰，上至乾宁军，契丹宁州刺史王洪举城降。

乙未，大治水军，分命诸将水陆俱下，以韩通为陆路都部署，太祖皇帝为水路都部署。丁酉，上御龙舟沿流而北，舳舻相连数十里。己亥，至独流口，溯流而西。辛丑，至益津关，契丹守将终廷辉以城降。

自是以西，水路渐隘，不能胜巨舰，乃舍之。壬寅，上登陆而西，宿于野次，侍卫之士不及一旅，从官皆恐惧。胡骑连群出其左右，不敢逼。

癸卯，太祖皇帝先至瓦桥关，契丹守将姚内斌举城降，上入瓦桥关。内斌，平州人也。甲辰，契丹莫州刺史刘楚信举城降。五月乙巳朔，侍卫亲军都指挥使、天平节度使李重进等始引兵继至，契丹瀛州刺史高彦晖举城降。彦晖，蓟州人也。于是关南悉平。

7 庚申(初三),枢密使王朴去世。后周世宗亲临他的丧礼,用玉钺击地,痛哭多次,不能自制。王朴生性刚强而敏锐,智谋韬略超过常人,后周世宗因此爱惜他。

8 甲子(十九日),后周世宗诏令因北部领土没有收复,将要亲临沧州,命令义武节度使孙行友捍卫西山路,任命宣徽南院使吴延祚代理东京留守、判开封府事,三司使张美代理大内都部署。丁卯(二十二日),命令侍卫亲军都虞候韩通等人率领水路、陆路军队首先出发。甲戌(二十九日),后周世宗从大梁出发。

夏季,四月庚寅(十五日),韩通奏报从沧州修治水道进入契丹国境,在乾宁军南面设置栅栏,修补损坏堤防,挖开排水口三十六个,于是直通瀛州、莫州。

辛卯(十六日),世宗到达沧州,当日率领步兵、骑兵数万人从沧州出发,直奔契丹国境。黄河以北的州县不是世宗车马所过之处,当地百姓都不知道皇帝出征。壬辰(十七日),世宗到达乾宁军,契丹宁州刺史王洪率城投降。

乙未(二十日),世宗大力整治水军,分别命令众将水、陆两路同时而下,任命韩通为陆路都部署,宋太祖皇帝为水路都部署。丁酉(二十二日),世宗乘坐龙船沿着水流北上,船只头尾相接长达数十里。己亥(二十四日),到达独流口,又沿水道向西。辛丑(二十六日),到达益津关,契丹守将终延辉率城投降。

从益津关往西,水路逐渐狭窄,无法通行大船,于是弃船。壬寅(二十七日),世宗登陆西进,在野外宿营,侍从警卫的士兵不到一旅五百人,随从的官吏都很恐惧。胡人骑兵成群结队在周围出没,但不敢靠近。

癸卯(二十八日),宋太祖皇帝先到达瓦桥关,契丹守将姚内斌率城投降,世宗进入瓦桥关。姚内斌是平州人。甲辰(二十九日),契丹莫州刺史刘楚信率城投降。五月乙巳朔(初一),侍卫亲军都指挥使、天平节度使李重进等人开始领兵陆续到达,契丹瀛州刺史高彦晖率城投降。高彦晖是蓟州人。从此瓦桥关以南全部平定。

丙午,宴诸将于行宫,议取幽州,诸将以为:"陛下离京四十二日,兵不血刃,取燕南之地,此不世之功也。今虏骑皆聚幽州之北,未宜深入。"上不悦。是日,趣先锋都指挥使刘重进先发,据固安;上自至安阳水,命作桥,会日暮,还宿瓦桥,是日,上不豫而止。契丹主遣使者日驰七百里诣晋阳,命北汉主发兵挠周边,闻上南归,乃罢兵。

戊申,孙行友奏拔易州,擒契丹刺史李在钦,献之,斩于军市。

己酉,以瓦桥关为雄州,割容城、归义二县隶之;以益津关为霸州,割文安、大城二县隶之。发滨、棣丁夫数千城霸州,命韩通董其役。

庚戌,命李重进将兵出土门,击北汉。

辛亥,以侍卫马步都指挥使韩令坤为霸州都部署,义成节度留后陈思让为雄州都部署,各将部兵以戍之。

壬子,上自雄州南还。

己巳,李重进奏败北汉兵于百井,斩首二千多级。

甲戌,帝至大梁。

9 六月乙亥朔,昭义节度使李筠奏击北汉,拔辽州,获其刺史张丕。

10 丙子,郑州奏河决原武,命宣徽南院使吴延祚发近县二万馀夫塞之。

11 唐清源节度使留从效遣使入贡,请置进奏院于京师,直隶中朝,诏报以"江南近服,方务绥怀,卿久奉金陵,未可改图。若置邸上都,与彼抗衡,受而有之,罪在于朕。卿远修职贡,足表忠勤,勉事旧君,且宜如故。如此,则于卿笃始终之义,于朕尽柔远之宜,惟乃通方,谅达予意。"

丙午(初二),世宗在行宫宴请众将,商议夺取幽州,众将认为:"陛下离开京城四十二天,兵不血刃,取得燕南之地,这是罕见的功绩。如今契丹骑兵都集结到幽州北面,不宜继续深入。"世宗不高兴。当天,世宗催促先锋都指挥使刘重进首先出发,占据固安;世宗亲自到达安阳水岸边,命令架桥,到天色已晚,返回瓦桥关住宿,当天,世宗身体不适而停止进军。契丹君主派遣使者日行七百里赶到晋阳,命令北汉君主发兵骚扰后周边境,听说世宗南下返归,于是休兵。

戊申(初四),孙行友奏报拔取易州,擒获契丹刺史李在钦,献给皇上,在军营的市场中斩首。

己酉(十一日),将瓦桥关改为雄州,割出容城、归义二县隶属于它;将益津关改为霸州,割出文安、大城二县隶属于它。征发滨州、棣州壮丁民夫数千人修筑霸州城,命令韩通监督工程。

庚戌(初六),命令李重进领兵从土门而出,进攻北汉。

辛亥(初七),任命侍卫马步都指挥使韩令坤为霸州都部署,义成节度留后陈思让为雄州都部署,各自率领所部士兵守卫。

壬子(初八),世宗从雄州南下返回。

己巳(二十五日),李重进奏报在百井击败北汉军队,斩首两千多级。

甲戌(三十日),世宗到达大梁。

9 六月乙亥朔(初一),昭义节度使李筠奏报进攻北汉,拔取辽州,擒获辽州刺史张丕。

10 丙子(初二),郑州奏报黄河在原武决口,命令宣徽南院使吴廷祚征发附近州县两万多民夫堵塞决口。

11 南唐清源节度使留从效派遣使者入朝进贡,请求在京城设置进奏院,直接隶属中央朝廷,诏书回复说:"江南新近归服,正在设法安抚,爱卿长久事奉金陵,不可改变主意。倘若在京城设置进奏院官邸,同金陵相抗衡,接受你而拥有了你的泉州,罪过就在朕身上。爱卿远道而来进奉贡品,足以表示忠诚勤勉,努力事奉旧日君主,应该一切如故。这样的话,对于爱卿来说可以加深始终如一的情义,对于朕来说可以尽到安抚四方的义务,希望你通情达理,体谅明白朕的本意。"

唐主遣其子纪公从善与锺谟俱入贡,上问谟曰:"江南亦治兵,修守备乎?"对曰:"既臣事大国,不敢复尔。"上曰:"不然。向时则为仇敌,今日则为一家,吾与汝国大义已定,保无他虞;然人生难期,至于后世,则事不可知。归语汝主:可及吾时完城郭,缮甲兵,据守要害,为子孙计。"谟归,以告唐主。唐主乃城金陵,凡诸州城之不完者茸之,戍兵少者益之。

臣光曰:或问臣:五代帝王,唐庄宗、周世宗皆称英武,二主孰贤?臣应之曰:夫天子所以统治万国,讨其不服,抚其微弱,行其号令,壹其法度,敦明信义,以兼爱兆民者也。庄宗既灭梁,海内震动,湖南马氏遣子希范入贡,庄宗曰:"比闻马氏之业,终为高郁所夺。今有儿如此,郁岂能得之哉?"郁,马氏之良佐也。希范兄希声闻庄宗言,卒矫其父命而杀之。此乃市道商贾之所为,岂帝王之体哉! 盖庄宗善战者也,故能以弱晋胜强梁,既得之,曾不数年,外内离叛,置身无所。诚由知用兵之术,不知为天下之道故也。世宗以信令御群臣,以正义责诸国,王环以不降受赏,刘仁赡以坚守蒙褒,严续以尽忠获存,蜀兵以反覆就诛,冯道以失节被弃,张美以私恩见疏;江南未服,则亲犯矢石,期于必克,既服,则爱之如子,推诚尽言,为之远虑。其宏规大度,岂得与庄宗同日语哉!《书》曰:"无偏无党,王道荡荡。"又曰:"大邦畏其力,小邦怀其德。"世宗近之矣。

南唐君主派遣他的儿子纪公李从善与锺谟一道入朝进贡,世宗问锺谟说:"江南也在操练军队进行战备吗?"回答说:"既已臣事大国,不敢再这样了。"世宗说:"不对。昔日是仇敌,今日已成一家,我朝同你们国家的名分大义已经确定,保证没有其他变故;然而人生难以预料,至于后世,则事情更不可知晓。回去对你家君主说:可以趁着我在的时候加固城郭,修缮武器,据守要塞,为子孙后代着想。"锺谟回国,将世宗的话禀告南唐君主。南唐君主于是修建金陵城墙,凡是各州城池有不坚固的便整治修理,守卫士兵少的便补充增加。

臣司马光说:有人问臣下我,五代帝王之中,唐庄宗、周世宗都号称英武,两位君主中谁更贤明?臣下回答说:天子,是统治万方国家,讨伐不肯降服者,安抚微小虚弱者,实行其号令,统一其法度,敦厚信用、昭明大义,用以兼爱亿万百姓的。唐庄宗灭亡梁以后,天下震动,湖南马殷派遣儿子马希范入朝进贡,唐庄宗说:"近来听人说马氏的家业,终将被高郁所夺取。如今他有这样的儿子,高郁怎么能得到马氏家业呢?"高郁是马氏的优秀辅佐大臣。马希范的哥哥马希声听说唐庄宗的话,结果假造他父亲的命令杀死了高郁。这只是街市中道路上的行商坐贾所干的事,哪里是帝王的风度啊!唐庄宗是个善于打仗的人,所以能以弱小的晋国战胜强大的梁国,但是取得梁国以后,居然不出几年,众叛亲离,没有安身之处。实在是因为只知用兵方术,而不知治理天下道理的缘故啊。周世宗以信用驾驭群臣,以正义要求各国,王环因不投降而受奖赏,刘仁赡因坚守不屈而蒙褒扬,严续因尽忠报国获得生存,后蜀士兵因朝三暮四而被杀戮,冯道因丧失臣节被遗弃,张美因私人恩惠而被疏远;江南没有归服,就亲身冒着飞矢流石,抱定必胜的信念,降服以后,便像对待子女那样地爱护,推心置腹地把话说尽,为之作长远考虑。他的宏伟规制,博大襟怀,哪能与唐庄宗同日而语啊!《尚书》说:"不要偏袒不要结党,为王之道浩浩荡荡。"又说:"大国畏惧它的实力,小国怀念他的恩德。"周世宗可谓接近《尚书》上的话了。

12　辛巳,建雄节度使杨廷璋奏击北汉,降堡寨一十三。

13　癸未,立皇后符氏,宣懿皇后之女弟也。

14　立皇子宗训为梁王,领左卫上将军,宗让为燕公,领左骁卫上将军。

15　上欲相枢密使魏仁浦,议者以仁浦不由科第,不可为相。上曰:“自古用文武才略者为辅佐,岂尽由科第邪!”己丑,加王溥门下侍郎,与范质皆参知枢密院事。以仁浦为中书侍郎、同平章事,枢密使如故。仁浦虽处权要而能谦谨,上性严急,近职有忤旨者,仁浦多引罪归己以救之,所全活什七八,故虽起刀笔吏,致位宰相,时人不以为忝。又以宣徽南院使吴延祚为左骁卫上将军,充枢密使;加归德节度使、侍卫亲军都虞候韩通、镇宁节度使兼殿前都点检张永德并同平章事,仍以通充侍卫亲军副都指挥使;以太祖皇帝兼殿前都点检。

上尝问大臣可为相者于兵部尚书张昭,昭荐李涛。上愕然曰:“涛轻薄无大臣体,朕问相而卿首荐之,何也?”对曰:“陛下所责者细行也,臣所举者大节也。昔晋高祖之世,张彦泽虐杀不辜,涛累疏请诛之,以为不杀必为国患,汉隐帝之世,涛亦上疏请解先帝兵权。夫国家安危未形而能见之,此真宰相器也,臣是以荐之。”上曰:“卿言甚善且至公,然如涛者,终不可置之中书。”涛喜诙谐,不修边幅,与弟澣俱以文学著名,虽甚友爱,而多谑浪,无长幼体,上以是薄之。

12 辛巳(初七),后周建雄节度使杨廷璋奏报进攻北汉,降服十三个堡寨。

13 癸未(初九),后周世宗立符氏为皇后,她是宣懿皇后的妹妹。

14 后周世宗立皇子柴宗训为梁王,兼领左卫上将军,柴宗让为燕公,兼领左骁卫上将军。

15 后周世宗打算任用枢密使魏仁浦为宰相,参与商议的人认为魏仁浦不从科举及第,不可以担任宰相。世宗说:"自古以来任用有文才武略的人作为辅佐,哪里全是从科举及第的呢!"己丑(十五日),王溥加官门下侍郎,与范质都参与主持枢密使院事务。任命魏仁浦为中书侍郎、同平章事,枢密使之职照旧。魏仁浦虽然处身权力要津而能谦虚谨慎,世宗性格严厉急躁,周围官员有违反旨意的,魏仁浦大多将罪过归于自己来拯救他们,所保全救活的占十分之七八,所以虽然出身于办理文书的小吏,官至宰相,但当时人们并不认为耻辱。又任命宣徽南院使吴延祚为左骁卫上将军,充任枢密使;归德节度使、侍卫亲军都虞候韩通和镇宁节度使兼殿前都点检张永德都加官同平章事,并任命韩通充任侍卫亲军副都指挥使;任命宋太祖皇帝兼任殿前都点检。

世宗曾经问兵部尚书张昭,大臣中何人可为宰相,张昭举荐李涛。世宗惊愕地说:"李涛为人轻薄没有大臣的风度,朕问宰相人选而爱卿首先荐举他,为什么?"回答说:"陛下所指责的是小事,臣下所荐举的是他的大节。从前晋高祖之世,张彦泽滥杀无辜,李涛屡次上疏请求杀他,认为不杀必定成为国家祸患;到汉隐帝之世,李涛也上书请求解除先帝太祖的兵权。国家的安危还没有形成便能预见,这才是真正宰相的人才,臣下因此荐举他。"世宗说:"爱卿之言很好而且极为公正,然而像李涛这样的人,终究无法安置在中书省。"李涛喜欢说笑逗乐,不拘小节,与弟弟李澣都以文章博学而著名,虽然互相很友爱,却常常调笑放浪,没有长幼的规矩,世宗因此轻视他。

上以翰林学士单父王著,幕府旧僚,屡欲相之,以其嗜酒无检而罢。

癸巳,大渐,召范质等入受顾命。上曰:"王著藩邸故人,朕若不起,当相之。"质等出,相谓曰:"著终日游醉乡,岂堪为相!慎勿泄此言。"是日,上殂。

上在藩,多务韬晦,及即位,破高平之寇,人始服其英武。其御军,号令严明,人莫敢犯,攻城对敌,矢石落其左右,人皆失色而上略不动容;应机决策,出人意表。又勤于为治,百司簿籍,过目无所忘,发奸擿伏,聪察如神。闲暇则召儒者读前史,商榷大义。性不好丝竹珍玩之物,常言太祖养成王峻、王殷之恶,致君臣之分不终,故群臣有过则面质责之,服则赦之,有功则厚赏之。文武参用,各尽其能,人无不畏其明而怀其惠,故能破敌广地,所向无前。然用法太严,君臣职事小有不举,往往置之极刑,虽素有才干声名,无所开宥,寻亦悔之,末年寖宽。登遐之日,远迩哀慕焉。

甲午,宣遗诏,命梁王宗训即皇帝位,生七年矣。

16 秋,七月壬戌,以侍卫亲军都指挥使李重进领淮南节度使,副都指挥使韩通领天平节度使,太祖皇帝领归德节度使。以山南东道节度使、同平章事向拱为西京留守;庚申,加拱兼侍中。拱,即向训也,避恭帝名改焉。

17 丙寅,大赦。

18 唐主以金陵去周境才隔一水,洪州险固居上游,集群臣议徙都之。群臣多不欲徙,惟枢密副使、给事中唐镐劝之,乃命经营豫章为都城之制。

世宗因为翰林学士单父人王著是从前幕府的僚属，多次想用他为相，但又因他嗜好喝酒不检点而作罢。

癸巳(十九日)，世宗病情加剧恶化，召见范质等人入宫接受遗嘱。世宗说："王著是我在藩镇府第的老人，朕若一病不起，应当起用他为宰相。"范质等人出宫，相互说："王著终日醉生梦死，哪配当宰相！千万不要泄露这话。"当天，世宗去世。

世宗在藩镇时，很注意韬晦隐藏才能，及至即皇帝之位，在高平大破北汉入侵之敌，人们开始佩服他的英勇神武。他统率军队，纪律严明，没有人敢违反，攻打城市面对敌寇，飞石流矢落在身边，别人都惊慌失色而世宗面不改色镇定自若；应付机变决定策略，出人意料之外。又勤勉治国，各个部门的簿籍，过目不忘，发现奸人粉碎隐患，洞察秋毫犹如神明。闲暇之时便召见儒生文人诵读前代史书，商榷其中主旨大义。生性不喜好乐器、珍宝一类东西，经常说先帝太祖姑息惯养酿成王峻、王殷的大恶，致使君臣的情分有始无终，所以百官群臣有过失就当面对质斥责，服罪改过就赦免他，有功就重赏他。文武人才一齐任用，各人发挥自己的才能，大家无不畏服他的严明而又怀念他的恩惠，所以能攻破敌国拓广领土，所向披靡，一往无前。然而使用刑法过于严厉，百官群臣奉职办事稍有做得不好的，往往处以极刑，即使平素再有才干名望，也没有一点宽容，不久自己也觉后悔，最后几年逐渐放宽。去世之日，四方远近都哀悼仰慕他。

甲午(二十日)，宣布遗诏，诏令梁王柴宗训即皇帝之位，柴宗训出生至此七岁了。

16　秋季，七月壬戌(十九日)，后周恭帝任命侍卫亲军都指挥使李重进兼领淮南节度使，副都指挥使韩通兼领天平节度使，宋太祖皇帝兼领归德节度使。任命山南东道节度使、同平章事向拱为西京留守；庚申(十七日)，向拱加官兼任侍中。向拱就是向训，避恭帝名讳而改名。

17　丙寅(二十三日)，后周实行大赦。

18　南唐君主因金陵距后周国境只隔一长江之水，而洪州地势险要坚固，居于长江上游，便召集群臣商议迁都。群臣大多数不愿意迁都，只有枢密副使、给事中唐镐鼓励迁都，于是命令按照都城的体制来规划豫章。

　　唐自淮上用兵及割江北,臣事于周,岁时贡献,府藏空竭,钱益少,物价腾贵。礼部侍郎锺谟请铸大钱,一当五十,中书舍人韩熙载请铸铁钱;唐主始皆不从,谟陈请不已,乃从之。是月,始铸当十大钱,文曰"永通泉货",又铸当二钱,文曰"唐国通宝",与开元钱并行。

　　19　八月戊子,蜀主以李昊领武信节度使,右补阙李起上言:"故事,宰相无领方镇者。"蜀主曰:"昊家多冗费,以厚禄优之耳。"起,邛州人,性婞直,李昊尝语之曰:"以子之才,苟能慎默,当为翰林学士。"起曰:"俟无舌,乃不言耳!"

　　20　庚寅,立皇弟宗让为曹王,更名熙让;熙谨为纪王,熙诲为蕲王。

　　21　九月丙午,唐太子弘冀卒,有司引浙西之功,谥曰武宣。句容尉全椒张洎上言:"太子之德,主于孝敬,今谥以武功,非所以防微而慎德也。"乃更谥曰文献。擢洎为上元尉。

　　22　唐礼部侍郎、知尚书省事锺谟数奉使入周,传世宗命于唐主,世宗及唐主皆厚待之,恃此骄横于其国,三省之事皆预焉。

　　文献太子总朝政,谟求兼东宫官不得,乃荐其所善阎式为司议郎,掌百司关启。李德明之死也,唐镐预其谋,谟闻镐受赇,尝面诘之,镐甚惧。谟与天威都虞候张峦善,数于私第屏人语至夜分,镐谮诸唐主曰:"谟与峦气类不同,而过相亲狎,谟屡使上国,峦北人,恐其有异谋。"又言:"永通大钱民多盗铸,犯法者众。"及文献太子卒,唐主欲立其母弟郑王从嘉,谟尝与纪公从善同奉使于周,相厚善,言于唐主曰:

南唐自从淮上动用军队和割让长江以北土地,向后周臣服以来,每年按时上贡进献,国库储备空虚耗尽,钱币越来越少,而物价猛涨。礼部侍郎钟谟请求铸造大钱,一当五十,中书舍人韩熙载请求铸造铁钱;南唐君主开始都不采纳,钟谟陈述请求不止,于是听从。当月,开始铸造一当十的大钱,钱上文字为"永通泉货",又铸造一当二的钱,钱上文字为"唐国通宝",与唐开元钱同时通行。

19 八月戊子(十五日),后蜀君主任命李昊兼领武信节度使,右补阙李起上奏说:"旧例,宰相没有兼领方镇的。"后蜀君主说:"李昊家有许多零碎花费,只是借以增加俸禄优待他罢了。"李起是邛州人,生性耿直,李昊曾经对他说道:"凭你的才能,如果能谨慎沉默,应当做翰林学士。"李起说:"只有等我没舌头了,才能不说话!"

20 庚寅(十七日),后周恭帝立皇弟柴宗让为曹王,改名为熙让;封柴熙谨为纪王,柴熙诲为蕲王。

21 九月丙午(初四),南唐太子李弘冀去世,有关官员引举他浙西的战功,将谥号定为武宣。句容县尉全椒人张洎上奏说:"太子的德行,主要在于孝敬,如今却根据武功而定谥号,不符合防微杜渐而注重德行的原则。"于是改谥号为文献。提升张洎为上元县尉。

22 南唐礼部侍郎、知尚书省事钟谟多次奉命出使到后周,将后周世宗命令传达给南唐君主,世宗和南唐君主都厚待他,钟谟仗恃这些在国中骄横跋扈,尚书、中书、门下三省事务都加干预。

文献太子总理朝政时,钟谟请求兼任东宫官职没得到,于是荐举与他相好的阎式为司议郎,掌握各个部门奏报文书。李德明之死,唐镐参与其中阴谋,钟谟闻悉唐镐接受贿赂,曾经当面质问他,唐镐很恐惧。钟谟与天威都虞候张峦亲善,多次在私宅中屏避他人谈到半夜,唐镐对南唐君主说他们的坏话:"钟谟与张峦气质族类不同,但来往非常亲密,钟谟多次出使中原,张峦是北方人,恐怕他们有不同寻常的阴谋。"又说:"'永通泉货'字样的大钱民间有很多人伪造,犯法的人不少。"到文献太子去世,南唐君主准备立他同母弟郑王李从嘉为继承人,钟谟曾经和纪公李从善一同奉命出使到后周,相互关系深厚友善,钟谟对南唐君主说:

"从嘉德轻志懦,又酷信释氏,非人主才。从善果敢凝重,宜
为嗣。"唐主由是怒。寻徙从嘉为吴王、尚书令、知政事,居东
宫。冬,十月,谟请令张峦以所部兵巡徼都城。唐主乃下诏
暴谟侵官之罪,贬国子司业,流饶州,贬张峦为宣州副使,未
几,皆杀之。废永通钱。

23　十一月壬寅朔,葬睿武孝文皇帝于庆陵,庙号世宗。

24　南汉主以中书舍人锺允章,藩府旧僚,擢为尚书右
丞、参政事,甚委任之。允章请诛乱法者数人以正纲纪,南汉
主不能从,宦官闻而恶之。南汉主将祀圜丘,前三日,允章帅
礼官登坛,四顾指挥设神位,内侍监许彦真望之曰:"此谋反
也!"即带剑登坛,允章叱之。彦真驰入宫,告允章欲于郊祀
日作乱。南汉主曰:"朕待允章厚,岂有此邪!"玉清宫使龚澄
枢、内侍监李托等共证之,以彦真言为然,乃收允章,系含章
楼下,命宦者与礼部尚书薛用丕杂治之。用丕素与允章善,
告以必不免,允章执用丕手泣曰:"老夫今日犹几上肉耳,分
为仇人所烹。但恨邕、昌幼,不知吾冤,及其长也,公为我语
之。"彦真闻之,骂曰:"反贼欲使其子报仇邪!"复白南汉主
曰:"允章与二子共登坛,潜有所祷。"俱斩之。自是宦官益
横。李托,封州人也。

辛亥,南汉主祀圜丘,大赦。未几,以龚澄枢为左龙虎观
军容使、内太师,军国之事皆取决焉。凡群臣有才能及进士
状头或僧道可与谈者,皆先下蚕室,然后得进,亦有自宫以求
进者,亦有免死而宫者,由是宦者近二万人。贵显用事之人,
大抵皆宦者也,谓士人为门外人,不得预事,卒以此亡国。

"李从嘉德行轻浮志趣懦弱,又酷信佛教,不是当人主的材料。李从善果敢决断、凝练持重,应该做继承人。"南唐君主因此发怒。不久改封李从嘉为吴王、尚书令、知政事,居住东宫。冬季,十月,钟谟请求命令张峦率所部军队巡逻京城。南唐君主就下诏书披露钟谟越职侵权的罪状,将他贬谪为国子司业,流放饶州,贬谪张峦为宣州副使,不久,将他们都杀了。废止永通钱。

23 十一月壬寅朔(初一),后周在庆陵安葬睿武孝文皇帝,庙号为世宗。

24 南汉君主因中书舍人钟允章是藩镇府第的旧日幕僚,故提升他为尚书右丞、参政事,十分重用他。钟允章请求诛杀扰乱法令者多人来肃正朝廷纲纪,南汉君主不能听从,宦官听说后憎恨他。南汉君主准备在圜丘祭天,祭祀前三日,钟允章带领礼官登上祭坛,四处观察指挥安设神主牌位,内侍监许彦真望见此情景说:"这是阴谋造反啊!"立即带着剑登上祭坛,钟允章斥责他。许彦真飞驰入宫,报告钟允章准备在祭天的日子发动叛乱。南汉君主说:"朕待钟允章优厚,岂能有这种事情!"玉清宫使龚澄枢、内侍监李托等人共同作证,认为许彦真的话是对的,南汉君主就拘捕钟允章,关押在含章楼下,命令宦官和礼部尚书薛用丕共同审讯他。薛用丕平素与钟允章友善,告诉他必定不能免死,钟允章抓住薛用丕的手流泪说:"老夫今日如同案板上的肉罢了,本该被仇人所宰割烹煮。只恨钟邕、钟昌年纪幼小,不知道我的冤屈,等到他们长大了,您替我告诉他们。"许彦真听说这话,骂道:"反贼还想让他的儿子报仇呢!"便又禀告南汉君主说:"钟允章同他两个儿子共同登上祭坛,暗中有别的祈祷。"于是将他们全都斩首。从此宦官益发骄横。李托是封州人。

辛亥(十日),南汉君主在圜丘祭天,宣布大赦。不久,任命龚澄枢为左龙虎观军容使、内太师,军队国家的事情全部取决于他。凡是文武百官有才能的和进士第一名、或和尚道士谈得来的,都先下到施宫刑的蚕室,然后才能进用,也有自行阉割来请求进用的,也有赦免死罪而接受宫刑的,因此宦官接近两万人。尊贵显赫当政的人,大多是宦官,称读书人为门外人,不得参与政事,结果南汉因此亡国。

25　唐更命洪州曰南昌府，建南都，以武清节度使何敬洙为南都留守，以兵部尚书陈继善为南昌尹。

26　周人之攻秦、凤也，蜀中恟惧；都官郎中徐及甫自负才略，仕不得志，阴结党与，谋奉前蜀高祖之孙少府少监王令仪为主以作乱，会周兵退而止。至是，其党有告者，收捕之，及甫自杀。十二月甲午，赐令仪死。

27　端明殿学士、兵部侍郎窦仪使于唐，天雨雪，唐主欲受诏于庑下。仪曰："使者奉诏而来，不敢失旧礼。若雪沾服，请俟他日。"唐主乃拜诏于庭。

28　契丹主遣其舅使于唐，泰州团练使荆罕儒募客使杀之。唐人夜宴契丹使者于清风驿，酒酣，起更衣，久不返，视之，失其首矣。自是契丹与唐绝。罕儒，冀州人也。

25　南唐将洪州改名叫做南昌府,建立南都,任命武清节度使何敬洙为南都留守,任命兵部尚书陈继善为南昌尹。

26　后周人进攻秦州、凤州时,后蜀国中人心惶惶;都官郎中徐及甫以有雄才大略而自负,仕途坎坷不得志,便暗中勾结党羽,阴谋拥立前蜀高祖的孙子少府少监王令仪为君主来发动叛乱,适逢后周军队撤退而作罢。到这时,他同党中有告发的,就拘捕了他,徐及甫自杀。十二月甲午(二十三日),后蜀君主赐王令仪自杀。

27　端明殿学士、兵部侍郎窦仪出使到南唐,天下大雪,南唐君主准备在廊檐下接受诏书。窦仪说:"使者奉持诏书而来,不敢有失从前旧礼。倘若害怕雪花沾上衣服,请求等待他日。"南唐君主于是在殿前庭院拜受诏书。

28　契丹君主派遣他的舅舅出使到南唐,泰州团练使荆罕儒招募刺客杀他。南唐人夜晚在清风驿宴请契丹使者,酒喝到酣畅时,使者起身出去解手,许久不回,前往探视,使者已失去了头颅。从此契丹与南唐断绝关系。荆罕儒是冀州人。

附录一:进书表

臣光言:先奉敕编集历代君臣事迹,又奉圣旨赐名《资治通鉴》,今已了毕者。

伏念臣性识愚鲁,学术荒疏,凡百事为,皆出人下,独于前史,粗尝尽心,自幼至老,嗜之不厌。每患迁、固以来,文字繁多,自布衣之士,读之不遍,况于人主,日有万机,何暇周览!臣常不自揆,欲删削冗长,举撮机要,专取关国家盛衰,系生民休戚,善可为法,恶可为戒者,为编年一书,使先后有伦,精粗不杂,私家力薄,无由可成。

伏遇英宗皇帝,资睿智之性,敷文明之治,思历览古事,用恢张大猷,爰诏下臣,俾之编集。臣夙昔所愿,一朝获伸,踊跃奉承,惟惧不称。先帝仍命自选辟官属,于崇文院置局,许借龙图、天章阁、三馆、秘阁书籍,赐以御府笔墨缯帛及御前钱以供果饵,以内臣为承受,眷遇之荣,近臣莫及。不幸书未进御,先帝违弃群臣。陛下绍膺大统,钦承先志,宠以冠序,锡之嘉名,每开经筵,常令进读。臣虽顽愚,荷两朝知待如此其厚,陨身丧元,未足报塞,苟智力所及,岂敢有遗!会差知永兴军,以衰疾不任治剧,乞就冗官。陛下俯从所欲,曲赐容养,差判西京留司御史台及提举西京嵩山崇福宫,前后六任,仍听以书局自随,给之禄秩,不责职业。臣既无他事,得以研精极虑,穷竭所有,日力不足,继之以夜。遍阅旧史,旁采小说,简牍盈积,浩如烟海,抉摘幽隐,

臣司马光上言:先曾奉敕命编集历代君臣事迹,又奉圣旨赐予书名《资治通鉴》,如今已完毕。

　　臣以为自己的生性见识愚鲁,学术荒疏,凡各事所为,都在常人之下,只对前代史籍,曾费尽心力粗略诵读,从幼年直到老耄,嗜之无倦。经常忧患自司马迁、班固以来,各种史书文字繁多,文人学士,阅读史书尚且不能遍读,何况对君主来说,日理万机,有何空闲去全部浏览!臣下常常不自量力,打算删削冗文长篇,撮举关键要义,专门撷取事关国家兴衰存亡,情系百姓喜怒哀乐,善良可以成为楷模,邪恶可以作为警戒的材料,撰为编年体的一部书,使先后有序,精华粗糙不相混杂,然而私人力量单薄,无法成功。

　　臣幸遇英宗皇帝,禀承睿智的天性,布施文明的政治,想要纵览古代事迹,用以大展宏图,于是颁诏于臣,令编纂成集。臣昔日夙愿,一旦获得伸张,欣喜雀跃奉承大命,唯恐不能称职。先帝并且命令臣自选官吏属员,在崇文殿设置书局,准许借用龙图阁,天章阁,广文、大学、律学三馆及秘阁的书籍,赐予大内库藏的笔墨缯帛和皇宫钱币,供应果子点心,派遣宫内侍臣担任承受,关怀厚待的荣耀,朝廷近臣没人能比得上。不幸书未及进呈,先帝便离开了群臣。陛下继受皇宋大统,敬承先帝遗志,恩宠有加亲撰冠首之序,惠赐嘉祥之名,每逢开设研讨经史的讲席,时常命令进读其中篇章。臣下尽管愚笨,但蒙荷两朝知遇之恩如此深厚,即便以身相殉,也不足以回报皇恩,只要是心智体力所能及到的,岂敢有所遗漏!适逢差遣我知永兴军,因衰老疾病不能胜任处理繁重事务,乞求就任清闲散官。陛下屈尊俯从臣下的要求,特许从容调养,差遣兼领西京留司御史台和提举西京嵩山崇福宫,前后六次调任,都允许将书局跟随臣下,给予俸禄官位,并不责求职守业绩。臣下既然别无他事,得以含英咀华、冥思苦想,尽其所有,白天的力量不够,就夜晚继续干。读遍前代书,旁采小说野史,文献典籍汗牛充栋,浩如烟海,探发幽隐奥秘,

校计豪厘。上起战国，下终五代，凡一千三百六十二年，修成二百九十四卷；又略举事目，年经国纬，以备检寻，为《目录》三十卷；又参考群书，评其同异，俾归一涂，为《考异》三十卷：合三百五十四卷。自治平开局，迨今始成，岁月淹久，其间抵牾，不敢自保，罪负之重，固无所逃。臣光诚惶诚惧，顿首顿首。

重念臣违离阙庭，十有五年，虽身处于外，区区之心，朝夕寤寐，何尝不在陛下之左右！顾以驽蹇，无施而可，是以专事铅椠，用酬大恩，庶竭涓尘，少裨海岳。臣今骸骨癯瘁，目视昏近，齿牙无几，神识衰耗，目前所为，旋踵遗忘，臣之精力，尽于此书。伏望陛下宽其妄作之诛，察其愿忠之意，以清闲之宴，时赐省览，监前世之兴衰，考当今之得失，嘉善矜恶，取是舍非，足以懋稽古之盛德，跻无前之至治，俾四海群生，咸蒙其福，则臣虽委骨九泉，志愿永毕矣。

谨奉表陈进以闻。臣光诚惶诚惧，顿首顿首，谨言。

端明殿学士兼翰林侍读学士太中大夫提举西京嵩山崇福宫上柱国河内郡开国公食邑二千六百户食实封一千户臣司马光上表元丰七年十一月进呈

检　阅　文　字　承　事　郎臣　　司马康
同　修　奉　议　　　郎臣　　范祖禹
同　修　秘　书　　　丞臣　　刘　恕
同修尚书屯田员外郎充集贤校理臣　　刘　攽
编集端明殿学士兼翰林侍读学士太中大夫臣　　司马光

比较点滴异同。上起战国，下至五代，总共一千三百六十二年，撰成二百九十四卷；又概括列举事件要目，以年代为经，以国家为纬，为备翻检寻索，编成《目录》三十卷；又参考群书，评判异同，使之归于一致，撰为《考异》三十卷：合起来有三百五十四卷。从治平年间开设书局，至今始告成。岁月悠久，其中抵牾之处，不敢自保全无，罪责深重，实无所逃匿。臣司马光诚惶诚恐，顿首顿首。

再想臣离开宫阙朝廷，已有十五年，虽然身处朝外，但拳拳之心，早晚梦中，又何曾不在陛下的身边！只因臣愚笨，无事会做，所以专事撰作，以报大恩，竭尽绵薄，或可如涓流粒尘，对大海高山有所裨益。臣如今瘦弱憔悴，眼力昏花，牙齿无几，精神记忆耗尽衰退，眼前所为，转身便遗忘，臣的一生精力，全尽于此书。臣期盼陛下宽恕臣狂妄撰作的死罪，体察真挚忠诚的心意，在清静的空暇，时常垂顾省阅浏览，借鉴前世的兴衰，考察当今的得失，嘉奖善良、警惕邪恶，抉取正确、舍弃谬误，足以发扬稽考上古的盛德，达到空前的大治，使得四海黎民，都蒙受福祐，那么臣即使尸骨弃置于九泉之下，毕生志愿也可永感知足。

谨奉表章进呈以告陛下。臣下司马光诚惶诚恐，顿首顿首，谨言。

端明殿学士兼翰林侍读学士太中大夫提举西京嵩山崇福

宫上柱国河内郡开国公食邑二千六百户食实封一千户臣司马光上表元丰七年十一月进呈

检 阅 文 字 承 事	郎臣	司马康
同 修 奉 议	郎臣	范祖禹
同 修 秘 书	丞臣	刘恕
同修尚书屯田员外郎充集贤校理臣		刘攽
编集端明殿学士兼翰林侍读学士太中大夫臣司马光		

奖谕诏书

敕司马光：修《资治通鉴》成事。

史学之废久矣，纪次无法，论议不明，岂足以示惩劝，明久远哉！卿博学多闻，贯穿今古，上自晚周，下迄五代，发挥缀缉，成一家之书，褒贬去取，有所据依。省阅以还，良深嘉叹！

今赐卿银绢、对衣、腰带、鞍辔马，具如别录，至可领也。故兹奖谕，想宜知悉。

冬寒，卿比平安好。遣书，指不多及。十五日。

敕司马光:修《资治通鉴》成事。

史学的荒废已经很久了,编年纪事没有一定的法则,评断论议不够清晰明确,怎么能够做到让史学发挥惩戒劝勉功能,彰明久远大道人伦之理呢!爱卿博古通今学问博洽,能将古今之道一以贯之,上到东周晚期,下至近世五代,发挥大义补缀编辑,编成卓然一家史书,人物褒贬史料取舍,都有充分的依据。朕细细读过,深为嘉许赞叹!

现在赐给爱卿绢银、对衣、腰带、鞍辔马,详如另纸所录,到时即可领取。由此表达嘉奖宣谕之意,想来爱卿能理解朕的心意。

冬日天气寒冷,爱卿宜保重身体安好。送去书信,朕心意还多有未尽。十五日。

校勘人姓名

元丰八年九月十七日,准尚书省劄子,奉圣旨,重行校定。

元祐元年十月十四日,奉圣旨,下杭州镂板。

  校对宣德郎秘书省正字臣　张　耒

  校对宣德郎秘书省正字臣　晁补之

  校对朝奉郎行秘书省正字上骑都尉臣　宋匪躬

  校对朝奉郎行秘书省校书郎充

  集贤校理武骑尉赐绯鱼袋臣　　盛次仲

  校定奉议郎充秘阁校理武骑尉赐绯鱼袋臣　张舜民

  校定奉议郎秘书省校书郎充集贤校理武骑尉赐绯鱼袋

  臣　孔武仲

  校定修实录院检讨官朝奉郎行秘

  书省著作佐郎武骑尉赐绯鱼袋臣　　黄庭坚

  校定宣德郎守右正言臣　刘安世

  校定奉议郎行秘书省著作佐郎兼侍讲赐绯鱼袋臣　司

  马康

  校定修实录检讨官承议郎秘书省著

  作郎兼侍讲上骑都尉赐绯鱼袋臣　　范祖禹

  中大夫守尚书右丞上柱国汲郡开国侯食邑

  一千八百户食实封二百户赐紫金鱼袋臣　　吕大防

  通议大夫守尚书左丞上柱国平原郡开

  国公食邑二千五百户食实封七百户臣　　李清臣

  金紫光禄大夫守尚书右仆射兼中书侍郎上柱国东

  平郡开国公食邑七千一百户食实封二千三百户臣　　吕公著

绍兴二年,七月初一日,两浙东路提举茶盐司公使库下绍兴

府馀姚县刊板。绍兴三年十二月二十日毕工,印造进入。

元丰八年九月十七日，准尚书省劄子，奉圣旨，重行校定。

元祐元年十月十四日，奉圣旨，发下杭州刻板。

　　校对宣德郎秘书省正字臣　　张　耒

　　校对宣德郎秘书省正字臣　　晁补之

　　校对朝奉郎行秘书省正字上骑都尉臣　　宋匪躬

　　校对朝奉郎行秘书省校书郎充

　集贤校理武骑尉赐绯鱼袋臣　　　盛次仲

　　校定奉议郎充秘阁校理武骑尉赐绯鱼袋臣　　张舜民

　　校定奉议郎秘书省校书郎充集贤校理武骑尉赐绯鱼袋臣

孔武仲

　　校定修实录院检讨官朝奉郎行秘

　书省著作佐郎武骑尉赐绯鱼袋臣　　黄庭坚

　　校定宣德郎守右正言臣　　刘安世

　　校定奉议郎行秘书省著作佐郎兼侍讲赐绯鱼袋臣　　司

马康

　　校定修实录检讨官承议郎秘书省著

　作郎兼侍讲上骑都尉赐绯鱼袋臣　　范祖禹

　　中大夫守尚书右丞上柱国汲郡开国侯食邑

　一千八百户食实封两百户赐紫金鱼袋臣　　　吕大防

　　通议大夫守尚书左丞上柱国平原郡开

　国公食邑两千五百户食实封七百户臣　　李清臣

　　金紫光禄大夫守尚书右仆射兼中书侍郎上柱国东

　　　　　　　　　　　　　　　　　吕公著

　平郡开国公食邑七千一百户食实封两千三百户臣

绍兴二年，七月初一日，两浙东路提举茶盐司公使库下绍兴府馀姚
县刊板。绍兴三年十二月二十日毕工，印造进入。

左迪功郎绍兴府司法参军主管本司文字兼造帐官臣
边　智
右迪功郎充提举茶盐司干办公事臣　常任伕
右文林郎充提举茶盐司干办公事臣　强公徹
右修职郎充提举茶盐司干办公事臣　石公宪
右奉议郎提举两浙东路茶盐司公事臣　韩　协
降授右朝奉郎前提举两浙东路茶盐司公事臣　王　然
校勘监视
　　嵊　县进士　娄　谔　　进士　茹赞廷
　　　　进士　唐　弈　　进士　娄时升
　　　　进士　娄时敏　　进士　石　袤
　　　　进士　茹　升　　进士　王　念
　　　　进士　张　纲
右迪功郎新虔州兴国县主簿　唐　自
馀姚县进士　叶汝士　　进士　杜邦彦
　　　　进士　钱移哲　　进士　陆　宦
　　　　进士　顾大冶　　进士　吕克勤
　　　　进士　张彦衡　　进士　朱国辅
　　　　进士　杜　绂　　进士　孙　彬
右迪功郎绍兴府馀姚县主簿　王　绷
右从事郎绍兴府嵊县尉　薛　镒
右修职郎绍兴府嵊县丞　桂祐之
左迪功郎绍兴府府学教授　晏　肃
右承务郎知绍兴府馀姚县丞　冯荣叔
左宣教郎知绍兴府馀姚县丞　晏敦临
右承奉郎知绍兴府嵊县主管劝农公事兼兵马监押　范仲将
右宣义郎知绍兴府馀姚县主管劝农公事兼监石堰盐场
徐端礼
左奉议郎签书镇东军节度判官厅公事　张九成

左迪功郎绍兴府司法参军主管本司文字兼造帐官臣
边　智

右迪功郎充提举茶盐司干办公事臣　常任佚

右文林郎充提举茶盐司干办公事臣　强公徹

右修职郎充提举茶盐司干办公事臣　石公宪

右奉议郎提举两浙东路茶盐司公事臣　韩　协

降授右朝奉郎前提举两浙东路茶盐司公事臣　王　然

校勘监视

嵊　县进士　娄　谔　　进士　茹赞廷

　　　　进士　唐　弈　　进士　娄时升

　　　　进士　娄时敏　　进士　石　衮

　　　　进士　茹　升　　进士　王　念

　　　　进士　张　纲

右迪功郎新虔州兴国县主簿　唐　自

馀姚县进士　叶汝士　　进士　杜邦彦

　　　　进士　钱移哲　　进士　陆　宿

　　　　进士　顾大冶　　进士　吕克勤

　　　　进士　张彦衡　　进士　朱国辅

　　　　进士　杜　绂　　进士　孙　彬

右迪功郎绍兴府馀姚县主簿　王　细

右从事郎绍兴府嵊县尉　薛　镃

右修职郎绍兴府嵊县丞　桂祐之

左迪功郎绍兴府府学教授　晏　肃

右承务郎知绍兴府馀姚县丞　冯荣叔

左宣教郎知绍兴府馀姚县丞　晏敦临

右承奉郎知绍兴府嵊县主管劝农公事兼兵马监押　范仲将

右宣义郎知绍兴府馀姚县主管劝农公事兼监石堰盐场
徐端礼

左奉议郎签书镇东军节度判官厅公事　张九成

附录二:《资治通鉴》纪年索引

为方便读者查阅,我们编排了《资治通鉴》纪年索引。本索引以《资治通鉴》纪年顺序排列,各年分别标注册数、卷次、页码。

公元纪年	通鉴纪年	册数/卷次/页码
前 373	周烈王三年	1/1/34
前 372	周烈王四年	1/1/34
前 371	周烈王五年	1/1/34
前 370	周烈王六年	1/1/34
前 369	周烈王七年	1/1/36
前 368	周显王元年	1/2/38
前 366	周显王三年	1/2/38
前 365	周显王四年	1/2/38
前 364	周显王五年	1/2/38
前 362	周显王七年	1/2/38
前 361	周显王八年	1/2/40
前 359	周显王十年	1/2/40
前 358	周显王十一年	1/2/44
前 357	周显王十二年	1/2/44
前 356	周显王十三年	1/2/44
前 355	周显王十四年	1/2/44
前 354	周显王十五年	1/2/46
前 353	周显王十六年	1/2/46
前 352	周显王十七年	1/2/48
前 351	周显王十八年	1/2/48
前 350	周显王十九年	1/2/50
前 348	周显王二十一年	1/2/50
前 347	周显王二十二年	1/2/50
前 346	周显王二十三年	1/2/50
前 344	周显王二十五年	1/2/50
前 343	周显王二十六年	1/2/50
前 341	周显王二十八年	1/2/52
前 340	周显王二十九年	1/2/54
前 338	周显王三十一年	1/2/56
前 337	周显王三十二年	1/2/58
前 336	周显王三十三年	1/2/58
前 335	周显王三十四年	1/2/58

公元纪年	通鉴纪年	册数/卷次/页码
前 334	周显王三十五年	1/2/58
前 333	周显王三十六年	1/2/60
前 332	周显王三十七年	1/2/66
前 330	周显王三十九年	1/2/66
前 329	周显王四十年	1/2/66
前 328	周显王四十一年	1/2/66
前 327	周显王四十二年	1/2/68
前 326	周显王四十三年	1/2/68
前 325	周显王四十四年	1/2/68
前 324	周显王四十五年	1/2/68
前 323	周显王四十六年	1/2/70
前 322	周显王四十七年	1/2/70
前 321	周显王四十八年	1/2/70
前 320	周慎靓王元年	1/3/76
前 319	周慎靓王二年	1/3/76
前 318	周慎靓王三年	1/3/76
前 317	周慎靓王四年	1/3/76
前 316	周慎靓王五年	1/3/78
前 315	周慎靓王六年	1/3/82
前 314	周赧王元年	1/3/82
前 313	周赧王二年	1/3/84
前 312	周赧王三年	1/3/86
前 311	周赧王四年	1/3/88
前 310	周赧王五年	1/3/92
前 309	周赧王六年	1/3/94
前 308	周赧王七年	1/3/94
前 307	周赧王八年	1/3/96
前 306	周赧王九年	1/3/98
前 305	周赧王十年	1/3/100
前 304	周赧王十一年	1/3/100
前 303	周赧王十二年	1/3/100
前 302	周赧王十三年	1/3/100

公元纪年	通鉴纪年	册数/卷次/页码
前 301	周赧王十四年	1/3/102
前 300	周赧王十五年	1/3/102
前 299	周赧王十六年	1/3/102
前 298	周赧王十七年	1/3/106
前 297	周赧王十八年	1/4/108
前 296	周赧王十九年	1/4/108
前 295	周赧王二十年	1/4/108
前 294	周赧王二十一年	1/4/112
前 293	周赧王二十二年	1/4/112
前 292	周赧王二十三年	1/4/112
前 291	周赧王二十四年	1/4/114
前 290	周赧王二十五年	1/4/114
前 289	周赧王二十六年	1/4/114
前 288	周赧王二十七年	1/4/114
前 287	周赧王二十八年	1/4/114
前 286	周赧王二十九年	1/4/116
前 285	周赧王三十年	1/4/116
前 284	周赧王三十一年	1/4/116
前 283	周赧王三十二年	1/4/122
前 282	周赧王三十三年	1/4/124
前 281	周赧王三十四年	1/4/124
前 280	周赧王三十五年	1/4/126
前 279	周赧王三十六年	1/4/126
前 278	周赧王三十七年	1/4/138
前 277	周赧王三十八年	1/4/138
前 276	周赧王三十九年	1/4/138
前 275	周赧王四十年	1/4/138
前 274	周赧王四十一年	1/4/138
前 273	周赧王四十二年	1/4/140
前 272	周赧王四十三年	1/5/146
前 271	周赧王四十四年	1/5/146
前 270	周赧王四十五年	1/5/146

公元纪年	通鉴纪年	册数/卷次/页码
前 269	周赧王四十六年	1/5/150
前 268	周赧王四十七年	1/5/152
前 267	周赧王四十八年	1/5/152
前 266	周赧王四十九年	1/5/152
前 265	周赧王五十年	1/5/154
前 264	周赧王五十一年	1/5/156
前 263	周赧王五十二年	1/5/158
前 262	周赧王五十三年	1/5/158
前 260	周赧王五十五年	1/5/160
前 259	周赧王五十六年	1/5/164
前 258	周赧王五十七年	1/5/170
前 257	周赧王五十八年	1/5/176
前 256	周赧王五十九年	1/5/182
前 255	秦昭襄王五十二年	1/6/184
前 254	秦昭襄王五十三年	1/6/196
前 253	秦昭襄王五十四年	1/6/196
前 252	秦昭襄王五十五年	1/6/196
前 251	秦昭襄王五十六年	1/6/196
前 250	秦孝文王元年	1/6/198
前 249	秦庄襄王元年	1/6/200
前 248	秦庄襄王二年	1/6/200
前 247	秦庄襄王三年	1/6/200
前 246	秦始皇元年	1/6/204
前 245	秦始皇二年	1/6/204
前 244	秦始皇三年	1/6/206
前 243	秦始皇四年	1/6/208
前 242	秦始皇五年	1/6/210
前 241	秦始皇六年	1/6/210
前 240	秦始皇七年	1/6/212
前 239	秦始皇八年	1/6/212
前 238	秦始皇九年	1/6/212
前 237	秦始皇十年	1/6/218

公元纪年	通鉴纪年	册数/卷次/页码
前 236	秦始皇十一年	1/6/220
前 235	秦始皇十二年	1/6/220
前 234	秦始皇十三年	1/6/222
前 233	秦始皇十四年	1/6/222
前 232	秦始皇十五年	1/6/224
前 231	秦始皇十六年	1/6/224
前 230	秦始皇十七年	1/6/226
前 229	秦始皇十八年	1/6/226
前 228	秦始皇十九年	1/6/226
前 227	秦始皇二十年	1/7/232
前 226	秦始皇二十一年	1/7/232
前 225	秦始皇二十二年	1/7/234
前 224	秦始皇二十三年	1/7/236
前 223	秦始皇二十四年	1/7/236
前 222	秦始皇二十五年	1/7/236
前 221	秦始皇二十六年	1/7/240
前 220	秦始皇二十七年	1/7/244
前 219	秦始皇二十八年	1/7/244
前 218	秦始皇二十九年	1/7/246
前 216	秦始皇三十一年	1/7/246
前 215	秦始皇三十二年	1/7/246
前 214	秦始皇三十三年	1/7/248
前 213	秦始皇三十四年	1/7/248
前 212	秦始皇三十五年	1/7/250
前 211	秦始皇三十六年	1/7/252
前 210	秦始皇三十七年	1/7/252
前 209	秦二世元年	1/7/258
前 208	秦二世二年	1/8/274
前 207	秦二世三年	1/8/294
前 206	汉高祖元年	1/9/312
前 205	汉高祖二年	1/9/332
前 204	汉高祖三年	1/10/346

公元纪年	通鉴纪年	册数/卷次/页码
前 203	汉高祖四年	1/10/368
前 202	汉高祖五年	1/11/382
前 201	汉高祖六年	1/11/398
前 200	汉高祖七年	1/11/412
前 199	汉高祖八年	1/12/420
前 198	汉高祖九年	1/12/422
前 197	汉高祖十年	1/12/426
前 196	汉高祖十一年	1/12/428
前 195	汉高祖十二年	1/12/442
前 194	汉惠帝元年	1/12/450
前 193	汉惠帝二年	1/12/452
前 192	汉惠帝三年	1/12/454
前 191	汉惠帝四年	1/12/456
前 190	汉惠帝五年	1/12/458
前 189	汉惠帝六年	1/12/458
前 188	汉惠帝七年	1/12/458
前 187	汉高后元年	1/13/460
前 186	汉高后二年	1/13/462
前 185	汉高后三年	1/13/462
前 184	汉高后四年	1/13/464
前 183	汉高后五年	1/13/464
前 182	汉高后六年	1/13/466
前 181	汉高后七年	1/13/466
前 180	汉高后八年	1/13/470
前 179	汉文帝前元元年	1/13/482
前 178	汉文帝前元二年	1/13/492
前 177	汉文帝前元三年	1/14/500
前 176	汉文帝前元四年	1/14/506
前 175	汉文帝前元五年	1/14/508
前 174	汉文帝前元六年	1/14/512
前 173	汉文帝前元七年	1/14/532
前 172	汉文帝前元八年	1/14/532

公元纪年	通鉴纪年	册数/卷次/页码
前 171	汉文帝前元九年	1/14/534
前 170	汉文帝前元十年	1/14/534
前 169	汉文帝前元十一年	1/15/536
前 168	汉文帝前元十二年	1/15/546
前 167	汉文帝前元十三年	1/15/552
前 166	汉文帝前元十四年	1/15/554
前 165	汉文帝前元十五年	1/15/558
前 164	汉文帝前元十六年	1/15/560
前 163	汉文帝后元元年	1/15/560
前 162	汉文帝后元二年	1/15/562
前 161	汉文帝后元三年	1/15/564
前 160	汉文帝后元四年	1/15/564
前 159	汉文帝后元五年	1/15/564
前 158	汉文帝后元六年	1/15/564
前 157	汉文帝后元七年	1/15/566
前 156	汉景帝前元元年	1/15/570
前 155	汉景帝前元二年	1/15/572
前 154	汉景帝前元三年	1/16/576
前 153	汉景帝前元四年	1/16/600
前 152	汉景帝前元五年	1/16/600
前 151	汉景帝前元六年	1/16/600
前 150	汉景帝前元七年	1/16/602
前 149	汉景帝中元元年	1/16/604
前 148	汉景帝中元二年	1/16/604
前 147	汉景帝中元三年	1/16/610
前 146	汉景帝中元四年	1/16/610
前 145	汉景帝中元五年	1/16/612
前 144	汉景帝中元六年	1/16/612
前 143	汉景帝后元元年	1/16/614
前 142	汉景帝后元二年	1/16/618
前 141	汉景帝后元三年	1/16/618
前 140	汉武帝建元元年	2/17/626

公元纪年	通鉴纪年	册数/卷次/页码
前 139	汉武帝建元二年	2/17/638
前 138	汉武帝建元三年	2/17/642
前 137	汉武帝建元四年	2/17/650
前 136	汉武帝建元五年	2/17/650
前 135	汉武帝建元六年	2/17/650
前 134	汉武帝元光元年	2/17/662
前 133	汉武帝元光二年	2/18/666
前 132	汉武帝元光三年	2/18/672
前 131	汉武帝元光四年	2/18/674
前 130	汉武帝元光五年	2/18/674
前 129	汉武帝元光六年	2/18/686
前 128	汉武帝元朔元年	2/18/686
前 127	汉武帝元朔二年	2/18/696
前 126	汉武帝元朔三年	2/18/704
前 125	汉武帝元朔四年	2/18/710
前 124	汉武帝元朔五年	2/19/712
前 123	汉武帝元朔六年	2/19/718
前 122	汉武帝元狩元年	2/19/722
前 121	汉武帝元狩二年	2/19/730
前 120	汉武帝元狩三年	2/19/736
前 119	汉武帝元狩四年	2/19/740
前 118	汉武帝元狩五年	2/20/754
前 117	汉武帝元狩六年	2/20/756
前 116	汉武帝元鼎元年	2/20/758
前 115	汉武帝元鼎二年	2/20/760
前 114	汉武帝元鼎三年	2/20/766
前 113	汉武帝元鼎四年	2/20/766
前 112	汉武帝元鼎五年	2/20/772
前 111	汉武帝元鼎六年	2/20/778
前 110	汉武帝元封元年	2/20/784
前 109	汉武帝元封二年	2/21/792
前 108	汉武帝元封三年	2/21/796

公元纪年	通鉴纪年	册数/卷次/页码
前 107	汉武帝元封四年	2/21/802
前 106	汉武帝元封五年	2/21/804
前 105	汉武帝元封六年	2/21/804
前 104	汉武帝太初元年	2/21/808
前 103	汉武帝太初二年	2/21/812
前 102	汉武帝太初三年	2/21/814
前 101	汉武帝太初四年	2/21/820
前 100	汉武帝天汉元年	2/21/822
前 99	汉武帝天汉二年	2/21/826
前 98	汉武帝天汉三年	2/22/836
前 97	汉武帝天汉四年	2/22/836
前 96	汉武帝太始元年	2/22/838
前 95	汉武帝太始二年	2/22/838
前 94	汉武帝太始三年	2/22/840
前 93	汉武帝太始四年	2/22/842
前 92	汉武帝征和元年	2/22/842
前 91	汉武帝征和二年	2/22/844
前 90	汉武帝征和三年	2/22/856
前 89	汉武帝征和四年	2/22/860
前 88	汉武帝后元元年	2/22/864
前 87	汉武帝后元二年	2/22/868
前 86	汉昭帝始元元年	2/23/874
前 85	汉昭帝始元二年	2/23/876
前 84	汉昭帝始元三年	2/23/880
前 83	汉昭帝始元四年	2/23/880
前 82	汉昭帝始元五年	2/23/880
前 81	汉昭帝始元六年	2/23/884
前 80	汉昭帝元凤元年	2/23/888
前 79	汉昭帝元凤二年	2/23/894
前 78	汉昭帝元凤三年	2/23/896
前 77	汉昭帝元凤四年	2/23/900
前 76	汉昭帝元凤五年	2/23/904

公元纪年	通鉴纪年	册数/卷次/页码
前 75	汉昭帝元凤六年	2/23/904
前 74	汉昭帝元平元年	2/24/906
前 73	汉宣帝本始元年	2/24/928
前 72	汉宣帝本始二年	2/24/930
前 71	汉宣帝本始三年	2/24/934
前 70	汉宣帝本始四年	2/24/940
前 69	汉宣帝地节元年	2/24/942
前 68	汉宣帝地节二年	2/24/944
前 67	汉宣帝地节三年	2/25/950
前 66	汉宣帝地节四年	2/25/960
前 65	汉宣帝元康元年	2/25/972
前 64	汉宣帝元康二年	2/25/976
前 63	汉宣帝元康三年	2/25/984
前 62	汉宣帝元康四年	2/25/988
前 61	汉宣帝神爵元年	2/26/994
前 60	汉宣帝神爵二年	2/26/1014
前 59	汉宣帝神爵三年	2/26/1020
前 58	汉宣帝神爵四年	2/27/1026
前 57	汉宣帝五凤元年	2/27/1030
前 56	汉宣帝五凤二年	2/27/1032
前 55	汉宣帝五凤三年	2/27/1034
前 54	汉宣帝五凤四年	2/27/1038
前 53	汉宣帝甘露元年	2/27/1042
前 52	汉宣帝甘露二年	2/27/1048
前 51	汉宣帝甘露三年	2/27/1052
前 50	汉宣帝甘露四年	2/27/1054
前 49	汉宣帝黄龙元年	2/27/1056
前 48	汉元帝初元元年	2/28/1058
前 47	汉元帝初元二年	2/28/1062
前 46	汉元帝初元三年	2/28/1074
前 45	汉元帝初元四年	2/28/1076
前 44	汉元帝初元五年	2/28/1076

公元纪年	通鉴纪年	册数/卷次/页码
前 43	汉元帝永光元年	2/28/1078
前 42	汉元帝永光二年	2/28/1088
前 41	汉元帝永光三年	2/29/1096
前 40	汉元帝永光四年	2/29/1096
前 39	汉元帝永光五年	2/29/1098
前 38	汉元帝建昭元年	2/29/1102
前 37	汉元帝建昭二年	2/29/1102
前 36	汉元帝建昭三年	2/29/1112
前 35	汉元帝建昭四年	2/29/1118
前 34	汉元帝建昭五年	2/29/1120
前 33	汉元帝竟宁元年	2/29/1122
前 32	汉成帝建始元年	2/30/1140
前 31	汉成帝建始二年	2/30/1142
前 30	汉成帝建始三年	2/30/1146
前 29	汉成帝建始四年	2/30/1148
前 28	汉成帝河平元年	2/30/1156
前 27	汉成帝河平二年	2/30/1158
前 26	汉成帝河平三年	2/30/1166
前 25	汉成帝河平四年	2/30/1166
前 24	汉成帝阳朔元年	2/30/1172
前 23	汉成帝阳朔二年	2/30/1178
前 22	汉成帝阳朔三年	2/31/1184
前 21	汉成帝阳朔四年	2/31/1184
前 20	汉成帝鸿嘉元年	2/31/1186
前 19	汉成帝鸿嘉二年	2/31/1188
前 18	汉成帝鸿嘉三年	2/31/1190
前 17	汉成帝鸿嘉四年	2/31/1194
前 16	汉成帝永始元年	2/31/1196
前 15	汉成帝永始二年	2/31/1206
前 14	汉成帝永始三年	2/31/1216
前 13	汉成帝永始四年	2/32/1226
前 12	汉成帝元延元年	2/32/1228

公元纪年	通鉴纪年	册数/卷次/页码
前 11	汉成帝元延二年	2/32/1236
前 10	汉成帝元延三年	2/32/1240
前 9	汉成帝元延四年	2/32/1242
前 8	汉成帝绥和元年	2/32/1244
前 7	汉成帝绥和二年	2/33/1256
前 6	汉哀帝建平元年	2/33/1278
前 5	汉哀帝建平二年	2/34/1290
前 4	汉哀帝建平三年	2/34/1298
前 3	汉哀帝建平四年	2/34/1304
前 2	汉哀帝元寿元年	2/35/1324
前 1	汉哀帝元寿二年	2/35/1342
1	汉平帝元始元年	2/35/1350
2	汉平帝元始二年	2/35/1356
3	汉平帝元始三年	2/36/1364
4	汉平帝元始四年	2/36/1368
5	汉平帝元始五年	2/36/1376
6	王莽居摄元年	2/36/1384
7	王莽居摄二年	2/36/1386
8	王莽始初元年	2/36/1390
9	王莽始建国元年	3/37/1402
10	王莽始建国二年	3/37/1408
11	王莽始建国三年	3/37/1424
12	王莽始建国四年	3/37/1432
13	王莽始建国五年	3/37/1436
14	王莽天凤元年	3/37/1438
15	王莽天凤二年	3/38/1444
16	王莽天凤三年	3/38/1446
17	王莽天凤四年	3/38/1450
18	王莽天凤五年	3/38/1454
19	王莽天凤六年	3/38/1456
20	王莽地皇元年	3/38/1462
21	王莽地皇二年	3/38/1466

公元纪年	通鉴纪年	册数/卷次/页码
22	王莽地皇三年	3/38/1474
23	淮阳王更始元年	3/39/1484
24	淮阳王更始二年	3/39/1506
25	汉光武帝建武元年	3/40/1528
26	汉光武帝建武二年	3/40/1552
27	汉光武帝建武三年	3/41/1570
28	汉光武帝建武四年	3/41/1580
29	汉光武帝建武五年	3/41/1588
30	汉光武帝建武六年	3/42/1616
31	汉光武帝建武七年	3/42/1632
32	汉光武帝建武八年	3/42/1634
33	汉光武帝建武九年	3/42/1642
34	汉光武帝建武十年	3/42/1646
35	汉光武帝建武十一年	3/42/1648
36	汉光武帝建武十二年	3/43/1658
37	汉光武帝建武十三年	3/43/1668
38	汉光武帝建武十四年	3/43/1672
39	汉光武帝建武十五年	3/43/1674
40	汉光武帝建武十六年	3/43/1678
41	汉光武帝建武十七年	3/43/1680
42	汉光武帝建武十八年	3/43/1684
43	汉光武帝建武十九年	3/43/1686
44	汉光武帝建武二十年	3/43/1690
45	汉光武帝建武二十一年	3/43/1694
46	汉光武帝建武二十二年	3/43/1696
47	汉光武帝建武二十三年	3/44/1702
48	汉光武帝建武二十四年	3/44/1704
49	汉光武帝建武二十五年	3/44/1704
50	汉光武帝建武二十六年	3/44/1712
51	汉光武帝建武二十七年	3/44/1714
52	汉光武帝建武二十八年	3/44/1718
53	汉光武帝建武二十九年	3/44/1722

公元纪年	通鉴纪年	册数/卷次/页码
54	汉光武帝建武三十年	3/44/1722
55	汉光武帝建武三十一年	3/44/1724
56	汉光武帝中元元年	3/44/1724
57	汉光武帝中元二年	3/44/1730
58	汉明帝永平元年	3/44/1734
59	汉明帝永平二年	3/44/1736
60	汉明帝永平三年	3/44/1740
61	汉明帝永平四年	3/45/1748
62	汉明帝永平五年	3/45/1750
63	汉明帝永平六年	3/45/1750
64	汉明帝永平七年	3/45/1752
65	汉明帝永平八年	3/45/1752
66	汉明帝永平九年	3/45/1758
67	汉明帝永平十年	3/45/1758
68	汉明帝永平十一年	3/45/1760
69	汉明帝永平十二年	3/45/1760
70	汉明帝永平十三年	3/45/1762
71	汉明帝永平十四年	3/45/1764
72	汉明帝永平十五年	3/45/1768
73	汉明帝永平十六年	3/45/1770
74	汉明帝永平十七年	3/45/1776
75	汉明帝永平十八年	3/45/1780
76	汉章帝建初元年	3/46/1786
77	汉章帝建初二年	3/46/1792
78	汉章帝建初三年	3/46/1800
79	汉章帝建初四年	3/46/1802
80	汉章帝建初五年	3/46/1804
81	汉章帝建初六年	3/46/1806
82	汉章帝建初七年	3/46/1808
83	汉章帝建初八年	3/46/1810
84	汉章帝元和元年	3/46/1816
85	汉章帝元和二年	3/47/1824

公元纪年	通鉴纪年	册数/卷次/页码
86	汉章帝元和三年	3/47/1828
87	汉章帝章和元年	3/47/1832
88	汉章帝章和二年	3/47/1836
89	汉和帝永元元年	3/47/1846
90	汉和帝永元二年	3/47/1854
91	汉和帝永元三年	3/47/1856
92	汉和帝永元四年	3/48/1862
93	汉和帝永元五年	3/48/1870
94	汉和帝永元六年	3/48/1874
95	汉和帝永元七年	3/48/1876
96	汉和帝永元八年	3/48/1878
97	汉和帝永元九年	3/48/1878
98	汉和帝永元十年	3/48/1882
99	汉和帝永元十一年	3/48/1884
100	汉和帝永元十二年	3/48/1886
101	汉和帝永元十三年	3/48/1886
102	汉和帝永元十四年	3/48/1888
103	汉和帝永元十五年	3/48/1896
104	汉和帝永元十六年	3/48/1898
105	汉和帝元兴元年	3/48/1898
106	汉殇帝延平元年	3/49/1902
107	汉安帝永初元年	3/49/1908
108	汉安帝永初二年	3/49/1916
109	汉安帝永初三年	3/49/1920
110	汉安帝永初四年	3/49/1924
111	汉安帝永初五年	3/49/1932
112	汉安帝永初六年	3/49/1934
113	汉安帝永初七年	3/49/1936
114	汉安帝元初元年	3/49/1936
115	汉安帝元初二年	3/49/1938
116	汉安帝元初三年	3/50/1944
117	汉安帝元初四年	3/50/1946

公元纪年	通鉴纪年	册数/卷次/页码
118	汉安帝元初五年	3/50/1948
119	汉安帝元初六年	3/50/1948
120	汉安帝永宁元年	3/50/1952
121	汉安帝建光元年	3/50/1958
122	汉安帝延光元年	3/50/1972
123	汉安帝延光二年	3/50/1978
124	汉安帝延光三年	3/50/1984
125	汉安帝延光四年	3/51/1992
126	汉顺帝永建元年	3/51/2000
127	汉顺帝永建二年	3/51/2006
128	汉顺帝永建三年	3/51/2014
129	汉顺帝永建四年	3/51/2014
130	汉顺帝永建五年	3/51/2016
131	汉顺帝永建六年	3/51/2018
132	汉顺帝阳嘉元年	3/51/2020
133	汉顺帝阳嘉二年	3/51/2026
134	汉顺帝阳嘉三年	3/52/2042
135	汉顺帝阳嘉四年	3/52/2046
136	汉顺帝永和元年	3/52/2048
137	汉顺帝永和二年	3/52/2050
138	汉顺帝永和三年	3/52/2052
139	汉顺帝永和四年	3/52/2058
140	汉顺帝永和五年	3/52/2058
141	汉顺帝永和六年	3/52/2064
142	汉顺帝汉安元年	3/52/2068
143	汉顺帝汉安二年	3/52/2074
144	汉顺帝建康元年	3/52/2076
145	汉冲帝永嘉元年	3/52/2080
146	汉质帝本初元年	4/53/2088
147	汉桓帝建和元年	4/53/2094
148	汉桓帝建和二年	4/53/2100
149	汉桓帝建和三年	4/53/2100

公元纪年	通鉴纪年	册数/卷次/页码
150	汉桓帝和平元年	4/53/2104
151	汉桓帝元嘉元年	4/53/2110
152	汉桓帝元嘉二年	4/53/2118
153	汉桓帝永兴元年	4/53/2120
154	汉桓帝永兴二年	4/53/2124
155	汉桓帝永寿元年	4/53/2124
156	汉桓帝永寿二年	4/53/2128
157	汉桓帝永寿三年	4/54/2132
158	汉桓帝延熹元年	4/54/2134
159	汉桓帝延熹二年	4/54/2138
160	汉桓帝延熹三年	4/54/2156
161	汉桓帝延熹四年	4/54/2160
162	汉桓帝延熹五年	4/54/2166
163	汉桓帝延熹六年	4/54/2172
164	汉桓帝延熹七年	4/55/2176
165	汉桓帝延熹八年	4/55/2190
166	汉桓帝延熹九年	4/55/2202
167	汉桓帝永康元年	4/56/2220
168	汉灵帝建宁元年	4/56/2226
169	汉灵帝建宁二年	4/56/2242
170	汉灵帝建宁三年	4/56/2256
171	汉灵帝建宁四年	4/56/2258
172	汉灵帝熹平元年	4/57/2262
173	汉灵帝熹平二年	4/57/2268
174	汉灵帝熹平三年	4/57/2270
175	汉灵帝熹平四年	4/57/2270
176	汉灵帝熹平五年	4/57/2274
177	汉灵帝熹平六年	4/57/2274
178	汉灵帝光和元年	4/57/2282
179	汉灵帝光和二年	4/57/2292
180	汉灵帝光和三年	4/57/2302
181	汉灵帝光和四年	4/58/2306

公元纪年	通鉴纪年	册数/卷次/页码
182	汉灵帝光和五年	4/58/2310
183	汉灵帝光和六年	4/58/2312
184	汉灵帝中平元年	4/58/2314
185	汉灵帝中平二年	4/58/2332
186	汉灵帝中平三年	4/58/2342
187	汉灵帝中平四年	4/58/2344
188	汉灵帝中平五年	4/59/2350
189	汉灵帝中平六年	4/59/2356
190	汉献帝初平元年	4/59/2378
191	汉献帝初平二年	4/60/2392
192	汉献帝初平三年	4/60/2408
193	汉献帝初平四年	4/60/2426
194	汉献帝兴平元年	4/61/2436
195	汉献帝兴平二年	4/61/2450
196	汉献帝建安元年	4/62/2478
197	汉献帝建安二年	4/62/2496
198	汉献帝建安三年	4/62/2508
199	汉献帝建安四年	4/63/2522
200	汉献帝建安五年	4/63/2538
201	汉献帝建安六年	4/64/2562
202	汉献帝建安七年	4/64/2566
203	汉献帝建安八年	4/64/2570
204	汉献帝建安九年	4/64/2576
205	汉献帝建安十年	4/64/2586
206	汉献帝建安十一年	4/65/2596
207	汉献帝建安十二年	4/65/2600
208	汉献帝建安十三年	4/65/2608
209	汉献帝建安十四年	4/66/2636
210	汉献帝建安十五年	4/66/2640
211	汉献帝建安十六年	4/66/2646
212	汉献帝建安十七年	4/66/2654
213	汉献帝建安十八年	4/66/2662

公元纪年	通鉴纪年	册数/卷次/页码
214	汉献帝建安十九年	4/67/2672
215	汉献帝建安二十年	4/67/2684
216	汉献帝建安二十一年	4/67/2696
217	汉献帝建安二十二年	4/68/2702
218	汉献帝建安二十三年	4/68/2708
219	汉献帝建安二十四年	4/68/2712
220	魏文帝黄初元年	5/69/2742
221	魏文帝黄初二年	5/69/2754
222	魏文帝黄初三年	5/69/2774
223	魏文帝黄初四年	5/70/2790
224	魏文帝黄初五年	5/70/2800
225	魏文帝黄初六年	5/70/2806
226	魏文帝黄初七年	5/70/2812
227	魏明帝太和元年	5/70/2818
228	魏明帝太和二年	5/71/2830
229	魏明帝太和三年	5/71/2844
230	魏明帝太和四年	5/71/2850
231	魏明帝太和五年	5/72/2860
232	魏明帝太和六年	5/72/2870
233	魏明帝青龙元年	5/72/2882
234	魏明帝青龙二年	5/72/2890
235	魏明帝青龙三年	5/73/2906
236	魏明帝青龙四年	5/73/2918
237	魏明帝景初元年	5/73/2922
238	魏明帝景初二年	5/74/2942
239	魏明帝景初三年	5/74/2958
240	魏邵陵厉公正始元年	5/74/2962
241	魏邵陵厉公正始二年	5/74/2964
242	魏邵陵厉公正始三年	5/74/2968
243	魏邵陵厉公正始四年	5/74/2968
244	魏邵陵厉公正始五年	5/74/2974
245	魏邵陵厉公正始六年	5/74/2976

公元纪年	通鉴纪年	册数/卷次/页码
246	魏邵陵厉公正始七年	5/75/2984
247	魏邵陵厉公正始八年	5/75/2988
248	魏邵陵厉公正始九年	5/75/2990
249	魏邵陵厉公嘉平元年	5/75/2996
250	魏邵陵厉公嘉平二年	5/75/3010
251	魏邵陵厉公嘉平三年	5/75/3012
252	魏邵陵厉公嘉平四年	5/75/3020
253	魏邵陵厉公嘉平五年	5/76/3030
254	魏高贵乡公正元元年	5/76/3046
255	魏高贵乡公正元二年	5/76/3054
256	魏高贵乡公甘露元年	5/77/3068
257	魏高贵乡公甘露二年	5/77/3074
258	魏高贵乡公甘露三年	5/77/3082
259	魏高贵乡公甘露四年	5/77/3096
260	魏元帝景元元年	5/77/3098
261	魏元帝景元二年	5/77/3102
262	魏元帝景元三年	5/78/3108
263	魏元帝景元四年	5/78/3114
264	魏元帝咸熙元年	5/78/3128
265	晋武帝泰始元年	5/79/3144
266	晋武帝泰始二年	5/79/3148
267	晋武帝泰始三年	5/79/3156
268	晋武帝泰始四年	5/79/3160
269	晋武帝泰始五年	5/79/3164
270	晋武帝泰始六年	5/79/3168
271	晋武帝泰始七年	5/79/3170
272	晋武帝泰始八年	5/79/3176
273	晋武帝泰始九年	5/80/3192
274	晋武帝泰始十年	5/80/3196
275	晋武帝咸宁元年	5/80/3204
276	晋武帝咸宁二年	5/80/3206
277	晋武帝咸宁三年	5/80/3212

公元纪年	通鉴纪年	册数/卷次/页码
278	晋武帝咸宁四年	5/80/3216
279	晋武帝咸宁五年	5/80/3224
280	晋武帝太康元年	5/81/3236
281	晋武帝太康二年	5/81/3256
282	晋武帝太康三年	5/81/3258
283	晋武帝太康四年	5/81/3266
284	晋武帝太康五年	5/81/3270
285	晋武帝太康六年	5/81/3274
286	晋武帝太康七年	5/81/3276
287	晋武帝太康八年	5/81/3278
288	晋武帝太康九年	5/81/3278
289	晋武帝太康十年	5/82/3280
290	晋惠帝永熙元年	5/82/3286
291	晋惠帝元康元年	5/82/3296
292	晋惠帝元康二年	5/82/3308
293	晋惠帝元康三年	5/82/3308
294	晋惠帝元康四年	5/82/3310
295	晋惠帝元康五年	5/82/3310
296	晋惠帝元康六年	5/82/3310
297	晋惠帝元康七年	5/82/3314
298	晋惠帝元康八年	5/82/3318
299	晋惠帝元康九年	5/83/3322
300	晋惠帝永康元年	5/83/3340
301	晋惠帝永宁元年	5/84/3356
302	晋惠帝太安元年	5/84/3378
303	晋惠帝太安二年	5/85/3390
304	晋惠帝永兴元年	5/85/3410
305	晋惠帝永兴二年	5/86/3430
306	晋惠帝光熙元年	5/86/3440
307	晋怀帝永嘉元年	5/86/3448
308	晋怀帝永嘉二年	5/86/3462
309	晋怀帝永嘉三年	5/87/3468

公元纪年	通鉴纪年	册数/卷次/页码
310	晋怀帝永嘉四年	5/87/3478
311	晋怀帝永嘉五年	5/87/3490
312	晋怀帝永嘉六年	5/88/3512
313	晋愍帝建兴元年	5/88/3532
314	晋愍帝建兴二年	5/89/3554
315	晋愍帝建兴三年	5/89/3564
316	晋愍帝建兴四年	5/89/3578
317	晋元帝建武元年	6/90/3602
318	晋元帝太兴元年	6/90/3616
319	晋元帝太兴二年	6/91/3636
320	晋元帝太兴三年	6/91/3648
321	晋元帝太兴四年	6/91/3664
322	晋元帝永昌元年	6/92/3672
323	晋明帝太宁元年	6/92/3696
324	晋明帝太宁二年	6/93/3710
325	晋明帝太宁三年	6/93/3724
326	晋成帝咸和元年	6/93/3734
327	晋成帝咸和二年	6/93/3740
328	晋成帝咸和三年	6/94/3748
329	晋成帝咸和四年	6/94/3770
330	晋成帝咸和五年	6/94/3780
331	晋成帝咸和六年	6/94/3786
332	晋成帝咸和七年	6/95/3790
333	晋成帝咸和八年	6/95/3794
334	晋成帝咸和九年	6/95/3804
335	晋成帝咸康元年	6/95/3814
336	晋成帝咸康二年	6/95/3820
337	晋成帝咸康三年	6/95/3824
338	晋成帝咸康四年	6/96/3832
339	晋成帝咸康五年	6/96/3848
340	晋成帝咸康六年	6/96/3860
341	晋成帝咸康七年	6/96/3866

公元纪年	通鉴纪年	册数/卷次/页码
342	晋成帝咸康八年	6/97/3874
343	晋康帝建元元年	6/97/3882
344	晋康帝建元二年	6/97/3886
345	晋穆帝永和元年	6/97/3892
346	晋穆帝永和二年	6/97/3902
347	晋穆帝永和三年	6/97/3908
348	晋穆帝永和四年	6/98/3918
349	晋穆帝永和五年	6/98/3924
350	晋穆帝永和六年	6/98/3944
351	晋穆帝永和七年	6/99/3960
352	晋穆帝永和八年	6/99/3976
353	晋穆帝永和九年	6/99/3988
354	晋穆帝永和十年	6/99/3996
355	晋穆帝永和十一年	6/100/4008
356	晋穆帝永和十二年	6/100/4018
357	晋穆帝升平元年	6/100/4028
358	晋穆帝升平二年	6/100/4038
359	晋穆帝升平三年	6/100/4046
360	晋穆帝升平四年	6/101/4054
361	晋穆帝升平五年	6/101/4060
362	晋哀帝隆和元年	6/101/4068
363	晋哀帝兴宁元年	6/101/4072
364	晋哀帝兴宁二年	6/101/4074
365	晋哀帝兴宁三年	6/101/4078
366	晋海西公太和元年	6/101/4084
367	晋海西公太和二年	6/101/4086
368	晋海西公太和三年	6/101/4094
369	晋海西公太和四年	6/102/4100
370	晋海西公太和五年	6/102/4120
371	晋简文帝咸安元年	7/103/4142
372	晋简文帝咸安二年	7/103/4158
373	晋孝武帝宁康元年	7/103/4166

公元纪年	通鉴纪年	册数/卷次/页码
374	晋孝武帝宁康二年	7/103/4174
375	晋孝武帝宁康三年	7/103/4176
376	晋孝武帝太元元年	7/104/4180
377	晋孝武帝太元二年	7/104/4192
378	晋孝武帝太元三年	7/104/4196
379	晋孝武帝太元四年	7/104/4200
380	晋孝武帝太元五年	7/104/4204
381	晋孝武帝太元六年	7/104/4212
382	晋孝武帝太元七年	7/104/4212
383	晋孝武帝太元八年	7/105/4224
384	晋孝武帝太元九年	7/105/4240
385	晋孝武帝太元十年	7/106/4268
386	晋孝武帝太元十一年	7/106/4292
387	晋孝武帝太元十二年	7/107/4312
388	晋孝武帝太元十三年	7/107/4326
389	晋孝武帝太元十四年	7/107/4332
390	晋孝武帝太元十五年	7/107/4344
391	晋孝武帝太元十六年	7/107/4350
392	晋孝武帝太元十七年	7/108/4360
393	晋孝武帝太元十八年	7/108/4368
394	晋孝武帝太元十九年	7/108/4372
395	晋孝武帝太元二十年	7/108/4382
396	晋孝武帝太元二十一年	7/108/4394
397	晋安帝隆安元年	7/109/4414
398	晋安帝隆安二年	7/110/4454
399	晋安帝隆安三年	7/111/4492
400	晋安帝隆安四年	7/111/4524
401	晋安帝隆安五年	7/112/4540
402	晋安帝元兴元年	7/112/4568
403	晋安帝元兴二年	7/113/4594
404	晋安帝元兴三年	7/113/4608
405	晋安帝义熙元年	7/114/4642

公元纪年	通鉴纪年	册数/卷次/页码
406	晋安帝义熙二年	7/114/4656
407	晋安帝义熙三年	7/114/4664
408	晋安帝义熙四年	7/114/4680
409	晋安帝义熙五年	7/115/4692
410	晋安帝义熙六年	7/115/4714
411	晋安帝义熙七年	7/116/4742
412	晋安帝义熙八年	7/116/4750
413	晋安帝义熙九年	7/116/4766
414	晋安帝义熙十年	7/116/4776
415	晋安帝义熙十一年	7/117/4792
416	晋安帝义熙十二年	7/117/4808
417	晋安帝义熙十三年	7/118/4830
418	晋安帝义熙十四年	7/118/4854
419	晋恭帝元熙元年	7/118/4866
420	宋武帝永初元年	8/119/4880
421	宋武帝永初二年	8/119/4890
422	宋武帝永初三年	8/119/4894
423	宋营阳王景平元年	8/119/4908
424	宋文帝元嘉元年	8/120/4926
425	宋文帝元嘉二年	8/120/4942
426	宋文帝元嘉三年	8/120/4946
427	宋文帝元嘉四年	8/120/4964
428	宋文帝元嘉五年	8/121/4978
429	宋文帝元嘉六年	8/121/4986
430	宋文帝元嘉七年	8/121/5002
431	宋文帝元嘉八年	8/122/5026
432	宋文帝元嘉九年	8/122/5038
433	宋文帝元嘉十年	8/122/5052
434	宋文帝元嘉十一年	8/122/5062
435	宋文帝元嘉十二年	8/122/5066
436	宋文帝元嘉十三年	8/123/5076
437	宋文帝元嘉十四年	8/123/5082

公元纪年	通鉴纪年	册数/卷次/页码
438	宋文帝元嘉十五年	8/123/5086
439	宋文帝元嘉十六年	8/123/5090
440	宋文帝元嘉十七年	8/123/5106
441	宋文帝元嘉十八年	8/123/5118
442	宋文帝元嘉十九年	8/124/5124
443	宋文帝元嘉二十年	8/124/5128
444	宋文帝元嘉二十一年	8/124/5134
445	宋文帝元嘉二十二年	8/124/5144
446	宋文帝元嘉二十三年	8/124/5158
447	宋文帝元嘉二十四年	8/125/5174
448	宋文帝元嘉二十五年	8/125/5176
449	宋文帝元嘉二十六年	8/125/5182
450	宋文帝元嘉二十七年	8/125/5184
451	宋文帝元嘉二十八年	8/126/5222
452	宋文帝元嘉二十九年	8/126/5236
453	宋文帝元嘉三十年	8/127/5254
454	宋孝武帝孝建元年	8/128/5292
455	宋孝武帝孝建二年	8/128/5310
456	宋孝武帝孝建三年	8/128/5314
457	宋孝武帝大明元年	8/128/5322
458	宋孝武帝大明二年	8/128/5326
459	宋孝武帝大明三年	8/129/5342
460	宋孝武帝大明四年	8/129/5354
461	宋孝武帝大明五年	8/129/5356
462	宋孝武帝大明六年	8/129/5364
463	宋孝武帝大明七年	8/129/5370
464	宋孝武帝大明八年	8/129/5374
465	宋明帝泰始元年	8/130/5382
466	宋明帝泰始二年	8/131/5412
467	宋明帝泰始三年	8/132/5456
468	宋明帝泰始四年	8/132/5472
469	宋明帝泰始五年	8/132/5478

公元纪年	通鉴纪年	册数/卷次/页码
470	宋明帝泰始六年	8/132/5482
471	宋明帝泰始七年	8/133/5490
472	宋明帝泰豫元年	8/133/5506
473	宋苍梧王元徽元年	8/133/5512
474	宋苍梧王元徽二年	8/133/5516
475	宋苍梧王元徽三年	8/133/5528
476	宋苍梧王元徽四年	8/134/5532
477	宋顺帝升明元年	8/134/5538
478	宋顺帝升明二年	8/134/5566
479	齐高帝建元元年	9/135/5580
480	齐高帝建元二年	9/135/5598
481	齐高帝建元三年	9/135/5606
482	齐高帝建元四年	9/135/5616
483	齐武帝永明元年	9/135/5620
484	齐武帝永明二年	9/136/5632
485	齐武帝永明三年	9/136/5642
486	齐武帝永明四年	9/136/5650
487	齐武帝永明五年	9/136/5656
488	齐武帝永明六年	9/136/5664
489	齐武帝永明七年	9/136/5672
490	齐武帝永明八年	9/137/5680
491	齐武帝永明九年	9/137/5702
492	齐武帝永明十年	9/137/5718
493	齐武帝永明十一年	9/138/5730
494	齐明帝建武元年	9/139/5758
495	齐明帝建武二年	9/140/5806
496	齐明帝建武三年	9/140/5836
497	齐明帝建武四年	9/141/5854
498	齐明帝永泰元年	9/141/5874
499	齐东昏侯永元元年	9/142/5896
500	齐东昏侯永元二年	9/143/5932
501	齐和帝中兴元年	9/144/5962

公元纪年	通鉴纪年	册数/卷次/页码
502	梁武帝天监元年	9/145/6010
503	梁武帝天监二年	9/145/6032
504	梁武帝天监三年	9/145/6044
505	梁武帝天监四年	9/146/6060
506	梁武帝天监五年	9/146/6072
507	梁武帝天监六年	9/146/6092
508	梁武帝天监七年	9/147/6100
509	梁武帝天监八年	9/147/6112
510	梁武帝天监九年	9/147/6118
511	梁武帝天监十年	9/147/6122
512	梁武帝天监十一年	9/147/6128
513	梁武帝天监十二年	9/147/6132
514	梁武帝天监十三年	9/147/6136
515	梁武帝天监十四年	9/148/6142
516	梁武帝天监十五年	9/148/6156
517	梁武帝天监十六年	9/148/6168
518	梁武帝天监十七年	9/148/6172
519	梁武帝天监十八年	9/149/6186
520	梁武帝普通元年	9/149/6198
521	梁武帝普通二年	9/149/6206
522	梁武帝普通三年	9/149/6218
523	梁武帝普通四年	9/149/6220
524	梁武帝普通五年	9/150/6230
525	梁武帝普通六年	9/150/6246
526	梁武帝普通七年	9/151/6278
527	梁武帝大通元年	9/151/6290
528	梁武帝大通二年	9/152/6308
529	梁武帝中大通元年	9/153/6342
530	梁武帝中大通二年	9/154/6364
531	梁武帝中大通三年	9/155/6402
532	梁武帝中大通四年	9/155/6426
533	梁武帝中大通五年	9/156/6442

公元纪年	通鉴纪年	册数/卷次/页码
534	梁武帝中大通六年	9/156/6452
535	梁武帝大同元年	10/157/6490
536	梁武帝大同二年	10/157/6502
537	梁武帝大同三年	10/157/6508
538	梁武帝大同四年	10/158/6532
539	梁武帝大同五年	10/158/6546
540	梁武帝大同六年	10/158/6550
541	梁武帝大同七年	10/158/6552
542	梁武帝大同八年	10/158/6558
543	梁武帝大同九年	10/158/6562
544	梁武帝大同十年	10/158/6572
545	梁武帝大同十一年	10/159/6582
546	梁武帝中大同元年	10/159/6596
547	梁武帝太清元年	10/160/6612
548	梁武帝太清二年	10/161/6642
549	梁武帝太清三年	10/162/6686
550	梁简文帝大宝元年	10/163/6734
551	梁简文帝大宝二年	10/164/6766
552	梁元帝承圣元年	10/164/6786
553	梁元帝承圣二年	10/165/6814
554	梁元帝承圣三年	10/165/6830
555	梁敬帝绍泰元年	10/166/6854
556	梁敬帝太平元年	10/166/6874
557	陈武帝永定元年	10/167/6898
558	陈武帝永定二年	10/167/6916
559	陈武帝永定三年	10/167/6930
560	陈文帝天嘉元年	10/168/6946
561	陈文帝天嘉二年	10/168/6972
562	陈文帝天嘉三年	10/168/6982
563	陈文帝天嘉四年	10/169/6994
564	陈文帝天嘉五年	10/169/7006
565	陈文帝天嘉六年	10/169/7022

公元纪年	通鉴纪年	册数/卷次/页码
566	陈文帝天康元年	10/169/7026
567	陈临海王光大元年	10/170/7038
568	陈临海王光大二年	10/170/7050
569	陈宣帝太建元年	10/170/7058
570	陈宣帝太建二年	10/170/7066
571	陈宣帝太建三年	10/170/7074
572	陈宣帝太建四年	10/171/7086
573	陈宣帝太建五年	10/171/7102
574	陈宣帝太建六年	10/171/7122
575	陈宣帝太建七年	10/172/7132
576	陈宣帝太建八年	10/172/7142
577	陈宣帝太建九年	10/173/7166
578	陈宣帝太建十年	10/173/7182
579	陈宣帝太建十一年	10/173/7192
580	陈宣帝太建十二年	10/174/7206
581	陈宣帝太建十三年	10/175/7238
582	陈宣帝太建十四年	10/175/7260
583	陈长城公至德元年	10/175/7270
584	陈长城公至德二年	10/176/7286
585	陈长城公至德三年	10/176/7296
586	陈长城公至德四年	10/176/7302
587	陈长城公祯明元年	10/176/7306
588	陈长城公祯明二年	10/176/7314
589	隋文帝开皇九年	11/177/7328
590	隋文帝开皇十年	11/177/7360
591	隋文帝开皇十一年	11/177/7370
592	隋文帝开皇十二年	11/178/7374
593	隋文帝开皇十三年	11/178/7378
594	隋文帝开皇十四年	11/178/7382
595	隋文帝开皇十五年	11/178/7388
596	隋文帝开皇十六年	11/178/7392
597	隋文帝开皇十七年	11/178/7392

公元纪年	通鉴纪年	册数/卷次/页码
598	隋文帝开皇十八年	11/178/7408
599	隋文帝开皇十九年	11/178/7410
600	隋文帝开皇二十年	11/179/7422
601	隋文帝仁寿元年	11/179/7446
602	隋文帝仁寿二年	11/179/7448
603	隋文帝仁寿三年	11/179/7460
604	隋文帝仁寿四年	11/180/7464
605	隋炀帝大业元年	11/180/7480
606	隋炀帝大业二年	11/180/7486
607	隋炀帝大业三年	11/180/7492
608	隋炀帝大业四年	11/181/7506
609	隋炀帝大业五年	11/181/7512
610	隋炀帝大业六年	11/181/7520
611	隋炀帝大业七年	11/181/7526
612	隋炀帝大业八年	11/181/7532
613	隋炀帝大业九年	11/182/7544
614	隋炀帝大业十年	11/182/7570
615	隋炀帝大业十一年	11/182/7576
616	隋炀帝大业十二年	11/183/7586
617	隋恭帝义宁元年	11/183/7604
		11/184/7626
618	唐高祖武德元年	11/185/7666
		11/186/7706
619	唐高祖武德二年	11/187/7744
		11/188/7786
620	唐高祖武德三年	11/188/7788
621	唐高祖武德四年	11/188/7818
		11/189/7826
622	唐高祖武德五年	11/190/7868
623	唐高祖武德六年	11/190/7890
624	唐高祖武德七年	11/190/7902
		11/191/7912

公元纪年	通鉴纪年	册数/卷次/页码
625	唐高祖武德八年	11/191/7924
626	唐高祖武德九年	11/191/7930
		11/192/7964
627	唐太宗贞观元年	11/192/7974
628	唐太宗贞观二年	11/192/7996
		12/193/8010
629	唐太宗贞观三年	12/193/8016
630	唐太宗贞观四年	12/193/8024
631	唐太宗贞观五年	12/193/8044
632	唐太宗贞观六年	12/194/8054
633	唐太宗贞观七年	12/194/8064
634	唐太宗贞观八年	12/194/8068
635	唐太宗贞观九年	12/194/8074
636	唐太宗贞观十年	12/194/8082
637	唐太宗贞观十一年	12/194/8092
		12/195/8098
638	唐太宗贞观十二年	12/195/8106
639	唐太宗贞观十三年	12/195/8114
640	唐太宗贞观十四年	12/195/8126
641	唐太宗贞观十五年	12/196/8140
642	唐太宗贞观十六年	12/196/8152
643	唐太宗贞观十七年	12/196/8166
		12/197/8180
644	唐太宗贞观十八年	12/197/8198
645	唐太宗贞观十九年	12/197/8212
		12/198/8220
646	唐太宗贞观二十年	12/198/8236
647	唐太宗贞观二十一年	12/198/8248
648	唐太宗贞观二十二年	12/198/8256
		12/199/8262
649	唐太宗贞观二十三年	12/199/8274
650	唐高宗永徽元年	12/199/8280

公元纪年	通鉴纪年	册数/卷次/页码
651	唐高宗永徽二年	12/199/8282
652	唐高宗永徽三年	12/199/8288
653	唐高宗永徽四年	12/199/8292
654	唐高宗永徽五年	12/199/8296
655	唐高宗永徽六年	12/199/8300
		12/200/8308
656	唐高宗显庆元年	12/200/8312
657	唐高宗显庆二年	12/200/8318
658	唐高宗显庆三年	12/200/8326
659	唐高宗显庆四年	12/200/8328
660	唐高宗显庆五年	12/200/8338
661	唐高宗龙朔元年	12/200/8342
662	唐高宗龙朔二年	12/200/8346
		12/201/8352
663	唐高宗龙朔三年	12/201/8354
664	唐高宗麟德元年	12/201/8362
665	唐高宗麟德二年	12/201/8368
666	唐高宗乾封元年	12/201/8370
667	唐高宗乾封二年	12/201/8378
668	唐高宗总章元年	12/201/8382
669	唐高宗总章二年	12/201/8388
670	唐高宗咸亨元年	12/201/8392
671	唐高宗咸亨二年	12/202/8398
672	唐高宗咸亨三年	12/202/8400
673	唐高宗咸亨四年	12/202/8402
674	唐高宗上元元年	12/202/8404
675	唐高宗上元二年	12/202/8408
676	唐高宗仪凤元年	12/202/8414
677	唐高宗仪凤二年	12/202/8418
678	唐高宗仪凤三年	12/202/8420
679	唐高宗调露元年	12/202/8426
680	唐高宗永隆元年	12/202/8430

公元纪年	通鉴纪年	册数/卷次/页码
681	唐高宗开耀元年	12/202/8436
682	唐高宗永淳元年	12/203/8444
683	唐高宗弘道元年	12/203/8452
684	则天后光宅元年	12/203/8456
685	则天后垂拱元年	12/203/8474
686	则天后垂拱二年	12/203/8478
687	则天后垂拱三年	12/204/8488
688	则天后垂拱四年	12/204/8492
689	则天后永昌元年	12/204/8504
690	则天后天授元年	12/204/8512
691	则天后天授二年	12/204/8520
692	则天后长寿元年	12/205/8530
693	则天后长寿二年	12/205/8542
694	则天后延载元年	12/205/8548
695	则天后天册万岁元年	12/205/8552
696	则天后万岁通天元年	12/205/8560
697	则天后神功元年	12/206/8570
698	则天后圣历元年	12/206/8586
699	则天后圣历二年	12/206/8598
700	则天后久视元年	12/206/8606
		12/207/8612
701	则天后长安元年	12/207/8620
702	则天后长安二年	12/207/8624
703	则天后长安三年	12/207/8630
704	则天后长安四年	12/207/8642
705	唐中宗神龙元年	12/207/8656
		13/208/8666
706	唐中宗神龙二年	13/208/8686
707	唐中宗景龙元年	13/208/8702
708	唐中宗景龙二年	13/209/8716
709	唐中宗景龙三年	13/209/8734
710	唐睿宗景云元年	13/209/8746
		13/210/8770

公元纪年	通鉴纪年	册数/卷次/页码
711	唐睿宗景云二年	13/210/8780
712	唐玄宗先天元年	13/210/8794
713	唐玄宗开元元年	13/210/8806
714	唐玄宗开元二年	13/211/8826
715	唐玄宗开元三年	13/211/8844
716	唐玄宗开元四年	13/211/8854
717	唐玄宗开元五年	13/211/8870
718	唐玄宗开元六年	13/212/8878
719	唐玄宗开元七年	13/212/8882
720	唐玄宗开元八年	13/212/8888
721	唐玄宗开元九年	13/212/8896
722	唐玄宗开元十年	13/212/8902
723	唐玄宗开元十一年	13/212/8910
724	唐玄宗开元十二年	13/212/8914
725	唐玄宗开元十三年	13/212/8920
726	唐玄宗开元十四年	13/213/8932
727	唐玄宗开元十五年	13/213/8938
728	唐玄宗开元十六年	13/213/8946
729	唐玄宗开元十七年	13/213/8948
730	唐玄宗开元十八年	13/213/8956
731	唐玄宗开元十九年	13/213/8962
732	唐玄宗开元二十年	13/213/8966
733	唐玄宗开元二十一年	13/213/8970
734	唐玄宗开元二十二年	13/214/8978
735	唐玄宗开元二十三年	13/214/8982
736	唐玄宗开元二十四年	13/214/8986
737	唐玄宗开元二十五年	13/214/9002
738	唐玄宗开元二十六年	13/214/9008
739	唐玄宗开元二十七年	13/214/9014
740	唐玄宗开元二十八年	13/214/9018
741	唐玄宗开元二十九年	13/214/9020
742	唐玄宗天宝元年	13/215/9024

公元纪年	通鉴纪年	册数/卷次/页码
769	唐代宗大历四年	14/224/9426
770	唐代宗大历五年	14/224/9430
771	唐代宗大历六年	14/224/9438
772	唐代宗大历七年	14/224/9440
773	唐代宗大历八年	14/224/9442
774	唐代宗大历九年	14/225/9450
775	唐代宗大历十年	14/225/9452
776	唐代宗大历十一年	14/225/9462
777	唐代宗大历十二年	14/225/9466
778	唐代宗大历十三年	14/225/9476
779	唐代宗大历十四年	14/225/9480
		14/226/9496
780	唐德宗建中元年	14/226/9506
781	唐德宗建中二年	14/226/9528
		14/227/9542
782	唐德宗建中三年	14/227/9554
783	唐德宗建中四年	14/228/9584
		14/229/9624
784	唐德宗兴元元年	14/229/9652
		14/230/9664
		14/231/9704
785	唐德宗贞元元年	14/231/9734
		14/232/9746
786	唐德宗贞元二年	14/232/9756
787	唐德宗贞元三年	14/232/9766
		14/233/9794
788	唐德宗贞元四年	14/233/9812
789	唐德宗贞元五年	14/233/9824
790	唐德宗贞元六年	14/233/9826
791	唐德宗贞元七年	14/233/9830
792	唐德宗贞元八年	14/234/9836
793	唐德宗贞元九年	14/234/9852

公元纪年	通鉴纪年	册数/卷次/页码
822	唐穆宗长庆二年	15/242/10230
823	唐穆宗长庆三年	15/243/10260
824	唐穆宗长庆四年	15/243/10266
825	唐敬宗宝历元年	15/243/10280
826	唐敬宗宝历二年	15/243/10292
827	唐文宗太和元年	15/243/10302
828	唐文宗太和二年	15/243/10306
829	唐文宗太和三年	15/244/10316
830	唐文宗太和四年	15/244/10324
831	唐文宗太和五年	15/244/10332
832	唐文宗太和六年	15/244/10342
833	唐文宗太和七年	15/244/10346
834	唐文宗太和八年	15/245/10366
835	唐文宗太和九年	15/245/10374
836	唐文宗开成元年	15/245/10404
837	唐文宗开成二年	15/245/10414
838	唐文宗开成三年	15/246/10418
839	唐文宗开成四年	15/246/10428
840	唐文宗开成五年	15/246/10434
841	唐武宗会昌元年	15/246/10442
842	唐武宗会昌二年	15/246/10454
843	唐武宗会昌三年	15/247/10472
844	唐武宗会昌四年	15/247/10510
		15/248/10522
845	唐武宗会昌五年	15/248/10540
846	唐武宗会昌六年	15/248/10550
847	唐宣宗大中元年	15/248/10556
848	唐宣宗大中二年	15/248/10562
849	唐宣宗大中三年	15/248/10570
850	唐宣宗大中四年	15/249/10576
851	唐宣宗大中五年	15/249/10578
852	唐宣宗大中六年	15/249/10586

公元纪年	通鉴纪年	册数/卷次/页码
853	唐宣宗大中七年	15/249/10592
854	唐宣宗大中八年	15/249/10592
855	唐宣宗大中九年	15/249/10596
856	唐宣宗大中十年	15/249/10602
857	唐宣宗大中十一年	15/249/10606
858	唐宣宗大中十二年	15/249/10612
859	唐宣宗大中十三年	15/249/10624
860	唐懿宗咸通元年	16/250/10634
861	唐懿宗咸通二年	16/250/10652
862	唐懿宗咸通三年	16/250/10656
863	唐懿宗咸通四年	16/250/10664
864	唐懿宗咸通五年	16/250/10670
865	唐懿宗咸通六年	16/250/10676
866	唐懿宗咸通七年	16/250/10678
867	唐懿宗咸通八年	16/250/10684
868	唐懿宗咸通九年	16/251/10688
869	唐懿宗咸通十年	16/251/10712
870	唐懿宗咸通十一年	16/252/10734
871	唐懿宗咸通十二年	16/252/10746
872	唐懿宗咸通十三年	16/252/10748
873	唐懿宗咸通十四年	16/252/10750
874	唐僖宗乾符元年	16/252/10756
875	唐僖宗乾符二年	16/252/10764
876	唐僖宗乾符三年	16/252/10772
877	唐僖宗乾符四年	16/253/10784
878	唐僖宗乾符五年	16/253/10792
879	唐僖宗乾符六年	16/253/10804
880	唐僖宗广明元年	16/253/10814
		16/254/10830
881	唐僖宗中和元年	16/254/10844
882	唐僖宗中和二年	16/254/10866
		16/255/10878

公元纪年	通鉴纪年	册数/卷次/页码
883	唐僖宗中和三年	16/255/10896
884	唐僖宗中和四年	16/255/10910
		16/256/10922
885	唐僖宗光启元年	16/256/10932
886	唐僖宗光启二年	16/256/10942
887	唐僖宗光启三年	16/256/10960
		16/257/10966
888	唐僖宗文德元年	16/257/10996
889	唐昭宗龙纪元年	16/258/11012
890	唐昭宗大顺元年	16/258/11020
891	唐昭宗大顺二年	16/258/11038
892	唐昭宗景福元年	16/259/11056
893	唐昭宗景福二年	16/259/11072
894	唐昭宗乾宁元年	16/259/11090
895	唐昭宗乾宁二年	16/260/11104
896	唐昭宗乾宁三年	16/260/11130
897	唐昭宗乾宁四年	16/261/11150
898	唐昭宗光化元年	16/261/11170
899	唐昭宗光化二年	16/261/11182
900	唐昭宗光化三年	16/262/11190
901	唐昭宗天复元年	16/262/11204
902	唐昭宗天复二年	16/263/11230
903	唐昭宗天复三年	16/263/11254
		16/264/11268
904	唐昭宗天祐元年	16/264/11292
		16/265/11300
905	唐昭宣帝天祐二年	16/265/11306
906	唐昭宣帝天祐三年	16/265/11324
907	后梁太祖开平元年	17/266/11338
908	后梁太祖开平二年	17/266/11358
		17/267/11378
909	后梁太祖开平三年	17/267/11382

公元纪年	通鉴纪年	册数/卷次/页码
934	后唐潞王(末帝)清泰元年	17/278/11880
		17/279/11886
935	后唐潞王(末帝)清泰二年	17/279/11916
936	后晋高祖天福元年	18/280/11934
937	后晋高祖天福二年	18/281/11972
938	后晋高祖天福三年	18/281/11994
939	后晋高祖天福四年	18/282/12008
940	后晋高祖天福五年	18/282/12022
941	后晋高祖天福六年	18/282/12034
942	后晋高祖天福七年	18/283/12054
943	后晋齐王(出帝)天福八年	18/283/12066
944	后晋齐王(出帝)开运元年	18/283/12088
		18/284/12096
945	后晋齐王(出帝)开运二年	18/284/12114
		18/285/12132
946	后晋齐王(出帝)开运三年	18/285/12138
947	后汉高祖天福十二年	18/286/12166
		18/287/12200
948	后汉高祖乾祐元年	18/287/12228
		18/288/12234
949	后汉隐帝乾祐二年	18/288/12256
950	后汉隐帝乾祐三年	18/289/12272
951	后周太祖广顺元年	18/290/12310
952	后周太祖广顺二年	18/290/12336
		18/291/12352
953	后周太祖广顺三年	18/291/12358
954	后周太祖显德元年	18/291/12372
		18/292/12392
955	后周世宗显德二年	18/292/12402
956	后周世宗显德三年	18/292/12416
		18/293/12430

附录三:《资治通鉴》史评索引

说明:本索引为《资治通鉴》史评内容的索引,史评标题为编者所拟,标题后依次标注册数、卷次、页码。